杨大春　张尧均　主编

梅洛-庞蒂文集

第13卷

儿童心理学与教育学

朱心曲　关群德　译

商務印書館
创于1897　The Commercial Press

Maurice Merleau-Ponty

Psychologie et pédagogie de l'enfant

Cours de Sorbonne 1949-1952

国家社会科学基金重大项目成果

总　序

梅洛-庞蒂被称为“哲学家的哲学家”。他非常自然地接受了法国哲学主流传统，其哲学内在地包含了笛卡尔主义和反笛卡尔主义之间、观念主义与精神主义之间的张力；与此同时，他创造性地接受了现代德语哲学传统的影响，含混地将3H（黑格尔、胡塞尔和海德格尔）和3M（马克思、尼采和弗洛伊德三位怀疑大师）的思想综合在一起。这一哲学其实处于现代哲学与当代哲学转折点上，并因此在西方哲学的主流传统中占据着一个非常独特的位置。梅洛-庞蒂对以笛卡尔哲学和康德哲学为代表的早期现代哲学的批判反思、对以身体哲学或实存哲学为核心的后期现代哲学的理论贡献以及对以结构-后结构主义为理论支撑的当代哲学的重大启示，已经毫无争议地把他推入著名哲学家之列。

梅洛-庞蒂哲学在汉语学术界的翻译和研究起步比较晚，尽管在新千年以来取得了较大的进展，新生的研究力量也在不断壮大，但从总体上看仍然难以让人满意。笔者于2014年初提出的“梅洛-庞蒂著作集编译与研究”选题有幸获得国家社会科学基金重大招标项目资助，这里陆续出版的梅洛-庞蒂主要著作就是该重大项目在翻译方面的成果。收入本文集的译作既包括新译，也包括重译和修订。我们希望通过各种努力，为梅洛-庞蒂哲学以及法国哲学的深入研究提供相对可靠的文献。需要说明的是，由于梅洛-庞蒂著作在风格上的含混性，由于一些作品是在他死后经他人整理而成的，翻译难度是非常大的，我们欢迎相关专家和广大读者提出建设性和批评性的意见和建议。此外，由于这些译作是由10多位学者完成的，虽然课题组进行了一些沟通和协调，风格和术语选择上仍然不可能实现一致，这是需要学界和读者们谅解的。

德国学术界在胡塞尔著作、海德格尔著作的整理和出版方面有序推进，成果显著。法国学术界对梅洛-庞蒂著作的整理和出版也取得了相当大的进展，但还没有形成统一规划，至少没有出版全集之类计划。因此，我们在推出《梅洛-庞蒂文集》中文版时不可能参照统一的法文版。《文集》中文版将陆续出版梅洛-庞蒂生前已经出版或死后经整理出版的著述18种，它们基本上反映了这位著名哲学家的思想全貌。梅洛-庞蒂于1961年突然英年早逝，留下了多达4000多页的手稿，它们大多是为他自己的研究和教学工作而作的准备，不是为读者写的，所以整理出版的难度非常大，从而进展缓慢。正因为如此，《文集》始终保持开放，在前述计划之外，未来将视情况翻译出版一些新整理出版的作品。

杨大春

2017年11月11日

目　录

意识和语言的习得 …… 1

导言 …… 1

儿童语言的心理发展 …… 8

一岁期间语言的习得 …… 10

A）音素的习得 …… 19

B）模仿现象 …… 30

纪尧姆理论的扩展 …… 35

胡塞尔眼中的他人问题 …… 39

胡塞尔的立场 …… 42

马克斯·舍勒的构想 …… 44

结语 …… 48

直到 7 岁时语言的演变 …… 52

7 岁以上的儿童之间的交流 …… 56

对皮亚杰的各种概念的考察 …… 59

语言病理学 …… 62

I. 言语幻觉 …… 63

II. 对失语症的研究 …… 67

语言学的贡献 …… 77

成人眼中的儿童 ………… 104
I. 教育学相对于其它学科的地位 ………… 104
II. 教育学与历史 ………… 107
III. 教育学与精神分析 ………… 108
IV. 教育学与历史唯物主义 ………… 116
［亲子关系］
I. 孩子出生前 ………… 120
II. 孩子出生后 ………… 123
结论 ………… 128
儿童成长的各个阶段 ………… 130
I. 断奶情结 ………… 132
II. 入侵情结 ………… 133
III. 俄狄浦斯情结 ………… 137
文化主义社会学的一些著作 ………… 156
参考书目 ………… 156
卡丁纳对阿洛尔群岛群体的研究 ………… 160
另一个例子：美国村庄普莱恩维尔 ………… 173
对另一个古老教育类型的研究：纳瓦霍人 ………… 179
社会计量学 ………… 189
参考书目 ………… 189
精神分析的来源 ………… 190
马克思主义的来源 ………… 191
社会学意义上的定位：社会计量学 ………… 192
精神分析学意义上的定位 ………… 196

概述莫雷诺的实践 …… 200

儿童意识的结构与冲突 …… 210

引言 …… 210

“成长”的概念 …… 214

I. 种系发生学意义上的（phylogénétique）成长 …… 214

II. 个体发生意义上的成长 …… 219

儿童的知觉 …… 231

详述格式塔理论对儿童知觉的观点 …… 239

皮亚杰的著作 …… 243

皮亚杰对德伯夫错觉的解释 …… 245

“凝视”概念以及“目光的去中心化”概念 …… 249

审视皮亚杰的诸概念 …… 251

对因果关系的知觉 …… 255

儿童画 …… 262

吕格所理解的儿童画 …… 265

普度欧莫所理解的儿童画 …… 273

绘画与知觉 …… 275

透过精神分析来看绘画 …… 279

儿童与想象的关系 …… 283

儿童的世界表象 …… 298

结论 …… 309

儿童心理社会学 …… 311

“发展”的概念 …… 311

皮亚杰理论中从知觉到智力的过渡问题导论 …… 317
格式塔理论中从知觉到智力的过渡 …… 333
结论：比较皮亚杰理论与格式塔理论中的“智力”概念 …… 352
精神分析和社会学的交互关系 …… 371
心理性与社会性之间的关系 …… 376

儿童与他者的关系 …… 388
绪论 …… 388
I. 理论问题 …… 396
II. 0 至 6 个月的儿童 …… 400
III. 6 个月至 3 岁的儿童 …… 402
IV. 三岁危机 …… 417
V. 儿童与父母的各种关系 …… 420
关于运用精神分析材料的一些意见 …… 420
I. 弗洛伊德认为的儿童与他者的关系 …… 422
II. 弗洛伊德后继者的贡献 …… 436
III. 与父母之间关系的重要性 …… 483

人文科学与现象学 …… 507
引言 …… 507
胡塞尔眼中的人文科学的问题 …… 511
I. 心理学的问题以及胡塞尔的问题 …… 511
II. 胡塞尔与心理学 …… 517
III. 现象学与语言学 …… 530
IV. 现象学与历史 …… 534

V. 胡塞尔、舍勒和海德格尔 …… 537
当代心理学与现象学的汇合 …… 541
I. 心理学在二十世纪初的状况 …… 541
II. 心理学的演变 …… 546
III. 心理学的发展以及哲学上的各种矛盾对立：灵魂-身体、外在-内在、心智主义-唯物主义 …… 548
A）“行为”概念。“现象的” …… 549
B）心理学家们如何整合这些新概念？ …… 560
C）戈尔德斯坦对生理学的设想、对生理学与心理学关系的设想 …… 576

儿童心理学的方法 …… 593
I. 儿童心理学的首要困难 …… 593
II. 儿童与成人之间的关系；描述 …… 594
III. 儿童与成人的关系。我们的儿童心理学应该是怎样的 …… 596
IV. 思考批判认为“儿童心智的状态是封闭在自身”的设想 …… 597
V. 方法论上的注意事项 …… 599
VI. 如何发展出一种关于儿童的严格的、科学的知识？ …… 602
VII. 一些核心原则 …… 605
VIII. 儿童心理学研究中由于实在论思想模式而产生的错误 …… 609
[反对实在论]
I. 思考批判一种只追求对事实进行统计学评估的方法 …… 613

II. 勒温所主张的方法：受伽利略启发的方法 617
III. 科学心理学的特性 620
IV. 考察当代心理学中那些适合科学心理学的要素 621
玛格丽特·米德对男性和女性的看法 622
讨论学生关于青春期的口头报告 631
考察海伦妮·多伊奇关于青春期的观点 636
儿童对世界的表象 645
I. 考察皮亚杰的几个观点 646
II. 批评 648
儿童画 654
I. 吕格在方法论上的错误 654
II. 吕格的解读 656
III. 形态理论提出的批评 657
IV. 解释儿童画与成人画之间的关系 658
V. 关系比较："成人画-儿童画"以及"意大利绘画-现代绘画" 660
镜像 669
模仿 674
智性功能与其它心理功能之间的关系 678
这一问题的难点 678
形态心理学的贡献 679
形态心理学的演变 683
智力理论 684

对于他者的经验 …… 688
最初的描述 …… 691
1）阿恩海姆的工作（1928 年）…… 699
2）沃尔夫的工作 …… 702
［体验和姿势之间的关系］
考察亲历以及姿势所表达的东西 …… 710
a）考察神秘意识中的情况 …… 710
b）考察戏剧表达中的情况 …… 712
c）考察像我们社会这样的社会生活中的情况 …… 719
d）考察语言中的情况 …… 724

译后记 …… 729

意识和语言的习得 9

导　言

语言问题处于哲学和心理学之间。

从笛卡尔、康德一脉的哲学传统出发，人们认为语言没有任何哲学意义，而且只是一个技术问题。

1）反思性构想

在笛卡尔的传统中，意识和语言是不可能相遇的。如果我们认为意识只有一种类型，那么，语言就会是处于意识之外的，与事物类似的东西。意识和语言之间没有内在关联，因为意识为了是对于某物的意识，就要在本质上是自我意识。被如此构想的意识是一种普遍的综合活动。从这个角度看，他者只是人们的自知的投射：在这一哲学的根源处，人们不会与他者相遇。然而，这一哲学却仅仅以如下所说来避免唯我论：没有理由认为我的意识是唯一的；作为人，我们是孤立的，然而我们借助思想上升到了普遍。

从这个角度看，语言来自事物的领域，而非主体的领域。被

说出的或写下的语词是一些物理现象；语词的意义和面貌之间的
10 关系是偶然的、随意的和约定的。我的语词不涉及意识的交流，而只是给予他者的心灵一回忆起他已经知道的东西的机会。语言是一种已被说出却没有有效沟通力的信息。语词自身没有特有力量。因此，最好的语言就会是最中性的语言，也即科学的语言、算术语言。在这种语言中，没有任何歧义（参见普遍语言的设想，以及人类思想词典的设想，这个词典包括所有的语言和思想）。

从这种观点出发，人们会以贬低语言的价值而告终，将之仅看作是意识的外衣、思想的外衣。甚至是在像萨特这样一位没有忽视他人问题的作者看来，语言也不可能为思想带来任何东西：语词没有“力量”，语词只进行普遍化和概括已经存在的东西。思想不欠语词任何东西。

2）语言问题的新位置

这种哲学是最实证科学的同谋：它完全允许心理学将语言当作对象（参见过去对失语症的构想：失语症是丧失了语词形象）。

a）然而，反思哲学和机械心理学的这种一致，被一种认识到这个问题的思想演变从两端打破了。萨特说语言并没有带来另外的东西，然而却又指出，在语言表达之中有新行为的发端（比如在《帕马的修道院》中，那对恋人尽管已相爱，伯爵仍然担心最初的关于爱的语词出现在他们之间）。

总的来说：我们不再能将与他者的关系建立在真理的价值之上，我们不能再避免遇见他者。就语言来说，上面所说的结果是，正是语言使诸个体得以交流。这样一来，语言就变成了一种神秘的东西，因为它既不再是自我，也不再是事物。心理学意识到语词不是事物，因此不再将失语症看作是失去了语词形象。失语症者仍然知道在一个整体中如何使用语词。他不再知道怎么说“红”，但仍然知道怎么说“红樱桃”。戈尔德斯坦说，这既不是失去了语词，也不是失去了观念，而是失去了“使语词适合进行表达”的东西。在他看来，应该区分充满意义的语词和缺乏意义的 11
语词（德语“Sinnvoll”和“Sinnlos”）：应该在语词之中认出意义的在场。

这一分析显明了语言的某种意指能力。

b）**语言学进展带来的东西**：在索绪尔看来[①]，语言对于言说的人来说，不是各种语词和观念的堆积，不是对应于观念集合的符号的集合，而是一种独特的整体（在这种整体中，每一个语词都通过其它语词而获得自己的意义），而是一正在逐渐地自我分化的团簇。

在语言学家纪尧姆看来，在每种言语之下都有一个潜语言模式，它告诉我们，比如，这样或那样的言语里的时间结构。然而个体并没有意识到这一模式：它既不内在于主体的意识，也不是外在的现实。因此就必须为语言找一个位置，因为它既不是事物，也不是心灵，因为其特征是模糊的、含混的。

c）**文学经验带来的东西**：语言的文学经验证实了这些特征。一百多年来，对于作家来说，语言就是与“思想的外衣”截然不同的东西。古典作家对语词有某种绝对信任（拉·布吕耶说，恰

① 《普通语言学教程》，Payot 出版社，1972 年，新版。

当的表达总是存在着，即使作家没有发现它）。从根本上说，古典作家认为语言已经处于事物之中了。鲍朗分析了这样一种幻觉：事物一旦被说出，它就像在此前一直被说出似的。语词实现了观念，然后就让自己被遗忘：成功的语言和成功的思想是同一个东西。这种功能中的语言是模糊的，然而这种功能却使所有其它的东西清楚起来。我们不能观察它，而只能运用它；我们不可能直接地把握到它。

3）结论

语言既非事物，也非心灵，既是内在的，又是超越的，因此其位置仍有待发现。在对语言习得的研究中，这一问题总是出现。对语言所做的心理学研究会把我们引向其澄清的功能，而心理学问题会把我们引向哲学问题。

就像我们已经看到的，语言是所有试图将其转变为客体的努
12 力的不可逾越的障碍。然而，它又非常明显地与心灵不相混淆：它反抗符号–所指的区分。我们已经看到，对于语言研究来说，反思的方法是无能为力的。那么，归纳的方法会更好一些吗？

I. 归纳法

我们首先明确归纳概念是什么。布伦施威克在《人类经验和物理因果性》[①] 中分析了这一方法，并反对斯图尔特·穆勒的理论，

---

① 《人类经验和物理因果性》（*Expérience humanie et causalité physique*），Alcan 出版社，1922 年。

按照后者的立场，归纳只是对自然关联做简单解读。然而，布伦施威克的批评是有歧义的，因为其分析的两部分之间存在着矛盾。在第一部分，他反对穆勒的经验主义设想，因为他认为问题不在于记录各种事实之间的关系，而在于首先要确定因果关系将会在其中建立起来的各种变项。因此，第一步的工作是主动性的，是提出假设，而这是智性的工作，因为人们并不是在自然中找到事实的。

在其分析的第二部分，在考察各种假说和存在的事实之间的各种关系时，布伦施威克说，在归纳中唯一被证实的东西就是在现象的各种不同变项之间存在的数量关系的整体。被证实的东西，并不是假说给予我们的各种事实的形象，而只是这些事实之间建立起来的等式的整体。即使理论（各种事实的形象）被后来的人抛弃了，只要这些等式被新假说的语言翻译出来，就仍然具有意义。

因此，布伦施威克一方面表明，归纳并不是一些被给定事实的汇集，它是一种智性的努力。然而，就归纳向我们呈现被研究对象的本质这方面说，布伦施威克又认为它是不可证实的。

那么，我们能够期望通过归纳法获得语言结构的概念吗？我们不认为各变项之间的关系能够显明语言的性质，因此归纳法可能无法给予我们其它东西。

II. 现象学方法

因此，前述两种方法在我们看来都是不能用的。不过，对于我们的所有知识来说，实际上都存在着第三条道路的可能性：这

13 条道路只与各种事实相接触，就其所是地理解它们，以一种为它们赋予意义的方式解读它们*以及*辨识它们。我们要使现象发生变化，以便从这些变化中发现一个共同的意义。而且，这一方法的标准不会是那些用来证明所提出的假说的事实：它将展现出的，是对现象的忠实，是我们对所用材料的严格把握，以及某种描述上的“切近”。

我们在新近的动物心理学中发现了这一方法的一个例子：

动物行为的研究者运用了不断地将人类意识投射到被观察现象中的方法后，被迫采取了一种狭义的客观主义态度。然而，这一态度很快就被揭示为是不充分的。科勒研究猴子智力时做了极其严格的实验。在实验中，他运用了一种独特的方法：他不满足于计算可测量的东西（这些可测量的东西不足以描述整个现象）。为了描述猴子的行为，他利用了一些可以说是“拟人的”用语，比如“偶然发现的解决办法”或“通过幸运的错误发现的解决办法”这些在性质上有所区分的用语。猴子在找到一个解决办法时，无论是由于理解还是出于偶然，其客观的（量的）结果都是同样的，因此，我们就不能再只关注纯粹量的方面。科勒通过说“猴子解决了问题”引入了一种拟人论，但这是必要的。他说，人们之所以要超出量的分析，是因为确实存在着一些可被观察到的行为差异（真正的解决行为是一种持续的有韵律的活动，而偶然发现的解决行为则是生硬的、断断续续的等等），因此，我们必须变得主观，因为主体性处于境遇之中，但这并不意味着我们是任意的。

科勒是在运用归纳法吗？就他提出了假说，并诉诸于假说不能解释的事实而言，他运用了归纳法。然而，他之所以分析了现象的本质特征，是因为他体验到了他所观察的动物行为；我们不能不考虑我们所观察动物呈现给我们的样子，我们不能摆脱我们人类的视角。

其他人与科勒一样，明确指出了作为这一方法之基础的“描述性概念”，而在心理学中，这些“描述性概念”开始对“功能概 14
念”做出说明了。考夫卡和科勒把这种诉诸于我们对所研究行为的经验的做法称为“现象学的”。这一方法的新颖之处在于它表明有效的知识不仅是可测定的知识，而且也是对性质的描述。这种性质知识不是主观的，它是主体间的：它描述对于我们来说是可观察的东西。

这就是我们要用来研究语言的方法。研究各种事实，不是为了验证某一超越这些事实的假说，而是为了给这些事实以内在的意义。唯一重要的是严格地把握整体以及某些事实的细节。

这是戈尔德斯坦研究失语症和失认证时喜欢使用的方法。戈尔德斯坦不研究许多被试者那里相同的症状，而是致力于对一个被试者做充分的分析，尽力探究这种行为的各个方面。这是一种以“理解”来进行的方法，它在严格性上并不逊色于归纳法，因为，如果说归纳是寻找事实的多样性，那么戈尔德斯坦的方法则是在深处进行探究，并且在某个病例的内部进行对证。

总体而言，我们打算运用柏格森所界定的方法，尽管他并没有实施这一方法。这一方法就是：哲学应该去揭示科学家所描述的现象的意义。哲学家的角色是对物理学家所看到的世界进行重构，这一世界具有科学家不会提及的“边缘”，这种“边缘”是由物理学家与性质世界的接触而产生的。[①] 这一纲领在我们看来依然是有价值的：心理学和哲学并无不同：心理学总是隐含的或者初步的哲学，而哲学与各种事实的接触也永远不会结束。

因此，我们将努力通过讨论以下事实来理解语言的存在：

1. 儿童语言的心理发展；

2. 与语言的解体有关的事实；

3. 语言学对语言的见解；

4. 文学所呈现的经验，因为成为作家就是学习自己的语言，就是创造自己的言语以及自己的读者群，因此就是在更高的层面重新开始创造语言。

15 儿童语言的心理发展

总体看法。儿童在最初的几个月中，先是哭，做些有表达意味的动作，然后开始发出些呀呀语。我们应该将这些呀呀语看作语言的雏形：首先它是极其丰富的，包含着儿童周围的人所说的语言中没有的音素，而且儿童在成年后不再能说这些音素（比如，当他学外语想重获这些音素时）。因此，这些呀呀语是一种多态言语：它通过与周围环境的关系自发地出现；甚至在聋哑儿童那里也有这种言语，尽管它在聋哑儿童那里也许更为初级。这种言语中有非常多的模仿：这种模仿在 6 到 12 个月期间达至其

---

① 柏格森：《形上学导论》（*Introduction à la métaphysique*），收在百年纪念版《著作集》，法国大学出版社版，1963 年，第 1392-1432，1537-1539 页。

顶点，不过，它仍是初级的，而且它不能理解它所模仿的东西的意义。呀呀语与语言之间的关系和涂鸦与绘画之间的关系是一样的。

这种模仿既涉及语词，也涉及句子的节奏：我们或许可以说，儿童试图“一般地”说话。斯泰因讲述道，他的女儿曾有一个月说一种没有任何含义的“外语”，但她却是以一种对话语气说出的：就好像她在做说话的游戏。德拉克洛瓦说：“儿童沉浸在语言之中。”他被周围的对话行为所吸引、所迷住，并且也试着去言说。

语言是一切身体活动的必然延伸，但它对于身体活动来说又是全新的：话语出自各种举止、模仿等等构成的“整体语言”。但是语言做了改变。首先，语言已经把发音器官用于一种对这些器官来说并非自然的用途了：实际上，语言是没有器官的，所有促使语言存在的器官都已经具有其它功能了（萨丕尔）。语言是作为一种上级机构而被引入的：语言这一现象已经见证了另一个范畴的现象。

问题在于知道人们是如何从一种类生理的活动走到一种非生理的活动的，而非生理的活动必须以一整体的行为、活动为条件，才能被整合进谈话中。

在随后的 9 至 18 个月期间，平均来说是在 15 个月时，言说的语言出现了：儿童先是会说几个单词，随后是一段停滞期：普雷耶的儿子长达 6 个月只会说两个单词，斯泰因的儿子长达两个月只会说一个单词。这种现象虽然在大多儿童那里没那么明显，但也都存在过：这是语言的酝酿期。

16 ## 一岁期间语言的习得

1）最初几周

儿童非常早就开始表达了。格雷戈尔指出[①]，从第二个月末开始，婴儿开始笑以及微笑，这不仅是为了表达满足，而也是为了回应周围人的微笑。这已经意味着与他者的关系了：这种关系先于那个将会在此语境中出现的语言。

正因如此，将最初的语词看作是自发的东西是不自然的：远在语词出现以前就已经有了通过姿态给出的回应。格雷戈尔坚持认为：婴儿的智性活动比人们所认为的更加重要：人们常常会倾向低估这种智力活动，因为它没有外在的表现。从一出生，婴儿就有能力与外界发生关系，而且这种能力在其生命的最初几周一直在增长：在胚胎状态，人们就已经能够激起条件反射了，及至出生，大脑就已经记录下了周围环境中发生的某些变化。

在最初一周，模仿能力会有极大的提升，听力和视力同样如此：4 至 7 天的婴儿比 0 至 3 天的婴儿听力强 1 倍半。早产婴儿拥有正常的智力发育：因此他们能够克服出生时身体上的不足。

2）呀呀语

呀呀语始于两个半月，它主要由一些我们无法用模仿来解释

---

① 格雷戈尔（M.Grégore）："儿童最初两年的话语习得"（L'Apprentissage de la parole pendant les deux première années de l'enfance），载《心理学杂志》（*Journal de Paychologie*），1933 年；《语言学习》（*L'Apprentissage du langage*），Liege，1937 年。

其习得来源的辅音（如 L、R）所组成：所有婴儿都会发这种音，不论其周围的言语是什么。人们也许可以从生理学角度解释这些现象：吮吸活动占据主导地位，这有助于唇辅音和喉辅音的出现。

如下这种说法似乎是站不住脚的：最初阶段的呀呀语是在模 17
仿。一些学者认为呀呀语来自对嘴唇动作的模仿。然而纪尧姆指出，儿童会模仿在说话者的嘴唇上看不见的喉音：因此，即使存在环境的影响，那也是听觉激起了模仿，而不是视觉。更何况，婴儿并不关注说话者的嘴，而是关注说话者的眼睛。人们常常会发现，儿童在听别人说话的时候会张开嘴，但是格雷戈尔认为这只是他人行为的感染（比如打哈欠），而不是在试图重建他所知觉到的东西。

然而普遍而言，成人语言的存在会让儿童感到兴奋：儿童只要一醒来，就听到说话；大多数时候，语言是直接说给他的，而且这种声音感觉先会引起他肢体上的兴奋，然后才会引起他发音器官上的兴奋（发音器官可被看作肢体）。

总而言之，儿童从周围环境接受到了语言的“指导”：在这一阶段，模仿不起任何作用，不过，我们必须强调儿童置身于他周围人的说话方式（比如节奏、语调等）之中这一事实的重要性，这一切的影响是，儿童在总体上受到语言的吸引（参见德拉克洛瓦：“儿童沉浸在语言之中”）。冯特说语言发展始终是一种“早熟的”（prématuré）的发展。实际上，我们不可能否认存在某种自发性的东西，但是把儿童引向语言的却是与周围人的关系：这是一种朝向某个目标的发展，该目标是由外在所确定的，而不是预先建立在机体中的。

4个月：（依然按照格雷戈尔的看法），从4个月到10个月，发生了语言上和智性上非常重要的发展：对于这一发展，我们不太注意，因为对这一阶段，我们更关注运动能力的进步。这一阶段中所发的声音意谓着什么呢？儿童会专注于某些声音，转变它们的音调，并变换它们的重音和音长：这一切都已经表达出了能量和情绪的变动。从这一时刻起，来自成人语言的各种可被感觉到的细微变化出现了。比勒在其《语言理论》[1]中说，德国儿童起初会将重音放在其发音的第二个音节上，但很快就移到第一个音节上：可
18 以说，他们选用了“德语重音”。因此，远在说话之前，儿童就采用了他将说的言语的节奏和重音。

正是大致在这一阶段，儿童发出了极其丰富的语音，发出了一些他们后来不再能发出的声音：在此之后，他们会做选择、会变得贫乏。

7个月：到约7个月的时候，自发的呀呀语似乎慢慢地变成了有意识的话语。儿童仍然不能清楚地说话，但是他试图发音，并且对听到的东西越来越敏感：就好像他说话的意图变得越来越强烈了。

8个月：到了8个月的时候，当人们出于想让儿童重复他们所说东西的意图而对儿童说一些单词时，儿童开始能够重复这些单词了：儿童将这些单词放到某些句子之中，这是按照句子节奏对

---

[1] 卡尔·比勒（Karl Bühler）：《语言理论》（*Sprachtheorie*），Fischer, Iéna，1934年。其中的“拟声词和语言的表达功能”（L'onomatopée et la fonction representative du langage）一章重印于《语言论集》（*Essais sur le langage*）中，子夜出版社，1988年。

句子所做的模仿：这是伪语言。

12个月：格雷戈尔观察到，从10个月到12个月，儿童会发出一些一符多音的伪语词，而且这种声音无限多样。另外，在约12个月时，格雷戈尔的儿子对比父亲叫得更响非常快乐，因此开始能创造一些类语言的效果。

3）第一个词

这时他儿子说出了他的第一个词，意指从房屋前经过的火车：这是一个专门意指一特定事物的语词，或者更恰当地说，这是一个专门意指一组特定事物（比如，火车、火车经过引起的震动等等）的语词。这一语词尤其传达了一种感受性的状态：这一语词有多种意义：它是语词句。

在第一个词和此前的东西之间划出一个绝对界限是人为的：第一个词出现之前很久，儿童就已经通过其行为限定地意指各种对象了，只不过没有用特定的语词意指它们。在格雷戈尔看来，我们不能说第一个词的出现意味着儿童意识到了符号-所指的关系。

在发表于《心理学杂志》的一篇文章[①]中，卡西尔曾经说过，第一个词的出现使我们可以把印象和与这些印象不同的事实综合起来；这种可能性的前提是，存在着极其丰富的未被明确表述的经验，语词最终会对这些经验进行概括和删减。相反，格雷戈尔认为在语词之前的经验是贫乏的、贫瘠的：语词是作为一个整体 19

① 卡西尔："语言与对象世界的建构"（Le langage et la construction du monde des objets），载《心理学杂志》，1933年，第30年辑，第18-44页，收录于《语言论集》，子夜出版社，1988年。

显现在这些经验里的：它不是综合，而是分化。

格雷戈尔试图说明语言发展的连续性：一方面，在第一个词出现之前就已经有对对象的表达和确定了；另一方面，第一个词的出现根本没有终结呀呀语：呀呀语会在很长的一段时间里伴随着儿童的话语；而且，成人的常常没有说出的内在语言的某些方面也许只是呀呀语的延续。一方面，从生命之始，就有对将会成为语言的东西的预期；另一方面，呀呀语直到成年仍然存在。

第一个词的含义

1. 智性主义的解释

我们倾向于赞同德拉克洛瓦所说的[①]，符号只有是“心智性的符号”时，才是真正的“能指”。要做到这一点，语词之间必须有一些联系，而且这些联系必须遵守逻辑原则、形式关系的规定。这样一来，符号就构成了语境的一部分，而其含义就取决于它所处的语境。

看起来德拉克洛瓦和斯泰因[②]对第一个词的含义的看法是一致的：第一个词使儿童意识到每个事物都有一个名称，并且使儿童想知道这个名称。第一个词的出现使符号和所指的关系突然显现了出来。

这种设想多少是依据于海伦·凯勒的著名例子。海伦·凯勒

① 德拉克洛瓦：《语言与思想》(*Le langage et la pensée*)，Alcan 出版社，1930 年。

② 德拉克洛瓦和斯泰因：《新生儿心理学》(*Psychologie de la première enfance*)。

是一个丧失听说能力的盲人，[①] 她的老师通过触摸成功地对她做了再教育。她在其自传中叙述道，在很长一段时间内，所有试图让她拥有“符号”观念的努力都失败了。然而，有一天在汲水的时候，在她的手与冰凉的水的接触引起了强烈感受的那一刻，老师在她另一只手上画了一个意指水的惯用符号：在这一瞬间，海伦·凯勒突然意识到了符号和所指的关系，并且在随后的一个小时里，学会了 30 几个符号。

这一例子促进了“全有或全无”的观念：要么有意识和理解，要么完全没有语言。

2. 对这一设想的批评 20

第一个词的出现真的意味着儿童意识到了符号和所指的关系吗？有许多理由使我们难以接受这种设想。

a）如果真是如此，那么，儿童有了第一个词之后就应该会有快速的进展，就像海伦·凯勒的情况那样。然而，在大多情况中，随第一个词出现之后的是一段漫长的停滞期。如果第一个词真的使儿童意识到了符号，那么，又该如何理解这个停滞期呢？

b）斯泰因承认：儿童远未拥有成人所理解的符号概念。对于成人来说，符号是一种约定的东西；对于直到 6 岁或 7 岁的儿童来说，符号是事物的一种性质、一种特性。[②] 对于儿童来说，符号

---

① 《聋、哑、盲：我的生命史》（*Sourde, muette, aveugle. Histoire de ma vie*），payot 出版社，1954 年。

② 参见皮亚杰的观察，尤其是《儿童对世界的表象》（*La representation du monde chez l'enfant*），法国大学出版社，1972 年。

与所指具有一种近乎魔力般的关系、一种互渗的关系、隐秘相似的关系。斯泰因讲述了一个年幼孩子创造词语的例子：这个孩子在很长一段时间后被问及造词的原因时，仍诉诸某种明见性："因为那个东西看起来就应该被那样称呼。"

c）第一批词往往与成人的词不同：它们往往是拟声词（因此这涉及的是某种相似关系）。而且，即使儿童使用成人的词，其意义也总是飘忽不定的：儿童常常用一个词意指一整组具有相似特征的事物（比如，用"音乐"意指音乐、军乐以及士兵）。

无论是在这种情况下，还是在似乎运用隐喻的情况下，儿童所做的都不是概括归纳：他没有进行概括的概念。儿童是从融合的角度来看待处境的，这使他能够领会吸收另一个完全不同范畴的事物。

因此，如果第一个词的含义对儿童而言是模糊的和飘忽的，那么，我们就不能认为儿童对于符号具有我们那样的知识（如果是这样，他的表述就会更加连贯一致）。然而，对第一个词的习得无论如何都标志着语言习得的关键一步。那么，我们应该如何理解这关键的一步呢？

18个月至3岁：在这一阶段，儿童尤其会努力越来越完善他
21 对母语的学习。在这一时期，模仿是主要的，然而这只是在片断地、逐字逐句地重复他周围的语言。我们必须区分即时的模仿和延后的模仿（在延后模仿中，原型被吸收到了儿童的潜在知识中，并且只是后来才被使用）。下面是延后模仿的一个著名例子：斯通普夫的儿子在学会了几个单词和一些自然的符号（拟声词、感叹

词等）后，两年之中没有学会任何一个新词，这表明他对语言有某种被动的抗拒，不情愿学习它，虽然他几乎能够完全理解它。

在 3 岁 3 个月时，他突然放弃了这种态度，一下子就说得非常流利。这一情况和另外一些没有这么明显的情况一样，涉及的都是对所模仿原型进行真正的组织，而绝非纯粹、简单的接收和再现。（我们接下来将要考察的正是模仿问题）

3 岁之后：我们能够对后面的其它阶段做出区分吗？似乎很困难。斯泰因区分了从单词向句子的过渡，但这并不是一个可以被明确界定的阶段，因为，最初的词总是具有句子的价值，所以各种界限并不是不确定的。

另一些人依据词汇的增长来区分不同阶段，并且编制了儿童在不同年龄段获得的语言知识的清单：在这个方向有多个研究，不过它们的结果都令人困惑而且令人失望。德索黛莱丝女士统计了儿童 3 岁期间掌握的词汇，并且制定了一些测验来避免重复这一统计。测验的结果非常不同（斯泰因发现 2 岁儿童有 300 个词，道威尔发现是 688 个，马约发现是 143 个）。各种结果的不同从何而来？

1）这是因为没有什么是一个词的明确标准（一个词根的两个后缀应被看作两个词还是一个词？词形变化等情况也是如此）。

2）对于成年人来说，情况同样如此：他使用的词汇比他理解的或在他感到需要时会用的词汇要少得多（房德里耶：这是一些无法统计的潜在词汇）。我们不能将语言装备视为语词的总和：它更多地是各种变换构成的一些系统，这些系统使语词成为一个开放的系列：它是无法探究的。它是一个具有开放领域的整体，这使表达有了无限的可能。这样说来，当儿童把握到他所知的一个22 词的新含义时，我们是否应该将之看作一个新词？应该也不应该；我们看到，语言装备真的是一个整体，而非一个总和。

5 岁：我们也许能够像皮亚杰所建议的那样，认为 5 岁后有一个新的发展阶段：到这时为止，儿童并不寻求与他人交流（对话），而更多地是自言自语。作为社交工具的语言，直到 7 岁或 8 岁才变得重要起来。

皮亚杰在卢梭中心幼儿园做了一些试验。在这些试验中，皮亚杰观察到 46% 的话语是非社会化的（并列的自言自语）。然而，穆萧女士在汉堡的一家幼儿园中发现只有 30% 的话是非社会化的。这可能是由于教育体系的不同所致：皮亚杰做试验的幼儿园是按照蒙特梭利[1]方法教育的，而汉堡的幼儿园则更习惯于集体生活。

卡茨记录了他的孩子们的 150 则基本上是随意的谈话（5 岁和 3 岁半），还记录了他们与成人谈话中的一些真正意义上的交谈，以及一些好奇心和情感等的表露：他观察到一种真正的语言活动，这种语言活动远远超出了皮亚杰所设想的“以自我为中心的语言”。

因此，我们要警惕任何人为地将语言习得分割为一些“相继阶段”的做法：看来，从一开始儿童的各种表达活动就包含了所有的可能性；没有任何东西是完全新的，而只有一些期待、一些后退、

---

① 蒙特梭利（montessori，1870-1952），意大利幼儿教育家，主张不要盲目限制儿童的自由行动，要为儿童准备一个他可以最大限度地自由活动的环境。——译者注

一些以新形态出现的总是存在的古老成分。在这种发展之中，一方面一切都已经被初步勾显出来了，另一方面看，它是通过一系列断断续续的进展而实现的；这种发展在同等程度上反驳了各种智性主义理论和各种经验主义理论。格式塔学家让我们更透彻地理解了这一问题：他们解释了儿童在发展的关键时期是如何既不通过智性努力，也不通过直接模仿而掌握了各种语言“格式塔”以及语言的普遍结构的。要阐明这一问题，我们将依次讨论如下的问题：

1）音素习得的问题；

2）模仿的问题。

A）音素的习得

人们在语词层面提出语言习得的问题时，遇到了极大困难：一个语词涉及某个概念，语词已经包含了二元性，即符号和所指 23
在形式上的区别。

不过，我们可以在音素层面讨论语言：音素不涉及任何意义，它们是语言的成分，自身没有意义，但它们却让各种语词之间有了区别。不过，它们自身没有意义并不意味着它们是毫无意义的：对音素的反思使我们能够超越符号和概念的对立：这种反思使我们能够看到语言习得（既不是来自理智，也不是来自模仿）的顺序是什么。

我们来看一下雅各布森的分析（1941年在瑞典做的研究）[①]。雅

---

① 雅各布森：“儿童语言、失语症和语音结构的一般法则”（Langage enfantin, aphasie et lois générales de la structure phonique），载《儿童语言和失语症》（*Langage enfantin et aphasie*），子夜出版社，1969 年。

各布森建议对儿童获得音素的过程和失语症患者音素系统的退化进行比较。雅各布森认为音素系统构成了一个具有非常紧密的必然关联的严格整体，以至于其获得和消失的顺序**永远**不是任意的。（我们不反对对儿童和病人进行比较，因为这种比较只发生在音素系统的层面，而非语言整体的层面。）

雅各布森从索绪尔所提出的特定才智（esprit）和统一才智之间的对立出发，这两者促成了一门言语的形成，并使其保持平衡。（比如，儿童长时间拒绝说周围语言的例子，未来诗人的例子；这种拒绝可以是某种特定能力的标志；有些部落中女人的语言，恋爱的人的语言。）不可否认，存在着某种特定才智，但这种特定才智很快就会被吸收进统一的才智中。（比如：儿童说着“婴儿”的语言，然而却反对成人像他那样说话。）

如何理解各种音素是有规律地和系统地按顺序出现的？生理学家非常喜欢诉诸“消耗最少能量的原则”，然而，音素自身并没有难易之分。我们必须通过某些具有优先地位的行为来解释这种顺序，这些行为构成了某种言语的各种常项：这些具有优先地位的行为并不比其它行为更为容易，它们不让自己附属于任何原则，它们是语言整体的终极材料，而使语言整体能实现最大功效。

如此说来，音素系统似乎是一种不可还原的现实，习得语言
24 似乎是个体被整合进了其言语的结构之中。这一点在从呀呀语过渡到清晰分明地说出语词的过程中特别明显地展现了出来：雅各布森称为“消蚀”的现象发生了：丰富多样的呀呀语突然消失了，儿童不仅失去了他的言语里不使用的声音，而且还失去了对他来说会是非常有用的声音：这样一来，说呀呀语时能非常好地区分 K

音和T音的儿童一下子不再能区分它们了，尽管当成人说时他能清楚地认出它们。因此，儿童缺乏的并不是运动的或听觉的样态。发生的一切，就仿佛儿童不得不去限制自己，因为各种声音现在有了确定的含义：自从音素被用来区分语词的那一刻起，儿童似乎就应该去掌握音素的新价值，应该去逐渐习得音素初始的对立系统和连续系统。总之，儿童的发音能力不取决于其清晰地发音的能力（他在呀呀语阶段已经有这种能力了），而是取决于习得音素的各种对立以及它们的意义值。儿童进入音素系统的严格顺序提醒他，这种顺序可能是有语言价值的：雅各布森如此定义这种现象："朝向意义的各种音素的对立组成的系统。"

雅各布森观察到的语音活动的这种"消蚀"来自哪里呢？儿童开始说话后不再能发出某些声音，不过，这既不是因为他不能发音了，也不是因为他不再听到它们了。他是暂时不能将它们当作有意义的声音发出来了；这是因为，这些声音还没有成为有意义的音素系统的一部分。

儿童在受到周围环境的刺激想说话时，会感觉到语言中有一些稳定的"结构"，他辨识这些结构，并且体验它们的主体间价值。他猜测某些音素的重现背后有一种意义：他开始将这种意义当作声音的"使用规则"：这使他准备为音素赋予某种含义，起初是某种模糊的含义，也就是环境的含义。

雅各布森理论的独创性在于，它在我们对音素系统的采用与音素系统的交流功能之间建立了紧密的关联。总之，被如此这般使用的这个系统的结构已经在要求含义了：借助于听人说话，儿童猜测这与符号有关，因为音素系统把含义当作"中空的东西"

勾画出来。

25 不过，雅各布森并不是想确定音素系统的存在论地位，而更多地是想给出音素系统的各种特征：他的研究更多地是科学家的研究而非哲学家的研究。

他强调这一系统是独立自主的：其结构是严格的，其规则只与这一结构相关，而与外在于此结构的生理条件无关。当语言在儿童那里出现时，这一系统的严格性被呀呀语的持续存在掩盖了：儿童不停地使用一些并不遵从音素系统规则的拟声词和感叹词，这些词有时会使音素系统变得更加丰富。

比如，一个孩子还不知道怎么发作为语言的一部分的“R”音，却能够非常好地用“R”音模仿鸟鸣声：只要“R”音不是用来说话的，他就知道怎么发。（参见对口吃者的矫正：比如，我们通过让他们模仿马达的转动声而习惯于发“R”音，然后，再试着让他们把这一声音整合到其语言之中。）

这位作者试图通过将其理论应用于失语症而对其理论进行对照验证；由于拥有语言取决于对各种音素的整合，因此，失语症的原因就应该是音素系统的解体。雅各布森在所有纯粹失语症患者那里都观察到了音素系统的有规律的解体，而且这往往伴随着一种暂时的再平衡（他观察到一个捷克人不再能区分长元音和短元音。由于捷克语将重音放在第一个音节上，所以这个病人为了弥补不能区分长短元音，就将重音移到倒数第二个音节上：这样一来，他就通过对语词做更有力的发音改变各元音的不同性质）。

按照雅各布森的看法，失语症患者那里仍然存在着一个音素系统、一个尽管退化了但仍然是系统的统一体、整体，这是因为有这种持续不断的再平衡。这样就产生了如下这一问题：这个患者是如何经验这一平衡工作的？

一个患者尽管既不是失认症患者，也不是失用症患者，但就是无法再发出某些词的音了：这些词只是作为一个整体的一部分而丧失的。雅各布森在此处使用了胡塞尔对国际象棋游戏所做的比较：

我们既可以从棋子的材料角度去考虑棋子，也可以从它们在游戏中的意义角度去考虑棋子：我们不是通过发音现象达至语言 26
的，而是通过语言游戏的成分达至语言的。患者失去的不是自然的工具，而是在某些情况下使用这一工具的可能性。

雅各布森只到了其著作的第二部分才尝试定义音素。他说音素是：

“语言的成分，这些成分使一个语词区别于所有其它在音素上与这个词相同的语词。音素是语言的区分性成分。”

因此，音素是语词的基本成分，尽管它们本身没有意义。（比如，音素“an”自己就可将“sang”和“saint”区分开来，但“an”自身不意谓任何东西。）音素可以说是一阶的符号，它们不像语词那样与事物相关联，而是与语词相关联。

但是，由于音素是区分各个语词的成分，而语词与物体相关联，所以音素系统的错乱与严格意义上的语言错乱常常具有同样的面貌，并且具有同样的结果：同音异义。雅各布森给出了两个德语词的例子：“Rippe”（肋骨）和“Lippe”（嘴唇）。将“Rippe”和“Lippe”区分开来的音素只是“R”。那么，就存在两种错乱的可能性：

1. 患者不再能区分“L”和“R”，因此他不得不使用同一个语词指代两个事物；

2. 患者不再知道这两个语词的意义：对于他来说，这完全是两个不同的词，但是他不再能区分它们了，因为它们对他来说已经没有意义了；其中一个最终不再被使用，另一个则被当作两个词来使用。这两种情况要么是由于音素系统的解体，要么是由于语词意义的消失，在这两种情况中，都存在着同音异义的现象。

但是，这两种情况涉及的都是语言能力的错乱：表达形式的错乱或象征功能的错乱。音韵学家不再认为只有语词才具有“象征功能”；他们认为音素系统也有“象征功能”，因为他们观察到音素和语词之间有一种严格的平行关系：音素和语词都是语言链的组成部分，并且它们使它们所属的整体发生分化：

1. 语词和音素都有一些独有的特征、恒定的形式；

2. 两者都会使邻近的领域发生一些改变（音素改变语词，语词改变句子）；

27 3. 两者都会根据其各自系列的特征（对于音素来说是音素系统的规则，对于语词来说是句法规则）而在整体中找到自己的位置。

音素系统一方面由一种普遍的、所有语言都共有的系统构成：在刚开始说话的儿童那里，它是最先出现的；另一方面由每一言语的独特系统构成，这些独特系统将各种言语相互区分开来，在这些独特系统中，儿童在习得了基础系统后就确定自己的系统。（按照特鲁别茨柯伊的看法，严格说来，并不存在普遍的组成部分。）

各种音素的相继顺序是严格的且始终不变的：

—— 腭音出现在齿音之后（d 音被 k 音代替）；

—— 第一个元音是 a；

—— 随后到来的是辅音之间的对位：

1） P – M

2） P – T

3） M – N

这是最低限度的辅音系统，所有儿童语言都是从这里开始的。

—— 随后，元音系统发展了起来：

1） à – i 或 à – e

2） u 或 è

这是最低限度的元音系统。

—— 前元音总是在后元音之前出现。因此，在所有语言中都会有一些基础的成分和一些“建立在基础上”的成分；后者不能出现在前者之前，而前者如果不引起“建立在基础”的成分的消除就不能消失。

这种出现顺序是不可颠倒的。在失语症那里，消失顺序是颠倒的。最不常见的音素最先消失。

在其后来的著作中，雅各布森将其理论扩展到两个地方：

1）**梦的语言**。在雅各布森看来，人们在梦中使用的退化语言与失语症患者的语言遵循同样的区分方式。我们可以在两者中观察到同样的变化：最不常见的音素最先消失。最终，只有最基本的音素存在。这或许可以解释梦中思想的含混不明，这种含混不明平行于语言的含混不明，或者可能来自语言的含混不明。

2）应用。雅各布森仍然是借助音素系统的各种规则来解释人
28 们在寻找一个单词时发生的事情：存在于记忆中的模式没有能力以语词实现自身，因为至少从这一角度看，音素系统是分化的。

雅各布森理论的这两个扩展使我们清楚了音素系统的性质。

I. 音韵学分析的独特性

音韵学分析[1]的独特性来自于：它置于语言之前的东西，来自于某种意义上它置于语言之下的东西。语言是与意义相关联的各种符号的系统：困难在于找出符号和意义的关系。音韵学家研究已经是符号然而却没有可意指的意义的语言成分，即自身不意谓任何东西，而是被用来将一个语词与其它语词区分开来的音素。音韵学家将习得的语言搁在一边，试图在语词链之内，在最终会赋予确定的语词以确定的意义的约定和历史事件之下，重新找到具有其原初功能的符号。按照索绪尔的看法，语言是由处在相互区分过程中的各种符号组成的系统。音韵学家试图为语词找到与不同意义相对应的不同的模态，就像为音素寻找那样。

音韵学家研究语词，因为语词涉及言语，涉及符号使用的规则。问题不在于找到意义是怎样从外面被附加给符号的，而在于找到音素是如何相互关联的，在于找到声音是如何切割意义世界的。音素符号的整体表现着所指世界的各种手势、运动。

语言的功能和一个新作者的语言的功能相似：新作者最初不

---

① 特鲁别茨柯伊：《音韵学原理》（*Principes de phonoque*），klincksieck，1949年；雅各布森。

被理解，但随着人们被他教育而逐渐变得可理解。他所做的各种手势似乎指向一些不存在的方向，然后一些概念逐渐地被明确表达出来，并成为这些手势的潜在的家。同样，语言通过变得对于儿童是活生生的而存在。指向一不确定目标的各种指示的整体在某个时候会引起儿童对于意义的关注和承接再塑。[①] 语言的内在结构带着它自身的意义。言语是一些用来表达无限的事物的有限单 29
元的系统。因此，在言语中，能指会超出所指。意义的整体永远不能完全地被表达：存在着很多言外之意，甚至是在最清楚的语言中也很多，或者更恰当地说，没有任何东西是被完全地表达了，没有任何东西能使倾听的主体免于主动地进行解释。

特鲁别茨柯伊指出，音素并不是原子。他更侧重研究的是各种现象的相对关系而不是这些现象本身。语词之于音素，类似于旋律之于“音阶”。语词是音素系统的各种抑扬变化。

---

① reprise 及其动词 reprendre 是梅洛-庞蒂哲学的重要概念，主要用于描述个人或群体对其当下处境的行动方式，即行动者承担领纳当下的既成事实处境，但又不囿于此，而是在其具体行动中或多或少地重塑、更新着这一处境的全局面貌。因此，这一行动可以说是“以创造性的方式领受既定处境”，同时含有被动性和主动性。在梅洛-庞蒂看来，这正是我们在世的基本结构。因此，本书将 reprise / reprendre 译为“承接再塑”，核心考虑如下。(1)“承接”和“再塑”分别着重强调被动性、主动性，使两方面含义都不流失。但应特别注意的是，虽然在文字的线性表达上必须有先后之分，但这两者实际上是同时发生的，并无时间先后。(2)“重塑”强调全局性。行动者的每一个具体行动都不仅仅是在既有处境上进行续写。相反，从梅洛-庞蒂的格式塔式的理解看来，每个具体行动都如同出现在一个系统中的新因素，会改变系统的全局结构。的确，在梅洛-庞蒂的哲学中，行动者对既定处境的“承担”，一上来就必定是风格化的承担，也就是说，“承担”一上来就必定是“再塑”，它会把客观处境转置（transposer）和消化到带有行动者个人风格（或带有行动群体的特有群体风格）的语境中，使整个处境呈现为新的面貌。——译者注

特鲁别茨柯伊还说，言语是所有言说该言语的人所“使用”的筛子。比如一个说德语的俄国人会按照俄语音素系统的结构而改变德语。

语音学研究从外面产生的声音，音韵学则试图追溯这些声音在一种言语之中如此这般组织起来的内在原因。音韵学既研究音素，也研究一门言语中所有的特殊符号：韵律关系、重音，以及各种包含音节的言语、不包含音节的言语。语言有三重功能：

1）表象功能；

2）表达功能；

3）召唤他者的功能。

音韵学研究在这三重关系中声音是有效的各种值。音素既不是物理的实在，也不是心理的实在，而是一个值、一个量值，它是抽象的、虚拟的，类似于一种货币。音素使言语的存在成为可能。

II. 儿童如何习得音素系统？

雅各布森试图理解儿童如何具有音素系统，以及对于儿童来说，“一些分散的没有关联的自足感觉”如何“变成了同样元素的概念关联”。

儿童心灵中会出现一套概念的关联，因此，儿童会理解和安
30 排那些起初不协调的音素。语音系统必定会被儿童再次发现，就像它曾被集体发现那样。实际上，雅各布森将音素系统看作概念系统的做法，已经损害了音韵学分析中原创性的东西。他比较了这一系统的习得和颜色系统的习得。然而知觉颜色的过程不是

理智分析的过程，而是这些知觉的清晰或“格式塔形成”的过程。[①]同样，音素系统的获得不能是由于理智的分类：儿童就像接受被知觉世界的各种结构那样，接受他所听到的语言中的音素音阶。

III. 结论

如果语言只有表象功能，我们就可以接受雅各布森的解释。但是，我们已经随比勒（《语言理论》）提出，言语不可割裂地是：

1）表象；

2）自我表达；

3）召唤他者。

儿童走向话语的活动是一个不断地召唤他者的活动。儿童在他者那里辨认出他我。语言就是实现与他人的相互性的手段。这里涉及的可以说是一种生命活动，而不仅仅是一种智性的活动。我们通过整个活动来与他者交流，表象功能只是整个活动的一个环节。

我们可以用样态概念概括音韵学分析之中全新的东西。音素系统是语言的一种样态。这个样态既不由语词所确定，也不由观念所确定，它没有直接含义，而只有间接的含义。它使我们能够描述一门言语的音素系统的特征，就像使我们能够描述一名作家的特征那样。

---

① 参见后面：“儿童意识的结构与冲突”。

B）模仿现象

有人说，儿童在习得音素系统和最初的单词之后，就会通过模仿来发展他的语言。我们先研究一般的模仿问题，然后把研究结果运用到语言习得问题上。

31 I. 传统观点

模仿问题将会是如下这样：儿童在看到一个举动、听到一句话后，如何能够通过把这个举动、这句话当作典范，而产生出与其对等的举动或话语？这似乎假定了双重的工作：为了将一视觉行为翻译为运动的语言，儿童首先必须理解他者的行为是由什么引起的，然后再重现这个行为。实际上，这一双重翻译并不存在。儿童不可能追溯到他者举动运动的和肌肉的原因，然后重新产生这些条件。我们已经看到，音素系统完全不是借助这种从结果到原因和从原因到结果的双重过程获得的。正如我们已经看到的，对于儿童来说，音素系统就像是音阶的音区。因此，儿童听到的和重现的并不是一个知觉的景象，而是他周围的人们对各种可能的语音做某种使用。即使这真的涉及音阶（按照特鲁别兹柯伊的说法），儿童也是在没有对它们进行分析的情况下去重现它们的：分析是一项比这晚得多的工作了。因此，模仿不可能是这种双重翻译。

II. 纪尧姆先生对模仿问题的看法

纪尧姆在其论述模仿的论著[①]中超越了传统设想。

---

① 保罗·纪尧姆：《儿童的模仿》（*L'Imitation chez l'enfant*），法国大学出版社，1969年。

他以一则决定性的评注开始：在做一个动作之前，我们并不会先向自己表象这一动作本身，我们并不会只有在思考了这个动作所必需的肌肉收缩之后才把这动作实现出来（比如，为了要使一个动作更容易起动，在做动作之前先对其进行表象，这种做法在某些轻度瘫痪病人的病例中是一种病理症状）。

更确切地说，存在着某种吸引力，这种吸引力是由对象、由我们关注的目标所发出的。我们不表象朝向对象的动作，而表象被欲求的对象。说话的情况同样如此，我们不会在说出一个句子之前向自己表象这个句子：唤起后续话语的，是对话者的话语或我们自己的话语。另外，即使有人想向自己表象这些动作的连续过程，他也不可能做到：意识并不知道“肌肉的组织情况”。完全不知道解剖学的儿童更是如此。

这样一来，我们无法向自己表象我们自己的动作，那我们又怎 32
么能表象他者的动作呢？因此我们现在假定，对于自身的模仿（重复）或对于他者的模仿都不是建立在对动作的表象之上的，而是建立在其它东西之上的。然而，如果我们对于自己的知觉和我们对于他人的视知觉之间的中介不是对动作的表象，那它又是什么呢？

传统心理学向我们呈现了一种具有四个项的关系，而其中的两个项（对我们自己的视知觉和对他者的运动知觉）是缺失的。传统心理学试图表明我们是怎样弥补这些缺失的。纪尧姆的一个非常简单的实验显示了我们对我们自己的视知觉是多么地不充分：他用手指在他孩子的背上画了几个符号，孩子能正确地重现这些符号；但是当符号画在孩子的额头上时，孩子则是以颠倒的镜像重现它们。关于模仿的传统解释假定，我会对他者举动的各种运动条件进行分析，而且这种解释是建立在预先把他者姿态和我的姿态等同起来的做法之上的。纪尧姆建议颠倒这个问题：对于传统心理学家来说是先决条件的东西，在他看来只是后果。纪尧姆不认为模仿是由他者身体和我身体之间的同一性通过它们的运动感觉、视觉两方面而产生的，而是认为儿童首先以自己的方式模仿行为的结果，并且由之发现自己做了与他模仿对象同样的行为。

他者和我之间的第三个项，将会是外在世界、是他者的行为和我的行为指向的对象。

这是一个深刻且可以带来丰富成果的观念：我们首先拥有的并不是对我们的身体的意识，而是对事物的意识：在我们几乎完全不知道行为的模态的情况下，身体就已经走向了事物。模仿仅仅被理解为是关于同一个对象的两个行为的相遇：模仿不是像他者那样去做，而是去达至同样的结果。纪尧姆的孩子在 9 个月 21 天的时候倒拿铅笔，并用它敲打桌子，然而在几次尝试之后，他颠倒铅笔，以便将笔尖放在纸上：这个孩子要做的，并不是重现父亲的手势，而是要得到父亲那样的结果（即铅笔相对于纸张的位置）。几个星期后，纪尧姆的孩子不再用铅笔敲桌子，而是用它
33 在纸上描划一些线条：这时他依然不是在模仿父亲的举动，而是要得到他的结果。这种理解适用于儿童在他的周围看到的其他人所做的所有动作：正因如此，他的举动才会与其他人的举动只有近似的、不完全的相似度。

这意味着，模仿是“隆起的”[①]，它指向的是总体结果而非举

---

① 原文为 éminente，表面意思是“隆起的、突出的”，此处可引申理解为“有所指的、有表达性的”。——译者注

动的细节。对举动的模仿只是从这种朝向事物的行为中一点一点涌现出来的。比如，当儿童（甚至是通常待在主人身边的狗）把目光转向成人看向的一边时，就是如此：在这种行为之初，成人的目光也许总会落在他感兴趣的东西上。然而，这两个行为的相似很快由于其目标不同而分离了，而且儿童会习以为常地与成人看向同一边：在任何情况下这种模仿都不能由运动的模仿来解释：当儿童将其目光转向成人的一边时，他的动作是不同于成人的动作的，因为他们相对于同一个对象的位置是不同的。儿童看起来不可能转变位置。如果我们承认，对儿童来说，成人的目光指向一个目标，而且儿童将这个目标当作自己的目标的话，那么，这个现象就迎刃而解了。

总之，人们拥有的身体不是充满着运动形象的感觉的堆积，而是走向对象的系统工具（目光是观察各种对象的工具）。模仿被解释为他者为了达到与我们相同的目的而使用的相同工具；模仿无法以别的方式被理解。纪尧姆指出，模仿是建立在目的和对象的一致性之上的。对于他人的模仿是由于对结果的模仿才变为可能的。成人逐渐成为世界中重要的存在，成为所有事物的尺度；在儿童看来，成人代表着他们最根本的自我。然后，孩子会通过一些局部模仿，重复一些具体的表象：这些局部模仿表明，他在自身里辨认出了他者。他者是世界和儿童之间的普遍中介。

起初的自发模仿与后来的明确模仿之间存在着对立。纪尧姆观察到，一个 9 个月大的小孩知道如何正确地使用梳子来为自己和他人梳头。然而，20 天后，这个孩子在没有物体的情况下却不

能模仿将手举到头顶的动作：他仍然不能理解非具体的、没有目
34 的的举动。（通过这个观察，纪尧姆预示了或契合了戈尔德斯坦的
分析，以及戈尔德斯坦对具体行为和范畴行为的区分。）

纪尧姆还观察到，人们要一个 32 个月大的儿童模仿眼睛从一侧转到另一侧的活动时，会转动整个头去做这件事。这个事实有力地证明了儿童模仿的是结果，而并非模仿成人获取这些结果的方式。

人们通常理解的模仿（即以其身体有意识地做一个举动）是后来才有的功能，因为它所涉及的不是对象本身，而是关于对象的符号、表达。

在模仿中，他者不会首先被视为身体，而是首先被视为行为。

III. 把我们的分析应用在语言问题上

对声音的模仿是一般的模仿的一个特例。它的优势是能被听觉严格地检控：一个人总是他自己话语的见证者。因此，就对话语的模仿来说，人们会认为他拥有双重的动觉天赋，而这是对举动模仿中没有的。这会让我们错认为，“模仿”能够让我们轻易地解释语言习得问题；但实际上，语言习得问题与我们就一般的模仿所提出的问题是极其相似的。

问题并不在于对发音行为的模仿：而且我们可以注意到，儿童是通过把新的声音同化为他已经说出的声音而模仿新声音的。在这里，模仿也意味着通过自己的手段走向目的（即话语被听到）。儿童模仿时就像画画时那样，不是以点对点的方式仿照原型的，而是朝向总体的结果。

纪尧姆理论的扩展

在模仿他者之前，儿童先模仿他者的行为。这种最初始的模仿意味着，儿童一上来就将他者的身体把握为具有结构的行为的承载者，而且意味着儿童把他的本己身体体验为一种恒常的、总体性的能力——去实现一些具有某种意义的举动的能力。这意味着，模仿的前提是：对他人行为有一种领会，而且在我这边的不是 35
一个沉思的主体，而是一个活动的主体、一种“我能”（胡塞尔）。

通过总体的身体图式知觉到他者的行为、知觉到本己的身体，这两者只是同一种活动的两面，这种活动实现了自我与他者之间的同一。

1. 同一化的角色。这个角色是原初的。实际上，儿童只是在后来才将自我和他者区分为两个实体；儿童一开始完全把自己看作是与他者同一的。

儿童是如何从这种最初将自己认作与他者是同一的出发，最终达至实现其自我、达至具有重现这些行为的才能呢？我们如何解释模仿意识的出现？总之，我们如何解释从自我和他者的同一到区分的过渡？

纪尧姆没有直接回答这个问题，然而他又总是不得不迂回地处理这个问题：

儿童的模仿是在无意识的自我中心的领域发展的。儿童完全地朝向他者和事物，并且与它们混同在一起：他只对外在世界感兴趣，并且将只对他来说存在的东西当作实在的东西。

模仿将会使他走出这种模糊不分的状态，并使被表象的自我得以形成。

总之，纪尧姆颠倒了自我与他者关系的传统问题。传统问题是：如何从自我意识走到他者？

对于纪尧姆来说问题在于：如何从他者出发，构建一个表象的自我？实际上，对于儿童来说，占据主要位置的是他者：儿童只把自己看作“另一个他者”，他的关注中心是他者。在儿童那里没有那种认为自己是唯一的、“无与伦比的”自我意识（马尔罗）。儿童必定体验到了自我，但他在任何情况下都没有以显题化的方式去把握自我。对于儿童来说，他者是最根本的，是他自己的镜子，而他的自我就附着于这个镜子（纪尧姆说：**只要自我是世界的中心，它就会不知道自己。**）

为了证实这一论点，纪尧姆诉诸语言方面的证据。

2. 通过语言证实。儿童的自我中心主义反映其语言的发展中：混淆各种代词、他者的名字比自己的名字更重要等等。在儿童那里，自我和他者是完全没区分的，而且，如果要说两者之中的哪一个更重要，那多半是他者：

36 a）儿童最初的语词涉及他者的程度与涉及他自己的程度相当，或更涉及他者；这些词表明儿童的意识不是为己的意识，而是“与他者一起”的意识（所有儿童都使用“不再有”这个表达，用它意指：我不想再要更多的这个东西了，他不想再要更多的这个东西了，没有更多的这个东西了……）。甚至像是“bobo”[①] 这样一些感受性表达也主要是在表达一些客观实在。

① “bobo”是儿语里“痛”的意思。——译者注

b）同样，自己名字出现得更晚也证明了他者是更重要的：对自己名字的使用远晚于对周围人的名字的使用；当儿童最终使用自己的名字时，主要是为了强调他在其他人旁边的位置（比如在分配东西的情况里）。代词的出现也非常晚，这表明自我和他者很长时间是混在一起的：“我”是在“你”很久之后才被使用的，而“他”一直由名字所取代，直到两岁末时这种情况才结束。

这些语词的习得对于“意识到我是一个自我”来说，是起原因的作用还是扮演结果的角色？这里明显存在着交互行动，语词使概念变得明确。但是，如果儿童的经验本身不包含与他者的交互的话，他就不能理解这些代词的意义。

语言只是模仿的一个个例。纪尧姆把习得一个新词，比作采纳一个新角色：获得一个新的表达就像获得一件衣服那样，是一种行为。

3. 对感受性的模仿的分析。模仿有意义的地方是，它更多地是模仿他者而非模仿行为：对情感、感受等等的模仿几乎与对行为的模仿一样早出现。这样一来，模仿就成了纪尧姆理论需要克服的困难，对于模仿的分析使其在某种程度上修正其概念：如果这两种模仿确实都那么早出现，那么对行为的模仿除了包含对客体的兴趣之外，还应包含人的成分。

儿童会对他者的情感感兴趣。然而，这与情感的感染无关，与他者情感对我们的侵入也无关；因为动物那里也有这种感染和侵入。在这里起作用的，是一种自我中心的共感，是儿童对他者情感的永远不可抗拒的参与渗透：儿童在一瞬间完全被它所占据，然而又会很快地以某种让成人感到吃惊的漠不关心而从中抽离。

真正的共感不是这种感染，而是自身生命的暂时扩展：它是在他
37 者身上生活一小段时间，而非仅仅为了自己而像他人那样亲历同一事物。如此，儿童看到他的保姆挨打时会哭，并且**会向她寻找庇护**；他怜悯的是自己。真正的共感是暂时投身于他者之中，以至于到了包含他者的地步。儿童必定会借助一种活动来从原始共感过渡为真实共感，而这种活动类似于那种把他从对行为和结果的模仿导向真正的模仿，也即对人的模仿的活动。

对于纪尧姆来说，这一过渡是通过游戏来完成的。通过它儿童和父母第一次交换了角色。儿童改变了视角。他由此学会了区分他者与自我。纪尧姆引用了斯堪的纳维亚的芬布加松的观点，他于 1914 年出版了一本关于模仿智力的书。其主要的观点是，使真正的模仿成为可能的是“调适”：当我们局部地模仿他者行为时，我们不可避免地会由于某种感应而采取与此行为相对应的整体姿态（比如，我们在模仿一个人的举动时，会自动地采取这个人的声音）。当我们模仿他者行为的一个方面时，整个意识都会采取被模仿者的“样态”。换句话说，真正的模仿漫出意识的边界，成为了总体的模仿：一旦模仿**被调适**，它就超出了其自身。正是这种超出使我们能够得到一些新的结构，比如，习得语言。

在其关于模仿的论著中，纪尧姆用了两个非常重要的概念，然而却没有给予进一步的分析。它们是：

1）“前自我”、“潜在自我”的概念。这种自我还没有意识到自己的存在，因为他尚未在他者那里遇到自己的边界。在纪尧姆看来，这一概念是不可分析的，因为意识发展的这一阶段是模糊未分的。

2）使儿童走向他者，并且使儿童从模仿行为走向模仿人的活动。纪尧姆只是用“转移”（这是联想主义的概念，它将这一过渡变为了幻觉）来解释这一过渡。

我们不能不对这两个概念进行分析，它们蕴含着整个他者问题。纪尧姆设想的模仿中的自我和他者关系预设了：

—— 与我们本己身体的一种近乎神奇的关系；

——作为拥有与他者同样能力的我们，会把他者的各种行为 38
动作知觉为一些具有旋律性的整体。

这些就是胡塞尔和舍勒的现象学试图对之做哲学阐明的概念。

胡塞尔眼中的他人问题①

I. 问题的提出：表面上看，我们不可能设想他者

笛卡尔的“我思”提出了自我和他者的问题，且似乎是以一些使这一问题的解决变得不可能的用词提出的：实际上，如果心灵或自我是由它与自身的接触所确定的，那么对他者进行表象是如何可能的？自我只有作为自我意识才有意义：在他看来，除了“他在思考”这一事实之外，其它的一切都是可怀疑的；除了“他在看”这一事实之外，他所看到的一切都是可怀疑的，等等。所有的经验都预设了与自身的接触，所有知识都只有借助这种第一位知识才得以可能。这样，他者是从外面向我显现的一个自我的说法就是自相矛盾的。

---

① 《笛卡尔式的沉思》的“第五沉思”，弗汉出版社，1953 年。

他者从定义上说就拒绝仅仅只是我对于他的意识，既然他之于他自己，就像我之于我自己一样，那么，我就不能进入他了。因为他者之于我与他者之于他自己是不同的，所以我没有对他者的经验。即使我想通过某种精神牺牲，放弃我的“我思”，以便确立他者的“我思”，他者仍然是从我这里得到这种实存的，正是在此意义上，他者仍然是我的现象。

因此，自我和他者的关系似乎是相互排斥的关系，这一问题似乎是不可解决的了。

II. 他者现象的实存

然而，他者现象是不容置疑的，我们的很多态度和行为只有从他者的角度才可以理解：我们有关于他者的经验，尽管它不像我们关于自己的经验那样确定（胡塞尔说，某种唯我论是不可克服的）。因此，问题是要确立他者，因为他者实际上是实存着的，而要确立他者在逻辑上是不可能的。

39 解决方案：将这种排斥关系转变为活生生的关系。

这一问题的材料有：

—— 我们必须承认他者的存在，然而这是一种间接存在，因为，唯一不可怀疑的存在是我自己（“我思”的要求）。

胡塞尔寻找多种达至对他者的知觉的途径：

a）**“侧面”知觉**：他者从来都不是作为对象存在于我对面的，而总是意味着对我而言的“朝向”、参照：他是他我，是我的某种反映。因此，问题不在于设想一系列的“自为”，而在于设想一种他我共同体，在这种共同体之中，每个成员对其他成员来说都是实存着的。他者总是以某种方式来源于我。

b）**对某种“空缺”的知觉**：我们将他者同时知觉为我们的反映和空缺。实际上，他者就像是一个我们的经验不能达至的地带。

这种对“空缺”的知觉，确实是对于他者的真正知觉（在经验是不可否认的意义上，他者是“亲自”在场的），但这不是对于物体的那种知觉：就物体来说，没有在当前给与我的东西总是可潜在地给与我（从另一视角、通过显微镜看等等）。就他者来说，我们永远不可能像他知觉他自己那样知觉到他的整体。

“有血有肉”的存在是有界限的：我们永远不能完全处在他者的位置上；从定义上讲，如果我们处在他的位置上，我们就成了他了（我们的位置“这里”和他的位置“那里”之间的区别）。

然而侧面知觉和对空缺的知觉都没有真正地确立他者；如果我想彻底确认他者的实存的话，就应该超越这些，真正进入他者的场域。

c）**对他者行为的知觉**：在这一点上，胡塞尔的分析和纪尧姆的分析完全一致：在看到他者开始行为时，我的身体成为了理解这些行为的途径，我的身体性成为了理解他者身体性的能力。我领会了他者行为的目的意义（zwecksinn），因为我的身体也有能力达到同样的目的。在这里起作用的是“样态”概念：我的举动与他者举动的样态，因为这一样态是相同的，这意味着对我为真的 40
东西，对他者也为真。“样态”不是概念，不是观念，而是理解、然后模仿的“方式”，尽管我不能对它做出定义。

d）**“意向的僭越”**：然而，设想他者实存比知觉他者样态有更多的东西。这种设想应该是“结对”（paarung）：一个身体在另一个身体中遇到了它的对等物，此对等物会实现其自己的意愿，并且会向它暗示一些新的意愿。对于他者的知觉是一个机体对另一个机体的推断。对于这个通过超越我们自己的自我，从而把关于他者的经验给予我们的生命活动，胡塞尔用过多种名称来表达：他将之称作“意向的僭越”或“统觉的转置”，并且始终强调这并不是一种逻辑活动（kein Schluss, kein Denkakt），而是一种生命活动。他者的行为与我的意愿非常一致，并且勾显出一个对我来说如此有意义的举止，以至于这行为仿佛是由我承担的。

胡塞尔的立场

我们在什么程度上说胡塞尔在直观哲学的框架内找到了他者实存问题的答案？我们曾说过，他也曾说过，这里有一种根本的矛盾：我们有对于他者的经验，然而我们却不能以逻辑的方式确立这一经验。这涉及对他者的实存进行阐明；但由于胡塞尔不想放弃原初条件，由于每当我们觉着他就要找到答案的时候，他总是相反重新提起原初条件，因此阐明他者的实存似乎是不可能实现的。这一原初条件，就是笛卡尔的“我思”概念：意识本质上是自我意识。对于他者的经验必须被看作他我。胡塞尔说，如果没有他我，就没有其它的机体。

因此，胡塞尔拒绝那种通过从我的意识出发、观察到我和他者行为的相似而得出他者意识实存的虚假解决。我们在此遇到了笛卡尔提出的广延和思想的二元：要如何从一个过渡到另一个呢？这是从自在领域过渡到自为领域的困难。他者是在事物之中
41 通过身体，因此是通过自在向我显现的自为。要设想这一过渡，

就要构建一个对笛卡尔来说是不可设想的混合概念。胡塞尔也拒绝超出对于他者的知觉的构成性矛盾：我不能允许将我还原为他人就我所形成的形象；因此，由于我没有能在他人的视角中设定我自己，我也就不能声称设定了他者。

在论证了这一矛盾是无法克服的，以及综合是不可能的之后，胡塞尔进一步说，这一综合是不必要的，而且这一问题是以不恰当的方式提出的：我的视角和他者视角的不同恰恰是在人们有了对于他者的经验之后才存在，它是这一经验的结果，胡塞尔说：我们不应该从一开始就设定这一区分，并且不应该将之与所有关于他者的经验的概念对立起来。但是，从这则评注看来，胡塞尔似乎想放弃从自我意识出发而达至对于他者的经验，而且他似乎转向了另一个方向。因此，在其著作中存在两种倾向：

1. 企图从“我思”出发，从“自身领域”出发达至他者。

2. 拒绝这一问题，并且转向“交互主体性”，也就是说，可以在不把“我思”设定为出发点的情况下，从既非自我，也非他者的意识出发。

但在考虑第二种可能性时，胡塞尔清楚表明，这种方案不能让他满意，在他看来，这方案无法掩盖这个问题的种种困难，这些困难仍未被触及。这样一来，胡塞尔已经接近了交互主体性的想法，但最终仍坚持整体的超越论主体性的观念。

后来，胡塞尔更清楚地意识到了这一问题，并且最终同时肯定了这两种要求：比如，他在其未刊稿中说，超越论主体性就是交互主体性（他者关于我的经验会有效地告诉我我之所是是什么），然而他没能把这两种要求调和起来。

马克斯·舍勒的构想[1]

胡塞尔的学生舍勒试图通过如下做法来找到此问题的解决方案并且获得他者知觉：他从起点上就完全放弃“我思”（也就是
42 说，放弃“意识首先是自我意识”的这个笛卡尔主义的假定）。他明确地从自我和他者的完全未分化状态出发。

他普遍化了“内在知觉”概念（比如，对情感的知觉），使其既应用于他者，也应用于自我：

一方面，我对我自己身体或对我自己行为的知觉与我对各种对象的知觉一样，都是外在的，并不更加直接。

另一方面，我们看到、知觉到他者的各种情感（不仅仅是他们的表达），而且我们就像知觉到自己的情感那样确实地知觉到它们。各种情感之间的不同是由知觉给出的（比如，我们不可能混淆他者因羞愧、愤怒、激动等而变红的面孔）。在理解他者时，知觉走的非常远。[2]同样存在着对他者意志的知觉；我们有时甚至将其知觉为是自己的意志。我们必须讨论“未分化的心理经验流”，它是自我和他者的混合，是某种普泛性、某种恒常的“歇斯底里”状态之中的最初意识，（我们在这里想要说的是在“被经验的东西”以及“在自我与他者之间仅仅被想象的东西”之间的未区分状态）。

自我意识是怎么从这一未分化状态之中出现的呢？舍勒说，我们只有通过表达（行为、反应等等）才有自我意识，我们就像意识到他者那样意识到自我。同样，各种意图也只有在被实现之

---

① 参见《同情的本质与形式》（*Nature et forms de la sympathie*），Payot 出版社，1928 年。

② 参见普鲁斯特：识别阿尔贝蒂娜的谎言。

后才会被知道。[①]

这样一来，我们就无需赋予自我意识任何特殊地位了；如果没有对他者的意识，就没有自我意识；它们二者是同一类型的。自我经验就像任何经验一样，只是作为景深中的显形[②]而存在（对

① 参见阿兰：《论绘画》(*Propos sur la peinture*)。

② figure、fond、forme、formation、mise en forme 等概念借鉴自格式塔理论，在梅洛-庞蒂哲学中占据核心地位。本书采用如下翻译：figure 译为“显形”、fond 译为“景深”、forme 译为“形态”、formation 和 mise en forme 译为“成形”。figure、fond 这组概念的译法与以往惯常译法出入较大，略作说明：figure 和 fond 作为相互依存的概念，强调在一个场域或视野之中显现-隐去之间的相对关系；因此不应以实体化的方式理解它们，认为它们指代特定事物。于是，在这种关系性、动态性的视角下，以“显形”和“景深”译法代替以往的“图形”和“背景”，用意如下：（1）首先，图形-背景的译法容易让我们囿于认为 fond 一定存在于 figure“背后”，然而实际上，fond 是指一整个环境、语境，是场域中相对于 figure 而言未被显题化的部分。例如，在摄影中，如果凸显的焦点落于中景，那么最靠近观看者的景物也是虚化的、非显题化的，也是 fond 的一部分，也参与构成了使 figure 得以如此显现的语境。（2）因此，fond 并不是一个位于 figure 背后的平面，而是一种包围着 figure 的敞开域；fond 不仅是“景”，更是一种“深”。figure / fond 之间的间隔和张力，正可以理解为是梅洛-庞蒂哲学的另一核心概念——profondeur，本书译为“纵深”。我们必须从动态视角去理解 figure 显形、fond 景深、profondeur 纵深这三者的关系：它们共同构成了一整套纵深结构，更确切地说，它们只不过是一整套纵深结构中的三个标志性环节。这一纵深结构，正是我们与世界之间关系的结构，是作为“身体存在”的我们以及我们所身处的世界之间的关系的结构。世界始终超出我们，我们每迈进一步，世界都会呈现为更进一步的深远。因此，世界可以说是一种“深不见底”，而 figure 和 fond 正是这种“深不见底”的具象化和现象化。在这一动态关系中，随着观看者与其场域之间的关系变化，原本作为“显形”的东西可以转化为“景深”，反之亦然。但贯穿所有变化的，是显形-景深这一相对关系。（3）于是，在动态立场上再进一步，如果显现者和隐去者都并非一成不变的话，那么 figure 和 fond 就不再仅仅指代某种视角下作为焦点与非焦点的具体事物了，而是具有了更哲学化、存在论旨趣更强的意涵：figure 指的是整个场域在某一视角下浮现出的整体面貌（“面貌”为本书对“physionomie”一词的翻译），而 fond 则指该场域在该视角下未浮现的整体面貌。例如，在鸭兔图中，同一幅图在不同视角下会呈现为不同面貌。但无论在哪种视角下，都没有哪一部分扮演具体的“前景”或具体的“背景”

他者的知觉就像是景深，而对自身的知觉则在此景深上突显出来），我们是以他者为中介来看自己的。

然而仍存在一个问题：在胡塞尔看来，问题在于从自我意识走向对他者的意识；而在舍勒的设想里，关键则在于理解自我意识和对他者的意识是如何能够从这种最初无差别的景深之中涌现出来的。

43 ## 对舍勒的观点进行讨论

对于舍勒来说，意识与其表达是不可分的（因此，意识与其环境的整个文化是不可分的），自我意识和对他者的意识并没有根本不同。

然而，这能够使我们理解主体怎样做到设定他者吗？意识为什么会有独立性以及众多性？

舍勒对此回答道：各个意识只是被它们的身体性、被它们使用的所有工具区分开的："身体性"可以说是那种帮助我们理解自身或理解他者的可感的东西。但是，情感中的纯粹可感者只构成了情感中微少的一层。其它的一切，即情感的内容、情感的意图，都可以与他者共享。于是，在烧伤的情况下：只有烧伤的主体才能够感受到疼痛的剧烈。然而烧伤所表象的一切：火的威胁、整

角色。相反，这两种面貌都是全局的呈现：当我们看到兔时，兔为显形，鸭为景深；当我们看到鸭时，鸭为显形，兔为景深。因此，"显形"和"景深"这组译法似乎能更能引导我们不囿于以空间性的"部分-整体"去理解 figure-fond 的关系，从而也能够容纳梅洛-庞蒂后期在对"可视性"（visibilité）之生成的阐述中不断使用这对概念的意涵。——译者注

个身体所面临的危险、疼痛的含义，都可以传达给他人、可以被他人感受到；因此，情感的形式是相同的，情感的内容也是相同的，只不过由另一个物质所经验。情感的含义、意图（它构成了情感的本质）对于两个意识来说是一样的：存在的是被感受到的东西的单独存在，而不存在意识的单独存在。

舍勒引入了“情感的明见性”的概念：我们不可能真的变为他者，然而却能够意向性地变为他者，我们能够通过他者的所有表达性表现（即他者借之而被给与我们的各种表达性表现）达至他者。在我们对于他者的意识当中不存在两分（对他者的表现的知觉引起我们去做出关于他者意识的假说——这种做法是在与我们的意识，即产生了类似表现的我们的意识做类比）。无论是在他者那里，还是在我们这里，意识与意识的表现都是浑然一体的。

胡塞尔曾经在意识的语境中提出这一问题：而这使此问题成为不可解决的。舍勒则尝试在个体性的语境中提出此问题。

舍勒最主要的贡献是“表达”概念：并不存在处于各种表现后面的意识，各种表现是意识所固有的，它们就是意识。恰恰因为他者完全处在其各种表现之中，所以我才能够设定他者：通过其实存本身，而非通过类比推理来设定他。

为了使对他者的意识成为可能的，舍勒极力缩小自我意识， 41
将之仅仅化约为与自身的接触，这种接触通过经验一点一点地实现，但永远不可能完成，永远不会成为对自身的完全拥有。按照这种看法，“我思”具有了可普遍化的重要性，既可应用于自身，也可应用于他者。不可否认，笛卡尔意义上的“我思”是一种文化的结果，因为它为意识的产生创造了空间；它并不是原初的，因为它依赖于一系列的文化条件——让自我意识的产生成为可能的一系列文化条件：它是**表达**，就像所有意识都是表达那样。

胡塞尔已经有修改“我思”概念的倾向（自我在其表达之中的具身化），然而这一倾向与其“纯粹意识”的定义相冲突：而在舍勒这里，意识是晦暗不透明的，被投注在它的各种表达之中。但是这样一来，他不就让自我意识的产生变得不可能了吗？不就让对他者（作为**他我**的他者）的意识变得不可能了吗？他这样不是在一种既非自我、也非他者的中立心理状态层面上，使对自身的意识和对他者的意识成为同样的了吗？即使他引入了“情感的明见性”，我们仍只把握到一些行为，而没有把握到一些具体的个人。比如，在疼痛中，只要我们还没有向自己表象他者的物质性的、可感的疼痛，那我们就知觉不到他：情感的意向成分只是相关于真实情感的普遍的东西。

只要我们还没有将情感的各种含义与**体验这些含义**这一事实关联起来，就没有真正的对他者的经验。舍勒的构想近乎是一种泛心理主义，在其中并不存在意识的个体化状态。一个不会成为自我意识的主体（“自我意识”一词取胡塞尔的意义），又如何能够作为共同意识流的主体而出现呢？

结语

舍勒在极力缩小自我意识的同时，也损害了对他者的意识。相反，胡塞尔如果想坚持自我的原初性，就只能把他者当作这一自我的摧毁者而引入。无论是在舍勒还是在胡塞尔那里，自我和
45 他者都是由同一种辩证关系联系在一起的：它们表面上相互排斥，

实际上却奇怪地紧密相连；我们已经证实，我们不可能保存其中一个而牺牲另一个：两者是以同一个方向发生变化的（参见黑格尔的主奴辩证关系）。

因此，为了解决这一问题，我们不能废除最初的对立。理论上而言，这种对立是不可消除的。然而，由于这一问题涉及的不是一种逻辑关系，而是一种实存关系，因此自我将能够通过深化亲历的经验而与他者重聚：我们必须将自我与某些处境紧密相联：必须将“自我性”（ipséité）概念与“处境”概念相联：自我应被定义为与他投入其中的行为是同一的。自我和他者，我们在共同的处境中相互意识到对方：正是在这个意义上，我们应该使舍勒的各种构想和胡塞尔的“结对”概念变得更为精确。这意味着一种朝向同一个方向的相遇。然而，同时只有在当下之中（自我和他者的几何化轨迹）以及在一种可指定的现实之中，理解才可能存在。

马尔罗说：“人们是独自死去的，因而是独自生活的。”这是一个谬误的推演：事实上，生从根本上超越了个体，死是生在个体上的失败，我们不可能根据死来对生做出判断。

我们已经看到，舍勒对于“意识”的设想，甚至是胡塞尔的某些章节中的意识将我们带到表达，在这里，表达被理解为意识通过它实现出来的行为。这样一来，我们似乎完成了一种循环：为了理解语言的习得，我们研究了模仿，而根据纪尧姆，我们发现，模仿并不是在意识到他者以及把自己认同为他者之后才出现的：相反，模仿恰恰就是一种行为，只有通过这种行为才会产生与他者的认同。这使我们去探索意识可以是什么——无论是实现这种行为的对自我的意识，还是实现这种行为的对他者的意识，这样，我们发现自己被带回到了“表达”概念上。

然而，事实上，这一概念已经不完全是我们由之出发的概念了：它已变得丰富充实。起初，我们将语言看作译解他者思想的智性活动，看作说话者和听者之间的中介。但是根据这种构想，学说话的主体在语言中只能找到他原本已有的概念，语言不会带
46 给他任何新的东西，因为它以思想为前提。然而经验表明，语言影响思想与思想影响语言的程度相当：因此，传统的语言观无法解释语言的习得。

相反，根据胡塞尔和舍勒的构想，我们不能把语言的习得看作是重建意义的智性活动，我们并不是面对着表达以及藏在表达背后的意义这两种实体。语言作为表达现象，是意识的建构成分。从这一角度看，学说话，就是逐渐地与环境共存。对儿童来说，在这个环境中生活，就要自己承接语言和思想。这样，语言的习得不同于译解人们拥有密码和解码的文本，而更多地是“解译”（不知道解码地进行解译）。解译者借助于两个会聚的手段：

—— 对文本（某些符号出现的频率、它们的分布，以及一些明确的语词，如果有的话）、文本的结构做文本内的判辨；

——文本外的判辨（文本出现的地点和时间、发出者的处境等）。经验表明，至今为止，所有文本都已被破解了。然而，在这种活动中总是有某种直觉的成分，这是因为，问题的材料永远都不会足以让我们以逻辑的方式确定该问题。这是一种创造的活动，类似于儿童习得语言，这是因为：在某一时刻，破解者会像儿童那样，不得不超出各种材料，而去把握整体的含义，在这一时刻，符号的整体以及文本的风格不再仅只意指同一个东西，在这个东

西这里，就如雅可布森就音素系统所说的，**文本**“**走向**”**含义**。

从儿童不理解到理解的那一刻之间，存在着一个无法掩盖的断裂。传统心理学想通过断定思想先于表达来掩盖这一裂缝，但是因此之故就使语言现象丧失了所有意义。事实上，儿童就像通过他者认识自己那样，通过自己认识他者，另外，他还学习说话，这是因为周围环境的语言**召唤**他的思想，因为他被这语言的风格所吸引，直到单一的意义从整体涌现出来。正因如此，奥布雷达内才能够将语言称作“符号手势”，他这是想说，意义内在于活的 47
话语之中，就像它内在于我们指出诸对象的姿势之中那样。

我们应该将这一过程与沃尔夫对个人“风格”的理解所做的研究相比较：沃尔夫向完全没有受过科学训练的被试者呈示不同人的照片，另外还向被试者呈示这些人的签字、侧影，以及录音，并要求他们对所有这些材料进行匹配。匹配的正确率令人吃惊地达到70%，然而**被试者却说不清在匹配过程中引导他们的是什么**。我们必须承认，知觉在他者那里把握到了一种独特的结构，这个结构存在于他的表达、声音、写作等等中。因此，沃尔夫证明了流变的、非显题的含义的存在。对于儿童来说，这是他听到周围人所说的语言中所蕴含的含义。这种含义一开始是模糊的，然后逐渐变得清楚，变得确定。这里涉及的不是属于纯粹思想范畴或者知性范畴的现象。规定语言的是含义的**使用价值**：工具性的使用先于严格意义上的含义。甚至是在最精巧的言语那里，比如在一个新概念被引入哲学语言时，也是如此：作者正是通过对新术语的使用，才使人接受他所使用的新术语的意义的，因此，他所提出的含义是一种**开放的**含义，如果没有这种开放的含义，那我们在思想领域就不会有任何所得。一种完全确定的语言（比如“逻辑实证主义”所考虑的算法）将是贫瘠的。

到目前为止，我们只是从儿童最初习得语词的角度考虑语言的习得：儿童习得了在对象不在场的情况下指称它们的方法；然而，这只涉及了一些能呈现给他的可感经验的对象。

当这一问题已经在可感层面得到解决后，会在“思想”层面重新出现。皮亚杰将之称作“滞差”：也就是说，在某一层面的所有习得都应在更高的层面重新开始。比如，就儿童的自我中心来说：儿童应该在智性和逻辑层面超越自我中心时，自我中心在知觉层面
48 已被超越很长时间了。另外，甚至对于成人来说，他经验之中最个人的东西的表达，也总是需要完善的：正是在这个意义上，马尔罗能够问：“一个艺术家需要多少年才能最终以自己的声音说话？”[①]

因此，语言的习得远不局限于最初的几年：它与语言的使用本身是同外延的。

直到7岁时语言的演变

我们再次从儿童学会指称可感世界的物体的这个时间点开始研究语言。为了理解语言在此之后的演变，我们要借鉴皮亚杰的著作《儿童的语言与思想》。[②]

---

① 马尔罗：《艺术心理学》（*Psychologie de l'Art*），三卷本，skira出版社，1947–1950年。

② 皮亚杰：《儿童的语言与思想》（*Le langage et la pensée chez l'enfant*），Denoël出版社，“沉思丛书”。

直到将近7岁，语言对于儿童来说都更多地是自我表达的手段，而非与他者交流的手段：这种语言是**自我中心的语言**。它的众多表现之一是：

1）模仿说话的现象

这种现象是不确定地重复同样的词，皮亚杰正确地将之看作游戏活动：儿童乐此不疲地通过重复一个单词而让这个单词的意义出现或者证实这一意义。就像一般的游戏那样——它在于扮演各种不同的角色——，作为游戏的语言使儿童能够进入越来越多的处境。通过重复语词，儿童扩展了他的行为：他乐此不疲地行使着语言——被他当作想象生活的表现的语言。

正如在所有游戏中那样，这里产生了这样一个问题：儿童在多大程度上相信这些想象的处境的现实性？（参见狄德罗的《演员的悖论》：演员相信他就是他所扮演的人物角色吗？抑或他是在撒谎吗？）但是，萨特在《论想象物》中表明，这是一个假问题：儿童和演员一样，既没有假装，也不处在幻觉之中：他离开了日常生活的层面，走向了他当时真正过着的梦样生活。他在角色中变为非现实的了。

2）独语 49

“自我中心的语言”的另一个面目是独语；在他者在场的情况下有“集体的独语”：两个或多个的儿童看起来在相互说话，实际上却只是在自言自语，没有顾及其他人的反应。

人们提出了如下这一问题：是独语先于与他者的话语，还是相反？皮亚杰答道：对于儿童来说，不存在自我和他者的区别（这正是儿童的“自我中心主义”的含义），儿童认为他的思想和情感是普遍的：因此他的表达方式是无人称的、匿名的（这是“大家”[1]在向“x”说话）：并不是儿童拥有语言，而且，语言拥有儿童。这样一来，他既不像意识到自己的成人那样封闭在自身，也不像知道自己处于其他具有个体性的个人之中的成人那样社会化，成人由于这一认知，会真正地努力与其他个人交流，而且即使在独处时也会从他者的角度来思考。因此，超出儿童的自我中心的不是“走出自我”（儿童尚不知道个体的自我），而是改变自我与他者的关系。

3）从独语向对话的过渡

皮亚杰指出，在儿童5岁到6岁之间的语言中，有5%—15%是自我中心的。他由此区分了两个相续的阶段。当儿童的意见一致时：

—— 会有一个中介时期，在这一阶段，虽然不存在合作，但对话者是参与行动的；在这一阶段的稍后阶段，会出现与事实或确定记忆有关的有限合作。

—— 7岁之后有了真正的对话、讨论，以及对解释的寻求。

当儿童意见不一致时：

—— 会出现纯粹的争吵、或者一些毫无明确动机的断言所带

---

① 此处法语原文为“on”，该词含义广泛，可指：人们、大家、有人、我们等等含义。——译者注

来的冲突。

—— 大约 7 岁以后：会出现具有明确动机的断言所带来的冲突、理性的讨论。

不过，皮亚杰的解释正确吗？他将儿童对成人的所有回答都看作是非自发的（7 岁以前的回答里有 14%-28% 是非自发的）而排除掉了。然而他用“自发”这个词想说的是什么呢？儿童在向 50
成人说话时确实会使用一种不同的语言，但这种语言不那么自发吗？**各种预期**，以及突然过渡到一个更高的层面，这些也许是伴随儿童整个发展过程的特征（参见“早熟”概念，拉康认为这个概念表达了儿童心理发展的特点）。皮亚杰也许将儿童语言一个至关重要的成分当作是非“自发”的而排除掉了，更何况皮亚杰自己也指出：在 7 岁之前很长时间，儿童就已经默默地对一些抽象概念感兴趣了。如果我们只将儿童对其他儿童的反应看作是“自发的”，那我们对童年的描绘就是武断的。

皮亚杰对儿童语言的这种理解与他对童年的总体理解是一致的：他仅仅只根据儿童语言暂时的方面，因此是否定的方面去思考它。他认为成人语言是儿童语言应该达至的理想形态，他这种关于成人语言的想法显得有些狭隘：皮亚杰仅仅赋予它了交流的功能（比勒在他被我们引用过的著作《语言理论》中认为，语言不仅能传达真理，并且在同样程度上具有自我表达功能和召唤他者的功能）。皮亚杰对成人语言的狭隘理解反映在他为**讨论**所赋予的角色上：在他看来，只要有讨论，就有可能从中得到客观的真理。但是我们不应该忘记，还可能存在其它类型的讨论。比如，政治讨论恰恰出现在将普遍的历史概念应用于模糊的事实时，在这种情况中并不存在**客观**真理。甚至是在柏拉图的对话中，讨论也有一种不同于皮亚杰赋予它的功能：讨论促成真理的形成，正是讨论给予结论以意义，讨论是一条通向只有在运动中才有意义的真理的道路，因此它并不具有皮亚杰所说的意义上的客观性。

皮亚杰这样就将自我表达和召唤他者的成分都排除在了成人语言之外。然而，甚至是作家的表现力也恰恰寓于其“风格”之中，而不寓于对客观真理的传达中：这种表现力寓于作家提出各种含义却不限定这些含义的方式之中，寓于他为赋予意义某种不可能被剥夺的声音的方式之中。因此，关键在于要知道皮亚杰提出的作为典范的客观性能否用作判定人类语言的各种材料的标准？

然而，作家的风格明显不同于儿童自我中心的语言的风格。
51 儿童自我中心的语言是应被超越的，儿童必定会经过客观表达的阶段，尽管后来的诗化语言会与儿童的语言非常相似：这与儿童画一样，涉及的是区分理性之下的层面和理性之上的层面：无论是在绘画上还是在言语表达上，儿童都不是艺术家。然而，如果我们承认这种元客观语言的存在，那么儿童和成人实际上并不像初看起来那样异质。而且，走向客观语言的过程同样可被视为“贫乏化”：我们从童年走向成年的过程不仅是从无知走向有知的过程，而且在经过了一个含有所有可能性的多态阶段之后，走向了一种纯粹的、更加确定的，但也更加贫乏的语言。

7 岁以上的儿童之间的交流

皮亚杰做了一个实验，它是要检验一个儿童向另一个儿童传达一个故事，或解释一个机制的情况：成人根据某个确定的文本向一名儿童（他被称为“解释者”）叙述一则故事，或解释一个机器的运作机制（比如水龙头、注射器）。解释者将所听到的传达给第二个儿童（他被称为“再现者”），后者要向成人重述他所理解的东西。

有两种方式：

—— 解释者在向第二个儿童传达之前，先向成人重述一次他的解释（这样做的好处是能核对解释；但缺点是：他对重述者所做的第二次解释不如第一次的解释好，孩子累了）。或者：

—— 第一个儿童会立即找到第二个儿童，第二个儿童将他所理解的东西再传达给成人。

皮亚杰设立了 4 个因素，用以确定表达与理解之间整体关系：

1. 再现者所理解的东西——相对于解释者所理解的东西；

2. 再现者所理解的东西——相对于解释者所表达的东西；

3. 解释者所理解的东西——相对于成人所表达的东西；

4. 解释者所表达的东西——相对于他自己所理解的东西。 52

实验结果：

—— 在对物理机制的解释和对故事的解释之间，儿童对前者理解得更好；

—— 就故事来说：儿童对成人的理解比他们之间的相互理解要好，不过他们相互表达时做得很好。

—— 就对机械装置的解释来说：儿童对这种现象的理解好于对故事的理解，但对这种现象的表达却不如对故事的表达。

—— 第二个儿童对第一个儿童的理解比第一个儿童对成人的理解要好，尽管第一个儿童表达得不好。

对实验结果的解释：

在皮亚杰看来，儿童对机械装置的解释之所以理解得更好，是因为这不涉及真正的交流：第二个儿童之所以能理解第一个儿童，是因为人们将所谈及的装置（或一幅图纸）放在了他的眼前；他更多地是观看物体而非听解释者说。发生的一切就仿佛第一个儿童认为他理解的比他实际理解的更多，仿佛第二个儿童事先就知道第一个儿童要向他解释的东西。他们所使用的语词只不过是一些符号，唤起了听者事先已经拥有的模式。因此，事实上，儿童对机械装置的交流不如对故事的交流好，但其结果总体而言却更好，这是因为这一过程仅仅只部分地建立在言语传达上。

皮亚杰得出结论说，儿童之间并没有真正的交流：总的来说，一个儿童认为他理解了，其实却忽视了各种细节，另一个儿童则通过他已知的东西去理解，并且认为他完全理解了。很少有儿童意识到他们没有理解（大约只有 5%）。有时候，对一个机制做出解释的儿童甚至没有详细说明他所说的是哪个机制（水龙头、注射器）。他打乱了逻辑上的、因果上的和时间上的顺序，他在没有探究事实的原因的情况下就径直走向事实：儿童把“因为”用反了，他用“因为”来使原因依附于结果，而非相反。所有这些都属于“言语上的融合机制”（即对现象的把握是整体的，对它的描述仅仅只在它周围绕圈），这与吕格所揭示的儿童绘画中的“缺乏综合能力”相近。

皮亚杰认为这种思想的特征是属于自闭范畴的：儿童并不真正 53
地寻求理解，他以几乎魔幻的方式将原因和结果联系在一起。对于成人来说，当他认为自己能够重现从原因到结果的因果链条时，他会认为自己理解了因果链条：对于儿童和自闭患者，以及对于所有情感的情况来说，并不必然如此，他认为他在不用理解因果链条的情况下就可以一下子做出理解。对于儿童来说，只有他自己思想的相继关联中才存在逻辑，从外面而来的召唤只是在激活他先前所习得的一些图式。一个偶然的小事就能够改变其思想的过程（儿童听到的是尼俄柏[①]被固封在岩石中，却将之理解为她“弄脏了”——污斑、清洗，然后讲述说，她“洗净了石头”）。[②]儿童是在没有对句子进行分析的情况下，从整句话着手做出理解的。

对皮亚杰的各种概念的考察

皮亚杰所说的都属实，但我们也必须强调他所说的这些方面吗？我们也必须强调他所描述的这种思想的暂时性特征吗？成人思想为了表达一些新观念而应超出他的习得领域时，这种自我中心的、自闭的、融合的思想不会重新出现在成人那里吗？如果人们承认成人那里存在，并是正当地存在这种自我中心的语言，而且这种语言可以有知识价值，那么“自我中心的语言”这一概念就被完全改变了：实际上，新的概念是不可能一上来就被解释清

① 古希腊神话中的底比斯王后，因子女被杀终日哭泣，后变为石头。——译者注

② “被固封”（attachée）与“弄脏了”（a taché）的法语发音相同。——译者注

楚的，各种术语不能被预先确定，因为它们只有通过人们对之的使用才能得到完全的确定。这样一来，理想化的或逻辑的秩序只能被颠倒过来，就像在儿童那里那样，不过，成人使用“直接方法”，而这种方式恰恰就是把未知者假设为已知的（比如，在哲学教授的第一节课上，所有术语都还不为学生所认识，它们要到第十节课结束时才能被完全理解，但哲学教授却仍不得不在第一节课上使用它们）。

对于这种相信语言可以被完全界定的错觉，我们可以将其与索绪尔所讨论的语言学中的“被默示的”概念进行对照：我们将其它语言中没有被表达出来，而在我们的言语中被表达出来的东西称作“被默示的”，比如，我们说，英语“the man I love”（我所爱的人）句子中的关系代词就是“被默示的”。然而，这种做法是
54 人为的，因为对于使用其它语言的人来说，这一概念并不真正存在于他们的言语之中。实际上，不存在“被完全表达的”，而是有人们在自己的言语中没有意识到的诸多空隙、不连续；没有意识到是因为，言说同一种言语的人之间的理解不受这些裂缝、不连续的影响。

在这个意义上，儿童的语言并不是没有交流的功用，而且在任何情况下它都不能以所谓的“被完全表达”概念被评价。儿童有时能相互理解，正如他们能理解另一个儿童以“叠合压平”方式画的立方体是真正呈现了一个立方体（参见《儿童绘画》的课程）。一种方式的表达一旦被交谈者所理解，它就应该被看作在这一特定的层面是**有效的**。儿童通过其整个语言使自己被他人理解，这个他人投入到这个儿童的意识之中，并且通过其话语的理性顺

序把握整个现象：这是因为，正如儿童在绘画时不会把要再现的对象投射在单一平面上，同样地，在语言方面，他们也不会把含义投射在逻辑话语这单一平面上。我们应该研究活的语言，不是研究逻辑学家的语言，而是研究演说家、作家和科学家使自己得以被人理解的语言。这样，我们就会看到，从某些方面来看，语言不能不“以自我为中心”。皮亚杰之所以忽视了这一事实，是因为他所选的两个例子（故事或机制）都是极端情况，在其中的逻辑成分要么太多要么太少：任何 7 岁以上的儿童都会在没有听到**别人告诉他这些内容**的情况下，通过他以前的经验和解释所带的图画理解水龙头的机制。相反，如果尼俄柏的故事中有某个情节被省略了，那么没有任何直觉能够填补这一省略。

这是因为“理解”概念包含两方面：其一，是把握到一个概念在原则上被全然表达的意义；其二，是从各种言语痕迹出发去承接再创、去发现意义，这正是司汤达曾称为：对整体具有说明意义的“一些真实的微小事实”。（比如，通过一幅画，我们能够把握到一个艺术家的整个世界。）

总之，皮亚杰清楚地看到了自我中心的语言，但他只是否定地界定了它，而没有处理那些充满各种微妙差别的中间情况：心理学往往就是如此，它会为了简化就只关注一些外围活动和不具人格的活动。比如，甚至是格式塔学家建基于实验结果的关于知 55
觉的研究，也缺少知觉活动中最具人格的、最意味深长的东西。

语言的情况同样如此：逻辑语言在准确度上具有相对优势。然而人们没有看到，准确只是整个语言的一个要素，而且是一个僵死的要素。

语言病理学

从前所述可以得出，语言是主体在周围人们使用语词的刺激下，对他所拥有含义做了超越的扩展。语言是一种进行超越的行动。因此，我们不能仅仅将之视为思想的外罩；而应该把语言视为一个通过与他者接触来战胜自我的工具。

我们现在将尝试借助病理学的一些例子来核实这些断定。

我们不可能先验地知道病理学将会带来什么。只有对于事实的考察才能够向我们揭示正常人和病人之间可能存在的关系。然而，我们可以一上来就先排除两种想法：

a）**正常人和病人绝对同一**：这是19世纪末实证主义者的想法，按照这种想法，人类的各种活动是由不变的自然规律所决定的，就像机器那样，即使运行不正常，也总是服从物理定律。然而，就像胡塞尔指出的那样，一个运行不正常的机器即使总是服从物理定律，也不服从数学法则。不过，有人会说，我们不能将身体视为按既定目的构造的机器。但是，谈论行为的人，其实就是在谈论带有方向的活动：只要行为缺乏明确目标，我们就可以说这是失败、甚至是病理行为，并且可以断定正常人和病人之间存在着差别。

b）**绝对相异**：这种想法也同样是不可接受的。病理行为也是有意义的。疾病是一种自我调节，它在不同于正常层面的另一个层面上建立了平衡，但那里的并不是我们完全无法理解的现象。
56 布隆代尔强调病态意识“难以被直接形容”，这一点并没有错，然而这种意识的结构仍然是可以被深入理解的。正常人和病人能够通过彼此接触而极大地得到充实。

医生应该采取闵科夫斯基所说的态度来对待病人[①]：对病人的观察实际上是一个对话的过程，在其中，"正常的"成分和"病态的"成分被区分开，并分别得以界定。我们应该摒弃各种教条态度：对事实的考察使我们能够把各种精神疾病看作疾病。

接下来，一方面，我们将研究言语幻觉中的言语现象，另一方面将研究失语症中的语言解体。

I. 言语幻觉[②]

这一疾病的研究在很长时间里都被一系列的成见所掩盖。传统存在论建立在身体和心灵的绝对区分之上，身体是物质的，心灵处于身体之内，外在环境扮演着刺激者的角色。这种存在论的影响是，它使科学家不去研究言语幻觉。自从人们认为所有知觉都只是感官刺激在意识中产生的影响开始，人们就发现自己必须假定：在幻觉的情况中，在没有真正刺激的情况中，存在着神经中枢的自我刺激。由此出现了这样一种观念：幻觉是知觉的微弱再现。另一方面，根据这种想法，语言知识就被归结为在大脑里拥有一定数量记忆痕迹；意识唤起语词形象，而语词形象则通过与人们假定在知觉中所发生的过程相反的过程，触发了神经冲动，这个神经冲动又将会在运动中枢的层面上引发运动性的行动，即

① 闵科夫斯基：《体验的时间》（*Le temps vécu*），Delachaux et Niestlé，1968 年。

② 参见拉加什："言语幻觉和话语"（Les hallucinations verbales et la parole），收在《著作集》，第二卷，法国大学出版社，1977 年。

引发话语。

整个神经病学，甚至是整个心理学，都出自最初的存在论立
57 场。然而各种事实此后都证明了这种神经学和这种心理学都是无效的。

第一个评论：既然病人意识到了幻觉和知觉的不同，那么我们就不可能将幻觉和知觉的一方化约为另一方了，而且也不能仅仅以相关的神经中枢的刺激来解释幻觉了。另一方面，按照这两种现象在性质上是同一的假设，人们不能理解病理现象的意义；人们最多只能对知觉着，却又没有任何外在于其知觉的对象的人报以同情。在这种立场看来，在幻觉中没有什么需要被理解的。事实上，需要理解的东西太多了，其实对病人的描述本身就已经是一种解释了。

第二个评论：幻觉伴随着发音器官的各种活动，这些活动要么是潜在的，要么是在酝酿中的，或者甚至是可见的。所以，幻觉应该是建立在话语之上的。

这样一来，问题的关键就在于理解这样一种机制：话语被被试者认为是源于他者的东西的机制。

相关于各种“感官”现象，这种现象的独特性只有在与其它紊乱问题进行比较后才会显现出来。我们将根据拉加什的分析，对真正的言语幻觉和下面这些现象做一比较：

1）**言语冲动**。这是语词的眩晕，它会在最不恰当的时候纠缠主体，让他无力反抗。这样，被试者不得不说出这些语词，就像人们吐出樱桃核来摆脱令人不舒服的东西那样。

在言语幻觉中，我们重新发现了“违背自己意愿”这个特征。

这一特征构成了疾病的否定方面。但是疾病远超出这一点，因为话语会被认为是归因于他者的。

2）**言语完全运动性的幻觉**。这种幻觉伴随着一些最初的活动，它显现为一种处于两种情况之间的过渡情况：被试者把他的话语视为源于他自己的情况和被试者把他的话语视为源于他者的情况。

3）**言语动觉性幻觉**。话语既不是出自被试者，也不是出自他者；被试者觉得自己浸没在匿名的话语之流中。比如，他将鸟叫的声音听作话语，并且是直接听作话语：他并不是在做谵妄性的解释。

4）**言语的运动性伪幻觉**。这种情况中没有任何空间的位置。58
被试者觉得人们是通过他的大脑向他说话的，他觉得他听到了“思想的语言”。感官现象完全消失了。这里涉及的是一种内心的思想话语，这种话语不是别的，而只是被强调了的内在语言。

总而言之：这一描述表明了，关键的现象不是感官性的事实，而是去人格化：被试者不再感觉到他和他的话语是重合的。外在话语的错觉就萌芽于此。对于精神分析来说，自我的成分之间（即本我和超我之间）的关系一上来就是不协调的。超我拒斥本我，即拒斥自我的这一不由自主的成分，从而实现了一种自我惩罚行为。然而，这一冲突所创造的张力过于强烈，以至于被试者通常会倾向于将自我应受指责的成分投射到他者那里，从而缓和这一冲突：因为自我与他者之间的冲突不如自我与其自身之间的冲突那么痛苦。比如，一个说了谎的儿童会告发另一个儿童说了谎。一个对于其母亲的死抱有罪感的病人多年之后会认为自己是一迫害事件的对象。

这样一来，自我和他者对我们来说就不是两个彼此不同的实体了。他者恰恰是把我从我自己的矛盾体验之中解放出来的东西：我们，他者和自我，是同一个系统里的两个变项。通过某种投射机制，我将实际上是我的一些性质赋予他者，反之亦然，我通过内投，将属于他者的一些性质看作是我自己的。

把以上分析运用到幻觉上

我们在幻觉中发现的恰恰是同样的机制。如果有人可以从“我是暗杀者”过渡到“我被暗杀了”，那么同样，也有人可以从“我说话”过渡到“有人对我说话”。感到被侮辱，就是侮辱自己。

拉加什指出，所有的话语都是双方行动：当我听他者说话时，我并不是沉默的，我已经在预期他的话语了，而且我的回应至少已经在酝酿中了，反之亦然，说话者也当然会认为我能理解。这
59 样，在我们之间就会有一个“个人话语的场域”。语言功能只是自我和他者之间普遍关系的一个个例，这是各自把自身投射到另一方上的两个意识之间的关系。

正是这种被推至极端的机制引起了幻觉。有幻觉者可能会对可能的对话者的反应有强烈预期，以至于最终自己彻底代替了对话者，并且对自己的话语采取完全接受的态度。

关于幻觉的所有传统理论都建立在幻肢现象之上。不过，人们重新解释了关于幻肢的知觉，这种解释的结论与传统的理解完全不相容；传统的理解认为知觉是由神经中枢的直接刺激引起的：一个病人几个月以来都无法使用小指，在截肢后有了长着四个手

指的幻胳膊的错觉。如果他在一段时间里没有感觉到这个幻肢，而这种缺失又足以遏制幻肢错觉的话，那么问题就不在于神经中枢的刺激：此处涉及的是一个整体的现象：幻肢错觉是建立在一种**身体图式**上的（身体图式是所有可能发生的活动的图式，而不是身体状态的图式）。

对于一般的“幻觉”概念，我们也应该做类似的修正；我们应该将话语看作这样一个整体结构、系统——我们可以通过它来达成与他者的交流：幻觉并不是主体和对象之间的关系，而是一种**存在**关系：通过语言，我在与他者的关系中实存。

但是，我们能够合法地根据病人的情况去解释正常人吗？确实只有病人才会认为“说话”和“有人对我说话”实质上是同一的，然而，这种混淆之所以以疾病状态存在，是因为它在正常人那里已经以雏形状态存在了：也就是说，在正常人那里，“异化”已经在萌芽了，在“有人对我说话”和“有人听到我说话”之间已经有了一种潜在关系。

这样我们就达至了下述的悖论：根据以上的立场，正常的被试者就是这样一种人，他承认，只有通过与他者的接触才能真正成为自己，他认识到讨论能产生丰富的成果；非正常的被试者则是这样一种人，他拒绝接受自我的这种辩证性，他会固执地把语言仅视为一种抽象的逻辑，尽管如此，他仍意识到这种两重性，因而会发现自己不得不把该矛盾的一端转移到某个想象中的他者那里。30

II. 对失语症的研究

如果我们考察话语的各种生理基础的话，是否必定会修正这些结论吗?

我们如何设想语言既是一个交互主体的现象，又是一个与第三左额叶脑回相关的纯粹个体现象呢?

两个论点的较量

对失语症（不能说话，但与说话器官损伤无关的病症）的临床分析的进展表明，对失语症的传统解释是没有根据的：言语形象不是大脑的印迹，神经中枢不是形象的仓库，而是一个负责组织各种运动的中心；它只是某种功能的所在地。

这正是下述这些事实所证实的：失语症患者并不是一个不再说话的人，而是一个说得少了或者以其它方式说话的人：他在一种处境中记得一个单词，但在另一种处境中却记不起来；比如，一个病人无法重复“不”这个词，但是当他被进一步紧逼时，他激怒地回应道：“不，我无法说出这个词”；于是，我们达至了这样的观念：语言是具有双重功能的；应该存在着：

a．一种是具体语言，其作用是对各种实际处境给出回应；

b．另一种是范畴语言，它将语词看作纯粹抽象的存在，它对各种虚构处境或“难题”做出回应。

失语症会将语言带回到其最初的功能。

戈尔德斯坦对语言的分析

我们抵达了这样一个假设，按照这一假设，失语症是智性的障碍，与语言的内容毫无关系；病人与其说是丧失了自动地使用语词的能力，不如说是丧失了拥有范畴语言的能力。

戈尔德斯坦分析了一些失语症患者，他们的语言障碍还伴随着一种更普遍的障碍：他们没有能力对知觉到的物体进行分类；比如，研究者给他们之中的一个患者一些颜色各异的羊毛线团，61
并要求他按照基础颜色对它们进行分类，他无法做到：他不知道如何将有细微差异的同一颜色的东西归在一起；他把样品都放在一起进行比较，这是在以一种更加细致的方式来分类；他不遵循任何指导原则，在实验过程中，他会突然转而根据另一种原则对样品进行分类，比如，按照样品的色彩饱和度、明亮度。

解释：正常的被试者能够将一个具体的对象视为某个类的代表；他的行为是范畴性的；病人之所以显得改变了原则，是因为他实际上并**没有任何原则**；他只有相宜的或不相宜的具体经验。

然而，病人在看到一个具有颜色的物体时，能够认出颜色：比如，樱桃红、酒瓶绿；患者能够间接地找到颜色名称，这种可能性可被如此解释：指向“红”的意识是一种抽象活动、一种纯粹研究的中立态度，指向樱桃的意识则是具体的；病人正是通过关于樱桃的具体意识才找到了抽象的名称：红。

戈尔德斯坦的研究旨在突显一种**替代功能**的作用。对于外在观察者来说，这种功能会掩盖患者的障碍：被试者在想着“菘蓝”的时候回答说“这是蓝的”。

有些被试者没有数的概念，尽管如此，他们却能通过某种替代功能表现出正在计算的样子：对于每一个物体，他们都用一个手指与之对应；而对于每一个手指，他们都以他们能自动背出的数列其中的一个数与之对应。

这一发现促使精神病医生做更深入的考察：如果说以前的问

题主要在于确定病人有能力实现哪些功能，没有能力实现哪些功能的话，那么现在的问题则是要探索，在病人成功实现功能的情况中，他是通过什么途径、在什么意义上成功的；而“外在的言语上的知道”只是“知道”的表征，它可能会掩盖真正的命名行为上的一些重要缺陷。[①]

但是戈尔德斯坦这一分析的确切含义究竟是什么呢？表面看
62 来，他的分析与皮埃尔·玛丽的工作是一致的，玛丽对**构音障碍**的情况和**真正的失语症**情况做了区分；语言看起来是以思想为条件的；布洛克将语言看作是大脑印迹的集合，是一总体的现象，并且似乎要求思想有普遍的运作。因此，这应该是对初始立场的颠倒；戈尔德斯坦则与布洛克截然相反，他提出一种观念论的设想，该设想指出，在语言功能的背后存在着思想的能力；戈尔德斯坦从外在的东西出发回到了内在性、回到了纯粹意识、回到了心理的功能，这种功能并不包含语句或名称；它是不可分的“象征功能”。

但是，这种不可分的“象征功能”又怎么会那么容易受到影响呢？实际上，布洛克的态度、观念论的或理智主义的态度都没有能解释语言现象；对布洛克的态度来说，不存在言说主体，只存在各种言语形象；对观念论或智性主义态度来说，不存在言说的主体，只有思考的主体；失语症理论必须超越这两种立场，并

---

① 参见戈尔德斯坦和盖尔布：“论颜色名称遗忘症”（Ueber Farbennamenamnesie），载于《心理学研究》（*Psychologische Forschung*），6，1924年；霍舍海姆：“对一精神性盲例子的分析”（Analyse d’un cas de cécité psychique），载《心理学研究》（*Psychologische Forschung*），16，1932年。

且一方面确定“身体条件反射”的角色，另一方面确定“智性意识”的角色；然而，在仔细考察戈尔德斯坦的分析时，我们会发觉，在他最精彩的那些部分里，他的分析并没有走向智性主义。

1）生理学事实

没有任何严肃的作者放弃过大脑局部定位的观念，然而这里的问题不再是容器与内容的关系；戈尔德斯坦提出了如下观念：我们要牢记两个真理：整个大脑都参与到了每一个局部活动中，因此不存在片块化的功能。

这并不是说大脑的各种功能是弥散性的；大脑的所有部分并不是以同样的身份参与到每一活动之中的：一个部分扮演显形的角色，其它部分则扮演景深的角色；只有在如下这种意义上，才能说“局部定位”是存在的：大脑某个部分的整体参与是绝对必要的，因为这样才能保证某种功能的实现。代替功能从来都不能与毁坏的功能完全对等。

比如：在对一个景深上的显形的知觉中，枕骨区域起最主要作用，然而整个大脑都参与到了其中。

2）临床事实

戈尔德斯坦从来没有声称范畴功能是绝对精神性的。病人没有能力进行分类，这与其知觉的某种转变有关；在正常的被试者 63
那里，知觉场会立即根据诸多力线组织起来；而在患者那里，这个知觉场则崩解了。范畴态度的失灵是知觉结构的改变，或者蕴含着这种改变。在命名的背后并不存在与之不同的智性活动：范畴功能具体化在语词之中，为语词赋予其面貌；当范畴功能失灵时，人们会觉得语词“变空了”，觉得语词失去了“使其适合去进行意指的东西”（戈尔德斯坦）。

仍然有待我们去理解的是，思想是如何寓于语言之中的，意义是如何寓于语词之中的。[①] 思想在所有层面上都暗存于语言材料中。这种现象在患者那里十分明显，他们的句法思想以清楚地关联的样子发展着，这表明，这两种现象是以思想为条件的。失语症患者的语言失去了一个根本性质：它不再是活生生的。正因如此，戈尔德斯坦的一个病人只有在依据提纲时才能说话，没有任何个人的语调或即兴发挥。他的整个语言都是死气沉沉的，完全没有风格性的东西。

因此，我们应该关注语言的生产能力：语言是处理我们和他者关系的工具整体，反映着我们的创造力。语言表现着我们与他者的关系、我们与自身的关系（戈尔德斯坦）。

戈尔德斯坦在去年出版的一部著作[②] 中，进一步明确了他的观点；他重新定义了范畴态度，然后引入了一个新的概念：“语言工具”概念。他指出，这两种功能彼此紧密相依，如果丧失了其中一方，另一方就会受到损害。

---

① 参见《心理学杂志》特刊：戈尔德斯坦：“对失语症的分析和关于语言本质的研究”（L'analyse de l'aohasie et l'étude de l'essence du langage），第 30 年刊，1933 年 1 月 15–4 月 15 日，第 430–490 页，重印于《语言论集》，子夜出版社，1988 年。

② 戈尔德斯坦：《语言和语言障碍》（*Language and language disturbances*），Grune and Statton，纽约，1948 年。

这一分析的旨趣并不是要导向身体和心灵的传统二分。我们在范畴态度层面和在语言工具层面见到的是同一种障碍。问题不是要将语言化约为思想，而是要把思想引入语言；而一种语言显 64
现为正常的还是异常的，就取决于思想在进入语言时的融合程度是否理想。我们接下来将会研究：

1. 范畴态度，

2. 语言工具，

我们将试图揭示这两种功能的相互渗透，以及思想在它们之中所起的作用。

1. 范畴态度

范畴态度使一系列活动成为可能，而这些活动的根源是：

—— 承担智力任务、采取主动、根据要求完成语言活动的能力；

—— 从多个方面考察同一问题的可能性；

—— 同时考虑两个各自独立的**刺激**，并同时对之做出反应的能力；

—— 区分本质的东西和偶然的东西的能力；

—— 设想未来的能力，即不仅思考现实也思考可能性的能力；

—— 区分自我和外在世界的能力。

当范畴功能损坏时，我们会看到工具层面的一些障碍，比如，一个病人不会使用乘法表，尽管他心里知道乘法表。

我们很容易就能区分：直接实现工具功能的情况和通过范畴

态度以间接方式实现工具功能的情况。

在后一情况中我们看到：

—— 语言器官在某些时候会运作，在另一些时候不运作；

—— 诸语词都成为了个体的语词，有着和其语境没有任何关系的具体的含义：比如，“事物”一词对于正常人来说包含着一个概念，对于病人来说则变成了指称一个他不知其名称的对象的方式，变成了掩盖缺陷的手段。

但是范畴功能是具身化在对象中的；它与语言的关系是从因到果的外在关系；语词是意图由之显现出来的东西。话语并不只
65 是为思想服务的自动机制；它是思想当下现实化的工具：思想只有在找到它的言语表达后，才真正地实现为思想。

相反，对于病人来说，语词显现为声音的复合体：它不是思想的载体，它与思想的关系仍然是外在的。

2. 语言工具

语言工具的丧失引起的问题非常多样：

—— 混淆字母或者单词；

—— 被试者在说不出他想使用的单词时，就会使用一个与其具有同样相貌（有同样数量的字母、同样数量的音节）的词。

—— 没有小词（介词、副词、冠词）；

—— 不能重复。

语词虽然被损坏了，却仍然保有它们的意指能力；因如，我

们看到思想具身化于工具性的语言之中。这是通过什么机制实现的呢？这正是戈尔德斯坦将借助洪堡的“内在语言形式”（innere Sprachform）概念试图揭示的。

对于洪堡说，“内在语言形式”不是某些心理学家所说的“内在语言”（它只是一些言语形象的回想）。“内在语言形式”是一种文化的特有世界观在其语言中的反映：每一种言语都有其特有的表达不同关系的方式，例如，表达时间或空间的方式（希腊语的结构显示着希腊人特有的“时间结构”）。甚至是重音和词形变化的分布方式、冠词的使用，都生动表达着某种世界观。

“内在语言形式”是我们要表达我们的思想或理解他人的思想时所产生的各种表达的整体，或我们要表达我们的思想或理解他人的思想的过程的整体。

因此，纯粹思想和语言是在“内在语言形式”中结合在一起的，而“内在语言形式”会根据我们是言说还是书写、是向自己还是向他者表达而不同。在语言（语词的总和）与思想之间，有一个由各种含义构成的层，这些含义必定是以与语言的某种关系为条件的。正是这种寓于语言中的思想，而非明言的思想，构成了**风格**。

我们现在可以完成我们在课程之初讨论音素习得所说的了。56
在雅各布森看来，这种习得是由客观法则决定的，相反，在戈尔德斯坦看来，音素的发展是按照某种音素“风格”进行的，而音素“风格”本身最初完全不是被必然地规定的。就像一个机体根本没有实现它的结构让它能够做到的所有活动，而是采用了所有姿势中最有利的姿势，这些姿势符合其活动的根本组成，符合该个体的“原型”（比如，某一个人选择的休息姿势并不能从其解剖结构上得到解释）。同样，在音素习得中使用的音素的系统的形式被一个共同体建构为恰当地表达其世界观的方式。

现在我们从这一角度出发，回到皮亚杰关于儿童语言的讨论。语词不像他声称的那样仅仅是思想的标示；它们在语言之初就合法地具有戈尔德斯坦称作“处境价值”的东西。儿童在完全理解某些词的意义之前就已经在使用这些词了，就像成人学习外语时会使用一些他不知道其意义，然而却能在处境中运用的短语那样。皮亚杰将这种不解释自身的语言称为“自我中心的”语言。戈尔德斯坦则认为，这是儿童获得一门语言的方式，而且这种方式仍然是成人的现实的支撑。

另外一些事实进一步证实了戈尔德斯坦的论点：

——在重复时，通常不是重复耳朵听到的句子的样子，而是首先理解句子，然后给出一个与该句子等价的个人化再现。这表明了思想怎样通过符号而走向意义，语言怎样不能掩盖思想。注意这样一种语言是不容易的。这是因为，语言蕴含着含义，而这说到底只有通过“内在语言形式”才有可能。

——过多的话损害了话语的含义；这种现象也出现在不能使用内在语言的病人那里，且以疾病的状态存在：他说多而言少；“内在语言形式”是语言表达力的生命，这种生命使语言能够拥有风格。

所有的语言都是心灵；语言是以智性的觉醒为条件的言语旋
67 律。然而支配着语言的心灵并不是自在的；悖论的是，它是这样一个心灵：它只能通过消融于语言之中，才能拥有自身。

结论：

对失语症的现代分析并没有回归观念论，即便如此，它仍超克了布拉克的理论：语言中的意义正是我们讨论的“处境意义”：处境意义在被运用于具体事物上时，是容易确定的，但它在被运用于一些抽象词上时（如“知性”或者“哲学”……），则是难以确定的。不过，这些概念也可以被视为文化处境的成分。

“内在语言形式”是一个语言共同体的所有成员所共有的心智景貌，成员们由之能够通过一个文化环境而共存。

语言学的贡献

今天的语言学家不再提语言起源的问题，原因有多种：

1. 语言的起源属于语言的史前史，而非语言的历史。对语言起源的研究不是建立在书写下来的材料之上的，因而没有实证性的解答。然而这一反驳并不是决定性的。

叶斯柏森看到了处理此问题的一个实证手段，即从语言的当前状态出发，建立一些演化曲线，人们可以借助归纳推演，朝着起源反向延长这些曲线。

2. 解释语言的起源，就是试图从其它事物推出语言；然而在各种自然的表达形式与严格意义上的语言之间，始终存在着一个断裂。

19 世纪末人们做出了一些尝试去填补这一断裂：

a）有人曾想表明，被说出的语言应是建基于模仿的更简单的

语言变种。符号和含义之间的关系应是建基于**象声词**的，象声词
68 是所有语词的最初形式。

比如，公鸡（coq）的“喔喔”啼鸣声引起了“公鸡”一词，以及与公鸡有关的整个词族：coquet（爱打扮的人）、cocarde（帽徽）、coquelicot（虞美人花）……

人们已不再持这种看法了。在书写中，象声词与表意文字具有同等价值；然而，表意文字是不稳定的，它通过成为音节文字或拼音文字而逐渐具有了某种意义。同样，语言不能被简化为如此狭窄的含义。

b）另外的尝试：将语词说成**情感表现**（比如感叹）的一部分。但是，一方面，感叹是在我们感到吃惊因此想要说些什么的时候发生的；另一方面，感叹在不同言语中都不一样，因此感叹有着某种建制性的价值。

至于从**叫喊声**衍生出来的语言，只适用于非常少量的感叹词。

被说出的语言的表达所基的原则，不同于使被模仿的词成为可能的原则。使“太阳”一词指称太阳的，并不是语词和事物之间的相似，也不是它们的内在特征，而是“soleil”（太阳）一词与所有法语词的关系，是太阳一词区别于其它词的方式。语词只有通过语言的整个**建制**，才能进行意指。

因此许多语言学家认为，提出语言的起源问题，就会把语言化约为一些与语言毫无共同之处的表达样态。他们只想考虑已构成的语言。

然而无论如何，语言的历史性是不能被否认的。我们参与语言的局部创造，无论这些局部创新与非语言的表达样态相比起来

有什么样的创新之处，这些局部创造都是有条件的创造。我们应该承认，的确存在一些门槛，也就是说，我们并不是从任意一个起点出发到达任意一个结果的；应该承认，在某些情况中，像我们语言中出现的这样的创造、这种原先不可能的创造，现在成为了可能。承认语言具有历史，只不过是承认，如果我们不经过一些依次的阶段，就不能达至某种状态。

存在着历史的因果观，它假定，原因比结果更多或同样多；另一种历史观则仅仅只对最初的给予的东西进行解释。这两种观念都否定了时间的角色。语言既不与前一种观念一致，也不与后一种观念一致。语言迫使我们将历史视为事物的偶然的、合乎逻辑的过程，在此过程中，各种现象能够初步显现出来，并且随后由社会生活的活动或思想的活动而被系统化。比如，“pas”（不） 69
这个否定词起初是一个指称走路的人的步数的词，比如：“je ne fais pas”原本的意思是“je n’avance pas”。[1] 语词 pas 是逐渐具有否定意义的。由于歧义的存在，所以才有对过去意义的接续和新意义的获得。语词在被使用了一段时间之后，会变成了一个新的语言工具。在每一个时刻语言都接续着过去，并被各种消失、遗忘改变着。因此，我们即便不承认语言的诞生，至少应该承认语言是从一些表现力较弱的形式走向表现力更强的形式的，而且那些表现力较弱的形式可能与我们的语言非常不同，因此完全可以被称

---

① “je ne fais pas”这句话，在当今法语中的意思是“我不做”，其中 ne 和 pas 两个词共同构成完整的否定结构。而根据梅洛-庞蒂在此处的分析，pas 以前的意思仅为“脚步”，不具备否定词的功能。因此，“je ne fais pas”在以前的意思应是‘我不迈出脚步”，也就是与“je n’avance pas”即“我不往前走”同义。——译者注

为“前语言”。

这些就是叶斯柏森试图重建的语言形式。

他注意到，那些被认为是最难发出、最长的音是逐渐消失的。原始语词与我们语言里的语词之间的关系，肯定就如蛇颈龙与我们现在的动物之间的关系一样。

我们的语言与最初形式相比，情感性少了些。在最初的时候，言说行为和歌唱行为之间并无区别。

语法：从前的语法都较为综合，现在的语法则较为分析（比如拉丁语比法语更为综合）。动词可以在许多方面发生变化：词性、动词的宾语等等。古代的说话方式应该比现代的说话方式简单得多。

因此，语言的最初形式应该是某种歌唱。人们在传达自己的思想之前会先唱出自己的情感。就像最初的书写是绘画那样，最初的语言应该就是歌唱，这种歌唱在被分析之后就变成了语言符号；正是通过这种歌唱活动，人们感受到了他们的表达力量。

因此，人们试图描述某些前语言的表达形式，它们并不是语言的原因，而是语言的摇篮。瑞斐斯[①]以同样的方式，在其一本普通的书[②]中描述了一些交往和呼唤的经验，他认为这些经验即使没有为语言提供可能性的条件，也至少提供了某些实现的条件。

我们无法谈论语言的经验之源。但我们至少可以描述一些前
70 语言的形式，一个人由这些前语言形式开始想说话，语言成为了

① Géza Révész 原文中写作 Revesz，为笔误。——译者注

② 瑞斐斯：《语言的起源和前史》（*Origine et préhistoire du langage*），Payot 出版社，1950 年。

迫在眉睫的东西。

甚至对于那些承认预言帝演变的作者来说，被说出的语言的出现也像是"元涌现"（Ursprung）。因此，语言学家要我们从语言之内，而非从语言之外考察语言。

我们既可以对这些语言学家的总体哲学结论感兴趣，也可以对他们的科学研究感兴趣。如果我们采取后一种观点，就会遇到人们对哲学家提出的反对。哲学家每次使用实证学科时都会遇到这些反对；人们会指责他：

a. 错误地把哲学的命运与仍有疑问的科学系统（即一些相对的、暂时的理论）联系在一起，从而为科学牺牲了哲学；

b. 错误地重新解释了科学的现象，并因此为它们赋予了它们并不具有的含义，这是在为哲学而牺牲科学。

这两种反对意见的言下之意都是我们必须在科学和哲学之间做出选择。科学是人们所建构的，其目的是要借助严格的方法来阐明建构者或其他人曾经有过的经验。不论我们是否期望从科学中获得关于存在的知识，哲学都不能免于如下这个任务：为科学的"验证"方法寻找与哲学的联系和哲学地位。语言学是对作为建制的言语的最严格考察，既然如此，我们就无法想象语言哲学不具有这样的义务：依据自己的真理，收集和清晰分明地呈现语言学家所确立的真理。如果我们将哲学视为对人的经验的阐明，并将科学视为这种经验的一个极其重要的环节，那么两难困境就不存在了。

因此我们要问语言学家的，并不是他们的哲学结论（他们作为哲学家时，并不比其他人可靠）。我们力图做的是共享他们的语言经验。语言学家把各种言语放在一起进行比较，从而使每一种言语都在某个景深上显现出来，这个景深会突然把言语揭示给那些说着这种言语，却没有**看见**它的人。为了使我们看到这种语言，这种我们认为我们言说它因此就了解它的语言，比较性的和客观性的研究必不可少。

71 语言学原则上对语言做客观的研究，也就是说，语言学按言语本身的样子来考察它，“瞒着”（黑格尔语）言说主体考察它。但是我们马上会看到，客观方法实际上与对语言的直接反思是一致的。

1. 声音

语音学研究一门言语历史之中语音系统里发生的各种变化。声音仅依赖于我们的发声器官吗？若果真如此，那么我们就能期待存在着一些普遍的向量规律，根据这些规律，各种言语会朝向某一个方向转变。然而，按照通常的看法，语音学的规律只在某一特定历史时期之内才有效，这会让我们觉得，语音学规律不能与物理学规律相比，或者更准确地说，这些规律并不是无条件地必然的。语音学规律可能依赖于言语的某些历史结构。物理学规律亦然，比如，落体定律也只有在某种世界状态中才有效。落体定律只有在地球旋转的系统中才是可理解的，在这一系统中的旋转速度不会超出某一限度。所有规律都与事实系数紧密相关（参见布伦施威克）。这对语言学来说甚至更加为真，因为语言学的各种规律都包含着方便性的系数。因此这些规律不允许任何预测，而且只有在涉及过去的东西时才是确定的（参见房德里耶斯言）。

另一方面，语音现象并没有构成一个与言说主体无关的自在领域。即使在声音方面，我们也看到在某些时刻出现了源于其它言语的一些音素，这些音素并不是由内在于该言语的语音必然性所决定的，而是由模仿这样的现象所决定的。逻辑要素在事后才由语言实践引入。比如有人观察到超城市主义或超方言主义，它们是城市居民和乡村居民出于相互区别的需要而有意识进行的过分强调。

总之，我们必须意识到，我们在语言中使用的声音在多么大程度上比我们的语音器官自然发出的声音更加丰富。无论我们发
出什么声音，都没有一门言语里声音那样丰富和多样。因此，在 72
这三种关系下，以下这一点已经很明显了：在语言中的声音现象是一个超自然的领域。

2. 语法

17 世纪和 18 世纪的语法学家受到了一些与法语的真正结构并不匹配的语法范畴的影响，他们给予我们的与其说是知识，不如说是扭曲的形象。

词源学同样也会歪曲我们的语词观念；实际上，一个词的意义不是在后面，而是在前方，这种展望性的意义不必然是过去意义的结果。“我们不是我们祖先的子孙，相反，我们选择了我们的祖先”（参见阿隆）。这也适用于普通词源学，这种词源学是人的选择，人通过这种选择表达他在当下为一个词赋予的实际意义。

义素是天空、桌子等等这样的语词，词素则表达语词之间的关系：向、来自、为了……

词法学研究将一门语言的所有语词关联起来的各种形式的整体。“词素”这个概念是非常普遍的概念，语言学家已经表明，符号的缺乏也是一种符号（“零词素”）。比如，在某种语言中没有词尾变化，于是其主格就由缺乏词尾变化来表示，就像在音乐中存在着表达性的休止一样。因此，完整的词法学除了集合明显的词素之外，还要揭示潜藏的词素。下面是几则例子：

—— 在有些语言中否定是通过语调来表达的，比如富拉（peulh）语[①]。

——“il a fait”这个表达由三个词构成。语言学家想知道这种分析是否不是约定的。他们把这类表达与希腊语中不定过去式的典型词素进行比较。对于说法语的人来说，“il a fait”这个表达并不是由一个代词、一个动词和一个分词构成的：这个整体的表达，在其中“il”就相当于希腊语不定过去式中的 σ 和加在动词前的元音。

—— 在中文里，主要语词之间的隶属关系是由语词顺序来表
73 示的，没有实际的词素，然而，其语词之间的词法关系被表达得与我们的语言用一些特特定的东西表达的同样确定。

—— 在法语中，当我们说“Pierre frappe Paul”（皮埃尔打保罗）时，唯一一个被表达出来的词素就是 frappe 里的 e。

对词素概念的这一分析使我们极大地普遍化了这一概念：词素完全不必是我们能将一个实际的概念与之对应的语词。

---

① peulh 语是西部非洲，比如塞内加尔、科特迪瓦、贝宁等国家所说的语言。——译者注

有时候义素会衍生词素（拉丁语的“casa”衍生了法语的“chez”）。词素消除了自己的意义，因此，有时仍然是不确定的意义通过它就出现了。词素的本身是一种语法工具，它的特征更多地是使用价值而非含义。在某些情况下，它显得是非常不确定的：我们不能给予介词“à”一个确定的定义，在德语里可以有8个词与它对应（zu，nach，an，in，mit，auf，bei，um）。当我们像索绪尔一样思考语言是如何意指时，这对我们很有帮助。

我们已经看到，词素和义素之间的区分看似简单，但当我们细究时，这种区分就变得模糊了。因此，各种人称代词在一开始是义素，最后却变成了纯粹的词素。比如，在“je le dis”（我说它）中，代词越来越紧密地黏着在动词上：je dis，tu dis，il dit（发jedi，tudi，idi音）[①]的变位等同于拉丁语的dico，dicis，dicit。Jedi，tudi，idi可被看作语词在先前的词形变化的音域。

因此，我们不能给语词一种具有绝对确定的语法功能，因为，实际上并不存在“名词”、“代词”这些概念。语词是由某种使用所确定的工具，我们不能以确定的概念形式表达这种使用。（这一说法对大部分语法范畴都是有效的。）

词性尽管起初似乎建基于物体的各种特征上（要么是可观察的、要么是神秘的特征），在如今也不再具有任何含义了。

每当一个语词前面没有一个使其词性非常明显的冠词时，该语词的词性就会变得含混。

---

① 法语口语里，词与词之间的发音往往没有明显的分隔，因此数个少音节词连续出现时，经常让人感觉听到了一个由多个音节组成的词。——译者注

74 比如，以元音开始的单词（l'aurore，l'abîme）往往会改变词性，因为它们没有使它们保持其原初词性的冠词。词性往往只是一个对语词做出区分的标示、一个“分类者”。

词的数[①]对应着事物的某一方面。但是词的数并不是在模仿事物之间的关系，而且它也没有从事物之间的关系中引出一绝对单义的含义。我们应该写作 confiture de groseille 还是 confiture de groseilles？[②]这种犹豫是如下这一事实造成的：法语中的复数词包含着两种不易区分的含义：复数、集合。

这个说法对于大多数语言范畴都是有效的，这些范畴除了其主要意义之外，还包含有处于发展或退转中的潜在意义。不存在永恒不变的、事物所固有的范畴的系统。各种范畴都处在演变之中：比如，法语复数词 bourgeonne（集合名词）；言语包含一些已经被习得的、现成的含义，另外还包含一些处于形成中的含义。如果我们把言语局限于在它之中真正确立的东西的话，我们就会让它变得贫瘠。

时态：现在时、过去时、将来时看起来都建基于事物。但是有一些言语没有将来时，另一些言语拥有上述时态之外的其它时态，也就是说，另一些言语是以其它方式理解时间的。

如果我们不把进行式时态（也就是用来标识当下所看到的行动的时态）纳入考虑的话，就不可能理解希腊语或印欧语系里的动词变位。更确切地说，进行时是一个时长范畴，而非时刻范畴。

---

① 比如一个名次是单数还是复数。——译者注

② 醋栗酱，原文中 groseille 为单数，groseilles 为复数。——译者注

因此，语法时间的客观明见性并不存在，存在的只是用来探索时间的各式语言工具。在希伯来语里，将来时在叙述中被用作将来时和过去时，而过去时态又可以充当将来时：我们会说这里的用法不确定，因为我们试图按照我们的方式来思考时间的分节连接的样态。实际上，如果我们成功做到按照这种变位“特有的结构”来思考这种变位，我们就会看到这种变位保持着它的意义，看到它让各种根本的时间关系得以相互联系（参见古斯塔夫·纪尧姆）。另外，我们看到，出于自我表达的需要，法语中出现了进行式：当我们只考虑结果而不考虑过程时，由“re”参与构成的词会取代简单形式；然而“re”起初意味着“反复做”，后来才具有不同的含义，如今它代表着进行式的细微差别，对于这种细微差别，法语没有一个正式的名称。例如：abattre（推倒）和 rabat- 75
tre（压下），abaisser（放低）和 rabaisser（放下）。① 因此，我们能够在一种语言中看到与在另一种语言中以或多或少的技巧表达的东西等价的东西。如果真的存在一种贯穿各种言语的语言统一性，那么我们应该在各种言语扩展的共同努力中去寻找它，而不是在“普遍”范畴的系统中寻找它。这种统一性处于实存领域，而非本质领域。

法语的变位包含很多不符合规则的情况，因此，我们应该将其变位视为一种语言工具，而非视为时间的再现。

主动式和被动式：理论上，这两个语法范畴的区别在于，一

---

① 这四个词的含义都十分丰富，译者只能各择一种含义译出，主要为了突显原词在词首加“r”之后，会着重表达该动作的结果，而不是过程。——译者注

个是做出行动，另一个是承受这种行动：

猫吃老鼠（主动式）。

老鼠被猫吃了（被动式）。

不过，被动形式不限于第二种用法。此外，人们在说出以下的话时，并没有做出行动："je meurs"（我死去），"je souffre"（我痛苦）；在主动式的变位里也有一些被动形式：Je suis allé（我走了）。

某些言语除了被动式以外就没有其它语态了。因此，表达装置不能被看作是代表各种独立的和并列的意义的符号的总和，表达装置仅限于纯粹的理智。

及物和不及物：原则上，一个允许有直接补语，另一个不允许。实际上这一语言工具并没有严格确定了的概念值，在这一点上不存在逻辑和语法的平行对应。"Noces tibi"（伤害你）就意义而言是及物的。因此，是否存在普遍的语法仍然是有疑问的，因为言语是由处于初始状态的含义所构成的，因为言语是变动的而非固定的，因为最终或许我们必定会认识到"流变的含义"，正如胡塞尔在其后期著作中所说的。

我们对语词类别所做的所有区分（代词、形容词、动词），相对于言语的使用而言，都是过于简化的。

然而，如下两类句子之间存在着一种不可化约的区别：

—— **动词性语句**，它包含一个除了"être"以外的其它动词。

—— **名词性语句**，它包含动词"être"，并对某个对象的特征进行陈述。

76 然而，正如人们以往常说的那样，亚里士多德的分析不仅对于理解从语言过渡到思想来说是不充分的，而且对于确定语言自身特征来说也是不充分的。语言学家拒绝将动词性语句化约为名词性语句。

最终，意义的另一些区分是由风格而非语法表达出来的。在某些没有词素的语言中，语词的顺序决定意义；在另一些语言中，语词顺序则相对随意，这为风格上的各种微妙变化留出了自由的空间。拉丁语的“homo est avarus”意为：这个人有时很吝啬，而“avarus homo est”则意为：这个人的缺点是吝啬。

这一点在我们比较书面语和口语时尤其明显：书面语的“quant à moi, je n’ai pas la temps de penser à cette affaire”（我没有时间考虑这件事）在口语中变为“du temps, est-ce que j’en ai, moi, pour penser à cetter affaire?”（我有时间考虑这件事吗？）（房德里耶斯）

按照有些人的看法，法语源于口语，因此源于活生生的交谈。可能存在着前语法，它稳定下来后就变成了语法。

在考察了静止的词法之后，我们应该考察变动的词法了。语言有两个相互矛盾的需要：统一的需要和表达的需要；情况应该是，统一的需要的使用是为了被理解，但使用得太频繁会失去意义（比如“太美妙了”、“了不起”）：表达的需要则与语词的和形式的消损作斗争，并在某一时刻引起语言的创造。

这些创造当然不是在响应预先确定的计划。这些创造是系统的创造，但它们大多时候是利用语言史中的偶然因素。例如，意大利语的重音在单词的倒数第二个音节上，这使最后一个音节变得无用，同时又使无词形变化的新的表达系统成为必然；法语源于拉丁语，它始于用一些临时简易的手段去“补救”被破坏的词形变化。例如，分词 vu，tenu，rompu，它们与晚期拉丁语中以“-utus”结尾的词相似，因而被纳入到了法语中。但这还没完。发生的一切就像是一个新的表达系统出现了：冠词、代词开始出现，对介词的需求会把拉丁语中原本的实词改变成介词：chez［在……］（来自“casa”），excepté［除外］，malgré［尽管］，sauf［除非］，plein［装满］（plein les yeux［满眼的］）。

77　一个表达系统的消损和衰落在其后留下了一些残留，这些残留似乎被新的表达潮流重新理解、修正、使用。拉丁语单词最末音节的衰退是由倒数第二个音节的重音造成的，这一消失突然变成了法语对最后一个音节的强调。言语中的变化就像是心灵不断地利用各种机会。在言语中，发生的一切就仿佛是心灵不断地使用一些偶然因素。因此，问题的关键在于“盲目的心灵”，我们要去阐明的就是这种盲目心灵的性质。

3. 词汇（语义学）

尽管语言学家并不是毫无保留地承认一个语词在时间流变之中是同一的（我们已经看到，词源学并不会提供真正的含义），不过他们仍不得不承认（比如说）“absolutus”引起了“absolu”，否则比较词素学就不可能存在了，甚至连语音学都不可能存在了。但是，这种时间流变之中的同一是“变动的”，就像某些“瞬间的”相片。一些在活的语言中难以分辨的词：louer（比如，租一套公寓）和 louer（赞扬），在词源家看来是不一样的，因为它们源自两个不同的词：“locare”（出租）和“laudare”（赞扬）。有些词又被词源学家认为是同一的，他们只承认这些词有多种意义；实际上，从该言语的当下状态来考虑，这些意义之间已经不再有任何关系了，正如动词“rapporter”那样，它的三个意义取决于人们用它说的是一块地、一只狗，还是一个孩子。[1] Maréchal（ferrant）和Maréchal（de France）[2] 有相同的词源，却没有任何意义关联。同样，当我说“plume”（笔）时，我没有想到鸟的羽毛，尽管“笔”的含义最初来自“用来书写的羽毛”。语词的“一词多义”[3] 是这样的，我们能够说，在一个既定语句中，具有单义的并不是语词，而是放回语境中的语词。然而语境本身又是由其它语词构成的，它们也有多种意义。因此语词之间发生了相互作用，其后果是，这种相互作用为每个语词赋予的意义要相容于它为其它语词赋予的意义，而它为其它语词赋予的意义又要相容于它为第一个语词赋予的意义。同一类问题也会出现在知觉中，在知觉中，知觉场的每个成分都从一个整体得到其色彩值、空间值、含义值，而根据假设，我们尚未拥有这一整体。我们只有参考被认为是这样的
身体和器官，它们能实现部分与整体的交互活动，能够通过它们 78
对被知觉世界的熟悉，“猜想”整体的构成会是什么，因而能够赋予每一细节一个合宜的值，只有这样我们才能最终理解被知觉

① 如果说的是一块地，rapporter 的含义是：出产粮食。如果说的是一只狗，rapporter 的含义是：衔回猎物。如果说的是一个孩子，rapporter 的含义则可能是：打小报告。——译者注

② Maréchal（ferrant）的意思是铁匠，Maréchal（de France）的意思是法国元帅。——译者注

③ 原文为“polyrésie”，是笔误，根据语境判断此处应为“polysémie”。——译者注

世界中这样的格式塔的构成。同样，在活的语言和当下的交流里，如果做出理解的主体是纯粹的知性，如果它被迫给出每一个词的所有可能含义，给出整体的所有可能含义，如果它不是言说的主体而只是思想的主体，那么，我们就永远无法理解一个语句如何能够为我们呈现一种直接的意义、如何能够让我们知道他者思想的存在。语言之于思想的运作方式，正如身体之于知觉的运作方式。

对我们关于语义学的词汇的讨论：我们不能限定一门言语的语词范围，不能构造一门言语的完备词汇库。某些词只有在我们需要它们的时候才会出现，正如火星并不被包含在石头中，而是形成于石头和撞击它的金属的接触中。作为工具的语言，不同于一把锤子，锤子只有有限数量的使用方式。语言更像是一架钢琴，我们可以通过它奏出无限多的旋律。在一个词汇库中，一个语词有几种含义就会被点算几次吗？如果一个人能恰当使用很多语词，却不知道它们的确切含义，我们会把它们算作这个人的词汇吗？比如，大多数法国人只是通过“tête de linotte”知道“linotte”的，我们能把“linotte”算作他们的词汇吗？我们会把 1900 年代那些现在仍能被大致理解，却趋于消失的词，算作现在法语的词汇吗？认为我们能够数算一门言语的语词，这是假定这门言语是由有限的符号、有限的含义构成的；然而实际上，言语是一个具有统一性的表达系统，其应用数量不总是可以数算的。

真正说来，一门言语中，语词并不是以逐个被赋予一种或多种意义的方式存在的。每个词都只有在其含义得到所有其它词的支持时，才有其含义，其它词同样如此；在言语中，唯一的现实就是言语的**格式塔**。一个词若要保有其意义，就必须得到其它语词的支持。captivus（以及其派生词 captif）由 capio 支持着，保持其意义不变；然而 chétif 却滑向了另一个意义；只有在一种非常脆弱的平衡状态中，语词才可能有意义：一个词只有经常用于各种不同的语境中，才能有它的意义。比如，“frustre”一词，最初 79
仅仅只用于指人像被磨没的钱币，后来改变了意义，意指“粗糙的”，这是因为，各种语境之间的交叉没有使它保持其最初的意义。但是如果一个词被使用得过于频繁、被使用在过多的语境里，那么该词最终会被各种语境吸引并改变意义。

我们在（论音素、词法学、词汇）这三节里遇到的所有现象的统一和关联，也存在于这三类现象之间。语音、词法、词汇之间相互平衡的联合行动，才是一门言语的生命。但是从某种意义上说，这种统一是随着言语的不断变化生成而一步一步得到维持的，因此我们达至了与房德里耶斯一样的观念：**有一种横跨各种言语的语言功能统一**。我们在此并不是在梦想一种以其概念系统凌驾于所有经验性语法之上的普遍语法；房德里耶斯想要说的是一种具体的普遍性，它只会一步一步地被实现，它处于那种激活所有言语的表达意愿之中，而不是处于各种过渡性的形式中——其实各种过渡性的形式反而是它带来的。

“**一门言语是一种在被寻找的观念化存在，是一种潜在的现实，是一种永远都不会完成的不断生成**”（参见房德里耶斯）。言语是与康德的理念相似的存在，而康德的理念是由所有趋于一致的表达方式的无限总体化所产生的。法语在当下被定义为所有讲法语的人（即能够用法语相互交流的人）的共同目的。这种成功的交流不会禁止一些数量上的差异从一代到下一代、通过难以察觉的渐进而转变为性质上的差异。法语不是一种可以根据时间和空间中的严格边界被确定地勾画的客观实在；法语是一种动态的实在，是一种处于同时性和历时性中的*格式塔*，是一个整体——这个整体达至某些特性，但我们却无法准确地说它是从这里开始的、到那里终止的。我们无法确定法语出现的日子，不过，在一段时间的演变之后，我们看到某种不同于拉丁语的结构的“结构”出现了（参见纪尧姆）。它不可避免地会超出它的“界线”，因为它从来都只是一个从某个景深中显现出来的形态。即使像法语这样一门常见的言语，也能够通过一些非语言的（政治的）因素而获得一种鲜明的统一。但是那些任凭自发的语言力量所左右的方
80 言，则始终无法达到某种统一；各条同言线在那里是不能重叠的，在这种情况下，我们不能说法语就是普罗旺斯语。

在对几个语言学事实的接触中，哲学家已经可以获得一些情况了：

1. 就音素而言，我们看到，当一个音素在一门语言中消失时（即包含这一音素的所有单词都没有了这一音素）会引起系统性的变化，但这并非是共同决定的事情。这一情况与我们在某些疾病中看到的“身体图式”的某些要素的消失相似。人们注意到，许多患者不知道他们在感官或者运动上的缺陷（甘瑟症候群），人们倾向于这样解释这一事实：患者会逃避任何需要病肢或患病器官参与的任务。患病的身体部位被“排除在回路之外”。患者似乎放弃了患病部分（就好像该部分已经不再显现在他的身体图式之中

那样）。同样，言语把一个它一开始曾使用过的音素“排除在回路之外”，而这不涉及任何真正意义上的决定或者约定。

无论是在身体活动中还是在言语活动中，都存在被言说主体的共同体所遵守，但没有被共同体意识到的盲目的逻辑、平衡的法则。与这种自发的逻辑相对立的，是超城市主义和超方言主义现象里的自愿逻辑。

2. 就语法而言，我们已经看到语词首先是由其工具价值所定义的，比起它的**意义**来说，它的**使用范围**更重要。逻辑分析不能解释莫里哀的喜剧人物所使用的小词“ti”（j'aime-ti pas ma fille？，我爱我的女儿吗？）。起初，直陈式现在时的疑问形式用于所有人称；后来，这一形式慢慢不再用于第一人称和第二人称的单数和复数（比如 aimons-nous, aimez-vous），因为它与反身词构成了同音异义，而由于这种谐音，它的表达效力在第一人称单数和第二人称单数那里变弱了。原本第三人称特有的疑问形式（aime-t-il）蔓延到了其它人称上，发音为“ti”的“t-il”变成为了意指提问本身，于是人们可以说“j'aime-ti pas ma fille？”（我不爱我女儿吗？）通过考察“ti”这一个类词缀在法语中的产生，我 13
们就能理解为什么我们不能将希腊语中的“αγ”词缀的各种不同含义都归并简化成统一的含义。

各种代词、语词的性和数的目的也是使用。一个词的意义最终被化约为意识到，它能被这样一些词代替，而不能被其它词代替。尤其显而易见的是，对介词进行逻辑分析是不可能的。

因此很显然，我们不能通过把语言设想为一系列符号，每个符号都具有一个含义或一个概念，来解决语言的问题：在语言中，我们不会对含义有完全的意识，对于含义的意识不会达至概念的程度；相应地，与其说含义意识处于符号的背后，不如说它与符号融合在一起，它是符号在交流中各种可能用法所构成的晕圈。任何一个孤立的词，都是以存在着现实的对话为前提的。每个语句都是我们都具有的整体表达能力以另一种音调再次奏响。会弹钢琴并不只是会弹奏一些曲子，而是拥有了一种能把纸上音符表现为音乐的总体能力，同样，会说话并不只是掌握了有限数量的纯粹符号和纯粹含义。

这些评论使我们回到了索绪尔的某些观念，[①] 他的这些观念在近期引导着语言学家的工作。索绪尔承认，言语从根本上说是区别性的：语词离开其它语词，其意义就会减少。这相当于说，每种语言现象都是总体的交流活动的一种分化。索绪尔认为，在一门言语中，一切都是否定性的，只存在没有肯定项的区分。所指方面导致概念上的区分；能指方导致语音上的区分。

由此可见，我们应该在谈论一枚钱币的价值（我们可以用一枚钱币换取无数种物品）的意义上谈论语言的“价值”，而不是谈论语言的“意义”。就像同一张钱有多种可能的使用那样，一个词有多种意义。米歇尔·布雷亚尔比较了语词和历史中的组织机构。例如：国会最初是一个法院，后来逐渐获得了皇家法令的记载权、
82 对国王的谏诤权，直至在十八世纪成为了一个政治上的对抗机构。同样，语词在被引入时是为了意指一件事物，后来它丧失了其原初意义并获得了另一种意义。在每一时刻，意义都是某种整体形

① 《普通语言学教程》，同上。

构的一个组成部分：当语言被如此理解时，我们就可以将语言视为“文化主义”社会学家所称的“文化”的一个方面。索绪尔在谈论语言的“约定”性质时，他是在用另一种词汇表达如下观点：语言是“文化的”，而非“自然的”。

索绪尔在语言方面的尝试有两方面：

a）一方面，回到活的言说的言语，“语言不是一种实体，它仅存在于言说的主体那里”。

书写言语保存活的言语，后于活的语言，书写言语不能为我们提供语言关键的东西，尽管它有时能获得言说的言语没有的表达严格和准确。

b）但与此同时：言语并不是言说主体的一种功能；处在言语共同体中的言说的主体并不是其言语的所有者，他完全是被他者理解和去理解他者的意愿。

索绪尔在此遇到了个体与社会之间关系的这个至关重要的哲学难题。

在他看来，个体既不是历史的主体，也不是历史的客体，而是同时是两者。如此，语言就既不是一种超越于所有言说主体的现实，也不是由个体形成的幻象。它是人类交互主体性的表现。索绪尔通过分析语言，即通过分析最基本的社会现实之一，澄清了个人与历史之间令人费解的关系：他把语言学视为一种更为普遍的“符号学”的一部分。

我们将首先研究各种通过语言把社会关联起来的关系，然后进行普遍化，并尝试勾显出个体与集体之间关系的一般观念。

1. 符号和含义之间的关系。

索绪尔是从这样一种观念出发的：言语中的所有东西都是心理的。现实的语词不纯粹是它历史地由之而来的语词的简单结果。我们必须区分实体的同一（比如我能够在旧货商那儿找回我被偷
83 走的衣服）和结构的同一（比如 9 点 17 分班次的快车总是 9 点 17 分班次的快车，虽然路上的既不是同一列火车，也不是同一名司机）。语词“mer”（海）与其拉丁词源“mare”之间的同一不是实体的同一，而是结构的同一；在一代人到另一代人之间存在着对语词的持续传递，而没有意识到语词的变化。语词同一的基础不是声音或具体词形的延续，恰恰相反，这种延续必须以语词的同一为前提。

在形式方面，我们不能用十八世纪的法语来解释现在的法语。例如：“bon marché”（便宜的）短语今天应被视为一个独特的表语。使一个语词同一的是它的价值，正如一个棋子价值并不是由其材料决定的，而是由其确定的防守和进攻的可能性所决定的。这表明在什么程度上言语种的一切都是心理的。

但这种心理不是个体的心理。实际上，一门语言并不是词典里的词汇的集合，也不是与含义一一对应的符号的总和；语词是相互关联的力量的系统。在任何地方，我们都不会遇到一个语词和它的含义。只有在言语链和所指领域之间才存在关系。在同一门言语之内，所有表达着相似观念的符号都互为界限。

例如：法语中 mouton（羊）一词的作用范围和英语中 mutton 的作用范围是不同的，因为英语有两个词，一个是 sheep，指称羊这种动物，另一个是 mutton，指称羊肉。

例二：在有些言语里，人们按照说的是太阳本身还是太阳照在地上的光，使用两个不同的词指太阳。

一个语词最确切的特征是它是“其它语词所不是的词”。并不存在一个词的含义，而只存在彼此相互关联的所有词的含义；我们的现在时不可能与一门没有将来时的言语的现在时是同一回事；因此，我们绝不可能把一门言语完全地翻译到另一门言语中。如此，语言现象就成了各种符号的共存，而这些符号在被分开考量时是没有任何意义的，它们只能从整体出发来被定义，而这个整体本身是由它们构成的。只存在“概念上的区分”和声音的上“区分”（参见索绪尔）。因此，我们通常从语言与意识的关系的角度思考语言的方法是错误的。运作中的言语超越了我们通常认为的纯粹意义与纯粹符号之间的区分。

因此，每一个言说的主体都处于由各言说主体构成的集体之 84
中。语言现象的肯定方面建立在与其它自我进行交流的整体意志之上；从各个不同的时刻看，语言现象只是否定性的、区分性的：它使构成了说话主体的本质的交流称为可能。

2. 言说主体与表达系统之间的关系。

我们绝不能将言语与言说主体区分开来。没有语词的思想就像是“一阵风”。反之亦然，没有思想的语词只不过是一些混乱的声音符号。言语的功能是使清晰的思想在这两种混乱的东西接触时显现出来，而不是充当思想表达的物质手段。索绪尔说，“纯粹的思想”就像是没有形状的一阵风。语言本身就像一些没有形状的湖水。正是这两种无定形的实在在水面的接触，产生了波浪，及其各种几何形态和各种样态；也就是说，清晰且明确的思想出现了。既不存在“思想的物质化，也不存在语言的精神化”；思想和语言只是同一个现实的两个环节。

这把我们引向对于心灵和物体之间关系的全新设想。

3. 理性和偶然的关系。

a．话语和言语的区分

b．历时性和共时性的区分

a. 话语和言语的区分

话语是我们所说的东西；言语则是主体想说话时能够从之取出所说的话的宝藏；言语是一个可能性的系统。

但是，我们怎样才能进入这种“自在的”法语呢？实际上，我每次说话时都指向我的言语的整体，因此在我看来，划出话语和言语的界线是非常困难的。它们之间的对立不能在这种简单的形式下保持下去。

b. 历时性和共时性之间的区分

——**采取历时性的观点**，就是从时间的相继角度，根据纵向
85 剖面看待言语，言语显示为一系列偶然发生的事件。我们会观察到一个被废弃的系统的衰落，观察到某个细节被偶然使用后又被承接再塑并且被整合进系统中。

——**采取共时性的观点**，就是从言语变化生成的某一个时刻

看待整体的言语；与历时性角度的情况相反，在这里言语显现为倾向于有某种秩序、某种系统。

让我们想象一个行星突然消失了，那么整个行星系统都会随之而改变；这个系统会利用它之中的各种力重新组织自己。语言的情况同样如此。偶然性是言语的所有重构的基础；在这个意义上，我们可以说，言语是相对地被激发的东西的领域：在这个领域里，没有任何理性是不源于某些偶然的东西的，而这些偶然的东西是由言说的共同体以系统的表达的方式承接再塑和转化的。

有些人在一些重要的点上修正了索绪尔关于共时性和历时性关系的设想。纪尧姆认为，语言中存在着由某种结构以其各种不同的表达方式所决定的“潜语言图式”，而这些不同的表达方式随时间而发展着，并且引导着历时性的方向。在这种情况下，语言就不是一个瞬间的格式塔了，而是处于运动中的格式塔，它演变向某种平衡状态，而且一旦达至了这种平衡状态，又能够通过耗损现象失去这种平衡，并且在另一个方向上寻找一个新的平衡。根据这样一种想法，言语有一个内在的原则，它在历时性的偶然的东西中进行选择；偶然性与理性、历时性与共时性就不再像在索绪尔那里那样是相互并列且独立的了。

然而，即使在像纪尧姆这样对索绪尔的共时性-历时性关系概念进行了修正的人那里，索绪尔思想的一个基本成分仍然存在着：“不连贯逻辑”的观念；这种逻辑的发展并不是确定无疑的，它允许各种各样的例外，然而，秩序和系统由想要理解和被理解的言说主体的推动重新建立起来了。

应用到历史哲学上：

如果我们把索绪尔的想法进行扩展，那么我们可能会在哲学对待历史的两种主要态度之间找到另一条道路：

a. 历史是各种相互独立的事件和偶然的东西的总和（比如克利奥帕特拉的鼻子）。

86 b. 历史是命定的，是某种内在的东西的表现，是一种可被理解的发展。

波舒哀对历史的设想（《论普遍的历史》）和黑格尔对历史的设想（《历史哲学》）终究有共同之处：这些设想都承认了历史的命运：精神引领着世界，历史理性在“个体背后”运作。事实上，这是作为一种回顾性的理性化活动而出现的（柏格森、阿隆）：观念只是在事后才会显现为是因果的，因为观念的各种实现条件都是假设的。在那一刻，历史的意义和方向如果没有各种事件的帮助，也就是说，如果作为各种事件的卓越的助产士（列宁）的个人没有在某一确定的时刻出现，历史的意义和方向是不可能实现的。这些事件的任何力量都不能绝对确保事件必然发生，尽管它是可能的。

索绪尔看到的正是偶然和秩序之间的这种啮合，这种对理性和偶然的承接再塑，我们完全可以把他关于言语历史的思想应用到历史上：言语的原动力是想交流的意愿（“我们被抛于言语里”，我们处于语言之中，并借助语言而投身于与他者一同进行的理性解释进程中），同样地，为整个历史发展提供原动力的，是人们的共同处境、是人们想要共存和相互认识的意愿。

历史秩序和历史理性的原则没有消除偶然，相反，它让各种偶然转向，并且利用它们，它像索绪尔可能会认为的那样，把偶然转变入系统；它激发和关注纯粹的事件而不是消除它们。也许正是这种观念使（与黑格尔的理解相反的）马克思主义对历史的理解具有独创性的。至少托洛茨基认为可以隐喻地将历史逻辑视为“自然选择”的时候，他是如此理解的（“自然选择”当然只是一个隐喻，在这里发挥作用的是人类创造的力量，而不是自然的力量：这是一种“历史选择”）：某些政体之所以消失了，是因为它们不能解决那个时代的问题，不能回应那个时代主体间的冲动。我们所说的历史的逻辑，是一个排除的过程，在这一过程中只有能够面对当下处境的系统才能存在下去。历史不是一个隐身的神，不是一个代替我们去行动，而我们则必须去忍受它的神。人们造就他们的历史，正如造就他们的言语。

结语：我们如何看待语言——即处于它与思想之间各种关系 87
中的语言，我们就可以如何看待身体的生命——即处于它与意识之间的各种关系中的身体生命；同样，就如我们既不能把身体置于第一位，然而也不能让身体处于次要地位，不能撤销它的自主性那样（参见波伏娃），我们也既不能说语言创造了思想，更不能说语言是由思想创造的。思想寓于语言之中，语言是思想的身体。对于哲学所寻找的这一主体的和客体的、内在的和外在的中介，如果我们对之做足够仔细的考察，就能在语言之中找到。

89 # 成人眼中的儿童

第一节课将明确课程的目标：教育学。我们应该如何构想它呢？

I. 教育学相对于其它学科的地位

通常，人们非常简单地通过教育学与儿童心理学的关系来确定其位置：人们承认，教育学是一种教育技术，它的基础是它所依赖的科学：儿童心理学。乍一看，这种关系似乎很清楚：这是科学（对原因和结果的研究）和技术（对手段和目的的研究）之间的关系。

在这种构想中，教育学是总结心理科学并将其转化为行动准则的一整套技术。

但是在这种关系中，教育学处于双重从属地位：它首先从属于心理学，其次从属于道德，因为它以一些预设价值为前提条件，而它不会对这些价值提出质疑的（一些隐含的假设，比如：医学隐含地假设了生命是一种比死亡更可取的价值）。

这种双重依赖是否有道理呢？

a）**教育学和道德之间的关系**：教育学是否应该以一种既有的

道德作为前提呢？它是否应该仅满足于把这些被如此预设的道德付诸应用呢？我们认为不应如此：人们不能在了解儿童的实际处境之前，就承认某些预设价值。人们不能在了解成人和孩子之间的各种冲突之前，就确立某些预先构想好的律令。

在《道德实验》[1] 中，弗雷德里克·劳赫（Frédéric Rauh）明确 90
指出，任何道德都不能以先验的方式被确立：当只存在某些抽象目的时，就没有真正的道德；真正的道德律令是在与各种处境的接触中显露出来的。

因此，这第一种区分之中有些人为的成分。

b）**教育学与儿童心理学之间的关系：**教育学对儿童心理学的依赖也是人为的，教育学并不是心理学的应用，它是儿童心理学的全部。正如没有纯粹的医生那样，教师也不可能把观察和行动割离开来。当涉及到生物，尤其是人类时，就不存在纯粹的观察：任何观察都已经是一种干预了；人们无法在对被试者不做任何改变的情况下进行实验或观察。任何理论都同时是一种实践。反之亦然，任何行动都是以［双方相互的］理解为前提条件的。教育者和儿童之间的各种关系并非无关紧要，相反，这些关系在处境中至关重要。

因此我们可以说，理论和实践之间的关系并不是线性相关的，而是循环的，或者相互笼罩的：任何实践都是以一种判断为前提

① 弗雷德里克·劳赫（Frédéric Rauh）：《道德实验》（*L'Expérience morale*），阿尔康出版社，1903 年。

的，也都会产生一种判断；任何教育学都同时是心理学，至少是隐含的心理学。

教师的问题就是精神分析学家的问题，而且普遍而言是任何从事实验的人的问题：他改变了他的被试者。但是只有当他忽视了他自己干预行为的意义时，[这种干预]才会成为弊端。最糟糕的情况是，有时他只有通过孩子的反应才认识到这一点。因此，成人学习认识自己、学习了解孩子是同时进行的。

在我们与儿童的各种关系中，儿童就是我们所创造的。如果我们知道我们把什么带到了他身上，那么儿童是我们所创造的这一事实就不重要了（在儿童的任何回应中，都能看到对成人问题的某种反应）。这种循环关系即使隐含着错觉，它也无法被避免：我们没有其它途径来接近儿童。我们必须逐步懂得分辨什么是来自我们的、什么是来自他的。综上所述，观察-行动、理论-实践的关系，绝不是纯粹认知关系，而是一种存在关系；只要进行了充足的批判性讨论，我们就可以期望建构真正的知识。

91 因此：[教育学、道德、心理学]并不是三门截然相异的学科，[它们]在性质上并无不同，而是同一类工作，目标在于：

——研究行为举止的各种准则（道德），

——或研究客观知识（儿童心理学），

——或研究成人对孩子的各种反应（教育学）。

只不过，儿童心理学更倾向于从儿童的角度来看待事物，教育学[则更倾向于]从成人[的角度来看待事物]。因此，教育学就会是成人对他所造就的儿童形象的描述。教育学试图了解成人如何与儿童建立各种关系、成人如何在不同历史时代建立这些关系。

II. 教育学与历史

实际上，任何研究都必须依靠教育学史。正是它让我们知道了成人在面对儿童时的各种行为——无论是事实上的，还是理论上的行为。历史会帮助我们理解发生在成人和儿童之间的镜子现象：他们就像两面相对放置的镜子那样，没完没了地相互映照。儿童就是我们相信他所是的那个样子，是我们想让他成为的那个样子的体现。我们都被这样一种事实牢牢联系在了一起：我们对他者而言之所是者，就是他者对我们而言之所是。只有历史能让我们感受到，我们在多大程度上成为了“幼儿心智”的创造者。历史向我们展示了各种并发的变动，并且让我们感受到，比如，与儿童的“压抑”关系，我们认为它们是基于某种生物必然性的，但它们实际上表达了对主体内性（intrasubjectivité）的某种理解。当处境与我们有关时，意识觉醒是最困难的；而且当我们被直接牵连在处境中时，现象几乎总是从我们这里逃脱。通过历史和民族志学，我们理解了我们给儿童施加的压力。

我们似乎认为，我们与儿童的各种关系是由自然支配的、是基于一些恒常的生物学差异的。我们似乎认为，我们的支配控制行为是自然的且必然的，因为儿童的一切都要指望我们。我们似乎认为，孩子通过与我们既有的各种相似，被给予我们、被我们所占有，因为他们似乎是我们的延续、被自然赋予了实现我们希 92
望的责任。我们似乎认为，我们的态度是合理的，甚至是被“自然”强制要求的，因为自然让孩子以一种匮乏、无能为力的状态降生在世界上。但是在此处适宜做笛卡尔那种“自由”和“能力”的区分：自由对所有人而言都是一样的，但是能力（实现自由的各种手段）并非如此。对儿童来说确实是这样：出生时，他毫无“能力”，自由对他来说没有意义，他不可能有任何自主权。这种状态极其短暂，正是它似乎在嘱咐我们采取一种占有的态度。实际上，人类儿童这种暂时的匮乏与他日后的能力相关：正因为他将会成为一个人，因此他的本能是如此之少，因此他比动物幼崽更为匮乏。成人会将所获得的这种权力延伸到童年早期之后的时期里，通过这种做法，他违抗“自然”，创造出一种从属关系，造就出奴隶并对其进行革新。

我们看不出我们的行为有什么可笑的地方，因为我们无法从一种“景深”中脱离出来（如格式塔学家所言）。通过比较不同的文明，我们恰好获得了这种背景并理解了我们的文明。历史会为我们提供一种双重参考——人类活动的过去以及人类活动的其它领域。历史向我们揭示了在宗教、经济和政治上彼此相异的各种态度的深层统一。

这引导我们去探求，对当前的教育学而言，一方面，精神分析的贡献是什么，另一方面，历史唯物主义的贡献是什么。

III. 教育学与精神分析

精神分析更多的是考察“儿童-成人”关系，而不是“成人-儿童”关系。然而，在分析过程中，一些典型成人的反应可能会浮现出来（比如，敌意反应，正如在一位 65 岁祖母的案例里，她对孙子的长期敌意原来是对弟弟长期敌意的移置（déplacement），[①]

① déplacement 一词的中文翻译参考了，拉普朗什，彭大历斯：《精神分析词汇》，沈志中、王文基译，行人出版社，2000 年，第 124 页。——译者注

她弟弟是在她两岁时出生的）。我们必须考察，某些被普遍化的行为举止是如何可以和一些类似的移置被归并为一类的。

某些部落有种习俗，儿童在只有被允许进入社群时，人们才 93
会给他取一个确定的名字。发生的一切，就仿佛这个部落不信任儿童，害怕儿童所代表的一切未知。儿童在两重意义上代表着未知：作为祖先的转世投胎（对此人们还不知道他带有敌意还是好意），以及作为分解的原动力（由于他对其环境的各种习俗一无所知）。人们也许可以将这些孤立和不信任儿童的行为，与杀婴及对儿童的各种恐怖行为做比较。我们也许应该普及一种研究，正如弗洛伊德在《图腾与禁忌》[1]里尝试做的那样；在此研究中，弗洛伊德通过以下现象来解释图腾崇拜：人们举行仪式庆祝他们对伪装成动物图腾的父亲的假想性谋杀。[2]那么，我们应该如何看待作为集体心理学的以及哲学的工具的精神分析呢？

a）我们可以在多大限度上将精神分析运用于研究各种社会关系？精神分析研究个体之间的各种关系——在生活过程中建立起来的那样的关系。通常而言，精神分析并不关心社会强加给个人的、扎根于社会生活的那些行为模式。那么，我们是否有可能把精神分析扩展到对社会生活的研究中呢？

首先，我们要注意，弗洛伊德倾向于在一切历史或社会戏剧

---

① 弗洛伊德：《图腾与禁忌》（*Totem et tabou*），Payot 出版社，“P. B. P.”丛书。

② 弗洛伊德在《图腾与禁忌》中认为：原始种族的动物图腾是原父（Urvater）的替代物；杀死并吞食动物，实则是谋杀父亲，并将父亲变为自己的一部分，即把自己认同为父亲。——译者注

中看到某种亲子戏剧的显现。因此，他通过对古老弑父行为的伪装性的抬高，来解释图腾崇拜。然而，“社会性”（即持存在与各种建制的关系之中的那部分生活）似乎包含着一种其特有的仪式、一种对神圣以及世俗的理解，它们不是由个人的经历所产生的，而是比个人更先存在。生活在社会中，意味着活出一种比严格意义的个人经历更为广泛的经历。那么，仅根据个人经历来诠释各种社会活动，难道不是悖论吗？我们融入到一套有效的行为中，会导致我们与他者关系中的一些变化：因此，我们与他者的所有关系似乎都不能仅仅基于个人行为来理解。

弗洛伊德在很大程度上把人们对社会的态度与幼儿对父母的态度联系了起来（对于儿童来说，父母是社会的第一个形象）。但是，还应该有其它因素决定了社会态度，因为对社会的任何融入，
94 都意味着个人生活的延伸和改变。另外，弗洛伊德还指出，在个人态度中存在确切意义上的社会成分：在其关于一神教的著作①中，他试图展示，由摩西引入、后因摩西被谋杀而一时被排挤的一神教，在一段时间之后，如何随着摩西的声誉恢复以及“被抑制的事物的回归”而凯旋。弗洛伊德在这里将历史及社会的戏剧性事件看作是与神经官能症患者的发展（创伤、潜隐时期、被抑制事物的回归）相似的，并且他似乎承认了集体创伤是存在的，这种创伤会在好几代人之后对个人产生影响。但是，只要他承认了这些集体因素的影响，他也就承认了个人戏剧并不是唯一的决

---

① 弗洛伊德:《摩西与一神教》(*L'homme Moïse et la religion monothéiste*)，伽利玛出版社，1986 年。

定性因素，也就承认了集体历史的节奏会将其节奏叠加在个人历史之中。

结　论

1）因此个人历史不是社会态度的唯一决定性因素（参见荣格的“集体无意识”）。个人内部的历史（个人对社会准则的学习）以及历史社会戏剧在个人成长中扮演着极其重要的角色。

2）弗洛伊德所援用的图式通常是通过与个人历史的类比来建立的。这些观点很有意义，因为它们具有启发性，且为研究开启了新的观点角度。但它们是不充分的，没有任何历史证据的支持：它们是基于个人精神分析的假设和推测（例如，弑父行为源于图腾崇拜）；它们缺乏个人精神分析里一切真实可靠的、具说服力的东西；也就是说，它们缺乏非常具体的情感，这种具体情感把医生和患者联系在一起，并且让医生得以预见患者的各种反应及情感。

b）精神分析理解的各种矛盾体验（ambivalence）[①]：（性的戏剧是否具有普遍的解释价值？）我们能够区分对精神分析的两种构想：严格意义上的精神分析以及广义的精神分析。产生含混不明的原因是，在弗洛伊德及其弟子那里，这两种构想被混杂在一起。尽管两种构想有本质区别，但他们还是不断地从一种构想转换至另一种构想。

① ambivalence、ambivalent 二词的中文翻译参考了，拉普朗什，彭大历斯：《精神分析词汇》，沈志中、王文基译，行人出版社，2000 年，第 20 页。

95 1）**狭义的精神分析**。弗洛伊德在其早期著作中构造了一个严格意义上的精神分析系统，包括将行为还原成行为中与性有关的成分，这分为三步：**第一步**，成人的行为是建立在他童年史前史的基础上的。**第二步**，这种童年史前史处于无意识状态。**第三步**，这种幼儿的无意识具有性的性质。

2）**广义的精神分析**。除了这种严格意义上的构想，在弗洛伊德职业生涯的第二阶段，一种更广义的构想占据了主导地位；它启发了“广义上的精神分析学家”，比如波利策[①]、巴什拉、萨特[②]，以及拉康在他关于家庭的文章中的内容[③]。

广义构想在以下三方面都与狭义构想不同：

第一步：在成人那里，其幼儿史前史不处于惰性状态；它不断地通过成人当前的各种态度而被重新创造。“情结”就是儿童从未想要克服的创伤，是儿童不断重新创造的创伤；对创伤的不接受，会导致退转（régression）[④]。

第二步：“无意识”概念被“矛盾体验”概念取代。关于“矛盾体验”是什么，波利策为我们提供了最好的分析。他说道：“无意识是分析师的创造，其方式是这样的：当一名患者向医生叙述

---

① 波利策：《心理学基础的批判》（*Critique des fondements de la psychologie*），法国大学出版社，1967 年。

② 萨特：“存在的精神分析”（psychanalyse existentielle）。

③ 拉康：《法兰西百科全书》（*Encyclopédie française*），第八卷；于 1984 年以《家庭情结》（*Les complexes familiaux*）为名重新出版，Navarin 出版社。

④ régression 一词的中文翻译参考了，拉普朗什，彭大历斯：《精神分析词汇》，沈志中、王文基译，行人出版社，2000 年，第 430 页。

他所做的梦时，医生根据某些准则诠释这‘第一种讲述’，并以某种方式将其翻译成一种精神分析的语言（‘第二种讲述’）。分析师假定，这第二种讲述才是做梦者在梦见‘第一种讲述’时心中所想的，这意味着被分析者想要掩藏、‘抑制（refoulement）’[①] 真正的意义。”对波利策而言，被诠释出来的讲述对原先讲述的取代是完全不合理的：第二种讲述只属于医生，医生假定患者的第一层意识的背后还有第二层意识，在第二层意识中，医生放入了所有他通过分析所获得的东西。如果做梦者是以和他进行讲述时相同的状态（即清醒状态）做梦的，则这种手段就是合理的。但是，根据定义，醒着的人和做梦者并不具有相同的角度：事实上，做 96
梦者并不是像他后来叙述梦境那样来做梦的：他亲历着（vit）他的梦，带着他的各种象征——这些象征并不是一些约定俗成的符号，让他得以伪装他梦里的思想；这些象征乃是感受性的（affectives）现实，它们被意义充盈，并被自由地投射到他那里。只不过，他一旦醒来，就不再认得它们的含义了；因此，对他而言，这种意义是处于“矛盾双重的”状态（被亲历、被预感到，但却被无视），而不是处于无意识状态。

因此，我们应该优先选择“矛盾体验”这个概念，它极好地描述了某些行为之中所有模棱两可的东西：被分析者是“抵抗”治疗的半同谋；仇恨态度同时也是爱；欲望通过焦虑来表达自身，等等。

---

① refoulement 一词的中文翻译参考了，拉普朗什，彭大历斯：《精神分析词汇》，沈志中、王文基译，行人出版社，2000 年，第 422 页。

第三步：广义的性：在弗洛伊德那里就已经区分了“生殖器的”（le génital）（直接与性器官、性器官的运作有关的）以及“性的”（sexuel），“性的”就是所有感受性的投注，也包括“生殖器的”，但远超此范围。

用词上的这种含混性（ambiguïté）[①]是弗洛伊德被指责为“泛性主义”的根源。实际上，这并不是泛性的解释，而是对“身体性”概念、对身体意识的扩大。然后，弗洛伊德使用了“性-攻击性”（sexuel-agressif）的字眼，用以表明性（la sexualité）和主体与他者之间的普遍关系有关。

在第二个时期，弗洛伊德还发展出“投射”、“认同”、“固着”概念：它们在本质上是疏远他者的现象，具有一种“后设-生殖器的”（méta-génital）的意义。

此后所有精神分析的概念都被修改和深化了。由此，拉康以一种具体得多的方式修改了儿童自恋的概念（镜像阶段）。对儿童来说，默观自己的图像是极具吸引力的事情。他体验到一种对比，这是人们从外部看到的（即他者所看到的）他的身体的视象与他自己拥有的其身体形象之间的对比（作为对象的自我以及作为被亲历的意识的自我之间的对比）。

他与他者的关系可以决定他对他者的某种认同（参见各种蝗虫实验：其它蝗虫的在场会使蝗虫产生一些形态的变化）。这一事实表明，“与他者的关系”的方面比个体的“性”的方面更重要。

---

① ambiguïté 一词的中文翻译参考了，梅洛-庞蒂：《知觉现象学》，杨大春、张尧均、关群德译，商务印书馆，2021 年。——译者注

因此，“身体性”超过了“性”，“性”可被视为身体性的一个重要的例子；性之重要，正因为它是我们与身体的关系的镜子。因此 97
我们看到，性是作为身体性的组成部分而发挥作用的；不过，行为不能仅由性来被解释。

因此，我们看到，把一切都还原到狭义的精神分析的解释或完全摆脱狭义的精神分析的解释，都是不可能的。以对嫉妒的分析为例。众所周知，弗洛伊德是以心怀嫉妒的伴侣的潜在同性恋来解释嫉妒的：一位嫉妒丈夫的妻子其实是被动地依恋着另一个女人，而不是依恋着她丈夫，而这种竞争关系是以一种不常见的面貌表现出来的：丈夫和妻子为另一个女人而竞争，而不是两个女人为这个丈夫而竞争……

这种诠释似乎站不住脚。人们很难想象这位心怀嫉妒的妻子有这样一种“同性恋”：她只在丈夫不忠的情况下才会显露嫉妒，而且她只会把她丈夫所爱的女人作为唯一目标。这可能意味着，这个女人只通过她丈夫才有价值；没有了他，就没有依恋，也没有竞争。因此，如果坚持“狭义的”精神分析，这种诠释就会遇到一些重大困难。“广义的”诠释为这种设想赋予了深刻且不容置疑的意义：对被爱者的依恋，其含义始终远不限于只依恋这一个人：这包括被爱者的整个关切领域，他的家庭、他的朋友、他“投注于”其中的一切；从这种意义上说，我们可以讨论这位付出爱的妻子的“性的多态性”；她与一个男人相连，通过他，她注定与他所依恋的一切相连。因此，这位心怀嫉妒的妻子在把自己认同为其丈夫时，觉得自己亲自出现在了她丈夫与另一个人所维持的恋爱关系中；她的痛苦主要是因为她被搅入这关系之中，无论她是否想被搅入。

这种诠释远远超出了“性”的领域，并且把我们的注意力引到一种普遍的现象上：任何人际关系都是向外辐射扩散的，它“溢出”到周遭环境之中。二人关系是不存在的，即使是丈夫与妻子之间的关系也包含着一整套既定背景，影响着他们相互间的诸多情感。

从这角度来看，弗洛伊德的观点似乎不容置疑。这个例子表明，有必要根据社会心理学仔细思考一切行为的深层统一性。

98

IV. 教育学与历史唯物主义

人类劳动对自然的改造深刻影响了所有人际关系，正是根据这种改造，我们得以理解成人与儿童之间的各种关系。财产的、工具的以及生产的样态对给定社会的影响比人们所认为的更为深刻；我们对外在世界进行“劳动”的方式规定了我们的思维样态。

a）**对恩格斯观点的陈述**：在《家庭、财产私有制和国家的起源》[①]之中，恩格斯以一种大胆猜想的方式勾画了当前家庭结构的构建。他猜测，在这种家庭结构之前有一个时代，这个时代与石器时代相对应，当时，土地是氏族成员共有的，女人可以像男人那样使用为数不多的农耕工具，如铲子、锄头。根据恩格斯的

① 恩格斯：《家庭、财产私有制和国家的起源》（*L'Originede la famille, de la propriété privée et de l'état*），Messidor-Editions sociales，1983 年。

说法，男女都参与生产，男人专注于狩猎和捕鱼，女人忙于田间耕作。

在这个时代，女人毫不从属于男人，也不局限于家庭劳动。犁的发明结束了这种平等关系：土地耕作不再能由女人承担，而成为了男人的特权；同时，把土地占为己有的欲望诞生了；而且由于缺乏劳动力，人们就借助于奴役的劳动力（囚犯、奴隶）：这就是财产私有制的诞生。恩格斯把犁的出现称为“女性的历史性溃败”。他的结论是，在财产私有制和当前的家庭和社会结构的束缚下，新的社会进步只有在女性回归到生产生活中才可能发生；新的工业进程的出现，使女性重新融入集体生活成为可能。

所有家庭冲突、童年创伤都可能源于女性的不合理处境：当前的家庭结构是建立在不平等的土地所有制之上的，我们希望它消失，也希望儿童教育里一切有害的东西也随之消失。

b）**对这种观点的考察**：恩格斯的分析里有一些不连贯的地方；99
他是通过相继的“跳跃”来进行的：

1）随着犁的出现，财产私有制诞生了，恩格斯以人们“渴望”拥有自己的土地来解释财产私有制的诞生，但他没有解释最初为何人们会开始期盼并形成“财产”的观念：实际上，这种对我们而言理所当然的观念，对他们而言一定是陌生的，因为在此之前他们对其一无所知。在恩格斯的分析中，这一点始终是个谜。要阐明这一点，我们必须参考黑格尔关于财产观念的起源的论点。[①]

---

① 黑格尔：《法哲学原理》，伽利玛出版社，“观念”丛书。

他把对于基本财产的意识与对于人的身体的意识、对于**我们身体**的意识联系起来。这个身体对我们而言是很宝贵的，因为它是肯定我们的手段，它是我们力量的具体体现。私有财产只不过是对身体的扩展；如果人觉得他和他的身体休戚相连，那么就能很容易理解财产的观念。人是如何不再觉得自己是共有的，不再觉得自己是氏族的一部分，从而肯定自己的存在的？这涉及人类最终的创造，涉及人脱离集体性的匿名状态、并通过其身体的一切延续物来肯定其个体性的活动。

技术的发明非但没有创造这种自我肯定，反而以其为前提：正是因为人开始意识到自己，才会寻求一些新的力量手段。进步就是新的征服**后来**成为了行为中稳定的东西，并在后继者那里诱发出一种态度——这种态度正是过去的发明的根源。总而言之，在创造者那里，发明是其自我肯定的结果；在后继者那里，发明则成了自我肯定的条件。但如果没有肯定自己的意图，就不会有新的创造。

总之，恩格斯的分析没有区分条件和原因。显然，工具是力量的一项条件，但说它是力量的原因就不合理了。技术是某种态度里稳定的东西；对于后代而言，技术成为了某些思维方式的**动机**。

2）恩格斯的论断之中的第二个脱节之处在于下面这个论断：财产私有制奴化了女性。

对恩格斯而言，这个过程很简单：男性在为了提高生产率而创造奴隶时，创造了一个依附于且稳定的服务于他的家庭的奴隶。但如果是这样的话，为什么他没有满足于创造一名普通的奴隶

100 呢？恩格斯既没有解释这种特定类型奴隶的出现，也没有解释这

种夫妻之间特殊关系的出现。

黑格尔在分析这一现象时，展示了它是如何自然地从人的新态度里产生的。对他而言，有意思的是，要去控制的对象是一个人，而这个人并不完全是奴隶。女性的半奴隶状态不仅具有经济意义，还具有人际意义：男人在其全面的、具攻击性的自我肯定的计划中，为自己创造了一个其优越地位的常设见证人。我们明白，发明新工具和奴化女性，都源于同一种态度，即人的“肯定性-攻击性”态度，我们不必把其中一个结果还原为另一个结果：家庭结构不能被还原为经济结构，这两者都起因于人的同一种意图。因此，不存在恩格斯所理解的“上层建筑”；上层建筑和底层基础相辅相成。

对恩格斯而言，在当前的社会中，财产私有制的意义不再是它最初具有的那种意义：它颠倒过来了；它从实现进步和征服的手段，变成了阻碍新进步的障碍。那么，它是如何始终保持着这些同样的趋势的呢？然而，同样的家庭结构一直存在着，这证明各种“上层建筑”其实有其自身的力量，证明它们表达了一种人际态度，而不仅仅是一项经济性的结果，而且从一开始就是如此。

c）**结论**：恩格斯的各种构想之中可贵的东西是，认为各种经济现象具有人际意义。但是，他认为经济基础是唯一的原因，这一点是错误的。因此，家庭并不仅仅是社会经济的产物，而且表达着一种人际关系。

因此，对于历史唯物主义来说，就像对于精神分析来说那样：任何人际现象都不可能脱离其经济意义，但使所有其它意义都从属于人际现象同样是不可能的。它们之间存在一种相互决定的关系，“广义的”历史唯物主义（就像“广义的”精神分析那样）就充分考虑到了这一点。

101 教育学的历史会让我们理解我们是如何构想儿童的。但是，在研究原始社会儿童的处境之前，我们会先观察我们社会里的亲子关系。

I. 孩子出生前

一个人的出生是一个“难以思考”（胡塞尔）的问题，即使是对那些不如母亲那么直接相关的人而言，也是如此。实际上，这涉及意识的开端、涉及一个生物从机体状态向主体状态的过渡、从“自在”到“自为”的过渡。

这个问题由即将生育的女人以一种原始的方式所亲历。她感到自己的身体与自己疏远了，不再只是自己活动的辅助；这身体不再完全属于她，这是为了让另一个存在能长期寓居，为了在不久之后把另一个意识带到世上。

对她而言，她自己的怀孕并不是与其它行为类似的行为，其它行为都是一个人带着其身体来实现完成的，而怀孕却更像是一个匿名的过程，这个过程通过她而发生，她只是这个发生过程的所在地。

因此，一方面，她的身体逃脱了她，但另一方面，在她看来，即将出生的孩子又确实是她身体的延续。在整个怀孕期间，她亲历着这一重大奥秘，这奥秘既不属于物质范畴，也不属于心灵范畴，而属于**生命范畴**。

而且，怀孕还伴随着各种各样的焦虑、担心、情感矛盾。女人对怀孕总有百感交集的情感，因为总有一种潜在冲突处于其个人生命和我们应称为“物种”的东西所做的入侵之间：观察一些对生育孩子有热切欲望的已婚女性，可以发现，这种欲望过于强烈，可能掩盖了对新角色的某种恐惧。女人的所有焦虑都被唤醒了：不仅是与她周遭环境有关的焦虑，而且她的各种幼年冲突也被唤醒了。[①]

与周遭环境的关系：

a）与母亲的关系： 102

人们观察到孕妇对其母亲有两种典型态度：

—— 要么她为了母亲的利益而放弃自己将来的母亲角色，把自己视为即将出生孩子的姐姐，而这个孩子实际上将会属于她母亲；

—— 要么她害怕自己的孩子，同时拒绝遗弃自己的孩子：这种态度通常伴随着负罪感。（海伦妮·多伊奇举了好几个这样的例子：孕妇害怕会被迫把孩子交给母亲，这种害怕促发了流产。）

b）与丈夫的关系：

女人对她怀孕的态度，很大程度取决于她对丈夫怀有的情感：如果她爱他，她就会效仿她对丈夫的各种情感来塑造她对孩子的各种情感。如果她希望通过孩子来缠住丈夫，她的情感又会有所不同。但是，她的怀孕也可能成为与丈夫心理上疏远的起因；她可以以对抗丈夫的方式来爱孩子；她可以因为孩子不像爸爸而爱

① 参见海伦妮·多伊奇：《女性心理学》（*La Psychologie des femmes*），2卷，法国大学出版社，“Quadrige”丛书。

孩子，或者可以因为孩子像爸爸而恨孩子。

c）与孩子的关系：

但最重要的麻烦显然来自于她以何种方式看待自己与孩子的关系。这一关系在本质上是具有矛盾体验的：她拥有孩子，但是她也被孩子拥有。孩子触发了她各种各样正面积极和负面消极的情绪：

正面积极的：这个孩子在某种程度上说是她生活的目标、她的证明；孩子让她觉得，他的生命对她来说是不可或缺的。此外，怀孕把一个女人转变成一种既定的“价值”，这种价值与她自己的成就无关。

精神分析学家认为，对女性而言，怀孕构成了对于断奶情结的补偿：我们不应从字面意义上理解这种情结，而应将其视为对最终彻底与母亲分离的焦虑，视为学习人的孤独的开端。从这意义而言，怀孕让她重新投入生命的进程中、与另一个存在水乳交融的进程中。

负面消极的：但与此同时，她必须放弃许多个人计划，忍受劳累和对走形的恐惧。她感到这一神秘作用在她身上发生，并把她置于危险之中（即出现了诞生和死亡之间的对称）。

103 而且这种状况持续存在，这是一种她无法控制的状况，她必须被动地等待其发展；各种各样的幻想伴随着她。孩子时而被想象成英雄，时而被想象成怪兽，被想象成所有存在者之中注定最幸福或注定最不幸的那个。通常，她会敏锐地感受到孩子降生的意义以及为她生命带来的变化。黑格尔在谈到孩子的降临以及父母双方时说，孩子是“他们的爱的自为存在，这种爱处在他们之外”。孩子既是父母二元存在的表达，同时又是其否定：他是第三个人物，不可能不转变父母间的二元关系。这就是为什么黑格尔又说：“孩子的诞生，就是父母的死亡。”孩子的诞生既实现了父母的结合，同时也转变这个结合。

许多孕期现象都是这种根本的矛盾体验的表达：

—— 呕吐是以某种生理变化为基础的，不过在很大程度上也是以心理为条件的（因为在其它哺乳动物身上，怀孕的生理变化并不会造成呕吐）：精神分析学家认为呕吐是对怀孕的拒绝、对孩子的象征性排斥：这种拒绝是可以理解的，因为它始终涉及个体与物种之间的冲突；

—— 孕妇的各种“渴望”是相当人为的现象。这些渴望是具有幼儿特征的强迫性观念，被她周遭的人鼓动、放大。

但是，这些现象主要发生在怀孕初期，这时孕妇有一种不明的，而且似乎没有出路的不安。随后，当新生命的存在变得能被感觉到时，当结局临近时，这些现象就平息了。尽管如此，与孩子有关的各种担心仍然持续着。

II. 孩子出生后

在孩子出生之后，人们常常会立即注意到一种奇怪且不真实的感觉。人们会通过像如下这样看待孩子来理解这种感觉：尽管孩子在出生前就有相对独立的生命，但他是母亲的一个组成部分，被她所拥有。孩子一旦出生，就不再属于母亲了，他逃脱了她，
她再也不能像感受“她的一部分”那样感受到孩子了。一些心理 104

学家把这些感觉归因于分娩时的麻醉，但其实即使是没有进行麻醉的情况下，这种感觉也很常见。相反，这些感觉可以由如下这个事实得到解释：孩子从“想象中的孩子”的状态（即所有可能性都向他敞开）转变为“现实的孩子”的状态（即他无法实现所有想象，尤其是不能同时实现所有想象）。这是可能性的多样性和单一现实之间的区别。因而总会有一种伴随着失望的贫乏随之而来（参照：休假军人归队后总会出现的那种失望，这是有两方面的感觉，“并不是这样”的感觉，不真实的感觉，这是因为，一个人显然不可能在一瞬间就完全实现自己，不可能在一出生就展现出其一生活出来的东西。这种感受也普遍出现在面见一位“大人物”之后，而且是出于相同的原因）。

母亲需要一段长短不定的时间（有时需要相当长的时间），以孩子之所是的那个样子，来拥有这个孩子，来把他认同为她的孩子，来把他当成“她的”孩子去爱。在某种程度上，母亲与孩子的关系在本能意义上是相当微弱的：它是一种人际关系。

A）“母子”关系

母亲一方面把她的孩子视为她自己的延续和复制，另一方面又把他视为一个独立的存在以及她的一个见证人。因此，各种感觉总是具有矛盾体验的，她对待孩子的行为也根据支配她的不同感觉而变化。她不知不觉地从希望孩子变得坚强自由，转变为希望他永远依赖她。这种矛盾体验会产生许多冲突，尤其是在母亲还未能摆脱她自己过去创伤的情况下：

—— 她要么把孩子视为她的延续，并且想让他们避免她自己的经历，于是她的行为中有一些她的孩子无法理解的东西，这样一来，她最终达到的结果往往与她所追求的目标恰好相反（参见：海伦妮·多伊奇的《女性心理学》第2卷中马泽蒂女士的例子）；

—— 她要么把自己变成孩子的奴隶，在表面上为了孩子放弃一切个人生活；但实际上，这种态度往往是一种控制他们的手段（她把自己的痛苦制成一种武器，并力图通过她的放弃来诱发孩子 105
对她的亲热态度）。

事实上，对人类而言，成人-儿童的关系总是很困难，因为任何状况都会使这个关系重新成为问题（参见：成功解决了一个问题的孩子对他爸爸说："我赶上你了！"）。①

一般来说，面对孩子，不可能有真正恰当的行为；因为孩子虽然在许多方面仍然是一个小动物，但他拥有话语这种理性工具：面对试图说理的成人，孩子的行为就像小动物；但是，当成人像对小动物那样来教训他时，他又会通过话语来反驳（参见西蒙娜·德·波伏娃）。

1）**母亲与儿子之间的关系**：女性往往会把她儿子视为这样一个男人：他将会就她所忍受的男性优越性而为她报仇。为了这个目标，她会以一种比她在其他男人那里遭受到的还要更"男性化"的态度来鼓励儿子。

但是，在希望孩子出名和伟大的同时，为了在他身上满足她

---

① 列维-斯特劳斯:《亲属关系的基本结构》(*Les structures élémentaires de la parenté*)，第七章，法国大学出版社，1947年；Mouton新版，1967年。

自己的诸多雄心，她又会希望保护他免受一切风险，因为失去她的孩子就意味着她人生的失败。

2）**母亲与女儿之间的关系**：一些其它的认同方式会让母亲与女儿的关系更加复杂：一方面，她通过女儿重新开启了自己的人生，另一方面，她又在女儿身上看到了一个对手，这个对手可能会在家庭以及她生命中的各种领域里排挤她；因此，当面对一个过于有能力取代她的女儿时，她会感到那些自相矛盾的愤怒；因此，在看到轮到她女儿成为一名妻子时，她会同时感到激动和恼怒，诸如此类。

综上所述，我们看到，母子关系并不是由一种能够自动解决所有问题的“母性本能”所指引的。母亲的所有问题都反映在她对丈夫和孩子的态度上，而且可能会损害家庭的平稳状态。因此，为了解决一位年轻女性的困难而劝告她结婚生子，这是误导：成为母亲，可能会有一段短暂的平静期，但此后只会让她的神经官能症更加严重。成为母亲不能解决任何个人问题；这反而往往会让个人问题更加严重：那些平稳的母亲在成为母亲之前就已经在平稳状态了。

106 3）**年迈母亲与成年儿子之间的关系**：从某些方面来看，女人（作为一个有用的人）正是在她衰退时，才体验到对儿子的最强烈的情感，他是对她的变得无意义的生活的活的辩护，也是对她如今无用状态的补偿。

因此，她与儿媳妇之间的竞争往往是悲剧性的，这个陌生女人抢走了她的儿子，并且取代了她作为母亲的角色（参见列斐伏尔女士的例子，她冷酷地杀死了有孕在身的儿媳妇，而且对这行为从未表现出丝毫悔恨）。

B）父亲的角色：

父亲对孩子的态度和母亲对孩子的态度一样是具有矛盾体验的。他把自己认同为孩子，在控制和牺牲之间摇摆不定；就像在所有认同关系里那样，他的行为里也有一些施虐-受虐的成分。他觉得孩子就是第二个他，因为孩子是他的一部分；孩子会以其行为来损害他，所以应该受到训斥。但是这种惩罚也打击了他自己，因为他已经把自己认同为他的孩子了。人们经常看到对孩子感到愤怒的父母，他们总想训斥孩子，但一旦有他者想要介入，他们又和孩子团结一致。然而，比起母亲的各种问题，父亲的各种问题没有那么尖锐，这是出于几种原因：

—— 他把自己认同为孩子的程度较轻，而且其性质不同。母亲的认同以妊娠为基础，以生理上的水乳交融为基础；父亲的认同则出现得迟一些，并且是在另一个层次上进行的；

—— 我们的习俗让男人在与孩子的各种冲突中显得比女人更加从容，这是因为他白天大部分时间都远离家庭。他从一个最远最高的角度来评判各种冲突，这往往会引发一种最慷慨的宽容，这种态度是他在做各种决定时随机的不定因素。

但是父亲的角色并不因此而变得无关紧要。他的形象是孩子生命中最持久、最牢固的要素之一。他仅仅通过他的在场就能产生影响，这意味着他的任务。

社会学的观点：从许多方面来看，父亲身份是一种建制的联系。马林诺夫斯基在研究超卜连群岛各个部落里的性关系和父子关系时，观察到这些部落不会在性行为和分娩行为之间做任何关
107 联，他们不认为两者之间有因果关系。这样一来，父亲和孩子之间就没有真实的联系；对孩子而言，父亲的角色是消遣娱乐的角色。压抑和严厉的行为都交给了母家舅舅。由于父亲的功能被这样解离了，父亲和孩子之间的冲突就更少了。

俄狄浦斯情结被大幅削弱了；但是社会学家观察到一种“抵偿”，即以这种形式组织起来的部落都懒散怠惰、缺乏活力，而且父亲角色的退化（即“父亲意象的衰退”）可能也伴随着某种文化退化。[①②]

我们可以说，父亲把自己认同为孩子的这种认同是一种**构造**：从这意义而言，这种认同并不是被铭刻在命运里的，而是一项出于自由的决定。这并不意味着这种认同是任意的：它是由共同生活所创造的人类成就。

结　论

与他者的各种关系总是复杂的。即使在对客观范畴的讨论里，我们也总是会感觉到理性的胜利是运用理性的这个人整体的胜利。此外，在各种处境里，完全的平等极为罕见。即使当人们努力尊

---

① 参见拉康：《家庭情结》（*Les complexes familiaux*），同前引。

② “父亲意象的衰退”应为梅洛-庞蒂对拉康的《家庭情结》里的说法的直接引用；梅洛-庞蒂所说的是“la décadence de l’*imago* paternelle”，而拉康原文为“le déclin de l’*imago* paternelle”。——译者注

重他者的自主权时，当人们给予他者自由时，他者也不会感到完全自由，因为他是从同伴那里得到这份自由的。

即使在成人之间的关系里，人们也总能通过建立一种处境中的平等来摆脱这种两难困境：我们可以做的是，把自己置于超出斗争的层面上（就像在友谊和婚姻中），并放弃这种斗争。

根据定义，在成人和儿童之间不存在这种平等，而且也不可能在他们之间建立这种平等。

在儿童生命的头两年中，他完全不具备“能力”，这让父母有了一种控制孩子的习惯。此后，完全恰当的态度就不可能出现了，父母总是从一个极端走到另一个极端，时而过于尊重孩子的自由，时而又不够尊重。许多冲突是这样产生的：父母考虑的是未来，孩子甚至是青少年则只考虑现在。双方都无法不这样做。因此， 108
成人与儿童之间不可能有平等：1）说服孩子太容易了，因为让他们信服的是我们的权威，而不是我们的说理。但是，2）孩子永远不会被完全说服：即使成人想与孩子讲理，但孩子心里有了“我被成人影响了”的信念，这个信念决定了孩子的整个态度。

因此，即使人们不想侵犯孩子的自由，还是无法避免会侵犯。不过成人的责任就是要把这种侵犯减少到严格意义上来说是必要的程度。不要尊重孩子所有的幻想，但也不要把一切都视为幻想。我们必须审视我们自己的态度，细心避免我们行为之中那些并非由当前处境决定的，而是源于从前创伤的东西。

但我们还应该走得更远，接受对于孩子来说的危险，就像接受对我们自己来说的危险。另外，通过让孩子避免所有危险，人们会引发其它危险。我们与孩子的各种关系没有绝对的客观性，但我们必须做到这种失衡状态不会有损于孩子。

父母自己的童年记忆从两方面左右着他们对孩子的行为：

1）他们把自己认同为自己的父母；因此有了威权以及压抑孩子的行为；

2）他们把自己认同为自己的孩子；因此有了同谋的、团结的行为。

这两种认同之中的一种可能会始终占上风；一般来说，这些认同在同一个成人那里会轮流出现，并且促发成人-儿童关系的典型特征——情感的矛盾、矛盾的双重性。由于父母的过去在如此多的方面左右着他们当前的行为，因此有必要简要描述一下儿童所经历的各个阶段，这些阶段也会影响到儿童成年后的行为。

儿童成长的各个阶段①

109 拉康医生的各种观点是很有意义的，因为这些观点修正且扩展了各种精神分析概念。首先他提出：

对于情结的新理解

我们不应从病态成长的意义上去理解“情结”概念，而应将之理解为所有正常成长的钥匙（不存在“没有情结的人”）。情

① 参考书目：拉康：《法兰西百科全书》，第八卷；《家庭情结》（*Les complexes familiaux*），Navarin 出版社，1984 年。

结=对于某些处境的定式态度，从某种程度而言，它是行为里最稳定的成分，是当某些处境之间有相似之处时就会再现的一套行为特征。

只有当行为的统一性是通过生命最初的创伤经验而被获取的情况下，情结才会变成为病态成长（或者用雅内的话来说：一个未被了结的处境）。

在这意义上，我们可以说，家庭的基础不是本能，而是情结：本能的基础无论是怎样的，都被人际因素改造了且复杂化了。家庭情结是一套对人的家庭的典型态度。但是这些家庭态度有时会带来进步，有时会导致神经官能症，这取决于这些态度是否会让孩子以开放态度面对经验。

意象（Imago）概念

情结通过“意象”的在场而表现出来。弗洛伊德意义上的意象不是指感性表象，也不是指现实的表象，而是指行为暗含的一个策源地。比如，一个人可能永远都无法想起他童年的创伤记忆，而这些记忆主宰着他所做的一切。他始终依附着、忍受着这些过去经历对当下的支配控制。

拉康倾向于用“想像”（imaginaire）[①] 概念来取代“无意识”概念。比如，意象并不是无意识的、被埋在深处的，而应被视为“想象性的”成长，换言之，它是被投射在意识前面的。简而言

① imaginaire这一概念的翻译参考了，拉普朗什，彭大历斯：《精神分析词汇》，沈志中、王文基译，行人出版社，2000年，第211页。——译者注

之，拉康用展望性的理解取代了回顾性的理解。

现在我们开始研究各种情结，研究顺序根据情结出现的顺序，这些情结标记了儿童的成长。

110 I. 断奶情结

在拉康看来，以性为基础的各种情结要很迟才发挥作用，比传统精神分析学家普遍接受的时期要迟许多。最早出现的是“断奶”情结。这一情结不仅应被理解为断奶在儿童那里引起的各种障碍，而且应被理解为母亲乳房的撤出在人的意识中具有的意义及其不容置疑地具有的象征性特征。（我们不能认为几个月大的孩子就对其周遭有清晰的知觉，也不能认为他有“口唇情欲”（érotisme oral）[①]——这种口唇情欲是以一种明确且已分化的意识为条件的，而这种意识本身是不可能出现在这一年龄的。）

但是我们必须承认，从最初的几个星期开始，孩子就有了对母亲在场的敏感、有了对母亲存在的模糊知觉。此外，在母亲和用母乳喂养的婴儿之间，确实存在一种融合，而我们可以猜想，断奶分离再现并加剧了第一个分离，即出生分离。

出生的经历：由窒息、环境改变而引起的身体的极端焦虑——某种迷路的不安。婴儿存在的头六个月或多或少都沉浸在这种不安之中（“存在的困难”）。因此，儿童即使无法回想起出生的事实，仍保存着不安的记忆，而且可以在后来想象这个时期

① érotisme oral 这一概念的翻译参考了，拉普朗什，彭大历斯：《精神分析词汇》，沈志中、王文基译，行人出版社，2000 年，第 18 页、第 489 页。——译者注

之前的幸福状态（对母亲乳房以及对封闭天地的幻想是确实存在的、不容置疑的）。

在成人的思想中，出生意味着分离，而断奶建构了一个更加痛苦的新起点，因为它与各种各样的困难（长牙、走路等等）联系在一起。这两者在他心里相互结合，与“失去的天堂”形成对比。

这种情结对母亲的行为有重要影响：她感受到了孩子的不安，这曾是她的不安，于是她设法尽量缓和这种冲击：因此她持续给予孩子照料，而且执拗地想让他避免一切“生命之痛”。

断奶情结的各种后果：这一情结包含着一些具有破坏力的常量，它们能阻止个人成长，而非促进：断奶后，孩子通常会表现
出弗洛伊德所说的“死亡本能”——我们必须更多地从本能的缺 111
席、生命力不足的意义上去理解它。许多障碍，如精神性厌食症、胃部神经官能症等等，都让人想起对食物的拒绝、在断奶后生存意愿的缺失。这些表现是孩子在拒绝与母亲分离的生活，它们伴随着孩子回到母亲乳房的欲望、被庇护的欲望、回到整全性以及回家的欲望等等（参见：在许多言语和民族仪式里，关于土地和关于母亲乳房的表达的含义都相似：母亲般的土地、生育和复兴生命的土地等等）。

在所有情况下，“断奶情结”都不只是断奶这一事实的衍生物，而是孩子在生命初始所采纳的态度的发展和丰富。

II. 入侵情结

这是面对兄弟姐妹的定式态度。这不是维持生命层面的竞争（比如对食物的竞争等等），而是人际范畴的嫉妒、是为获得父母

之爱的斗争，而这往往由年幼者的出生所触发。首先，入侵情结是建立在哥哥姐姐对最年幼者的认同之上的，宝宝被照顾的景象唤醒了其他孩子对母亲乳房的需求和渴望。

然后，这在**玩耍**中表现了出来：如果伙伴们年纪相近，他们之间的关系则主要是竞争，最明显的玩耍是没完没了重复出现的挑衅和反击。

如果年龄差异大一些，各种关系就会不同：炫耀（总是在别人面前炫耀，同时也在自己面前炫耀）、试图引诱、试图支配等等。但是，究根结底，这些关系里始终存在着**把自己认同为他者的认同行为**。

这样，嫉妒就得到了解释：并不是像弗洛伊德那样通过同性力比多来解释嫉妒，而是通过认同。拉康明确区分了认同和欲望。认同并不首先是性的关系。这种把自己认同为他者的嫉妒态度具有两面性：1）他体验着他人所体验的一切：他脱离了自己，被吸入他人之中；2）但是他也感到自己与他者对立，他憎恨他者。

这是施虐狂和受虐狂的混合：这两种态度之间并没有根本区
112 别，它们彼此相连。在认同中，使他者遭受的痛苦就是使自己
遭受的痛苦；反之亦然，自己遭受痛苦时，似乎他人也遭受了
痛苦。

在拉康看来，受虐狂会有意重现并加剧断奶情结，而断奶情结只是他对此所建构的场景之一。（根据弗洛伊德的说法，某些游戏也是断奶的象征：拿起一个东西，比如他自己的手，把它藏起来，再把它重新拿出来。）有受虐倾向的儿童会在身边的其他儿童那里找到他痛苦的养料：他者可能会仰慕他，但也可能讨厌他；

他的态度从一种角色转变到另一种角色：从敌对转变为顺从，在极端情况下，从杀人转变为自杀（至少是象征性的杀人和自杀）。尚未断奶的弟弟的形象可以唤醒母亲乳房的“意象”以及各种死亡倾向。

正是得益于镜子，儿童才能与他者建立起一种长期的关系。

镜像的重要性：儿童对镜子的反应是人所独有的，在任何动物那里都找不到这种反应，把自己认同为照片中的人也是人所独有的：一只高等猴子会在镜子前表现出兴趣，然后走到镜子另一边去看看后面有什么。只有儿童会专心地在镜子里注视自己，认出自己，而且因此表现出强烈的狂喜：确实，这种狂喜响应着一种一致性——他在视觉表征里观察到的各种变化与他内心意图之间的一致性。

对儿童而言，镜像的出现意味着他重新拥有了本己身体：在这种视觉考查之前，只有零碎的、分散的身体（参见：在各种阉割幻想中——这些幻想是这种状态的特例，在许多梦和神话里，它们是不容置疑的）。

因此：1）得益于镜子，本己身体的视觉性整合在本体感觉的意识之中发生了。但是2）对儿童的心理发展而言，镜子呈现出了一种危险。拉康重新讨论且丰富了纳西斯（Narcisse）的神话。纳西斯如此深爱他的形象，以致跳入水中去接近它，从而溺水身亡。弗洛伊德在自恋中主要看到了性的成分、朝向本己身体的力比多。拉康则充分运用了这则传说，并融入了他的一些其它成分：

1）死亡倾向、自我毁灭的倾向；

2）对于作为景象的自己的特别偏爱（对自己的审视或清查）；

113 3）自恋所包含的孤独成分：自恋的成人、诱惑者和独裁者过于想要看到以及被看到了，于是他同时就无视了他者。

这样一来，镜子允许主体把自己封闭起来，并建立一个交互性的系统，方便他者入侵。

拉康在一篇文章[①]里继续讨论了镜子问题：镜像允许儿童更加坚定于自己在世界里的位置，更加坚定于他“对于自己是一个人的激情”、“使人相信自己是一个人的疯狂”；镜像限制着他，并消除了他那里超出人类状态的成分。

拉康引用了两组实验，这些实验证明，即使在动物那里，对身体形象的知觉也很重要。

1. 哈里森关于雌性“鸽子”的实验：

雌性鸽子的排卵只能由同类的视看来诱发，不涉及其它任何感官。在有雄性视看下：雌性鸽子 12 天后排卵；在有雌性的视看下：2 个月后排卵；在有镜像的视看下：2 个半月之后排卵。

2. 沙文关于蝗虫的实验：

有两种不同品种的蝗虫，它们具有不同形态：群居的品种和独居的品种。沙文强调，年幼的蝗虫既可长成为两个品种中的一种，也可长成为另一种，这取决于它在其生命初期是否见过同类蝗虫。

这两组实验证明，这些动物具有一种初步的识别机制。

---

① “论心理因果律”（Propos sur la causalité psychique），收入《神经官能症以及精神病的心理发生问题》（*Le problème de la psychogénèse des névroses et des psychoses*），Desclée de Brouwer，1950 年；1977 年再版；1966 年再版收入拉康的《文集》（*Écrits*），色伊出版社，第 151–193 页。

我们说过，在人类那里，本己身体的形象具有非常深刻的意义。其实在动物那里，本己身体的形象就已经参与决定了一些机制，而这些机制在以往只被认为是狭义的生物性机制。

III. 俄狄浦斯情结 114

1. 定义

根据弗洛伊德的观点，这一处境是由对异性父母[①]的乱伦依恋所形成的。

拉康反对道，我们无法想象如此年幼的（介于 4 至 7 岁）孩子就有性依恋，在他们身上，性并不对应于任何明确的经验。在拉康看来，这是一种感觉，这种感觉不能严格地与成人的性感觉相提并论；确切地说，它是一种预期，这种预期把孩子突然带到一个远远高于他年龄的心理层面上，就像我们在孩子成长过程中常常发现的那样。这是一种心理青春期，发生在实际的青春期之前。此时，对性别的区分更多地是基于外貌和总体外观，而且这种感觉尚未被显题化，并不是成人意义上的乱伦。

这种性预熟（prématuration sexuelle）大概开始于 5 岁，然后一切都会归于沉睡，直到青春期，青春期会把性变为现实。

俄狄浦斯情结涉及与同性父母的认同和竞争，这会引起同性父母这方的禁止态度以及孩子对这位同性父母的负罪感。

---

① “异性父母”原文为“parent de sex opposé”，即父母二人中与孩子性别不同的那一位；例如，男孩的异性父母为母亲。同理，下文中的“同性父母”指父母二人中与孩子性别相同的那一位。——译者注

2.“俄狄浦斯情结”和“埃勒克特拉情结”

尽管弗洛伊德后来把女孩对其父亲的依恋命名为“埃勒克特拉情结”，但他仍是以平行的方式来理解小男孩和小女孩的成长。然而，他们之间有几种本质的区别：

a）男孩对母亲的固着似乎比女孩对父亲的固着更明确。在最初，女孩会像男孩一样对母亲产生固着；她可能会在其成长过程中进行一种逆转；然而男孩对母亲的依恋则是直接的。在男孩的情况里，压抑也更为强烈，这是因为，父亲的威信和权威会使他的各种制裁比母亲的制裁更令人印象深刻。

b）由于形态构造上的各种差异，男孩与女孩在性功能和性感
115 觉上的演化不可能完全一致：在男孩那里，各种性功能和性感觉与生殖器官的关系更直接，其成长也更具连续性。而在女孩那里，除了要从弥散的性转变为与生殖器有关的性，还必须实现从阴蒂性到阴道性的过渡。

c）另一个本质区别涉及“阉割情结”的演化：根据弗洛伊德的观点，在小女孩那里，这种情结的演化是这样的：在5岁左右发现性别之间的差异后，她必须放弃“想象的阳刚之气”，这会通过对母亲的疏远、对父亲的依恋表现出来。在男孩那里，阉割情结和超我的形成更紧密相关。这种“超我”在女孩那里脆弱一些，这是因为她最初固着的对象是同性父母，而她对父亲的爱是在此之后又出现的。

对这种观点的批评：我们没有理由认为，女孩由于其形态构造与男孩不同，对阉割就有一种独特的情结。实际上，阉割幻想只不

过是对身体零碎状态的各种幻想的一个个例，而对身体零碎状态的幻想人人皆有。另一方面，如果女孩对自己缺乏阳刚之气而心怀遗憾，那么同样也会有很多男孩对自己缺乏母性而心怀遗憾，这无需被归结为男孩具有一种与女孩相似的情结（梅兰妮·克莱因的评语）。此外，小女孩的各种遗憾极少是因为她较早就显露出了女性特质，而更多地是源于男性力量所构造的形象。而且，我们不能确定这种嫉妒是否同样在弗洛伊德的意义上存在，因为这种依附于性器官的自豪感只能从内心被感受到——即由男孩自己感受到。

总而言之，弗洛伊德以过于对称的方式来理解这些感觉在男孩和女孩那里的演化。

3.“俄狄浦斯情结”的重要性

然而，拉康说，我们必须保留弗洛伊德思想中一切最本质的东西。俄狄浦斯情结决定了个人的后续成长，这显然伴随着某些偏离的危险。

对男孩来说，对母亲的依恋可以维持和唤醒断奶情结，这会引起退转以及各种“死亡本能”的觉醒，即缺乏生存的欲望。但这种依恋也有极其重要的积极方面：那就是对父亲的认同，以及想要变得与父亲相似的欲望。

在女孩那里，把自己认同为母亲并不会带来这些危险，因为 116
她在母亲角色中找到了一条摆脱断奶情结的正常出路。

俄狄浦斯情结的重要性在于，对儿童而言，它是第一次对外在世界的对象化，它帮助儿童构想了一个区别于他自己的外在世界。他此后的生命将会取决于这种对象化是以怎样的方式产生的。

如此说来，根据拉康的观点，俄狄浦斯情结具有两种功能：一种是消极的压抑功能，而另一种则是积极的升华（sublimation）及成长功能。

a）**压抑功能**：俄狄浦斯情结在“超我”的形成中扮演了相当重要的角色，这是因为它代表着一整套的禁令和处罚（无论是实际的还是想象的禁令和处罚）。然而，拉康认为，对本己身体的各种禁令可以追溯到儿童生命非常早的时期：打从括约肌锻炼以及放弃即时满足开始，早期“超我”和零散感（以及阉割感）的雏形可能就开始形成了。有一种想法在人们心里根深蒂固：“一个人只有牺牲其身体的一部分，才能真正成为人”，这种想法也出现在许多原始仪式里。

b）**升华功能**：借助于其各种认同，俄狄浦斯情结有助于形成自我理想、形成“意识”。俄狄浦斯情结确保儿童能建构起他想要达至的那种男性理想或女性理想；但很显然，如果没有冲突，这种形成就不可能实现。

4. 俄狄浦斯“情结”的普遍性问题

在《图腾与禁忌》里，弗洛伊德假设俄狄浦斯情结普遍存在：他想象了一个由父亲牢牢控制的原始家庭，这位父亲被儿子们谋杀了；然后，被抑制的东西回归了，借此，在一段潜伏期后，父亲的权威以图腾崇拜的形式重现，这种图腾崇拜包含着对谋杀的纪念（图腾式的领取圣体仪式）、负罪感以及多种关于性的禁令。

这种构想没有任何历史分析的支撑，而且有多种与它相反的证据：

—— 在各种母系氏族制社会中，性压抑同样存在；

—— 对乱伦的禁止同样存在； 117

—— 至于情结的普遍性（这可以被用作论证原初弑父的论据）问题：可能存在一些没有俄狄浦斯情结的社会（参看马林诺夫斯基）。

俄狄浦斯情结可能是一种与我们社会的结构相关的“建制”。即使是在这种假设中，我们仍可以追问：在俄狄浦斯情结存在的社会中，这种情结是否不能确保文化得到更好的发展（拉康的观点）。我们相信，在俄狄浦斯情结以及父亲意象丧失效力的一切文明里，我们都可以观察到某种停滞和衰退。只有克服了对母亲的固着，克服了死亡倾向（即这种固着的具体化表现），人才会拥有进步的能力。在母系氏族制里，社会性退转超出了升华冲力，因为这两种功能被分离了（即母家舅舅被赶走了）。

要是把这个论点与另一种论点放在一起对照比较，会很有意思：根据另一种论点，恰好相反，文明必须让女性重新融入生产社会，放弃男性压迫，并且运用女性状态的所有价值，这些价值直到现在仍然“为了历史而消失了”（司汤达的观点，被西蒙娜·德·波伏娃所引用）。[①]

① 梅洛-庞蒂此处的观点来自波伏娃的这一文段，其中的引文出自司汤达：“人们在历史里只发现了非常少的女性天才，这是因为社会剥夺了她们一切自我表达的途径。‘所以，生而为女性的天才们，都为了公众的幸福而消失了；一旦巧合把那些自我表现的途径赋予她们，你们去看吧，她们能达至那些最难企及的才华。’”（Si l’on trouve […] de s’exprimer. « Tous les génies qui naissent *femmes* […] les plus difficiles. »）参见：西蒙娜·德·波伏娃：“司汤达，或那位言说真相的传奇人物”，《第二性》，第一卷，伽利玛出版社，Folio/Essais 丛书，1949 年第一版，1976 年再版，第 377 页。——译者注

实例分析：《太阳酋长》[①]

这是亚利桑那州一个印第安霍皮族人的自传，它表明，精神分析所揭示的各种儿童冲突是存在的（西门斯：《太阳酋长》）。这是一名劳动者的一生，他在美国式的环境中生活了一段时间，最终回到自己的村庄里定居下来。

他生长在一座海拔 1500 米的小村庄里，位于亚利桑那州的一个荒凉地区，村庄被饥饿的记忆所困扰；他的社会似乎彻底衰落了。

他确信自己并不"像所有人一样"，而且关于他的出生，他叙述道，在母亲肚子里时，他曾经有一个孪生姐妹。但是在出生时，村里的医生挤压得太用力，于是把两人合并成了他；因此，他前额上长着一道伤痕，证明他的"姐妹"显现在他身上。

118 在童年时期，他有过好几次创伤经历。有一天晚上，他在无意中撞见父母的性行为，并且认为父亲正在杀害母亲；最后，在面对父母的关怀时，他感到自己有一种敌对反应。另一次经历：一次真正的阉割威胁——或者近乎是一次阉割威胁：他的祖父开了一个非常过分的不当玩笑，把他绑起来，假装要阉割他。他昏了过去；女人们非常生气，几乎无言以对，只对说他祖父说："当他长大了，他也会这样对你的！……"

另外，普遍而言，孩子和老人的关系都是敌对的。

这个孩子知晓了他部落的各种传说，这些传说全都带有威胁

① 西门斯：《太阳酋长》（*Sun Chief*），法文版：*Soleil Hopi*，普隆出版社，Presses-Pocket-Terre humaine 丛书。

的特征：有一种吸血鬼叫“双心”，它们会杀死它们所遇之人的兄弟姐妹，或者会要求它们所遇之人去杀死自己的兄弟姐妹。除了“双心”之外还有“卡其纳”（Katcinas），它们被塑造成踩着高跷的舞者，到了特定日子就会扫荡整个村庄逮捉小孩：母亲们通过送肉来安抚它们（这些仪式中，游戏和真实的信念混在了一起）。除此之外还有“蜘蛛女”：这篇自述的主人公“唐”认为自己有天晚上在乡间遇到了“蜘蛛女”，她想要引诱他（他的父母安抚了他，但他们也或多或少相信这是真的）。

教育方法。明确抑制使用暴力，至少表面上是如此；禁止打孩子，禁止任何会带给孩子危险的暴力行为（“自然”死亡一定是由不好的想法造成的，任何暴力行为都可能造成不可估量的后果）。唯一被允许的处罚方式总是带有宗教特征：让受罚者去接触那些具有威胁性的物件，尤其是那些让人窒息的物件，比如让孩子一直待在毯子下面或者在烟雾里，又或者用冰水洗孩子。因此，这是一种被掩饰的暴力。残酷也被掩饰了，但残酷在各种游戏里表现了出来。老人警告儿童小心性行为（这是女人代表的对男人的身体上的危险）。

在唐 10 岁时，他的一个弟弟出生了。他为此感到痛苦，而且，在被母亲掌掴（这是不常发生的事）之后，他试图自杀（参见：入侵情结）。

然后，他动身前往美国式的学校，距离他的村庄 30 公里。大约 14 岁时，他开始了最早的性尝试：在见到少女们洗澡时，他会 119
（遵照他的社会的法律）转头走开；但他会在不远处停下来，在少女能轻易看到的地方，以便她们过来和他会合：这种信念的含混态度（尊重法律的形式，又在适用于他的时候予以改变）成为了贯穿他之后生活的特征。

在 14 岁时，他的声音沙哑了；他拔掉自己新长出来的胡须，而且会做一些奇怪的梦（当他想要靠近少女们时，她们就会变成男孩）（参见：这一成长阶段的“性的矛盾体验”，这是弗洛伊德观察到的）。

村庄里最被允许的暴力形式，是少年和老人之间的暴力，这两方始终处于一种持久的战争状态中：唐在他的村里遇到了他祖父，他用绳套把祖父绑起来，拖着他穿过了整个村庄。

毕业后，他去了科罗拉多州工作——他第一次购物就买了左轮手枪（攻击性）。这时，他的村子里出现了分裂：大部分居民敌视白人，在双方商定后，这些敌视白人的居民离开了，搬到了更远的地方。唐是留下来的居民之一。

情感插曲。唐遇见了一个饥饿的女人，并想要保护她（饥饿和对过去饥饿的记忆，在这些记忆里，人们似乎吞食了孩子，于是饥饿始终是一个有力的情感因素）。和这个女人发生的插曲并没持续多久，这则插曲揭示了唐的另一个持久特征：每当有女人引诱他，他就会向她求婚，然后在另一个女人出现时把这一切忘得一干二净。

他信奉基督教，是基督教青年会的一员——这是他渴望成为白人的唯一时刻。

一次严重的发作。他得知了他妹妹是在分娩中死去的，而且她的死是“双心”造的孽。这则消息把他带回到他的源头，在他身上唤醒了负罪感，他不明白为什么“双心”没有让他代替妹妹失去生命；就在这天，他感冒了：肺炎；他在医院接受治疗，但各种药物都不起作用。他认为自己冒犯了“双心”（它们强而有力，同时恶毒、不吉利），他看到了一个让他此后终身难忘的异象：一个“卡其纳”出主意让他去参观死者的国度，并在他完全死去之前回到他的身体里、及时地和他的身体会合。在前往冥界的旅程中，他穿过他的村庄，遇见了母亲，但她看不到他，然后遇见了祖母，并辨认出原来祖母是一个“双心”；最终他来到了一个岔路口，在那里，他必须选择自己的道路（这是常见的神话主 120
题）；他选择了正确的道路，遇到了一些奇怪的动物，它们向他大喊，催他快走，然后他到达了“祖先之家”前面的一座山上。各式各样的小丑告诉他，他迟到了；他必须再做一次重要抉择，在各种灵丹妙药之中选择能让他复活的药；老人们建议他逃走，不要回头（这是大家熟知的神话，表达了我们应该去战胜的具身化和偶然性）；他逃离了这些邪恶的神灵。于是，他先前遇到过的那些动物告诉他，他应该回去，去活得长长久久，于是他此时知道了，他的身体“相当适合居住”。他醒过来了，观看周围的人们——他们之前已经认为他死了！——他再次看到了他的“守护天使”，那个许诺会监视他、并会训斥他四次的“卡其纳”；在此之后，如果他再去钓鱼，他就会死去（参考：儿童和精神衰弱患者：诉诸数字）。

最终的回归。他对自己的经历始终感到极其震惊，他非常平和地服从了部落的所有仪式。他最担忧的事是要避免婚姻。尽管如此，他又与部落的女人们有许多艳遇（他也知道不能和她们结婚）。最终，他很迟才结婚，并失去了他三个年幼的孩子，而且还被指控使用巫术，但是他没有被判决，最后他无法再生孩子了，于是收养了一个男孩。

精神-身体上的第二次发作。在和养子的一次争吵中，他威胁要打他；怒气冲冲的儿子反驳道："那就立刻杀了我吧。"父亲的病理愤怒发作了，他打了儿子（霍皮人极少这样对待孩子），然后变得很激动，指责儿子要置自己于死地；其实他确实感到了死亡在逼近：各种各样的身体症状，还伴有一些窒息感。最后，他康复了。

如何解释这种暴力以及这种病态行为？

他在与儿子的冲突过程中感到生气和不适。我们说过，霍皮人的父母和孩子之间的关系通常很温和，唐对养子的暴力行为与此形成强烈反差。唐曾被控告在他三个孩子死去时使用了巫术，于是他采取了一种具有攻击性的防御态度，他说道："立刻杀了我吧"；他的儿子在面对他时采取了相同态度，这唤醒了他的负罪感。因此，他想要通过颠倒这一处境来把这种负罪感投射到儿子那里：儿子可能就是促使他死亡的人，——于是唐病倒了。

121 这些症状都是他童年里成人被允许对小孩实施的惩罚具有的症状：窒息的感觉和呼吸困难的感觉，还有口腔的痛楚，这些让他想起小学老师一次特别残忍的处罚（这位老师强迫他把一块肥皂放在嘴里含了很长时间）。因此，这所有症状都和他童年的创伤经历有关。

结论。唐的整个人生都具有"异化"的特征：任何责任、任何自主权都被委托给某个外界权威：比如服饰、心灵等等。这是黑格尔意义上的"不幸的意识"，正是这种意识把其中心放在了自身之外。

在这个社会里，我们观察到，对各种暴力表现的压抑十分重要：不能把暴力外露出来，但是暴力会在梦里、神话里表达出来。

任何涉及出生和死亡的事物都被打上了恐惧暴力的烙印：任何自然死亡都是可疑的，而且总是由不好的思想所引起的。

我们还必须着重指出食物问题的重要性：对先前饥饿的记忆总是纠缠着他们。

所有被压制的暴力都在“父母-孩子”的关系中反映了出来：表面上温和，但背后有“年轻人-老人”的敌对关系（在对少年进行的男人生活的启蒙之中，这种敌对关系被象征为舞蹈和暴力的玩笑，它们表达的是，从今以后男孩就将成为可以压迫老人的人了）。

就性关系而言，各种性关系都是自由的，并被宽容以待；但是，人们时不时会显露出一种深深的恐惧和怀疑（比如老人对男孩的警告）。

就社会关系而言，方方面面都存在着恨和爱的混合、普遍的矛盾情感以及异化，这使得两个完全分离的心理领域（至少在唐身上是分离的）被创造出来：超自然领域和日常领域（对世界的二分在原始人那里很常见）。

我们通过这个例子看到，我们不可能把某种行为化约为一种成分——无论是性的成分还是社会的成分：一个人在面对所有问题时所采取的个人立场里，这两种成分总会相互影响。因此各种条件以及它们的后果错综复杂地交缠在一起。

我们来分析另一个例子：超卜连群岛上儿童的状况（马林诺 122

夫斯基的例子，葛兰晋小姐口述报告）。

在这个社会里，“父亲”被认为与孩子的受孕无关；他仅仅是住在这座房屋的唯一男人、母亲的丈夫。婚姻制度：婚后双方须住在男方家中。

孩子对父亲的责任是法定的，因为父亲照料了孩子——房屋是属于父亲的；他是房屋的主人，但妻子的角色相当重要，有些物件是属于她自己的。

父亲的权威是由母亲的兄弟来实施的，母亲的兄弟是养家的人；男孩会从他那里继承遗产。

这个社会有许多严格的禁忌（它们也确实被遵守了）。

孩子是死者灵魂的投胎转世，当死者厌倦了他们永恒的青春时，就会化身为此。这时，他们漂在水上，通常是从头部进入女人的身体。

但相当吊诡的是，私生子是被排斥的，尽管性是绝对自由的。人们给出的解释是，因为这些孩子没有父亲来疼爱他们。另一个矛盾的地方：说孩子“很像母亲”是不妥当的。父亲尽管对于孩子是外人，但却被认为应通过持续不断地照料孩子来塑造孩子的形象。

妻子在怀孕期间会远离丈夫居住。男人对于自己的家庭非常自豪（姐妹、表兄妹、女儿）。孩子在很晚才断奶，是到了他会说饿了或渴了的时候。神经质的或者任性的孩子都会被带到海边或者另一个村子里；人们认为换换气儿就能让他们好起来。

孩子们非常自由，人们不认为孩子要服从父母；人们在性活动中也拥有极大自由。父母不会处罚孩子；如果父母打孩子，他们会接受孩子还击，因为他们认为这是正常的事。总的来说，惩罚观念被认为是不道德的、不可思议的。此外，孩子们还会组建各种各样的“儿童共和国”，他们是完全自由的。

性生活。人们不会对孩子躲躲藏藏。孩子往往是父母性关系的目击者；人们只要求孩子们不要表现得过于好奇。除了这几项禁忌，就没有其它道德准则了：女孩从 4 岁或 5 岁开始、男孩 6 岁或 8 岁开始，就会在他们之间以各种游戏的形式来酝酿性关系了。

青少年也拥有自由的性生活。

禁忌。严格禁止兄弟和姐妹之间的亲热：禁止在一起玩耍。 123

在成长过程中，儿童必须熟记各种禁忌（这往往会造成创伤，因为孩子们是在没有任何约束的情况下被养大的）以及他们社会的各种法律；因此，孩子会得知他并不属于父亲的氏族，而属于舅舅的氏族，他会继承舅舅的遗产，而且他还会得知在舅舅的氏族里父亲被视为外人。

青少年与儿童一样都生活在社群里：他们拥有“单身者之家”，他们会待在那儿，但不住在那儿。单身者之家可以同时接待三至五对伴侣；这是他们时常出入的地方。

婚姻生活。青少年之间的联系并不是一种平等关系——婚约限制了性的自由。最让人喜闻乐见的情况是，一个男人的儿子娶了他姐妹的女儿，通过这种方式，这个男人就可以把他必须给侄女的财物和礼物都给予他儿子。这位儿媳，也就是这个男人的侄女，是他真正的亲属，她将会保护这位老父亲不受外人巫术的伤害。

然而，两个姐妹的孩子们之间的婚姻则是被禁止的。

对马林诺夫斯基观察的补充[①]

1. **父亲的处境**：生理上的父亲（尽管他并不被如此看待）普遍爱自己真正的儿子甚于他负责抚养的且要继承他的遗产的侄子；于是冲突产生了。好几种办法摆在他面前：他可以将他的财产的使用权给予儿子；他可以设法让儿子迎娶其表姐妹。这样一来，他儿子就能从他的遗产里获益。

2. **妻子的处境**：妻子享有某种社会价值；她拥有一些私人物品，尤其是水罐。她的家庭必须提供养家费用的一半等等。有时人们会看到妻子想离婚，但丈夫很少这样做。

但丈夫才是家庭的主人：在婚姻里，双方必须住在男方家中；这时妻子没有真正住在自己家里，孩子们也没有（原则上，孩子
124 在童年早期之后，必须返回他们母家舅舅的村庄——这里才被视为是他们真正的村庄）。

妻子保留了她的社会等级的各种特权和禁忌；如有必要，她可以在婚姻中保留她优越的社会地位。但她不行使权力：她把权力委托给她的氏族首领。

至于法术，妻子从事更富诗意和情感的法术，实用的法术（医治病人）则是专属于男性的（除了医治牙疼的法术）。

---

① 参考书目：马林诺夫斯基：《美拉尼西亚西北部土著人的性生活》（*La vie sexuelle des sauvages dans le Nord-Ouest de la Mélanésie*），Payot 出版社，1930 年；《原始社会中的性以及性压抑》（*La Sexualité et sa répression dans les sociétés primitives*），Payot 出版社，P.B.P 丛书。

3. **婚姻**：单身者的自由生活与婚姻的严格特征之间形成了惊人的反差。这个社会里不存在婚礼仪式：新婚夫妇在公共场合一同散步，一起进餐（如果妻子的父母同意婚姻，就会给新婚夫妇寄去一份礼物，否则他们就会来把女儿找回去）。年轻的夫妇必须住在丈夫家里，直到下一个收获季节，然后才能在他们自己的家里定居下来。

夫妇相互表现出极大爱意，而且总会用一些空闲时间来谈话。

丈夫有权杀掉通奸的妻子；但如果她先向丈夫表示了她决定要离开，他就不能反对。一般而言，伴侣双方都会迅速再婚。人们看到过好几起妻子自杀的情况，她们都错被丈夫控诉犯了通奸。马林诺夫斯基这样解释这些事实：妻子不能再继续和她丈夫一同生活了，但又不能没有丈夫。或许我们也应在这些事实里看到，妻子是想让丈夫知道错了。（参考：远东地区的“光荣”自杀）。

氏族首领有权娶好几位妻子：在他家里可以看到三种妻子：前任首领的妻子、他年轻时选择的妻子、替代去世妻子的更年轻的妻子。他有权选择任何他遇见的女人；但正因如此，他妻子的忠诚问题事实上不像普通婚姻那样严格。

怀孕的妻子备受关注：她会收到一件特别的长衫；她被带到浴室里（以得到净化）。分娩的时候，她住在母亲家里，而且这个房屋里的所有男人都会搬离；分娩之后，她还必须隐居两个月，并且遵守极其严格的禁忌（例如，她只能隔着门和丈夫说话）；直到孩子断奶之前，她都与孩子一同被隔离。这种状况对孩子非常有利，最大程度地缓和了各种分娩创伤。

4. **孩子们**：孩子们不知道暴力：没有处罚、没有性压抑。因 125

此，他们很早就把深情和亲热的感觉与性行为联系在一起了。在这些社会里，我们观察不到我们社会中常见的“性和爱”的分离。

想结婚的欲望不仅源于经济利益，而且也是为了让已将两人结合在一起的亲密纽带更加持久和正式，最后出于想要孩子的欲望。

5. **消极面向**：在非暴力的另一面，人们发现公开狂欢的故事（这可能正在消失）；还有一则关于习俗的故事：根据这一习俗，女人通过用刀割伤男人这种行为来选择男人。还有些传说描述的是居住在附近岛屿上的残酷女人，在这些传说里，我们也会发现一些攻击性的成分以及阉割幻想——这些残酷的女人会引诱并杀掉男人和小孩。

最后我们还发现花园除草季节里的一种习俗，在这段时期里，女人允许攻击所有途经她们村庄的外人。

因此，潜存着某种攻击性。

6. **比较超卜连群岛的孩子和文明社会的孩子**：马林诺夫斯基对这些事实进行比较得出：

—— 超卜连群岛的孕妇享有更大的保护；

—— 断奶发生较晚，婴儿与母亲一同被隔离生活；因此断奶情况的创伤性较小，儿童生活的开端更为容易自在。

—— 父亲与孩子不会为了得到母亲的爱而竞争；

—— 没有男性的专制；

—— 很少有倒错（在白人到来之前，人们从未听闻同性恋）；

—— 在儿童的心理成长中，不会把性和肛门与“下流”联系在一起（这在我们社会中是很常见的）；因此他们在性方面的成长更直接、更少偏差；

—— 在我们的社会中，在 3 岁至 6 岁间开始构建父亲理想，这同时伴随着失望；超卜连群岛的社会则截然不同：权威被委托给了舅舅，他赋有社会的所有标志。因此，父亲的角色纯粹是情感性的，孩子在青春期不会有危机。

—— 在我们的文明中，从 6 岁至青春期是“潜伏期”（“俄狄 126
浦斯情结”衰退，各种性兴趣进入沉睡）。在弗洛伊德把潜伏期宣告为普遍规律之前，就曾承认阶层会影响潜伏期的存在、强度和长度。无论如何，即使在我们的文明中，这一时期在农民或者工人阶层中也远不如它在资产阶层中那么显著（参考：潜伏期恰好与孩子的学业兴趣突然占据主导地位这一转变同时发生）。

在超卜连群岛的儿童那里，不存在这种潜伏期：这是他们拥有最广阔自由的时期（在儿童共和国的生活），是他们拥有最初性经历的时期。

在青春期里：在我们的社会里，这是家庭关系极其紧张的时期。我们尤其会注意到孩子对父亲的攻击性，以及对母亲和姐妹的暴力，这可能与孩子如何理解自己的出身有关。

超卜连群岛的人从未听说这种紧张状态：这正是孩子必须离开他的村庄，前往舅舅村庄的时候。

因此，马林诺夫斯基观察到，这个社会里不存在任何情结，他是通过如下的事实认识这一点的：这个社会没有神经官能症和精神病（除了躁狂症和矮呆病，找不到其它精神疾病），这个社会的人几乎不谈论他们的梦，而且他们给人的感觉是不太相信巫师的力量。

另一方面，马林诺夫斯基认为，这里存在着典型的超卜连式戏剧：姐妹的吸引力、对代表权威的舅舅的憎恨。一系列事实都证明有些冲突是存在的：禁止男孩与姐妹有任何关系，甚至任何友谊，这一禁忌极其严厉；有一些带有乱伦倾向的神话；对侮辱性话语的剖析。

马林诺夫斯基和琼斯的争论

关于“俄狄浦斯情结”的普遍性

基于以上这些事实，马林诺夫斯基想证明“俄狄浦斯情结”是历史形成的，它与一个社会的家长制结构有关。他主张对精神分析进行重新定向，去探究每个社会特有的情结，而不是仅仅探究俄狄浦斯的形成。这引发了他和临床精神分析学家琼斯之间的争论。

1. **琼斯的论证**：超卜连式情结只是一个面具，其目的是掩饰
127 “俄狄浦斯情结”，并通过将对父亲的攻击性移置到舅舅身上、将对母亲的爱移置到姐妹身上（姐妹象征着母亲）来补救俄狄浦斯情结。琼斯批评马林诺夫斯基没有解释母系氏族制的来源。

2. **马林诺夫斯基的回应**：琼斯的反对意见和精神分析的立场都显然是无法反驳的，因为症状的缺席会被解释成症状的存在，否定就相当于肯定。对精神分析学家而言，症状缺席仅仅证明存在着格外强烈的压抑，而这是无法被证明，也无法被反驳的。但这些位于其它情结背后的、被掩饰的情结假定了一种“超-无意识”：这只是纯粹出于口舌之争的解决。

但是马林诺夫斯基更执意批评的是弗洛伊德的整套方法，这种方法基于借自我们的心理发生的要素来重构历史。例如，我们

没有权利借助西方儿童精神分析给出的征象来解释原始图腾崇拜，除非先证明这些心理机制具有普遍性。否则，那些我们当成证据来提出的东西，不过只是设想。想要建构一种客观的人类学精神分析，我们必须在我们所研究的那些社会本身的土壤中去寻找各种因素。

另一个反对意见：弗洛伊德把弑父假设为：既是父亲权威的后果，又是父系氏族制文明的原因，这看起来很难理解。弑父同时是某种文明的后果以及基础，那么弑父是只发生了一次，而在此之后文明发展了起来，还是说我们应该承认这个文明里有着“弑父风气”？[①]

面对这些困难，我们不可能仅仅满足于*先验*的证明。尽管马林诺夫斯基的这些观点极具意义，但我们还是应该指出*其论点的不足之处*：

——关于**超卜连人的各种梦**，超卜连人不谈论梦，并不证明他们不做梦（在所有病例中，顽固的缄默都是抗拒（résistance）[②]的确凿迹象）。不谈论梦，再加上对性问题极度守口如瓶的态度，似乎是在为某种抑制的存在作证。

——**“超卜连情结”的临床表现**被理解为是与“俄狄浦斯情结”相对称的。但它不是一种真正的情结，无法像真正的情结那 128

① 参见克鲁伯（Kroeber）：“图腾与禁忌：民族志学的精神分析”（Totem and Tabou: an ethnologic Psychoanalysis），1920年，载于《文化的本质》（*The Nature of Culture*），芝加哥，1952年。

② Résistance一词的翻译参考了，拉普朗什，彭大历斯：《精神分析词汇》，沈志中、王文基译，行人出版社，2000年，第451页。——译者注

样起作用:“俄狄浦斯情结”的活力源于这样一种事实，即它是一种“三人戏剧”，其中每个对手都与另外两个对手有关，而且任何两者之间的关系都会在第三者那里产生影响。超卜连情结与此没有任何相似之处：一个男孩的姐妹和舅舅毫不相关，男孩并不是因为依恋着姐妹而因此憎恨舅舅；它们是两种相互独立的冲突。

弗洛伊德主义者断言，心理结构是文明的起因。马林诺夫斯基用社会的因果关系取代了心理的因果关系，而且认为俄狄浦斯情结是文明的产物。但很明显，社会和个人心理是不可分离、相互干涉的。我们必须要构建这样一种心理分析和社会学，它们不是按照因果关系构想出来的：这是新的人类学精神分析的方向，是文化主义，它致力于超越传统的材料，并对之进行综合。

文化主义社会学的一些著作

参考书目

罗海姆（盖扎）（正在走向文化主义的精神分析学家）：

1925 年:《澳大利亚的图腾主义》(Australian totemism)，Alle and Unwin 出版社，伦敦，1925 年；

1941 年:“诺曼比岛儿童的游戏分析”(Play Analysis with Normanby Island Children)，载《美国行为精神病学期刊》，第十一期，第 524—530 页；

1947 年:“人类学中的梦境分析和田野工作”(Dream Analysis and Field Work in Anthropology)，载《精神分析与社会科学》，第一卷，第 81—130 页；

米德（玛格丽特）（越来越接近精神分析的文化主义者）：

1928 年："在萨摩亚长大成人"（Coming of age in Samoa），载《大洋洲上的习俗与性》，普隆出版社，"Presses-Pocket-Terre humaine"丛书；

1930 年：《在新几内亚长大》（*Growing up in New Guinea*），Payot 出版社，1973 年；

1945 年："三个原始社会中的性与气质"（Sex and Temperament in three primitive Societies），载《大洋洲上的习俗与性》，同上。

卡丁纳（亚伯拉罕）：

1939 年：《个人与他的社会》（*The individual and his Society*），伽利玛出版社，1969 年；

1945 年：《社会的心理学前沿》（*The Psychological frontiers of* 129 *Society*），哥伦比亚大学出版社。

林顿（拉尔夫）：

1945 年：《人格的文化背景》（*The Cultural background of Personnality*），Dunod 出版社，1986 年。

洪伯格（E.）：

《两个美国部落里的童年和传统》（*Childhood and Tradition in two American Tribes*）（"儿童精神分析研究"系列，自 1945 年起每年出版）。

萨克斯（W.）：

1937 年：《黑色的哈姆雷特》（*Black Hamlet*），Calmann-Lévy 出版社，1940 年。

巴兰蒂耶：参考《评论》（*Critique*）杂志里概述卡丁纳以及林顿的著作的文章（1948 年 2 月）。

自涂尔干以来，法国社会学就以不同于“个人意识”概念的“集体意识”概念为基础。这个方法论概念是富有争议的，它带来了形而上学层面的影响（尽管这方面被夸大了），成了那些极端保守态度的质疑对象。“集体意识”概念在使社会学有新一轮的突飞猛进之后，成为了社会学停滞不前的原因。

在美国的文化主义运动中，尽管环境对个人的影响丝毫没被低估，但社会因素并不是一种集体意识。它更多地是衍生自黑格尔的“客观精神”概念：黑格尔区分了客观精神（人类精神在其周遭环境中的投射，如他在其各种创造和建制中显示出来的那样）和主观精神（我们在我们自己身上所把握到的人类精神）。

这种构想与“集体意识”的构想迥然不同。它并不关注某个假定的实体，而是关注各种事实、人类的各种成就、人类的意图在其所有创造物上留下的印迹（这即使在风景中也显而易见，风景也是被人类深刻改造了的）。这是从人类活动的沉淀这一角度被思考的“文化”：新生儿从第一天起就被这种文化浸润着；他生活于其中的框架总是不断促使他接着采取那些曾经对这个框架的形成做出过贡献的态度。[①]

从这一角度来看，社会性对个人性的影响的优势在于，它不
130 是一个假设。这是一个主体间性的概念（每一个体都把自己认同为其他人）；这个概念让我们得以建立一种正面的社会学，而无需通过某种“集体意识”来创造某种命运——个人会在其中丧失其

① 参见鲁思·本尼迪克特：《文化模式》（*Pattern of Culture*），伽利玛出版社，1950 年，这是将形态理论应用到各种社会集合的第一次尝试。

自主权的命运。

我们尤其是在卡丁纳那里，找到了对“文化主义”主要思想的综合概括：

1. 他引入了“基础人格”的概念；任何文化，任何处在社会结构中的社会集体，都倾向于确定某种“类型”；群体越是规模有限，这种类型就越能被准确地实现出来。卡尔·马克思在谈论“阶级的个人”（《德意志意识形态》）时，谈及在某些情况下可能出现的、源于这个阶级本身的阶级瓦解时，其著作中已有这一类的概念了。无论如何，马克思是熟悉“整合”概念的。

2. 对于“整合”这一概念，也就是让自己符合某种自我理想，符合社会所推崇的某种“模式”，卡丁纳不是以静止的方式来构想的；个人可以改变和抵抗社会模式。当这种改变是由社会结构自身引起时，就会发生道德上的革命。因此这是一种辩证性的构想，所以也是一种动态性的构想（这是模式通过自身所进行的转化）。

3. 在文化主义者看来，问题在于要去研究各种整合所组成的链条，这些整合把个人与社会联系起来，并且支撑着个人去承担他所在环境的建制结构。因此他们十分重视研究儿童教育，但他们并不承认一个人的日后发展完全取决于其童年。因此，这是不同于弗洛伊德的一种构想：他们不认为童年就是某种情结在一个人里面安营扎寨，并成为他的命运；而认为童年是一个人被接纳到了某种文化环境中。精神分析研究的各种冲突，对应着历史所实现的各种情感的其中之一，一个人生活里的所有面向都参与塑造了他，而且这所有面向都彼此相关；一种文化里的每个成分都蕴含着整体的意义，即使当各种不同的事实之间看上去毫不相关时，也是如此。

131

卡丁纳对阿洛尔群岛群体的研究[①]

科拉·杜布瓦曾研究过这个群体。卡丁纳汇集了他的各种观察，为使其更完整，他还增加了一些整体的描述、一些居民个人的简历以及测试（尤其是罗夏墨渍测验），这些测试是由一位并不知晓杜布瓦的研究成果的民族志学家进行的。

I. 描述总体特征

阿洛岛坐落于爪哇以东 60 英里，澳大利亚以北 70 英里（原荷兰属地），人口主要是黑人：有 7 万居民，其中 1 万是穆斯林。这里人口较为稳定（每个家庭大约有 4 个孩子，但婴儿死亡率极高）。他们很少与政府部门接触（警察除外），但缴纳的税款相当高：每户每年 1.25 美元，相当于两个月的工作报酬。

他们有三类房屋：建得不好的、临时的、会很快过时的乡村房屋；建造时间少于一年的建得不牢固的建在桩基上的家庭房屋；要用五年来建造的坚固的家庭大房。

男性比女性更爱打扮；他们穿更昂贵的服装，还会佩戴许多珠宝。

卫生情况：他们会洗澡，但很少洗，因为水在很远的地方。人们必须用长竹管来取水。男人和女人分开洗澡，而且不会裸露

---

① 《社会的心理学前沿》(*The Psychological frontiers of Society*)，第五章及随后章节。

着出现在对方面前。

—— 食物很好（小麦、大米、蘑菇、香蕉是给孩子吃的，还有猪肉、鸡肉、一些羊肉、狗肉；孩子还会捉老鼠来吃）。

—— 土地是个人财产，在父亲、母亲和（理论上来说）10 岁以上的孩子之间分配。一切涉及谷物和耕作的事都由女人来做； 122
一切涉及肉类、饲养、屠宰和烹饪的事都由男人来做。财产所有权是个人的，但劳动却是集体性的：人们一块田地接着一块田地轮番耕种，这引发了诸多争端。

——他们有一些节庆；每个人都会带肉来，肉会被重新分配，并被共同食用。

——他们多次进食物，即使在夜晚也是如此，但食物不太丰盛。夜晚一般都很热闹；居民们来来往往、吃东西、发出嘈杂声。

—— **孩子们乍一看都营养不良**；他们总是在寻找食物，而且会成群结队地去偷香蕉和芒果；成人对他们放任自流。

—— 男人和女人会分开进食：男人和儿子先吃，女人和女儿后吃。一般而言，食物问题是极其重要的。他们在食物方面十分吝啬，不愿意把食物送给别人。不过，真正的饥荒从未发生过（最多只是有时会有这样或那样的食物的短缺）。食物几乎始终是充足的。食物的短缺不足以说明他们对食物的这种强迫性的执念。

—— 男性的主要活动是各种**财务交易：钱在居民生活中扮演极其重要的角色**。他们把猪、珍贵的花瓶、锣当作“货币”。居民里有十分之一是财务师：这是最受尊重的行业。每家都有一两头猪；非常富有的家庭也从不会有更多的猪。对于猪，他们更喜欢用“分担”制度（比如，拥有四分之一或者十分之一只猪），这是出于两个原因：

a）这样一来，他们的财富就可以被掩饰得更好；

b）他们认为，让好几户家庭参股于同一只动物，能更好地防止盗窃。

—— 婚姻要服从一些极其复杂的财务条件（女孩必须带嫁妆；但是丈夫必须向女孩父母交纳一笔款项，约是嫁妆的三倍）。各种谈判没完没了，其结果也并不总是孩子们喜欢的：婚姻不太稳定；在婚姻初期，妻子常常在性上拒绝丈夫，甚至在此后也是如此。离婚的情况同样复杂，会引起一些难以理清的财产冲突。

—— 亲属关系是双边的，近亲之间的婚姻是被人看不起的。乱伦在原则上是被禁止的，但这些禁忌不太严格。

133 —— 葬礼花销巨大（因为必须安抚死者的灵魂），而且葬礼同样有复杂的（且没完没了的）财务交易（这并不是出于对死者的恐惧）：这是因为必须有死者家庭的七个组群来参与组织葬礼。实际上，葬礼会让死者遗产所剩无几；甚至有些家庭因为安葬费用而倾家荡产。

—— 这里有家庭仇恨，还有氏族战争、拐盗儿童和没完没了的报复。但一切都可以通过钱财协议来解决。

—— 宗教是非常不明确且不发达的：有各种村庄守护神灵、好的和坏的神灵，但都不怎么有个体特点。整个村子都很穷。我们可以观察到他们对超自然的恐惧，以及对与超自然的关系的恐惧，一切超越日常生活的东西都会引起恐惧并被掩饰起来（在死亡来临前，病人会回到家中；病人的儿子会收集记录预兆并传达给他们；然后他们的父亲会紧紧拥抱着他们，直到他们死去）。

—— 此外，这里的人急于摆脱死者，而且似乎有很多人被活埋了！

—— 巫师被视为是低等的（一般而言，他们是在没有成功成为有钱人的情况下，才选择这个行业的），这里几乎没有自然巫术的实例（但我们可以在各种传说里找到一些自然巫术的痕迹）。

—— 人们认为死者有两个灵魂，其中一个灵魂在死后立即去往冥界的村庄，另一个灵魂在这个村庄周围游荡，人们要通过威严的葬礼（参见上文）、奉上的食物来满足它。在此之后，居民不再关注死者。这里没有对死者的崇拜。

—— 我们没有观察到受建制鼓励的自杀。

—— 几则传说：其中一则讲述了一个男人的故事；他有六名兄弟，他被他们遗弃，险些饿死。他的父亲在梦里向他显现，为他指出应该前往的地方；他来到一座“乐善好施的”村庄。人们答应给他食物；就在他进入房子的那一刻，他被从房子里射出的一颗弹丸打伤了。但是这家的两个女儿——她们是仁慈的仙女——照顾他并且给他喂食。他和她们一起去劳动；在地里的一个洞里，他看到了自己的村庄，并且用法术回到家乡。人们拒绝给他水喝；只有一个女人给了他水，于是他娶了她。但渐渐地， 134
她变成了“坏女人”，而且多次试图杀害他；他每次都被那两姐妹营救。最后，他永远离开了他的村庄，带走了一半的人——那些“好人”，并在那两姐妹“仁慈宽厚的”村庄里安定下来。

—— 这里信仰程度很低：**没有任何仪式**。他们有一些咒语、偶像；但是他们对之半信半疑，对巫师的力量也半信半疑。

—— 这里没有贵族阶级，但有财富差异，这让村里的一部分人依赖于另一部分人。富有是非常重要的，因为一个穷人几乎不可能结婚，而一个单身者不会被视为真正的人：只有当一个人有孩子之后，才完全是成人。

—— 性格：极其敏感。人们认为影射身体缺陷的做法是一种严重的侮辱（但是所有伤害都能用钱解决）。他们有非常强烈的羞耻感：他们害怕“丢脸”。

—— 这里的手工艺品极少，而且毫无艺术性：一切都很粗糙简陋。有几种低等行业：巫师、日历制作者、写家谱的人（但是家谱也和其它东西一样，结构松散）。这里没有编织业、陶器业，只有制锣业。

—— 他们只有很少的诗歌，且相当乏味：比如是债主以及借债人之间的对话。

现在我们开始讨论他们最明确的特征，这些特征与儿童的成长有关。

—— 分娩。我们已经认识了父亲的角色：人们认为，孩子是父亲的精液和母亲的月经液混合产生的，而且必须有多次性关系才能有一次受孕。孕妇有各种各样的不适、恶心感和欲求（尤其是对食物的欲求）。经常发生自然的流产；当妻子对丈夫不满时，会试图通过在田间辛苦工作来引发流产。在分娩方面有许多禁忌。分娩会在妻子家里进行，在此期间，男人们会被支开。

—— 分娩后，妻子会在她家待上一周，用热水给孩子洗澡（再过些时日，孩子就只能洗冷水澡了），并给他哺乳。两周后，
135 她回到劳动中；有规律的哺乳就突然中断了。孩子从第六天开始，就吃香蕉和预先被嚼烂的蔬菜，女人在晚上回到家后才给他喂食。

从那时起，孩子好像总是饥饿，他在白天没有什么食物；而且孩子从能独自走路开始，就不停觅食，还试图吮吸成人的手指（这是成人们最喜欢开的玩笑）。

—— 男人比女人对孩子更感兴趣。女人们不喜欢有孩子，也不喜欢喂养他们。孩子与父母同床而眠；在分娩后，性关系很快就重新开始了（妻子对此颇有抱怨——而且情况会更糟：她们知道丈夫要回来了，尤其是当丈夫在此期间没找到另一个伴侣的情况下。）

—— 孩子经常哭泣；后来，母亲要去劳动时，孩子们就会剧烈地发脾气，在地上打滚。母亲会为孩子手淫来让他们平静下来。孩子在走路之前不会控制括约肌：一旦会走路，他很快就能学会控制。

—— 从 3 岁开始，孩子会在父亲或一名年长孩子的监护下在房子旁玩耍。彻底断奶进行得很粗暴，比如，母亲往往喜欢通过给另一名孩子哺乳来引起他的嫉妒。孩子养成了自己如厕的习惯；他用粗糙的树叶来擦拭，这会引起溃疡，而人们又会以更具刺激性的手段来治疗溃疡，冷水澡会让这些溃疡疼痛万分。

—— 我们没有发现孩子有食粪癖或者便秘。

—— 孩子的睡眠会被成人的来来往往所扰乱。

—— 孩子说的第一个词：“给”（donne）！孩子很小就会说各种脏话和粗话了。不过，除了在愤怒爆发的时刻，他们通常都很安静。

—— 人们惯用的惩罚：羞辱孩子。人们不给奖励，但是会给许多虚假的承诺（比如青少年对孩子开的玩笑）；成人和小孩之间没有坦诚的接触；有很多威胁（但是没有阉割威胁，也没有与性事有关的威胁）；父母对待孩子的行为前后不一致：在几天中，他们对同一种行为既会惩罚也会赞扬。孩子有许多被遗弃的想法：有一些传说是以此为主题的。

—— 孩子很小就开始利用父母之间的不合。

136 —— 人们频繁更换住所；有时人们会把孩子留在别人家里：有时孩子会离家出走，在另一个家里住一段时间。

—— 从 6 岁开始，孩子的处境有所改善；他们每早、每晚都能吃上一顿饭。白天，他们成群结队地去偷窃（成人视而不见）。有时候，他们用劳动获取食物（种菜）；屠夫会把残渣丢给他们；孩子们会在田里捉老鼠来吃。

—— 女孩更多地是在田间劳动；男孩则更多地是当观众。

—— 有一些集体的惩罚（人质）。人们普遍认为儿童什么都感受不到。

—— 人们对说谎习以为常：人们所说的一切都会被质疑。没人认为会有人说真话。表达怀疑的词汇十分丰富。

—— 成人会独占那些本是送给小孩的玩具。

—— 8 岁时，孩子会收到一条缠腰布；从这一刻起，就有了对各种性活动和性关系的掩饰。女孩们往往会主动调情，扮演男孩的角色。

—— 这里没有公开的同性恋；同性恋是在暗中进行的，极其罕见，且被人鄙视。但这里没有对同性恋的真正压抑。

——至于青少年，他们没有成年仪式，没有启蒙仪式，也没有典礼，仅仅只有很快脱落的劣质纹身。他们可以自行决定的，就只有修磨牙齿，以及把某些牙齿染黑。—— 在这时候，男孩变得很爱打扮；接着，他们会考虑进入财务系统。

—— 青少年的一种特有态度：在面对暴力场景时（比如斗殴、火灾），青少年会像身患瘫痪一样；他们被动地旁观着，从不介入其中。

—— 订婚和婚姻：女性往往采取主动态度；双方会交换礼物。—— 女性常常被拒绝：性禁制（inhibitions sexuelles）[①]。当男性有财务顾虑时，他们就会把自己关在男性之家，戒除一切性关系（但是人们并不会认为这是一种仪式性的惯例）。

—— 婚姻不稳定。在一个由 112 名男性和 140 名女性组成的村庄里，有 49 名男性没离婚，49 名离婚且没有再婚，14 名年轻人。在女性中，有 93 人没离婚，47 人离婚后又再婚。

—— 男性的死亡率较高；女性的精神状况和社交状况比男性更稳定。 137

—— 一夫多妻制度是被允许的，但是出于经济的原因，这很难实现。

—— 女性是所有生产活动的枢纽——尤其是食物的生产活动——尽管她们不太受尊重。

II. 卡丁纳的解释

首先，让我们总结一下阿洛尔群岛社会的最惊人的特征：

---

① Inhibition 一词的中文翻译参考了，拉普朗什，彭大历斯：《精神分析词汇》，沈志中、王文基译，行人出版社，2000 年，第 217 页。——译者注

—— 耕作工作由女性承担；

—— 宗教以及道德观念贫乏；

—— 巫术观念贫乏；

—— 情感贫乏（一切都可以通过财务交易来解决）；

—— 婚姻不稳定。

这个文明表现出来的“基础人格”的特征是，所有行为都缺乏组织性：缺乏技巧性的行为，各种攻击性的行为之间没有连贯一致性。

卡丁纳论证了这种基础人格为何必然会从孩子被对待的方式里产生出来，这一过程从孩子与社会环境的第一次接触就开始了——这一接触是通过与父母接触而实现的。从孩子的第 14 天开始，母亲就不会有规律地出现了：她回归到自己的各种活动中，舍弃了孩子。因此孩子产生了无法克服的紧张情绪，这首先表现为饥饿。但是造成创伤的因素似乎并不是食物量不足，而是食物的获得毫无规律：食物既不是在固定时间提供的，也不是由同一个人提供的；这让孩子丧失了那种从母亲形象里获得的安全感。人们对孩子并没有蓄意的敌意（孩子被保护免受各种具体危险），但是各种照顾是没有规律的。孩子无法感受到他被一种善意的、始终如一的原则所保护（在神话中，那些乐善好施的人不知道从哪里突然出现，而且他们也缺乏人格个性）。父母意象无法被建构起来，这诱发了孩子的某种持续紧张状态和某种隐隐约约的防御态度，这不具有任何能让人成长的价值，因为它没有引起任何结果。

138　**这里不存在性压抑**：但是孩子和性的第一次接触（即母亲对

他手淫来使他平静），不仅远远没有使固着发生，反而加剧了混乱状态。

卡丁纳没有把命运的作用——即可能会决定孩子日后境遇的命运——归因于这第一次性教育：他承认，在童年早期之后，父母更用心的照料原本可以缓和孩子的这些早期感受，并让孩子的行为更连贯一致：但是，孩子学习走路时父母的不鼓励、不关心，再加上那些溃疡的疼痛等等，都巩固了孩子早期行为的不连贯一致。一切都在增加孩子的焦虑，并让他相信自己处于没有希望的境地。

在如厕和奖励之间也没有建立连接：在西方教育中，括约肌训练一方面会引起各种“肛门”位置的不正，但另一方面，括约肌训练是在推崇一整套理想行为，从而产生的安全感，使一个固定价值系统的建构成为可能。在阿洛尔群岛，不存在打屁股的惩罚，也不存在肛门情欲，但也不存在价值系统；因此孩子会有被遗弃感，并且无法保持连贯性的行为。另一个后果是：对肛门的物恋被对乳房的过分强调所取代。

人们恒常对孩子做的行为只有：侮辱、嘲笑、讽刺、说谎、虚假承诺等等，这造成的结果是，孩子看到在世界里没有可以相信的东西，因而更相信无力去适应这样一个世界。他没有能力去建构一个连贯的防御系统，于是他唯一的反应就会是非理性的、暴力的、非攻击性的愤怒，这种愤怒只能表达他彻底的混乱不安，而不能带来任何能让他成长的价值。而且儿童很早就认识到自己是毫无用处的。正因如此，成人会有一种被动性、一种出于软弱的非暴力状态。

偷窃是司空见惯且被容忍的习惯。更确切地说，在人们看来，偷窃是一种充满独立自主的态度；它相当于是让“馈赠”发生了，但在这一情境里，失窃者受到的藐视取代了在真正馈赠发生时馈赠人所受到的赞颂。这是带有怀疑和藐视的行为，是童年早期的社会接触所带来的结果。在接下来的阶段，成人会对他者表现出一种既不坚定，也不连贯的攻击性。这证明，挫败本身并不足以导致一种连贯一致的攻击行为，这是由于：阿洛尔群岛居民内心深信自己毫无用处，这使他们无法拥有力量，于是长期以来形成
139 了这种行为。他们的攻击感并不强烈，这就解释了为何财务交易能够解决他们的所有分歧。此外，人们没有任何雄心壮志要去实现，只想要获得财富。

他们没有能力保持连续不断的努力，比如维持某种顺从和亲热的行为，以获得妻子的相同对待，妻子也和丈夫一样是在被遗弃感和支离破碎感里长大成人的。他们不认为自己的行为与他者的行为之间有任何关系。因此，各种实际关系以及婚姻都不稳定。

这个社会的特征是，这里完全不存在技巧性行为：一切都是非理性的。他们似乎完全没有表达他们的情感的方法（例如，他们对民族志学家颇有好感，但他们和她唯一的关系模式仍然是偷窃）。

普遍而言，由于父母没有明确的态度，因此孩子的超我不强。即使是在孩子之间，也不存在合作：年长的孩子会报复年幼的孩子。他们没有对同性父母的固着；因此没有同性恋。女孩对婚姻的反感并非源于某种男性化，而是源于对艰苦生活的恐惧。因此，对婚姻的反感与其说是与性有关的态度，不如说是一种社

会的态度。

因此，**一切都使孩子的行为变得越来越支离破碎**：逃避的态度（比如孩子们从家里逃跑）以及软弱的力比多关系在一生中都会反复出现。当男孩要进入成人生活时，没有任何过渡仪式，与此相应的是，人们从未想过要拥有参与有组织社团的权利。成为成人仅仅意味着开始参与金钱的争斗。

孩子对母亲抱有不信任的态度，这是母亲时在时不在所引发的，这种不信任态度会转移到所有女人身上。男人会表现出非常焦虑、怯懦，并且有许多障碍。这里没有强奸，离婚很常见。

对性能力和金钱的过高重视将通过外部手段来让人承认，此二者也会被用于巩固不稳定的局面。

女性对生育的态度是恐惧的。根据弗洛伊德的说法，生育的欲望源于想要逆转断奶处境的欲望，但逆转断奶处境的欲望在这里的女性身上不起作用，因为她的断奶经历过于粗暴了。这也是流产频繁发生的根源。女性在性方面的不情愿态度是由于这一切
都被视为一种失败。唯一补偿是：妻子们通过食物事宜来占据优 140
势地位，因而成为了对抗家庭瓦解的唯一因素。

这里没有社会等级制度：人们的财富状况变化迅速，这使社会地位成为某种临时性的东西。这个社会没有任何凝聚力，没有任何合作：这是一个**边缘社会**。

在卡丁纳看来，所有这些症状显然都来自于孩子早年的失望，这些失望在他成长过程中不断地重现。

卡丁纳是用一些个人简历和测试（罗夏墨迹测试）来确认他的判断的。这些简历揭示了剧烈的焦虑以及大量的压抑迹象等等，

它们证明，西方社会里的性取向远远不能巨细无遗地涵盖性障碍的所有可能性。

罗夏的 38 项测试突出地揭示了居民们的普遍不安、压抑、被动性、对平静的渴求、日复一日的无计划生活、默观和热情的缺乏，以及很容易出现的慌乱；所有这些症状都已经在别处显露出来了。

卡丁纳从他的工作中得出两项总体结论：

—— 第一，俄狄浦斯现象是与某种文化类型相联系的；

—— 第二，通过遵循某种严格的工作方法，我们有可能超越“社会学–心理学”的二元困境。

结论

1）阿洛尔群岛居民的主要特征：所有行为都**缺乏组织性**，与他者的各种情感关系都**支离破碎**。在这一群体那里观察到的各种障碍，与一些早于俄狄浦斯关系的情结相关，而且这些障碍会让人想起杰克士[①]描述的某些病人的行为，这些病人在经过传统精神分析的治疗之后并没有好转。传统精神分析的治疗让病人重新经历俄狄浦斯情境，解决那些与俄狄浦斯情境有关的冲突；但是杰克士讨论的这些病患者遭受的是婴孩期的障碍，这些障碍明显与
141 充满持续不安感的前俄狄浦斯状态有关：他们觉得必须不断确定他们与他者的情感关系是否存在，正因如此，他们无法牢固地建立真正的关系。

---

① 杰克士（G.Guex）：《遗弃型神经官能症》（*La névrose d'abandon*），法国大学出版社，1950 年。

2）卡丁纳方法的优势是能超越心理学和社会学之间常见的对立；他的方法非常重视儿童得到的整个照料，但又不会将这视为孩子日后行为的原因。在个人与其社会之间始终存在相互影响；成人给予儿童的照料被理解为儿童与他者的第一次接触，这些照料已经反映了父母的社会概念了。

其他民族志学家在不同的抚育孩子方式中寻找某种既定社会结构出现的直接原因。但这是条错路，因为两项事实（即这里的“孩子早期受到的照料”和“社会态度”）之间有关联并不证明这两项事实之间必然有因果关系：它们可能是根据另一项未知的原因而同时发生变化的。卡丁纳阐明了这种恶性循环：对世界的理解塑造了父母对待孩子的态度；这种态度又将会决定孩子施加在他们自己孩子身上的态度，就像他们的父母对待他们那样。这样一来，一种既定文化就会越来越僵化，而这种在初期原本可以被轻易打破的循环，最终会加给出身于这一文化的个人无法逃避的重负。

3）卡丁纳的构想揭示了静态社会和动态社会之间的区别。在阿洛尔群岛，我们看到了一个单调的静态社会，其静态成分随着世代更迭而愈发显著。其它社会，比如西方社会，则在其自身里蕴含着变化的胚芽。

我们看到，文化主义的方法非常灵活，它让我们能够以不教条武断的方式来解释各种社会处境。

另一个例子：美国村庄普莱恩维尔 142

卡丁纳在研究阿洛尔群岛之后，试图把他的方法应用于研究一个美国村庄，并尝试找出某种基本人格类型。这项研究颇为艰难：

1）一个美国村庄很难像一个原始社会那样被孤立研究；它属于一个更大的民族整体，并以多种方式与这个整体相连（货币、通讯、广播、选举等等）。因此，这个村庄的居民的行为在一定程度上是由一些源自国家，甚至整个世界的**刺激**所决定的。

但是，尽管确实很难在一个美国村庄的居民身上分离出纯粹地域性的关系，但尝试一下也不是不可能的。

2）一个美国村庄的社会变化远快于人们通常观察的古老社会。

但是，古老社会也会发生变化，尽管慢得多；社会学研究应该探究这个社会的图式是变动的还是静止的。

3）美国村庄的居民不是同类的（在同一座村庄里有五种宗教）；那么，还有可能找到他们的基础类型吗?

似乎是可能的：一名加尔文教徒和一名天主教徒的相似之处在于，他们都信奉结构严谨的、经历了长久的演化、并允许制定不同的教义的宗教。加尔文教徒和天主教徒与信奉阿洛尔宗教的原始人极其不同，阿洛尔宗教几乎没有被结构化，也不能经历这种长久的演化，它甚至不会在这种演化中找到意义。

卡丁纳的尝试尽管艰难，但似乎意义非凡；人们普遍地观察到一些文化特征，但没想过要把它们相互联系起来，卡丁纳则试图解释这些文化特征，并将它们系统化。

“普莱恩维尔”是卡丁纳研究的一座农村小镇（只有各种专有名字是杜撰的）；小镇位于中西部肥沃草原的边缘，一半在山上，一半在草地。人口分布在中心周围的各个农场里。这里有四类职业：农场、以本地资金建立的本地小本生意（一般都濒临破产）、
143 日工；第四类职业以移居至大城市的年轻人为代表，他们约 18 岁

出去，但通常会在日后回归。

主要特征：衣着简陋：男性不穿衬衣、不戴领带；一般穿着维修工的连体衣和帽子；女性穿着非常廉价的棉织品。

这个群体一般生活在封闭经济里：农场会生产所有必需品，居民们尽可能避免从外面购物；很少有货币（“维持基本生活的经济”，与其相对的是“货币经济”：用声誉来购买多余物品）。

不信任“外来人”，也就是不信任到村庄来的外来人；猜疑和敌意会延伸到“政府”那里：延伸到对罗斯福“新政”的态度上（在一个很少有货币的社会中，给予失业者的救助金等等不受欢迎，并且被视为奢侈）；猜疑和敌意也延伸到农业耕作技术的改良上，甚至延伸到教育上。

总体性情：保守。

社会结构：区分为平原人（贵族阶级）和山地人。这里有好几个“阶层”：少数“大”地主、大量普通农民（农民把自己称为“好的”、“诚实的”人，“每天工作”的人，“友好的”、“品质好的”、“层次更高的人”、“挺不错的人”等等）。下等阶级由山地人构成，这些人根据宗教信仰分为两个群体：修行宗教的家庭（他们自称为“更好的下等阶级”）和无神论家庭，他们被其他人称为“下等分子”或者“活得像动物的人”。

社交生活：非常有限。每逢周日，所有人都会花点钱打扮一下；老人们聚集在广场上，女人们聚集在一个大杂货店。有人尝试做一些新的社交活动，比如年轻人的舞会等等，但非常不受欢迎。

宗教：有四大教会，按照受社会尊重的程度依次为：基督教

会、卫理宗、浸信会、圣教会。有许多非信徒；参加教会是出于社会地位的考虑（除了圣教会）。除了圣教会，这几个教会都是审
144 慎、刻板的教会，有正式的礼拜。圣教会把自己视为福音派传统里唯一真正的、有生命的教会；它不受其它三家教会欢迎，因为它被认为很嘈杂、感情用事、没有“格调”。

整个宗教生活的显著特征：一个人通过“皈依”进入教会，因为他已经“被拯救了”：皈依是个人“被拯救”的标记，这个人确信自己已得到救赎。

直到 1925 年，卫理宗都一直占据最高的社会地位；这时基督教会得益于其一名成员的财务支持（建造新大楼、建立银行基金等等）上升为头号教会。具有里程碑意义的事实：自此之后，卫理宗的各种宗教聚会的格调明显降低了：聚会变得更嘈杂、也更情绪化了。

投射系统（他们的整个信仰或行为都追求一些并非直接可见的东西；宗教只是其中一部分）；卡丁纳在普莱恩维尔居民这里没有发现酒神主义（没有爵士乐，也没有舞蹈等等）。相反，他在这里发现了对电影明星（照片）的崇拜，这些明星代表着社会成功的理想形象。卓别林和米老鼠极受欢迎，这是因为，这两个人物尽管很弱小，却无意中成为了弱者的捍卫者。这两个人物都放弃了安全感和社会声誉。他俩在一个无容身之处的世界里经受贫穷、侮辱和孤独；但是他们会时不时让那个世界里有权有势的人有点自知之明——而且通常是以机智巧妙的方式。而对于普通人而言，在现代社会里，除了接受关于成功的意识形态（以及由此产生的规则）或者放弃世界，别无其它选择。卓别林和米老鼠讨人喜欢，

是因为他们是狡黠的独行者，他们为人们在社会里遭受的失败赋予了能够去进行讽刺的尊严。

普莱恩维尔居民的政治立场似乎是“世袭的”，这是他们投射系统的另一个组成部分：他们的各种见解都来自家族，并且对政治极不信任。他们大体上支持共和党，反对现状，反对罗斯福新政。

他们反对一切形式的自我肯定，反对工会运动，反对各种社会观念，反对酗酒，反对性。我们可以观察到他们那里有某种潜在的仇恨，夹杂着对那些肯定自己的人和与众不同的人的羡慕嫉妒。

儿童教育：在卡丁纳看来，教育态度与父母对待孩子的行为 145
紧密相关：这里的家庭完全是父系制的、一夫一妻制的，母亲在孩子早年占主导地位，在此之后是父亲占据主导地位。

母亲的态度：非常注意满足宝宝的各种需求，一旦宝宝哭闹，就会为他更换尿布或者给他喂食。负面后果：这种态度在孩子那里诱发了一种被动消极的适应模式；父母被认为是无所不能的，孩子的角色本身没有得到突出。正面后果：孩子有安全感。由于断奶太迟（有时在 5 至 6 岁左右），负面结果更加突出了，这让孩子总是处在最早期的童年。

如厕清洁：孩子在 15 个月到 2 岁之间被强制要求如厕，这建构了儿童最初的社会化以及最初的责任感（我们可以观察到，在美国对于清洁有时候有一种病态的喜好：广告、告示、为死者化妆。）

性的潜伏：粗暴的性压抑（出于体面，人们不会宣布订婚，也不宣布结婚）。女性的态度：无视、拒绝、被动，而这些都被视为是理所当然的。人们认为女人完全不喜欢性生活是很正常的。

我们可以观察到对这种压抑的几种反应：年轻人的集体手淫，还有其它帮派活动、惯常的下流行为等等。

人们的住所都很狭小，孩子通常和父母同住一室，成为了父母性关系的见证人，这使他能够进一步理想化母亲——忍受父亲侵入的母亲。恶性循环由此产生：孩子会以同样方式理想化他的妻子，而她也会忍受他。

普遍而言，家庭生活最大程度地实现了俄狄浦斯的一整组现象。但这里的情况仍是这样的：俄狄浦斯情结与其说是原因，不如说是这整个文化所暗含的对他者的态度的一个环节。

孩子在较晚期才会受到体罚；有一些刁难是为了让孩子们奋起反抗的。因此年轻人往往会在 18 岁左右离开。普遍而言，他们都会再回来。

这种教育的后果：超我形成得非常牢固；对父母的防御会在最大程度上向内投射，而且这会伴随着一种危机——人们会有一
146 些神经症的表现［神经症的压抑：以至于让人甚至忘记了他要压制的东西：这与对本我的有意检禁（contrôle）[①] 相反］。因此产生了频繁的焦虑、对艺术的敌意等等。这种教育系统与加尔文派基督教、清教徒的基督教休戚相关。

这一文化中的投射系统不如压抑系统强；古老宗教的许诺所带来的轻松感往往会轻易被人们对成功的崇拜所取代，被嫉妒等等所取代。但古老的压抑系统仍然非常强大，相对而言，这些轻

---

① contrôle 一词的中文翻译参考了，拉普朗什，彭大历斯：《精神分析词汇》，沈志中、王文基译，行人出版社，2000 年，第 504 页。——译者注

松感微不足道：因此，在所有西方文明中，都或多或少出现了危机状况；在这些文明里，教育是以某种宗教为基础的，它在经历宗教控制之后仍然留存了下来，并带来了某种压倒性的压抑、不可能让人获得任何轻松感的压抑。

普莱恩维尔群体的投射系统的基本方面和弱点可以用这种强烈的压抑来解释，这种压抑打碎了个人，却没有给他任何补偿。

这一分析不如对原始社会的分析那样有说服力和显而易见，这主要是因为美国人的投射系统发展得更完善微妙、更难把握。由于这个系统更复杂，而且我们对它更熟悉，因此我们往往会倾向于不将它视为一种投射，而视为一种为己的（en soi）[①] 现实，没有将它与其余现实联系起来。因为这一系统规模庞大，我们会看不见这系统背后的态度。

此外，阿洛尔社会是一个处于平衡状态的社会，而普莱恩维尔社会则处于失衡状态；当现实与投射系统之间的各种紧张关系非常有可能被释放时，平衡状态就会实现。然而普莱恩维尔这个美国村庄的居民的情况并非如此。

对另一个古老教育类型的研究：纳瓦霍人[②]

多罗西·莱顿和克莱德·克拉克翰这两位作者做了一项非精神分析式的研究，研究对象是一个美洲印第安群体：纳瓦霍人

---

① en soi 的中文翻译参考了：梅洛-庞蒂：《知觉现象学》，杨大春、张尧均、关群德译，商务印书馆，2021 年。——译者注

② 参见多罗西·莱顿、克莱德·克拉克翰：《人民的孩子》（*Children of the People*），哈佛大学出版社，1948 年。

（与霍皮印第安人位于同一地理区域，此区域与新墨西哥州东部、
147 西部和北部接壤）。这两位作者逐渐认为童年早期并没有那么重要，因为他们观察到，尽管纳瓦霍人接受了主张自由的全方位教育，但其成人仍表现出一些情感障碍。他们强调孩子在 6 至 12 岁期间所接受的教育的重要性。相比那些受精神分析启发的研究工作，这项工作似乎不那么有启发性；被观察到的各种特征并没有被整合到一个连贯一致的系统中。

研究从采访一名 12 岁女孩开始；我们主要观察到：

—— 对健康的忧虑占据主导地位，尤其关注生命和死亡问题；

—— 情感角色主要由氏族父母担任；

—— 她很少提及游戏，重要的是要完成的各种任务；她总是有事情要做；

—— 宗教以及超自然的信仰很重要，这抵消了对健康的忧虑。但是这种宗教的结构性不太强。他们的信仰之一是，有一个神圣的民族在纳瓦霍人之前就曾存在于他们的土地上，这个民族把自己的生活和卫生习惯传给了纳瓦霍人。

孩子头六年的教育：孩子非常受重视：女人渴望孩子的降临，她们每两年或三年就会生一个孩子。

怀孕期间有许多禁忌：不要打结，否则孩子出生时会有被勒死的风险；为了分娩正常，不要把被子反着放；不要看日月蚀（否则孩子会发疯或者患上斜视）；也不要提前准备摇篮。这一整套禁忌都显示了与分娩有关的恐惧。

女人在怀孕期间会有不适，在分娩时会慌乱不安，这些证明，

“原始社会的女性分娩没有痛苦”是一种虚构的说法。母亲的死亡率极高。当分娩延迟时，所有人都会松开他们的头发，动物也会被松开系绳。

女人分娩后，人们会把胎盘埋在地下（精神分析的诠释：对孩子有敌意），脐带也会被埋掉；所有弄脏的衣物都会被烧掉。新生儿被沐浴，然后，水会被小心地倒掉（围绕分娩的一切都被理解为是不洁的）。同样，仿佛为了让分娩的所有生物迹象都消失、为了表现重塑这个孩子的意愿，人们会揉一揉孩子，孩子的第一缕头发会被烧掉，而且他的第一顿膳食会是小麦糊（母亲的初乳 143
被视为是不好的）。

孩子直到出生后四个星期才得到名字。同样，他的第一个摇篮是临时的。摇篮是一件有价值的物件，在社会生活里扮演着重要角色。正如我们所说的那样，第一个摇篮是临时的，由一块木板制成；第二个摇篮则是永久的，由两块倾斜的木板制成，而且装饰有许多饰品（饰品根据性别而不同，但都具有真正的艺术价值）。

孩子被紧紧包裹，并被牢固地固定在摇篮里，不能动弹；纳瓦霍人认为，孩子如果不这样被固定，就会一直处于极其虚弱的状态。原则上，我们认为，这种姿势会束缚孩子在运动方面的成长。但这似乎有利于儿童在非常早期就融入其环境中：孩子被牢固地束缚在摇篮，这样他可以站立起来，与其他人一样处于直立状态，因此他很早就能够参与到周遭的生活中了。孩子似乎并没有感受到缺乏自由的痛苦；尽管他的肌肉没有得到锻炼，但不同的平衡状态以及保持站立姿势的习惯却有利于发展行走能力（行走更多地取决于功能的协调以及神经系统，而非肌肉）。在孩子6个月左右，人们开始把他解开。

事实上，纳瓦霍儿童和其他儿童学习走路的年龄几乎相同。因此作者认为，在特定背景下，这种类型的父母照料是可以接受的。

此外，孩子是成人持续关注的对象；孩子一尿湿，母亲就会停下手里的活儿，孩子一哭，母亲就给他喂奶哄他入睡；

——第一次微笑具有重大意义：父母会把这消息告诉朋友们；

——孩子从走路开始，往往就会极其残酷地对待动物；这种态度是成人容许的。

孩子的态度：孩子的态度以信任以及被动性为特征。由于成人不会对他行使权威，所以他从来不觉得成人属于另一个世界、
149 一个强势的世界、一个他要去加入的世界。没有内投射。而且成人也完全缺乏权威感；没有首领。

用禁令和惩罚来进行教育的系统，被一种通过现实来进行教育的系统所取代；各种威胁所预告的都是超自然的惩罚，而不是父母的意愿。父母从不扮演立法者的角色。

如厕清洁：孩子会被强制要求遵守如厕清洁的以及礼仪的规则，但这始终都是以温和的方式进行的，是在孩子学会讲话时实施的；孩子的母亲会向他解释这些规则。

食物：孩子想吃什么、在什么时候吃，都以其所愿。他喝茶和咖啡（这两者至少具有一个好处：它们是煮沸的饮料）。断奶发

生在 18 个月和 2 岁之间；但从 6 个月开始，人们就会试图让孩子吃固体食物。正如其它纪律那样，断奶是逐渐进行的，而且非常温和。母亲会离开几天，并且会就此提前告知孩子。尽管有各种预防措施，但断奶似乎仍然成了一个关键期；在此期间孩子会变得任性、紧张；男孩似乎比女孩更受打击。

人们注意到孩子对新生儿的嫉妒极其强烈（一般来说是在刚刚断奶之后）。在这时，所有困难都开始了：孩子往往会剧烈地拒绝母亲之外的某位女人；但孩子似乎对母亲没有明显的怨恨。怨恨更多地是被转移到了兄弟姐妹身上。最年幼孩子的人格似乎更稳定。

——幼儿死亡率极高：1941 年，6 岁以下儿童的死亡率为 57%。

融入文化：孩子在 6 岁左右也开始有了父母的各种恐惧，他会观看各种巫术仪式；对于父母之中让人害怕的那一位，他会与父母中的另一位一同做出防备（每个家庭里都总会有一位让人害怕的父母）。

概述：孩子从来不觉得人们会强加给他一个外在于他的意愿。即使是括约肌训练，孩子也觉得这是保护而非约束。人们没有对成功的痴迷，不会强制要求任何准则规范：人们没有要去获得成功的理想，也没有这样一种观念——父母有某种超然地位，而孩子应该去把这种地位占为己有。

从 6 岁到青春期：儿童在早年接受温和的教育，之后就突然 150
就要开始参与成人的各种活计了，这两者之间有着非常惊人的不同。自 6 岁起，儿童已经开始融入其社会中各种更为复杂的群体了。这个社会具有一系列非常刻板的文化体系，这些体系规定了个人与家庭成员之间的各种关系。根据不同亲属关系有不同的语言（他们与白人的关系中存在障碍，恰恰是因为他们传统上没有处理这种关系的语言和态度）。

负责惩训的人是叔叔；兄弟之间的关系中有很多禁忌。

—— 父母的变更：一千名研究对象之中，仅有十分之四的人从出生到成年生活都有同样的父母。其常见的原因有：母亲早年过世或离婚（父亲常常因为各种事务或者因为给白人打工而不在；因而父亲被继父取代不会引起创伤。新丈夫也与前夫一样常常不在，他也总是和孩子们很亲热）。

—— 与父母的各种关系：孩子非常依恋他的所有亲属和亲戚。他的情感不仅仅集中在父母身上；另外，“母亲”这一名称不只用来称呼真正的母亲。

大人没有在孩子身上行使道德权威的习惯。成人与孩子的关系不如童年早期那么亲密（他们会在晚饭后聚在一起，这个时候孩子必须安静地听大人为他讲的各种道德故事）。

孩子似乎没有负罪感，他更多地是会在所有人面前感受到某种弥漫开来的羞耻感。在各个西方社会里，负罪感来自于孩子对父母准则进行的内投射。纳瓦霍人似乎没有道德责任感（在一桩官司的过程中，我们可以看到罪犯与受害者一起开玩笑）。

—— 不均衡的压抑：性压抑只针对兄弟姐妹，除此之外，在其它地方并不突出。但母亲很早就会告知女儿们她们未来会担当妻子，而且同时会着重强调性生活起始时有什么样的可怕之处。

对于尿床和梦游的孩子，大人的反应激烈严厉。

—— 这一时期的各种训练手段与年幼时相比要剧烈得多，这些手段旨在让年轻人更加顽强。

—— 游戏：他们很少组织游戏（鬼脸比赛、辨认星座、搏斗、 151
跳舞、唱歌）。

—— 白人的学校。纳瓦霍儿童很难适应白人学校，原因有二：1）他们没有竞争和排名的观念；2）与白人没有明确的关系，这让他们感到尴尬局促。他们相当紧张不安地回到村子里。在与白人接触时，另一个冲突出现在他们自己的信仰和基督教之间。人们认为那些要继续学业的孩子，在村里不可能有任何出路（例如，一个纳瓦霍人成为了医生，但不能在村里执业）。

成人生活：身体上的成熟意味着社会意义上的成年。与西方社会相反，女孩的成年是由一场宴会来认可的，而婚姻（因为婚姻被视为是不可回避的）不会被事先公布。婚姻由客观条件、财务状况以及家庭地位所决定，而不由感情的选择所决定。夫妻双方仍将自己视为其出身氏族的一员；男人行使家庭首领的权力，女人忙于家畜，而且对于与此有关的事情，她会更愿意听取她父亲而不是她丈夫的意见。妻子们颇有声望：她们比丈夫更稳重、更认真，她们的丈夫会就其各种事务征求她们的意见。

如上文所述，配偶的稳定性极低：三分之一的女性、四分之一的男性会离婚。人们会再婚达六到七次；有一半的离婚发生在第一年，三分之一发生在第二年；在结婚三年之后，夫妻分开的情况就比较少见了。离婚程序非常简单。离婚后，两个家庭通常对彼此有诸多不满，这往往会阻碍两家之间有新的联姻。

人们的情感生活似乎不稳定；人们在与性有关的问题上常常会有不和，但是性无能和性冷淡很少见。在过去，曾经有过几名打扮成女人的同性恋者。

这里的谈话非常自由，女性像男性一样对与性有关的问题感兴趣。但有数种迹象表明他们有一些潜在困难：母亲所引起的性关系的阴暗画面、性嫉妒、暴力、禁忌以及月经前后的净礼。

152 纳瓦霍人相信，一个男人看了女人的性器官，就会被雷击中，配偶之间要贞洁（人们会在昏暗中发生性关系，配偶两人都穿的相当多；夫妻要在婚姻的头四天夜间守贞节，关系相当疏离）。总体而言，他们似乎把性看成是可敬的力量，但也是可怕的力量。

老年和死亡：人们对老人相当反感，老人是唯一会对小孩子进行约束的成人。

死亡被视为是恐怖的；没有“冥界”的概念。这种厌恶在葬礼中表现了出来，人们很乐意将葬礼托付给白人，或者托付给为办葬礼而“租来的”亲戚。死者必须从北面离开房屋（如果有必要，人们会凿墙开洞）；在几小时内，任何人都不能在死者经过的路上穿行。那些被闪电击中致死的人，都被留在原处。

总结：村庄就其外观而言，平静、沉默、和谐。紧张关系表现在巫术以及与巫术师的斗争之中。

最主要的心理特征是：好奇，对世界上发生的一切都有浓厚的兴趣，甚至是对战争的意识形态原因 。在纳瓦霍人和普韦布洛斯群岛的印第安人之间，有一种非常惊人的区别，普韦布洛斯群岛的印第安人更有秩序，居所更稳定，但是他们的兴趣仅限于他们自己的事务。

纳瓦霍人的另外一个性格特征是：害羞；他们害怕显得缺钱，他们说英语时从不会承认没有听懂；他们甚至有一些礼貌准则是为了避免让客人感到局促：要假装没有注意到客人。还有一点值得注意，他们模糊化个人的东西：就像许多农村人那样，他们不表达任何明确的见解（他们会说："也许"、"似乎"、"据说"）。

还要注意，对他们而言，时间的流动性（"立即"）是不具意义的。他们对日期的记忆很差；相反，对各种事件之间的顺序和关系，他们记得很清楚。

他们性情多变，有热烈的情感，但也会有抑郁及自我封闭。自杀经常发生（比如：被丈夫离弃的妻子；有时是为了避免入狱）：男女自杀比率为十比一。

作者把他们对纳瓦霍儿童的观察与一些测试结果进行了对比： 153

1）格蕾丝·亚瑟的等级测试以及古德因纳芙的绘画测试。两者的结果不一致：在格蕾丝·亚瑟的测试中，纳瓦霍儿童的测试结果达不到白人学生的平均值；相反，在古德因纳芙测试中，人们发现纳瓦霍儿童中有天赋的孩子的比例更高。作者认为这种不一致的原因是，格蕾丝·亚瑟测试更多地是衡量"受过训练的"智力，而非"天生的"智力（那些在学校附近的村庄里，成功的比率会更高，尤其是当这所学校已经处在那儿很久的情况下）。古德因纳芙测试的结果十分惊人（比白人孩子高出 3 至 4 倍），其原因可能是，纳瓦霍教育在本质上是一种实践教育，锻炼了手工的灵巧性以及视觉智力。

2）衡量情感反应和道德反应的一系列测试。害怕是纳瓦霍儿童最重要的感情（而在白人儿童那里，害怕只排到第三或第四位）。各种道德反应揭示了财产、家庭、超自然的东西以及所有劳动的重要性，也揭示了他们缺乏雄心。

3）投射测试（自由绘画、主题统觉及罗夏墨迹测试）；普遍而言，纳瓦霍儿童的回答都很贫乏，没有经过精心构思，其想象力会在8岁左右充分展现出来，在11岁左右就消失了。

评注：

1）研究的协调性不足。缺乏联系。没有整体的诠释，而且许多特征都不一致。

2）作者在最后通过几项总体论述来阐明他们研究的意义。用抚育孩子的方式来对各种心理特征做出的解释不应被视为终极解释。

应该着重思考纳瓦霍人的历史：他们最初是游牧者，在引入土地耕作之后定居了下来，在引入羊群畜牧之后又重新成为游牧者（他们“跟随着家畜群”）。他们的生活方式与他们的经济紧密相连，这对于理解当今纳瓦霍人的人格是必不可少的。

154 作者们通过下页图表明，父母的照料不能被视为一项可被割离的人格因素，相反，父母的照料是历史、生活样态以及父母人格的一部分：给予的照料父母给予孩子的照料类型并不表现为人格的“原因”，而是表现为一种传承文化的载体、工具。

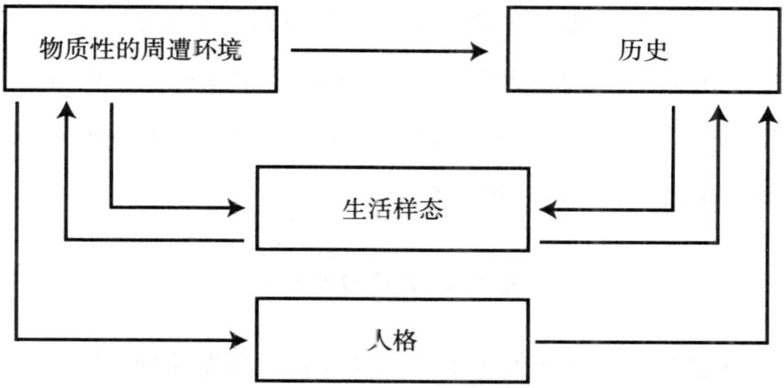

这是一种有意义的理解，它指出，一种既定文化是由形成系统的多种要素所形成的，每项要素都带有整个系统的标记，并会反过来影响其它要素。在这种构想里，生活样态被视为核心现象，它通过环境状况的诸多现象被传给了孩子。

社会计量学

参考书目

莫雷诺：《谁会活下来？》（*Who shall survive*），“研究人际关系的一种新进路”（Une nouvelle approche des relations interhumanies）；《社会计量学基础》（*Fondements de la sociométrie*），法国大学出版社，1954年。

——《心理剧》（*Psychodrama*），第一卷，第一版，灯塔出版社，纽约，1932年。

发表在《社会学国际手册》的文章。

莫雷诺：《心理学中的社会计量学方法》（*Méthodes sociométriques en psychologie*），第二卷，1947年。

——《实验方法、社会计量学以及马克思主义》(*Méthode expérimentale, sociométrie et marxisme*)，第六卷，1949 年。

古尔维奇:《微观社会学和社会计量学》(*Microsociologie et sociométrie*)，第三卷，1947 年。

155 **关于心理剧的专论:**

莫雷诺和莫雷诺(女士):“儿童成长的自发性理论”(*La théorie de la spontanéité dans la développement de l'enfant*)(第 8 号)。

斯特罗布斯:“学校里的心理剧”(*Psychodrama in the schools*)(第 10 号)。

莫雷诺:“心理剧和治疗性的动作影片”(*Psychodrama and therapeutic motion pictures*)(Ps.M. 第 11 号)。

这三篇文章被汇集在上文引用的《心理剧》(第一卷)里。

莫雷诺的思想有双重来源，精神分析和马克思主义。

精神分析的来源

起点如下：莫雷诺是维也纳的一名医生，他为一位女演员做治疗，她在此之前都非常稳重，却突然对她丈夫表现出暴力行为。莫雷诺建议她去扮演一些泼妇角色；在这些角色里，她消耗掉了她的紧张不安，并在家里重新变得平静。

于是莫雷诺对这种方法进行扩展，构思出**心理剧**：循序渐进地创造一些处境，让患者的各种冲突可以在其中得到表达。这种对于深层冲突的展现是个人的一种**全面表达**(态度及行为)，比精神分析的表达（即只有口头表达）更加全面。

但是心理剧创造了一个个人的、假想的处境。为了克服这两项弊端，莫雷诺拓宽了他的方法：创造社会剧来超出个人处境，创造一些普遍处境，并测试个人在面对最普遍问题时的态度。另一方面，社会计量学力图考察各种真实处境（关于群体构成、选择、反感等等的系列调查）。

到目前为止，社会计量学的调查结果都还相当不完整，它们主要揭示了，根据不同的预计处境（工作、游戏、生活），搭档们的选择会有所不同。

社会剧正在发展之中。在纽约有一个公开的社会剧场，每周活动一次。1950 年，他们做的是对各种世界局面进行戏剧化处理，以探究人们在面对这些问题时的各种不同态度（这些场次当然是即兴的）。

马克思主义的来源 156

人们可以把“托洛茨基式的”和“斯大林式的”的马克思主义细分开来。托洛茨基主义强调阶级的动力，也就是强调各种意识之间的关系，这些关系作为一种自发性的历史而施展其建构作用，这些关系也是政党自愿行动的一种调节机制。事实上，斯大林主义承认政治行动不能靠群众的自发感觉来引导方向，因为，政治行动若要达到其目的，就必须经历一些阶段——社会主义政治在其中并不总是显而易见的阶段。这些“弯路”必然要求加强内部纪律。

莫雷诺的各种构想来自“托洛茨基式的”马克思主义。存在着对经济条件的社会动力的客观马克思主义分析，它揭示了该社会动力在阶级意识里所表现出来的那个样子。事实上，大部分马克思主义者都表现得仿佛他们已经学会了客观和主观的分析。莫雷诺提议，借助一种直接调查的方法，以在场的方式继续研究各种社会张力。原则上来说，这样一项研究延伸、细化和具体化了传统的马克思主义分析。

莫雷诺思想的双重来源（精神分析和马克思主义）与文化主义的双重来源相同。但是莫雷诺更为主观化。文化主义者强调表现在一个既定社会的各种建制和工具中的“客观精神”；与文化主义相反，莫雷诺不满足于强调主观进路，而是倾向于将所有建制视为“罐头”（conserves）——主体的内部生活并没有在其中表达出来的这些“罐头”。他要考察各种态度，并想把握以孕育状态存在于每个人的意识中的社会精神。莫雷诺的方法可能是一种极好的辅助交叉印证手段，但是它肯定不足以（如他所计划的那样）成为唯一的探究方法。

社会学意义上的定位：社会计量学

A）有重要意义的观点

社会计量学与孔德和穆勒所理解的社会学实验方法相反。这
157 两位作者曾经尝试将自然科学的方法体系化。不过，他们即使成功了，他们的方案也不适用于人文科学，因为人文科学是这样一种科学：在这种科学里，学者无论是在事实上还是原则上都不能将自己排除在外。穆勒表明了科学知识为何必须包含一种严格的

归纳法（这涉及各种经典的关系概念，它们提供了客观的因果关系，提供了这样一种科学：这种科学能够是物理世界中所发生事物的纯粹而简单的反映）。这样一种标准不能应用于社会科学。

布伦施威克非常正确地指出，即使两个事实总是同时发生，也不足以让我们有权用一个定律将两者联系起来。如果遵从这一准则，我们就要接受那些完全是空想出来的因果律。各种事实之间的关系必定是可理解的。在物理学（戴维对钾的电解）中，许多同时发生的现象都不构成为定律。更何况，在各种人文科学中，事实之间的关系必须要被理解。某些仅仅只是同时发生的现象，可能会带来一些幻想的结论（例如，仅仅注意到一种流行病和一次经济危机同时发生是不够的；其中一者是由另一者导致的吗？还是这两者都取决于另一事实，比如，作为研究对象的群体的心理状态？）。

因此，莫雷诺反对仅仅外在地通向社会事实的进路，而用内在的方法来取代它。问题不是在于要重建内省，而是要通过生活在社会里、通过参与社会来认识社会。对任何社会，他都区分了官方的、外显的历史和组成社会的个人实际亲历的历史。人们在这一点上看到莫雷诺思想的马克思主义来源。根据他的观点，我们必须进入到社会的动力中，才能理解那些推动了一个政体生命的潜在冲突。马克思第一个提出了“深度社会学”的各项原则。根据莫雷诺的观点，我们必须唤醒社会自发性；真正的历史，是人们亲历的历史。他补充道，我们无法在不改造一个社会（即主动地涉入进去）的情况下认识这个社会：“一个人不能既是群体的一员，同时又是实验方法的秘密代理人”。

可以说，莫雷诺的方法是一种苏格拉底式的方法，这样说的意思在于，每个人都会被问及他所接触的现实。莫雷诺呼吁我们认识到证明方法与发现方法之间的紧密联系；我们不能把那种与发现社会事实（也就是社会参与）的模式毫不相关的证明模式
158 强加给社会心理学；社会学只有通过遵循“主观-客观”的方法（这一想法可以在一些法国社会学家的思想里找到，尤其是在莫斯那里），才能成为真正客观的，也就是说，才能忠实于它的对象——人类社会。但是莫雷诺在以下几点上引起了批评：个别概念的模棱两可；完全忽视建制历史和客观进路的倾向，而客观进路原本是应该作为“主观”分析的对照检验和交叉印证来发挥作用的。

B）莫雷诺概念的不足之处

a）**社会角色**：无产者、有产者都是显示一个社会的特征的“基础人格”。莫雷诺没有赋予他的各个概念这种文化主义的意义。他把一个社会中一切没有生命的、一切作为类存在的东西都视为“罐头”（取该词在食物方面的含义），正是因此，他会认不出一个生命的各种冲突里可能是典型的东西，会将此类典型处境视为是次生的，并承认这类典型处境不会带来特殊的问题。对他而言，不存在社会主义意义上的“无产阶级”的问题，而只存在“社会计量学的无产阶级”（所有对社会及其处境不满的人）的问题。这种将经济处境消融于个人处境里的方式，其实并不是莫雷诺的原则所必需的。这种方式的弊端在于，它假设没有客观剧，而只有非个人剧，另外，这也与莫雷诺所持的关于社会主义（区别于心

理剧的社会主义）的观念相矛盾。他甚至声称，如果心理剧在欧洲广为流传，我们就能避免法西斯主义。他倾向于过度限制“角色”概念。相反，马克思则表明，存在一些只有通过分析阶级动态的各种客观因素才能被理解的历史角色（1789年的资产阶级革命承续扮演了罗马共和国的角色）。

b）**剩余价值**：我们知道资本主义经济现实的这个要素的马克
思主义定义。根据莫雷诺的说法，剩余价值是存在于所有社会里
的一种趋势的一个个例。他认为，存在着一种对所有劳动进行征
税的自然倾向；即使资本主义本身被超越了，剩余价值也会存
在。这一假设应被仔细研究；但是，即使这个假设被证实了，我 159
们也绝不能由此得出结论说：资本主义的剩余价值不是历史剧里
的一个重要因素。如下这种想法有些天真：社会问题可以在社会
计量学的微小革命所导致的结构中（在每件事情中，通过社会计
量学来减轻各种内部张力）得到解决。

我们比较一下马克思和莫雷诺的“角色”概念。在马克思看来，任何历史事件都会上演两次：一次以悲剧的色调，另一次以喜剧的色调（拿破仑一世、拿破仑三世，后者靠前者的战利品生活，没有创造任何实质的东西）。在马克思看来，无产者恰恰是不担任任何角色的人；他在身体上和心理上都被摧毁了；他从普遍历史中浮现出来，并借此使纯粹的、不带伪装、不带假面的人显露出来。他的角色不是假想的，而是人类的全部真理。这样一来，马克思就把某种人的处境（带有假面的资产阶级的处境）与各种历史人物的冒名顶替的骗局联系在了一起。相反，莫雷诺认为，整个社会都只不过是角色和“罐头”。由此可见，马克思的分析有

一种莫雷诺的分析所缺乏的深度。即使人们怀疑无产阶级完成其历史使命的能力，也不能像莫雷诺那样把整个社会历史都先验地限制在表征和想象的领域里。

c）**另一个富有争议的想法**[①]：最初，根据莫雷诺的说法，社会原子是个人的一整组具有典型特征的社会关系。但是莫雷诺在别处表示："社会原子不是个人"，而是最简单的、复合程度最低的社会形式。然而，在另一处，他又认为，群体仅仅是一种隐喻，它只靠自身而存在。或许是由于社会计量学的各种基本概念的不确定性，到目前为止所进行的社会计量学调查仍很有限：这些研究远没有穷尽我们要去认识的各种社会处境。

到目前为止，莫雷诺只对一些人为的、短暂的社会感兴趣（一所大学、一所大学里的一个班级），只对个人的各种情感关系进行了测定。最好要扩大调查的应用场域，考察一些真实的、持久的、具有历史的社会，那些不满足于作为事实而存在，而是带有某种自我形象的社会。

160

精神分析学意义上的定位

莫雷诺对弗洛伊德相当苛刻。他与弗洛伊德的第一次见面是在 1912 年的维也纳。然而，他仍意识到他的哪些想法应该归功于弗洛伊德，此外，他还对弗洛伊德的各种理论概念做了一些重要修正。我们将从以下两方面思考这些修正：

---

① 参见古尔维奇：《社会学国际手册》（*Cahiers internationaux de Sociologie*）。

——童年（童年里的自发性）；

——这些构思在心理剧里引起的结果。

他强调“自发性”因素，这是各组测试都没有考虑到的。当处于全新处境中的个人找到新的适应的会应时，这个因素就突显出来了。莫雷诺不是从动物或者病患者的角度来看待儿童的，而是从儿童朝向他所试图达至的成人真理的定向来看待儿童的。

他以如下这种方式看待人出生时的处境：人类的出生是早产的，因为孩子不太有生活能力，他能活下来几乎是一个“奇迹”。根据莫雷诺的看法，自发性因素从一出生就开始发生作用了，生理成熟度不足以解释一切。自发性作为一种展望性因素，是一种功能性视角，这种视角应该优先于解剖学视角。

新生儿的处境类似于处于心理剧中的成人的处境（相同的窒息：自发的反应）。儿童有一些身体的启动装置和心智的启动装置，这些都是从周围亲近之人那里获得的。

身体的所有启动装置都受心智启动装置的影响。父母的照料深刻影响着身体的启动装置（如我们上文所说的吃奶）。启动装置运作的前提条件是孩子面对母亲所做出的适应和调整（如给孩子喂乳的方式——母亲抱孩子的方式——奶瓶的倾斜角度——母亲的仓促或平静等等）。某些特质，比如孩子贪吃，可能是由于孩子 16
尚未完成与母亲的根本统一，于是他把他的身体仅仅认同为其口腔功能了。

因此，孩子从他周围的一切里（尤其是在母亲那里）找到了一些“辅助性自我”。在他周围生活的人都与他共存。莫雷诺把这个整体称为“社会胎盘”或者“身份母基”。母亲具有双重角色：

帮助孩子、引导孩子。莫雷诺认为我们甚至不应该谈论认同，就好像分离是第一位的：其实身份才是最首要的。

根据莫雷诺的观点，我们不应该跟随某些作者认为孩子的这种从属是一种缺陷，不应该认为“早产”对孩子来说是一种残疾；实际上，“早产”已经把孩子“投掷”到各种人际关系中了，可以说，这些关系将会使孩子热切向往更高等的发展形态。孩子必须尽可能与活生生的环境接触。莫雷诺谴责过度使用洋娃娃和现代设备来代替母亲：它们不能满足孩子的情感需求；它们对他的“成长”没有贡献。“自发性诱发自发性”。

根据儿童最初成长的图式，莫雷诺批评了弗洛伊德的某些概念：儿童早年的遗忘症可能并不是抑制的后果。这种机制在幼儿阶段并不存在。成人有记住一些东西的经历（即回到过去）；这对儿童来说是断不可能的，因为记住某些东西的前提条件是与事物之间的距离，而事实上，这种距离在儿童那里是不存在的。如果没有记住过一些东西，那么就更没有对各种记忆的抑制了；儿童无法记忆，恰恰是因为他没有与物分离。

在儿童那里，分离是后来发生的；分离在最初的统一之后才到来；分离以想象与真实分化的形式出现，它出现时自我中心主义消失了。（心理剧的角色将试图重建想象与真实的统一，并试图回到初始的自发性。）

莫雷诺认为，精神分析在接触过儿童心理学之后，就应该修正其概念（无意识、记忆、抑制）。方法本身已经改变了（游戏、绘画、自发的宣泄取代了自由联想，口头表达不再是不可或缺的了）。莫雷诺将精神分析应用于儿童的方法扩展至成人，并通过心

理剧设想出了通过行动来进行的宣泄。（这与波利策的构想一致，162
波利策认为，“矛盾体验”概念应该取代“无意识”概念。）对莫雷诺来说，精神分析是回顾性的。然而一个主体的生活不仅仅是通过其各种起源来被理解的；个人被呈现给他的东西所吸引，正是因此，个人常常会做出这样一些行为——这些行为比人们原本认为他有能力做到的更具适应性。

莫雷诺提出与弗洛伊德相对立的想法，其想法并不是某种无条件的自由，而是人在某些时刻能通过处境而习得和更新的可能性：自发性是能够即兴扮演一个角色来回应新处境的能力。过去的各种行为建构了一些行动图式、一些“罐头”，每当主体在一个处境里避开那些全新的东西时，这些行动图式和“罐头”就有机会再现。因此，并不是像柏格森所希望的那样，每一时刻都有新东西。但也不能通过过去来获得某种全然透彻的解释。自发性就像是一种“催化剂”。它的出现改变了我们的行为，而且使其对任何处境的新面向都不敏感。在莫雷诺看来，人们所称为“倾向”的东西，就是“罐头里的自发性”。在生命的过程中，存在一些重复的时刻（人们靠“罐头”生存）。

心理剧的目的是唤醒自发性，让自发性重新活跃起来，以及恢复个人的本能感；我们必须为个人“去掉罐头”。这就是为什么莫雷诺对任何“成品”（作品、书籍等等）都颇有敌意。治疗性戏剧的目的是恢复想象和真实之间的原初统一。它不应该模仿生活，但它又不处于另一个层面上；个人把他那些与生命关系最密切的忧虑都转移到想象层面；个人在想象层面传达他最致命的不安，这样他就可以通过幽默的自我扩张的方法来明确表达它们，并脱离其自发性的阻滞将他禁闭在其中的绝境。通过某种感应效应，每个人身上自发性的觉醒会在其他人身上引起自发性的觉醒，而且各种冲突会通过各主体彼此间的交互行动而得到解决。

游戏必须是即兴的：任何既定角色都不应束缚人们在心理剧里的选择。莫雷诺批评了斯坦尼斯拉夫斯基的构想，按照斯坦尼斯拉夫斯基的构想，演员与剧场内观众之间的水乳交融是不足够的。仍然还有台词束缚着自发性。然而心理剧并不是反艺术的。其功能并不是“产生艺术作品”。但是它也许会使艺术的新生成为可能（“在我们之后，会有诗歌”）。我们的文化过于重视杰作，这使作家自己陷入了麻痹。

163 概述莫雷诺的实践

莫雷诺提出了一系列练习来为个人“去掉罐头”：

1. 通过分享想象来**放松**，例如“口头报纸”。让人们表演他们刚刚在报纸上读到的东西；这种表演方式很有说服力，但其追求的目标仍是肤浅的。

2. **职业训练**：凭空勾画出与某种职业、某种工作等等相符的各种举动。

3. **学习外语**：被试者被置于一些新的处境里，并被强制要求用他刚学的外语来把这些处境表演出来。

4. **自发性测试**：个人在一部心理剧的进行过程中参与进来，开始接受测试。根据莫雷诺的说法，这种操作让我们得以区分，假的自发性：表面上轻松自在，在试验前能带有攻击性地侃侃而谈，而一旦进入心理剧，这些就消失了；真正的自发性：以真正自发性来行事的人对各种角色会有很强的适应能力，甚至对那些在他而言是全新的角色。

1）再训练的技巧；

2）人际分析；

3）确切意义上的心理剧（通过双方相互的行动来进行的治疗法）；

4）社会剧。

A）再训练的技巧

a）不完全的短剧：它们使我们得以对心理现象进行新的探究，也能把个人再训练得具有自发性。它们很有好处，尤其是对儿童来说。根据莫雷诺的说法，对某些角色的偏好，是一种发现个人倾向的极好手段。通过儿童可以承担的角色数量，莫雷诺构想了儿童的“文化年龄”这个概念。儿童接受一种问卷调查（他们认为最有趣的职业清单）：以这种方式挑选出 30 至 40 个角色。他们被要求扮演某些角色，或者指出他们不愿意担任的角色。

智商更高的儿童往往表现得没有能力扮演很多角色；他们表 164
现得没有多少自发性，或者有时表现出一种“误导性的自发性”（儿童面对明确的问题时，找不到合适的回答）。相反，其他没那么聪明的儿童却能够以非常连贯一致的方式承担一些角色。某些非常聪明的儿童会繁琐地将他们表演中的某些片断戏剧化，但不能把他们的角色保持到最后。表演中的智力和灵活性不是必然有关联的。

通过评估一个人有能力扮演的角色，我们可以预见儿童之中哪些人会发生冲突，哪些人会易于相处。那些只打算扮演一两个角色的孩子较少发生冲突。我们还看到某些孩子会选择一些与他们的经历相去甚远的角色（比如，邮递员、公共汽车司机）。莫雷诺认为，这是因为那些最熟悉的行为（父亲、母亲）尚未成为“角色”，因此不太可能被扮演：因此这些孩子尚未进入“身份母基”。

探究内容还包括成人被试者的经验。两位被试者，丈夫和妻子，假定身处他们的客厅。指导告诉他们：饭厅着火了，而且他们的宝宝正睡在那里。实验者观察他们的行为；实验者通过附加一些因素使这个处境变得更复杂：门打不开、电话响了等等。他们的反应是对他们个人生活态度的测试。但是莫雷诺认为，这些操作并不能勾勒所有人；他提议进行一种更深入的调查：例如，一位妻子得知她丈夫想离婚，以便与另一个女人结婚。

1）某些被试者给予正面积极的回应：一个哲学家式的微笑——出于一些原则性原因而接受这个处境——接受，但是声明自己已经爱上了另一个男人——接受，但条件是要与这另一个女人见面——接受，但需要时间去适应这一状况——接受，而且表白说会爱他到永远——接受，并且提议给他某种财务支援，让他能够再婚——要求拥有孩子的唯一监护权——从保险里受益——接受，但是随后立即自杀——把公寓占为己有；

165 2）负面消极的回应：她将要有孩子了——她爱他，而且不想和他分开——如果他离开她，她将会很无助——由于一直与他一起生活，她患了病——她想要与另一个女人战斗来留住她丈夫。

b）**完整的短剧**：莫雷诺通过一些练习，成功地在口吃者身上实践了完整短剧，这些练习旨在重新开发、重新开动自发性之中他们能够保持下去的东西：口吃者必须演出一些场景，在其中他们不说话，只发出一些任意音节。这些练习的目的是要解放整个口语器官，因为当口吃者要清晰说出语言时，整个口语器官是被阻断的。

莫雷诺还给出了一位抽搐者（左半边脸会挛缩）的例子；他要求抽搐者把身体和灵魂都投入到一个攻击者的角色中去，从而让其摆脱了病情。这个被试者在过去的生活里总是被捉弄，每当他的脸被照亮时，抽搐就会出现；这是害怕他者目光的定式表达。攻击者的积极角色解放了他的自发性。

B）人际分析

莫雷诺调解一个三角关系的婚姻：这些当事人在家接受治疗。他面对的是三个人所共有的神经官能症——这并不是三个平行的神经官能症，而是三个人共有的同一个困境。一个已婚男人爱上了另一个女人；他们三人都非常焦虑，而且找不到问题的出路。这位妻子在二十年的婚姻中育有五个孩子，她失眠，有点歇斯底里，想自杀，她想回到最初的状态，而不是适应或者修复当前的状况。这位丈夫工作繁忙，看不到任何解决方案，这是因为，他既与妻子关系疏远，同时，与第三者的关系也困难重重，因为第三者的家人反对他们结婚：他有自杀的念头。

莫雷诺让他感受他妻子心里到底发生着什么，而他对此毫无头绪。医生为夫妻双方轮流安排治疗场次，每一方都试图以自己的立场拉拢医生。莫雷诺意识到，他正在处理一项人际关系、一种镜像现象，他必须通过让他的对话者重新相互见到对方，来试图促使他们的情感趋于一致。

另一个女人也很不幸，因为她与这位丈夫只有书信往来的关系；状况陷入僵局。

于是莫雷诺引导这位妻子清楚理解她对丈夫的依恋：她爱他，因为他是“她的”丈夫，因为他是她的孩子们的父亲；他们的关
166 系完全是社会性的。孩子站在母亲这边，这更加剧了丈夫的敌意；这位父亲对他的妻子的确还有一点感情。但是这个局面变得让人难以承受了。当这位妻子理解了她对丈夫的依恋的本质时，便同意离婚了。

莫雷诺声称，在这里不需要弗洛伊德式的移情；在莫雷诺看来，让病人产生移情，并不是要置身事外，而只是要隐蔽行事。根据他的说法，“移情”是对不具人格的态度的重新结构化，它既不仅仅发生在患者与医生之间，也不主要发生在患者与医生之间。这是患者的各种“远程关系”在发生变化，在这种变化中，无论医生多么积极主动，都只扮演催化剂的角色。相反，在传统精神分析里，医生一边假装不积极主动干预，一边又恰恰由于他全知观察者的态度而产生了过多影响。

C）心理-戏剧的疗法

典型的观察：罗伯特承认自己患有一种焦虑性神经官能症；实验者让他描述随便一个处境里的父亲。他通常把自己认同为他的父亲。的确，在家里，这个男孩始终都站在父亲一边，他会模仿父亲的那些他所熟知的想法；在心理剧的过程中，他总是像他

父亲那样匆忙，而且他描述她母亲总是抱怨“各种东西都没在它们的位置上”。父亲有某种时间神经官能症，母亲有某种空间神经官能症。

几天后，这位被试者把妻子带来了。罗伯特的独白总是在表达他因为没有时间而感到的困扰，他还发现妻子没有把东西都放到它们的位置上（“这个玻璃杯属于餐具桌”）。他的一生都是按精确时间来安排的，而且他会把时间浪费在寻找节省时间的办法上。他有许多未完成的行动。

心理剧在家里继续自发地进行。实验者提醒罗伯特和他的妻子：无人监护的治疗会困难重重。在剧场，他们能够通过公开的攻击行为来解放他们的自发性：他们被要求演出他们的一些生活场景，同时被要求高声说出伴随着这些场景的私下想法。莫雷诺还要求对被试者的梦进行“戏剧化”（在戏剧化的过程中，详细展开梦里某些朦胧不清的成分）。

莫雷诺的众多想法之一是，每个人都是一个不自知的治疗师。
有人会反对他说，在心理剧里，人们在生活之外，而且正是这种 167
中立化使被试者能够做到自我表达。但是，心理剧如果没有发生在真实中，它也不会发生在想象中；更确切地说，它发生在神话领域之中。心理剧是对各种真实冲突的展示；它尽可能让真实的当事人（或者无论如何要让那些代替真实当事人的辅助性自我）参与进来，让他们置身于一个因为他人及医生在场而变得中立化的区域里，因此，在这里，抽搐可以被克服，自发性可以被调动起来。

莫雷诺还思考了音乐与心理剧的各种关系，思考以两种形式进行：

1. 将音乐用作治疗手段（在一些治疗场次中，按照导演所指定的主题进行即兴演唱——简单的词或发音含糊的语言）。人们以这种方式在哑短剧中进行发声，列席者像合唱团那样发出回声。莫雷诺还考虑创建即兴管弦乐团。但是，在这种情况下，音乐只能被用作心理剧之前的启动机制。

2. 在治疗音乐家时使用心理剧。问题始终是要解放被禁锢的自发性；以下是对此情况的观察：有一位 45 岁的技艺高超的小提琴手和作曲家，当他在公众前或者在电台上演奏某些乐谱时，尤其是独奏时，手就会颤抖。不过在熟人面前，这些颤抖就消失了。莫雷诺将这种情况称为“音乐口吃”；他把所有工具都视为本己身体的延伸，而且他认为音乐家没有能力使用其乐器和口吃者没有能力控制说话是相似的。音乐家与其乐器的关系几乎就表现为人际关系，音乐家被投注进了他的小提琴之中。

他嫉妒乐团的同事，认为他们之中 60% 的人都是敌人；他对家人漠不关心，把家人仅仅视为生活必需品。当他从社会角度来看自己时，会对自己很反感。他只有在作为“艺术家”的情况下才能接受自己，在某种意义上来说，他在生活中已经死了。另外，人们还注意到他极其孤僻。

莫雷诺通过以下练习来治疗音乐家的职业障碍：让他在以下情形里演奏：没有乐团，没有乐谱，使用没有琴弓的小提琴、没有小提琴的琴弓，或者索性完全没有乐器。这些演奏由一些具体主题引导（这并不是说莫雷诺把音乐当成某种有声解说，而是说，
168 这些练习使患者能够克服他对乐器和演奏乐谱的抵抗）。通过这

种方式，莫雷诺帮助这名患者把音乐从责任层面转移到游戏层面，并成功让他重新接纳了乐谱。

这一观察并不完整：我们不知道这位被治好颤抖的患者是否能融入家庭生活和社会生活；但我们能够从中提炼出一些启示，比如这一想法：分析是展望性的，而不是回顾性的。

—— 分析一个病例，可以用与弗洛伊德方法相反的方式进行，从终端现象着手，而非通过寻找一些最初的创伤来着手；在终端症状领域之中获得的放松，可能会对整个心理现象产生影响。

—— 莫雷诺不可避免地要与他对"罐头"（比如乐谱）的敌意进行和解。这位被"去掉罐头"的音乐家能够在乐谱的助力下再次运用其自发性。

D）社会剧

社会剧与心理剧不同，它处理各种观念，并且将一些集体经历搬上舞台。在心理剧中，各种角色都是个人的，而在社会剧中，各种角色都是文化类型的角色。社会剧是记录各种文化的一种新手段（文化记录），正如绘画、工具、书面作品那样。莫雷诺的努力集中在把表现各种文化冲突的表演搬上社会剧舞台（例如白人和黑人之间的冲突等等）。他致力于比较个人所承担的人际角色与社会角色，这些个人处于类似处境时就会承担这些角色，尽管他们之间存在个人差异。

在社会剧之前，每个人都只通过某种文化成见来看待他人以及通过他人的眼睛来看自己；因此不可能有自发的关系。这种治疗是让所有人面对各种人际现实和实际问题，而不是面对一些意识形态的实体。反犹太主义者总是把他们认识的犹太人当成例外，"因为他们[①] 和其他人都不一样"，这个例子表明，各种问题总是以不同方式存在，这取决于人们面对的是实际的个人还是抽象的实体。同样，让"共产主义者-反共产主义者"面对面、让"黑人-
169 白人"面对面，应会产生这样的结果：在实际的语境中提出问题，并且把各种冲突从幻想状态转移到真实状态。

社会剧会触及一些现实话题；导演的角色越来越模糊。他提出主题，角色由个人选择。例如，在（纽约）哈勒姆区的一次黑人暴动之后，一场社会剧表演了"黑人-白人"的关系：黑人夫妇（角色确实是由一对黑人夫妇来担任）不公正地受到一名白人妇女的语言攻击，而她最终因为他们的真诚而平静下来，邀请这对夫妇共进晚餐。具体的问题：他们是否要接受这个邀请。白人妇女让黑人夫妇感觉受到冒犯的言辞是：她真的想邀请他们吗？等等。

观众会参与到社会剧中：他们被邀请重新扮演那些刚刚被扮演过的角色，并通过表决表达他们是否赞成各种角色被扮演的方式，等等。这种做法的好处是，把人们从对种族、对白人和黑人的责任等等的理论讨论，带回到了种族隔离中让人无法容忍的具体的、显而易见的东西上。

我们不应认为社会剧是掩盖问题的一种方式：更确切地说，社会剧是把问题从理论领域、合理性领域的带回到了行为领域、各种与生活有关的反应的领域。社会剧不必然是中立的。在此类治疗场次之后，那些问题仍然存在。唯一受到社会剧威胁的可能

① 即犹太人。——译者注

是一些态度——如果一些态度是仅仅建基于幻想的话。

我们应该把从莫雷诺学到的东西视为儿童心理学的一项收获，跟着他，我们学会了如何在社会生活整体之中识别出自发性的各种化身。

171

儿童意识的结构与冲突

引　言

“结构”一词的含义

通过“结构”，我们想指的是：儿童意识与成人意识不仅在内容上不同，也在组织方式上不同。儿童并不像人们从前认为的那样，是一个“微型成人”，具有与成人意识相似的，但不完善、不完美的意识——这种想法是纯粹负面的。儿童有另一种平衡，我们必须将儿童意识当作一种正面现象来探讨。

在这条道路上，人们曾经一方面将儿童意识与原始意识相比较，另一方面将它与病态意识相比较。

根据列维-布留尔的观点，原始思维对于“文明社会里正常白人成人”思维来说是完全异域的，原始思维是由互渗构成的；它的逻辑无法被文明社会思维所识透，也无法被还原为文明社会思维的逻辑。这种理解导致理性被文明社会的成年人所垄断。

布隆代尔（Blondel）曾对病态意识做过一项类似的区分，病态意识不可还原至正常人，也不能被正常人所识透，这导致正常人垄断了理性。

在过去二十年里，这些观念得到了修正。列维-布留尔本人曾试图找出，是什么具体经验为原始人神话提供了基础；这种经验赋予了神话某种“真理”，神话因此不再没有意义，而是表达着与 172
世界的某种关系。另一方面，暂不论文明社会里人的各种潜在的个人信仰，其实“互渗”也存在于文明社会的人那里，尽管程度较轻。列维-布留尔抛弃了前逻辑概念，而讨论一种我们应当能够把握的独特逻辑。

对病态意识的看法经历了同样的过程：如果病态意识与正常意识彻底不同，那我们就应该放弃去理解它。曾经，人们必须抵抗病态意识概念超出正常意识的部分［其实病态意识概念本身就是对十九世纪末的观点和对利波（Ribot）观点的抵抗］。如今，人们终于肯定，正常意识和病态意识双方可以相互阐明，也可以通过对方而被认识；疾病不再是一座无法进入的小岛了。

对幼儿意识的看法也经历了这个过程。其结构上的不完美不应该阻碍我们看到它具有的正面意义。让我们以儿童画为例：对待儿童画，有三种可能出现的态度。

第一种态度：“古典”人的态度（七十、八十多年前的人）：他认为儿童画毫无意义，因此将其否决；他只看到儿童画里缺了什么，认为这些缺陷使儿童画无法成为完美的。

第二种态度：大多数心理学家的态度，包括皮亚杰。他们认为儿童画值得被研究，它具有一种原始结构（智性写实主义、融合机制等等）；但是它始终都是从成人角度被研究的。人们端详它的不完美之处，把它视为成人画的初稿——而成人画才应该是独一无二的对对象的“写实”描绘；

第三种态度：这是我们希望的态度：在儿童画里认识到一种肯定性意义。例如，一位成人在画正方体时，会把它画成透视的。孩子会画四到五个并列的方形。如果有人坚持说：“这不是你看到的东西”，他就会遇到顽强的抵抗。孩子坚持认为他确实是如此这般地看到这个正方体的（此外，这也是人们会在没怎么受过教育的成人那里遇到的一种态度）。在这种情形里，我们是否应该仅仅只讨论“运动上、知觉上的各种不足”呢？还是这的确涉及到另一种观看方式呢？对于绘画的研究表明，几何透视法是在某个具体时代（文艺复兴时期）被发明出来的。我们的态度隐含着一个假设：几何透视法比其它画法更为写实。现代绘画的各种尝试对这一假设重新提出了质疑，而且为一些其它的观看方式赋予了
173 某种肯定意义。比如，在毕加索看来，画出众多侧面是一种表达手段。

我们可以在儿童画里看到，儿童没有被我们文化的各种假设所束缚。当然，他在知觉和运动方面仍有不足：儿童并不是艺术家。但是现代绘画的各种努力为儿童画赋予了一种意义：我们不应认为我们的成人画是唯一“写实的”。

我们正应该以这种意义来理解“意识的结构”这一词组。儿童有能力做出某些自发行为，而这些行为是成人不可能做到的（各种文化模式的影响，以及我们对它们的服从）。

此外，这种差异经常被夸大。参见：1932 年的《美国心理学杂志》（*American Journal of Psychology*）（皮亚杰对 7 岁儿童所做的实验，他在 19 岁学生身上又做了一次：同样的行为再次出现）。

另请参见：德赛先生（Deshaies）的“儿童的‘关系’概念”。[①]（成人那些典型关系的概念，可以在儿童那里找到；反之亦然，成人也具有许多幼儿性的余留结构。）在这一意义上，瓦隆先生的想法比皮亚杰的想法更令人满意。

“冲突”一词的含义

也许，我们首先研究的各种普遍“结构”（自我中心主义、融合机制等等）部分取决于儿童的处境以及他被卷入的冲突。人们阅读心理学家的著作时，有时会认为，儿童的各种行为注定是由他的心智年龄所导致的。但是我们必须考虑另一个面向：可以解释儿童心智的历史的面向、童年事件的面向。忽视这种历史面向会被批评为抽象化，儿童心理学就常常受到这种批评。这是乔治·波利策提出的批评[②]；仅仅只说儿童不具备注意力是不够的，这太抽象了。我们应该说，当他不具备“注意力”时，他在想什么，他的注意力被什么吸引了。应该补充一些肯定性的内容，突显他行为的功能面向，比如不仅要说孩子在进行象征，而且要说 174
他在象征什么东西、他如何象征这个东西。（有关“花娃娃”的文章，非常好地显示了儿童时期特有的戏剧。）[③]

---

① 载于《心理学杂志》（*Journal of Psychology*），1937 年，第 34 年，第 112-133 页。

② 波利策：《心理学基础的批判》（*Critique des fondements de la psychologie*），法国大学出版社，1967 年。

③ 弗朗索瓦兹·多尔多：“借助花娃娃进行精神分析治疗”（Cure psychanalytique à l' aide de la poupée-fleue），载于《精神分析法国杂志》，第 13 卷，第 1 号，1949 年 1-3 月，第 53-69 页；第 14 卷，第 1 号，1950 年 1-3 月，第 19-41 页。

对心理学家的抽象化的另一批评：心理学描述了面对着某些抽象的刺激（颜色等等）的儿童。但是人永远都不会面对孤立的、不具人格的刺激；他会面对生物或者动物等等，而且人们往往正是通过与他人的关系，才能理解与自然的各种关系以及他知觉自然的方式。

精神分析的长处是，它首次描述了儿童与他者的关系（各种认同、投射等等）。正是在那里，才有可能展开更具体研究。因此，这门课程名为“儿童意识的结构与冲突”。我们将从儿童意识的各种形式特征出发，进而讨论儿童意识的各种具体内容，这些内容反过来又会阐明这些形式特征。我们将依次查考实验心理学和精神分析。

“成长”的概念

I. 种系发生学意义上的（phylogénétique）[①] 成长

这是儿童转变为成人的进程。但这也是种系发生学意义上的成长。（“发生心理学”包含了对幼儿意识、原始意识以及病态意识的研究）。这一概念让人做出了这样的假定：儿童呈现了成人意识的古早状态，而病患者则呈现成人意识的退转状态。将这三种意识汇集起来的做法，就已经假定了它们是类似的。这里有一项必须被审视的假设：人们暗示儿童重演了人类的生长（“原始人

---

① “phylogénétique”一词常见的译法还有：系统发育学、系谱学。——译者注

是长大了的儿童”、“个体发生再现了种系发生”）。我们将首先审视，建立如下这种关系是否合法：1）儿童和病患之间的关系，以及2）儿童和原始人之间的关系。

1）儿童和病患者之间的关系 175

比如，我们是否可以比较一名几乎还未说话的儿童和一名几乎不再说话的病童（失语症）呢？失语症者曾经是成人；他曾经说过话，有一些习得的形式上的东西仍然还留在他那里。戈尔德斯坦指出，尽管失语症者丧失了创造性的语言，但仍有一种自动语言、一种“外在的言语上的知道”长时间留在他那里。例如，他不再知道如何计算“2+3=5”，也不知道如何思考它。但他借助手指，通过某种迂回方式、某种替代活动重新得出了答案。儿童是用他的手指来计算的，但是他的各种自动机制并不是从成人生活那里继承来的；而且，用手计算的前提是：他对数已有了最初的概念，已经建立了被数算的东西和手之间的对照——在这里，手被当作参照系统以及具体数的整体。退转绝不仅仅是单纯返回到成长之前的状态。失语症者比儿童多些东西，也比儿童少些东西。

儿童和失语症病患者之间无论有哪些相似之处，他们仍有一项本质区别：病患者曾经说过话，而儿童没有。在成人患者那里，仍然留有从前的才识的痕迹，这些才识的痕迹让一些替代行为成为可能——那些能让患者的状态长期具有误导性的替代行为；而在儿童那里，完全不是这样：为了计算“2+3=5”，他用他的手指数算，就像失语症者那样，但是他已经有了某种数的概念，对2和

3之间的关系已经有了某种意识，而这些是失语症者已经彻底丧失的。因此，与儿童相比，相同的行为在病患者那里会显得更盲目，同时也更确定，这是因为，该行为即使丧失了意义，仍是根据很早之前建立的机制来做出的。儿童仍然缺乏这种机制，他的行为犹豫不决，但是带着“洞见”的印记，即对这一操作的隐隐领会。

在科学家看来，认为“儿童与病患者具有相似性”的这种常见的观念是建立在一个概念上的，这一概念正当有效，尽管并不完美：“整合”概念。此概念由杰克逊（Jackson）和海德（Head）引入，它意味着神经系统分为两个阶段，各种自动机制会逐渐被整合到一个较高等的系统里（由大脑皮层所代表），而这个较高等的系统扮演着原始系统[①]的制动和禁制者的角色。

较高等中心损伤情况下产生的紊乱失调证明了这一观点（巴宾斯基反射）。[②]

176 但是，这种把大脑功能仅仅视为控制和制动功能的倾向（海德：大脑的“警惕性”），是非常有争议性的。一些更加新近的作者想知道，这种各较低等中心朝向各较高等中心的整合是否完全是另一种关系：这种整合是否甚至改变了各自动机制的内容本身。这样一来，在较高等中心被损伤的病患者那里就肯定会有某种行为转变，但这不会仅仅只是单纯返回到从前的自动机制中：正如在整个成长过程中，一切都被转变和被改变了很长时间那样，在那些更高等中心受到损伤的时候，也会出现其它东西——不再是

① 即自动机制。——译者注

② 原文误写为“Babinsky”，实应为“Babinski”。——译者注

原始自动机制的一些东西。

因此，没有理由假设儿童和病患者之间具有相似性。

2）儿童和原始人之间的关系

人们确立儿童和原始人之间相似性的言下之意是：原始人体现了人类的童年。但是人们忘记了，大部分原始社会背后都有悠久的历史，而且一些原始社会体现着某个古老文明的衰退。

我们必须放弃如下观念：儿童和原始人共有一种古早状态。然而，这是一种非常顽固的偏见，它源于进化论式的形而上学，它甚至能够蒙骗那些担心自己被这套形而上学迷惑的社会学家。（皮亚杰明确承认了儿童和原始人之间的相似性：参见《儿童的判断和推理》,[①] 在此书中，他将幼儿的心智、原始人的心智以及病人的自闭症相提并论。）

然而，各种差异是显而易见的，甚至是非常惊人的：

—— 原始人是成人，处于一个与他相符的社会里；

—— 儿童生活在一个他还没适应的社会里。

语言学习也没有呈现出与语言演化的深层相似性。纪尧姆在1927年的一篇文章中指出，儿童语言是对他生活其中的社会所提供的东西所做的一种选择，而绝不是对一些古老语言类型的重复。例如，想要在儿童省略词形变化的做法之中看出某种对那些没有词形变化的言语阶段的重复，这种做法完全是人为的。儿童即使

① 皮亚杰：《儿童的判断和推理》（*Le jugement et le raisonnement chez l'enfant*），Delachaux et Niestlé 出版社，1978 年。

在尚未使用词形变化时，也理解其他人所使用的词形变化。只不过这种理解尚未跨过被言说的语言的门槛。

177 甚至连克拉帕雷德（Claparède）也认为儿童和原始人之间有相似性。只不过，他尝试摆脱这些偏见，而以处境的一致来解释这种相似性，他说："自然会使用一些相同的手段"来培育个人和物种。但是，正如我们已经看到的，儿童和原始人绝不处在相同的处境里。

儿童和原始人之间还是有一些局部的相似之处的：我们必须观察它们，而不应该在重复的意义上解释它们。

对于这些相似之处，列维-斯特劳斯提出了一个完全不同的假设。① 他对以下三点做了考察（但他并没有想说他们之间的相似点仅限于此）：

—— 原始人和儿童都："为了遵循规则而遵循规则"；

—— 他们都做了一定的努力来建立一些能克服冲突的交互关系；

—— 馈赠的综合价值（正由于馈赠是被给予的，所以馈赠是在被给予之物上增添了某些东西）。这三点都可以通过把自己认同为他者的认同行为来得到解释；物品越是属于他人，儿童就越渴望这些物品；交互性以及馈赠都旨在克服儿童与他人之间的这种分化所导致的各种冲突。

儿童和原始人之所以相似，仅仅是因为儿童让我们更好地看到了全人类的某种共有深基，各种不同的文化选择是从这一深基

---

① 《亲属关系的基本结构》(*Les structures élémentaires de la parenté*)，1949 年；第 2 版，Mouton 出版社，1967 年。

出发而实现出来的。在儿童那里，人们可以认出所有可能发生的形态的雏形。

弗洛伊德谈到儿童的性的多态性，在同样的意义上，根据列维-斯特劳斯的观点，我们可以说，儿童在社会方面也是“多态的”。

这些形态中的某一些在后来被禁制了，而在原始人那里，这些形态可以稳定下来。这正意味着，所有儿童都有多种可能性，无论是文明社会的儿童还是原始社会的儿童。不同文化会做出不同的禁制和选择。

我们总认为原始人“幼稚”，但他们对我们也抱有相同看法。例如，某些北美印第安人认为我们一直提问的这种做法很幼稚，因为“成人不提问，他宁愿去看”。

关于儿童多态性的这一论点，我们在这里无法证实。我们引用它仅为表明，“重复”假说远不是解释儿童与原始人之间各种相似之处的唯一方式。

II. 个体发生意义上的成长 178

“个体成长”概念同样也应该摆脱某些偏见。

1）成熟与学习

天生和习得之间的区别已经几乎被舍弃了，取而代之的是成熟与学习之间的区别：

—— 成熟的进程：由各种内部因素引起的成长（内生的）；

—— 学习的进程：由各种外部因素引起的成长（外生的）（德

国心理学家所说的“Reifen”和“Lernen”)。

a)**考察“成熟”概念**。除了生命的头几个月，是否存在一种仅仅由内部因素引起的进程？当然，只有当机体对某些行为敏感的时候，“本能”才会表现出来。

但是，我们有必要持保留意见：各种反射（内生进程是典型的反射）是否是建基于一些预先建立的有机安排的？近期有一大批生理学家都承认，反射根本不是机体的正常活动，而是在实验室里被诱发出来的人为进程，它可能甚至体现着某种病理反应。机体的正常活动应不是反射（即对相同刺激做出相同回应），而是一种适应活动：即每时每刻都在根据刺激的各种特性而被调整的活动。在反射学看来，刺激的角色是去触发一条先前已存在的回路、触发一种盲目的重复，这种重复依存于神经纤维已预先建立的路径。但事实上，更常见的是，反应所顾及的并不是孤立的刺激，而是整体的处境：一只狗以三条腿站立，并用第四条腿给自己抓痒，它表现得远比某种盲目反射更加灵活（当这条腿根据刺激做最小位移时，姿态的这种微小改变，每时每刻都是在以某种彻底的运动性重组、某种新的平衡为前提条件的）；要为每种变动都设想一种不同的、预先已建立好的回路，这似乎是非常困难的。更恰当地说，是刺激本身调整了回应：这并不是盲目的反射，而是处于自动机制和适应状态之间的一整套渐进尺度。

179 所谓的“本能”似乎不再仅仅只取决于内部因素：众所周知，夜莺只有在其成长的某一时期亲自听到过歌唱的情况下，才能够悦耳歌唱。

在人那里，几乎不存在仅仅取决于成熟进程的本能。精神分析已经表明，“性本能”及其各种倒错都取决于个人的成长及历史本身（或许我们应该用“性历史”来取代“性本能”）。如果缺乏各种内部条件，本能就不能表现出来，但这些内部条件从来都不是唯一的因果关系。

b）**考察“学习”概念**。就学习（learning）问题而言，我们也同样持保留意见。条件反射（“学习”的原型）以及确切意义上的“反射”都受到了同样的批评。华生研究儿童的禁制时（例如：不要再把手放到火焰里）观察到，直到第178天，儿童的学习才开始确立起来；在此之前，无论重复多少次，都没有产生任何禁制。但是禁制一旦被确立，就具有了普遍性：儿童不再触碰火焰或者任何发光物品。他并非学会了“缩回手指”，而是学会了“避免火焰”（考夫卡）。这一活动是如此的普遍，以至于它不能仅仅只被当成一种机制。

条件反射从来都不是一项刺激与一项反应之间的简单联系。皮埃隆说，通常而言，动物并不是在面对孤立刺激的情形下习得回应的，而是在面对各种处境的普遍形态时习得回应的。

因此，我们无法将外部因素和内部因素割离开来，也无法将成熟和学习割离开来。

我们已经看到，我们不可能为成熟和学习的确切角色划定范围，在习得任何行为的过程中，这两者都密不可分地联系在一起。

想要把本能和智力对立起来的做法，似乎也是人为的：实际上，本能行为和智力行为之间没有清晰的边界。对知觉的角色进行研究将会让我们更好地理解这两者之间的连续性；任何行为，无论是本能行为还是智力行为，都是在关于某一处境的知觉这一深基上开展的。

180 2）“知觉–运动能力”的整体（即“感觉–运动”的整体）

a）**古典立场**。乍一看，感觉和运动之间的关系似乎非常明确：

感觉：拥有某种性质（红的、冷的等等）、默观；从属于认知。

运动：为改变周遭环境的行动、事件；受神经冲动支配。

从这种立场来看，知觉（意识的基本事实）与运动能力（从属于物的范畴）之间没有任何内在联系。古典心理学如此定义这两者的关系，于是使其成为了一个无法解决的问题。

b）**关于此问题的新立场**。形态心理学家发现知觉和运动能力之间有一种如此紧密的关系，以至于他们似乎无法把两者区分开来：必须把它们视为同一个现象的两个面貌。[①]

例如，让我们来分析触觉经验：“光滑”或“粗糙”的感觉是通过一种探索表面的运动所获得的；若没有身体运动去寻求获得触觉信息，那么就没有触摸的感觉。

视觉也是如此：根据戈尔德斯坦和罗森塔尔的一些实验，每种颜色都会引起我们身体的一种姿态，这种姿态为运动上的活动或者不活动做出准备。在“感觉”和“对外在世界采取某种姿态”

---

① 参见戴维·卡茨：“触觉世界的结构”（Der Aufbau der Tastwelt），载于《心理学期刊》（*Zeitschrift für Psychologie*），附加第六卷，1925 年。

之间有一种本质联系；任何运动都是在知觉深基上开展的，而且任何感觉都会涉及某种运动性探索或者某种身体姿态。如果视觉不是由“看的意向”来引导方向的话，那就只能被归为微不足道的东西了。[①] 反之亦然，被试者的所有运动都是在知觉深基上发生的。耳聋的儿童只有在触觉知觉或者视觉知觉代替了他所缺乏的听觉知觉时，才学会说话。同样地，各种运动障碍（例如，脊髓痨的运动性共济失调）也是由于知觉障碍：被损伤的是感觉通道，而不是运动通道。考夫卡指出，这些损伤会使患者失去对地面的触觉性控制：因此出现“踏脚后跟”的步态；但是如果这个被试者持续不断地看他的脚，也就是说，如果他用视觉感觉来代替触觉感觉，那么他就能正确行走。因此，任何运动都是根据触觉知 181
觉或者动觉知觉来被调整的。

所以，形态心理学迫使我们重新考虑感觉和运动的问题：对于行为，我们必须既谈论其知觉性的一面，也谈论其运动性的一面，也就是说，谈论同一个现实的两个面貌。

做出这种努力是很困难的：传统的区分建基于一些根深蒂固的哲学根据，比如“沉思的意识”概念。格式塔学家要求我们放弃“沉思的意识”这一设想，它脱离了行动：他们用“活动的意识”概念取代了“沉思的意识”概念，而对“活动的意识”而言，身体就是探索世界的工具手段。

---

① 参见勒妮·德让：《关于视觉中“距离”的心理学研究》（*Étude psychologique de la « distance » dans la vision*），法国大学出版社，1926 年；《视觉知觉的诸客观条件》（*Les conditions objectices de la perception visuelle*），法国大学出版社，1926 年。

c）**“习惯”概念**。所有涉及习惯的事实都进一步证实了这种看待知觉和运动能力之间关系的方式。

对那些持传统立场的人而言，习惯与心灵无关，而与身体有关。它是被安装在身体里的机制：当对运动的意识消失时，自动机制仍持续存在。

从这种立场出发，他们没有办法理解习惯现象：因为习惯不能仅仅被视为一种自动机制。在许多情况下，只需一次的知觉就足以建构出习惯了，这如何解释？

有一些普遍的习惯：它们可以转移（例如书写习惯可以从一只手转移到另一只手），它们可以适应变化不定的处境（管风琴演奏者在面对不属于他的管风琴时，仅需检查一下，就能够在其上进行演奏）；这是因为，这既不是自动机制，也不是智性操作：习惯性的行为是被“洞察力”点亮的，而不是基于智性活动。它的灵活性从何而来呢？

如果我们不人为地割离知觉和运动能力，就有可能解决这一问题：这始终涉及一种对处境的知觉，其前提是要承认这种知觉本身就包含着一种与处境对应的运动上的适应性。

把这一点应用于儿童心理学：运动能力的发展自然而然地包含知觉的发展，反之亦然。如果我们想弄清楚每一次进展是源于知觉的发展还是源于运动的发展，我们就会处于徒劳无功的境地：任何一方都涉及另一方。

182 **3）客观方法与主观方法**

选择客观方法还是主观方法的问题，使这项研究长时间以来停滞不前。但这是一个人为的问题，这两种方法是密不可分的。

a）**客观方法**。如果承认任何运动都涉及某种知觉样态，那么就有可能从儿童行为中辨认出他对周遭环境的知觉：因此，从儿童行为中解读他对世界的表象，就是正当的。这一手段是正当的，首先，因为我们别无它法；其次，因为这种手段在动物心理学中被视为是正当的。

当一只猴子为了从钩子上取下一根香蕉而毫不犹豫地拿起一根棍子时，我们能够推断，它有对香蕉和棍子之间工具性关系的认知。如果客观性意味着只用可测量的材料，那从此开始我们就不再是严格意义上的客观的了。但是我们不应将客观性和测量混为一谈。心理学家参与动物行为和儿童行为的做法在以下意义上是正当的：如果其它方式不能正确描述这个行为，则我们有理由引入一些评估的定性要素（前提是那些事实允许我们这样做）。

b）**主观方法**。纪尧姆在一篇载于1931年的《心理学杂志》的文章中指出，对自己的观察（即内省）和外在观察在本质上没有区别：即便是为了观察我们自己，我们也会借助于对行为的检验；我们不信赖印象，我们根据自己行为的各种所予来得出结论。让自己被非此即彼的选择所困扰是没用的，所有方法在根本上都是一致的，因为所有方法都致力于重新找到行为的结构。另外，儿童的行为不仅仅是在物理化学刺激的影响下发展的，而且还得益于与环境的水乳交融的关系。

提纲

第一部分：儿童意识的结构（对于儿童与自然关系的研究）；

a）儿童对世界的知觉；

b）魔术、象征主义、游戏、梦幻主义（物种、因果关系、物）；

183 c）对世界的表象："泛灵主义"、"人为主义"、"实在论"。

第二部分：儿童意识的冲突（儿童与周遭之人的关系）；

a）性；

b）对儿童与他者关系的研究；

c）儿童的社会化。

结论：儿童处境与成人的关系。

第一部分

对儿童知觉的研究

在这项研究中，我们将主要考虑儿童的亲历经验，而不是他用于解释这种经验的概念。我们将面对儿童的直接经验，即尚未被语言和思想系统化的经验。

亲历经验与理性化之间的这种区分，划出了如下这种研究方法的边界——这种方法就是对儿童提问。

一系列问题出现了。

自我中心主义的问题。儿童是否有关于外在世界的意识？他在面对某种笼罩着他的现实时，他是否能体验到自己？

皮亚杰在他的《儿童的世界表象》[①]的第一部分指出，儿童的思想本质上是以“自我中心主义”为特征的；这是这样一种思考和感觉的方式，这种方式使“外在于他的世界”的观念从他那里溜走了。皮亚杰所理解的儿童“自我中心主义”是一个非常微妙的概念，完全不应受其通常所受的批评。其含义并非是儿童的起点是主体性，即自我意识；其含义也并非是儿童转身离开世界而去体验一些主观“状态”：我们不应认为皮亚杰犯了这种错误（这种错误源于主观主义的偏见，根据这种偏见，经验是始于“感觉”的）。

“自我中心主义”概念必须以其它方式来理解。在皮亚杰看 184
来，儿童从一开始就仅仅只面向外在世界，丝毫没有任何内返的迹象；相反，儿童持的是一种过度的实在论，一种尚未懂得如何对事物进行评判区分的过度的实在论：儿童还不懂得如何在其各种经验中区分出个人的经验，而把他的自我当成了客观现实；这是外在世界与自我未分化的状态。因此，“自我中心主义”概念远不意味着过度的自我意识，相反，它突显了自我意识的缺乏。

说到这里，在此之后成人对各种儿童概念的分析方法又是否让人满意呢？我们必须承认，皮亚杰著作的各种素材比他的解释更具说服力：在儿童所表达的东西与皮亚杰所理解的东西之间往往有相当大的差距。

---

① 皮亚杰：《儿童的世界表象》（*La représentation du monde chez l'enfant*），法国大学出版社，1972年。

我们以《儿童的世界表象》里的几则研究为例，这些研究涉及的是在儿童那里“思想”这一概念的演变。皮亚杰区分了三个阶段：

第一阶段（到大约6至7岁）：儿童完全不了解“思想”是什么，儿童的“思想”概念完全是“唯物主义的”（我们用嘴或耳朵思考）。

第二阶段（8岁左右）：一些成人式的概念已经介入了，但儿童用他的方式来解释这些概念（人们用头或者大脑思考，但是思想被视为一种声音）。

第三阶段：“思想的去唯物化”；儿童已经吸收了成人的概念。

我们详细地考察一下儿童的回答。

对于“你用什么来思考？”这一问题，儿童回答道：“用声音”。但是这完全不表示他把思想“物质化”了：他仅仅是将声音当作了话语的载体。此外，他把普遍意义上的声音和语言都当作一种富有自身效力的现实。

儿童的另一项混淆是对视觉和光的混淆：在他看来，目光是一种现实，目光从眼睛发出，停落在各种物品上（我们可以在许多儿童那里发现这样的想法：两束相交的目光应该会相互碰撞或者相互混合；或者这样的想法：当一个人被注视时，应该会“在脸颊上感觉到”）。眼睛是发出“一点点”光的光源。因此儿童应是“实体论者”：思想、目光、记忆，一切都应是身体的某种实体；在这个对心理现象没有任何意识的初期阶段，“心智物”这一观念是完全缺失的。

185 当一个儿童符合如下条件时，他就抵达了第三阶段：

——认为思想是位于大脑之中的；

——认为思想的特征是非物质的，也就是说，把它与物质分离开来。

对于这一观点的讨论。可以这么说，我们必须借助另一种解读方式来讨论皮亚杰的这些结论。

皮亚杰是以一些确定的范畴来思考的，他总是想着“物质–心灵–思想”以及“语言–内在–外在”的二分。他假定儿童没有这些区分，并且仅根据这种区分所形成的区间来分析儿童的各种回应。严格来说，他并不力求理解儿童的想法，而是力求将儿童的想法翻译到他的成人系统里去。然而，在儿童心理学中，我们必须避免使用成人的概念，甚至应该避免使用成人的词汇。为了不曲解儿童的思想，我们必须要用一种全新的语言来描述它，即一种区别于成人所做出的那些区分的全新语言。①

例如，皮亚杰说，一旦物件从儿童的视觉场消失，儿童就不相信物件还持续存在着。假设儿童具有成人所理解的恒常性的信念是荒谬的，假设他们具有成人所理解的非恒常性的信念同样是荒谬的。要描述儿童的原初经验，可能必须找到一种表达手段，这种表达手段既不会让人联想到成人意义上的恒常世界，也不会让人联想到某种以时隐时现的物件所组成的世界。

我们必须承认，皮亚杰并没有找到能够避免成人范畴的中立

① 参见纪尧姆：“让·皮亚杰理论中的‘感官–运动’智力”（L'intelligence sensori-motrice d'après Jean Piaget），《心理学杂志》（*Journal of Psychology*），1940–1941年，1–3月，第1–3号，第264–280页。

语言。不过，他在批评心理学家鲍德温没有对所观察的现象进行正面描述之后，就意识到了这个问题。这一批评也适用于他：他在声称“在儿童看来，思想有物质性的起源”时，没有思考儿童通过“思想来自嘴或声音”这句话想说的是什么。

儿童没有成人意义上的“心理”观念，他也没有成人意义上的“物质”观念，而且在他看来，“嘴”和“声音”根本就不是物质现象。通过“身体”一词，他想说的不是物质的身体，而是“现象的”身体，换言之，他想说的是这样的身体：对这一身体，他有内在的体验；这一身体是一个由诸多努力组成的系统，让他
186 能够进入到与外在世界的接触之中。声音也是如此：它是口语现象；儿童指向的是思想的各种虚拟对象，是他的内在经验：这根本不是“唯物论的概念”。

因此，皮亚杰完全没有参照实际经验，而仅仅参照了通过成人概念来对实际经验进行理性化的结果（况且，这些概念都富有争议，即使是在皮亚杰自己的研究范围里也是如此：比如，当他要求第三阶段的儿童这样理解思想的时候：思想既是“非物质的”，同时又是位于大脑之中的）。

斯泰因曾经在他四岁的女儿那里观察到她“隐含地”开始区分现实和虚构；皮亚杰在回应斯泰因时表示，不能把一些隐含的观念纳入考虑范围。总之，他承认他的研究并不针对儿童的各种观念本身，而是针对它们的理性化、它们的二度表达。正是这种“翻译”使儿童的观念显得荒谬：他们的亲历经验绝不是这样的；我们甚至会发现，儿童经验和成人经验非常相似——如果我们能做到不考虑成人表达中既定的东西的话。

儿童的知觉

如果我们不预设一些概念，就无法着手处理知觉的问题。

1）关于知觉发生的传统观念

根据传统的观点，儿童带着他的感觉器官来到世界上，每种感觉器官都会提供给他若干感觉。人们把儿童知觉理解为各种孤立感觉材料的总和，它们之间没有任何共同之处。儿童的初期经验是各种彼此分离的经验：逐渐地，儿童能够区分它们，并将各 187
种知觉和各种感觉对应起来。这种观点意味着，知觉的进展需要借助空间概念来使各种感觉形成秩序，没有空间概念，就不存在可辨别的物。这种空间观念，作为一种使我们能够解释各种感觉的假设，介入进来；而对空间的知觉成了对各种物体的知觉的组成部分。

此外，这种观点还假定儿童有因果关系的观念：各种物体通过本质上是可变的外观（运动、距离的差异、亮度的不同等等）而呈现给我们；如果人们想从这种可变之中找到恒同的东西（也就是说，识别出各种物体），则必须知道为何它们显得处于变化之中。在这种意义上，我们的知觉已经是一项萌芽中的科学工作了（莱布尼兹）。

面对每个物体，都有好几种判断方式；人们会选择最简单划算的假设。例如，对于一个运动中的物体，假设这个物体是在相对于一个静止的背景移动，比相反的假设更为简单。这并不意味着另一种假设（基底相对于物体在动）就要被抛弃。

因此，根据传统的观点，知觉的起点处于分离的且众多的经验之中；因而，在传统心理学家看来，这个问题在于对散乱感觉的重组。以这种方式思考，人们可能会有某种“内容材料”，它是感觉；另一方面，人们也可能会有某种“形态”，这种形态借助于空间概念、因果关系概念来整理散乱的感觉。换句话说，儿童面对各种感觉，就像面对一则有待破译的文本；他将通过一种智性操作完成破译。

这种观念假定，在儿童经验之初存在多种多样的感觉：要对同一种感官、对多种感官进行综合。这意味着以下的必然结果：这种综合是由判断层面的智性行为来做出的。

2）讨论

a）儿童的最初感觉是否真的是以杂乱无章和多样性的形式呈现出来的?

188 经验似乎证明情况恰好相反。

例如，让我们来考察色彩知觉的发展；我们可以区分出三个阶段：

—— 在非常早期，儿童就对光有反应了。

—— 然后，对各种饱和色有反应。

—— 出现了对各种色彩的区分：首先是暖色，然后是冷色。

对儿童色彩知觉的研究遇到了多种困难：由于很难定义各种

三次色，所以结果不确定（考夫卡）；[①] 此外，人们倾向于认为我们的知觉与儿童知觉相同。可以说，人们赋予儿童了弄错色彩名称的权利，却又不太承认儿童和我们成人的知觉可能有差异。我们觉得，物之中的东西与意识中的东西原则上有对应的关系。心理学家通常会说，儿童和成人之间在知觉上是相似的，但在“统握”上是有差异的。在考夫卡看来，[②] 这种想法是不正当的，因为它基于一种错觉：这种错觉认为，外在世界之中有什么，知觉里就必然有什么。考夫卡说，实际上，儿童并不会知觉到与我们成人知觉的颜色相同的颜色。在儿童生命的最初几个星期里，他仅仅觉察到一些总体结构，这些总体结构会逐渐清晰细化、分化开来。儿童的经验始于一些内在的大范畴，在这些大范畴里几乎没有分化（例如，有色彩的物、消色差的物）。我们与“最初的视觉感觉具有某种未被明确化的繁多性”这一假设相去甚远。

b）各种不同感官所给予的感觉之间的关系

根据传统的观点，儿童会通过各种不同感觉器官来接收不同感觉，然后他会对这些感觉进行综合（视觉感觉是眼睛给予的，

---

① “les couleurs intermédiaires”是色彩理论的概念，中文通常译为“三次色”（又作“复色”），与其相关的概念是“二次色”（又作“间色”）。根据色彩理论，红、黄、蓝为三原色，其中任意两种混合调出的颜色称为“二次色”（或“间色”）；而任何两种“二次色”混合调出的颜色则称为“三次色”（或“复色”）。为使文本意思清晰明了，在此取“三次色”的译法。——译者注

② 《心灵成长的基础》（*Die Grundlage der psychischen Entwicklung*），Osterwieck am Harz, A. W. Zwickfeldt, 1921；英语版为：*The Growth of the Mind, London, Kegan Paul*, Trench Trubner and Co, New York, Harcourt, Brace et Co, 1925.

听觉感觉是耳朵给予的等等）。实际上，这些感觉彼此之间并非没有联系：这是整体的所予，这些所予是通过作为中介的整个身体被体验到的。实际上，儿童是把他的身体当作一个整体来使用的，他不会区分什么是眼睛给予的、什么是耳朵给予的等等；不存在
189 感觉的多样性（参见歌德：《论颜色》：[①] 每种色彩都对应着某种情感状态）。儿童会要求看一个他听到声音，这一事实意味着，感官间的关系是存在的。好几个实验都证实了这一点：声音对色彩知觉的影响（听见的一个声音，会改变一个被单独看见的颜色）；一个非常短促的刺激会诱发身体的震动，而此震动很难被定位在某个单独感官上。

身体具有某种统一性，这种统一性本身并不是触觉或者动觉感觉的总和，而是一种“身体图式”。这种图式不能被化约为各种感觉的总和；它包含：

—— 对处于空间中的我们的身体的意识；

—— 包含着所有感官感觉的统一性。

总之，正如对成人而言的那样，对儿童而言，知觉一方面包含着各个不同身体部位之间的关系，另一方面又包含着与外在世界的关系。

我们观察到，知觉并不始于一些众多且分离的经验，而是始于一些总体结构，这些总体结构非常贫瘠，它们会经历一个逐步分化的过程。有一种统一性在判断之前就存在了。这种知觉组织的一个特别重要的例子，就是恒定现象。

---

① 歌德：《论颜色》（*Traité des couleurs*），特利亚德（Triades）出版社，1983 年。

3）恒定现象

1）传统解释

天然的知觉会通过与立体镜相同的方式产生一种纵深感。人们是通过一些征象（各种视网膜图象的差异、晶状体的调适、聚光）才重新找到物的恒常性的。

我们对纵深的知觉包含某种分析工作，这意味着，每时每刻，我们都会把颜色的一部分归功于光照，另一部分归功于被光照之物，于是我们会通过各种光照变化来重新找到此物的“真实”颜色。

知觉的秩序很晚才出现，它是一种智性秩序。

2）从形态理论出发质疑这些分析

恒定现象可能是一种*非常早出现的*现象。

根据纪尧姆的说法，在 11 个月大的儿童那里与在成人那里，
大小的恒定现象是相似的。前文所提到的分析假定，物是以表观 190
大小越远越小的样子呈现给我的。然而，儿童以及未受教育的成人不知道表观直径会遵循透视定律而缩减（在绘画中出现的一些困难）。

表观色彩的变化：儿童从生命的最初几周开始，就能辨认一些有色的整体了（其母亲的脸孔）。在那时，儿童是不可能有理论知识的。

有必要区分形态理论的两个方面：

—— 描述；

—— 尝试进行解释。

对物体大小的知觉是这样一种现象：它无法与被给予我们的感性形构相割离。我们从远处看到物体，而不是从远处判断到它。

恒定性被看到，就像一切形态的性质被看到那样（形态 = 总体特性。例如：在一个旋律中，形态就是当旋律被移调时仍保持恒定的东西）。我们必须消除一切智性的解释。知觉景象不会被知识所改变，而会被一种组织因素所改变。传统心理学所说的征象都是不为知觉着的主体所知的。这些征象仅仅是操作的条件。并不是这些征象引起了纵深感。

传统心理学为了解释纵深知觉而援用的最后的"征象"：处于居间位置的物体。月亮之所以在地平线上显得比它在天穹里时更大，是因为有一些处于居间位置的物体（马勒伯朗士）。如果我们通过一个用纸板做的管子来孤立地看月亮，就能正确地确定其大小。这就是传统解释。格式塔理论表明，当一个人通过一个用纸板做的管子来观看时，他对知觉场做了分解、分析。相反，当一个人自由地观看时，他就任由整体对每个部分发挥影响：正是这种总体组织诱发了恒定性。月亮之所以在地平线上时更完美，不是因为判断会把一些处于居间位置的物体纳入考虑，而是因为，在我们走动和生活的层面中，结构化达到了更高的程度。这是生物因素，而不是智性因素。

关于空间基准面的实验（韦特海默）：

一位被试者坐在沙发上，通过镜子看到了这个房间的倾斜映
191 像；墙壁看起来是斜的（空间的紊乱）。一段时间后，各个主要线

条都一点一点地重新恢复了垂直方向。因此，垂直感并不来自视网膜图象，而来自一种组织现象（那些主要方向趋于承担起水平或者垂直特征）。

色彩也是如此：晚上，在开灯的时候，电灯光与月光产生对比，显为黄色。过了一阵之后，光照趋于显得素淡。于是月光显为蓝色。

因此，重要的不是光的物理构成，而是它在环境中的境况。恒定现象，就是所有色度值在场域之内根据光照而发生的重新分配。

光照的基准面：它是视觉场中最普遍的基准面。

因此：结构化能达至空间基准面以及颜色基准面，它似乎与知觉场的各种内在固有特性都相关。

得益于恒定现象，在儿童那里存在着一种伴随着知觉场结构化的非混乱视觉（这并不意味着儿童的结构化与成人的结构化相同或者同样完美）。并不存在某种二度解释的工作。[①]

格式塔理论给出的解释不如“知觉场”这一概念正当有效。这种解释尝试找到与知觉景象相当的东西，找到与知觉景象以各种物理形态呈现出来的形构相当的东西（科勒），而神经系统是这些物理形态的所在地。

对运动的知觉

传统理论：占据着不同位置（P、P'、P''）的运动物体恒同于

---

① 参见保罗·纪尧姆：《形态心理学》（*Psychologie de la forme*），弗拉马利翁出版社，“场域”丛书。

其自身。

格式塔理论：禁止把物和运动思考成是分离的。运动是源于结构的现象，这种结构现象是由场域的整体所规定的。韦特海默：
192 同一个图形的两个边界位置会产生运动感（此现象以总体为条件）："频闪"运动。

不过，儿童比成人更容易知觉到"频闪"运动。（梅利和托卜勒的研究;《心理学文库》，1931–1932 年，第 23 卷，第 131 页及以下。关于儿童对频闪运动的知觉。）[1] 因此，似乎从经验的伊始，就存在着格式塔理论所描述的那种场域的自发组织。

结论

—— 在传统理论看来，物是智性活动的结果，这种智性活动是关于函项与变量之间某些关系的。物是完全智性的。

—— 在形态理论看来：物是前智性的统一性；对知觉而言，它被确立为某种风格。例如：对传统理论而言，圆 = 我关于这一图形的产生所构想的定律；对于形态理论而言，圆 = 某种面貌、某种弯曲。我们习于去看物的统一性。（例如，柠檬的黄与它的酸是联在一起的，共同的结构使这两者成为同义词。）

因此，一切都证实了儿童的经验并不始于混乱，而是始于一个已在世界，该世界仅仅只具有隙疏的结构。

---

① 此处原文标出的参考文献为：Études de Meili et Tobler; *Archives de Psychologie*, 1931–1932, Vol. 23, pp. 131 sq., sur la perception du mouvement stroboscopique chez l'enfant. 原文没有列出文章题目，译者查找到具体文题如下：Richard Meili, « Les perceptions des enfants et la psychologie de la Gestalt », *Archives de psychologie* 23, 1931, pp. 25–44. ——译者注

详述格式塔理论对儿童知觉的观点

我们会跟随形态心理学家承认：儿童知觉从一开始就具有结构了。一些心理学家对格式塔理论提出“天赋观念论”的指责，他们认为格式塔理论赋予了儿童一种从一开始就与成人知觉相似的知觉。但是，“儿童知觉从一开始就具有结构”的说法，绝不意味着“儿童知觉与成人知觉具有相同的结构”。儿童知觉的结构是一种粗略结构，带有一些空隙及一些不确定的领域，而不具有成 193
人知觉的结构那样的明确结构化。随着儿童的发展，会发生一些变化和重构。但是，从一开始，就存在一些总体，这些总体配得上“物”这一名称，它们建构起一个“世界”。

再者，我们是否应该与纪尧姆一起否定皮亚杰提出如下这种想法[①]：在儿童那里，物具有非恒常性？皮亚杰认为，这种非恒常性由以下事实得到证明：一物体一旦从儿童的视线消失，或者如果该物体以一种不常见的角度向他呈现，儿童就不再有适应于该物体的行为了。他举例道，当人们将奶瓶从瓶底方向呈现给宝宝时，他就认不出是奶瓶了。在我们看来，这一证据并没有说服力，因为只有操作和经验才能教会婴儿辨认这个不对称物体，而人们通常都是从另一端来向他呈现这个不对称物体的；但是当涉及大致对称的物体时，根本不会出现这样的障碍。

---

① 纪尧姆：“皮亚杰对‘感官–运动’智力的看法”（L’intelligence sensori-motrice d’après Jean Piaget），刊于《心理学杂志》，1940–1941 年。

普遍而言，我们不可能认为儿童有绝对恒常之物的观念（如物理学家所理解的自然那样的绝对恒常之物），况且，即使在成人那里，绝对恒常之物的观念也不属于知觉世界。这里的问题仅仅在于，我们要在儿童那里辨认出一种知觉组织，它先于各种逻辑运算，并能够根据它自己的逻辑来运作。

在断定儿童的知觉具有结构的同时，我们并不必须断定这是一种与成人知觉相似的知觉。梅利在发表于《心理学文库》的文章“儿童知觉以及形态心理学”[1]中明确指出了儿童知觉的结构与成人知觉的结构的不同之处。在儿童那里，知觉是融合性的（借自克拉帕雷德的术语）。各种结构是堆叠的、总体的、不精确的。然而，有时候儿童又会逗留在那些最微小的细节上，这些细节与总体没有连接，显得突兀。与成人相比，儿童更受制于非此即彼的选择：要么以总体的方式知觉，要么通过细节去知觉。因此，儿童的知觉既是总体的，又同时是零碎的（这并不矛盾）；成人的知觉则是关联在一起的。让我们以儿童画自行车为例。儿童再现了一个大致连贯一致的整体，突出了一些细节（例如脚踏板），但几乎完全忽视了存在于不同部件之间的机械关系（例如脚踏板和后轮之间的关系），而成人的绘画则是由这些机械关系引领的。

194 梅利区分了知觉的形态（旋律、节奏）和结构（各种细节彼此之间的确切联系）。儿童的知觉往往能够把握形态，但很少能把

① 原文给出的参考文献资料为：Richard Meili, « Les perceptions chez l’enfant et la psychologie de la forme », *Archives de Psychologie,* 1931–1932. 这与实际文题 « Les perceptions des enfants et la psychologie de la Gestalt » 略有出入。——译者注

握物体的结构。有一些总体，它们的形态复杂，但结构非常简单，儿童就可以把握到它。

但是一旦结构复杂起来，儿童就会注意不到，就会落回到对细节的分析式知觉之中。这种零碎的知觉因此意味着一种杂乱无章的反应。

对于一个复杂的图形，儿童同样能够做出基于相似性的假设：他将复杂的结构归并为一种他熟悉的、更简单的结构，同时为此结构加上各种不协调的、曾经在结构复杂的画里给他留下过深刻印象的细节。

因此，我们看到，儿童的知觉不缺乏综合，而是缺乏被清晰细化地表达出来的综合。另一方面，儿童的知觉具有一些明显是积极的面向。儿童比成人更容易知觉到一些总体（例如，儿童知觉到“频闪运动”的门槛比成人更低）。这是因为儿童具有更多数量的“完好的形态”，也就是说，他比成人更容易组织起一些总体。只不过，当总体过于复杂时，他会落回到零碎的东西之中。总之，他最能知觉到的，是一些几乎没被分化的结构。

因此，我们不会像皮亚杰认为的那样，在采取格式塔的解释时被迫采纳了“天赋观念论”。考夫卡在题为“心理学”的文章中[①]对格式塔的观点做出了澄清。他解释道，儿童知觉始于一种杂乱无章而且相对来说混淆难分的状态，从这里，一些形式浮现了出来。彻底的混乱（Und-Verbindung）是难以设想的；不可能有对

① 考夫卡：“心理学”（Psychologie），刊于 *Lehrbuch der Philosophie*, hgg von M. Dessoir, IIe partie. « Die Philosophie in ihren Einzelgebieten » (« La philosophie dans ses domaines particuliers »), Berlin, Ullstein, 1925 年。

混乱的意识，因为意识必定是对在深基上突显的某种东西的意识。“彻底的混乱”的构想、多元论、分析，这些都是成人的构想。儿童经验始终都是对某个整体的经验。但是如下这种说法是被允许的：知觉从较混乱的状态走向结构化得更好的状态：儿童很少有结构化，但绝不是完全没有结构化。

195 总而言之，指责形态心理学为“天赋观念论”是错误地解释了它。这一错误在某种程度上是有根据的，因为某些格式塔学家似乎只让一些外部条件（各种刺激的接近度和相似性）在形态的建构中发挥作用，这些外部条件自生命伊始就被给予了，而且这些格式塔学家还低估了其余的一些内部条件。但其他格式塔学家，就像戈尔德斯坦在他的《机体的结构》[1]里做的那样，通过强调机体里的一些抽象的东西，取得了让人非常满意的成果。形态心理学的重要功劳在于强调了“结构化”的观念，即强调了一种秩序，这种秩序并不是被另外附加到各种材料上的，而是内在于各种材料的，并通过它们的自发组织而实现出来。

证实我们的观点

我们将通过研究几本新近的著作来验证这种想法：

1. 皮亚杰关于知觉发展的最新著作。

2. 米乔特：对因果关系的知觉。

最后，我们将会通过研究儿童画来进行对照检验。

---

① 戈尔德斯坦：《机体的结构》（*Der Aufbau des Organismus*；*La structure de l'organisme*），伽利玛出版社，1951 年。

皮亚杰的著作

对于知觉发展的研究：

I）对同心圆的视觉知觉（德伯夫）。《心理学文库》（1942-1943年）。[①]

II）比较在不同距离所见的高度的视觉（同上）；

III）比较纵深的视觉的问题（大小的恒定性）。

外加另两本文集，它们收在《心理学文库》后面的卷册里。

我们将主要讨论前三个著作。 196

显然，这些著作的目的是对形态理论进行批判性研究。

皮亚杰谴责某些形态理论家倾向于将智力化约为一种知觉事实。例如，韦特海默在他关于三段论的研究中[②]：设两个相等项A和B。如果B等于C，显然A也等于C。这项逻辑运算是通过两个知觉来完成的：首先，我们知觉到A是与B相等的；然后，我们知觉到B是与C相等的，于是我们进行综合。知觉恰恰在于为一个所予注入一种含义。因此，推理是一种知觉事实。

就“任何推理都是以这种三重知觉为前提”来说，韦特海默的分析并没有错。但是韦特海默没有看到，在这里，知觉获得了一些全新的特性：在严格意义的知觉层面上，如果确实存在对于

① *Archives de Psychologie*, 1942-1943.

② 韦特海默：《关于格式塔理论的三篇论文》（*Drei Abhandlungen zur Gestalttheorie*），Erlangen出版社，1925年。

意义的直观，那么让B作为A的相等项的知觉就是排它的（当我们知觉到景深上的某一显形时，这种知觉就是排它的）。但是在我们的例子里，我们同时知觉到B相等于A，且相等于C。B同时在A的视角、C的视角所看见。正是这种两种不同关系中的视看的恒常性，使推理、综合得以可能。在韦特海默的假设里，我们没有进行推理，我们在一种关系中知觉到A，然后又在另一种关系中知觉到A；于是，根据这种正在被思考的视角，A变得难以辨认。因此，使综合成为可能的是这样一种东西：它超出了日常意义中的“知觉”，而且它使得A能够在两种不同的视角中被同时辨认出来。

这是科勒的黑猩猩所缺乏的；[①] 黑猩猩仅能从一种关系看待物体：一只黑猩猩把一个箱子当作潜在的阶梯时，就不再将它当作潜在的椅子了，反之亦然。

因此，皮亚杰对“智力被还原为知觉”的讨论是有道理的。但是他提出的用于取代这种经验主义的，只不过是传统智性主义的另一种形态，而这正是我们无法同意他的地方。事实上，他力图指出，调节——在其彻底的原始意义上来说——只是逻辑运算
197 的雏形。他清楚地区分了“感官-运动的智力”与确切意义上的智力，但是他对之所做的分析却并没有走出传统心理学的路径：我们将会看到，“感官-运动的智力，要么是各种观念的联合，要么是逻辑运算”。因此，所有这些研究都将知觉描述为一种不完全的智力，而非描述为正面的事实，而且皮亚杰没有抓住他最应该把

① 科勒：《高等猿猴的智力》（*L'intelligence des singes supérieurs*），Alcan出版社，1927年；新版，法国大学出版社，1973年。

握的一点：儿童所知觉到的世界。在这件事上，在他看来，最好的方法是“尝试以各种智性活动的语言来表达被知觉到的世界之中的各种关系”。简而言之，他企图“翻译”知觉，用形式逻辑的语言来表达知觉。这种方法的唯一结果将会是：强调知觉里那些非逻辑的东西、那些从智力角度来看知觉所缺乏的东西。这种做法使皮亚杰落入到他自己提出的批评之中——那些针对鲍德温以及鲍德温之前的心理学家的批评。

皮亚杰对德伯夫错觉的解释

I. 对这种错觉的描述

对于两个同心圆所组成的总体，要根据外圆的各种变化来确定内圆的表观大小。

设两个同心圆，A 和 A’：A 是内圆，A’ 是外圆。再设另一个圆 $A_2 = A$，圆 A_2 在另两个圆之外，作为对照。①

我们将改变 A’ 的直径。我们的问题是要知道这种改变对 A 的表观大小有什么影响，而 A 的表观大小是通过 A_2 来衡量的。

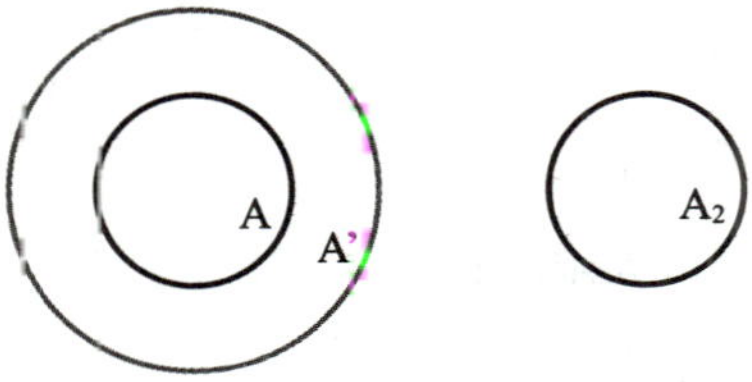

① 下面的图是从皮亚杰的原著上找的。——译者注

我们观察到以下一系列事实：

—— 当 A’ 非常接近 A 时：情况不明确；

—— 随着 A’ 增大，出现了一种**递增的正错觉**，也就是说，A 越来越被高估，直至错觉的最大限度；

—— A’ 一直在增大，正错觉减退：A 一直被高估，但是被高估的强度越来越低；

—— 当 A’ 位于 A 之外的某一距离时，我们观察到一个**无错觉点**，也就是说，A 以其真实大小被知觉到，A’ 没有产生任何我们能感觉到的影响。

198 —— 当 A’ 增大到超过了无错觉点时，一种**递增的负错觉**发生了：A 被低估，而且被低估的强度越来越高，直至负错觉的最大限度。

—— A’ 一直增大，负错觉减退，也就是说，A 一直被知觉得过小，但是被低估的程度越来越低。

—— 最后，当 A’ 仍在增大时，它不再影响我们对 A 的知觉，错觉彻底消失。

简而言之，随着 A’ 直径增大（从 A 和 A’ 的直径非常接近开始），我们观察到：

—— 不明确的情况；

—— 递增的正错觉；

—— 正错觉的最大限度；

—— 递减的正错觉；

—— 无错觉点；

—— 递增的负错觉；

—— 负错觉的最大限度；

—— 递减的负错觉；

—— 无错觉。

我们还观察到以下事实：

—— 对于各种小图形的错觉比对于各种大图形的错觉更强；

—— 儿童的错觉比成人的错觉更强：成人那里那些最大限度没有那么高，而且错觉也更快消失（也就是说，成人在 A 与 A' 之间更短的距离之内，才会有错觉）。

II. 皮亚杰的解释

在儿童那里，他知觉到的世界先于他（通过智力）理解的世界。皮亚杰否认这个被知觉到的世界具有任何稳定结构：他认为只有智力才能引入稳定结构。因此，他认为儿童的世界里的物体没有恒常性。在表象世界被建构起来之前，在知觉层面不可能有任何恒常的物体。各种眼视错觉证明了，没有智力支撑的知觉是不可靠的、不真实的。

a）将现象转置到逻辑语言中

皮亚杰试图以形式逻辑的语言来表达（在同心圆错觉中）观察到的各种现象：他比较了逻辑关系和知觉关系，并且以如下方式来表述错觉的过程：

设 A 和 A' 两个圆所组成的总体为 B。如果 B 不是一个被知 199
觉到的图形，而是一个（从逻辑意义上来说的）类的总体或者是一个逻辑系统，那么，这一总体的各个部分之间差异的任何增长，都会表现为它们之间相似性的降低（如果 B = A + A'，则我们必然得到 A = B – A'，或者任何其它可逆的逻辑关系）。相反，在知觉中，差异和相似性有时候会彼此独立地发挥作用。

—— **在正错觉之中**，相似性比差异更具优势；内圆以某种方式附于外圆，并分享外圆的大小；

—— **在负错觉之中**，差异比相似更具优势：A 和 A' 分离了，它们的差异显得比实际差异更大。

这就是皮亚杰以不同方式所表达的东西，他始终都在运用形式逻辑的语言：

——在各种知觉的总体之中，各部分的变化导致了一些既没有被抵消，也无法被抵消的转变：它们是不可逆的关系。

—— 又或者：在总体 B 之中，随着各部分的彼此分化，各种平衡状态出现了变动（每当总体的值发生变化时，可以说都会出现一种新的平衡，其中要么是相似、要么是差异占据主导地位）。

简而言之，知觉总体的平衡条件与逻辑总体的平衡条件是不同的：所涉及的关系中并没有严格的群组；相似和差异并不是以逻辑方式发挥影响的，而是以因果的方式；相似行使某种引力，差异行使某种斥力，这使各种相继关系不会是相互累加的。

然而，必须要注意一种知觉调节，它通过一个事实被证实：错觉在超过某个最大限度之后会递减。

b）皮亚杰的解释

错觉根据整体的大小和被试者的年龄而变化。

—— **总体的大小**：这似乎证明，错觉最重要的因素是圆 A 和圆 A’之间的实际间距；

—— **被试者的年龄**：这似乎也同样由于 A 和 A’之间的间距：200
随着年龄增大，两圆之间接近程度的重要性降低。

“凝视”概念以及“目光的去中心化”概念

1. **凝视**：接近程度不仅仅与 A 和 A’有关，而且尤其与位于目光凝视中心的总体有关：在圆较大的情况下，错觉会消失，因为这些大的圆会使被试者离开知觉领域；而在圆较小的情况下，目光会集中在总体上。目光的凝视产生了一个中央区域，这区域包含了在同一时间落入目光的少数几种关系。如此，这一中央地带就成了我们知觉的尺度，并且相对于其余区域而言，它具有了一种基准价值。不过，任何目光凝视都会导致被凝视的区域被高估。其余区域会被低估。

由此可见，这种关系与各种逻辑关系完全相反：设想自然景貌中被相继凝视的三个区域 F_1、F_2、F_3；F_1 与 F_2 区域可以是难以分辨的，F_2 与 F_3 区域同样可以是难以分辨的：这并不会导致 F_1 以及 F_3 被知觉为是难以分辨的。

2. **去中心化**：与这种凝视相应，修正（如果它发生了）必须通过目光的去中心化来进行；各个相继的凝视彼此相互修正，并且带来新的协调。

皮亚杰区分了相对的去中心化和绝对的去中心化：在德伯夫错觉之中的两个无错觉点具有不同意义：当错觉彻底停止时，存在的是**绝对的去中心化**，也就是说，两个同心圆分别是两个如此不同的目光凝视的对象，以至于在眼睛看来，这两个圆不再属于同一个总体。但是对于正错觉让位给负错觉的那个无错觉点而言，存在的是相对的目光去中心化：相似的力与差异的力只有在关系颠倒发生之前才能达至均衡；然而，在绝对的去中心化之中，这些力就完全不再产生影响了。

因此，德伯夫错觉所显示的全部现象都被皮亚杰的语言所解
201 释了——通过建立一种具有知觉价值的尺度解释了，而其它所有知觉都根据这个尺度被衡量；这里所提及的尺度，正是目光凝视的中央区域。当总体的各个部分不再处于这一相同尺度内时，就不再有错觉了。

然而这里存在一个困难。我们已经说过，这一切发生得就仿佛各个相继发生的凝视始终都以第一个凝视为参照。而实际上，不存在这类情况，因为：

1）错觉同样发生在视觉记忆测试镜上，且仅仅只涉及单一凝视。

2）我们可以通过采取一种分析态度来纠正错觉：尽管 A’ 会对 A 发挥引力，但我们必须只凝视着圆 A，拒绝考虑圆 A’。这样一来，我们就实现了一种“虚拟的目光去中心化”。

因此，皮亚杰认为，我们的知觉平衡状态是被所有可能发生的相继凝视所激发的，而知觉调节就是虚拟凝视对当前凝视的影响。由此产生了如下这种知觉生成的观念：当所有可能发生的凝视点都被纳入考虑时，知觉的某种决定性平衡状态就被建立起来了，而与这一知觉相伴而来的，是恒常物体所组成的世界。简而言之，在成人所知觉到的稳定世界里，所有虚拟凝视点都是通过

修正唯一一个凝视来发挥作用的，而这就是错觉发生的起因。

3. **在透视知觉中的应用**：皮亚杰通过去中心化机制解释了如下这一事实：目光能够把随着物体远去而变化的表观大小识别为具有同一性。每当凝视着物体的目光在当前把目光集中于物体表观大小的时候，所有可能发生的、虚拟的目光集中化都会涌现出来，让物体显示为其真实的大小。

同样，当我们以透视的方式看一个立方体时，会将那些表面上倾斜的边识别为实际的四方形，并将这个整体识别为正方体：这是因为，当前的景象伴随着一些虚拟的目光集中化，这些虚拟的集中化让我们知觉到斜线，并同时让我们将这些斜线恢复到它们的垂直位置。（如此一来，远处的物体既以缩小的尺寸被看见，同时又以其真实大小被知觉到。）

因此，对皮亚杰而言，真正的去中心化（这种去中心化基于这样一种可能性：把所有虚拟的目光凝视包含在当前的目光凝视之中的可能性）只可能发生在智力层面：若仅就知觉层面而言，在这一层面既不会有绝对的去中心化，也不会有具结构的、恒常的世界。

审视皮亚杰的诸概念 202

皮亚杰对于知觉的各种解释具有一种假设性特征：他构造出一整套假设，这套假设与观察结果相吻合。然而，即便是在其它科学中，这也已经无法满足理论的要求了：理论还必须提供对现象机制的可理解的见解。在心理学中，人们无法回避地要诉诸亲历经验：然而，很显然，皮亚杰的图式并不符合被试者的经验。其图式是联想主义的，“当前目光集中化”以及“虚拟目光集中化”这些概念以及它们的相互作用让人想起各种物理学构造，比如力的各种组成部分。

I. 主要的异议：知觉调节是根据先前习得的图式来进行的吗？抑或，知觉调节是每个知觉本身所固有的？

如果知觉的各种当前所予是由先前习得的图式所修改的——那么是什么东西告诉了当前知觉它有必要应用这一图式呢？为使去中心化的图式发挥作用，当前知觉中的某些东西必须召唤它发挥作用。这是形态理论所指出的东西：“图象投射”（也就是这样一个事实：一个不完整的所予，例如一个句子中的一些词，仍然会被知觉为是完整的）；这种投射只有在不完整的显形自身蕴含意义的情况下才能发生。这种对记忆的召唤（被柏格森所援用）、对先前知觉的召唤，只有在当前的形构与之相合时，才会发生：例如，当显形寓于一个总体之中时，会出现一个更强的形态（伪装的原理）。同样，虚拟知觉只有在被某些当前的东西召唤时，才能起作用。正是在这种意义上，克拉帕雷德宣称道，我们必须承认，在每个当前知觉之内，都存在着对最大限度补偿点的参照、存在着迈向客观性的当前定向。

皮亚杰非常抵触“当前知觉具有某种内在定向”的看法；他假设，调节是根据先前的模式来进行的——而这一假设恰恰是有待被证明的。皮亚杰仅承认我们知觉的两种组织样态：

1）各种回忆的联想、积累，以及知觉对这些回忆的召唤；

2）逻辑的、操作性的组织，这种组织在儿童那里实际上是不存在的。 203

因此，这里缺乏的恰恰是我们知觉里更原初的东西，即**格式塔理论**揭示出来的内在组织结构。

II. 对表观大小的知觉的调节。

众所周知，在物体远去时，其表观大小的缩小远不如视网膜上的图象缩小得那么迅速（参考：这种反差在照片或胶片中更加显著）。这源于一种知觉补偿，它会缩小那些离得太近的物体，放大那些离得太远的物体。皮亚杰假设，在这里发挥作用的是对物体平均大小的回想、对先前某些目光集中化的参照：但实际上，这种尺寸守恒的看法是没有道理的：

1）在我们的意识中，我们找不到任何与这种参照对应的东西；

2）皮亚杰说得就仿佛事情是这样的：物体尺寸的变化、视角引起的转变（例如平行线之间逐渐缩窄等等）都是一些真正的转变——而其它素材（例如**回忆**）的介入会与它们产生对立；或者，正常的、总体的知觉不可能估算出表观大小的各种变化：若要进行估算，就必须要用一种人为的分析性知觉来代替总体知觉（比如：闭上一只眼睛、运用某种基准）。几何透视法是某种人为转置的产物。实际上，各种空间值（距离、大小等等）都是整体形构的组成部分、都是场域的各部分彼此之间的某种相互作用的结果，每个部分都具有与其它各部分的值相关的独特的值：我们在任何时候都不会借助介入先前知觉的记忆来把这种总体知觉接合在一起。

III. 对被比较的各种高度的知觉的调节。

在其它文章中，皮亚杰分析了我们在比较各种高度时出现的各种现象，他发现：

—— 当物体彼此靠近时，比较是准确的；

—— 当被比较的物体彼此远离时，比较就不准确了：在此情
204 况下，人们总是会高估作为衡量标准、作为基准的那一方；这是由一些非逻辑性、不可逆的关系所导致的，同一方在被当成基准时显得大，而在作为被衡量物时则显得小；

—— 但是，如果我们并不是比较具有不同高度的两个物体，而是比较具有两种高度的一整个系列的物体，则所有知觉错误都会消失。

皮亚杰的解释：在系列性的比较之中，错误都消失了，这是因为，在该系列之中，每一项都被交替地当作衡量标准以及被衡量物。概括而言：这一系列比较物对知觉进行了渐进指导，这可以被视为是建构起了时间性的系列，或许正是这种进行同化作用的图式，消除了错误。

异议：我们似乎不能把要被比较的各个系列视为一个总和——由分离的、被依次比较的物体所组成的总和。我们非但不能把一个系列视为一个*总和*，而且我们不是更应承认一个系列建构出了一个新的*整体*吗？这个新的整体不同于组成该整体的那些分离的、并列的物体。儿童在比较一个系列的各个组成项时，已经比他比较两个物体时更准确了；这应该能证明，即使是儿童的知觉——当它要处理好几个要素时——也趋向于某种客观的组织

结构。

［第一批编辑的注释：缺了 1950 年 2 月 2 日的课程，该课程讨论了表观大小的恒定性以及色彩的恒定性。］

对因果关系的知觉

（米乔特：《对因果关系的知觉》，弗汉出版社，1946 年。）

I. 导论

指导思想：世界在原初就被知觉为一种组织结构，这种组织结构若不是完整的，也是具整体性的；此中，结果与原因相联系，而且在任何智性表象出现之前就是如此了。

普遍而言，对儿童经验中因果关系的研究只关注儿童那些被转化加工过的表达，更多地是针对儿童的各种智性观念，而非针对知觉经验；但是，智性观念与知觉经验彼此之间相去甚远：卡西尔的《符号形式的哲学》[1] 通过分析原始人的各种神话中的因果 205
关系，得出结论：要理解原始人对世界的各种构造和构想，必须以他们的知觉为起点。同样，如果我们想准确地理解儿童的世界，则我们必须首先在知觉层面对其进行研究：因果关系正是在这一层面上逐渐转化而来的。

对因果关系的传统分析（休谟与马勒伯朗士）：一旦对现象进

---

① 卡西尔：《符号形式的哲学》（*Philosophie des forms symboliques II*（*Philosophie der symbolischen Formen II*）），子夜出版社，1972 年。

行客观分析，因果关系就消失了。当我们研究两个台球时（第一个球撞击第二个球，第二个球开始运动），我们以隐喻的方式说，第一个球的运动“被转移”到了第二个球里。但实际上我们仅仅只观察到第一个球停了下来，而第二个球开始移动。结论：将第一个球与第二个球联系在一起的因果关系关联是一种主观的或者想象的关联，并不存在关于因果关系的经验。休谟的分析将关于运动的经验化约为仅仅只是关于位移的经验。

形态理论家提出的异议：传统的分析似乎**只有在如下这种前提下**才不会受到质疑：分析者通过对知觉场进行分解、分析，**已经预先把知觉场化约掉了**。被亲历的知觉场充满着各种各样的关系，遍布力线、“向量”线[①]；但是要把握这些关系、这些线，就必须按照外在世界被给予的样子来看待外在世界，而不是将外在世界化约为各种孤立的**刺激**的总和。这就是休谟和马勒伯朗士对视觉场进行的化约：当我们不再考虑活生生的景象，而只考虑以“点对点”的方式被分解的某种繁多性的时候，我们不仅将再也无法发现因果关系的痕迹，而且我们还将用某种假想的世界取代被知觉的世界。

在传统心理学家看来，儿童的因果关系观念源于一种投射——把内在经验所知觉到的各种“力”投射到各种事物之中。这应是一种很有可能存在的投射，因为儿童还不知道主观和客观之间的区分。周围世界中没有任何东西与这些因果关系相对应。

---

① 参见库尔特・勒温：“战争景象的描述”（*Kriegslandschaft*, « Description d’un paysayge de guerre »），载于《应用心理学期刊》（*Zeitschrift für Angewandte Psychologie*），1917 年，第 12 卷，第 440–447 页。

皮亚杰重拾了这个来自曼恩·德·比朗的想法。对于米乔特而言，这里涉及的是一种有待讨论的假设。米乔特认为，事物一上来就以“正在做某种事情”的状态向儿童呈现。在儿童看来，移动的球并不是一个处于位移状态中的物质碎片，而是对另一个存在产生影响的存在。儿童看到A物体引起了B物体的运动；他在这其中就知觉到了因果关系。

米乔特通过他的一些实验表明了，这种因果关系是否被知觉到，取决于一些非常确定的条件：这些条件始终属于感官范畴，而非智性范畴，这证明这里涉及的是真正的知觉，而非某种表象。显然，被知觉到的因果关系并不是科学家所说的因果关系（即函项与变量的关系），而是一种具有创造力的、近乎神奇的因果关系：当我们看到葡萄酒被倒出时，我们并非知觉到液体从一个容器转移到另一容器，我们实际看到的是葡萄酒从细颈瓶中流出。 206

这种知觉是“拟人化的”。但是正如海德格尔的一则评论所说：对一个完全客观的、不具有任何拟人化谓词的世界的知觉，是不可设想的。即便是纯粹几何学的世界也不可能不具有与人有关的成分；因此，几何图形，例如圆形，可以被解析公式表达出来；但是一个从未见过圆形的主体，就无法重构出对这一公式的直觉感。整个几何学都建基于关于轮廓外形的概念，这种概念本质上是拟人化的，也就是说，这种概念是关于“外部”和“内部”之间的某条边界的，此区分只对主体而存在，而主体本身处于空间之中，他从某一视角（即其身体）去观看——只有对这一视角而言，外部和内部之间的区分才具有意义。没有主体，就没有轮廓外形；主体对一些被给予他的要素进行结构化，从而造就出图形。

II. 米乔特的实验

被试者通过一个有缝隙的屏幕观看第二个屏幕，在这第二个屏幕上投射着两个方形：方形A在左边，另一方形B在中间。在观察者的眼中，方形A向右移动，与B会合之后停下来。轮到方形B开始运动：在某些条件下，观察者会有这样的感受：**是A将其运动传递给了B；观察者会有对某种因果现象的知觉、对某种“投掷效应”的知觉**。

这种因果关系的效应受制于一些严格条件，这些条件始终都属于感性范畴，而非智性范畴：它们是地形、空间、时间方面的条件：当B开始运动的那一刻，如果A消失了：

—— 在A和B发生碰撞时，它们应该是呈现在屏幕上的，我们这时有这样的感受：只有一个方形从左边移动到了右边。

207 —— 必须直面屏幕观看：如果碰撞发生在边缘位置，我们就会有“隧道”效应，也就是说，我们会有这种感受：A从B的后面经过，并继续移动。

—— A与B之间的距离以及B的行程都不应该太长：只有当现象被集中在碰撞上时，才能获得投掷效应。超过某一限度后，投掷效应就不再发生了，两个方形似乎就在“各自为政”地游移。

（这些类感官的条件表明，这涉及的是真实的知觉：若这涉及的是记忆的投射，那么它怎么能由这样的条件变化来决定它可能发生还是不可能发生呢？）

通过变换速度和路径，我们会得到除了投掷效应以外的其它效应。例如，当A和B处于运动状态时，当A行进得更快，并继而与B会合时，我们有时获得“飞行投掷”效应，有时获得“连锁效应”。

—— 经验本身无需有任何改变，投掷效应就会被知觉场的形构的种种改变而破坏，例如通过以下做法：用静止物体围绕B；或者在B的右方增加第三个物体，而这第三个物体以与A相反的方向朝B移动。（这项实验仍然证明，这里涉及的是知觉范畴的现象：记忆的投射绝不受知觉场的变化——与该现象本身无关的变化——的影响。）

—— 米乔特甚至用一些“影子物”（类似一些模糊不清的斑点、被光照亮的光面）来获得投掷效应：他要么是在一个方形与一个“影子物”之间获得投掷效应，要么是在两个“影子物”之间。这些近乎神奇的效应绝对是非理性的，被试者感受到的是“从一个世界到另一个世界”的因果关系。

—— 在碰撞之后，当B运动得比A更快时，A与B之间的投掷效应会被“触发”效应所取代。

米乔特试图更准确地把握对于投掷的感受；现象始终都被被试者知觉为一种总体现象、一个整体，该整体只属于唯一一个力，而绝不可能被知觉为两个运动：它更多地被知觉为从A的运动到B的运动的**转形蜕变**：这是一种传递性的因果关系，这两个运动属于同一条“世界的线”、属于唯一一条力线。休谟和马勒伯朗士恰恰是由于分离了这两个运动，于是走到了否定客观因果关系、将 208

运动化约为仅仅是位移的地步。事实上，运动与位移之间有惊人的区别，米乔特也阐明了这种区别：他用“运送”效应（成群结队的位移）替换投掷效应（运动），“运送”效应是A与B会合之后两者一同继续行进时获得的；因此我们就有了这种感受：A在运送B（A“在运动”，而B仅仅是“被移动”了）。

另一组实验阐明了对于自体移动的真正生命运动（比如爬行或者游泳）的知觉，这些实验借助了一些示意图解：

爬行：一个矩形的两条垂直边交替移动；如果运动是从左到右的话，首先，随着右垂直边从左到右的位移，矩形膨胀，而右垂直边在几厘米之外静止下来；此时，左垂直边朝着同一方向移动，而当矩形达到其原始尺寸时，左垂直边静止下来；总而言之，矩形在更靠右的位置被重构了；这时右垂直边又立即重新移动了，始终朝着同一方向：这种爬行效应非常令人惊叹。整体的运动似乎是由某种内部变化决定的。矩形的两条边自发地被指定为“头部”和“尾部”，而且这一矩形被知觉为活生生的机体。

游泳：仍是一个矩形，通过两条垂直边同时向相反方向的位移，它膨胀变大（左垂直边向左，右垂直边向右）。第二步（为了获得向右的运动）：右垂直边继续向右运动，但速度更慢，在此期间，左垂直边急速返回以占据某个位置，使矩形重新达到其原始尺寸。完成这一步后，相同的一系列运动又重新开始。这产生了难以抑制的游泳效应。运动似乎始终是由某种内部变化而产生的，在所有被试者看来，这种内部变化都显示为是由某种物质内部的往来流转所激发的。矩形似乎充满着某种游移涌动的细胞原生质。

当我们将“头部”的运动与“尾部”的运动相分离时，仍然能获得位移，但是自体移动效应就被破坏了。

值得注意的是，尽管矩形的两条水平边在运动中没有扮演任何有实效的角色，然而当它们被移除时，游泳效应就会被破坏；要组成一个封闭图形，这两条水平边的在场呈现是必不可少的；209
在这一封闭图形的内部能够产生“类物质”的运动，而这种类物质运动是构成整体运动的始作俑者。

III. 对这些结果的解释

这些实验表明，对因果关系的感受可以根据感官范畴的某些确定条件被诱发和改变。传统心理学家反对这种解释，认为一些少量的刺激不会在观看者那里引发对过去经验的回忆（比如对投掷、爬行、游泳等等的记忆）。

但是：

1）如果要使每个出现的效应都能够引发对过去经验的回忆，要使一整组现象中的某些变化——某些表面看来微不足道的变化——能够阻止回忆的产生，那么，我们关于物体碰撞的实验、关于动物运动的实验可能就应该比实际上的实验要精确得多、多变得多。

2）如果我们假设：“我们知觉到运动是由于某个回忆（即借自我们关于真实的运动、爬行、游泳的经验里的回忆）被召回了，因此，在米乔特的实验里，因果关系并不能被直接知觉到”，那么还有待解释的是：我们是如何能够在看见游泳的动物或者看见被投掷的小石块的时候知觉到因果关系的。如果休谟言之有理，如果各种因果关系都不落入知觉范畴（即如果因果关系是一种纯粹智性关系），那么，因果关系从定义上就是“不可被知觉的”：如果真是如此，那么，因果联系在真实的因果关系中和在伪因果关系中，可被知觉到的程度是相当的。

3）最后，让我们假设因果关系确实涉及对回忆的呼召：那么，为了让这种呼召在（如上文所列举的）这些条件下发生，相反在其它条件下不能发生，还必须由当前知觉中的某种东西来使这种呼召成为可能或者不可能。而这“某种东西”恰恰就是因果关系现象。根据逻辑，在知觉场引入第三个要素（参见上文）不会改变 A 和 B 的相对位移。这恰恰是因为，这里涉及的不是逻辑的组织结构，而是知觉的组织结构。对因果关系的知觉是受场域形构影响的，这种知觉也完全是对感性形构现象的知觉。因此，
210 存在对因果关系的知觉、存在被知觉的世界；当我们研究儿童的“人为主义”和“泛灵主义“时，我们一定要谨记这一点。

儿童画

一些初步说明：

1）**儿童画是否具有一些不受文化影响的恒常特征？**我们在对一些儿童画集进行比较时，即便只是近五十年来的画集，会讶异于它们风格上的差异——这些风格似乎始终都与那个时代的普遍风格有某种亲缘性。同样，不同国家的儿童画也证实了它们本质上的差异。[①]

---

① 参看赫伯特·里德：《通过艺术开展的教育》（*Education Through Art*），Faber and Faber 出版社，伦敦，1943 年。

要辨别什么是属于文化的、什么是属于儿童本人的，是不可能的。在关于绘画的讨论中，社会学的，甚至是意识形态的一些考量总是会参与其中（因此，在某些马克思主义者看来，非具象的儿童画可能完全是资产阶级文化环境影响所带来的）。

就当前时代而言，我们应该注意到，自马奈以来，所有绘画问题都以一种激进的、根本的方式被重新思考了（借助于蛮人的艺术、东方的艺术）等等。激进的现代绘画不可避免地会与儿童的表达样态相遇，而儿童的没有达至被认可的表达样态也是“激进的”。但是这种内在关联只存在于儿童画和像现代绘画这样的画之间。在大多数情况下，这应该和某种影响有关。成人的各种尝试都会在儿童环境那里引起回响：如成人的宣传告示、店铺门面，甚至家具都在扩散二、三十年前开始兴起的一些表达样态；对各种艺术尝试的这种同化和扩散始终存在，而且儿童对这种传播形式非常敏感。

我们必须注意的是，“各种艺术尝试都会对儿童画产生影响”这一论点，同样适用于“写实主义”的儿童画：在一个禁止非具象艺术的环境中，儿童的写实主义绘画仍与其环境紧密相连。

因此，我们不可能将儿童与各种文化影响割离开来，割裂两者的问题是一个伪问题；即使环境完全缺席（如果我们能设想这 211
种情况的话），这种缺席也会作为一种特殊的环境（即孤立状态）而对儿童发挥作用，并且会在这个方向改变儿童的创作。

因此，如果想要讨论儿童画，就必须认真考虑儿童画的各种结构性特征。

2）**儿童画在多大程度上反映了儿童的知觉**？我们是否可以认

为，儿童通过绘画来模仿他所看见的东西？可以肯定的是，儿童画的不少特质都是由运动上的笨拙所致；但是我们很容易就可以把儿童画的这些负面特质与其正面特质区分开来，并且辨别出儿童真正把握到的是什么。

儿童画的含混并不必然是由他视象中各事物的含混所致；儿童并不太看他笔下的东西。但是，如果我们承认，自发的儿童画往往是他对事物的内在视象的再现，那么，儿童画的低准确度就意味着儿童几乎不关注事物的轮廓外形。所以，从这一意义而言，他的绘画以总体的方式表达了他的知觉。

但是他并没有严格地模仿自然；他所做的始终是一种表达，因为他是把我们在纵深中看到的东西转移到了一个单一的平面上。在我们看来，几何透视法（即根据系统化的法则所做的翻译）忠实反映了我们的视象，因为悠久的艺术传统已经让我们对这种手法深信不疑。因此，当儿童运用另一种描绘手法时（例如，“叠合压平”手法——用四、五个并列的方形来描绘一个立方体），我们应该将其视为一种与透视绘画同样正当有效的描绘：儿童不会将这些并列的方形视为是处于同一平面上的。

还没有习惯孩子的“钥匙”的，是我们。

普度欧莫的异议：人们不知如何赋予儿童的手法和成人的手法以同等尊严，这是因为，所有儿童都是从儿童手法开始的，随后又放弃了儿童手法转而使用其它手法。

但是，这一事实并不意味着我们有权将我们的描绘样态看成是唯一正当有效的、与我们所知觉到的现实“最接近”的（参见：现代绘画的各种尝试）。

因此，将会成为我们共识的是：儿童画将不再被视为是对世界的复制——对被给予他的世界的复制，而是被视为一种表达的尝试。

吕格所理解的儿童画 212

吕格的《儿童画》[①]是对儿童画的第一个总体研究，此书已成为经典，吕格在此书中提供了一些重要的而且总是很准确的事实——尽管他的解释是可争论的。

各种事实：

1）**在儿童看来，绘画是一种游戏：**他对这一点有明确的意识，例如，他会将他的画和他被要求画的解释性草图仔细区分开来（并同时就这些草图说道："这不是为了画画，而是为了展示"）。对儿童而言，他的画是作品、是个人成就（有时他会在半小时内画出一百多个小人偶来）。

但是儿童的绘画几乎总是以事物为定向的（吕格称之为绘画写实主义）；一幅没有可被指定的含义的描绘"事物"的绘画。

2）**画的可塑性：**儿童并不总是对他的画感到满意，但他的修改是"暗地里的"，他很少完全划掉那些要被废除的线条，一切发生得就仿佛他再也看不到这些线条一样，仿佛视觉要素并不是必不可少的刺激物一样，只要"默默地在心里划掉"就足够了。

---

① 乔治-亨利·吕格：《儿童画》（*Le dessin enfantin*），Delachaux et Niestlé 出版社，1972 年。

同样，画的意义也有可塑性：画通常有某种“回顾性的”含义；如果画看上去更符合某种新含义，那么画的含义就可以在绘画过程中改变，而且这一过程中完全没有自欺。画是一种现实，它与各种物体具有同等地位：画是存在的，而且正因为它存在，所以它一定意味着什么。画成了一种自在现实，它的自在现实性是如此之强，以至于儿童忘了画是他的创造，以至于他会对画发脾气，或者会对画的所有细节，甚至是一些意外的污点都给出理由。

儿童用其绘画表达某些事物的能力也与我们成人的不同；几条线就足以让他认出物件。

3）**对经验无动于衷**：无论儿童可以观察到的现实是什么，而且即使他认识到现实是怎么样的，他都会根据某种式样来作画，并遵循此式样（例如儿童画中，手臂是被安在头部的等等）。

213 同样，儿童会毫不犹豫地让同一个细节在他的画里出现两次（比如在头上加上第二个鼻子等等）。这一切都清楚地证明，对儿童而言，绘画并不是要再现他所看见的东西。更确切地说，一切发生得就仿佛他在遵循某种仪式；他也会运用一些新的绘画手法，就仿佛他过去的做法是不好的。对他而言，这种内心的式样似乎与作画的主体是紧密相连的（比如，他不喜欢大人像他那样画“这个模板的副本”）。

儿童笔下的许多动物都长着人头，这证明儿童画并不是在模仿；儿童并不想描绘一个长着它自己的头的动物，而是想描绘一个长着“普遍的”头的动物——这个“普遍的”头是面貌要素。

4）**内心模板的呈现**：儿童所画的不是他所看见的，而是他知道是他所要描绘之物所包含的构成要素（比如卷轴的两个底端面，等等）[①]。这始终是在对物件进行一种具有原创性的重构。吕格称之为“智性的写实主义”。

对各种事实的解释：

吕格从这一指导思想出发：儿童画是“写实的”；也就是说，人们在儿童画里绝对找不到“简化主义”[②]（儿童没有象征主义的态度），也找不到“理想主义”[③]（儿童始终以事物为定向）。

尽管儿童画是“写实主义”，但它仍与事物相去甚远，这是因为儿童画必须经历好几个阶段才能变得完美。这些阶段：首先是“偶得的写实主义”，其次是“失败的写实主义”，再次是“智性的写实主义”，最后是“视觉的现实主义”阶段。

1）**偶得的写实主义阶段**：这一阶段儿童画的是随机的草图，儿童称其为“画”（参考：这是儿童模仿“普遍的语言”的阶段，在此阶段，儿童在没有发音说出单词的情况下，模仿语言的气质、节奏）。然后他察觉到他的画与某个物体有一些隐约的相似之处，于是他在作画之后对他的画进行诠释，比如他说：“这是一匹马”。

---

① 吕格的例子：儿童将卷轴两端画为两个圆，这不符合透视原理。——译者注

② 原文为“schematisme”，参见吕格：“写实主义”，《儿童画》，Delachaux et Niestlé 出版社，1991 年再版，第 106 页：“关于简化主义，我们在这里想指的是对要所描绘物件的一种简单化处理，它是通过如下这些被表现出来的：细节被减少，而且被保留下来的细节也是以粗略的方式画成的。”——译者注

③ 原文为“idéalisme”，参见吕格：“写实主义”，《儿童画》，Delachaux et Niestlé 出版社，1991 年再版，第 107 页：“相反，理想主义的做法是，有意地赋予描绘一些不符合被描绘对象的特征，可以说，这是为了让描绘出来的自然比自然更美……”——译者注

2）**失败的写实主义阶段**：当儿童意识到他的草图能够描绘某些事物的时候，他会有意地描绘这些事物。但是他会因为运动上的笨拙、注意力不集中、“缺乏综合能力”而受阻（无法将各种细节连在一起）；扎佐（René Zazzo）以及研究儿童学业表现的心理
214 学家发现，仅有 4% 到 5% 的儿童会过于重视细节、过于重视画纸边框（比如，希望填满整张纸、或者希望将所有细节都放进一个狭小自由空间等等）。

最终，儿童画的缺陷在于，它把现实中原本连接在一起的组成部分呈现为“分离”的样子；比如，动物的头和身体被分开了，眼睛在头外面，钟楼与教堂被分开了，房子的门位于窗户和烟囱之间，等等。

因此，在吕格的讨论中，儿童画始终都是以负面方式被定义的，其所有特质都被视为缺陷。

3）**智性的写实主义阶段**：儿童的运动敏捷性和注意力有所提升时，就不会根据他所看见事物的样子去描绘它们了，而会根据他所知事物存在的样子去描绘它们（参见：“儿童心理学的方法”[①]）。儿童会做出智性的描绘，并把一切能够明确解释他意图的东西都包含进去（比如，写上文字说明）。这种做法的后果是：画面不存在视角，以及有透明现象（比如，人躺在被单下面，但可以被看见；棺材里的死人可以被看见等等）。儿童运用了“叠合压平”，在他看来这是正当有效的手法——因为，比如，他并不打算把立方体投射到一个单一平面上，而是要同时运用多个平面。

① 这是本书另一章节：Méthode en psychologie de l’enfant。——译者注

4）**最终阶段：视觉的写实主义：**最终，视觉上协调一致的要求会使儿童专注于清晰分明地呈现那些彼此相关的组成部分，而这只有从一个单一视角出发才可能做到：这是因为这时儿童习得了几何透视法的原则。

图画性的叙事：这种叙事共有三种手法，前两种是成人采用的手法：

1）作画者会选择描绘一个行动最具决定性的时刻，以便观众可以猜测在此之前和之后发生的事；

2）埃皮纳勒式的图象处理手法：在事件里切割出一个含有诸多瞬间的序列，用图展示行动的发生过程；

3）儿童使用“具有连续性的”式样：他将各个不同时刻都归并在一个图象中。在某些情况下，儿童会在一帧不变的背景里画出同一批人物在不同时刻的样子；又或者，儿童会安排每个人物都只出现一次，与此同时，他会根据不同人物在“这个故事”不同时刻所持有的态度来描绘他们。

在吕格看来，这些仍是智性写实主义的现象，因为为了成全 215
连续性，视觉上的准确性被牺牲了；而成人则会为了成全视觉上的准确性而牺牲一切。

吕格的解释带来的困难

吕格一方面说儿童根据内心的模板来画画，另一方面又说儿童画既不是简化主义的，又不是理想主义的——当他这样说时，就陷入了自相矛盾。

吕格的困难来自于：他仅仅从“视觉的写实主义”这个单一

的角度来研究绘画，认为儿童应该达至这种写实主义，而且吕格是根据某种理想化的将来来判断一切的。他谈及了内心的模板，却没有从这一观点中得出任何结论。吕格没有以儿童画所呈现的样子来理解它，而是将儿童画与儿童成年后的将来相比较来对儿童画进行判断，因此，吕格的描述必然是负面的，他所选用的那些字眼就已经是负面的了："偶得的"、"失败的"。

"失败的写实主义"阶段完全是由缺失以及偶然性来定义的：笨拙、随机性、缺乏注意力。但是，这类解释被它同时代的整个心理学当作不适当的抛弃了：弗洛伊德主义否认了"随机性"，格式塔理论则表明，通过"注意力不集中"所做出的解释是肤浅的。[①] 对于既有的一系列知觉，传统心理学假设，在混杂难分的视象之中，那些最清晰的知觉已经存在了，只不过它们并非总是被注意力照亮。实际上，我们必须承认，在注意力之中，从来都没有某种区别于这些知觉的光照，而只有知觉场结构的某种变化。我们"没有注意到"的那些物件，并没有真正呈现在当前场域的形构之中。（比如，儿童总是将各个物件分离，其原因在于，这与儿童实际的心智结构相符。）

吕格的负面描述基于如下这个恰恰是我们要质疑的假设：儿童的知觉在原则上是与成人的外在世界严格相符的，因此，儿童原则上应该是以与我们成人相同的方式来知觉的。吕格假设，摄影是对于如我们所知觉的自然的"最准确"描绘，但是我们应该

---

① 原文是参考勒温发表在 *Psychologische Forschung* 中的文章"*Über die Nicht-Existenz der Aufmerksamkeit*—de la non-existence de l'attention—"（论注意力不存在）。根据英译本注释，*Psychologiscbe Forschung* 上并没有这篇文章。——译者注

考虑的是，照片是否真正描绘了我们所见的世界：吕格将儿童的 216
各种手法称为是幼稚的，借此，他还对画家所运用的那些最富表现力的手法加以指责，认为这一切手法都与摄影相去甚远（比如，用一个空白来呈现光的反射；用蓝色的轮廓外形来表示某种性质；又如，杜米埃通过眼睛“在头外面”的形构来表现出表情的强烈程度）。普遍而言，我们或许可以这样说：“轮廓外形存在于自然之中”的这种观念是可被质疑的，绘画行为本身就在于在没有线条的地方画出线条，反之亦然。

吕格的一切解释都基于格式塔学家所说的“恒定性假设”：根据这种假说，我们的知觉和世界（即作为知觉条件的各种刺激）处于严格的平行关系之中。吕格由此得出结论，儿童应该和我们成人看见同样的东西；如果他看不见同样的东西，那是因为他“注意力不集中”。“暗中的修改”也是如此：我们不应认为儿童假装再也看不到那些被他“默默地在心里划掉”的线条：那些线条确实被他排除在他的知觉以外了；这也许可通过一个相似的现象来解释：当我们疲倦时，我们会看不见要找的东西就在眼皮底下。我们也正应该从这一角度来解释儿童画的可塑性：我们应该明白，儿童画的可塑性与儿童知觉场的松散结构相符。在这一点上，我们不应该援引“观念之间的联想”来解释，而应该明白，这种可塑性是由于儿童能够轻而易举地把握各种简单的形态；儿童确实能看见这些简单形态（在这点上，参考梅利与托卜勒的著作）。

在吕格著作的末尾，他本人也对其诸多观点持保留态度。

吕格仅仅根据视觉的写实主义——即儿童应该达至的最终阶段——来解释儿童画。但是，他最终仍在思索，通过这种推理，我们是否用成人所看见的世界取代了儿童所知觉的世界（而这或许正解释了儿童画被赋予的各种纯粹负面的特征）。儿童画就其呈现出来的样子而言，描绘了一种与我们成人不同的进行综合的样态，在这一点上吕格是正确的，但是，儿童画的这种综合样态绝不是“没有能力进行综合”。吕格甚至说，儿童试图描绘存在着的整个现实，而我们成人的综合样态才是一种抽象化，这种抽象化把那些我们从单一视角无法看见的东西从世界里删剪掉了。

吕格由此得出结论：即使是“叠合压平”也构成了一种“写实的”手法，这种手法与成人绘画的透视法都同样正当有效（这两种手法都必须牺牲某些东西，而当成人牺牲一切来成全视觉表征时，儿童则会牺牲视觉表征来表达对象——作为整性的对象）。

217 这样一来，智性的写实主义就应该有权与视觉的写实主义比肩了，吕格说道，这两者“就像两种结构不同的言语”，它们可以彼此并肩共存。

我们不应该忘记，我们的几何透视法是约定俗成的：对某些原始人而言，几何透视法显得如此难以理解，正如儿童的叠合压平手法在我们成人看来是难以理解的一样。

图画性的叙事也是如此：吕格最终仍在思索，图画性叙事是否建基于不同于成人的某种时间观念，而该时间观念与成人的时间观念具有同等的有效性。对儿童而言，过去是被镶嵌在当下的，而成人则把时间描绘为一连串的瞬间，这些被截然切断的瞬间一个接着一个依次出现。从哲学的角度来看，这种“依次发生的时间”的观念是站不住脚的；事实上，我们不可能设想一种完全不糅杂着过去和将来的当下，而儿童的图画性叙事或许就是在以它的方式试图呈现这种糅杂。

但是，吕格的这些退缩再次将他的整个解释都置于疑问之中。儿童画从属于一种不同于我们成人的交流样态，而这种交流样态最重要的性质是感受性。对儿童而言，事物与其图画性描绘之间是有连贯性的：儿童试图描绘在己的事物。从某种意义上来说，儿童在这条道路上比成人走得更远。儿童画比成人画更为主观，同时也更为客观。更为主观，是因为儿童从表征里解放了出来；更为客观，是因为儿童试图以事物实际所是的样子来重现它，而成人则仅仅从一个单一视角——即他的视角——来描绘事物。

因此我们应该承认，对儿童而言，绘画是关于世界的表达，绝不单纯是模仿。而且我们应该从其最充分的意义上理解“表达”一词，即知觉者与被知觉事物之间的接合；不要将“表达”与单纯制造一个复制品混为一谈。另外，一切绘画的法则都是要表达事物，而不是要与事物相似。要求绘画与所画之物相似，就如同要求语词与所指之物相似一样，两者都同等荒谬：绘画和语词只能意指、表达世界。

普度欧莫所理解的儿童画

普度欧莫的研究[①]证实了吕格所揭示的那些事实，同时又从另一角度对这些事实进行了重新审视。

如上所述，吕格在儿童画里看到了某种游戏。普度欧莫则将 218
儿童画视为儿童整体活动的一个组成部分：绘画的发展和变化与

① 普度欧莫：《儿童画》(*Le dessin de l'enfant*)，法国大学出版社，1947年。

儿童的行为相平行（比如，普度欧莫观察到，儿童首次有意识的绘图与他首次迈步走路恰恰是在同一时期发生的）。

普度欧莫比吕格更强调如下事实：根据记忆来绘画是很常见的，而且绘画会遵循内心的模板（无论周围的人给出了什么样的解释，像“大头人偶”这样的一些图式仍持续存在）。但是普度欧莫尤其致力于论证的是：在绘画上的发展是平行于精神及心理发展的各个不同面向的。因此，从吕格的角度，“写实主义”的各种进展无法被解释，而从普度欧莫的角度，它们就可以被解释为是与儿童的各种动态运动进展相一致的：

1）人偶的图式是根据儿童对本己身体的意识而发展的：随着儿童对其身体各个组成部分的区分，人偶就会被一些新的组成部分所丰富。

2）儿童对侧面像的使用也是通过儿童行为的动态活力和儿童的各种社交关系的延伸来解释的：随着儿童将其行动延伸至物件和其他人，他也会想要将他的人偶描绘成正在行动的样子。正因为侧面像更加符合他的状况，所以侧面像被引入了他的绘画。

3）当学龄儿童学会区分符号与所指的时候，写实描绘的出现就是必然的了。同样，当儿童学会把他与事物的接触凝固在一个平面上时（即这些事物被“投射”在这一平面上），他就习得了透视技巧。

大部分现代作者的研究都是在这个方向的。他们想论证：儿童画表达的并不是儿童的智力，而是其整体人格（用字迹来进行智力测试，用绘画来进行性格测试）。绘画表达了儿童在感受性方面所持的立场。

这一倾向在里德的《通过艺术开展的教育》[1]中占据主导地位，在里德看来，儿童画是或者可以是非客观的、非具象的。就像对原始人而言的那样，对儿童而言，绘画是与象征行为混同在一起的。这或许可以解释为何儿童画与外在模板的相似如此之少。里德证明了，每种文化的绘画样态本质上都是约定俗成的。因此，某些在西方学校接受教育的原始人，一旦回到他们的家乡，在经历他们社会的各种接纳仪式的同时，就会重拾他们社会那种具有象征性质的绘画方式。

绘画可能还有另一种功能，即解放功能：通过绘画，儿童可 219
以摆脱一些纠缠困扰他的形态，绘画可能是释放他某些紧张情绪的一种方式。这就解释了为何当儿童学会通过写作来自我表达时，他的绘画就大幅倒退了。

对于绘画的作用的研究，把我们带到了作为绘画根基的功能：知觉。

我们已经看到，绘画表达的是感受性，而不是认知。因此，我们应该预料到，儿童知觉恰恰是将事物当作我们感受性的刺激源，而不仅仅当作认知对象——而且，当成人能够抛弃那些约定俗成的态度时，甚至连成人知觉也是如此。

绘画与知觉

根据吕格的说法，儿童用他知道的东西代替了他看见的东西。

---

① 赫伯特·里德：《通过艺术开展的教育》（*Education Through Art*），伦敦，Faber and Faber 出版社，1943 年。

但是，儿童描绘的似乎主要是他能够触碰到的东西以及他的情感经历（关于一片土豆田的画：用一个方形代表田地，用遍布的小椭圆形代表土豆）。各种物体主要以感受性的面向呈现给儿童（土豆在他手里的重量、硬度、温度）。传统心理学家将感受性面向视为是次要的。实际上，对儿童而言，物体的各种感受性特征是最重要的，这些特征建构了物体的结构本身。只有在成人那里，才会出现“纯粹性质”的观念。此外，普遍而言，可感的性质不能以纯粹状态被表达出来；可感性质只能在感受性的语境中被表达出来。歌德说：“没有任何一种色彩不会激起某种态度”（参见：戈尔德斯坦和罗森塔尔的研究）。然而，这些态度恰恰是色彩结构本身的特征：我们的目光与物体所呈现的色彩之间存在着同步，而且正是这种同步建构了色彩的动态活力。

这一点可以扩展到所有可感的性质：每种可感性质都既激发出某种存在方式，同时又象征着该存在方式。正是如此，一种尝试被构想出来了——如巴什拉尝试做的“对物体的精神分析”。

比如，蜂蜜乍一看是液体，但事实证明，蜂蜜摸起来是黏稠
220 的；品尝蜂蜜时，我们发觉它是甜的；这些性质中的任何一种都不能与其它性质相割离。黏稠和甜味是蜂蜜的两种可以相提并论的存在方式；蜂蜜是偷偷粘在你手指上的物质，它同时又是通过它所留下的持久味道来剥夺主体自由的东西。物体在物质方面的持久个性与其精神情绪方面的个性密不可分，而且精神情绪方面的个性会通过物体的每一性质而充分表现出来。

我们无法想象一个柠檬是橙色或者绿色的。呈现为“黄色”的，正是柠檬的酸味；带有酸味的，正是柠檬的黄：在吃蛋糕的

时候，“我们吃的是颜色”，而这个蛋糕的味道则是工具性的手段，这种工具性手段赋予我们可称为“食物性的直观”（萨特）的东西以形态、颜色。

同样道理，游泳池水的流动性、温热度、蓝青的颜色、波动的动态——它们透过彼此一下子全都被给予了我们；而被称为“游泳池水”的，正是这种整体意蕴。这正是像塞尚这样的画家清楚地看到的，他宣称他能够画出一切，无论是各种形态和颜色，还是各种气味和味道。

我们也可以在如下这些人那里发现同样的倾向：

1）像波利策这样的哲学家，对他而言，每样事物都充满着某种人类的沉淀物；

2）像弗朗西斯·蓬热这样的作家，对他而言，每个物体都是一个复合体：它是与我们的最内心生活有关的存在样态，这种存在样态覆盖着我们意识的深基，并且会以关于植物或矿物的梦的形态、以这些深层现实的象征的形态，在我们的意识里浮现出来。

以上这些思考扩展了我们对绘画的理解：儿童画延续了儿童知觉。儿童画并不总与各种事物的现实相符，而是与对某种特征、某种态度的表达相符。

有两类研究致力于研究儿童画的这一面向：

—— 闵科夫斯卡女士的分析突显了儿童画里各种形式上的恒定特征，这些形式特征揭示了某种心智建构。

—— 精神分析则主要致力于思考内容，并在绘画中寻找某些冲突的体现（从两种不同的视角：绘画作为对世界的某种态度的象征，以及作为治疗学研究的手段）。

闵科夫斯卡女士的分析[1,2] 闵科夫斯卡女士在儿童画中发现了
221 对她的类型学的印证（两种精神性的构成：类精神分裂的-类癫痫的，我们可以根据程度的不同来将所有精神结构排列在这二者之间）。

根据绘画的各种形式特征，它多多少少会与类精神分裂的构成或者类癫痫的构成相类似。

类癫痫绘画的典型特征（类癫痫类型的特征是“精神上的黏着性”，它紧紧抓住事物：比如土地、家庭、民族；偶尔会有一些剧烈的发作。与环境的一致性）。在该类型的画里，运动和剧烈的色彩占据主导地位：杂乱的聚集、密集的堆叠、精微的细节。一切似乎都黏合在一起，然而又井井有条。缓慢与剧烈的发作交替出现，但是这种绘画所描绘的世界始终是一个有组织的世界、一个蕴含多种深层内在联系的“宇宙”。

类精神分裂绘画的典型特征（类精神分裂：与环境没有感受性的联系、“自闭症”、“病态的几何主义”）。该类型绘画的特征为：缺乏动感、具有规律性、抽象的几何主义、色彩消失、分崩离析，各种细节彼此分隔、毫无联系（与类癫痫绘画中的黏合现象对立），其主体不喜欢在绘画中描绘自己，或者会将自己描绘为

---

① 参见弗朗索瓦兹·闵科夫斯卡：《从梵高和修拉到儿童画：寻觅形式世界》（*De Van Gogh et Seurat aux dessins d'enfants. A la recherche du monde des formes [Rorschach]*），编于1949年4月20日至5月4日教育学博物馆的展览之际，Beresniak，1949年；同一作者的相关著作还有：弗朗索瓦兹·闵科夫斯卡：《梵高：他的生活、疾病和作品》（*Van Gogh, sa vie, sa maladie, son œuvre*），Presses du Temps Présent出版社，1963年。

② 另可参考普林茨霍恩：《精神患者的图画》（*Bildnerei der Geisterkranken*），Springer出版社，1922年。

没有家庭。他房子的窗户毫无生气，没有窗帘；而且他不喜欢描绘自然。

透过精神分析来看绘画①

莫根施特恩女士对儿童画的解释，是在观察一个孩子之后——她以任何手段都无法探究这个孩子的人格——才想到的。这个孩子缄默不语、沉默寡言，他只有通过他创作的画才能表达自己。医生对这些绘画进行解释，而孩子则用点头或摇头来表示认可或反对。

莫根施特恩女士列举了这个孩子的几幅作品：鸟、高大的动物、戴着鸭舌帽的人偶、拿着一支烟斗和一把刀的三臂人、月亮里的人、狼人、没有头的父母等等。 222

然后，医生对这个孩子讲述了一个虚构小孩的故事——这个虚构的小孩是根据这位小病人的形象想象出来的；故事结局很美好。在这一解释里，没有任何性暗示，孩子温顺地听完了。他创作了一幅新的回应图画，内容包括：一个带刀的人，又有另一个带刀的人，后者还拿着一个难以名状的东西（后来，孩子说这代表他的肚子）。在治疗的尾段，孩子被引导画出了显然是关于阉割的一个场景。一段时间后，孩子把自己描绘成被截断的样子。再一段时间后，他画了一个留着胡须的人，接着画留着胡须的自己，胡须很长，而且同时还装有一把挂锁。又过了一段时间，孩子把

① 参见索菲·莫根施特恩：《幼儿精神分析；富有想象力的儿童创作：其象征及临床价值》（*Psycharalyse infantile; Symbolisme el valeur clinique des créations imaginatives chez l'enfant*），Denoël 出版社，1937 年。

莫根施特恩女士描绘成双手都被截断的样子；在治疗进行到第三个月时，孩子的排泄功能出现障碍（比如尿床、尿裤子）。不久之后，这个孩子开口和他妹妹说话了；于是治疗就可以借助于说话来继续进行了。

即使在此之后，这个孩子还是喜欢用绘画来回应（比如他会画一些快活的场景、大小相同的人物；而在以往，成人都会被放大）。

精神分析的解释

强调头部，这是性冲突向高处转移了，这是为了试图掩盖这种冲突。戴着鸭舌帽的人、鸟、烟雾是对父亲及父亲性别的幻想，它们主要表达了：和性有关的东西困扰着这个孩子。舌头和胡须：这个孩子保持缄默，是为了躲避阉割。他的缄默症是自我惩罚；他对父亲有负罪感。

我们可以从这一观察得出某种理解儿童画的方法。

吕格本人也曾注意到，头部以及大头人偶在儿童画中占据主导地位，但是他没有对之做任何解释。

按照精神分析，强调头部是向高处转移；这是儿童在努力掩饰、转移一种他不愿意将其外化的冲突。在某种意义上，脸孔成了内脏，脸孔的各种攻击性的特征被夸大了。对画里的某些成分（比如光、烟、尾部）的过分强调，与儿童如何看待自己在家庭环
223 境中的处境有关。例如：一名五岁的小女孩由于性格障碍被带到莫根施特恩女士那里。在母亲去世一年多之后，她重新回到了家庭环境中。在那里她有了一名继母——她的父母决定以假乱真，

把这位继母说成是小女孩的亲生母亲。这个孩子察觉到了变化，并将其告诉了继母；孩子和继母达成协议，不告诉父亲孩子已经发现了事实。于是，孩子完全丧失了对父亲的信任。她甚至怀疑起母亲的死；她要求去看母亲的坟墓；她的怀疑和不信任漫延开来。孩子画了一些画，画里的一切都比例不当，大象和人物之间没有任何区别。这种障碍应被视为一种表达——在行动层面对她亲历的心理上的不一致所做的表达；被描绘的各种物体不再具有任何稳定的原则。

吕格所说的“作画后的解释”在这里被赋予了另一种含义。比如：一个孩子画了一些战斗场景；士兵们身后有一些留着胡须的人和军官，士兵们将武器转而对准身后的这些人。这个孩子相继给出以下三种解释：

—— 日本人对着中国人，

—— 英国人对着德国人，

—— 士兵们很年轻；那些军官是恶毒的父亲，逼迫年轻的士兵违背自己意愿去战斗。

在吕格看来，这是儿童心里的犹豫不决；但是根据精神分析，我们应该在这里看到对事物含义多样性的表达，也就是说，对矛盾体验的表达，这种矛盾体验正是孩子与其父母之间关系的特征。

对“叠合压平”的新解释

在吕格看来，叠合压平是写实主义的手法，在精神分析看来，这是艺术思维的一个个例（这是对一些组成部分的同步描绘，这些组成部分并不以这种方式出现，而是在儿童的心中通过某种感受性关系被连在了一起）。

从莫根施特恩女士的意见中获得的教导

根据莫根施特恩女士的看法，绘画对于儿童和成人都是一种升华。儿童与画家一样，都在这种发泄方式里找到了某种宣泄。

但在我们看来，这两种绘画之间有一些巨大的差异。

就成人而言，精神分析师试图确定象征的潜内容，潜内容只能通过极其变形的样子才会显现出来。相反，就儿童而言，我们
224 不可能设想他有一种与成人的检禁[①]机制相似的检禁机制。更恰当地说，在儿童那里有一种二重性——潜内容和显内容的二重性——也就是说，在儿童那里只有一个文本，而文本的含义是不确定的。

乔治·波利策批评了弗洛伊德主义者的“潜内容”和“显内容”概念；在波利策看来，无论是在儿童那里，还是在做梦者那里，这两个概念都不存在。如果做梦者梦见房子，他并不会首先想到性器官；他直接想到的是房子，而房子直接就是一种性表达。同样，在儿童那里，各种象征是呼召者，它们呼召着宏大以及广义的男性特质，并且直接表现了儿童与父母之间的冲突。儿童的象征化做法并不是建基在对“物件-象征”这两项的割裂认知上的；性意义是内在于画中的。在这一问题上，罗杰·库西内可以谈论“直接类比”，闵科夫斯卡女士可以谈论“被亲历的隐喻”。

---

① censure 一词的中文翻译参考了，拉普朗什，彭大历斯：《精神分析词汇》，沈志中、王文基译，行人出版社，2000 年，第 67 页。——译者注

这才是解释莫根施特恩女士各种尝试的唯一途径：如果说儿童画虽然没有明确表述出各种冲突，但它仍具有宣泄功效的话，这是因为，在儿童那里，这些冲突并没有被禁闭藏匿在无意识之中。

儿童与想象的关系

根据传统哲学、心理学的理解，儿童与真实的各种关系以如下方式呈现：儿童开始认识到外在物体，这些物体充满着各种有待被默观的性质。然而，我们已经看到，相反，儿童对真实的知觉，其实就是被赋予了形态的行为，在知觉中，我们无法区分什么是对象的、什么是与儿童的思维结构相关的：对儿童来说，知觉就是一种行为，通过这种行为，他投入到与各种事物的真正交往之中。因此，我们理解了皮亚杰关于儿童自我中心主义的评论：这是一个合理的想法，我们将会对其进行评论，同时赋予它一种正面的内容。

但是如果我们以这种方式重新审视儿童与真实的各种关系，那么“想象”概念也应被重新思考。我们不能再追随泰纳而认为：图象是诸多性质的总和，这些在我们这里重现的性质都已经或多或少被弱化了。“图象”概念（即弱化的知觉）对我们来说是理所当然的，因为乍一看，其合法性是由我们的知觉和我们的机体之间存在的各种关系所证明的；但此概念其实不符合任何现实。我 225
们知道，“大脑记忆印迹”理论是没有根据的。生理进程和意识进程之间有平行关系，但这并不是内容上的平行，而是功能上的平行；这种功能平行绝不允许把“记忆印迹”——这个在生理学领域过时了的概念——转移到心理学领域里去。根据各种现代观点，大脑中心是协调中心，而不是图象的仓库。[①]

I. 图象

图象不是一种弱化的知觉。它不太可能“被观察”，也就是说，它不太可能像被知觉物那样以一个点接着一个点的方式被审视；与被知觉物不同，它不会根据视角的每次变动而产生一系列协调一致的表征。图象不是内在的或“心理的”“东西”，而是一种总体的确信。阿兰说，图象是轻信——确信自己看到了：人们没有看到，人们认为自己看到了。[②]在森林里，当我们把一棵树看成是人的侧影时，这种错觉之所以可能，恰恰是因为我们在一开始就同意不去真正地注视，因为——仍然如阿兰所说——我们只会看到真实的东西。我们可以利用被知觉到的真实去看其它东西，但在这种情况下我们并不是在注视。

因此，阿兰最终彻底否定了图象，而这种否定是站不住脚的。图象并不仅仅是判断，因为判断不可能不知道它自己的活动。然而，图象和幻觉包含一种以“类视觉”的样子出现的欺骗。疯子的谎言不会骗到他自己；在他的视象中，始终都会有某些肯定性的东西，这些东西为他的行为提供奠基。阿兰的分析包含了一个矛盾：他断言想象永远都是不可见的，同时又断言想象是可见

---

① 参考皮埃隆：《大脑与思维》(*Le Cerveau et la pensée*)，Alcan 出版社，1923 年。

② 参考阿兰：《美术的系统》(*Le Système des Beaux-Arts*)，伽利玛出版社，“Tel”丛书。

的——因为想象是判断的结果，而看就是判断。

另一方面，当人们把图象视为缩小的物体，视为要被引入到意识里的东西时，对图象的分析遇到了一些无法克服的困难。

因此，让我们回到对图象的直接分析上。想象始终都指向被知觉之物。想象并不是对一幅内在图景的默观，而是以唯一的物件为参照。并没有两个皮埃尔——图象的皮埃尔和现实的皮埃尔；只有一个皮埃尔——那个在那里的皮埃尔、我努力让他出现在这 226
里的皮埃尔。想象就是趋向真实物件，以便让真实物件出现在这里。在这之中包含这样的操作：对真实物进行某种假伪的现实化，制造出真实物的某种“类似物”。萨特通过比较心智图象和各种相关现象，揭示了这种类似物的功能：

1）借助某种外在支持来进行想象：

—— 专业模仿者的例子，他们在一种完全不同的物质——即他们自己的身体——之中完全化身为某个人物。这是一种魅惑、中邪，借此身体被某个缺席人物的行为风格所寓居，并成为这个缺席人物的图象。

—— 摄影：这种具有感光性的载体让人们得以展现被拍摄之人的图象，这个人的生动气质浸透到了画面上。

—— 图画：图画在最高程度上实现了“缺席的在场”的现象，仿佛画作原型的本质已经转世投胎到了这个在场的物质之中。在这幅画中微笑着的，是查理九世；在这幅画里现身的，也是查理九世；这就像出现在转盘里的那些神灵一样。

这些例子突显了图象的感受性特征，如果我们想用认知的术语去定义感受性特征，那么它就会变得无法被理解。

2）极其特殊的情况：

没有物质载体的纯粹心智图象：这确实涉及一种投射，但这是一种感受性投射，它是主动的、非智性的（正如阿兰希望的那样）：为了想象皮埃尔，我采取我惯常对他的态度，我采取了“皮埃尔的行为”（雅奈）。[①] 这样一来，想象就显示为这样一种现象——它在本质上是感受性的、运动性的。

从这种角度来看，各种情感都是指向对象的方式、是为对象赋予某种“类在场”的方式。我们通过运动以及运动性意向性来意指对象，而不需要实际上向自己表象对象（例如，当我们想象自己背后的空间时，这是身体的一种重新定向，这种定向依附于一种整体的感受：在没有向自己表象空间的情况下，我们意指空间）。因此，感受性不再能由“状态”来定义，而要由“意指的方式”或者意向性来定义。

要解释图象之中具有空幻性质的东西（也就是物件的难以把
227 握的对等物），我们必须借助于认知功能以外的东西：关于想象的整个问题都将取决于我们赋予“感受性意向性”以及“运动性意向性”这些概念的准确程度。我们与想象的关系并不是一种认知关系，而是一种实存关系，这是一种情感意识样态。

II. 想象以及各种情感

直到较近的时期，情感才开始被构想为某种统握事物的样态。雅奈是第一批做出以下理解的学者之一：情感的各种生理现象是

---

① 保尔·雅奈（Paul Janet，1823–1899），法国哲学家。——译者注

很寻常的，而且不同种类的情感彼此之间并没有根本差别。在雅奈看来，“被感动”意味着选择了某种逃避态度，这种态度使主体从他想要保持的理性行为之中解放出来。（参考一位年轻女孩的例子，她应该向医生解释她的症状，但她做不到，于是，她为了把医生的科学态度转变为同情态度，陷入了神经发作。）

雅奈认为精神生活是一系列倾向的结果，这些倾向可以根据它们被付诸实践的难度大小、它们（从“准备”阶段到“消耗”阶段）的“活跃”程度而被分类。

这些倾向根据其本身的难度以及它们的活跃程度而对应于不同的紧张程度：一个在“准备”阶段的、具有高紧张度的困难行为所消耗的能量，相当于一个已经来到“消耗”阶段的、具有低紧张度的容易行为所消耗的能量。

雅奈的这些构想把行为塑造成了各种倾向的动力产生的结果：用容易行为代替困难行为被视为“改道”。由于这些物理性的隐喻，雅奈失去了他在承认“所有行为都具有某种意义”时赢得的优势。情感仅仅成了一种“改道”——一种朝向定向行为之中更容易的倾向，或活跃程度更低的倾向的改道。

精神分析在这一分析里更进了一步：精神分析在情感里看到了创伤性的回忆，并为这种创伤性回忆赋予了正面意义，其正面意义在于，它是它所回忆的行动在象征界的对等物。但是这种解释没有让我们进一步理解为何我们会诉诸情感、为何象征性行为会让人感动。

库尔特·勒温在发表于《心理学研究》的一篇文章中做了情感“拓扑学”（描述了产生情感的一些处境）。当一个被试者趋向 228

于一个目标，而一些物质或精神情绪上无法逾越的障碍将他与目标隔开的时候，他的整个意识场域都会经历某种重组，并会由于这个目标而更受重视（无论是以正面还是负面的方式更受重视）。如果他无法打破这种紧张态势，如果他——虽然无法改变这一处境的既定情况——仍然继续趋向这个目标，那么一种情感就产生了。这种描述的价值在于，它指出了情感并不是孤立的现象，相反，情感代表着一些行为类型，或者代表着一些影响着整个心理现象的“意识样态”。但是，这种描述没有进一步说明情感是由什么组成的，是什么使情感能够让人感动。

萨特延伸了这些分析，[1]他指出，比如在愤怒中，我们寻求能立即解决一个问题的答案，而当我们无法解决这问题时，就会试图去消除它、否认它（比如，打碎那个我们无法使用的物件）。这是用对问题的情感性否定来替代某种实际行动。

在与他者的关系中也是如此：当我们无法说服对手时，我们就会在发怒中假想摧毁对手。在情感中，我们在某种意义上肯定了意识是无所不能，这是“为己”的一种疯狂，在这种疯狂里，问题是为我而被解决或消除的，而不是为了那些在己的外在见证人。因此这是一种意识样态，这种意识样态在本质上是具有魔力的。（参考弗洛伊德，他把魔幻定义为“思想的无所不能”。）

悲伤同样是一种具有魔力的态度：通过采取一种自我封闭以及对世界漠不关心的态度，我实际上把世界上一切值得关心的东

---

① 萨特：《情感理论纲要》（*Esquisse d'une théorie des émotions*），Hermann 出版社，1969 年。

西都抛开了。通过这种方式，我们证实了事物是否值得关心取决于我们的意愿，而且我们能够通过改变态度来改变世界的面貌。当然，这些行为是出于真诚的：主体不会在任何时刻意识到他创造了事物的这个新面貌。

这种情感行为在面对由物件组成的世界时，仿佛十分荒谬，但它在我们与他者的关系中却是有效的：实际上，在远处对他人采取行动的是人类脸孔的特性。他者无需使用任何实际手段就可以对我采取行动，各种人际关系在本质上都是具有魔力的，因为人际关系是从能指到能指的关系，因为在这里话语注定会发生。（参见阿兰："人类是人类的巫师。"）

情感是一种存在方式。从这种构想出发，我们就能理解想象 229
物是起源于情感的，而且我们就能以新的方式更明确地理解梦和幻觉的现象了。有幻觉的人设置了一个想象世界；通过其行为，他赋予各种事物了一种虚幻的意义。他不会知觉到他的幻觉；他会区分他所知觉到的事物和幻觉性的发挥，他承认其他人无法听到他的声音。他的各种知觉依循其谵妄的方向经历了改变，这样一来，他的知觉就会通过笼罩着这些知觉的态度而获得一种新的含义。因此，幻觉的对象并不是感官的对象，而是某种行为的意向性对象。如果对于病患者而言，幻觉对象取代了现实，那么这是因为现实失效了，因为病患者不再能够如健康的主体那样把他所亲历的世界与想象物对立起来。

我们已经看到存在于图象和真实之间的根本区别：图象与知觉的区分在于，图象绝不可能被观察到。但是，图象恰恰因为不可能被观察到，所以它才紧紧依附于有幻觉者或做梦者的意识。

图象通过直接的、绝对的交流把观念传达给我：图象一下子就把自己呈现出来了；它在这方面具有一种让人信服的力量。对图象的知觉与儿童画之间有一些相似性：在这两种活动中，意识沉淀了一些并非同步发生的现实，根据弗洛伊德的“快乐原则”，这些不同步发生的现实是不会被同时知觉到的。同样道理也适用于梦的领域，在这里，任何东西都可以意味着任何东西。（我们正应该以这种意义来理解梦的象征，这种象征绝不需要任何检禁机制：被呼召的现实不仅被一种仔细的检禁所掩饰，而且更重要地是被“在梦中一切都意味着一切”的这一事实所掩饰。）

我们在图象里的信念来源于以下事实：为了采取一种特殊的态度，我们丧失了与真实的接触联系（以及这一真实所假定的相对主义）。任何一个知觉都知道它自己是局部的，知道它自己是在相对关系之中运动的；而想象则是在绝对之中运动的。想象把我与绝对联系起来，而我无需因此去相信想象就是真实。甚至，有幻觉的人也会对这两个世界进行区分，但是他生活在想象中，因为他已经丧失了对真实的参照。正是在此意义上，想象的力量既是一种欺骗性的力量，同时也是意识的自由的一种表现。意识通过想象把我们从当下解放出来，这是一种在事物之外“将自身非现实化”的力量。

230 当我进行想象时，我消除了将各种被知觉之物分离开来的距离；我意识的中心消失了：我想象的东西并不在这样的距离之外，或者，即使它以它在一百米外的面貌出现在我面前，我也清楚地知道我无法通过接近它来改变这个面貌。意识必须不再生活在由物组成的世界之中；意识必须把自己“置于”那个被给予它的景象中去；主观和客观坍塌了；因此这里涉及的是一种无法言表的第三维度。[①] 这就是梦般意识的特性——它立足在主观-客观的区分还未被做出的地方。

萨特在他著作的开头，绝对地区分了想象领域和真实领域。但是现在我们看到这种区分无法被坚持到底；在萨特写作的过程中，他修正了他的这些构想，并且针对此问题勾勒了一种新的设想。

—— 萨特的绝对区分不足以解决想象的问题。想要让想象取代真实，真实和想象就不能像白天和黑夜那样处于截然对立的关系中。在这样的构想中，神话就没有了立足之地。神话属于第三个范畴、梦般的范畴，这个范畴是作者在书的第二部分才引入的，它介于醒着的知觉和健康成人的“虚构”之间。

实际上，正如萨特指出的那样，我们甚至不能说在对真实的知觉之中存在信念。信念只有在事先怀疑之后才会出现。只有在想象中，我们才是在真正地相信着，因为我们的信念缺乏支撑。我甚至不相信我看到的这张椅子：椅子就在那里，仅此而已。知觉不会等到有证据之后才附着在这个物件上，知觉是先于聚精会神的观察的。在此意义上，正如想象那样，知觉超越了各种逻辑前提。

要使想象具有相当于现实的价值，则被知觉的东西之中必须有一定程度的臆测和含混性。正是这种共有的含混性有时候会让

① 参考萨特：《论想象物》(*L'imaginaire*)，伽利玛出版社，“Folio-Essais”丛书。

想象代替真实。

儿童并不生活在醒着的成人的两极世界中：他居于一个混合地带——即梦样的含混性的地带。

杨施[①]曾经指出，在儿童那里，存在着异乎寻常的想象能力（本质主义或者本质想象），这种想象能力近乎是一种“类视觉”。

231 杨施对此课题进行了实验研究。实际上，在儿童那里，问题不在于某种与知觉同样强烈的图象，而在于他没有对真实和想象进行区分。

真正的区别：真实和想象是两种含混的意识。真实的意识永远不会完全拥有它所提出的东西。没有什么标准能让我们肯定地从一个知觉中辨认出一个图象。但是：

—— 知觉的非理性，在面对一个能证明这种非理性的经验时，是敞开的；

—— 想象的非理性是封闭的，它无法得到验证。

（参考萨特：一个人在他所爱之人在场时和不在场时的不同行为：“想象中的”爱与“现实中的”爱。）

真实和想象之间的区别是辩证的。有这样一种想要得到真实的方式，这种方式反而会让我们错过真实（比如：一个男人因为某些原因想要爱一个女人）。

我刚刚讨论的这个男人，这个只承认“理性”的人，无疑仍会进入非理性。我们必须以我们所拥有的他者知觉的样子来为他

① 杨施（Erich Rudolf Ferdinand Jaensch，1883-1940），德国心理学家及哲学家。——译者注

者知觉腾出位置，我们必须承担起他者知觉包含未知的风险。这里的“对非理性的承担”是这样一种东西：它会引向一种可以被视为是理性的生活，而这种生活是在“不包含任何撕裂”的意义上被视为理性的。

想象和真实之间有一种辩证的关系，在这两个领域之间存在着含混性。除了接受生活的非理性框架、知觉的非理性框架这种理性，不可能存在其它的理性。我们与他者的各种关系的理性，寓居于这样一个事实之中：即使在我思考他者时，他者仍然是自由的。我们必须建立这样一种交流往来：它不会迫使他者去服从我关于他所持有的图象。

通向成人状态的过渡应该是通向次级状态的过渡，在此过渡中，人不再是人的巫师，每项自由都不再因其它两项自由而受到威胁。

杰尔曼·杰克士女士已经指出，我们可以这样描绘某些神经官能症患者：他们是那些仍然像孩子一样去爱的个体，这些个体想要**占有**他们所爱之物。[1]

她所讨论的那些害怕被遗弃的人，生活在不安全以及情感贪婪的状态中。这些障碍里有三项要素：

—— 害怕被遗弃，处于漂移状态，

—— 由此产生的攻击性态度， 232

—— 低估自己。

---

① 参考杰尔曼·杰克士（Germaine Guex）:《遗弃型神经官能症》（*Névrose d'abandon*），法国大学出版社，1950 年。

害怕被遗弃的人想要为过去报仇，想要报复（苛求的爱、专横）。他独占其妻子的所有情感，厌恶朋友，每次与人共进晚餐时都会迟到。总的来说，他要求伴侣完全关注他，他认不清意图，而只能看到表面的东西，他不知如何把各种情感关系向内投射。他在绝对性之中活动；他想别人猜中他的心思，他会考验他所爱的人。

害怕被遗弃的人拒绝考虑各种偶然的东西，对于一个不会每时每刻都展现爱意的人，他拒绝去猜测对方的爱：他不会付出信任，他从来不原谅迟到、缺席。对他而言，一切都带有某种意义，“随机性”是不存在的。他不接受他者存在于与他的关系之外。总的来说，他抱有一种被动态度：让自己被爱，但是却不付出爱，他没有奉献的能力。他处于接受的、占有性的阶段，这让人想起“幼儿的爱”。在他与他者的各种关系之中，他没有表现出任何“生活的艺术”。由于屡次失败，他最终承认他不可能“成功维系”一段情感，而这最终会成为现实。他认为家人要为他的所有痛苦负责。在一定程度上来说，这是对的，但是他会让情况变得更加糟糕，因为他会促发各种失败，而关于这些失败的回忆将会连累一切新的尝试。他最终会由于一种“原受虐狂”而遭受他对自己的敌意，不过这种原受虐狂不同于弗洛伊德所描述的，它是由一种负罪感衍生而来的。原受虐狂并不是自我惩罚，而是拒绝信赖自己和他者，是拒绝以精神上的和谐为原则来生活，是对自己的贬低。

皮亚杰将个体的智性发展区分为三个相继的阶段：从自我与外在世界的混淆到自我与非自我的区分。在情感层面，我们可以追踪到同样的发展。然而，拥有自我意识发生在更为困难、更为晚期的情感范畴里。这两种发展之间并没有平行关系：经常出现的情况是，成人的情感发展并不完整。在物质世界中，有些东西会违背经验（物体的阻力）。在情感里，这样的违背总是含混的：在情感冲突中，要分析什么是由于我或者什么是由于他者而造成的，这是很困难的（例如：两个人中断了他们的恋爱关系：他们无法分辨各方要承担哪些责任）。在害怕被遗弃的人那里，这种 233
现象非常突出：他没有意识到，恰恰是他绝对强求的态度让他人疏远了他。他与他者的各种关系都建基于某种和排斥有关的体验上。[1] 他总觉得自己是另一个人、是无关紧要的。他像孩子要求母亲那样要求他者全身心地紧紧依附于他。在他那里，一切都是灾难或灾难的凶兆（因此他拒绝表达自我，他害怕写作，害怕打电话：他觉得自己的人格破败不堪，并认为他的表情会表现出这一点）。他看不到，所有这些为了不被遗弃而做出的预防行为，恰恰是让他遭受遗弃的原因。因此，经历无法让他受到教育，而且他的自我意识被无限推迟，因为他把自己所造成的东西归咎于他人。

杰克士女士在做了这些描述之后进行了解释：害怕被遗弃的人仍然处于前俄狄浦斯阶段，他还没有经受俄狄浦斯情结这种能让人成长的经历。她所给出的描述为这个假设提供了依据。

害怕被遗弃的人想要在当下立即获得某种绝对性。他的态度是拒绝各种障碍，拒绝相对性，在这个意义上，他的态度是梦样的态度；他拒绝一切在他与他者之间的偶然性，以此来获得他者

① 参考普鲁斯特：《初遇吉尔贝特和少女们》（Première rencontre avec Gilberte et les jeunes filles）。

本身。这种情感以及这种情感引起的所有后果（主体的去中心化）近似于与他者关系中的图象化态度。图象化态度是面对对象时的“疯狂”态度，在某种程度上，这种态度是在与他者共处时无法避免的，因为从定义上说，他者就是我通过各种始终是局部性的表现而企图亲自触及的**某个人**。害怕被遗弃的人的态度只不过是把我们对他者知觉中一个不可避免的组成部分推到了极致。“外在主义”——也就是将我的各种感觉外化（与之相反的是把他者的各种感觉内投射到我这里）——在与各种物件的关系里是荒谬的，它是建立在与他者的各种关系之上的。即使是最健康的个体之间的关系，也带有“巫术”的色彩（阿兰）。没有它，爱可能就会仅仅成为一种仪式，而他者可能就**不在那儿**了。因为内投射和投射是无法避免的，所以我对他者的行为总会在某方面是图象化行为。与他者的各种关系中有一种智慧，却没有不偏不倚的平衡。

儿童由于体格的劣势以及能力的不等，无法对他者抱有这种
234 慷慨宽容，这种对他者自由的认识；正是通过这种认识，成人得以脱离“巫术”而趋向于交流。儿童必然是在“害怕被遗弃”的状态中去爱的。

这样一来，我们就在情感范畴里发现了自我中心主义的某种对等物，而皮亚杰却是在知识范畴里描述这种自我中心主义的；通过我们的发现，这一概念得到了深化。近来，皮亚杰明确解释了他的各种观点和弗洛伊德的各种观点之间的关联。[①] 一方面，自

① 皮亚杰:《儿童象征的形成》(*La formation du symbole chez l'enfant*)，Delachaux et Niestlé 出版社，1978 年。

我中心主义和魔幻之间有相似性，另一方面，（与“现实原则”相对照的）快乐原则与思想的无所不能之间也有相似性。处于当下的存在，每时每刻都在实践着这种魔幻性的思想。而且，正是儿童的情感现实主义解释了智性现实主义，因为正是它让我们以相似的方式理解了自我中心主义里的主体与世界的结合，理解了想象的眩晕。

这些发现能够阐明**游戏**、**模仿**、**梦**。

1）**游戏**。

游戏有时曾被视为成人生活的预演。这种想法假设：在儿童那里，游戏是从属于真实生活的。这种区分是成人做的事。对儿童来说，游戏是认真严肃的。皮亚杰可能会说，游戏是一种同化行为（儿童的生活会在同化与调适之间来回往复），换言之，游戏是一种图象化的、梦样的态度。

2）根据皮亚杰的说法，**模仿是图象的基础**。模仿是儿童经验之中象征形成的来源之一。图象是一种被内化的模仿。幸运的是，在《儿童象征的形成》[①] 里像这样的一些表述修正了《儿童的世界表象》[②] 所使用的图象概念的粗浅之处。

3）**梦**。

在《儿童的世界表象》里，皮亚杰区分了梦的三个阶段：

a）被视为来自外在的梦；

---

① 皮亚杰：《儿童象征的形成》（*La formation du symbole chez l'enfant*），Delachaux et Niestlé 出版社，1978 年。

② 皮亚杰：《儿童的世界表象》（*La représentation du monde chez l'enfant*），法国大学出版社，1972 年。

b）内在的、但源于外在的梦；

c）源于内在的梦。

但是皮亚杰指出，儿童从来不会把他的梦与现实混为一谈。儿童会觉得梦就发生在梦所呈现的这个地方，而且同时又处于房
235 间的墙上。这则评论让人觉得，把图象视为“心智物”的想法有不足之处。如今，在《儿童象征的形成》中，皮亚杰在图象中会看到——正如萨特看到的那样——一种行为，这种行为旨在获得某一个真实的东西的“伪在场”，尽管这一真实的东西是不在场的。梦不再只是一连串络绎不绝的图象，而是一种象征行为，这种象征行为处于儿童的辩证性之中。这是一种儿童对自己说的语言（一套套的初级象征、次级象征有待被解码）。因此，如果撇开不谈皮亚杰和弗洛伊德理论中的原子论心理学残余的话，那么皮亚杰、弗洛伊德和萨特的分析是趋向一致的。

儿童的世界表象

我们能否说儿童在真正意义上对世界进行了表象？这意味着儿童经验具有一种概念性的组织结构——一种可以由一些确定命题来表述的组织结构。假设儿童具有这样的东西，其实是误解了儿童心智的本质所在，也就是没有如其所是地认识到这一问题。[①] 成人与儿童的一项本质差别是，对儿童而言，在某种意义上，一

① 瓦隆（Wallon）:《儿童思想的起源》（*Origines de la pensée chez l'enfant*），法国大学出版社，1975 年。

切都是明见的，没有任何怀疑的余地。要建立一个世界系统，必须要肯定若干论点。认为儿童中有“对世界的表象”，这可能就会使儿童与成人过于相似，因为这一做法既认为儿童具有一整套在形式上可以与成人的论点和解释相似的论点和解释，同时又认为这套论点和解释与成人的迥然不同——儿童经验一旦被凝固为“世界表象”，就会显得与成人的世界表象有天渊之别，因为儿童经验是建立在另一种逻辑上的。

或许只有在不谈论儿童“对世界的表象”的条件下，我们才能最终注意到这种**对那些既定处境的附着**，这种附着应该是儿童思想的本质特征。

我们将依次考察皮亚杰《儿童的世界表象》和《儿童经验中的物理因果关系》[1]中的各种构想，然后考察黄翼在“儿童对奇怪 236
现象的解释”里所做的一项研究，[2]这项研究以实验的方法对皮亚杰的观点进行了修正。最后会考察瓦隆在《儿童思想的起源》中所指出的几点。

I. 皮亚杰

根据皮亚杰的说法，儿童的物理因果关系概念会经历三个阶段：

1）心理的、现象主义的解释（儿童发现有毗连关系），目的

---

① 皮亚杰：《儿童经验中的物理因果关系》（*La causalité physique chez l'enfant*），Alcan 出版社，1927 年。

② 黄翼：“儿童对奇怪现象的解释”（Children explanation of strange phenomena），《心理学研究》（*Psychologische Forschung*），1931 年。

论的解释（“为了要去……而做……”），道义上的解释（“因为必须要……”），以及魔力的解释（事物之间的互渗，事物与动作行为之间的互渗）。

2）人为主义的解释（通过编造），动力论的解释（通过一些具有持久意图的力量），以及泛灵论的解释（通过一些“类人”的意图）。

3）自7至8岁起开始有理性主义类型的解释：通过循环反应来解释（“空气推动云彩，这又会产生空气——推动云彩的空气”），通过接触来解释，通过生殖来解释（对植物进行解释），通过辨认实体来解释（太阳是云做的），通过凝结和稀缺来解释，通过原子构成来解释，以及空间性的解释、逻辑推演。

向成人观点的演变是通过三种方式产生的：

1）通过去主观化，

2）通过形成时间因果序列，

3）通过引入因果作用的可逆性。

“规律”概念也在同步演变：

第1阶段：必然是精神上的，

第2阶段：必然是物质上的，

第3阶段：必然是物质上的，同时必然是逻辑上的。

皮亚杰认为，幼儿对世界的表象是“实在论的”。这种表象必然如此演变：

1）**从实在论到客观性**：实在论是对自我和世界不做分化——客观性是儿童应该最终达至的，其前提条件是：儿童有了自我意识，并且与外在世界之间有了断裂。

2）**从实在论到交互性**：儿童应该意识到这一事实：即其视角并不是绝对的，而且他的认知和实践立场在他者看来只不过是他们眼中的“他者的立场”——因此，我的立场并不享有特权。（例 237
如：如果他有一个兄弟，那么他自己就是“兄弟”；如果从他对面的角度看过来，在他左边的人就成了在他右边的了，等等。）

3）**从实在论到相对性**：儿童应该理解各种现象之间的关系（重量并不是物体内在固有的性质——“铁是重的，木材是轻的”——重量是与物体体积相关的属性；阴影与光相关；各种几何关系等等）。

这种演变使儿童的社会化得以可能。

皮亚杰在其分析里指出，他不会仅仅着眼于儿童思想本身来对其进行研究，而会将儿童的思想与各种成人的概念进行对比，而这些成人的概念本身又等同于科学家的各种概念。他将各种“常识真理”以及某些被教育所普及的古典物理学原理看作是成人思想的标准。（而且他还忽略了这门科学的好几个面向，比如，在自然中的生成的不可逆性。）我们不禁会问，这种明确的假设是否会导致皮亚杰以一种完全负面的方式来描述儿童思想的特征。

II. 黄翼

他从一个与皮亚杰完全不同的视角来进行他的实验。他不会通过问卷来要求儿童对一些现象进行解释——这些现象往往不包含在他的直接的、熟悉的实验里；反之，他会把儿童置于一些被我们称为“令人惊讶”的现象面前，这样一来，他就能够把握到儿童的即时反应以及他们自发地解释现象的方式，这种即时反应通常是好奇、惊奇（这意味着，儿童拥有一种类似于我们成人的观念——“惯常性”的观念）。这样，我们就可以看到他们的思想正在工作，他们的各种“原理”正处于隐含状态。这些实验与皮亚杰的（或者甚至是瓦隆的）那些提问的差别，大致就是*测试*与*问卷*的差别。

此外，黄翼试图就儿童本身来理解儿童，并且做了一种并非“规范性”的描述。

他在儿童面前做了一些让儿童感到惊奇而且感兴趣的简单魔术戏法。

1）**断裂的“牙签”**：在儿童面前，将一根牙签包到手帕里，而手帕里事先缝好了另一根牙签。实验员让儿童折断这根缝在手
238 帕里的牙签，而当孩子打开手帕时，他发现那根他以为被他折断的牙签完好无损。

绝大多数儿童甚至不认为这是同一根牙签。他们认为，要么是他们没有很好地折断牙签（于是实验人员会让他们重做实验），要么是牙签被替换了。他们*绝不会*自发地诉诸于魔幻性的解释。实验员发现那些最年幼的儿童有些犹豫不决，但即使是他们也完全不认同这些表面的东西。

36 名儿童中有 3 名儿童诉诸于魔幻现象，但这是在万不得已的情况下；而且我们必须考虑到文化的影响（童话故事等等）。只有在实验员推动儿童往这方面想的情况下，他们才会诉诸魔幻性的解释。

2）**“袖子里的硬币”**：实验员在儿童面前把一枚硬币塞进袖子，举起手臂将其滑到腋窝（实验员已经把第二枚硬币藏于纽扣下），

接着他假装把第一枚硬币从腋下取出，当然，他展示给孩子看的是第二枚硬币。

在这个实验中，对于超自然类型的解释，所有孩子都表现出更明显的抗拒。没有一名孩子愿意相信这一硬币奇迹般地穿过了布料。他们认为，要么是缝线脱线了，要么是袖子上有个洞，等等。值得注意的是，当之前的假设被推翻时，儿童会立即自发地想出一个新假设：实验员并没有觉察到皮亚杰所说的“对经验无动于衷”。

在32名儿童中，所有儿童都否定了魔幻性的想法。他们都提出了合理的建议，即使他们设想出来的手段是无法实现的。

3）**“穿过玻璃杯吹灭蜡烛”**：在实验之前，所有儿童都承认，人们无法穿过一块石砖板把蜡烛吹灭。实验员把石砖板替换为玻璃杯：蜡烛熄灭了（因为口里呼出的气绕过了玻璃杯）。19名儿童中有5名儿童自发地解释道，呼气是绕着玻璃杯过去的；其他儿童说，呼气是从玻璃杯上面过去的（好几个成人也犯了这个错误），而且一个补充实验让他们信服事实并非如此时，他们转而支持第一个假设。没有任何一名儿童在任何一刻假定过呼气穿过了玻璃杯。

4）**“漂浮的针”**：一根缝纫针垂直浸入水中，它会落到水底；但是当这根针被仔细地擦拭并水平放置在水上时，它就漂浮在了表面（表面张力现象）。与之前的实验一样，黄翼从了解儿童关 239
于漂浮的观念入手：他观察到，儿童首先会认为重量与物质材料有关；被相反的事实说服之后，儿童又开始把重量与物体尺寸联系起来。黄翼和皮亚杰相反，他从来没有在儿童那里观察到“密度”概念的存在。皮亚杰在“固体”的意义上解释了“重”这个概念，以便使儿童在不停地被问时给出的明显矛盾的答案获得一致性（为什么纸会漂浮？“因为它很轻”——接着：但是为什么船会漂浮？“因为它很重”）。黄翼认为，我们不应该试图解决这种矛盾，因为由实验员的逼问所取得的第二个回应并不代表儿童的信念：儿童给出了一个作为权宜之计的解释，但他只相信他的第一个回应。

儿童在看到针漂浮着时，就会自发地寻找某种解释（因为针眼里有空气，因为针很干燥？）。他试图把未知的东西带回到已知的概念上，他所运用的方式是天真的，但并不荒谬。儿童在进行解释的时候，有时也会援用新的因素来解释未知的东西，例如，被水平放置的针“没有力量”沉到水里。另一些儿童则只满足于观察这个现象的奇特之处。实验员在任何情况下都没有观察到儿童推理和成人推理在本质上有差别（前逻辑的-逻辑的、神秘的-理性的）：正如成人那样，儿童试图以某种“惯常的”方式去解释现象。

5）**“装满水的罐子被一张纸堵住了”**：水没有流出来，31名儿童之中有10名认为水就要流出来了；他们在看到水没有流出来时，就说水粘着纸，纸阻止了水流出来。这仍然是天真的解释，但并不荒谬。

6）**“一个骰子被放在纸板上”**：当实验员快速抽掉纸板时，骰子没有掉下来，而是留在了桌上：普遍而言，儿童认为，骰子不应该掉下来，因为实验员没有碰到它。有几个儿童认为下落与纸板表面的性质相关：粗糙的表面会把骰子带走，而光滑的表面则会把骰子留在原位。另一些儿童认为，骰子在纸板上的位置是决定性因素（当骰子位于实验员抽掉纸板方向的那一侧时，骰子就会掉落）。还有另一些儿童认为，如果骰子滑动了，那就是纸板没有以完全水平的方向被拉动。

7）**“细绳末端连着敞开的纸箱，纸箱里放着一些硬币，实验员让纸箱转动”**：离心力阻止了硬币掉落。这个实验让皮亚杰得以确定，在儿童给出的解释中有 4 个发展阶段（在第 3、第 4 个阶段：儿童以气体移动的说法进行了“亚里士多德式”的解释）。黄翼则仅仅发现了“第 2 阶段”的解释：箱子“转得太快了”，以至于“没有留出足够时间让硬币掉下来”。 240

8）**“对比实验”**：一个灰色的纸板画像，它在黄色景深下显出的颜色，不同于在明亮无色的景深下显出的颜色。有几个儿童认为，实验员更换了纸板画像，另一些孩子则将其归为周遭环境中的某种变化；这正是卡拉·拉斯佩（Carla Raspe）称为“神秘的因果关系”的东西。黄翼回应道，儿童不抱有肯定态度，而是抱有一种完全是成人会有的态度——成人会追问一个他尚未看到其原因的现象的原因，并且做出一些假设（“这应该是一个汽化器”）。这涉及到一种“区域性”的因果关系。

9）**“实验人员在小炉子上加热一个装满水的瓶子，这个瓶子被一个瓶塞堵住，瓶塞上有一根穿过瓶塞的小管子”**：儿童观察到，在加热时，水在小管子里上升了。大多数儿童将水体积的增加和火联系起来，但不关心它们是如何联系起来的：这正是皮亚杰称为“泛灵论”的东西。但儿童只是说“火让水上升了”，这不是泛灵论的因果关系，而是动力论的因果关系。皮亚杰的错误可能在于，在儿童放弃发表任何“想法”时，他会用“世界表象”的术语来翻译儿童的回应。当儿童还处于尚未达到逻辑的状态时，人们就以逻辑语言来表述儿童的各种猜想，这样一来，这些猜想似乎就像是表现着另一种逻辑。

10）**“贾斯特罗错觉：一个圆形上的两个环形线段是等长的，但由于它们各自所处的位置，它们看起来并不能相互重叠”**：成人和儿童都有同样的错觉。所有儿童都将这种错觉归于两个环段的位置，尽管实验员为了误导他们而做了某种场景设置（实验员将圆的两个环形线段呈现在不同的颜色景深上）。

通过在同一个实验中引入一些让人惊讶的、奇怪的现象，拉斯佩成功地激发了这类“神秘”的解释：例如，当他在实验过程中让节拍器打拍子，儿童就会把错觉归于这种打拍子的声音。拉斯佩对这一现象解释道，仅仅是毗连关系就会构成因果关系。黄
241 翼想知道，如果以其它方式来解释是否合适，以及，儿童是否仅仅是在对此时周遭环境中唯一的突出因素、无法被任何其它因素解释的因素提出疑问。解释，就是填补场域的空隙；为了填补这个空隙，儿童求助于未知的、缺乏情境的现象，因为此现象是唯一可被整合到不完整的情境中去的。在这里，黄翼最终以某种具体的方式把握到了儿童的思想；用与知觉有关的术语表述：这里涉及的是一种不完整的、有待完整的情境。在面对这样一种情境时，儿童显然不会像物理学家那样去推理，但是在缺乏说得过去的解释时，他会对知觉到的因素进行组合（黄翼在这一点上与米乔特的结论一致）。

11）**“一整杯加了酚酞的水，被倒入一个含有碳酸钠的空杯中，空杯配有被标为红色的罩子”**：被倒入空杯的水变红。接着，变红

的水又被倒入第三个含有硫酸的杯子中，这第三个杯子配有被标为白色的罩子。红水在与硫酸接触后，重新变为无色。

年龄最大的儿童或把这归于罩子的倒影，或认为罩子是有色物质。年龄最小的儿童会把这个现象和罩子联系在一起，但是即使实验员颠倒了两个罩子的颜色，他们仍坚决认为这个现象源于这个联系；因此，年龄最小的儿童不是通过毗连性或相似性来建立联合关系的，而似乎是在这一情境中的唯一一个与其它要素没有任何可见联系的要素里面寻找原因。

因此，总的来说，儿童不会给出“人为主义的”类型的解释。他们就像成人一样，也在寻找“自然主义的”解释。他们的推理不像成人科学的推理那样抽象、量化，但他们推论的方向在本质上是自然主义的（一个因素对另一因素有规律的影响）。

—— 黄翼认为，皮亚杰的解释与其实验在其中进行的文化环境相关。黄翼通过以下做法来避免这种弊端：他询问来自工人阶层的儿童，也询问来自资产阶层的对照组。

—— 在黄翼看来，皮亚杰的解释的另一个原因是，皮亚杰仅就一些遥远的物体来询问儿童，比如太阳、月亮、云等等：当儿童给出泛灵论或人为主义类型的解释时，我们必须要考虑到，这些物体不属于儿童的活动场或经验场，相反，它们是许多神话和童话故事的主题。

—— 第三个原因可能是，即使是儿童在成人逼问下所给出的回应，也被皮亚杰看作是充分的解释。儿童自己往往并不认为他 242
们的回应是最终确定的解释。但皮亚杰却将那些往往只不过是暂时权宜之计的东西凝缩为“对世界的表象”。要想谈论真正意义上的儿童“对世界的表象”，儿童必须已经整全化了他的经验。但是儿童可能没有能力做到这一点。

III. 瓦隆：“超级事物”概念

我们将依靠瓦隆所引入的一个深刻概念来更确切地描述儿童的思想——瓦隆本人并没有赋予此概念其应有的重要性：这就是“超级事物”在儿童经验中的存在，这是不在儿童可及范围内的一些存在，是他无法通过其身体的调节校准性位移来做到用目光涵盖、来随心所欲地变换其面貌的一些存在，总而言之，这是他无法观察的东西。

天、地都属于这种“超级事物”——这些是儿童永远只能以不完全的方式确定的东西。

这些“超级事物”在儿童经验中的存在，引发或者假定了在儿童那里存在着某种前客观的时间、某种前客观的空间，这两者尚未被儿童的思想所俯瞰、衡量，它们可以说是紧紧依附于亲历它们的主体。儿童知道他的父母曾经是其他父母的孩子，等等，但他并没有心悦诚服地相信这一事实，而且如果实验员进一步探问，就会发觉，儿童相信他先于他自己的父母而存在，就像他相信“房屋”或者“田地”是绝对大的东西那样（成人“就像房屋”那么大，等等）。在这一层面，孩子无法同意他此前并非一直存在着。另外，即使是成人意识也不可能真正地设想它自己的开端，正如它不可能真正地设想它自己的终结。由此引发的结果是，主体觉得自己与存在是同外延的。而且，瓦隆强调，这种信念是主体性本来固有的。从某种意义上说，这种信念在成人那里继续存在：我们无法跳出一切视角来思考，我们可以把“超级事物”的边界推得更远（比如通过学习哥白尼的体系），但是我们无法彻底消除“超级事物”。

因此，儿童心智的特征应该是其“非时间性”以及“非空间性”，这两者都是儿童主体性的面向。正因如此，在儿童那里存在着大量的“超级事物”，它们尚未被融入到某个由确定对象所组成的网络中。皮亚杰的解释是错误的，这是由于他的解释把各种“超级事物”都转变成了按照另一种逻辑组织起来的另一类事物。 243

结 论

成人与儿童之间的区别并不是逻辑心智与前逻辑心智之间的区别。他们的区别仅仅在于：成人所知觉的世界包含很少的“超级事物”（但即使对成人而言，超级事物也存在，比如死亡），而儿童的世界则包含大量的“超级事物”，因为儿童的有组织的行为不会伸展到某个狭窄的圈子之外。因此，一种人际关系就可以在成人与儿童之间建立起来，在这种关系里，儿童并没有被禁闭在一个魔幻世界中，成人则能通过其经验视域中的“超级事物”来理解儿童的前客观的经验是什么——并且成人会在自己的经验中发现相当于儿童处境的东西。同时，我们也看到了心理学中教条理性主义的危险：这种立场把儿童经验的一部分以及成人经验的一部分僵化为了概念，僵化为了“对世界的表象”，这样一来，它就把成人经验和儿童经验相互对立了起来，使这两者成为了不可能彼此相互渗透的两种“心智状态”，并且在理论上使成人与儿童的交流成为不可能的了；然而，儿童思想的那些不寻常的“预期”以及我们在成人经验中发现的那些稚气的东西，都证实了成人与儿童之间的交流是可能的。

这样一来，教条理性主义就是在与知识及心理学进步背道而驰的方向上工作，同时也是在与人文主义背道而驰的方向上工作。

儿童心理学中唯一的科学态度是这样的：它旨在通过对各种儿童现象及成人现象进行某种严格的探究，来获得对儿童及成人之间各种关系的真实解释——即根据这些关系在心理学研究之中实际上被确立的那个样子来做出真实解释。

只有对儿童处境以及成人处境的分析，才能为心理学研究的可能性奠定基础。

244 真正的客观性并不是居高临下地对待儿童经验并将其转化为一个由我们无法参透的那些概念所组成的系统，而是去探索儿童与成人之间各种活生生的关系，从而凸显那些使儿童与成人得以交流的东西。

具有实效的知识与教条理性主义是截然对立的。

儿童心理社会学

245

“发展”的概念

这是儿童心理学的中心概念，因为儿童本身就只是发展。这也是悖论的概念，因为它既不意味着绝对的连贯性，也不意味着绝对的不连贯性，换言之，发展既不是同质要素的累加，也不是一连串没有过渡的阶段。

有两种关于儿童发展的观点。第一种是机械论的观点，它认为发展由同质要素的累加构成。第二种是观念论的观点，它认为成人人格的到来并不是由儿童的心理现象所预备的，而会在儿童年龄增长时突然出现。第一种观点否认发展内部有任何性质上及结构上的变化。第二种观点则否认儿童状态与成人状态之间存在过渡。

I. **机械论的观点**主要由反射学（学习理论）所代表，反射学认为儿童的发展就是对一系列条件反射的习得（巴甫洛夫）；关于这一主题，让我们来回忆一下什么是条件反射：

机体能感应到某些外部刺激，并通过反射回路的机制来回应

这些刺激。当自然刺激频繁地与所谓的条件刺激相结合时，反射回路机制就可以被改变；这种反应是通过用一种刺激代替另一种
246 刺激来获得的，而无需被试者对这一变化有所意识。我们不应将刺激与记忆混为一谈。在反射理论家看来，刺激可以被视为记忆的解释原则；他们将行为视为一座由日益复杂的条件反射所构成的建筑，这些日益复杂的条件反射是通过转移发生反射的能力而习得的。儿童的回应应该会变得越来越微妙细致，甚至连象征行为也是由这种机制产生的。

讨论。首先，这种观点假定机体给出的各种回应本质上都取决于外在现象。除了解剖学的条件，就不存在任何其它内在条件了。然而，即使承认了仅仅只有外在刺激才能引发回应，机体也不是被动的。回应不仅以这些刺激的数量和性质为条件，而且还以机体对它们的态度为条件，机体会从其周遭环境中挑选操作性要素。有些人认为机体与环境之间的关系可以被看作是刺激与回应之间的关系。

机体应是被环境造就的。人们已经意识到，机体的各种改变通常先于环境的影响。不存在这样一种适应——被动的机体对完全主动的环境的适应；而经常出现的是某种主动的预适应，也就是说，机体倾向于在一个适合发展其各种可能性的环境中稳定下来。“适应”概念与“反射”概念同样是有歧义的，因为各种改变都不是单向的；这其中存在交互性。因此，有必要区分“地理环境”和“行为环境”。

其次，这种发展观认为，先行现象与后发现象之间仅仅只有程度之分。儿童的整个发展应是由各种变化的总和引起的。然而，

我们注意到，发展并不是连续不断的。[①] 发展曲线显露了在水平部分之后突然出现的习得阶段（类似于表现韦伯定律的曲线）。如果习惯是反射的总和，那我们就无法理解，为何我们可以在无需进行新学习的情况下转移一项习惯。此外，一个习惯总是具有“相对普遍性”的特征。从习惯中习得的东西并不是一系列确定的动作，而是一种可能性，一种为某个处境创造出有效解决方案的才 247
能——而这一处境与学习时的处境并不完全重合。习惯的这种普遍性特征同样存在于习惯转移的现象中；例如，右手习得的某种习惯，会被部分转移到左手上去。因此，习惯相对独立于各个运动器官。所以，人具有一种组织能力，这种能力不能被化约为我们运动器官的主动性。

II. **观念论的观点**所强调的事实是，在人类那里，发展并不是一种记录——把对于某些刺激所做出的某些回应录入他的神经系统之中的那种记录。发展的前提条件是要对处境有所意识、有所理解，而这是机械论观点所忽视的。机械论观点没有为智力在习惯习得过程中所发挥的作用留出位置，这种智力是由“洞察力”所形成的；我们无法理解儿童如何能够仅靠重复而发展。根据观念论态度，任何发展都是由一系列观念化行为所支撑的，这些观念化行为是以与此前的行为彻底决裂的状态出现的。这即便不是皮亚杰的论点，也至少是从他的分析中得出的结论，因为纯粹的可逆性被看作是在性质上与知觉调节不同的东西。要在智性层面

---

① 关于此问题，参见纪尧姆：《习惯的形成》（*La formation des habitudes*），法国大学出版社，1973 年。

对一个处境有所意识，其前提是心灵的某种可逆性。儿童通过超越“感官-运动”阶段，而到达思想的到来阶段，思想并不会在他推理的某个点上到来，但能够潜在地转移到另一个完全不同的点上。

思想在某一时刻突如其来，发展会通过“政变”而形成。这种观念论态度无法让人理解在行为中实际出现的顺序，这种态度与“发展”概念本身是矛盾的。

1）**按机械论的观点**，儿童的社会化必将是一种机械式的嵌入：在儿童没有任何准备和召唤的情况下，社会环境就从外部介入了。学习心理学家将这种社会化比作一只动物进入一座实验迷宫，比如，在这座迷宫里会有一些电击在某些路径上对老鼠进行禁制。同样，儿童在整合到社会生活的过程中，也会遭受一些禁制性的禁止。存在着某种“社会迷宫”。

248 2）**按观念论或“逻辑论”的观点**，初始状态中没有任何与成人状态相当的东西。皮亚杰在此意义上是观念论者，因为他把一系列“知觉调节”都看作是前智性的：在知觉调节中，知觉错误没有被完全修正；相比之下，成人的思想则是客观的、可逆的看法，而并非出于某种特殊立场。因此，各种知觉图式都只能是对过去印象的记录、没有内在组织结构的记录。格式塔学家的伟大功劳在于，他们以独立于智性的方式提出了知觉的具体组织结构的问题。观念论与经验论这两种态度并不相互排斥。从某种意义上说，它们是互补的。人们有时候可以在同一位作者不同层面的分析中找到这两种态度。

关于思想的这些观点是不充分的。智力和知觉以不同的方式表现出来。在对纵深的知觉中，错误的数量与在场域中既定物件的数量成反比；对智力而言，这些不同情况之间仅仅只有程度之分。对知觉而言，知觉到两根粉笔与知觉到一组由五根粉笔组成的总体在性质上是不同的。格式塔学家会说，每个物件都是通过它与总体的关系而被看到的。五根粉笔的在场同样建立了一种*基准面现象*，在此现象中，各个物体的维度和距离得到了更好的确定。从判断的观点看来是相当的东西，会在知觉中变得非常不同（第一个被研究的基准面现象（研究者为韦特海默）是由主线、垂直线和水平线构成的，其它一切都是相对于这些线来确定位置的。但此外，人们还观察到一种相互作用（这种相互作用会为每一组成部分都赋予一些群组特性）、“一种转变”、一种不会出现在条件反射实验中的自我发展。在格式塔学家看来，并非所有形态都是静止的；存在一种时间性的形态。知觉在时间中进行发展（旋律与组成它的音符在性质上是不同的）。

皮亚杰的各种观点在儿童与成人之间既设置了过多的差别，又设置了过少的差别。

成人思想的绝对可逆性将儿童禁闭在一种前逻辑的心智状态中。然而，一方面，儿童拥有“预期”；另一方面，我们可以自问，在数学之外的领域里，成人思想是否仅仅只是以一些能显示出绝对可逆性的、完全纯粹的概念来进行的。

从另一视角来看，成人与儿童之间的区别比皮亚杰认为的更 249
大，皮亚杰是以“负面的”方式描述儿童态度的。例如，在颜色知觉的习得中，儿童与成人之间并不只有程度之分，并不是成人对同样的“感觉”更加“专注”。而是知觉场本身有了重组。在格式塔学家（考夫卡）看来，儿童知觉的结构本身是不同的，而且“感觉”概念是虚构的。

3）**按辩证的观点：**

a）发展是以一些新形态的涌现为特征的（这种观点与学习理论相对立），这些新形态由先前的那些时期所激发。

我们所面对的是一种自我转变、由先前的各种习得所预备的跳跃，运动改变着它自己的运动。

b）内部和外部之间存在着交互影响。成熟和学习是相互关联的。在原则上将它们割离开是徒劳的，也是不可能的。

c）我们目睹了数量积累导致性质变化的现象，目睹了从数量到性质的转变（图表曲线中水平部分的现象）。

这种动力论的观点可以在格式塔理论以及某些精神分析学家的思想里找到。在性的发展中，有自我转变，有力比多（即“内在条件”）与亲子“环境”之间的交互影响。最后，瓦隆是把这一理论表达得最好的人。

III. 课程第二部分的导论：**儿童发展中心理因素和社会因素之间的关系。**

A）根据精神分析学家的观点，甚至根据莫雷诺那样的观点，人们可以从他们那种跨心理学的角度来思考各种处境：他们在对个体领域的分析中，没有涉及建制性。

B）在社会学家看来（例如列维-斯特劳斯），无论人们是否知晓，他们都是被各种亲子关系和社会关系所支配的，正如天体是被宇宙学规律所支配的。

C）我们可以尝试对这两种理论进行整合（文化主义）。

皮亚杰理论中从知觉到智力的过渡问题导论 250

我们能够以传统方式找到两种思考此问题的方式：

1. 有些人倾向于把智力化约为知觉。

2. 其他人则倾向于把知觉化约为智力。

我们从一开始就能注意到，把其中一端解析为另一端并没有解决问题，而是消除了问题……

1. 自古时起，先被哲学家采用、后被心理学家采用的第一个解决方案是由常识给出的：有一个世界在我们之外，这个世界作用于我们的感官，并诱发知觉；自从亚里士多德以及视网膜图象的形成被发现以来，这种趋势几乎是不可抵抗的。在心理知觉与在其之前发生、并诱发了它的各种生理现象之间，似乎应该有某种相似之处，在作用于我的视网膜的东西与对其做出回应的东西之间，似乎应该有某种恒定关系。当一些感性要素出现在我心里时，我的知觉场似乎就会在那里，以回应我视网膜不同部分产生的兴奋。这种观点受到了**心理原子论**的影响。知觉，就是把握我对这样那样的事物所能拥有的感性经验的总和，这些感性经验要么是可能的（图象），要么是当前的。对图象进行的这种联合孕育出一种等待状态。总而言之，知觉建构了一种没有内部原则的统一体。

那么在这种“**感觉论**”观点中，**知觉**与**智力**之间的**关系**是什么样的？

在知觉状态中没有智性活动。智力只不过是相互召唤的知觉、相互召唤的图象的期待。

2. 按第二种观点，一旦有知觉，就会有智力。这是像笛卡尔、康德、拉诺、阿兰这样的哲学家的立场，他们很注意不让自己被知觉的身体性立场所影响。这种观点是知觉主体内的反思性分析。我们还记得笛卡尔对蜡块的分析，他从中得出结论，物体不能被
251 化约为其现象（颜色、气味、形态等等）。知觉的恒常要素：某种占据空间的方式、能够接纳有限几种形态的方式，这方式并不是感性的，而只能由判断以及心灵的审查所掌握。笛卡尔在《屈光学》里说道："视看的不是眼睛，而是心灵。"

要视看，我们就必须在性质上不同于被知觉之物——既不是视网膜，也不是大脑，也不是任何身体机制。只看得见"已知的东西"、"为己的东西"。知觉只是思想的一种模态、"我思活动"的一种模态。这种观点已经被整个*观念论传统*承接再塑了。

让我们以 19 世纪所理解的空间知觉为例。它属于一种协调各项感性要素的智性构造。

马勒伯朗士观察到，月亮在地平线上时会显得更大。人们曾试图解释这一现象（各种物理原因并没有发挥作用：地球大气层的蒸汽起相反的作用）。在观念论者看来，当我知觉到月亮在地平线上时，它的距离被那些地球上的邻近物具体化了出来；由于月亮的距离很远，于是我们判断月亮更大了。判断改变了知觉。

当我们看着一模糊的图形时，可以观察到相同的转变。例如，设正方体为 ABCDEFGH。根据我们所持的想法，出现在近景中的有时是 ABCD 面，有时是 EFGH 面。

再举第三个例子：立体视象，也就是双眼同时看到的正常视象。实验员把视网膜图象之间的差异作为一个问题提给被试者。被试者根据某种智性解释，根据立体纵深视象来进行了解答。

在康德看来，事物自身与它在我们这里引发的大量感觉不同，事物就是它的诸图象出现于其中的顺序，是一系列多样化经验中的不变项，是各种彼此协调的感觉的开展法则。

在阿兰看来，"知觉是某种起始阶段的科学，科学则是一种更完善的知觉。"

总结来说：这是一种逻辑主义的分析。我们取这个词的狭义：知觉主体作为身体性的主体，他被一种没有确定位置的、普遍的逻辑活动所寓居。知觉，就是思考。

3. **形态理论**。对于我们处理的这个问题，它的贡献是正面 252
的。形态理论批评了在知觉之中身体要素与心理要素之间点对点关系的概念，却不怎么质疑恒定假设。形态理论观察到，刺激的多样性不同于这些刺激的总和，而且这些刺激具有一些交互的作用、一些"横向的"的功能和特性。撇开环境，"感觉"概念是站不住脚的。"感觉"概念与"判断"和"注意力"概念是紧密相连的。

科勒在其文章"没被知觉的感觉以及判断的错误"里说道，[①] 对于没有知觉的感觉的情况（比如我拼命找一个常用物品，而它

① 科勒："没被知觉的感觉以及判断的错误"［Sur les sensations non perçues et les erreurs de jugement（Ueber unbemerkte Empfindungen und Urteilstäuschungen）］，载《心理学期刊》（*Zeitschrift für Psychologie*），LXVI，1913年。

就在我眼皮底下），传统心理学会诉诸“无意识的感觉”、“不注意”或者“缺乏判断力”这些概念。科勒在此揭露了一个错误的解决方案。

a）我们必须放弃恒定假设，无论是各种感觉论概念还是各种观念论概念都是建立在这一假设上的。同一个物体可以引起不同的知觉。“注意”是一个空洞的词；知觉成为了对被知觉之物的某种逐步结构化。

对恒定假设“对一个既定的刺激，就会有一种确定的反应”提出的批评，这个批评显示了形态理论的特点。形态理论既反对传统经验主义的立场，同时也反对智性主义的立场，它通过正面的贡献来挽救这两种敌对学说都牺牲了的东西。

b）各种知觉都具有某种意义，但是这种意义并不是由某种自由的智性活动另外添加上去的，这种意义内在于知觉，且是类感官的。在模糊的图形（例如正方体）的情况中，从一种知觉模式到另一种知觉模式的过渡并不是由于两个智性假设而产生的，而是由于图形的形构本身的变化而产生的。我们只想以如下事实作为证据：即使我们在智性上知道有不同的方式来视看一个图形，事实上我们仍可能无法成功对其进行重构。让我们举几个例子。

伪装现象：一个物体特有的形态被掩盖在一个更大的形态里（一门大炮在田野和草地的分界线上）。

将显形和景深颠倒的实验：这个实验只能在实验室里进行——在实验室里，只有少量刺激起作用；在生活中，这样一种视角变化会带来彻底的颠覆，甚至带来世界的消失。

253 **猜谜**。在灌木丛中找出兔子…… 只要我们知觉不到被找之物，那么就什么都没有。

对显形的知觉不同于对景深的知觉。我们通过实验观察到，景深颜色变化的差别阈限大于显形颜色变化的差别阈限。

c）亨利·柏格森说："去知觉，就是去记忆。"我看到那些我预料将会看到的东西。形态学派回应道：只存在经验的情境，记忆的投射并不是以自动方式运作的，而是完全以当下的形构为条件的。

在对两个显形的实验中，被试者很少会自发地在显形 2 中看到与显形 1 的对称——而此刻显形 1 就在他们眼皮下。去知觉这样或那样形态的自然倾向并不在事物中，而在我们之中。我们极少在现实中知觉到一个精确的正方形，精确正方形形状的优先性并不是由我们看到它的频率所赋予的，而是由这形态所派生的组织结构所赋予的。

在智性主义者看来，知觉就是译码（立体视象），就是通过智性行为来发现征象的含义。但是，形态理论指出，这些征象并不是被给予主体的，主体对各种视网膜图象的差异毫无意识，对晶状体的调适也毫无意识；各种征象是视象的条件，但它们并没有建构视象。

白碟实验：

1）把屏障 E 置于两个碟子之间，观察者看到碟子 A 具有与碟子 A' 不同的颜色。这是受限视象的情况。

2）在自由视象中，即在没有屏障的情况下，两个碟子看上去颜色相同，仅仅只有不同的光亮度。我们清楚地看到，光亮度并不构成一个引导推论的论据，而是光形构出了知觉场。知觉是一种感官的组织，而不是智性的组织。

d）**“基准面”的概念**。在之前的实验中，光亮度扮演着景深的角色。各物体被赋予的颜色取决于我们所处的环境。黄昏时分，我们习惯于白天的环境，电灯的光照在我们来看是黄色的：过一会儿后，这光照变成了蓝色。

让我们把知觉意义称为每个细部现象被赋予的价值——这种价值是由现象所处的总体基准面所赋予的。运动错觉取决于注视点：正因如此，当我们注视着云朵时，会觉得钟楼似乎就要倒塌
254 了。我的身体成为我的知觉场的奠基性组成部分，成为我在某个空间基准面或颜色基准面里“锚定”的代理者。

皮亚杰所认为的逻辑与心理学之间的关系；对从知觉到智力的过渡所做的实验研究的结果

在皮亚杰开始他的工作时，有两种极端见解相互对峙：心理主义和逻辑主义。

对心理主义者而言，所有智性的（我们特地不更进一步明确解释这一术语）东西仅仅只是我们心理生活的二度表达；意识是各种事实之间的一种关系，而各种逻辑关系只是这种关系的一个个例（这种观点若被推至极端，就是绝对怀疑主义）。这是联想主义的倾向，对它而言，例如，因果关系是对主项与谓项之间某种恒定的相继关系的经验。

对逻辑主义者而言，自从有了判断的那一刻起，一个序列就出现了，这一序列在性质上与“心理”序列不同。无论是真理还

是错误，都由于其“超出时间”的性质，而区别于各个主观意识状态之间的经验性的相继关系。

胡塞尔从逻辑主义立场出发，之后则越来越倾向于调和我们思想的逻辑价值和实际价值。他用以下的对照反对纯粹的心理主义：计算器遵循物理学定律而运作；同样，我们的心灵遵循心理学定律而运作。但是，为使计算有效，计算器还必须遵循数学准则而运作。物理学运作是实际的运作（即计算是正确还是错误）。数学运作是具有有效性的运作。受制于心理条件思想主体，超越了这种简单的事实关系。逻辑序列高于事实性序列。心理学家从胡塞尔那里保留下来的，正是现存的心理因素与持存的逻辑因素之间的这种对立。胡塞尔对其同时代心理学家的最深影响，尤其是对“维尔茨堡学派”的最深影响，可以追溯到胡塞尔最早的逻辑主义时期；“维尔茨堡学派”通过一种实验性的内省，试图在各 255
种事实本身之中找到逻辑：马尔比说，我们将会在思想的运作中发现逻辑规律。这种逻辑规律不是事实，而是某种外在组织对事实的突然侵入。塞尔兹[①]这位“关于思想的心理学家”说：事实的思想仅仅是“思想”的一个图象，这一图象在所有存在之外。我们看到，按照这种观点，思想起源的问题成了绊脚石。

皮亚杰讨论了这场辩论。

1. **首先他明确地站在反对逻辑主义的立场上**：他说，所有逻辑都将唯一的思想还原为一系列基础演算。形式逻辑正是以这种

① 原文为“Seltz”，是误写。此处指德国心理学家 Otto Selz（1881–1943）。——译者注

方式把一单一性质的实在——即思想给分解了。我们必须重新找到事实的思想——这是活生生的、积极有效的思想，是我们思想的各种活动的唯一原动力。因此有两项任务有待完成：我们必须在逻辑上增加一种有关整体的逻辑，并且以如下方式重新定义逻辑：不让逻辑成为一种范例性的实在，而让它成为事实思想的活生生的肖像。

皮亚杰将逻辑设想为一个假设-推演系统，它在性质上不同于事实论断。就像在数学里那样，在欧几里得几何学、后欧几里得几何学或者元欧几里得几何学里，我提出若干定义或公理，并从它们推演出各种特性。以各种对应的对象为目的的逻辑，构造出思想的一些可能范例，然后这些范例被运用到现存世界里去；皮亚杰说，这是富有成效的态度，是不可替代的剖析工具。逻辑既不屈从于心理学，因为它有自己的方法；也不使心理学屈从于它，因为它并不讨论真实的、实际的思想是什么。事实思想及其发生，建构了心理学的特有领域；而此领域最终会与逻辑汇合在思想的最高的平衡状态中。

让我们以不矛盾律为例：A 不同于非 A。我们的事实的思想是否会遵守这一观念呢？这种事实的思想是从外部强加给这一观念的吗？显然，问题并不是以这种形式提给事实的思想的。实际上，事实的思想通常涉及的问题是知道 A 和 B 两个要素之间是否相容。我们并不会思考我们是否可以同时成为共产主义者和非共产主义者，我们会思考的反倒是我们是否可以同时成为共产主义者和爱国主义者。解决这一问题有两种方式：

256 a）第一种方式是，按照逻辑学家喜欢的方法，**定义**所涉及的两个概念的最本质的东西。但是，定义必须要紧贴现实，而且进行定义的词和各种公理化的概念都必须完全确定地划出实际现实的界限……然而，定义仅仅只是以一种回顾性的，而且往往是不完全的方式意识到现实。

帕斯卡、笛卡尔以及他们之前的蒙田，在面对亚里士多德的逻辑学时指出，定义不会穷尽语词的“意义”，语词保持着某种开放的含义。于是蒙田说：“对我而言，说出‘人’是什么，要比说出‘动物’和‘有理性的’是什么更加容易。”

b）解决此问题的第二种方式是考察思想的实际运作是怎样的。我们刚刚看到，定义不会穷尽现实的所有要素。即使按照定义，爱国主义和共产主义——就它们的末世论的和目的的要素而言——是矛盾的，但事实上，在历史进程的某些特定条件下，共产主义也能够承担起保卫国家的角色（参见列宁）。活生生的、精彩的思想并不在定义之中，我们必须尝试就各种概念与生活的关系来构造这些概念（在它们之间建立双向关系）。问题并不是相关于“不矛盾律”提出来的，我们的思想在实存中的实际运作使这一观念能够以一种远更完整、更微妙细致的方式实现出来。对我们而言，这是一个在各种被亲历的现象中保持某种凝聚力的问题，而不是要让诸逻辑术语之间对抗交锋。在这一点上，我们似乎站在了逻辑主义的对立面。

2. 然而在具体应用中，在皮亚杰看来，最根本的是演算；然而他说道，各种演算不单独存在，而是只以群组或系统的方式存在。心灵的实际工作趋向一种最终平衡，这种平衡本身是受逻辑支配的，总而言之，心灵的实际工作趋向一个整体且封闭的系统。

但是，皮亚杰在承认思想有一种最终平衡状态的那一刻起（在此状态中所有心智演算都被聚集了起来），他就复兴了某种逻辑主义；因为，只有当我们所接触的是封闭含义时，我们才会得出一种纯粹演算性的、可逆的思想。“思想的最终平衡”这一观念，与“活动意义上的演算”、即“未完成的演算”这一观念，是相矛盾的。所有事实的思想都是以不纯粹、未完成的面貌出现的，
257 于是皮亚杰就倾向于以负面方式来定义它。他将直观的表达、幼儿的语言都视为不足的、形象化的、诗化的。（他谈及“图象的骗局”。）人们最终走到了忽略语言的整个表达性部分的地步。

评论：同时，皮亚杰又回到了某些心理学的论断。如果我们着眼于演算系统的最终目标来看待这个系统，那么我们就只是在以如下方式定义那些不完全演算的进程：在与其后续发展的对比之中、以描述缺失的措辞方式来定义它。皮亚杰说，我们必须弄清智力的“因果机制”。[①]

我们刚刚看到，皮亚杰原则上持反逻辑主义的立场。而事实上，他将思想的各种演算与一个趋向最终平衡状态的整体联系了起来，通过这一做法，他不由自主地采取了一种逻辑主义立场；这使他贬低了各种可做因果解释的前智性形态。

皮亚杰走上这条岔路的原因可能是他拒绝对问题进行阐明。他说：“当代的数理逻辑的重要功劳，比如说，是摆脱了所有哲学。”数理逻辑成了一种公理的技术。

但这是证明了哲学的价值，还是证明了哲学没有含义？在哲

---

① 参见:《智力心理学》(*Psychologie de l'intelligence*)，Colin出版社，“U.-Primse”丛书。

学中，不参与仍然是在做哲学；这是一种漫不经心的哲学，这种哲学把逻辑学与心理学的关系留在含混不明之中。

这也许可以解释为何皮亚杰在决定实现对逻辑主义和心理主义的超越之后，最终回到了这两种态度上，而且是交替地回到这两种态度。这为“发展”概念带来了一些根本的困难。皮亚杰理论中的逻辑主义成分使思想的各种初始形态表现为某种“非思想”。皮亚杰赋予“智力”的定义是一种去中心化的、没有处境的、整体的思想的定义——这恰恰是古典哲学中上帝的定义。

这样一种没有处境的、没有视角的终点对我们来说是难以想象的；这不再是一种“心灵的动态工作”意义上的演算。在这种处于平衡状态的思想和在发生之中先于此思想的运转之间，有一种真正意义上的不连贯性……皮亚杰是根据物理的“平衡”概念来定义这种最终平衡的。

活动的平衡：知觉每每会将其知觉场变形、重新找到中心，258
思想则与此相反，它不改变它所涉及的对象，而且它所纵览的对象的各种面貌也不会让它变形。

恒常的平衡：思想趋向于确定的东西，各种附加上去的东西不会颠覆已获得的整体。

对可逆性的假定：虽然知觉场具有某些向量（因此从椅子看向桌子，完全不同于从桌子看向椅子），但在纯粹思想的领域，主体方位的各种变化都不会改变已知事物。

对处于平衡状态的思想的这样一种定义，并不来自逻辑学家——那些谈论抽象的、形式化的或者数理逻辑的可逆性的逻辑学家。皮亚杰以“平衡”的物理概念为依据，以避免纯粹逻辑的教条主义。然而，这一“平衡”的物理概念难道不是与完全符合逻辑的“严格思想”概念有相同的弊端吗？

皮亚杰曾说，活生生的思想不会满足于研究一些既定定义、一些“经过防腐处理的思想”。它必须要形成各种概念，仅仅去阐述已形成的概念所带来的结论是不够的。但是，若是如此，思想是否还能达到确定的平衡状态（皮亚杰所引入的最终范例正是这一平衡状态的最终范例）呢？如果最终平衡是可能的，难道各种“演算”不会被“冻结”吗？不会因此就不再是演算了吗？

正是思想的生命转化了它自己的各种概念。处于平衡状态的思想难道不就是思想的缺席状态吗？

思想必然会经历一些平衡状态，但这些平衡状态是相对的，而不是最终的。我们知道，我们最深的信念将会被我们未来的经验所完成、改变。思想的任何平衡状态都包含着某种促发演变的因素。主体对他所思考的东西而言所具有的绝对独立性可能会使他变得失去活力。

皮亚杰（参见《智力心理学》）讨论了意义的某种根本倒置。据其所言，发展是由过渡——即从因果序列（思想可以在此序列中得到解释）到思想完全成熟状态的过渡——所构成的。皮亚杰本人曾指出这种过渡的困难所在；这种过渡要求：

1）要么用较低等的一方解释较高等的一方，这种解释方式被皮亚杰拒绝了。

2）要么就将最终期提前放在此前的各个状态之中，这也不是皮亚杰想要的。因此，剩下的就是让最终状态以“无中生有”的方式突然出现。

在应用中，皮亚杰遇到了他自己指出的后一种障碍：皮亚杰 259
讨论了最终平衡的“必要性”。通过这种“必要性”，他回到了观念论的某种思维模式。我们只有通过将最终期以及之前的各期重新放在一种真正的动态发展中，才能避免这些困难。

让我们仔细看看在从知觉过渡到智力这一问题上的理论困难的各种后果（对各种知觉错觉、德伯夫错觉的研究）。场域各个部分之间有一种引力，这种引力让各项表征变形，但它能产生一种有利的影响，即知觉调节。通过两种方向相反的变形的联合影响作用，就不再有错觉了。

只有在严格意义上的智力层面，才有真正的去中心化。每个当前的中心化都是被一些虚拟的中心化所激发的；这种演算不同于几何学所理解的那些有关大小的真实关系，而是两种差错在进行相互校正。

知觉是如何进行这种调节的呢？各种虚拟的中心化都是由之前的经验存放在我们这里的。

克拉帕雷德提议承认：在每个被知觉到的景象之中，知觉都趋向一种更高等的平衡状态，在知觉本身之中，有一种与现实更为相符的组织结构。这就已经是形态理论的核心想法了。

皮亚杰明确否定了这种解释。一个新对象的各种特性只能通过与先前经验的关联才能被观察到。皮亚杰不承认有自体调节，也不承认在知觉场里有任何真正内在的力。不存在内在的重构活动，只存在要素的累积。让我们更仔细地看看虚拟中心化的作用：

a）**立方体**：当我们看一个被画出的立方体时，只有某些成分是以真实比例画出的。我必定会知觉到那些以粗体描画出的直线的某种方向，并且必定会赋予这些直线一种真实长度——不同于我在画中所看到的长度的真实长度。一切发生得就仿佛我在思想中把自己放在了侧面，仿佛我使那些斜线变正了。

b）**对距离的知觉**：我看到一个小黑点在田野里动来动去，我说："在那里有一个正在干活的人。"这是一个来自于我的过往经验的虚拟知觉。

260 c）**赫林实验**（见白碟实验）：通过观察槽看到的白色薄板（或者碟子）呈灰色。在自由视看中，这同一块薄板则呈白色，但是处于阴影中。在这三个案例里，皮亚杰都是通过把虚拟的中心化加到当前的各种既定状况之中来解释知觉的。

实际上，我们并不是首先有对表面的知觉，然后通过虚拟中心化才有对纵深的知觉。事实上，我看到了处于纵深里的立方体，我的双眼追随着那些斜线。另外两个例子也是如此，看到那个动来动去的点，就是看到了位于远处的人。

至于赫林的薄板实验，我不能说"是我投射了一些虚拟中心化"；视看取决于光束本身，取决于光照对知觉场产生的影响，克拉帕雷德称之为"蕴含"。光照和被光照物之间的彼此影响引起了场域的自体调节。皮亚杰的分析是以"孤立的"方法来进行的。相反，卡茨[①]则说明了被知觉物的组织结构是如何被蕴含在诸感性性质结构本身之中的——这些感性性质充满了被知觉物的组织结构。

---

① 戴维·卡茨："触觉世界的结构"（Der Aufbau der Tastwelt），载于《心理学期刊》（*Zeitschrift für Psychologie*），附加第六卷，1925年；"色彩世界的结构"（Der Aufbau der Farbwelt），载于《心理学期刊》，附加第七卷，第二版，1930年。

（在学生口头报告之后）对纪尧姆的文章进行评论："皮亚杰对'感官-运动'智力的看法"，[①] 以及"皮亚杰近期著作中对智力及知觉的看法"。[②]

在第一篇文章中，纪尧姆想要表明，皮亚杰那里有与智性主义心理学的概念相似的一些概念。"信号"观念（可能会去"捕捉各种需求"的信号），例如替代自然动机的音色，可能会使人想起联想主义意义上的转移。儿童的"现实"概念出现得很晚，"经验最初的主观阶段"的这一观念让人想起经验主义关于"发生"的那些观点。

当然，我们必须达至心理发生的观点；婴儿的"现实"概念当然不同于成人的"现实"概念。在发展的每个时期里，都会产生在最主观的东西与现实之间的区分。最终的结果是建立在一个被修改过的概念上的，但是这个概念从一开始就在场了。这则评论非常重要，因为它指出了看待心理发生的两种不同观点。

皮亚杰认为，如果儿童能确定他的观点，那么他就会是"唯 261
我主义"的，对于这一点，纪尧姆回应道，这是一种成人的回应。对物体持续存在的信念也是如此。在皮亚杰看来，儿童不相信物体持续存在，然后他会过渡到一个更高的层面，在那里他相信物体持续存在。

---

① 纪尧姆："反亚杰对'感官-运动'智力的看法"（L'Intelligence sensori-motrice d'après Jean Piaget），载于《心理学杂志》（*Journal de psychologie*），第 1-3 号，1940-41 年 1-3 月，第 264-280 页。

② 纪尧姆："皮亚杰近期著作中对智力及知觉的看法"（L'Intelligence et la perception d'après les travaux récents de Jean Piaget），载于《心理学杂志》（*Journal de psychologie*），1949 年，XLIIe，第 202-239 页。

纪尧姆回应道，物体一旦消失，孩子就不会再想它了；他还说，认为儿童有“物体持续存在”或“物体消失”的看法是危险的。有人意识到，这是纪尧姆富有成效的原创思想，他渴望对成人语言进行革新，以描述儿童的状况：既不是真正意义上的唯我主义，又没有充分意识到他者。

在“对纵深的知觉”这一问题上，皮亚杰试图表明，纵深并没有在严格意义上被知觉到。这并不意味着没有远程知觉。我们尽管有很多知识，也没有什么能让我们在不同的平面上看到月亮和星星。因此，纵深是知觉的一种组织模式，而不是一种知识模式。

皮亚杰承认，思维在其发展过程中，会逐渐开始区分位置的改变和状态的改变。这是以成人的空间观念为前提的，或者更准确地说，是以欧几里得的观念为前提的。皮亚杰认为，儿童没有这种区分，而且这种区分直到很晚才会出现。

我们不对这一事实进行争论。但问题是要知道，对运动的知觉无论迟来还是早到，都是直接从表征那里得出的。

实际上，当我们知觉到一个运动时，相对于一个基准点而言，这个运动是相对的。但是我们不可能在两者间选出哪一方会是运动的、哪一方会是静止的。这就突出了知觉的一项原初特征。

最后，纪尧姆对“感官-运动”的功能这一概念提出了质疑，这一表达的结构本身就说明，它是建立在一种把感觉和运动视为部分要素的想法上的。

事实上，感觉和运动并不是对立的。它们是作为一个整体而运作的行为的两个部分。没有意向性目的的运动是不存在的，没有某种运动的感觉也是不存在的。

最后，纪尧姆提出了一个深刻的想法：被知觉到的世界是我们的智力要去重组的“原型”，但是这一原型具有它的统一性与它的秩序。

格式塔理论中从知觉到智力的过渡 262

我们的目标是要消除由于所用术语而引起的误解，并且要避免由于肤浅的阅读而将智力贬低为各种“格式塔”视角的个例之一。在这个意义上，韦特海默的某些文本可能会让人觉得他重拾了知觉形态的经典三段论。让我们思考大家熟知的三段论：苏格拉底是人，所有人都会死，所以苏格拉底会死（或简单的数学关系：A = B，B = C，所以 A = C）。让我们把这个例子与纯粹的知觉组织进行对照比较。

例如，科勒的猴子实验。猴子摘下一根树枝，并把它用作能延长自己手臂的工具，以够到它可及范围之外的某种东西。我们可以把摘下树枝的行动与三段论的大前提进行对比。在这两个例子中，都有一种成形活动（mise en forme）[1]，这种成形活动对既定情况进行了组织。但是这里出现了一个至关重要的观察：在知觉组织活动的情形中，一切发生得就仿佛初始对象已经丧失了它的意义：实际上，如果一只同类坐在了箱子上，那么在猴子看来，

① “成形”这一翻译方式由邵奇慧博士建议使用。在此一并感谢邵奇慧博士与李眈博士在诸多理论概念翻译上对译者的启发和帮助，以及他们在本书翻译过程中的无私支持。——译者注

这个箱子就丧失了它先前作为踏脚梯的价值。上述的初始对象已经被格式塔所丰富了，但作为对象的它却被删除了。猴子无法同时以不同观点来知觉一个事物，猴子没有针对箱子的行为——那个在其各种不同的可能用途里保持同一的箱子。相反，在三段论里，推理的特性是：尽管这三个项进入了不同的关系之中，但在可变的表征之下，它们仍然保持着同一性。这就是为什么智力的**格式塔**完全不同于知觉的成形活动。阿伦·古尔维奇说道，当进行推理时，不仅仅有一系列的组织活动，而且有通过各种含义而意识到项的同一性。[①] 我们通过时间克服了时刻的多样性，以考虑物体的恒常性。但古尔维奇所指责的更多的是格式塔论点表面的东西，而非其实质的东西，因为格式塔论点并没有把智力**化约**为
263 知觉，这与人们通常认为的相反。[②] 古尔维奇的立场既不是联想主义，也不是逻辑主义（即真理是在事实序列以外的）。其立场不将“持存者”置于“现存者”之外，但也不将“持存者”化约为“现存者”，并且也不否认逻辑学的独特之处（即逻辑能够让对错显现出来）：**古尔维奇的立场使理性下降到存在之中**。

人们的误解在于，人们想把**格式塔**描绘成一个事物，然而格式塔却只是一个**组织现象**、一种结构。

格式塔理论试图把思想当作实际的思想来分析；但是智力的

---

① 阿伦·古尔维奇：“科特·戈尔德斯坦对机体运作的看法”（Le fonctionnement de l’organisme d’après K.Goldstein），载于《心理学杂志》（*Journal de psychologie*），第 1–2 号，1939 年 1–3 月，第 107–138 页。

② 参考考夫卡：《形态心理学原理》（*Principles of Gestaltpsychology*），Harcourt 出版社，纽约，1935 年；关于智力的章节：“学习”。

组织活动与知觉的组织活动是没有可比性的。在这两种情况下，我们与纯粹事件之间的距离，和与纯粹价值之间的距离都一样远。人们称为“智力”的结构化方式不同于知觉的结构化方式。

让我们进一步讨论这一点：

1）我们将看到，我们可以在智力与知觉之间确立怎样的相似关系。

2）我们将表明，尽管智力和知觉都是对场域的结构化，但双方的结构化方式不同。

3）最后我们会发现，这种不同并不构成一种真正意义上的断裂——即那种会让知觉成为纯粹的自动机制、让智力成为纯粹内部性的断裂。

1）智力的组织与知觉的组织之间的对比

我们将从三个不同层面来思考此问题：

a）感官-运动层面

b）动物性层面

c）人的层面

a）感官-运动层面

让我们跟随考夫卡考察目光注视的例子。当图象形成在两个视网膜上时，我如何获得了仅含一个物体的明确视象？这两个图象很相象，它们几乎是在视网膜的同一个区域形成的，这是消除图象的不一致的一项必要且充分条件。格式塔学家认为，当知觉场同时被反映在两只眼睛里时，神经冲动就会在视觉中心表现出

264 来；他们还认为，双眼是以一种让各种刺激合并、让我们可以看到一个物体的方式来会聚的。德让女士在其“关于空间的论文”中[①]，让读者注意目光的“展望性的”、预见性的活动。这里有一种悖论，因为，虽然这种功能不是智性的，但结果的内在性却主持着眼睛的各种不同运动。这就是在感官-运动层面的组织。

在这一点上，正如在所有论点上那样，格式塔理论可分为两种倾向：

1）第一种倾向于用那些较低等的形态去解释那些较复杂的现象，例如，它在生理中寻找心理活动的基础；这就是人们所称的“同形现象”，这种现象不是将一方同化为另一方，而是要寻求某种结构共同体。正是这种倾向想要将智力建立在一些类知觉性的形态上。

2）第二种倾向是要对各种现象做纯粹、完整的描述。这是格式塔理论最正面的贡献。对于我们正在处理的这个问题，第二种倾向指出，智性组织结构属于与知觉组织结构不同的类型（但是组织结构构成了一项它们之间的公分母，该公分母使一方能过渡到另一方，而无需把较高等的一方化约为较低等的一方）。格式塔学家在这里并没有试图否认不容置疑的判断的存在，而是要想表明，这种判断属于与知觉不同的另一个序列。知觉具有某种意义：实际上，如果我们再次以我们熟知的模糊图形为例，就会观察到，整体始终呈现在各个不同的部分之中。但是被知觉物的意义并不

① 参看勒妮·德让：《关于视觉中“距离”的心理学研究》（*Étude psychologique de la « distance » dans la vision*）；《视觉知觉的诸客观条件》（*Les conditions objectives de la perception visuelle*），法国大学出版社，1926 年。

是智性意义，我们可以在不对智力心理学的存在提出质疑的情况下，按被知觉物意义最原初的样子对其进行描述。

让我们回到目光注视的例子。物体P在空间的某个点向我显现。传统心理学的解释是这样的：视网膜的每个点都必然具有其空间的特殊性，而且，外界的点之所以有其表征位置，是因为在两个视网膜上的对应的点被刺激了。但是当物体P偏离中心时，即当两个视网膜的图象不对称时，这样的解释就行不通了。实际上，并不存在那种由构造指派给视网膜的某个组成部分的空间值。我们面对的是一种分配现象，该现象的所在地应该是大脑，大脑会为每个光刺激指派一个空间值，与此同时，同步发生的其它刺 265
激也被它考虑到了。中枢神经系统的这一功能在今天被广泛承认。皮埃隆先生在谈论颜色值时指出：长久以来人们都认为，大脑的一些特定区域是被指派去知觉这样或那样的颜色的；如今人们知道，对各种颜色的知觉并不是由于大脑的解剖学意义上的组成部分之间有某种功能分配，而是因为，同一区域本身会根据所接收到的刺激而以性质不同的方法来运作。[①]

让我们看另一个例子：考夫卡的实验。实验员将两块不同的矩形平面分别呈现给每只眼睛。实验员观察到，这两种现象虽然性质不同，但却融合在了一起。因此，在实验（A）里，重要的是"点处于同质的景深"的功能，而不是性质上的差别。在第二个实验（B）里：在其中一块平面上，黑点稍微离开了其中心位置。在此情况下，"双眼"仍然会设法同化两个图象。刺激并没有作用

① 皮埃隆：《大脑与思维》，阿尔康出版社，1923年。

于两个对称的点，但是对应的图象仍被融合在一起了，一切发生得就仿佛——鉴于两个点的功能相似——目光在此之前就已经预期到了这个结果。在本应该出现复视（即看到两个点）的情况下，我们的双眼却意图要实现一种统一。各种刺激似乎也有同样的作用。场域的不同部分之间有着一些内在关系。

一切发生得就仿佛目光由“展望性的活动”引导着，依其“功能”朝向某些“任务”。因此，知觉不同于诸局部现象的总和。场域的不同部分之间有着一些内在关系。

b）在动物性层面：实践性智力的现象

科勒在《高等猿类的智力》[①] 里这样定义实践性智力：它有能力将一个物件的既定含义改变为新的含义，有能力对功能有所预期；正是如此，树枝变成了棍子。动物性层面与感官-运动层面并无本质不同。目光已经是一种身体器官了，它有能力根据景象的意义来引导自己、来对景象有所预期。然而，在超过某个限度之
266 后，景象的融合就不再发生了。实践性的智力更是如此。更是如此是因为，各个组成部分离得越远，条件就越不严格。但是实践性智力还不是无条件的：科勒说，棍子必须要与目标有眼视接触，才能被当作工具。这种实践性智力同样存在于人身上。比如，德国心理学家冯·阿勒施讲述道：他所在的山区部队曾被调遣，有一天，他身负重物吊在一根绳子上，他发现那根绳子太短了，不足以让他够到下面的平台。他的处境很危急；他甚至想都没想就

① 科勒：《高等猿类的智力》（*L'intelligence des singes supérieurs*），Alcan 出版社，1927 年；新版，法国大学出版社，1973 年。

立即用牙齿咬住绳子。因此，他指出，身体自己找到了唯一可能的解决方案，以代替那些已经显得无效的日常途径。这也是各种替代现象（Ersatzleistungen）中会发生的事。被截肢的昆虫会即时采取一种新的移动方式。

无论我们打网球还是做其它任何运动，都必须考虑许多既定的东西：风、球的速度、对手的位置、球场的性质、比赛的时间。身体在全新的处境前会“表现出智力”，它的举动解决了问题——而这种问题并不是由智力提出的，它包含了无限多的要素。我们还注意到，在这一过程中还会出现各种规则，而这些规则从未被我们当成是理由来明确提出。

这种形式的智力不会意识到其自身，它存在于各种习惯之中——习惯并不是我们认为的那样是机制和定型，而是“习惯-才能”、“行为的习惯”（不是举动的习惯），是那些让我们得以通过一些具有适应力的、微妙的行为（例如知道怎么跳舞、知道怎么游泳）来回应同类型处境的习惯。谢瓦利埃先生[①]已经指出，在经过很短的适应期之后，我们演奏某一架乐器的习惯，就已经不再仅仅限于这架乐器了；管风琴家能够去认识，甚至以某种方式“把自己融入”到键盘的某种新布局中去。同样，人们观察到，如果右手已经学会书写的话，那么左手学习书写就会快很多（习惯的转移）。由此，我们可以总结：习惯的一部分是独立于其工具的，而且智力有能力对新的处境做出回应——对整体而非组成部分做出回应，对总体的意义而非刺激做出回应。然而，这种以运

① 此处原文为“M. Chevallier”，为笔误，应为“Chevalier”。——译者注

动灵巧性的形态出现的具体智力仍然区别于严格意义上的智力。

267 **c）人的智力——以寻求解决方法为目的的组织现象。**

让我们以一个几何学问题为例。这个问题呈现为一个由各种“假设”所定义的开放处境。对被试者而言，解决这个问题，就是要减低由已知条件引起的张力，也就是要通过运用这些已知条件以及回想先前的知识来探索解法。

—— 假设要知道三角形 ABC 各个角的总和。

我们通过顶点 C，延长边 BC，并且引一条 AB 的平行线。在呈现出来的这个构造中，我们可以说，作为同位角的角 B 和角 C_3 相等，而且角 A 和角 C_2（作为由平行线 AB 和 CD 以及切线 AC 所组成的两个内–外错角）也相等；既然 $C_1 + C_2 + C_3 = 180°$，因为角 C 是平角。所以角 C、角 A 和角 B 之和等于 180°，且一个三角形所有角的总和等于两个直角。

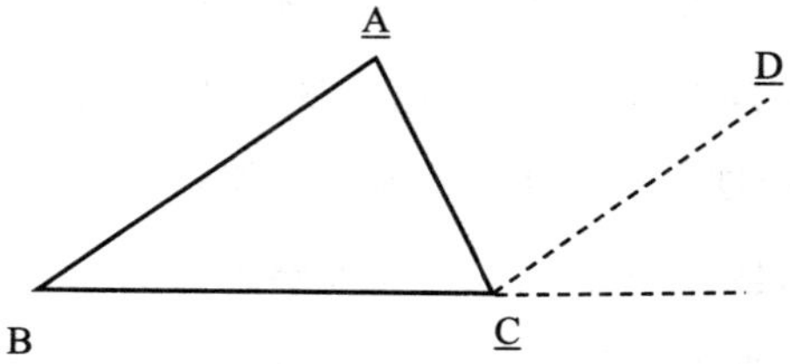

①

—— 现在设有二元方程式 $ax^2 + bx + c = 0$。我无法直接解出它，于是我想到运用一个技巧：这前两项可以被当成是关于 $\frac{b}{2a}$ 的二项式的完全平方［即根据 $(a + b)^2$ 这一完全平方的形态］的展开

① 译者根据文本画出的图示。——译者注

式的前两项。这样一来，我就得到了$\left(x+\frac{b}{2a}\right)^2-\frac{b^2}{4a^2}+\frac{c}{a}=0$ ① 这个由于我以前的知识而显得容易解出的方程式。②

---

① 注意，此方程式原文写为：$\left(x+\frac{b^2}{2a}\right)-\frac{b^2}{4a^2}+\frac{c}{a}=0$，第一个平方号放错了位置，应为笔误或排版错误。——译者注

② 由于原文过于简略，故补充解释如下：一个没有学过二元方程式的人，不知如何解出 $ax^2+bx+c=0$。于是他会试图把此难题转换为他已掌握的知识的形式：即，把这个二元方程式转化为他已掌握的 $(m+n)^2=m^2+2mn+n^2$ 的形式；换言之，把 $ax^2+bx+c=0$ 的前两项看成是 $m^2+2mn+n^2$ 的前两项，即把 ax^2+bx 看作 m^2+2mn，然后尝试凑出 n^2。这样一来，他就可以把 $ax^2+bx+c=0$ 转化为 $(x+$一个常数$)^2=$另一个常数的形式，从而轻易求出 x 值。用数学语言表达，该过程为：

$$ax^2+bx+c=0$$

$$x^2+\frac{b}{a}x+\frac{c}{a}=0$$

$$x^2+\frac{b}{a}x=-\frac{c}{a}$$

$$x^2+2\frac{b}{2a}x=-\frac{c}{a}$$

$$x^2+2\frac{b}{2a}x+\left(\frac{b}{2a}\right)^2=-\frac{c}{a}+\left(\frac{b}{2a}\right)^2$$

$$\left(x+\frac{b}{2a}\right)^2=-\frac{c}{a}+\left(\frac{b}{2a}\right)^2$$

也就相当于梅洛-庞蒂所说的$\left(x+\frac{b}{2a}\right)^2-\frac{b^2}{4a^2}+\frac{c}{a}=0$，即解题人所熟悉的形式。这样一来：

$$x+\frac{b}{2a}=\pm\sqrt{\left(\frac{b}{2a}\right)^2-\frac{c}{a}}$$

$$x=-\frac{b}{2a}\pm\sqrt{\left(\frac{b}{2a}\right)^2-\frac{c}{a}}=\frac{-b\pm\sqrt{b^2-4ab}}{2a}$$

解题人把新问题尝试转化为旧问题的形式，从而将其解出。此注解得益于庄冰冰女士。——译者注

因此我注意到，无论是在第一个还是第二个例子里，正是显形（或者方程式）的形态本身引发了我要去构造或者要去运用定理的想法。这些情况里存在着一种预期：我们根据一个我们尚未找到的结果来行事，引导我们的并不是偶然性，而是一种觉察力。

在这方面，这种形态的智力与其它两种形式的智力相似，但是这种形式的智力的特征是构造——而这正是这种形态的智力的核心现象。

2. 不同智力水平之间的本质区别

心理-生理的智力受制于一些非常有限的条件，那些要被辨认的组成部分彼此之间必须离得很近。动物的实践性智力仍然十分有限，一切发生得就像是这样：动物无法想到物件的功能价值，
268 因为它把物件的功能价值与各种知觉的偶然性分离开来了。黑猩猩赋予物件了新的意义，但只是暂时地赋予了，而且是通过一种偶然的关系来赋予的［科勒记录了一整套模仿行为的活动、“哈！哈！”的获胜经验，或者“顿悟”（Aha Erlebnis）］。动物学习的现象普遍存在：动物会学习认得手段与目的的关系；但它不能充分掌握这种关系；动物可以改变其场域里的各个区域，但它无法把手段与目的的关系与各种具体的事实环境分离开来。换句话说，动物主体与其说是有智力的主体，不如说是欲望着的主体。“手段-目的”关系并不是可以被自行决定的，它是在需求（如饥饿）的压力下被确立的，它并没有真正地为主体所拥有。因此，动物的组织能力是有限的。如果动物能被概念所驱动，那时间就不会以遗忘、分心的形态出现在它那里了。匹配关系不能过于疏离：

即使是人的知觉性活动，也只有三种方式去知觉模糊的图形。

相反，在智性问题的情况里，有非常多的方式去转变各种既定因素。如果说所有人都能解决知觉问题，则并非所有人都能够解决或者甚至提出智性问题。

我们可以注意到，在感官-运动的、动物的、人的这三个层次上，智力的组织活动并不是无条件的。在第一阶段，我们已经看到，智力与**刺激**在感官器官上的某种布局分配相关。在第二阶段，手段与目的的关系和科勒所称的“眼视接触”有关；在这种实践性智力的所有现象中，主要的施动者是身体；棍子和目标都必须处于单一举动的轨迹上。

严格意义上的智力最终来说是整体的洞察力、“洞见”，即对手段与目的之间某种内在关系的统觉。这里涉及的是一种内在的关系，它基于物体的诸特性本身，而不仅仅基于毗连性，也不仅仅基于其它任何一种与毗连性的偶然程度相当的条件——这样的条件是动物层次的“洞见”所带有的。相反，在严格意义上的智力的情况中，对关系的把握在每个经验里都是完全的，它独立于那些随时间变化的心理事件，它会趋向某种**真理**。心理事件来自事实序列。真理则来自原则序列。在纯粹的心理事件与对真理的**领会**之间，**格式塔理论**设置了一个中间项——**知觉组织活动**，这个中间项超越了机械论方案（参见我们引用的纪尧姆的《习惯的 269
形成》：任何习惯在以下意义上都具有普遍性，即习惯就是对我自己的重组，这种重组促进了对真实关系的把握，促进了严格意义上的智力功能），而且在不涉及真正智力的情况就已经包含了一些内在固有的关系。格式塔学家会说，思想会对其场域进行组织，它不只局限于创建某种会让物件变形、让物件“乔装”起来的结构。这种思想认为自己是一种在有意识之前已经存在的组织活动，并且会持续到有意识之后；换言之，思想会认为自己是真实的。它的抱负是要穿透到物体的存在本身——而物体是处在我们的具体心理现象之外的。当我知觉时，我通过运用物件的各种偶然特性来组织我的经验场域；当我以智性的方式进行组织时，我运用那些具有普遍性的特征，那些本质的，而不是偶然的特性，我追踪某种“本质动力”。这就是为什么这里存在的是论证，而不仅仅是验证。

让我们借用近期出版的韦特海默遗著《具有创造力的思想》[①]里的几则例子：

伽利略的实验。如下这点似乎是先验的：不同物体的下落各不相同。那么，一片落叶、一支笔杆或者一个橡皮球的下落方式有什么共同之处吗？要理解这些现象，则必须要把握它们之间的一项共同要素，而这项共同要素并不是以可感表征被给予的，必须要“构造”一个理想化模型——即自由下落的“纯粹”现象，而这一现象永远无法被观察到。斜面实验只是一个近似的验证。这项实验为“自由下落”概念的创建添补了某些补充条件。

同样，在化学里，纯粹物是实体，在日常使用中并没有纯硫磺——纯硫磺的熔化温度与理论上的温度是一致的。同样，银总是处于被氧化状态。各种理论要素的结合不会在现实中找到点对

---

① 韦特海默：《具有创造力的思想》（*Productive Thinking*），哈珀兄弟出版社，纽约、伦敦，1945年。

点的对应，而会在整体上被验证。

3. 智力区分于知觉

智力区分于知觉，因为智力一跃进入了可能性——经验的实际性必须从可能性出发来理解。这里存在的是对现象场的重建，而不是适应。各种被知觉现象成了某个唯一动力的各个变种。 270

韦特海默提供了关于这一想法的其它说明。

1）平行四边形面积的例子。[①]

学生应该要理解，对 AE、GC、DF 这三条线的构造都源于单一的思想动力、源于一个中心直观——即建立一个等积的矩形。否则对他们来说，图 2 情况里的问题似乎就是无法解决的了。

他们没有想到把这个 2 号平行四边形旋转 180 度，从而把那个“又高又瘦”的图形转变为他们已经认识的这个“又矮又胖”的图形。智力就是要达至现象的本质。他们没有把这个问题视为某种本质真理的一个个例。

然而韦特海默看到，**智力的工作是一种**“**格式塔的形成**”。

在这种可能是极其普遍的、力求达到现象的本质的组织活动

① 原文无图示。根据梅洛-庞蒂的表述，可作图如下：

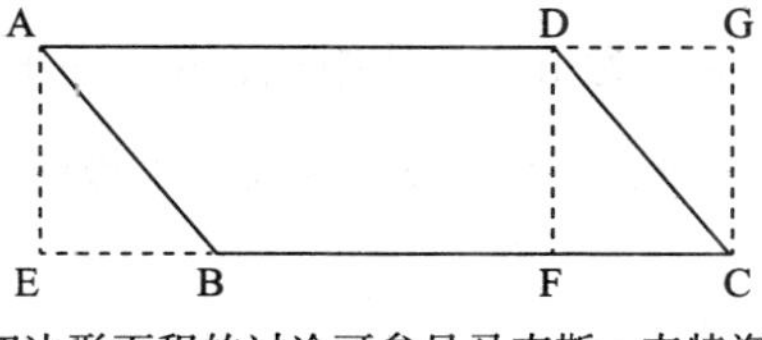

韦特海默对平行四边形面积的讨论可参见马克斯·韦特海默:《具有创造力的思想》，毕克豪塞（Birkhäuser）出版社，第一版，2020 年，第 49–113 页。——译者注

之中，发挥作用的仍然是知觉世界，如果没有知觉世界，那么过去的任何创立都没有意义。在此过程中，心灵所指向的是图形可感的表达。为了能进行论证，必须首先进行构造。[1]

几何学者知觉到图形的各种向量，当解法被知觉到的时候，图形会出现可感的变化。假如我知道矩形 AECG 的面积，我还要做的就是估计两个三角形 ABE 和 CGD 的面积。这两个三角形对我显现为“可感的点”，而我的论证应该建立在这个可感点之上。自从我看到它们的面积等于矩形 CGDF 面积的那一刻起，我对这个图形的知觉就改变了。

韦特海默在其《具有生产力的思想》（前面已引用过）——这本书虽然充满富有成果的想法，但仍然可以被批评为缺乏系统性的陈述——的另一处以另一种形式阐述了同一个问题。

我发现 a + b = b + a’。我只有在事后才能知道这个相等关系，其实我应该说 a + b 变成了 b + a’。根据某种普遍原则，如果没有对图形的知觉，我们就无法设想由各种心智演算操作和手动演算操作所带来的转变。

2）矩形面积的例子。

韦特海默注意到，存在两种论证，它们都同样合理，但其中一种对心灵而言更加清楚明白，另一种则不具有洞见。

271 a）我们把行 a 视为由 7 个块组成，把行 b 视为由 2 个块组成；因此会有 7 × 2 也就是 14 个块。这代表了被研究的这个矩形的面

① 参考戈博洛的类似论点：《逻辑论》（*Traité de Logique*），科兰出版社，1947 年。

积，而且这是可被儿童理解的。

b）通过运用代数推理，我们进行以下运算：我们从 a 中减去 b。

$a-b=5$

$(a-b)^2=(5)^2=25$

$(a-b)^2-b^2=25-4=21$

$(a-b)^2-b^2-a^2=21-49=-28$

$$\frac{a^2+b^2-(a-b)^2}{2}=\frac{28}{2}=14=ab$$

这项证明从形式上看同样是正确的，因为根据它，我们可以描画出 béta 图形，但是它却不“具有洞察力”；我们看不出结果是如何从原理中产生的。

思想受制于被研究物体的结构，也就是说，由于我们正在研究代数问题，思想是受制于已知方程式的形构本身的。

3）算术定理

这个例子取自物理学家高斯的生活，他 12 岁时，他的老师要求他计算一个整数列的总和，想象以下的证明：

$$1+2+3+4+5+6+7+8+9+10$$

高斯发现，将这些数字逐个相加是一个冗长的运算，因此容易出错；他还对递增数列和递减数列进行了研究；通过这些，他有了这种想法：在数字之间进行比较——第一项与最后一项、第二项与倒数第二项、第三项与倒数第三项，等等。根据数列的构造规律，$1+10=2+9=11$，所得到的和是恒量。因此他可以说，在任何整数数列中，每对数字的值都等于 $n+1$，而且由于数列中有 $\frac{n}{2}$ 对数字，因此被研究的这个数列的总和等于 $(n+1)\frac{n}{2}$。

反思把这个问题与一种本质原则联系了起来，借此解开了这个问题。心灵的这个举措不是一种盲目的视看，而是把握内部结构的视看。

272 由此，我们看到，格式塔理论坚持主张智力与被知觉的世界之间的关系。

智力是对知觉场的一种组织——这一点在为了证明平行四边形的面积而平移三角形的例子中是显而易见的。实际上，仅仅是对三角形 a 和 a' 进行比较的想法，就假定了一系列的信念：三角形是不变的，矩形是不变的，而且平行四边形既不会因形态的变化而改变，也不会因心灵对其所进行的各种操作而改变。

然而，所有这些显而易见的东西都受到了非欧几何学的质疑。

在非欧几何学之中，各种平移都伴随着变形，只有形态的恒常性是例外。这里既不存在明见性，也不存在荒谬性，因为在某些层面上，非欧几里得的各种概念得到了证实，正如在知觉层面，一个细节就足以改变一位朋友的感受性面貌。这就是说，智力是对场域的一种重构。

格式塔学家对反对意见的回应

在之前的课程里，我们已经注意到，古尔维奇先生在“戈尔德斯坦对生物科学的看法”[①] 里指责格式塔学家遗忘了：智力是一种结构化活动，它允许对象——那些它在推理过程中要应用到它

---

① 古尔维奇：“戈尔德斯坦对生物科学的看法”（La science biologique d'après M. K. Goldstein），*Revue philosophique*, tome CXXIX，第 244-265 页，1940 年。

们上面的对象——保持同一性：a = b，而 b = c，所以 a = c；要素 b 在其依次参与的不同的格式塔之中，仍然保持同一。因此，根据古尔维奇的观点，我们必须转移到“理型”的层面上才能定义智力，这样一来，智力就在根本上区别于知觉了。对此，韦特海默会这样回应：转移到“理型”层面并不能解决此问题。要让心灵中存在同一性，就必须有要素 b 从一种关系到另一种关系的转移，心灵就必须觉察并且实现这种转变。

智力没有脱离时间。智力是一种朝向某个方向的动态活力；智力在重新抓住先前的时刻、并预期未来的时候，重新赢得了时间，但它没有超越时间。

纪尧姆说得有理：被知觉的世界为我们提供了这种组织的诸原型；智力进一步追求恢复多样性，但这是通过遵循知觉的运动 273
来进行的——智力会在不使知觉变得无用的情况下，转变知觉，并对其进行阐明。这样一来，我们就在不把经验主义和智性主义任何一方化约为另一方的情况下，摆脱了它们之间的传统二元困境。

我们甚至无法设想完全脱离世界的智力会是什么；韦特海默展示了伴随着平行四边形面积问题得到解决的知觉会有哪些变化。首先是 AB 边和 CD 边一同被把握到，然后是 AB 边和 EF 边在垂直方向上，而不是在倾斜方向上一同被把握到。

在几何学里，从图形的本质要素出发，这样的变化总是可能的；因此，这一证明具有普遍价值。

在这一点上，戈博洛的用词是“观察”和“构造”——它们是逻辑的，而不属于知觉观察的实践性范畴。韦特海默本人也注意到了这一区别；在整个数学科学里，都有想避免偶然因素、避免特殊假设的意愿；或者，如果人们使用偶然因素，为了使其更易理解，人们会努力通过讨论解法来对其进行概括归纳，以求重新进入某种更具普遍性的机制中去。这不会发生在知觉活动中。然而，这两种机制很接近，因为这两种情况都包含对图形的结构化；韦特海默说："证明本身就有其结构。"

韦特海默再次谈到高斯的问题，他说，并非所有表述方式都有相同的价值，某些表述方式只是"感性的"，它们会使问题变得明晰、提供关于问题的洞见。

因此，n 的总和 $=(n+1)\frac{n}{2}$ 这个公式总结了高斯的推理过程，揭示了高斯的思考机制。（我们要注意，n 被运用了两次，但不是以同样的意义被运用的。在 $\frac{n}{2}$ 以及 n 的总和之中，n 代表数列的项数。在 n + 1 之中，n 代表数列的最后一项。）而 $\frac{(n+1)}{2}n$ 这种表述方式，尽管在代数意义上来说也是有效的，但它并不是一种清楚明白的证明，因为公式必须要展示结果是如何从各个具体要素中被构造出来的。在这方面，韦特海默很接近笛卡尔和康德。康德说，我们有关于形态的直觉或"形态直觉"。这种直觉让我们得以
274 对空间进行思考，它区别于知觉的程度与它区别于逻辑思维的程度相当。就像韦特海默所讨论的洞见那样，形态直觉区别于感性知觉，而又不可与其分离。

这正是韦特海默在做如下断言时要说的：各种逻辑演算只有在指涉具体空间的情况下，或者在知觉是几何学的必要但不充分条件的情况下，才成为可能。笛卡尔在《回应对〈沉思集〉的反

对意见》里，就已经指出，呈现数学真理有两种方式：一种是通过遵循发现物的顺序来进行的分析方式，另一种是通过从先前真理中推演出结果来进行的综合方式。笛卡尔的分析性范畴，正是韦特海默的“具有洞察力的”证明方法。

人们有时会对韦特海默提出反对：他的意见只具有对数学教学而言的教学法意义（他的意见已被斯泰因博士付诸实践了，并且获得了极大成功），并且仅仅只追求训练、只针对智性机制，而没有力求达到数学现象的本质。

确实有人曾问他，真理是如何被定义的？因为，真理一旦被发现，就超越了各种原因，它必须被置于事实范畴之外。

韦特海默可能会混淆原因（cause）和理由（raison）。

韦特海默反对对他的思想做这样的解释。他说，人们确实可以达至诸观念的（类柏拉图式的）智力范畴，即便如此，诸观念仍然不能脱离支撑它们的各种结构条件。为了证明这一论点，韦特海默引用了伽利略的著名发现——物体在平面上的运动是加速的下落运动和减速的上升运动之间的极特殊情况。

这种类似性表现在“惯性”这个观念中（不受任何力的作用的物体，会处于匀速直线运动状态），还表现在力的相关观念中。但是，反过来说，这些观念若不是指涉着某种空间表象，就不具有任何可确定的含义——在这种空间表象中，匀加速运动（下落）、匀减速运动（被扔向空中的石头）和平面上的运动都显现为唯一一种动态活力的变体。综合阐述会是荒谬的，因为观念的意义本身是具体情境（此观念从中发展出来的具体情境）所固有的。

韦特海默说，总而言之，真理本身必须成为一种“结构性” 275

概念。

对各种具体方法的指涉，也即对原因和理由的指涉，在这个具有洞察力而不只具有历史性的过程中是同一回事，并且是同时发生的。

即使智性的追求是通过让原本不存在的要素显现出来以达到诸观念的全面转变，它仍是由平衡的缺乏引起的，平衡的缺乏会造成一种张力，而重组活动正是从这种张力出发而朝向一个新的平衡状态的。不可否认，在我们面前的是一个结构化的过程，它清楚展示了逻辑主义的错误。

然而，格式塔学家没有将智力归为知觉。在知觉层面，我们不能说有关于“角”是什么的知识。各种图形（45 度角、90 度角和 135 度角）只有在我们把它们与测量它们的圆联系起来的情况下，才会成为“角”。

结论：比较皮亚杰理论与格式塔理论中的“智力”概念

格式塔学家同意皮亚杰的这一观点：必须要有一种“去中心化”，才会有智力。但是皮亚杰谈论这种“去中心化”的方式，就仿佛它可以是绝对的（被设想为是不具有处境的、类神性的）；而在格式塔学家看来，“去中心化”只是相对的；实际上，它是一个新的中心化的背面。他们说，只有在处境里的思想才会有结构。综上所述，双方对动态发展（失衡以及再次平衡）的看法是一致的；分歧在于最终期：我们只能在相对中心化的状态中思考。

让我们回到我们先前以方法论视角建立的比较上：关于“实际发展”的马克思主义概念和关于“个体发展”的精神分析理论之间的比较。我们已经看到，在许多学说中，可以区分出思考历史的三种基本方式：

1）**因果观点**：在这种观点看来，历史时期是一整组累积性的 276
事件，它们之间没有任何密切关系。因此，1917 年的俄国革命应该是由若干没有内在关系的条件所引起的：

a）溃败的军队；

b）无产阶级在俄国的诞生；

c）农民的贫苦；

d）缺乏强盛的资产阶级。

历史学家仅局限于注意这些事件的偶然汇合。

2）**目的论观点**看到一种由一些意图所引导的历史，这些意图要么存在于经历了这些事件的人的心灵中，要么存在于神意的思想中。

3）**马克思主义的观点**：这种观点根据其历史方法论的看法，赋予某些群体了一种历史使命。例如，在事件的发生过程中，无产阶级有着解决一系列问题-冲突的使命。因为历史是由冲突所造就的。无产阶级就是在冲突中诞生的，而且正是由于这个原因，无产阶级自身带有解决上述“冲突”的办法。历史的结果包含在事实之中。

在此过程中，我们要注意，与其说马克思鼓吹革命，不如说他观察到革命。他说，虽然革命尚未成为现实，但它是游荡在欧洲的幽灵，——冲突系统本身就会具有某种意义，并且会趋于通过其各种力量的活动来产生新的秩序——各种冲突处境的内部逻辑趋于解决这些冲突。这就是下面这句名言的意义："全世界无产者，团结起来！"无产者的家园并不在他们各自不同的祖国，这是因为，他们存在的这一事实使他们成为了人类未来样子的潜在代表，这并不是由于他们具有优越的心理天赋，而是他们的处境使然。

这些思考产生了两个结果：

a）不可避免的，在事实中浮现出来的演变有一天会成为现实，但这种演变不是命定的。只有在施动者意识到历史的事实的情况下，即意识到他们的处境和使命的情况下，历史才完成了。如果他们没有这种意识，就会导致混乱，因为处境的内在方向不
277 足以建立历史。革命政治家的角色是成为革命的"助产士"，而且有一些糟糕的助产士会让革命流产；革命政治家必须理解正在进行中的进程，并为这些进程赋予最终形态。我们看到，历史中有着对逻辑的寻求，但历史不会轻看各种事实的偶然性。马克思主义者常常使用"不可抗拒地"这一表达，这是"命定地"（非东正教的概念）与"极有可能"之间的一种折中。这种表述方式更好地解释了：各个事件的方向-意义（sens）[①] 和人们对其的意识之间的相符是必然的。

① "sens"这一法语词既有"意义"之义，也有"方向"之义。在梅洛-庞蒂此处的讨论中，历史发展方向的浮现，也就是其意义的生成。故在此"sens"译为"方向-意义"，以反映该词在法语语境中的双关性。与之相应，"non-sens"译为"无方向-无意义"。——译者注

b）意识的作用。我们已经看到，在因果论的观点、目的论的观点、马克思主义的观点之中，意识的作用是零——人们创造他们的历史，但是是从既定处境出发创造的。他们的历史既不是“无中生有”的创造，也不仅仅反映了预先存在的处境。根本的问题是要在人们对诸事件的演变方向-意义有所意识之前去描述和分析这些方向-意义。如果不对此有所意识，那么历史的发展就可能被取消、并陷入混乱——我们看到，我们所设想的观点既整合了历史的方向-意义，也整合了历史的无方向-无意义——我们所谈论的历史方向-意义是内在的，它嵌在各项事实里面，它就是“处境”**这个概念**。

要注意，这也是我们会在各种生命问题里发现的同一个概念。

根据戈尔德斯坦的说法，机体不仅仅是受制于各种环境影响的一块物质；机体会自己规定各种作用于它的条件。“预适应”现象是对内部的可能性的一种“选择”。

机体在有利于它发展的适宜处境里定居下来。正因如此，例如，迁徙动物会朝着这样一些地区转移：在这些地区里，它们会达到最佳的内部平衡。所以，内部组织活动和机体之外的条件之间会有协作。组织活动的处境是由一整组内部和外部条件所造就的，就如历史的展开是正在形成中的方向-意义——它是在集体性之中、通过这种集体性的进展本身而形成的。

历史发展的原动力，正是我们刚刚定义的“处境”。这在精神上，而不是在字面上符合我们所讨论的那些学说。从马克思主义的观点来看，经济并不构成一个自我封闭的领域。在意识形态和经济之间并没有断层，马克思主义认识到上层建筑的积极作用， 278

而“经济”本身就是一个资产阶级的概念：各种经济现象可被人类的介入（比如革命）所转变。人的特征在于，他们不仅仅是历史的“对象”（就像动物那样），而且主要是历史的主体。当观念成为某种意识产生的原因时，或者当观念阻止意识产生时，这些观念就是在起作用。人在劳动层面所维持的全部关系都与价值判断混杂在一起，但如果抽去经济基础，价值判断就会崩塌。马克思指出，意识形态要么是经济状况的反映，要么是经济状况的奇妙对立面。在两种情况中，意识形态都起了作用。**作为历史动力的，不只是意识，也不只是经济，而是处于处境中（尤其是处于其经济处境中）的人，即具有意识的主体，他关联着具体事实来行动，他在这些具体事实里有至关重要的作用。**

这种观点的有利之处在于，它不会牺牲未来的新事物，因为未来不会像在目的论里那样包含在过去之中。另一方面，未来与过去的联系又得到了保障，因为未来暗含地嵌在过去里。

现在让我们回到最初的主题上：弗洛伊德根据类似的直觉所设想的“心理发生”——如果不是由弗洛伊德，至少也是由其后继者设想的。与我们刚刚探讨的历史哲学例子相似，我们将会从两个角度着手讨论这个问题：

1）身体的演变与心理的演变（经济-意识形态）的关系。

2）发展着的理性，这种理性使发展具有某种秩序、某种方向-意义。

1）**身体无法单独成为发展的充分动力**，但它是发展的必要条件。身体无法独自做任何事情，但为了要有“发生”，就必须要有起源于身体的推力。例如，海伦妮·多伊奇说，月经被认为是女孩青春期的标准，但它并不是青春期现象的关键，生理事件还必须被笼罩、以人的方式被承接再塑。身体将带来的是一种含糊的、盲目的推力，这种推力没有能力独自达至新的状态、达至某种超越的要求；但是这种欲力必须在心理方面达到成熟，否则它就会通向不完全的、甚至是病理性的转变（参考马克思主义观念中被 279
阶级意识承接再塑的“历史演变的推进”）。西蒙娜·德·波伏娃在其《第二性》[①]里非常正确地指出，我们既不能将身体放在第一等级，也不能放在第二等级，也就是说，身体既不是通常意义上的目的，也不只是手段——说身体只是手段是在贬低它。身体相对于意识的位置是含混的：假使身体是惰性的，它就会成为工具，但事实上它并非如此，因为身体的同意是不可或缺的。身体会成为发展的基础，心理则会给身体以方向-意义，而不会单独发挥效力。月经初潮如果没有在心理上被接受，则可能会导致退化。在这里发挥着某种作用的意识，并不是作为认知的意识。实际上，引起冲击和创伤的并不是认知的缺乏，因为在精神分析看来，无知是由于主体有一种预先的抵抗。总而言之，发展最本质的东西是重构，通过这种重构，为了要实现新的生活方式，某种身体性的处境被承担下来了。

2）**是什么使某种秩序在发展中显露出来？**如果我们不接受命运，而接受偶然性、混乱的可能性，那么是什么常常使明确的发

① 波伏娃：《第二性》（*Le Deuxième sexe*），2 vols，Gallimard 出版社，Folio-Essais 丛书。

展得以达成呢？为了这项研究，我们将要考虑一些特别值得注意的时期：

a）从前生殖器时期到生殖器时期的过渡；

b）俄狄浦斯情结的衰退、向潜伏期的过渡；

c）青春期。

a）从前生殖器时期到生殖器时期的过渡

这是从期望直接且无限的快感向间接态度的过渡，从攻击性向对他人之爱（同时又保持自我与他我的区分）的过渡。正是力比多打破了最初的恶性循环：攻击性、负罪感、焦虑……这是身体为超越提供的原始所予：因此，施虐态度是与身体的最低限度的活动、口唇活动联系在一起的，是与儿童无法自己做任何事情的时期联系在一起的。但是生殖器官的动力能力在躯体意义上的发展、荷尔蒙的发展等等，都不足以实现超越；举个例子：在俄
280 狄浦斯情结消退中，小男孩把自己认同为他的爸爸。引起焦虑的是前一时期的失败、是僵局，以及由此导致的挫败感；焦虑是发展的一个因素，因为焦虑可以在没有承担新角色的情况下使承担新角色成为可能［这并不是圆满的实现（entéléchie）］。儿童是被他所生活的文化氛围整合到新的角色中的。个体是被那种以他为对象的、最微不足道的经验吸收进社会环境的，因为所有举动、所有行为都在对一个总系统做出回应：即父母和社会所形成的对儿童的看法。他知觉到人们对待他的态度的含义。在教育中，社会整合极其重要：小女孩被看成未来的母亲，大家给她洋娃娃，并很早就教她要端庄体面。儿童之所以选择俄狄浦斯的道路，是

因为这条道路由围绕他的整个文化氛围表现了出来。弗洛伊德没有明确谈及文化，但是他是首个强调个体心理学与个体间心理学之间存在紧密联系的人。

向生殖器时期的过渡是以某种生理的和心理的决定因素为前提条件的。但是弗洛伊德指出，把自己认同为同性家长早于对异性家长的依恋，人们可能会寻思这是为什么。成人在这里发挥着榜样的作用，在儿童的发展与父母对待儿童的行为之间存在一种交互关系（例如儿童手表、小书桌等等）。这种交互关系是由重构所造就的，这一重构在一项心理性质的规划（要变得像成人那样）与生理习得之间实现了一种紧密接合。发展的决定性时刻就是这种紧密接合，就是新关系的出现，就是目标与条件、“形态”与“力”之间必不可少的交互性的出现。

如果我们引入“形态”概念，它就会让我们能够普遍化这一问题，并且将其与心理发生的诸多问题联系起来：知觉、从先前阶段到随后阶段的过渡、一个历史时期的到来——黑格尔指出了历史时期的到来与引起它的条件的不连贯。这一“形态”概念比弗洛伊德的“力比多”的表述更好，“力比多”是在其自身中包含着发展图式的抽象的力，而“形态”则突显了心理或文化规划与不足够的动力条件之间的紧密接合。

b）从俄狄浦斯向潜伏期的过渡

参考弗洛伊德：“俄狄浦斯情结的衰退”。[1] 在这篇文章中，弗 281

① 弗洛伊德：“俄狄浦斯情结的衰退”（La disparition du complexe d'Œdipe），1923年，载于《性生活》（*La vie sexuelle*），法国大学出版社，1969年。

洛伊德思考了两种解释：

1）当时机到来时，俄狄浦斯情结会像乳牙脱落那样，由于成熟并根据内在的内生因素而自行消失。

2）外在环境状况规定着对俄狄浦斯情结的超越。例如，小女孩认为自己是爸爸的挚爱，在被爸爸严厉惩罚的那天，她就不得不放弃她的这些错觉。即使没有任何创伤性事件介入，俄狄浦斯情结也会由于固有的不可能性而消失。儿童必须经历这种不可能性。因此我们可以这样总结说：俄狄浦斯情结是自己为自己带来某种转变的经历。这一观点比用害怕阉割进行解释更令人信服。

弗洛伊德拒绝在这两种假设之间做出选择。然而他对第一种假设保留着一定程度的偏爱，因为它是以种系发生学的观点为依据的，根据种系发生学的观点，个体发生会再现种系发生——此后，精神分析就用文化因素取代了这一论点。第二种假设得到了强调：将俄狄浦斯衰退变为现实的那些条件的重要性。失败对那些决定俄狄浦斯情结的条件的反作用，给行为带来了普遍的改变。正是所有这些条件，让我们得以理解这种朝向衰退的过渡——而根据注定具有俄狄浦斯性质的“力比多”观点，这种过渡仍是难以解释的。在力比多的观点看来，在儿童的行为中，目的与手段之间的关系是持续且多变的。我们可以比较这一通常的关于本能概念的理论，在这一理论中目的和手段在没有被事先学习的情况下被结合在一种预设的关系里。相反，我们则会说，手段融入了目的之中，环节融入了整体之中；发展将会是一种没有目的性的推力，这种推力由身体演化引起，被会把自己认同为周围亲近之人的意识主体所运用；或者，用弗洛伊德所说的一个形象来解释，骑士可以更换坐骑，因为他们之间没有天生的联系，而骑士正是将自己认同为成人的儿童意识。

c）青春期

这里的问题在于实现温惠[①]（温惠是在潜伏期获得的心理要素）与增长了的性及本能的现实的紧密接合。儿童在周围文化的指引下创造他的发展。正是这个过程本身再次启动了自身，而且在每 282
次习得时，它都召唤新的发展。发展不是被先验地铭刻在一个现成的自然里的，发展也不是*无中生有*的，它从一个*格式塔的形成*推进到另一个*格式塔的形成*，正如一位作家逐渐地创造出他的语言。[②]正是通过生活的锻炼，通过自己对自己的创造，儿童才成为成人。如果父母不在孩子周围，如果没有父母作为导体向孩子传递的文化，那发展轨道就不存在。

在这里，我们触及到*心理学与人际心理学之间的关系*。没有任何一项关于个体心理学的事实不是也关于社会心理学的。这并不意味着个体事实总能通过诉诸社会而被透彻解释，因为在个体与社会之间并不存在点对点的对应。外界会基于每个人的过去而改变其行为。社会性在个体性里面，个体性也在社会性里面，因为个体的过去自从出生开始就具有人际心理的性质，另一方面，社会所赋予的任何典型态度仍然可以被个体的推力所改变，这解

① tendresse 一词的中文翻译参考了拉普朗什、彭大历斯：《精神分析词汇》，沈志中、王文基译，行人出版社，2000 年，第 517 页。——译者注

② 参见马尔罗：《艺术心理学》（*Psychologie de l'art*），这里引用的是 Skira 出版社在 1947 至 1950 年出版的三卷版本，“作家必须学习用他自己的声音讲话”。

释了社会的文化演化。心理学与人际心理学之间没有竞争，正如平面几何与立体几何之间没有竞争一样。两者之间没有边界：一切都是社会性的，一切都是个体性的。

在这里我们看到，文化主义对“常态”的理解是不足的。

玛格丽特·米德在《男性与女性》[①] 里指出，雌性和雄性的特征根据文化的形构而有所不同（例如，在兔子、狗和马的物种中是如此，同样在各种不同的人类社会中也是如此）。她由此得出结论，如果一个事件符合它所在的文化，那么它就是正常的（例如对摇篮和襁褓的使用）。在己的“正常”是不存在的。但是这种观点不能让我们满意，因为它没有解释文化的可能变化。各种文化的样式都可能会被怀疑。在那些所谓停滞不动的社会里，某种常
283 态的实现不表示个体的所有可能性都因此得到了实现。在某些情况下，一种常态会参考另一种常态，而这正使得某些文化处于变动状态。

海伦妮·多伊奇对青春期开始的分析

她区分了青春期和前青春期，后者被认为是一个过渡期。这个个体已经不再是儿童，又尚未是成人，他必须实现对其生活的重构；这样他就成了某种双重诱引的对象：他被未来诱引，以实现成人状态；他被过去诱引，过去会在困难出现的情况下引起退转。

---

① 玛格丽特·米德：《男性与女性》（*L'Un et l'autre sexe*），伽利玛出版社，Folio-Essais 丛书。

1. 朝向未来的诱引在青春期时比在稍后时期更为强烈。它是由预期成人行为产生的，但是成人行为并没有被真正发展出来；这些是模仿行为，并不集中。

2. 然而，回到过去的诱惑非常强烈，尤其是在性行为方面。实际上，一个人在经受几次冲击之后，会退转到一个几乎是幼儿的状况：重现童年处境、回到父母的家中。

海伦妮·多伊奇将其与俄狄浦斯的三角处境做了类比。在前青春期的时候，年轻女孩更偏向与“女性知心朋友”建立密切关系，这是一种同性恋态度，或者更确切地说，是一种非异性恋态度。渐渐地新的兴趣产生了，兴趣的对象是这位女性朋友的兄弟或是向其求爱的男孩（参见托尔斯泰的《战争与和平》）。

因此在这时，就向对待异性的正常态度的过渡。在这里我们看到，女孩在俄狄浦斯处境之中的犹豫不决被重新建构起来了——在俄狄浦斯处境中，女孩在依恋父亲和依恋母亲之间犹豫不决。类似的处境甚至可能出现在成人那里：某些女性只能爱上她们最好朋友的丈夫。这样的处境是重复症的典型例子。相反，发展则要求这样的行为在它们突显的时期里被克服。

我们看到，这个观点在如此大的程度上是动态的，是因为它描述了一些倾向于超越典型处境的关系，并且也解释了各种预期。这种观点同时又极具心理学特征：严格意义上的生理因素的影响是不明显的；决定各种力的方向的，并不是这些生理因素（参见：精神分析对于因果关系的看法）。

海伦妮·多伊奇强调了前青春期里的自我的发展，而没有强调各种躯体现象和体液现象。心理包袱已经相当沉重了，本身就 284

需要一种更新：小女孩将会寻找父母环境之外的其它关系；她会为了女性知心朋友或者更年长的人物（比如她的哲学教师）而离开母亲。她觉得有必要通过把自己看作一位女英雄、通过形成一些生活计划来从想象过渡到现实。她制造了一些秘密来将自己认同为那些总是告诉她“你以后就会明白……”等等的大人。在必要时她会杜撰，这解释了她撒谎的倾向以及她萌芽中的说谎癖。然而，所有这些活动都具有假想的特征。她体验到非常强烈又非常空洞的感觉。她的女性知心朋友并不完全是作为她自己被爱着，而是由于这一对朋友所建立的这个新环境而被爱着。

小女孩还没有她在此后青春期将会有的羞涩态度（比如化妆、拒绝穿长袜）。

在这个年龄，她欲望着早熟地进入成人生活，这就是为何美国战后出现了一些帮派行为以及对实际性生活的极度急不可待。

一整个系列的心理重整都为生理青春期的到来做着准备。海伦妮·多伊奇区分了好几个时期。

前青春期，由对俄狄浦斯问题的“承接再塑”构成，而俄狄浦斯问题就是一个早熟的青春期。“自我”的发展具有攻击性特征：儿童试图走向现实。但是这种过渡并不总能回应实际的需求。这种过渡是被预期的、是抽象的。它引出一种“游戏的”、拟态的态度，这是因为它在时期上是错位的。这种“时期错位”以两种方式表现出来：旨在谴责自己的童年、摆脱所有监管的预期行为，以及由于他想被保护而产生的退转行为。孩子怀念他逝去的童年，同时又想要驱散童年。此外，这种发展还与父母对待孩子的态度紧密相关。孩子的敏锐使他会去猜测各种忧虑——尤其是母亲的忧虑，这增加了他自己的恐惧。

正因如此，人们看到，青春期可能会在两种情况下以失败告终：要么是解放的努力过于剧烈，要么就是相反，解放的努力过于微弱。

青春初期的特征是较明确的异性取向，而这一过渡是通过承 285
接再塑先前的态度来完成的。正是这种迂回的方法使儿童逐渐转变为异性恋。我们说过，存在着对先前态度的承接再塑：因此，这里讨论的现象的根源在过去，但这并不是纯粹的复制，而是承接再塑这个过去。俄狄浦斯是与这一处境的初次相遇，在此之后，俄狄浦斯就处于潜在状态。

对异性恋取向的这种犹豫不决通常是想象的：因此，对有各种优点的“孪生兄弟”的幻想，源于对男性特质的欲望。

严格意义上的青春期。

在心理层面上，青春期以两种现象为特征：反抗诸本能推力的整套防御机制所引起的退转态度，以及“自我”进行发展与完善的前进态度。这两种态度构成了青春期的自恋，即朝着“自我”的定向。这一时期的特征尤其是：孤独感以及对自己的默观；小女孩想成为艺术家、新闻记者或小说家，这是出于展现自己和显露自己的欲望，而不是出于想逐渐地成为某个人物的实在的欲望。[①]

青春期有一种寻求经历的抽象决心。但是这种对自己的“享

① 参见：海伦妮·多伊奇，第100–101页。

用”并没有阻止超我的极端暴烈，甚至是顽固不化。小女孩既过度自信，又过度多疑；她拥有一种沉浸于自我否定的满足感，认为自己不被理解（玛丽·巴基尔泰色弗是这方面的一个例子）。

这一时期还有既勇敢又稚气的特征。[①] 在这个年龄，对性生活的各种看法仍然非常幼稚。那些拥有最进步见解的人，有时候就是拥有最幼稚行为的人，因为智性概念与那些真正被同化的东西之间有天壤之别。构成青春期问题的正是这种同化：这种同化是这些智性成分与情感生活的接合，也是两者中一方对另一方的渗透。

生理方面是不可或缺的，但是它不能单独构成充分条件。小女孩在月经期的态度与她母亲的态度直接相关。普遍而言，母亲
286 持有讳莫如深的、神秘的态度，这种态度让孩子相信有一些可怕的东西。正是这样，某些为经血赋予不吉利属性的民间传说与通俗表达的心理根源，后来成为了文化因素。

精神分析把对身体撕裂及阉割的幻想与这联系在一起。月经期的各种强烈反应在此之后与对伤口的激烈反应一致；因此，人们在某些女性那里观察到对割伤伤口的极度敏感。

所以，这一切都只能被理解为心理学与人际心理学之间的结果。至于小女孩在这方面的无知，与其说是原因，不如说是结果；这种无知解释了她对一切触及这一敏感带的事物的抵抗态度。

海伦妮·多伊奇还提供了另一套解释。抑郁态度可能是由于对想象中的现象的期待。这导致了一种失望，海伦妮·多伊奇将

---

① 参见：海伦妮·多伊奇，第 105 页。

其总结为“仅此而已”（这是司汤达让他的某些人物说出的一则表达）。这种抑郁态度是想象中的事物与被知觉的事物之间对峙的结果。想象领域是含混不明的，而“被知觉物”总是被严格限制的。因此，面对被知觉物时的震惊是不可避免的，而且由此产生的抑郁——尤其是当它出现在激烈的想象生活与众多幻想之后时——就更加强烈了。因此抑郁也是一种心理现象。

最后，一整串的反应都可以被看作生理现象的心理条件。比如，海伦妮·多伊奇在第 138 页以心理恐惧所引起的一些衍生现象为例。这种功能是通过象征化主体的抵抗而被转移的。但是各种心理功能并不总完全从属于心理现象；实际上，这两个范畴是相互蕴含的。

综上所述：身体因素是存在的，但身体因素在某种程度上是含混不明且盲目的。对于一种或将成为力比多的因素，性的发展并不是唯一解释。

身体和主体的心理生活之间存在着一种持续关系：弗洛伊德甚至认为文化环境以及传统（例如习俗、语言）在起作用。至于说发展的机制，它不仅包括某种紧密接合（外在的联合关系），而且也包括从获取知识到感受和经历事物的转变，因此，发展机制包括对感受性生活的全面重整，从而使一些真正与各种意义对应 287
的东西从感受性生活中出现——这些意义正是儿童带着对想象的渴望所飞身扑去的。发展既不是身体单独造就的，也不是文化单独造就的。（孤立的性是病态的。）在这双重处境下，儿童会制定一种寻求平衡的行为，而这种平衡不是通过单纯的叠加被找到的。我们必须做的，是在预期和退转之间找到真正的当下，这个当下是未来的开端，但又是充分意义上的、不被预期的当下。

（**接下来，一位学生做了与瓦隆的儿童发展理论有关的口头报告**）。

在此之后，梅洛-庞蒂先生强调了几种普遍的观点。

I. 发展的环境是什么样的？

这也就是说，儿童的什么东西发展了？让人印象深刻的首先是发展的规律性、是在所有儿童那里都明显相同的各个时期的相继性。实际上，我们可以注意到，当替代发生时，它只涉及两个相继的时期。我们是否可以为这种相继性赋予某种解释性的、条件性的价值？事实上，我们注意到，一个新时期的到来与严格意义上的发展之间是不一致的；瓦隆说："预期，就是准则。"其原因在于，与其说发展是依靠其执行机制的完善性的，不如说它是依靠内在动机的存在的。正是儿童的预备状态，让他承担起他的机体尚无法支撑的角色。因此，需要一种承认行为具有某种内部的心理学。

与"预期"相关联的概念是"退转"：将一表面看来已习得的行为变为缺席。我们不能因此总结说一个行为是或不是在所有层面上被习得了。例如，因果关系即使在被知觉物的层面上被习得了，仍未在口头言语的层面上被习得。在这一阶段，我们仍然会在孩子那里观察到一些神话般的、互渗式的回应。同样地，在儿童牙牙语里出现的某些声音尚未以语言为目的、尚未作为音素被习得。我们必须在行为举动的物质性与其所属的系统之间做出区分。

288 即使是严格意义上的行为主义心理学，也必须区分中心化的行为和非中心化的行为。因此，习得就是整合到行为的整体里去（同样，戈尔德斯坦对失语症患者的研究表明，在语言习得之中有两个层面：自动机制和范畴层面）。

因此，发展的环境既不是身体——因为若是如此，我们就不能以行为的内部成分作为依据了，也不是意识——因为若是如此，我们就无法理解为何意识被整合得越来越好了。作为环境的，是第三项要素：行为的整体结构。

在这方面，瓦隆对实验心理学的某些方法的适用范围做了一些评论，他对这些方法很感兴趣，并且他认识到分析和验证的价值。讨论起各种关联，他说道，真实可靠的心理学必须给出一个统一的假设，这一假设可以重构行为的整体及其内在统一性，而这种整体与内在统一性正是由各种关联体现出来的。瓦隆尤其对各种被设想为行为关联的测试的可能意义有所保留。他想测试儿童的总体态度。常规事实的统计表只能提供儿童行为的轮廓。

II. 发展的诸因素以及原动力

关于这一问题，我们可以注意到瓦隆书中有一个乍一看自相矛盾的立场。他首先以各种器官性的原因、身体的成长为依据。至少在童年初期，器官的发展是早于功能的。对此问题，他强调在青春期开始时荷尔蒙的重要性。例如，他解释道，年轻男子的变声是由于发音器官——这个由仍然稚嫩的系统所支配的发音器官——有了新的结构，内部转变带来了功能的变化。

瓦隆在接下来的分析中承认，对于一些功能而言，其心理属性越强，那么器官性与非器官性之间的关系就越不简单。他反对皮亚杰的观点：发展是诸感觉或诸“图式”积累的结果。相反，发展是重构和整合的产物，而这里的重构和整合并不是结果，而是条件。

瓦隆的立场并不是器官主义的，他没有通过做附加的解释来
289 否决新东西的出现，相反，他坚持强调功能上的成熟。在一个人类机体里，各种功能应该互相寻找，人性就处于其自身的不确定状态之中。发展要充分实现，器官性的变化是必要条件，但不是充分条件（参见海伦妮·多伊奇：没有荷尔蒙，就没有青春期）。我们必须考虑预期和退转之间复杂的心理状况，面对父母时的自卑感和对父母的抵抗，各种异性关系以及类同性关系（前青春期的友谊）。参见：第 222 页，在全然心理学意义上对“青春期”的定义。

实际上，瓦隆之所以坚持强调身体的作用，是为了反对“学习”理论的各种观点。造就发展的，既不是身体，也不是意识，而是实存——这里的“实存”被理解为某个人在某一既定时刻的一整套形构，一整套可能的行为。此外，学习从来都不是机械化的记录：试错理论。[①] 学习是动物打算实现的某项任务的知觉性及实践性情境（参见：格式塔学家科勒和考夫卡）。

所有行为都在同化与适应之间摇摆不定，所有行为都是机体对某一处境的回应、是机体本身带有韵律的功能（新陈代谢-分解代谢）。因此，有初级反应，有潜伏酝酿状态的次级反应。我们看到，目的论的“潜伏”概念与机体主义理论、机械理论之间相距

① 参见瓦隆：《论思想的行为》，弗拉马翁出版社，“Champs”丛书。

何其遥远。

作为总结，瓦隆对以下问题发表了几点意见：他一直在讨论的发展之中的一些短暂中止时期和阶段的跨度问题。三岁儿童是没有本质的，但是在将近三岁时会有一个发展的暂时稳定状态。这样一种动态观点更关心“儿童时代”而不是“童年时代”。瓦隆从不否认有些时期可以被大致预见，但是这种划分只在宏观上有价值，而不是在微观上。正如在语言学中，对拉丁语过渡到法语的确切时日的确定是武断的，这件事是分布在一些相当长的时期里的。瓦隆否定了这些时期的存在论特征（皮亚杰），这些时期是数量级。面对一名七岁的儿童，我们不应该以寥寥数种特征——即使他能被归类为某个“阶段”的数种特征——来确定这名儿童的发展程度，而应该找到他的个体动态活力。

精神分析和社会学的交互关系 290

早期的社会学精神分析主要是精神分析对社会学的入侵，而没有意识到社会性的特殊性。不论是在《图腾与禁忌》里，还是在《精神分析论集》[1] 里，诸社会事实都成了轶事。

弗洛伊德打算研究的“大众”，更接近个人的一些极端样态，而不是社会建制。

同样，他把英雄对大众的影响比作这样一种关系——存在于一个主体的心理现象以及该主体为自己树立的榜样之间的关系，

---

① 《精神分析论集》(*Essais de psychanalyse*)，帕约出版社，“P. B. P”丛书。

而这种关系是在他与父母的关系之中产生的。

他把诸社会事实归为去性化力比多的现象。正是如此，在《图腾与禁忌》里，弗洛伊德通过一个被历史记忆遗忘的、真实存在的早前弑父者来解释俄狄浦斯情结。

因此，对于这种过于狭隘地看待社会性的观点，我们必须持保留意见。弗洛伊德的某些弟子同样如此，比如奥地利的艾莎·罗海姆，她在研究口唇的性时，即使忠于正统精神分析的基本观念，也并没有试图根据各种心理学假设（比如，没有留下任何痕迹的原初弑父者的假设）来构造历史。此外，弗洛伊德本人也在其最后著作《幻觉之未来》与《文明的苦恼》[①]里承认，除了父母的超我之外，还存在**集体的超我**，这一集体的超我建构了社会不同成员之间的最初联系，它不能被化约为生活的种种个别片断，它涉及对一些共同社会价值的内投射。正是在这里，对社会学的一种更为客观的设想初见端倪。从此之后，我们就必须在不把心理现象和社会现象的一方化约为另一方的情况下，把这两者都纳入考虑之中。因此，在超我的形成过程中，我们既不应把其仅仅归于社会价值，也不应将其仅仅归于父母价值。就社会价值的传承来说，父母扮演着至关重要的角色，但他们的父母角色本身是来自社会的。我们对"超我"概念进行了扩大化，使它成为了对某种文化和历史的初始剧情的表达。有了这些观察，让我们
291 承接再塑初期那些大胆的理论给出的例子、神经官能症和社会现象互相关联的例子；**只要我们不试图将其中一方化约为另一方**，

① *L'Avenir d'une illusion et Malaise dans civilization*，法国大学出版社，1971年。

这些关联就会重拾其全部价值。

1）首先让我们看看妄想症患者最喜欢的传说中那些与英雄诞生有关的神话：对于英雄诞生的妄想式编造（国王的儿子被绑架，并被一位牧羊人抚养成人）；由于这种双重身份，孩子对想象中的父亲既妒忌又怨恨，而对现实中被视为养育者的父亲，孩子则温情而又宽容地爱着他。

2）狂热或教条的精神状态与强迫症状的仪式之间的相似性。

对于教条式的论断，我们不应该就其内容来思考它，而应该就它所排除的东西来思考它。从这种意义上，可以说，正因为有异端邪说才有教条。如果我们去研究那些有强迫症状的人的仪式，就肯定能更好地理解这一点。正是因此，是得到永远的救赎还是永远落入地狱，就取决于脚是否踩在了两块石板的接缝上。

通过这种惯例，病人躲避了不确定性引起的眩晕。在那些与疾病不那么相关的情况里，早操或者起床和睡下的仪式同样是在对抗被自由激发的恐惧，这种对抗会让人觉得自己有充分理由这样做，并会确保一种平衡。

3）现在让我们比较梦和原始人的神话。神话并不是个人的梦的转置；梦构成了实际生活与精神病之间的边界。因此它们彼此相互解释。

尽管弗洛伊德有教条主义，但他的功劳在于奠定了开端；对于通过病态现象去接近社会事实的做法，他已经有了直觉；这门科学正是从他的预感开始的。此外，他还把他自己的工作看作是一条道路的路标，在生命的晚期，他重回到其早期论断，说神经官能症是社会现象的漫画式形象：如此说来，歇斯底里症就是扭曲变形的艺术作品，有妄想症式的狂躁症就是一种畸形的哲学，而强迫症就是一种扭曲变形的宗教。

如果我们将俄狄浦斯情结的普遍性付诸辩论，那我们可以说，马林诺夫斯基被一些肤浅的观察限制住了，而且尽管不同的文明
292 创造出了多种多样的防御手段，但俄狄浦斯情境仍总会出现在现实中。

精神分析在某些经济现象以及政治经济现象中的应用

人们很快就意识到，不能通过个人冲突来解释诸如钱财、经济交易的现象。参见琼斯的《爱尔兰人的心理学研究》。我们并不是要否认地理事实，而是要说，地理事实并不是以纯粹状态出现的，而是被一些心理象征符号所包围。因此，就像在牡蛎中那样，诸多图象、思想、信仰、传说相互累积堆叠在一个沙粒的周围。

1）对叛徒、通敌者进行某种精神分析是可能的（参见在英国对吉斯林[①]所做的研究）。在他们那里可以观察到亵渎祖国（母性的象征）的快感、与侵害祖国者之间的默契。但是我们不能通过把这化约为乱伦来对之进行解释；我们必须考虑心理-社会状况：他们与占领者的这样或那样的智性面向有共感（比如政治面向、经济面向、社会面向）。这样一种分析是有意义的，但并不彻底；为了要有珍珠，牡蛎的整个运作是必要条件，但还必须有一片养

① 此处原文为“Kissling”，应是笔记者误写，实际应指与其同音的“Quisling”，即 Vidkun Quisling（1887–1945），挪威政治人物，在第二次世界大战纳粹德国攻占挪威期间他曾积极与德国合作。——译者注

育场作为其原因。

2）有人试图用会导致吝啬贪婪的肛门情欲来解释资本主义。奥狄耶[①]曾经对占小便宜进行了精神分析。[②]弗洛姆论及了社会现象与精神分析现象之间的吻合。

卡伦-霍妮说，某些神经官能症是由一个时代的各种事件所引起的社会性神经官能症。[③]

巴斯蒂德[④]说，社会性是一种最初的秩序，它包含它自己特有的处境和冲突，当它触及个人时，就会在他们身上唤醒一些性谐波。这会导致一种社会性或政治性的情欲化。梦中的各种社会象征并不一定具有性含义。社会的性与力比多的性之间存在区别。在性禁忌情况里，被禁止的是某种形式的社会性的性，而不是个人的性——个人的性被认为是无足轻重的。

但是当精神分析放弃其教条主义时，它就成为了社会学的有效补充，尤其是当问题涉及未被凝结为建制的社会关系时。这一 293
问题在两种文化接触时会频繁出现。例如，美国黑人的生活受实践习俗和人际关系制约的程度远高于法律法规。我们不能只谈论剥削关系：在黑人的最富有者与白人的最富有者之间，没有可比

① Charles Odier（1886–1954），瑞士精神病学家、精神分析学家。——译者注

② 奥狄耶："占小便宜情结"（Le complexe du petit profit），载于 *Revue française de psychanalyse*, 5, 1932 年，第 402–423 页。

③ 参见霍妮：《我们时代的神经症人格》（*La personnalité névrotique de notre temps*），L'Arche 出版社，1953 年，以及弗洛姆：《分析治疗的社会基础》（*Conditionnement social de la théraoeutique analyste*）。

④ Roger Bastide（1898–1974），法国人类学家、社会学家、人种学家。——译者注

性。我们看到有必要进行精神分析，以求解释美国黑人的“救世主降临论”，解释美国白人知识分子的态度——甚至是那些友善对待黑人、参与造就了某种黑人幻想的白人知识分子的态度：这是田园诗般的态度：歌唱、与自然的直接关系……而且这种形象也打动了黑人自己。这些白人对黑人的喜爱是出于一些错误的、美化的、不人道的原因，这是他们个人的神经官能症的后果。同样，要研究 1917 年 2 月至 10 月的俄国，只考虑经济因素也是不够的。必须考虑意识之间的斗争，每个人都根据他认为对方将会做的事来行动。

这种对意识之间各种关系的研究，正是精神分析的独创之处。

心理性与社会性之间的关系

I. 莫斯对于心理学与社会学之间关系的一些观点[①]

1. 心理学相较于社会学而言的处境

a）动物心理学是存在的，人的心理学也是存在的，然而社会学在本质上是人的、人类学的，因为社会学论述的是建制，而建制是我们的共同生活的特征。

b）心理学是以个人为导向的；社会学是以集体为导向的。

集体心理学或人际心理学都不能取代社会学。只有当社会被

---

① 参见莫斯：“社会学和心理学的真实关系”（Rapports reels et pratiques de la psycholigie et de la sociologie），载《社会学和人类学》（*Sociologie et anthropogie*），法国大学出版社，“Quadrige”丛书。

化约为个人意识的各种现象时，这种取代才有可能。尽管人际心理学正当有效地解释了任意性、象征性，但它却不能够解释强制。

（参见涂尔干："社会事实是有强制性的"）。 294

根据莫斯的观点，社会事实还包含群体的物质基质、具体基质，而人际心理学只关注群体精神。人际心理学无法触及的三个事实范畴为：

—— 形态学上的各种现象，这些现象根据所涉及的是男性、老人还是儿童而有所不同；而这些人，根据各种习俗、惯例、制度限制该群体的各种准则，拥有各种类型的互补角色（例如，在婚事上，与这样的亲属结婚是被允许的还是被禁止的）；

—— 社会生理学或确定各种经济、货币价值的方式；

—— 群体的历史、倾向和习惯，人际心理学不知如何解释这些，因为它对个人的理解是抽象的。

莫斯必然会赞成对少数群体进行研究，因为他认为，集体表象以及这些表象所引起的行为——如今被称为一个社会的"投射系统"——是至关重要的研究要素。

这些研究在他看来代表着社会学对心理学的侵占，而不是一种社会心理学。意识的任何高等成长都只有根据建制的动力论才能被理解。

社会性甚至侵入到身体性之中了：符号、被建制化的象征符号、眼泪。问题不在于要将个人化约为集体，而是个人改变着各种建制；但是我们无法从个人生活中孤立出任何一个不是同时也属于社会学研究范围的事实。

2. 心理学给予社会学的帮助

社会学提供事实，心理学让我们理解这些事实。

心理学为社会学带来了重要补充，因为它是研究具有整体性的人的心理学，也就是与研究心灵的能力和功能的心理学截然不同的心理学，在这种旨趣下，它致力于描述意识与身体的种种关系。例如，研究精神病和神经官能症的心理病理学可以应用于研究澳洲的各种社会事实。得益于心理学，死亡癖这一社会事实被理解了；有死亡癖的人认为自己处于罪恶状态，于是任由自己死
295 去。莫斯在论及《图腾与禁忌》时说，在某些不太确定的方面，这本书包含的一些观点可以获得不可限量的发展：

—— 这本书确定了人们在社会学与心理病理学之间建立的桥梁；

—— 它强调了“象征符号”概念，此后海德对失语症的研究阐明了这个概念。[①] 正是得益于象征意识，个人才可能融入社会整全体。这解释了那些在进入一个文明时的象征性的仪式。

3. 社会学给予心理学的帮助

心理学能够理解这样一些事实：在集体状态下，这些事实是常态，而在个人状态下，它们就成了病态的。

在莫斯看来，语言学是社会学的一部分。而且心理学可以从语言学那里学习如何把人看作一个整体，因为语言是同时具有生物、心理和社会属性的现象，不可能以数的方式来做区分。

心智上的反射。毗湿奴的多条手臂包含的各种象征是对社会

---

① 《失语症和语言障碍》(*Aphasia and Kindred disorders of speech*)，剑桥大学出版社，1926 年。

中的各种意识的表达。同样，左、右的含义既不是生理上的，也不是心理上的，而在本质上是建制性的，其解释寓于古老社会的魔幻里。关系亲近和疏离的各种原则也具有建制性和社会性的根源。

总而言之，莫斯主张，在心理学和社会学之间一些被刻意保持为不明确的边界上，建立两者之间的合作关系。这项提议已经被历史认可了。我们观察到的是一种彼此相互的笼罩，而不是对抗。社会学研究被建制化的人类生活；心理学则研究处于诞生状态的人类生活、不被化约为社会现象的人类生活。莫斯说道，人类利用其身体（身体的技术）而建立了其心灵，因此之故，所有在通常情况下被区分开的领域之间都是完全相互渗透的。心理学揭示了一种理解视角；社会学则揭示了一种对建制以及常态的客观视角。

因此，我们理解到，有必要做出齐心协力的努力，以建立一个唯一的现实，这一现实将身体、灵魂、社会揉和在一起，因为无论这里还是那里涉及的都是“关于整体的现象”。但是含混性仍然存在，因为个人和社会是两个整体；因此有一个整体之中的整体，有双重视角。心理学不应该再是一种研究心灵能力的心理学 296
了，而应该教我们认识作为整体而存在受到影响的人——不论他受什么样的身体或生理冲击。

II. 文化主义对这些关系的看法

在讨论关于玛格丽特·米德的《男性与女性》[①]的一个口头报告时，梅洛-庞蒂先生思考了被提出的主要问题。

---

① 玛格丽特·米德：《男性与女性》（*L'Un et l'autre sexe*），伽利玛出版社，Folio-Essais 丛书。

A. 如果心理学与社会学之间的关系、私人生活与社会道德之间的关系在文化主义者所描述的微型社会中是显而易见的，那么有人可能会寻思，在像我们这样的一些社会中，这种关系是否也同样如此直接呢？

有两个主要因素将这两种社会区分开来：

1）**它们的体量**。卡丁纳所描述的阿洛尔岛大小就如一个小村庄那样，在这里政治生活和社会生活都不具意义。由于没有政府或者有组织的行政部门，各种社会关系都直接是心理性的。

没有任何社会现象、集体现象是无法基于私人生活而被预见到的。然而，微型社会与大型社会之间的这种区别可能并不会阻止人们尝试建立一种关于那些更广大的社会的心理学，正如卡丁纳对一座美国中型城镇的研究所展示的那样，这种心理学是以类似的方法进行研究的。

2）所谓的原始社会有时似乎处于停滞状态，至少乍一看是如此。卡丁纳在谈及科曼奇人时说，他们确实知道了一些新发生的事情，比如引入了一种新的水稻种植模式，但这样的事情并不是由该社会本身产生出来的。[①] 尽管我们因我们的宏观观察可能不充分而对之持保留的态度，但我们仍可以说，在这两种社会情况里，人们与时间的关系是不一样的。在科曼奇社会里，个人的精神空间不断被改变，要么被报纸改变，要么被那些为他们的社会条件奠基的多种多样的远程关系所改变。在我们的社会里，社会生活

① 参见《社会的心理学前沿》（*The Psychological frontiers of Society*），哥伦比亚大学出版社，1945 年。

获得了一种真正的自主权，我们不断地表达立场——这是真正自主的社会生活必然会带来的，就如我们可以从与心理结构的对比 297
中观察到的，而心理结构本身仅仅只在缓慢地发展。

正是在那些自认为是历史性社会的社会中，这种关系才最为复杂。“Geschichlich”意义上的“历史性的”，形容的是这样一些社会：这些社会认为，它们要在时间里成为现实，未来和作为事实的过去就是不可或缺的。

这些社会在时间里的成为了现实，而这是通过代代相传实现的，这是一个现象在运动状态中融入了另一个现象。总而言之，存在一种整体的不断生成，整体在演变过程中有其存在的理由。这个整体持续存在着，但它需要一种更复杂的分析，因为各种因果关系的回路更丰富了。在这种类型的社会中，社会事件是否比心理结构更为重要呢？这个问题仍然悬而未决。

B. 的确，如果没有某种心理结构，这种社会历史时间本身是不会成立的。因此，文化主义者的一项重要成果，就是把心理与建制看作是同一个结构的两种面貌，并且使心理事物不再是“个人的亲身经历”、不再仅是我与我的接触，而是“被扩大化的主体间性的亲身经历”，这是他们的独特贡献。

正是基础人格结构表达了我们身上“前人格”性质的东西。[①]

在哲学的传统观点中，人们一边思考着单子或者精神原子，另一边思考着空间；这是主体-客体、心灵-广延的二元论。

---

① 参见杜夫海纳：《基础人格》(*La personnalité de base*)，法国大学出版社，1972年。

文化主义者认为，在单子与空间之间存在着一个充满着人类特征的人类学空间，它飘浮在我们周围，并且所有人都参与其中（参考黑格尔的“客观精神”），正因如此，主体在面对现实时并不只是在进行认知，这一点会成为个人性的存在的特性。如此看来，孩子与其母亲的各种关系并不是认知意义上的、“沉思”意义上的关系，而是经历意义上的关系。语言学家在谈论语言本质固有的交互性的时候，就已经认识到这一点了。

这里涉及的是一种具有两个终端之间的关系，就像两个人握着一条绳子的两端。身体充当载体，它是我们与他者关系的途径。“正是身体在学习那些来自身体的路径”（玛格丽特·米德）。因此，在孩子与其母亲之间，存在着一种肉体关系，这种关系有利
298 于孩子直接将自己认同为母亲。这正是我们初次进入社会。因此，文化主义的功劳在于提供了关于社会联系的具体构想，同时又没消除个人层面的现实。

III. 对列维－斯特劳斯和玛格丽特·米德的看法

列维－斯特劳斯的立场似乎是悖论的：一方面，他通过人际心理学这一中介，在心理学与社会学之间建立了一种内在联系；另一方面，正如文化主义者那样，他断定要有一种不同于个人亲历经验的社会学，这种社会学会形成一个区别于心理学范畴的独特范畴。①

---

① 参见列维－斯特劳斯：“莫斯著作集导论”（Introduction à l’œuvre de Marcel Mauss），载于莫斯：《社会学与人类学》（*Sociologie et anthropogie*），第 IX－LII 页，法国大学出版社，1950 年，新版，法国大学出版社，“Quadrige”丛书。

1. 通过莫斯，列维-斯特劳斯确定了他自己的观点。他通过亲身实践而熟悉了文化主义的各种概念：在社会结构以及研究孩子与父母的人际关系的心理学之间，存在着紧密联系。这两项研究之间有同质性，因为社会秩序并不是自然的。参见第 26 页："任何心理属性的东西都具有社会属性，反之亦然；证明社会性的证据只能是心智属性的。我们只能通过在个人意识中重新体会一个建制的权威，才能确定我们理解了该建制。"

这两个学科之间的关系是如此紧密，以至于任何社会学经验都必须在社会学家的亲历经验里被承接再塑，这是因为，在对人所做的任何研究中，对亲身经历的参照都是必不可少的。"对社会学事实的研究应该始终是整体性的，观察者与其观察对象具有同样的本质；观察者本身就属于其观察对象。在这种独特的情况下，对象既是事物又是表象，我们必须作为当地人去充分领会对象，而不是作为人种学家去观察它。"参考第 27 页："这相当于观察者要通过某种想象的经验在本质上重新体验这里所涉及的亲缘结构。这导致社会学家认同他研究的心理性-社会性的结构。"

2. 但是列维-斯特劳斯的观念在其著作中不断演变。接着他断言道（参见第 30 页），各种社会关系确实是由表象所支撑的，但 299
这些表象是无意识的。这正是莫斯的论点："在魔术中，就像在宗教和语言学里那样，发挥作用的是各种无意识的观念。"社会性再次成了某种亲历它的个人之外的现实，这导致了对社会学的客观主义构想。这样一来，各种亲缘关系就会是由一些观念所支撑的了——我们将必须通过我们的亲缘经验并改变这些经验来理解这些观念。例如，我们将必须要对交叉表亲和平行表亲关系在情感上所代表的东西有所直觉。但这对我们来说是不可能的，因为这些交往模式是在当地人不知情的情况下运作的。他们在不知情的情况下被定义了，正如“原子不需要认识那些支配着它们的物理规律”；“正如语言，能指先于、并决定所指；社会是一个独立自主的现实。”

这种观点导致社会学的逐步数学化。存在着一些有限数量的简单关系，这些关系已经实现在许多社会之中了，从这些简单关系出发，学者可以准确地知道各种各样可实现的社会形式。

正是如此，埃里克森根据弗洛伊德的工作勾勒出了一张图表，包含前生殖器的性的所有可能类型。弗洛伊德及在他之后所研究的实际存在的世界，仅仅只是组合社会学根据各种可能出现的组合来解释的一个个别的小区域。从第一种观点来考虑，埃里克森的图表只有在与我们的亲历经验相关的情况下、在根据我们的亲历经验而进行想象的变化的情况下才有意义。如果我们引入以无意识方式发挥作用的“社会”概念，那么社会就成了一种独立于心理学的“在己”之物了。

是什么原因导致了列维-斯特劳斯思想的这种分岔呢?

—— 以从事现象学的社会学为借口，实则是害怕从事繁琐的现象学研究。

—— 他想避免将社会化约为野蛮人对社会所持的看法。语言，甚至是（语义的）社会关系类的语言，是一种自主现象，它不能被化约为我们对语言所持的看法，这些看法本身就是根据我们所学到的以及我们所遗忘的语法规则而在“事后”做的分析。

列维-斯特劳斯担心我们看不到社会里最深刻的东西。于是，比如像交易这样的现象就必须从一开始就被知觉为一个整体、一个社会结构，而不是被知觉为一些心理习得的总和。

3. 社会是否必须建立在一些无意识的概念上？必须引入一种 300
可能性：我们生活在彼此相互关系之中的这种生活，是有可能存在在意识里的。我们要做的是，要和我的无意识、和另一个我自己（即原始人）建立某种沟通。我们可以在这里做出一项具有启发性的对照：精神分析并没有揭示出一个在我不知道的情况下运作着的自我，而是把无意识与意识联系在了一起；无意识正是我们不想承担的那些东西。同样，社会性也无法逃离意识，但是人们亲历的东西比他们认为的要多。**无意识不是第二意识，而是一种没被显题化的亲身经历**。因此，亲缘关系系统即使没有以显题的方式被认识，也不必然因此而对我们这些亲历着它的人来说是未知的——要有显题的认识，建立对比的人种学家就必须走出该系统。**社会的独立自主性存在于“亲身经历”这个概念里，这一概念远比列维-斯特劳斯所提出的“无意识”概念更为广阔**。

IV. 对文化主义的最终解读

1. 我们不应将文化主义化约为把微小原因与宏大结果关联起来的因果思想的一个特例：父母的照料是我们所考察的文化的反映，而不是其原因。一个文化的传承是通过代际间的交互认同、通过某种循环的过程来实现的。

2. 文化主义与现象学的社会学很接近，因为它把“儿童融入社会”视为一个象征意识的现象。

这两种观点之间的含混性在列维-斯特劳斯那里非常明显，就像在玛格丽特·米德和卡丁纳那里那样。

在这些作者那里，对处于更复杂的历史性社会中的基础人格的研究，又会变成什么样呢？心理学与社会学之间的关系尽管不那么直接，但仍是必不可少的。卡丁纳在一个美国城镇的案例中勾勒出了这种关系，这座被假称为“普莱恩维尔”的城镇规模中等，由清教徒农民组成。从精神角度来看，这个社会具有突出的俄狄浦斯结构：惩罚、性禁忌、女性对性的无知（这是典型的俄狄浦斯）。

从社会和政治的角度来看，居民们是对民主党政府、“对罗斯福的各种红色观念”（例如社会保障）持怀疑及敌意态度的共和党
301 的支持者，因为他们认为货币价值比天然价值更为重要。有人可能想知道，他们的心理面貌、他们的政治-社会观念所共有的怀疑主义的深层根源是什么。他们对生活、对性、对快感的态度与对罗斯福新政的态度之间存在联系。共同的根源是他们厌恶超出他们控制范围的力量。成人们逃避政治，孩子们以同样的方式逃避父亲的监管。在家庭之内及在社会层面的紧张情绪与整个系统的恐慌相对应。在这个社会中，正如在那些无政府的社会里那样，解释既是社会意义上的，也是心理意义上的。

对于我们所关注的这一问题，文化主义带来了一百年来最重要的贡献。文化主义通过基础人格这一中介，提出了一种思考马克思主义所强调的这种关系的方法。

我们所谈论的并不是一种没有血肉的、干巴巴的马克思主义——这种马克思主义仅仅考虑某种经济决定论，即生产关系：而生机勃勃的马克思主义则反映着世界的整体结构，尤其反映着

经济、社会、政治的原动力。它不会对文化问题无动于衷。它不会根据某位作者的结论的正统性来做判断，而是根据具体的文化常态来做判断。正是如此，马克思断定，尽管巴尔扎克事实上是反动派，但他却是首等重要的作家。对于文化，我们绝不能运用那些可能会将文化归并为其它经济社会现象的处理手法，而应该根据美学和社会学的标准来确定我们研究的方向。

303 # 儿童与他者的关系

绪　论

1. 这一课题和去年课程的那些课题之间的关系（“儿童意识的结构与冲突”；“语言意识以及语言习得”）。

a）与“儿童意识的结构与冲突”的关系

此课程思考的是儿童与自然的各种关系：知觉、对因果关系的知觉、儿童和想象的关系、儿童的世界表象；而今年，儿童则会被放在他与其父母、与其兄弟姐妹的关系之中来被研究，如果我们有时间，儿童还会被放在他与学校环境、与社会阶层的关系中来研究。

去年的课程重点关注的是认知心理学，人们往往把此视为底层基础；今年的课程则将关注感受性心理学以及儿童与他者的关系。接下来我们将会证明，感受性心理学以及儿童与他者的关系这些问题既不次要，也不特别。

去年的课程得出了以下结论：儿童的知觉和他所领会到的各种因果关系并不是外部现象的反映，也不仅仅是对环境所提供的所予的拣选，而是对其经验的“成形”。例如，儿童画并非失败的成人画（吕格），它并不是世界的反映；它是表达世界的一种方式。关于世界的表象这个课题，泛灵主义和人为主义可被视为儿 304
童为了回答成人有关“超级事物”（瓦隆的用词）的问题而使用的权宜之计。

这些世界表象是由成人的问题所引起的。因此，儿童的知觉和认知是以另一种比这两者更深层的功能为基础的，该功能与感受性紧密相关。

b）与语言习得的关系

我们得出的结论是相似的：儿童并不是通过智性活动来习得一个开放的表达系统的，而是通过运用和吸收在他环境里所使用的语言。对他来说，习得语言并不涉及思考言语系统，而涉及习得如何使用一种语言乐器、掌握一种行为；而且这里情况也相同：认知是结果，而非原因。

2. 感受性不隶属于认知功能。

第一个例子：一个人的人格、他与周围人的各种人际关系深刻地改变着他对事物的知觉：弗伦克尔-布伦瑞克女士的作品：[①]“作为情感的和知觉的人格变量的对含混的不容忍。”这些作品的灵感来自杨施（Jaensch）那些讨论模糊图形知觉的作品——模糊图形知觉会更频繁地出现在那些“自由的”被试者（即有能

① 弗伦克尔-布伦瑞克：“作为情感的和知觉的人格变量的对含混的不容忍”（Intolerance of Ambiguity as an Emotional and Perceptual Personnality Variable），《人格期刊》（*Journal of Personnality*），1949 年 9 月。

力认出一个事物的多个面貌的人）那里。

弗伦克尔-布伦瑞克的研究基于与投射方法相同的原则，所有投射方法的前提都是（罗夏）：人格通过对各种感性所予进行结构化的方式来表达自身。她选择讨论的人格特征是心理僵化。她用实验来探究这一特征与某些知觉模式之间的关联：在1500名11岁至16岁的儿童中，有120例极端案例（临床研究：访谈、测试；对父母的研究）。心理僵化这一概念源于精神分析，它是这样一些被试者的态度：他们对任何问题都给出一些简单、概括、鲜明、没有任何细微区分的答案，丝毫不打算去认识一些不一致的事实。

这种僵化绝不是一种心理力量，而是一副面具，在这面具之下隐藏着非常分裂的人格：这是一种反应性的形成。例如，这些
305 被试者普遍都是传统主义者，他们对其父母的描述只限于外部特征，仿佛他们害怕发现一些深层的缺陷。同样，当他们被设陷阱时（“您会带上谁去荒岛？”），他们会忘了提到父母。再或者，他们会在主题统觉测试中强调父母的那些强权面向。

这些例子揭示了这些被试者与自身的深层分裂以及被抑制的对父母的攻击性。这些被试者躲避任何的含混性，并且通过二分法来行事（两难困境：服从-权威、干净-肮脏、美德-罪恶、男性-女性的）。实际上，心理僵化源于与父母的关系，然后延伸到各种道德观念上。普遍而言，这些儿童的家庭都很专制、让人感到挫败。儿童就其父母塑造出了双重形象：一个是仁慈的，出现在前景里；另一个是具有攻击性的，藏在深处（“好妈妈和坏妈妈”）。

梅兰妮·克莱因对“矛盾体验”概念与“含混性”概念做了

区分：**矛盾体验：对于同一个存在，被试者塑造了两个交替出现的形象，而这两个形象并没有被知觉为代表着同一个对象。含混性：**这是成人生活的概念。**被试者知觉到两个形象，但是他知道它们都依附于同一个对象。**

此现象的社会面向：这些家庭处于社会边缘（例如，新贵、美国城市中的意大利或爱尔兰少数族裔群体）并且非常专制，因此，它们导致了孩子的心理僵化，而这种心理僵化又表现为孩子经历各种社会关系的某种方式。“僵化的”孩子往往有一些种族成见，这些偏见来源于他投射到某个“外来”少数族裔群体身上的东西，这些东西正是他在自己的人格中无法接受的。（关于美国黑人性的传说；关于性别斗争的传说：每一方都把那些他不想承认自己身上有的缺点转置于他者之上。）

第一个例子（续）：心理僵化是如何在知觉中表达出来的？

被试者要接受一些测验，以确认他们的心理僵化。一些例子：

a）“人可以分为两类：弱者和强者。”

b）“老师应该告诉学生他们应该做什么，而不是问他们想要什么。”

c）“女孩应该只学习有关家庭的东西。” 306

d）“我们应该驱逐难民，并把难民的工作给退伍军人。”

e）“只有一种方法可以把某件事情做好。”

普遍而言，心理僵化的被试者会肯定地回答每个问题。

在同一批被试者身上也进行了另一些实验，以突出他们的知觉的各种特征。例如：一只狗的图象被投影到屏幕上，并逐渐变成一只猫的图象。被试者直到很晚才意识到此变化，并且坚持说看不到那些与最初视象样态不同的东西。他抗拒承认任何的过渡现象。

这些被试者正在和一些非常激烈的冲突做搏斗，要他们在被知觉物里或者在观念里认识到含混性，显然是极其困难的。情感上的含混性表现为对智性上的含混性的拒绝。他们适应新问题非常缓慢。无论给定的条件是什么，他们都坚持同样的方法，而且倾向于以已知的经历看待新的处境。

作者并不是想说心理僵化总是会表现为知觉的僵化。他的观点更为微妙细致，而且两种现象之间存在着的关系可能相当复杂。某些被试者用知觉领域中极大的灵活来抵消他们的心理僵化，无论如何，这两种现象总是相互联系的，而且形成了一个整体。

作者也不想把心理僵化和某些观点联系起来。有些被试者表面上很自由，但却是以一种绝对且抽象的方式表现得很自由：比如，他们宣称，从所有观点来看，所有的人都是相同的，并且他们拒绝去看各种历史处境的差异。显示心理僵化的，与其说是对这样或那样论点的选定（种族主义论点除外，这种论点建立在神话上，只可能通过一种心理机制的解释来得到辩护），不如说是选定论点、为它辩护、坚持它的方式。因此，心理僵化的自由主义者拒绝承认环境的各种差异。每个人都是含混的，但重要的是一
307 个人对待这种含混性的方式：表现出心理成熟的人愿意看到这种含混性，且会把冲突“内化”。

作者的目的是强调知觉方式和社会生活方式之间的各种关系。这并不是要证明认知功能是通过社会结构得到解释的。因果关系问题不可能通过实验得到解决，因为人们永远都可以假定知觉模

式比我们与他者关系的模式更先存在，并且前者在一定程度上决定了后者。由于被试者始终处于他所隶属的社会环境中，而且由于他始终是带着其各种具有建构力量的先天因素来亲历这种社会经验的，因此，不可能去设立某种判决性实验，即某种要去确立这两种事实之间孰因孰果的判决性实验。实际上，因果关系问题是毫无意义的：我们如何断定是社会生活方式塑造了各种知觉，还是相反？若要做到这一点，我们就必须孤立看待这两种现象，而这是不可能的。**弗伦克尔-布伦瑞克女士只研究了这两种现象之间存在的各种紧密关联，并且表明了它们是一个整体的两个环节：**在某个历史环境里的、在处境里的个人。

第二个例子：智力发展和语言习得是与感受性联系在一起的。弗朗索瓦·罗斯丹的文章："语法与感受性"。[1]

在最依赖父母的年龄（0 至 2 岁）与语言习得的敏感期之间存在一些关联。在这一时期，儿童如果没有语言的模型，他将来就不会说话了，或者至少不会完全正常地说话。例如：未开化的儿童以及重新适应生活的耳聋儿童；在这些耳聋儿童的句法结构中存在着一些奇怪的特质：例如，没有被动语态。

罗斯丹研究了母子关系与语言习得之间存在的联系。在某种意义上任何语言都是母亲的语言。语言习得就像孩子与他母亲的关系一样，是一种认同现象。学习说话，就是学习扮演某一些角色、学习承担一些原本我们作为旁观者所看到的行为举止。

---

① 弗朗索瓦·罗斯丹："语法与感受性"（Grammaire et affectivité），载于《法国精神分析杂志》（*Revue française de Psychanalyse*），第 14 卷，第 2 期，1950 年 4-6 月，第 299-310 页。

a）**家庭成员和语言习得之间的平行关系首先是在一个例子中得到研究的，这个例子涉及的是对在兄弟姐妹关系中更为年幼孩子的明显的嫉妒**：在弟弟出生时，这个孩子把自己认同为这个新
308 生儿。在第一个时期里，人们观察到他的语言和性格的退转，而且，在几天之后的第二个时期里，这个孩子又把自己认同为了他哥哥并克服了他的嫉妒。这种嫉妒之所以可以被克服，是由于家庭里意外出现了第四个孩子，这让哥哥丧失了他绝对年长者的身份。于是，人们看到这个孩子的神经症口吃突然痊愈了，并且看到他在仅仅一日之内就习得了简单过去时、过去未完成时和简单将来时。

这个孩子在弟弟出生时表现出来的嫉妒，也许可被解释为对处境改变的拒绝。新生儿的到来废除了他此前所扮演的角色。这个时期的消失得益于他建构了某种“过去-当下-将来”的图式。这个孩子曾经把自己保持在一种被他认为是绝对的他的当下里，在此之后，他把“我的位置被取代了”的态度，更换成了“我曾经是最年幼的，我现在不再是最年幼的了，我将会是更年长的”的态度。这个孩子重构了他与他者的各种关系，重构了他的世界。这是一种*去中心化*现象（皮亚杰），但它是亲历的*去中心化*，它是通过一种生命活动实现的，而不是通过智性活动。孩子学习思考交互关系：他把“角色”概念和“个人”概念区分开来，他学习以相对化的方式看待年幼者和年长者的各种活动。但是，在这种相对化里，智性发展仍是由生命的、感受性的发展支撑着。

b）弗朗索瓦·罗斯丹**接着研究了一个35个月的女孩的例子，**

这个女孩遇见一只母狗正在给它的小狗喂奶，并深受感动。两个月之后，随着一个小弟弟的降生，这个小女孩突然习得了某些语态，尤其是过去未完成时。在语言习得、弟弟出生以及过去的情感之间，存在着一种联系。

如何解释所发生的这些事呢？这名小女孩之前就知道她将会有一个弟弟或妹妹，对她而言，那只母狗是一个象征。“弟弟-自我-父母”这个未来的图式通过“幼小者-自我-母狗”而被预期了。为了同化吸收这一图式，这个孩子必须脱离她作为享有特殊照顾的对象的身份，而对新生儿采取一种母性态度。她必须从一种**占有**态度转变为一种**献身**态度，从一种**被动**态度转变为一种**积极**态度。

于是人们看到她开始运用未完成时、“自我”（Moi）、“我”（Je）、四个动词的将来形式了。将来时是一种充满斗志的时态：主体立足于未来并且进行规划；运用“自我”和“我”，说明主体采取了一种更为个人化的态度；运用未完成时，表明这个小女孩 309
理解了这个当下已经离开了、过去了，这个过去持续存在于当下之中。每当涉及到宝宝时，她就会运用未完成时，因为在此之前她就曾经是宝宝。

情感只是重构人际环境的一个时机。没有这种情感，也会有语言上的进展，不过，即使如此，语言的进展也总是断断续续的。它总是以对儿童人际周遭环境的重构为前提，因为在童年早期，人际环境和父母环境就是孩子与世界、与存在的所有关系的环境。被人们称为“智力”的，只不过是一个名称——一个用于意指孩子所抵达的那种与他者的关系、那种具有主体间性的样态的名称。

与之前一样，这里也不是要用某种现象对另一种现象进行因果解释，而是要认识到两个“项目”之间的连接，因为它们都包含在“儿童的生命”这个唯一的项目之中。

孩子以某种方式承担起他与家庭成员的各种关系，而该方式会从他所展现出的知觉类型和认知类型里流露出来。

I. 理论问题

在着手研究儿童与其父母、兄弟姐妹、学校环境等各种关系之前，存在一个原则性的问题：儿童是在哪些状态下进入与他者的关系的？这种关系的本质什么？这种关系是如何建立的？

1. 传统心理学在处理这一问题时遇到许多困难，这证明传统心理学不可能解决此问题。

a）心理现象（psychisme）是什么？学院派心理学回答道，**这是被给予个人的：**我对绿色及红色的感觉是属于我的，你绝对不会体验到。他者的心理现象从本质来说无法被我把握，也无法被传达。

b）他者的身体是如何被表象的？他者的心理现象通过其身体
310 表征显露出来：各种举动、表情、话语…… 我在面对他者身体时，是“体感”（这一传统心理学的基础概念）让我能够知道有一心理现象寓居在其身体中：同样，我的身体会通过很多原始感觉而被我把握，这些原始感觉让我知道了不同器官和机能的状态。既然我身体的意识只能通过体感被把握，那么该意识就是始终都无法被他者穿透的，我也就不可能认识他者了。

只剩下一种办法：我假设，我是他者行为的观众，我破译各种被给予我的表情，且我把从本己身体中感觉到的东西投射到他者身上。

关于他者经验的问题似乎成了一个四元系统：

[1] **作为对象的我的身体**

[2] **感觉到本己身体的我**（我的本己身体的内感受图象）

[3] **我所看见的他者的身体**（视觉图象）

[4] **他者对其自身存在的感觉**

这样对他者的知觉就会成为从 [3] 到 [4] 的推论，而此推论是通过建立与 [1] 和 [2] 之间的假定关系的类比来进行的。

这样一来，这个问题似乎就很难解决了。

1）**对他者的知觉相对较早出现：**儿童很早就能感觉到微笑了。他如何会有能力通过上述讨论的这个复杂系统，如此早地就知道微笑意味着善意呢？这一投射的实现，必须建立在他者的举动（在此为微笑）和其自身动作之间的类比之上。这一操作假定了一种通过类比来进行推理的能力：根据自己微笑的意义来理解他者微笑的意义。这就要求所见身体和所感身体之间有一种点对点的对应。然而儿童对其视觉性身体的经验非常微弱，再者，他关于本己身体的内感受图象与他关于他者的视觉图象极其迥异。*因此我们必须猜想儿童是通过别的方式来整体地辨认他者的身体的。*

2）**模仿的现象。**儿童做他看到的他者所做的举动：他微笑因为有人对他微笑。这就需要他把所知觉到的图象翻译为行动语言，然而他实际上并没有一幅自己微笑的图象，也没有他者的行动感觉。从他者到儿童的转移不可能是通过类比来实现的。

311 **2. 人们只有摒弃传统心理学的成见才能解决问题**

a）改造“心理现象”概念：“举止”概念

他者的心理现象只容其一己进入，其他人完全不能识透，我只有通过其举止才能把握、遇到他者：各种行为都带有某种意义。

例子：纪尧姆认为[①]，人们所模仿的各种行为是通过动作表现出来的。儿童所模仿的并不是某个人，而是他的举止。儿童能够发现这些行为是某人的行为，因为儿童有能力将其付诸实践。

b）改造“体感”概念：“姿势图式”概念

我的身体不仅通过内感觉被体验到，也通过身体图式被体验到（海德、瓦隆、勒米特[②]）。我具有的关于我的身体的概念是一个系统、一个图式，该系统或图式包含着我身体与它在周遭环境中所处位置之间的关系。那些与我身体知觉相关的各种不同感官领域保持着某些关系：就此而言，身体图式为我提供了一个对等系统。如果我的身体不再只是通过一堆个人感觉（严格意义上的“个人”）而被体验到的，而是作为一个在与环境的关系中被组织起来的东西而被体验到的，那么，我的身体知觉就能够被转移到他者那里，他者图象就可以直接通过我的身体图式得到“解释”。

---

① 纪尧姆：《儿童的模仿》（*L'Imitation chez l'enfant*），法国大学出版社，1969 年。

② 让·勒米特（Jean Lhermitte，1877–1959），法国神经病学家、精神病学家、医生。——译者注

通过改造“心理现象”概念并用“举止”概念取而代之，通过改造“体感”概念并用“姿势图式”取而代之，那么认识他者的问题就可以被解决。于是，我们便有了一个二元系统：

—— 我的行为，

—— 他者的行为，

它们构成着一个整体。

c）在胡塞尔看来，譬如，对他者的知觉如同一个配对现象（此术语同时以生理意义和更普遍的成对的意义被使用）：我知觉到他者的身体，而且，我在他身上感受到了那些同样激发了我自己身体的意向，反之亦然。如果我们在自我（ego）和他者之间做区分，那么就将无法知觉他者；相反，如果心理发生起始于某种状态，即儿童尚未经历他与他者之区分的状态，那么认识他者就会成为可能。

我逐渐意识到，我的身体包围着我。相关联地，这会导致他 312
者图象的改变，即他者图象会呈现为孤岛状态。

第一时期：存在着一种预交流、一种没有分化的匿名集体性，一种众数存在。

第二时期：对本己身体的对象化；对不同个人的分隔、区分。例子：一开始，意识并不是自封一隅的；初期的自我是潜藏的、潜在的。自我中心主义是不知道自己的自我的态度，这个自我既活在自己里，也活在他人里。[①]（瓦隆的“融合社交性”。）个人意

① 纪尧姆：《儿童习惯的形成》（*La formation des habitudes chez l'enfant*），法国大学出版社，1973 年。

识是后来才出现的，同样是后来出现的还有：对本己身体的对象化（这在他者和自我之间建立了一个密固的隔墙）、把他者和自我建构为处于交互状态中的“人类”的建构。

这项研究让我们得以描述儿童与他者之间关系的各个时期。

II. 0 至 6 个月的儿童

这是起始时期。儿童此时开始建立其身体图式并且开始知觉到他者。在这两种情况里，要处理的问题都是某种具身化。它们是相似且互补的两种活动。不过，对他者的知觉和对本己身体的知觉并不是以相同步调发展的。对本己身体的知觉先于对他者的知觉。这是一个在时间中发展的系统。

这些知觉并不是天生就有的：某种发展是存在的，但它并不是叠加性的发展。对身体的知觉会首先出现，它会造成一种失衡，并会召唤对他者的知觉也随之发展。在每一发展时期中都存在着为下一时期做预备的胚芽。

1. 对本己身体的知觉

首先，这是一个内感受的身体。[①] 外感受性只有通过与内感受性的协作才能起作用。

313 这是一个口腔的身体（斯泰因的“口腔空间”）和呼吸的身体。在随后时期，儿童知觉到与排泄功能相关的部位。直到内感

① 瓦隆：《儿童性格的起源》（*Les origins du caractère chez l'enfant*），法国大学出版社，“Quadrige”丛书。

受和外感受之间出现接合之前，内感受的各种器官都会充当外感受器官。（这说明精神分析赋予母亲-孩子的关系以重要性是正当的。）

直到 3 个月至 6 个月期间，内和外之间的这一接合才开始存在（髓磷脂化）。只要这种接合尚未实现，就不可能有知觉，这是因为，要产生知觉，身体就必须达到平衡（平衡只能以背部平卧的姿势被实现，这当然就是睡眠）。全面的身体图式尚未形成。

当接合完成后，一种差距仍然存在。（比如，髓磷脂化在双脚上的实现比在双手上要迟 3 周；左手比右手要迟 26 天。）真正意义上的对身体的注意较迟到来：对右手的注意出现在第 115 天；用右手探索左手，出现在第 23 周；面对一只置于手边的手套的不知所措，出现在第 24 周。

对本己身体的意识首先是碎片状的。

2. 对他者的知觉

纪尧姆注意到，介于 9 至 11 天的新生儿在面对人脸时会有一种惊愕、专注且转瞬即逝的表情。根据瓦隆的看法，新生儿对其身体的各种变化并没有真正意义上的感觉。直到 3 个月，他对其身体都毫无概念，而只有一种非完整的印象。

第一个外界接触，第一个外感受性的刺激，是人声。它会诱发哭闹、微笑（2 个月）；人们投向孩子的目光会让他微笑（2 至 3 个月）；他以哭闹回应其他孩子的哭闹；无论是谁离开他都会哭。在 2 个月零 5 天时，人们注意到孩子有了对他者的视觉经验：他认出了爸爸。在 3 个月时，他用哭闹向所有进门的人致意。

他与其他儿童的各种最初关系都是通过哭闹的传染来表达的（2至3个月）。他最初关注的目光会注视其他儿童的身体部位。直到6个月之后，他才把对他者的各种不同的认识转用到自己这里。在5个月的时候尚未有友善之情。在6个月时，儿童就能够注视其他儿童的脸了。

314 III. 6个月至3岁的儿童

这一时期的特征是，关于他者身体的认识突然快速地发展。这是“融合社交性”的时期（瓦隆）。

我们将从研究这一系统的发展入手，这一系统包含着三个要素：对本己身体的内感受意识、从外部观看本己身体的知觉、对他者的知觉。所以我们将同时并行地考察本己身体经验的发展、对他者的意识的发展。

1. 本己身体经验的发展

6个月之后，得益于镜子和镜像，儿童获得了本己身体的视觉表象。

a）动物和儿童在面对镜子时的举止的反差。

普莱尔[①]研究过一只土耳其鸭子的举止，这只鸭子在其伴侣死去后，总是站在镜子前。根据瓦隆的说法，此举止不能与儿童的举止相提并论。鸭子没有把镜中的图象认作是自己的图象，而

---

① 威廉·蒂耶里·普莱尔（William Thierry Preyer，1841-1897），在德国工作的英国生理学家。——译者注

是将其认作另一只正面对着它的动物的图象（那只母鸭）。或更甚者，那只母鸭在死前，对这只鸭子来说也只是它自己的一个图象。

瓦隆报告了两只狗的举止。其中一只在镜子前表现出害怕和回避的反应。另一只在实验过程中被其主人抚摸，平静下来，并把头转向他。对于这只动物来说，那个图象既不是另一只狗，也不是它自己的图象：那个图象是一种补充。当这只狗被抚摸时，它仅仅只顾及到从内感受性里感觉到的它的身体。

科勒研究了黑猩猩的举止。[①] 当黑猩猩瞧见它们的镜像 [②] 时，把手伸到镜子后面，显得很失望，于是对此再也不感兴趣了。瓦隆用以下方式来解释这一态度：猿猴在快要获得关于这一镜像的认知的那一刻，离开了这个在它们看来很古怪的东西：镜像刚被勾勒出来就转瞬即逝了。但是黑猩猩在面对它们自己的图象和照 315
片时，似乎还是认出了自己。

所有这些举止都与被置于镜前的儿童的举止形成了反差。

b）**儿童对他者镜像的辨认**：这早于他辨认出他自己的镜像。

---

① 科勒：《高等猿猴的智力》（*L'intelligence des singes supérieurs*），Alcan 出版社，1927 年，新版，法国大学出版社，1973 年。

② 在这部分围绕镜像的讨论中，梅洛-庞蒂反复提到“image”一词，其含义大致可分为两种：1. 表示泛指意义上的图象，则我们直接译为“图象”；2. 表示“image spéculaire”（镜子的图象），应是梅洛-庞蒂在讲课过程中为了方便而使用的简称，则我们稍作意译，译为“镜像”。但仍要注意，这两种含义并非截然二分，甚至在大多情况下是交杂在一起的。镜像是一种特殊的图象，突显了我们的象征能力。因此，讨论儿童如何知觉镜像，也是在讨论儿童，甚至成人是如何知觉泛指意义上的图象的。——译者注

对他者的镜像和他者的现实存在之间的区分也是如此。根据纪尧姆的说法，对他者的意识也许会更早；根据瓦隆的说法，对他者的意识可能不早于3个月的末尾。将近4至5个月时，对他者的意识仅仅是某种注视。直到6个月时，人们才看到真正与镜像有关系的举止，而不仅仅是一些模仿。例子：儿童对父亲的镜像微笑。当父亲和他说话时，儿童转过来，感到惊讶。因此，直到那时，他都没有明确意识到镜像和原型的差异。在这一时刻儿童似乎领会到了某些东西；他的专注表明这并不仅仅是动物式的训练，也不是条件反射；他开始意识到某些东西，尽管他尚未掌握镜像-原型的关系、也不懂得将镜像看作是父亲在镜子中的投影。此外，儿童的举止尚未固定、稳定。例如，普莱尔的孩子在上文提及的经历之后的几个星期后，仍试图抓住镜子里父亲的图象。

在这第一个时期里，儿童认为镜像和原型各自拥有独立的存在：镜像是父亲的一个幽灵。转过身的儿童以极其自然的方式认出他的父亲，我们还不能说他已经消除了图象里这种“类实在”、这种幽灵般的实存。

c）**习得本己身体的镜像的阶段**：直到8个月，儿童的各种反应才变得明确。在第35周，儿童把手伸向镜像，在触到镜子时显得很惊讶。在同样年龄，当有人呼喊他时，他会转向那个人的镜像。

为何认出本己身体的镜像会晚于认出他者的镜像？这是因为儿童面对的是一个更难解决的问题（瓦隆）。对于父亲，儿童有两个视觉图象：父亲和父亲的镜像。然而对于自己，儿童仅有一个

关于其身体的完整视觉图象：镜子中的图象。这里关键的是，他 316
不仅明白这一图象不是他，因为他处于他以内感受的方式感觉到自己的地方，而且他还明白，在他感觉到自己的这个地方，他对他者来说是可见的，正如他能从镜子中看到他的图象那样。

根据瓦隆所言，我们必须承认，儿童在一开始会把他的镜像看作他自己的某种投射（自我幻视）。[①] 在梦里，在半醒半睡的状态里，在垂死之人那里，会重新出现儿童对自己的这种原初意识。原始人会相信一个人同时处于好几个地方。儿童相信他处于他感觉到自己的地方以及他看到自己的地方，同样，他也会认为一个人可以处于这个人曾被看见的好几个地方。儿童拥有一种与成人不同的空间样态。这种依附于图象的空间性在发展过程中会被减弱。通过智性发展，我们可能就会学着把我们的镜像叠合于我们的本己身体、学着认识到图象只存在于前空间之中。正因为我们的智力重新分配了空间意义、修改了我们经验的各种所予，所以，我们最终能把我们的镜像认作是非真实的，能超越这种依附于图象的空间性，能通过重新分配空间意义来用某种观念空间替代这种依附于图象的空间性。

在 1 岁时，镜像就已经被化约为了某种毫不带有现实性的图象。纪尧姆报告说，他女儿在镜子前经过时察觉到她忘了脱帽子，于是她把手伸向她的脑袋，而不是镜子所反射的图象。镜像仅仅只是象征，反映着被反射的物体。一个反例：观察失用症患者的

---

① 医学上将自我幻视（héautoscopie）解释为身体的双重印象。梅洛-庞蒂在《知觉现象学》（*Phénoménologie de la perception*，1945年）中曾在两处谈及这一概念，第 174，238 页。——译者注

空间紊乱问题；实际上，这些病人难以根据镜像以一种合适的方式来安排他们的各种举动。

这并不意味着镜像和身体之间的对应系统从不失效，也不意味着在1岁时这一对应系统就被完全掌握了。在12至15个月期间，孩子会在镜子前做一些练习——类似于机能训练师让失用症患者做的那些练习：以镜像为原型做出动作。当人们要求一个60周的儿童指出他的母亲时，他微笑着指向镜中的她。他之所以还喜欢这个镜像，是因为他尚未远离第一阶段。普莱尔的儿子在57周时把手伸到镜面后面，面露不满，然后转头离开（和黑猩猩的举止相似）。瓦隆表明，之所以会如此，并不是因为儿童不理解，而是
317 因为儿童要探究的是镜子而不是镜像。这一解释难以令人完全信服，这是因为，若儿童要完全理解镜像，则他必须对镜子有些许领会：然而，儿童尚未理解这个映像。要建构一个镜像，其条件是要逐步地建立一整套素朴的物理学。普莱尔的儿子在61周时会触摸、舔舐、击打他的镜像，还与其玩耍。瓦隆报告说，一个20个月的小女孩每晚睡前都拥吻她的镜像。在31个月时，儿童和他自己的镜像玩耍：他乐此不疲地观察着一个带有所有生命体表征的映像（瓦隆所说的“泛灵主义的游戏”）。但是这些泛灵论的游戏并不证明儿童有了一个完善的镜像。如果这些游戏中没有留存一些原始现象的踪迹，那我们就无法理解它们了。儿童仍认为镜像是自己的一个复件。而且我们可以自问成人自己是否会把镜像仅仅视为一个映像。成人有两种自我知觉的方式：一种分析的、反思的方式；另一种总体的、直接的方式，意味着某个生命体的在场。（同样道理，在一幅画作前，比如查理十二世的肖像前，我

们面对着一个图象，然而这微笑和目光并不只被看成是事物）。这图象是神秘的、被寓居的东西（例如：伊斯兰教徒抵触描绘人类的相貌）。图象在某种意义上来说是一种具身化。从这一观点来看，我们理解到，图象意识很难被获得，而且很容易得而复失。图象从来都不只是一个映像，而是一个类在场。普莱尔的儿子在4岁时意识到他有一个影子，并对此感到惊恐。一个4岁6个月的小女孩一边踩着瓦隆的影子，一边宣布说她踩着瓦隆。影子自始至终都被投注了人的价值。我们也应该去获取对影子的理解。它并非如瓦隆所认为的那样是一个智性现象，这是因为，智性现象要么就从来都没有被理解，要么一旦被理解就一劳永逸（全有或全无定律）。

瓦隆最终认为，对本己身体的认识和对他者的认识在同一系统中是相互关联的。他激烈批评“体感”概念，他认为对身体的这种认知是成人心理学才会做的事。儿童处于与他的身体的各种关系中，他不会去区分哪些是通过内感受被给予的、哪些是由外在的东西提供的。视觉性和内感受性是以不被区分的方式被给予的。儿童知觉着他者的身体，就如同他感觉镜中的自己。瓦隆引用了一个病例：体感的紊乱以及与他者关系的紊乱密切相关。与 318
传统精神病学相反，现代精神病学表明，首先出现的是在与他者关系中起作用的融合性，而不是那种把各种病症都定位在图象中的操作（内在声音）。这与拉加什的观点契合。[1] 我们如何理解这

① 拉加什：《词语幻觉与话语》（*Les hallucinations verbales et la parole*），收在 *Œuvres,* tombe I, 法国大学出版社，1977年。对拉加什观点的分析，参见 *Bulletin de Psychologie,* n°8 et n°9 d'avril-mai 1950。

种情况？——被试者相信他听到了外在的声音，然而说话的人却是他。这是因为语言是两方之间的活动，而在这个病例中，言说行为和倾听行为没有被区分开。瓦隆引用了这种类型的一个现象：所谓的体感紊乱就只是与他者关系的紊乱：无力保持我和他者之间、主动和被动之间的分隔。

在瓦隆看来：内感受的身体、视觉身体、他者组成了一个系统。人们可以推测，正如儿童会把自己总体地认同为镜子里的图象，他同样会把自己认同为他者。儿童不会把他的生命局限于自身：互易感觉现象：不区分自己和他者（融合社交性）。

d）**瓦隆的解释应该得到补充**：瓦隆在提出我的身体和他者身体之间有一种统一性时，他走得比谈论镜像时更远。实际上，瓦隆很好地描述了非真实的图象；他很好地展示了儿童是如何学习化约图象的，但是，他没有讨论为何镜像会让儿童感兴趣，也没有讨论为何儿童会觉得这种经验如此有趣。这恰恰是精神分析学家试图让我们明白的东西。我们将看到这两种观点并非互不相容。问题仅在于，要为这个问题赋予更具体的意义。

在其文章“作为‘我’的功能之构成者的镜像阶段”[①]中，拉康医生就是从儿童在其镜像面前的狂喜这一事实出发的。虽然儿童的运动能力和神经连接都尚未成熟，而且他身上还残存着母亲体液的痕迹，但他却对镜像有非常强烈的兴趣，这是为什么呢？

---

① 拉康：“作为‘我’的功能之构成者的镜像阶段”（Le stade du miroir comme formateur de la fonction du Je），载于 *Revue française de psychanalyse,* n°4, octobre-décembre 1949；repris in *Ecrits*, Edition du Seuil, 1966。

这是因为这涉及到一种充分意义上的认同，是精神分析把这种充分意义赋予了这个词语：即当主体承担起一个图象时，在主体中产生的转化。儿童开始有能力成为他自己的观众了。他不再只是 319
一个被感觉的自我，而成了一个景象；他是人们可以注视的某个人了。在镜像之前，人格是本我（Ça）。镜像会使另一种对人格的视象成为可能（这是人们能够且应该看到的），而该视象是超我的首要要素。这可以被看作是习得了一种新功能；正因如此，对自己的默观、自恋态度具有最奠基性的重要性。同时，这个本己身体镜像也通过我的空间镜像使自我的异化和捕获成为可能。镜像让我为另一次异化做好了准备，也就是他者对我的异化。

“从那刻起，狂喜的推断就会在典型处境下让象征矩阵显露出来，在这个象征矩阵里，‘我’会快速地成为一个初始形态，然后，‘我’才会在那种把自己认同为他人的辩证关系里被对象化，语言才会在普遍性层面中为‘我’重建起主体的功能。”

儿童通过镜像发现的是经验的整个维度。他可以默观自己、观察自己。儿童为自己构造了一个可见自我：一个超我，该超我不再与其欲望相融。儿童被吸引开了他的直接现实；他的注意力被这个自我所吸引，他在镜像里找到了这个自我的第一个象征：镜子的去现实性功能。这场游戏在我融入社会之前就已经实现了“我”的转化。这里产生了一种为镜像自我服务的对直接自我的异化。

e）瓦隆的观点和精神分析观点之间的区别。

——精神分析强调现象的感受性本质，然而在瓦隆看来，这是一项认知工作。对精神分析学家而言，视觉性并不只是一种感官模式；它具有完全不同的重要性：视觉性乃是景象和想象的意义。原本在各种不同感觉之间发生的那种整合，现在成为了与自己的关系的模式，并很快也会成为与他者关系的模式。

——精神分析既强调预期，也强调随时可能发生的退转。儿童是以主体依据他现有的东西所做的期预被定义的。出生以早熟为特征；首个俄狄浦斯驱力是某种预青春期或者“心理青春期”。儿童活在未来，但成人则可能退转：童年永远不会彻底结束。我
320 们会通过一种神奇的信念而继续在图象中看到我们自己的复件。

儿童在这一领域的习得严格来说并不是智性的。过去一旦被理解，就应被完全吸收。因为，事实上，过去的成长经历并没有被废弃，这是因为新的成长经历并非某种纯粹智性活动的结果，而是生命意义上的格式塔的形成的结果。这种格式塔的形成是具体的、始终不完全的、始终可能退转的，它比纯粹智性的发展过程更加不稳定。

——精神分析在对图象的理解和儿童对他者的认同之间建立起了关系。

这些批判性意见让我们得以确定心理学分析应该以何种途径进行。

瓦隆把对镜像的理解化约为一个智性过程：一种无时无刻都在进行化约和整合的智性活动。我看见图象，然后我借助智性知识消除了图象的绝对实存，因为我的身体仅仅只在我能感觉到它的地方。然而有人能够对这现象做出心理学解释吗？难道不是智性活动以身体为前提条件，而非身体以智性活动为前提条件吗？

瓦隆注意到，对于儿童而言，并不存在分别处于两个不同地点的被感觉的身体和视觉身体，而且这两个空间也没有可比性。更确切地说，这里涉及的是镜子中的又一个身体，是某种遥处它方的同一性，是身体的一种无处不在。因此，把处于两处的身体合二为一的化约活动就不再有理由继续存在了，因为两个身体并不是截然二分的：我们要以另一种语言重启分析。要解决这个问题，不能通过某个智性综合的化约来做到，而要通过在儿童和作为他者的他者之间建立关系来做到。我有一个外在面貌，对于他者来说我是可见的；存在着一种他者对我的视角。与他者的关系的价值在于，这种关系是一种真正意义上的结构；这是由内在于我经验的各种关系组成的系统。以这种方式被理解的现象必然是不完美的，而且这将不再是某种与观念性综合有关的问题了，毕竟，在观念性综合里，所有预期和退转都变得难以设想。我们观察不到那种被认为“化约”了图象的智性检验：我们在注视镜中的自己时，并不觉得是在进行判断。对空间价值的重新分配会遇到某些故障，因此我们所讨论的活动并不是智性活动，而是反复寻求 321
一种平衡状态、而又无法清楚知道其目标的探索。

结论：退转是成人回到儿童式思维的仅有例证吗？这是我们将通过研究融合社交性所要思考的。

2. 融合社交性

在 6 至 12 月期间，与他者的各种关系出现了：无节制的社交性快速发展。在 6 至 7 月期间，儿童突然不再有不附带动作的对人的注视了。对对方或者对本己身体所做的各种举动增多了（比先前阶段的频率高出四倍）。儿童会在有人注视他的时候微笑。他的社会敏感性有所发展，而且显著超前于他对物理世界的认知。

比勒在她1927年的《关于一岁的社会学及心理学研究》[①]之中，记载了她对医院等候室里的孩子的一些观察。在三岁前，孩子对那些比他们年幼的儿童不太感兴趣，因为他们还未走出他们的处境。当有两个孩子在场时，通常一人卖弄，另一人旁观；一人说话、玩耍、表现自己，另一人注视（此情境类似于暴君和奴隶之间的关系）。出现这种情境，两个孩子必须至少有三个月的年龄差。一般而言是年龄大者卖弄；有时也会是年幼者，如果这个年幼的孩子习惯于被人问询意见的话：这是各种感受性的处境自然而然的逻辑（瓦隆）。这种关系的特征是，两个孩子可以说是融化在了这个情境里。默观的一方只通过对另一方的认同而存在着。专制是建立在奴隶作为奴隶的感觉之上的，而不是建立在对手的失败之上的。主人追求的是奴隶对主人控制的认可；他只存在于奴隶的屈从之中：自我与他者在同一个情感处境中混淆难分。和他者的结合是儿童感受性处境的特征。

嫉妒关系在这一时期很重要。观众-景象的配对被内化了。嫉
322 妒者是想要成为他默观的对象的人：他感到挫败。根据纪尧姆的说法，嫉妒出现于第七个月；根据瓦隆的说法，嫉妒出现于第九个月。后来，嫉妒会通过赌气表现出来：孩子不再和那个他想成为的人交往，并且接受源于压制行为的焦虑。嫉妒在本质上就是

① 比勒（Charlotte Bühler）:《关于一岁的社会学及心理学研究》（*Étude sociologique et psychologique de la première année*）, cf. not. Ch. Bühler et Hetzer Das erste Verständnis für Ausdruck im ersten Lebensjahr, in Zeitschrift für Psychologie, 1928年。

自我与他者的混淆难分。

残暴现象和嫉妒有关；对方的存在对嫉妒者不利，于是嫉妒者想方设法折磨对方。然而残暴是以一种对对方的共感为前提的，在这里，对方被看作是另一个自己。残暴是一种“痛苦的共感”（瓦隆）。我向他者施加的伤害，也被我施加在自己身上。热衷于伤害他人，也就是热衷于伤害自己：在所有施虐狂身上，都有受虐狂的成分（这个想法和弗洛伊德的“施虐-受虐狂”概念几乎没有差别）。嫉妒者热衷于让自己痛苦，他体验到一种顺从殷勤，而这种感觉的目的在于增加他的性激情。

瓦隆的所有这些概念都与精神分析的概念相似。在精神分析看来，所有嫉妒行为中都存在同性恋成分。在瓦隆看来，嫉妒者会把第三方对另一个人的态度都看作是自己引起的。（精神分析的“偷窥者”概念。）精神分析强调嫉妒者有喜欢默观的特点，他被吸引、被征服，同时也想吸引和征服他人。嫉妒者在想象中扮演着他所处情境里的所有角色。（参见普鲁斯特对于阿尔贝蒂娜的分析。）

在瓦隆看来，共感是至关重要的。该现象是在模仿机制的基础上产生的，而模仿是一种不可或缺的功能。这种功能里有他者对我的吸引和入侵。模仿行为是把我与他者联结在一起的系统的外部面貌。我能够承接再塑他人对我所做的面部表情，并且理解此中的意义。正是通过姿势方面的功能，我才得以理解他者的各种态度。

模仿行为和姿势功能之间的关系。姿势功能让我得以实现任何举止的条件。模仿则让我得以实现那些与我所见动作相似的动作。对相似动作的知觉会通过一些态度表现出来——这些态度与他者的态度具有相同的含义。这种知觉会在我们身上诱发运动方面的重组。根据纪尧姆的看法，我们取代了他人，并把那些我们已经知道怎么做的事情付诸实践。在瓦隆看来，模仿机制应该是起点，共感将会从这里浮现出来，而共感正是一种表露“自我-他者”系统的方式。

323 让我们通过研究儿童的人格概念、通过研究儿童语言中对“预交流现象”的表达，来确定“预交流”阶段的各种特征。

接下来我们将着手研究三岁危机。

3. 儿童的人格概念（自我或他者的人格）

儿童的人格并不区别于他所投身和沉浸的那些处境。例子：如果孩子的父亲不是出现在孩子习以为常的周遭环境里的话，孩子就认不出父亲了（一个孩子习惯在维也纳见到父亲，当他在乡村见到父亲时，就认不出他了）。儿童和处境融在一起。例子：一个孩子拿起一只玻璃杯，把它放下，片刻之后，当听见玻璃杯破碎的声音时，他瑟瑟发抖，认为他应该对这一件事负责。他在两个处境之间建立了一种神奇的关系。在儿童那里，没有不同时刻的概念、没有因果关系的概念。儿童融化在处境之中。

—— 艾尔莎·科勒在她的研究（《三岁儿童的人格》）[①] 之中，例举了一名小女孩的情形，她吃了她兄弟的糖果。当他父亲过来

① 艾尔莎·科勒：《三岁儿童的人格》[*La personnalité de l'enfant de trois ans*（*Die Persönlichkeit des dreijänrigen Kindes*）], *Psychol. Monographies* [édité par K. Bühler], 1926 年。

时，她连忙向他走去，兴奋地告诉父亲她刚刚吃了糖果。父亲斥责了她：她哭了，并表示懊悔。片刻之后，相同的情节在她和她母亲之间又发生了（兴奋、哭泣、懊悔）。我们该如何理解这件事呢？归根到底，这应该是因为这个孩子一点都没有把父亲到来和母亲到来这两件事联系起来。每个处境都是以它的直接含义被领会的；每个行为都独立于先前的行为。

—— 斯泰因的儿子在妹妹出生时，把自己认同为了他的姐姐，并把姐姐的名字归为己有：他相信，通过这行为，他就获取了姐姐的各种性质。这个孩子在整个家里所处的位置，规定了他自己眼中的他。他会感到有好几个自己，扮演着数个角色（雅奈的一位病人认为自己同时是圣母和她的女儿）。这让我们得以理解孩子与他自己进行的那些真正意义上的交流，这也解释了互易感觉的现象：儿童或病人在他者身上找到原本属于自己的特征的那种能力；疑病患者在他人身上寻找不健康状态的征兆的态度。发生在 324
我们身上的一切都会让我们对他者的某个方面变得敏感起来。

在精神分析里，我们认出了一个相似的概念：通过**投射**，我们借助我们的个人经验来设想他者（**互易感觉**）；同样，通过**内投射**，我们把来自外界的东西投射到我们自己身上（**模仿机制**）。

瓦隆从比勒那里引用的一个例子：一个小女孩坐在一位同学旁边，她的一些迹象表明她很忧虑，她打了邻座的人一耳光，然后说是邻座的人打了她。这个孩子经历了一个焦虑期，这种焦虑渗透到了她的生活中、各种事物向她呈现的整个景象中，尤其是渗透到了她的同学向她呈现的景象中。这个耳光是对来自外界的焦虑的回应。这两个人格模糊难分。

儿童的这种非常特殊的人格概念，是以儿童意识的整个结构为前提的：不同时刻之间模糊难分（打碎玻璃杯的例子）；空间的融合机制；总体说来，儿童没有能力把时间和空间设想为是包含着许多彼此不同角度的。儿童既不区分时间和空间里的事物，也不区分象征符号和它所意指的东西（符号和所指融合在一起；缺乏符号意识）。

在去年的课程中，关于儿童画的研究向我们表明，儿童没有成人意义上的透视概念。儿童把同一物体的不同面貌塞进同一幅画里，这些面貌被成人宣告为是不可理解的。

4. 儿童语言中对预交流现象的表达

在儿童对语言的使用中，也可以看到与他者的融合关系。儿童最初的语词式语句不仅指向自己的举止行动，也指向他者的。这种现象似乎是以某种抽象化为前提的。实际上这可以通过以下事实得到解释：在被视为自己的东西和被视为他者的东西之间没有区别。儿童就像是散布在各种行动所引发的图象里（瓦隆）。（与受过整个古典艺术文化训练的成人相比，孩子们更能理解现代绘画。）

325 儿童的思维通常都是前人称的、前个人的。主格人称代词“我”（Je）这个词很迟才出现，因为儿童需要很长时间才能把自己与周遭环境区分开。他有和事物交流的意识。当儿童明白主格人称代词“你”（Tu）和重读人称代词“你”（Toi）可以像指称他者那样指称他自己时，主格人称代词“我”就出现了。纪尧姆认为，从第二年初始开始，儿童就习得了大量人名。然而，在 16 个月时，儿童只在非常有限的情况下使用自己的名字：（你叫什么名字？这蛋糕是给谁的？）。在这个年龄，儿童尚未意识到他专有的视角。对他自己，他不使用主语［为了说“je veux écrire”（我想写），他说“kire”］；而对其他人，他会使用主语［为了说“papa écrit”（爸爸写），他说“papa kire”］。[①] 儿童对专有名词的使用是从其他人那里开始的。对主格代词“我”的使用（至少是充分意义上的使用）在更晚才出现，即当儿童能设想每个人都分别可以说“我”、也都可以被看作“你”的时候，以及当儿童意识到不同代词之间的各种关系以及它们之间的转换时：纪尧姆的儿子在19个月大的时候说：我的（à moi）、你的（à toi）、他的（à lui）；在20个月时，他增加了：每个人的（à chacun）。在第二年年末，他完全习得了“我”。

IV. 三岁危机

根据前面引用过的艾尔莎·科勒的著作，儿童不再把他的身体和他的思想归于他者，不再把自己混同于各个处境、各个他被涉及的角色里；他在他的各种情境之外的自己这一边，在他的各种角色之外的这一边。儿童能够向自己表象一个处境了，而不只是活在自己中。所以在他那里应该产生了景象的二重性。他成了一个超出了各种感性直观的自由主体，一个有能力根据他的思想来重新分配各种感性直观的主体。

---

① 对比两个情况来看，孩子没有进行动词变位。无论他要表达的是“我写”还是“爸爸写”，他都用了同一个动词“kire”；而在成人讲这两句话时，应该分别是“Je veux *écrire*”和“Papa *écrit*”。——译者注

1. 瓦隆给出了三岁危机的一些特征

a）决定独自做所有事情（“独自一人”）。

326 b）儿童对他者目光的反应改变了。在三岁之前，他者的目光鼓励并帮助着他。从三岁开始，被注视的感觉让他局促不安（“怯场”原则）。儿童宣称，如果有人注视着他，他就无法完成手头上的事情（抑制）。他转移了他的注意力：“正在做其行为动作的他”成了“正在被人看着行动的他”。这与这些病例相似：参见瓦隆的“病人”。[①]

—— 一个偏瘫者的案例：当他者注视他时，他会由于大笑而颤动并且晃动四肢。

—— 一个测试驾驶员的案例：当汽车中有另一个人在，就会引起他的焦虑压力，这种压力会表现为抽搐。

—— 全身瘫痪者的案例：当有人注视他们时，他们会露出询问和认可等等的表情。

—— 白痴者的案例：当人们注视他们时，他们会喊叫。

这些态度类似于人们在照相机前采取的态度。他者的注视唤醒了儿童这样的意识：他意识到他不只是他自己眼中的样子，而且也是他者眼中的样子（这个现象已经在镜像研究中被观察到了）。他者的注视把我们挤压进一个空间点，而我们曾经觉得自己是无穷的。儿童意识到了他自己的这另一个存在，并且发觉各种事物都有另一个面貌。当自我真正浮现出来时，它夹杂着他者眼中的另一个自我。

---

① 瓦隆：“病人”（La maladresse），《心理学杂志》（*Journal de Psychologie*），25e année，1928 年，第 61-78 页。

我们不应该把被注视时的局促不安与羞耻混淆起来（例如，孩子在六岁左右才会对赤身裸体感到羞耻）或者与害怕被训斥混淆起来。

c）同样是在三岁时，孩子想有人照顾他。

d）表里不一的态度。

e）他以干扰别人的游戏为乐。

f）他只有在补充说他不再想要某个玩具的情况下，才会把这个玩具送出去。他拿走别人的东西，仅仅只是因为这样做好玩。他开始认为礼物是某种交易。儿童灵活地运转着“我-他人”之间的关系——这种已经不再处于未区分状态的关系。

2. 三岁危机带来的问题

三岁危机在多大程度上是对童年的重构？我-他者之间的区分在多大程度上完成了？先前的状态是否持续存在？瓦隆回应道，先前的状态并没有被消除。先前阶段的活动的形态尚未被超越。327
融合社交性是否在三岁时被摆脱了？

看来三岁危机确实是一个决定性的环节，但是融合机制是被推后了，而不是被废除了。儿童开始意识到我和他者之间的距离，他发觉存在着一些分隔。（闵科夫斯基：儿童和他者之间被亲历的距离。）互易感觉被推后了：儿童会避免对他者提出某些指责，因为他知道这也是他自己的一种招认。但互易感觉是否彻底消失了呢？我和他者之间的模糊难分难道不会在某些情况下出现在成人那里吗？关于爱的例子。情况是这样的：一个人不想对那个爱着她的人施加影响。无论她的态度如何，即使是她拒绝对方靠近她，她都会对对方产生影响。“不想侵犯所爱之人的意志”是一个悖论。爱就是承受来自对方的某种影响，并且也向对方施加某种影响。同样，成人无法对孩子采取一种不干涉的态度。在某些情况下，成人有责任进行干涉：比如，他不能放任孩子做某些危险的行为动作。即使在成人之间，也存在着这种与他者的互渗。如果我们和某人关系密切，就会遭受他们的痛苦。和某人关系密切，就是活他的生活，至少在意愿上是如此。对他者的经验对我来说必然具有异化作用（阿兰说，“爱是诅咒”）。去爱，就是去肯定那些尚未知晓的东西。这就是为何关于他者的经验总是能成为被怀疑的对象：害怕被遗弃的人拒绝信任别人。病患者在这种情况下表现得比健康人更挑剔严格。因此，所有和他者的关系都会带来一种不安全感的状态。和他者之间的未分化状态在另一个层次上继续存在着。（皮亚杰的滞差概念。）

互易感觉在通常生活的层面上被超越了，但在情感层面上没有被超越。

V. 儿童与父母的各种关系

在研究儿童与他者保持的具体关系时，我们首先考察儿童与父母关系所扮演的根本角色。在这一领域，精神分析将会为我们提供重要的材料。

328
关于运用精神分析材料的一些意见

我们将会运用精神分析的某些材料，但重要的是要注意，我们在这里只能做精神分析心理学；也就是说，研究行为举中里的一些代表着典型机制的关联。不关心这些材料是反科学的。认为这些材料本身就能成为精神分析实践的入门、或者成为它的证明，同样是反科学的。

a）这些认知不能让我们对他人或自己进行具体分析

对精神分析心理学感兴趣，与对一个有某些障碍的个人进行分析，是非常不同的两件事。在心理学的情况中，重要的是揭示某些类型的行为举止的含义：这是严格意义上的智性工作，可以借助书籍来完成。在精神分析的情况中，重要的是重建个人的历史，辨认出人生中至关重要的事件、创伤，以及这个人用来对抗这些障碍的防御机制。这是一门真正技艺的目标：精神分析师是实践者。这种技艺没有被系统化为规则，它只能通过口耳相传式的精神分析的经历来传授。学生有时会即兴扮演精神分析师，甚至想进行自我分析。然而，精神分析一直将分析描述为一种这样的操作：在该操作中，分析师是区别于被分析者的另一个人。

另一人的在场使被分析者的言词获得了某种含义，因为他自己的视角会向他掩饰他最重要的东西。

b）在精神分析实践没被充分证明为合理的情况下，精神分析心理学也可以是正确的；在理论构架没有完全被实践证明为合理的情况下，实践也可以是有效的。

以下情况可以是真实的：在治疗无法解决某个人的冲突的情况下，他的行为仍然符合精神分析机制。

精神分析不仅是通过让被分析者的生活对他变得可以理解来治愈他的。重要的不只是让被分析者理解他的生活，而是借助他和精神分析师之间的关系让他重新经历并消除他从前的各种冲突；
329 通过移情，被分析者重演他对待各种人和事的态度、让他成为他的态度。他过去的所有对象性关系都在他与精神分析师的当下关系里重现；该关系与生活里的各种关系都无关；分析师不干涉、不言说，他保持着绝对的中立，不代替被分析者做决定，而让被分析者自己做决定。分析情境用移情性神经官能症代替神经官能症。所以这与单纯的认知活动完全不同。即使精神分析实践没有成功治愈，由精神分析心理学所揭示的各种关系也可以是真实的，反之亦然，即使弗洛伊德的理论解释并非全都理据充分，精神分析的技艺也可以是有益的：精神分析意识形态可以建构起这样一个象征符号系统，即使我们不一定把这种意识形态看成是一种真正的哲学，这些象征符号也能让我们得以把握神经官能症。精神分析心理学的传播是不可避免的，因为它关系到每一个人，而且就知识的发展来说，它是不可或缺的。

精神分析心理学不应遮蔽：1）进行理论阐述的必要性，这种阐述确定最终的意义；2）精神分析实践的独特之处，这种独特之处需要漫长的学徒期。

I. 弗洛伊德认为的儿童与他者的关系

儿童与他者的关系最先是由与父母的关系塑造的。成年人每次陷入困难，就会倾向于退转向他童年行为举止的一些模式，这些模式直接受到他与父母关系的影响。一些困难在与父母的关系中就已经出现了：在自我和他者之间始终都有一种张力。弗洛伊德以多种方式表述了这一点：

—— 快乐原则和现实原则之间的对立，通过前者，机体追求即时的满足，后者则以延迟这种满足为目的；所有与他人的关系都是以放弃即时快乐为前提的。

—— 自恋（自我面对自己的孤独，对自己的评估和默观）与各种对象性关系之间的对立。弗洛伊德把发展看作是为了建立对 330
象性关系而发生的某种自恋缩减（“自恋伤疤”）。儿童从占有的爱过渡到尊重他者的差异的利他的爱。针对发展的动力问题，弗洛伊德一开始做了相当概要的描述，在后来，描述变得越来越微妙细致。

我们将首先阐述弗洛伊德最早期的各种图式，然后阐述他对这些图式的丰富，最后阐述他的后继者对这些图式的丰富。这种历史性阐述是必要的，因为这个理论是通过反复不断地摸索而建构的，如果有人想要领会此系统的动力，就必须考虑它的各种不同状态。

A）弗洛伊德的首批概念

弗洛伊德首先将自我–他者的各种关系描述为两个彼此外在于对方的项的会合：一边是无意识、各种驱力、个人；另一边是社会检禁、外部。它们的关系只能是一种冲突碰撞。整个无意识几乎曾都被归因于抑制。如果存在一种动力，那么这动力是在个人和外部之间发挥作用的（个人和他者之间的二元论）。

随后的发展包括将人的冲突描述为与自己的冲突，而不再只是与他者的冲突。自我和他者之间形成了一种同谋，这造成的后果是，即使是在有检禁的情况下，我的一些东西也会支持这种同谋。弗洛伊德把心理“防御”概念更新为一个普遍概念，抑制只是它的一个个例。他把各种防御机制定义为一系列的活动，通过这些活动，自我试图对抗源于我们自身的一些倾向。（安娜·弗洛伊德曾定义了十种倾向。）精神分析不再只是一种“关于深度”的心理学、一种“深不可测”心理学，而是一种关于自我的心理学：它不仅限于对无意识的研究。

个人似乎被分为了自我和本我（法语为 le soi，le Ça，德语为 das Es，英语为 The Id），本我是非个人的、匿名的、无意识的部分。对本我的研究显然包括对抑制的研究。我既是我的自我，也是我的本我。我似乎甚至是三重的：超我（我的理想形态、我想要成为的样子、我自己的榜样）代表着被引入到我之中的、我仰慕且认同的父母的人格角色。在弗洛伊德看来，超我是在俄狄浦斯危机的末期被建构的。总之，主体不再只是趋向其自我实现的
331 欲望和生命力；它在内部甚至是完全相反的，因为它有自我和超我（即限制了我的诸欲力的他人形象）。因而我可以说，在我之中既有生命本能也有死亡本能，而且压抑和欲力一样都是属于我的。我的发展的动力建立在一种和我自己的冲突之上。生命本能本身就是含混的，因为它预设我们接受了被弗洛伊德称为“噪音”和“混繁复杂”的东西，① 然而快乐却是趋向放松和休息的。

起初，弗洛伊德的目的是把受虐狂与施虐狂区分开来。但他越来越不区分两者：对他者的攻击就已经是对我自己的攻击了。

---

① 弗洛伊德：《精神分析论集》（*Essais de psychanalyse*），Payot 出版社，“P. B. P.”丛书。

对他者的仇恨只是我和自己的冲突的体现。如此一来，人们就从自我和社会检禁相互对立的观念，转到和他者的关系贯穿于我们和我们自己的关系之中的观念了。最初的二元论被“内在化”了。

自恋曾被认为是一种初始的态度，后来被认为是人类生活，甚至对象性关系的恒常成分。

因此，精神分析的智慧有了一个新含义。起初，人们可能会怀疑，在弗洛伊德看来，无意识与社会性之间的冲突是否并没有将人的生命的所有意义都赋予了它。弗洛伊德主义难道不是一种对所有社会机器的请愿吗？在弗洛伊德的工作之后，人们理解了，对弗洛伊德来说，问题并不是要消除来自社会的障碍。真正的“解开抑制”并不是要消除某个外在的障碍，而是要改变我们对待自己的态度，而这种改变将使我们能够建立与他者的关系：这是要让主体那里出现一种让他有可能与他者共存的自由处境。

弗洛伊德的早期著作：《性学三论》[①]，这是比《五个精神分析》[②]更早的作品。

我们和他者的各种关系的母基，是我们和父母的关系；这种关系是性的、前生殖器的。这种关系需立即得到澄清；这种前生殖器的性的确切性质是什么？性的各种表现可以追溯到生命之初：口唇的性。在吮吸期（儿童和哺育他的母亲的关系），这一关系没有让孩子脱离本我；快乐侵占了他：这是自体情欲的时期。在此

① 弗洛伊德：《性学三论》（*Trois essais sur la théorie de la sexualité*），1905年，Gallimard出版社，1987年。

② 弗洛伊德：《五个精神分析》（*Cinq psychanalyse*），1909年；法国大学出版社，1954年。

332 后，任何回归到该阶段的性形态，都是自体情欲的。这种情况下的性几乎不涉及任何行为；主体只被快乐状态所侵占。随后的时期以啮咬为特征。借助对原始人的研究，我们得以理解啮咬行为的意义：图腾餐——通过吃喝、食用与神圣物品建立的关系。这种与物品的关系是一种摧毁关系：爱，就是摧毁。这种关系包含施虐、残酷的成分，以及某种权力本能。儿童直到转入生殖器时期，才学会以不施虐的方式去爱。

紧随口唇性的阶段之后，是肛门性的阶段。乍一看，滞留和排出似乎和儿童与父母的关系无关。然而，恰恰是在父母的检禁下儿童才学会了掌控括约肌。这就解释了为什么弗洛伊德可以为排便赋予礼物的意义，后来又为其赋予了“使……降生于世”的意义。此行为成了一个途径，一种对权力的确认。儿童受训练的后果就是会更倾向于滞留态度，而滞留态度是怀疑的基础：拒绝付出、想要躲藏。过于粗暴的检禁会破坏自发性：这是性格形成的起源。

在弗洛伊德后来的构思里，这两个阶段之后是阳具期，该时期与俄狄浦斯时期同时发生，而且属于生殖器的性。我们后面会进一步讨论阳具期。

为什么弗洛伊德把这些肛门的、口唇的表现称为既是性的又是前生殖器的呢？弗洛伊德的意思是否是：在随后时期里支撑着生殖器的生命的力比多，其实早已出现在了各个前生殖器时期中，并且已被运用在了肛门器官和口唇器官上？这一形而上的构想、这种让人想起鸦片的安眠效力的构想，可能会和弗洛伊德的各种观念不一致，因为他曾明确指出，成人形态的生殖器活动是以个人历史中的整个转化为前提的，所以并不会在个人历史之初提前实现出来。

最初的力比多不可能与人们通常所说的“性本能”有任何相似之处，因为弗洛伊德的很多作品都是要说明，**彻底竣工**（tout fait）的本能是不存在的。那么，他为什么要把性活动称为是前生殖器的呢？他想说的是，存在这样的行为：这种行为关联着性别上的差异，关联着作为不同性别的父亲和母亲，然而这种行为却是在儿童不知道如何做到的情况下、在没有生殖器机制的情况下发生的。有一种预期意义上的性、区分性别意义上的性，它早于 333 生殖器官的成熟运作，是一种**早熟的**性。

这个困难似乎没有阻止常常用实在论的语言做讨论的弗洛伊德，把力比多当作一种玄奥的性质引入到他的理论中，就仿佛力比多在生命伊始就**注定**会激活生殖器官，因此力比多在一开始，甚至在它拥有各种表达途径和表达工具之前，就有了性的特征。但问题并没有得到解决，这个概念仍然很难与弗洛伊德的主要思想相调和；根据其主要思想，任何涉及生殖器性的东西都是由个人历史**产生的**。最初的力比多应该是不确定的：**儿童是多形态的异常者**。一些迹象让我们能够纠正对力比多做实在论的设想。当弗洛伊德表明儿童的活动在生命伊始就是性的时候，他的意思仅仅只是，**儿童对其父母的性别做出了区分**。

这种在定义上**含混不明**的性，最常在一些幻觉中**表达出来**。**应该存在一种**儿童还没有能力认知的**对各种性关系的预期**。俄狄浦斯情结代表着一种**心理青春期**。儿童有惊人的能力设想自己置身于**成人生活的种种关系中**，即使他无法真正出现在那里或者参与其中。关于此问题，弗洛伊德（《精神分析论集》）的一个重要想法是，自从俄狄浦斯情结伊始，把自己认同为同性家长可能就是首要的事实，而对另一个家长的爱并不是首要的事实。这使我们更容易理解孩子性生活的早熟。比如，如果一个小男孩觉得他母亲是作为一个带有性别的人而存在着的，那这首先是因为他把自己认同为了他父亲。与其说“性”是对异性的追求，不如说是孩子对他自己性别的承认。这个孩子与家长中一方的任何关系，都是与和该家长有感受性关系的所有人的关系，他承担起了父亲所维持的与母亲的关系。因此，这是一种弥散的、匿名的性。这样，我们就可以把各种性关系设想为幼儿生活的一个恒常维度，而同时，这种性并没有被孩子明确认识到，也并没有在那种适用于成人生活的语言里被表达出来或成为可被表达的东西。这种性是含混的：一个身体，在它尚未成为生殖性的身体时，却已经有能力担起一些性的特征了。

儿童的性本能尚未被集中化。各种性关系都被一个尚未成为
334 自身的机体所支撑。弗洛伊德写道，有一条路存在于性功能和非性功能之间，这条路从这两个方向都可通行。这些功能可以暂时由其它器官承担，这些其它器官此刻就是儿童与世界之间关系的主要载体。存在着口腔器官和肠腔器官的性化。（后来也会出现一些去性化的机制：各种升华现象。）性能够把一些不属于它的领域占为己有，而这些领域将会被成人活动去性化。

《性学三论》引入的“性化”概念使我们能够更好地理解前生殖器的性的含混特征。在《性学三论》里，弗洛伊德还说，性是被各种生命功能所支撑的。他承认好奇心和性之间的关系并不简

单，据他所说，这是因为这一关系让一些并非只具有性属性的元素进入了好奇心之中。他还说："性属性的爱和子女对父母的爱是同源的。"

这展现的并不是一种在其显现出来之前就已经预先存在的"彻底竣工的力比多"的想法，而是一种灌溉着这两种爱的"含糊能量"的想法：被其中一种爱掌控的、就不能被另一种爱掌控，这就是为什么在我们不能说"子女对父母的爱是一种伪装的性爱"的情况下，这两种爱仍然是相互竞争、紧密相关的。通过这些文本来看，性属性的东西和非性属性的东西之间的关系不是实体和偶然之间、或者因和果之间的关系。精神分析的直观在这里提出了一种更有意思且更复杂的关系：性属性的东西和非性属性的东西之间紧密关联的想法，这种紧密关联并不是点对点的平行，也不是从非生殖器属性到生殖器属性的化约。

安娜·弗洛伊德此后写道："俄狄浦斯情结仅仅是一种方便的、几乎是代数式的指代方式，用以指代儿童想去获得异性家长专有的爱的所有倾向。"[①] 儿童一旦处在世界中，就会去预期，去承担再续环境提供给他的东西；他把母亲当成一种绝对者来经历。这个代数术语剥夺了俄狄浦斯情结的历史意义，既然俄狄浦斯是成人，而该情结是在儿童时期发生的，那么这就不可能要在儿童那里实现成人的力比多。

因此这里不存在力比多的形而上学，而只存在儿童的绝对附

① 《儿童的精神分析治疗》(*Le traitement psychanalytique des enfants*)，法国大学出版社，1951 年。

着的能力，也就是把自己认同为家长中的一方、因而去爱慕另一方的能力。

335 弗洛伊德从未在字面上说过这一点，但是只有这种解释能让我们理解为何弗洛伊德（《性学三论》）在抛弃观念论式歧途的同时（荣格：“身体能量”的力比多），**也拒绝了所有泛性主义的解释**。人处于一个带有性别的身体里，他之中存在着对爱的绝对需求，这让他预期着成人生活里的各种角色。实际上，这是一种关于**具身化**的见解：人处于一个身体里，却不被化约为身体。

“性”概念的这种具体意义是在弗洛伊德的作品中逐渐浮现出来的。在《性学三论》里，从自恋、占有性或施虐狂，到现实、献身性或对象性的这种过渡，仍被描述为一种从**被动快乐到排出**的过渡。生殖器时期的特征完全是生理的（排出）。（我们不要忘记，弗洛伊德描述的始终是男性的力比多，在他看来，所有力比多都具有男性本质。）但是，即使是在《性学三论》中，一些其它的文段也把一些心理动机引入了性的发展中：譬如，弗洛伊德指出，在潜伏期里会发展出一种温惠，而这种温惠将会在青春期的时候与一种新的性推力相结合。他说道，**这仿佛是一条隧道同时从两端被凿穿**。这种形象化的比喻已经给出了关于心理性和生理性之间关系的更令人满意的概念。

B）弗洛伊德对其第一批图式所做的修正

在《超越快乐原则》和《自我和本我》（《精神分析论集》）里：

—— 弗洛伊德逐渐远离了某种本质上是生理性的图式。各种心理动机将会进一步介入。

—— 那种认为存在着一系列相继的且界限清晰的时期的想法逐渐弱化了，因为我们总会在一个时期里找到某个先前时期的要素：譬如，弗洛伊德放弃了自恋时期和对象性时期之间的分隔（参见小汉斯的精神分析：《五个精神分析》），而且他把自恋和对象性看成是个人生命里恒常的两端。俄狄浦斯时期不像一开始那样截然孤立了。同样，那种成功发展出来的对象性关系（献身性的关系）以及对自恋的消除都越来越像是一项任务，而不是一种状态。

—— 这两种演变导致了第三种演变：对俄狄浦斯情结的研究 336
的深化。性别越来越少从生理角度被定义了。

如果一个人是双性恋，那么在这个人里就不仅存在着正常的情结，而且还存在着倒置的情结。自从倒置情结被认为是先于或者伴随着正常情结的那一刻起，整个理解就发生了变化：儿童通过对象性的关系所爱慕的那个人，同时就是他把自己认同为的那个人。

1）自我的结构、与他者关系的条件

弗洛伊德对自我的新分析是从如下这个评论开始的：梦并不总是欲望的实现，存在着令人不快的梦。儿童重复着一些痛苦场景，以便成为它们的主人（宣泄）：正如为了摆脱它们和去除它们的伤害性质。

与他者的各种关系和与自己的各种关系之间，存在着一种联系。所有自恋伤疤都会以对他者的攻击行为作为补偿。具体而言，各种投射机制都是在把一个人在自己中感受到的东西置入他者，这是这个人对自己的防御：这是一种无视他自己各种内部危险的方式。

我们隐约看到了一个三元系统的想法：

—— **有意识的自我**：我的各种生活“技巧”、那些我同意成为的东西。

—— **本我**：我的自发性。

—— 他人以及他们在我这里的表象者。

与他者的关系从与自己的关系中经过：当我面对他者进行自我防御时，其实我是在面对自己进行自我防御。自我会构造一些障碍和“反向作用”。创伤就是这些障碍的中断，因而会引起焦虑。那么我们唯一可以努力做的就是修复，这是一种重复行为，我们试图通过它来抹去创伤经历。我们必须承认，在我们里存在着一种恶魔之源，这是停滞的倾向，是运动和反运动的力。它无处不在。本我也被这样一种否定力量所寓居。任何对快乐的追求都趋向放松、休息。总之，在我们的各种本能里，就存在着死亡、终止的意愿，简而言之就是机体只想以它的方式死去。如此说来，在本我之中就有一些否定面向和某种死亡本能；而在自我之中，则有一些肯定面向。

337 各种性本能都包含着某种与它们自身的对立：原生的受虐狂（倾向于否定自己）。对自己的攻击和对他者的攻击之间没有分歧，相反，这两者构成了一个系统。与自恋做一比较，在自恋里我们发现有两种行为：在不被对方爱着的情况下爱着对方，在不爱对方的情况下被对方爱着。成熟的态度会是接受两者，而不是二者选一。含混性是很正常的事，但是含混性和分解是不一样的。

这些思考让我们得以理解三种本能：自我、本我、超我。它们并非三种彼此界限分明的现实，而是同一个辩证关系的三种面貌。这个辩证关系正是个人生命的辩证关系。

a）**自我**：这是弗洛伊德意义上的知觉-意识系统：它把我与外界连系起来；它寻求接触现实、检验现实。无论经历是怎样的，自我都力图通过多种技巧来检禁现实。这些行动中有许多是在潜伏期期间习得的：学校里的阅读、写作、知识。这使成人有了很大的自由余地，让成人更容易做出应对。但儿童则更常处于他无法应对的一些处境里，这就是弗洛伊德自从1926年开始对忧虑的定义。（忧虑最初被定义为性抑制的结果。现在它成为了根源。儿童的自我非常柔弱，这常常会让他暴露于危险经历中。）

b）**自我和另外两个审级**[①]**之间的关系**：它们之间不存在分隔和边界。自我是本我之中那个考虑现实的部分。它的所有力量都是从本我汲取来的，它是一个控制装置（自我好比骑手，本我好比坐骑）。同时，那些严格意义上的本能的力，会寻求放松，并会达至一种可能会转瞬即逝的简单的快乐状态：一种自己对自己的否定。自我的功能将会是，通过把这些力引向中介状态来有效利用它们。自我和本我并不是完全相反的。自我会在本我之中发现一种同谋：安娜·弗洛伊德表明："各种防御机制并不只是自我的工作，而且欲力存在着要倒转走向其对立面的倾向。"自我所

① instance一词的中文翻译参考了拉普朗什、彭大历斯：《精神分析词汇》，沈志中、王文基译，行人出版社，2000年，第218页。——译者注

进行的检禁工作，是本我所谋求的：这是本我（快乐原则）和自
338 我（现实原则）之间的同谋。即使作为本我之组成部分的情欲真的倾向与自我产生冲突，也不应就此把快乐原则和现实原则彻底对立起来。弗洛伊德指出了这两者之间存在的过渡："本我包含着自我从之延伸出来的所有心理要素。"无意识之所以是无意识的，是因为我们抵抗它；然而由于各种抵抗活动避开了我们，而且由于这些抵抗活动是自我的一种功能，所以**自我的一部分是无意识的**。弗洛伊德承认，有必要对无意识这个概念做出修订；我们无法再清楚看到无意识意味着什么，因为它同时是：既被检禁、又检禁着，既被压制、又压制着，既被抑制、又抑制着。

c）**超我和另外两个审级之间的关系**：超我是由一个初期草图建构的：自我的理想，这些理想是补偿我们之所是的方式，是参照着某种理想来向我们表象我们想要成为的样子的方式。自我的理想来自我们和他者的关系；当此关系受挫时，自我就会想美化自己，它会把他者引入自身并将其变为自我的一部分。性格是通过这些内投射的一部分形成的。本我是超我形成的起源。我想要取悦的是本我。对象性的力比多成为了自恋的力比多：爱我身上的他者，或者爱他者身上的自己。

在口唇期，那种把自我认同为父母的认同形成了第一层：这是与他者关系的唯一模式。自恋要素会始终存在，甚至在各种对象性的选择中也是如此。儿童想要**成为**他爱的人，而不是想要**拥有**此人。当对象抵抗时，他就会放弃把它当成对象，而将它引入到他身上。在俄狄浦斯危机的过程中，儿童在走到一个绝境时，

就会把父母内化到自己身上。弗洛伊德也可以运用这样的表达方式：超我是本我的继承者。超我在我面前，而不是在我旁边：这是我可以默观的、和自我有关的东西。这种对我自己的意识和观察只能部分地实现其目标。弗洛伊德想说的是，超我并不总是一个我明确地呈现给自己的、完全有意识的理想，而是一个我趋向的存在、一个见证人，我朝向着它、在它面前行事。超我是我生命的感受性理想，是我诸多主要举措所指向的极点。超我是检禁审级，它有时倾向于否定我之所是，但它不是一个外在要素，这是因为，是自我把它引到了自我里面。

2）这三个审级是什么？ 339

它们不是我意识中的三种意识，也不是我人格中的三种人格。在超我和本我之间存在着自我——这个自我正是在超我注视下的对各种自发性要素所进行的自愿的、巧妙的承接再塑。弗洛伊德向我们呈现的与他人的理想关系，既不是超我凌驾于自我之上的关系，也不是自我凌驾于超我之上的关系，而是三个审级不再彼此割裂的关系。当本我、自我和超我分离时，就会产生神经官能症、病态：例如，歇斯底里症的分解、强迫性神经官能症的抑制。精神分析治疗的目的是重建三个审级之间的交流：在它们的层面上，仅仅只会表现出一个生命。正因为每个审级都会否定其自身，因此每个审级都会召唤其它审级。

根据最初的图式，各种与他者的关系都是从自恋走向对象性、从“快乐”走向“排出”的；这种图式现在变得更加完整具体了。快乐倾向于自我逃避，现实并不来自外界。我们看到对象性关系可能具有两种形态：

—— **真正的对象性关系**，

—— **伪对象性关系**：当我们把自己认同为他者时，他者的在场并不会让我们离开我们自己，因为事实上发生的是真正的对象性关系遭遇了失败（俄狄浦斯绝境的情况）。儿童每时每刻都在以一种生活，以一种他不具备其技巧的生活作为方向，所以他不可避免地想要“成为”他无法“拥有”的那些人。认同威胁着我们与他者的所有关系。弗洛伊德甚至曾自问，他称为**升华**的东西是否不应该归因于内投射机制。他的结论是否定的，但是他向自己提出此问题的这个事实是有特殊意义的。有些人很可能永远都达不到真正的对象性关系。与他者的关系显示为一种介于与他者关系的两端之间的张力，这种张力是不可避免的。主体想要留在难以被超越的内在性里。他者的他者性只能从真正的对象性中获得。某些献身形态是自恋性的：这是在谋求自我满足。任何纯粹只是在内心的崇拜都非常可能是自恋性的：珍惜回忆比珍惜一个活着的人要容易得多。我们之所以把他者转移至我们身上，我们之所
340 以把他者内化，是为了让我们免受惊讶和失望。初始的自恋以及次生的自恋（内投射）的两个极端是相似的。真正的人际关系只有在走出这种对立的情况下才能开始。

II. 弗洛伊德后继者的贡献

我们将研究弗洛伊德的学生是以何种方式制定生命初期里的“前生殖器的性”的概念以及与他者的各种关系的。

A）格拉弗的著作："口部在精神分析里的意义"，"论口唇式性格的形成"，[①] 亚伯拉罕的著作："关于性格形成的研究"。[②]

这些著作更具体地描绘了，在人生初始，与他者的关系是以何种方式开始的。前生殖器时期的这些关系将会在成人的性格里表现出来，因此，我们有必要对性格进行精神分析，因为对事件进行精神分析被证实是不足够的。

性格不只是事件的体现；它代表着一种剩余，就如是个人的史前史或者生命的考古时期的余留。当婴儿和他母亲在一起时，他学习着某些态度：在口唇阶段是接受态度；在肛门阶段是占有态度；在生殖器时期是给予态度。美满发展是以这三种态度的整合为条件的。生殖器时期以保留的方式进行着废除。成人的退转会使此前诸时期中的某个时期占据主导地位。这些时期之一，例如口唇期，可以通过两种截然相反的方式被过度强调（固着）：第一种情况里，孩子可能被喂养得非常好；另一种情况里，他可能被喂养得非常差（喂养并不仅仅意味着好的供食，而且也意味着与母亲的和谐关系）。这两种方式的结果都是，孩子带着欲望进入各后续时期。如果孩子受挫了，那么他就会倾向于再现上一时期。

---

① 格拉弗（Glover）："口部在精神分析里的意义"（The significance of the mouth in psychoanalysis），载于《英国医用心理学期刊》（*British journal of medical psychology*），第 4 卷，1924 年；"论口唇式性格的形成"（Notes on oral character-formation），载于《国际精神分析期刊》（*International journal of psychoanalysis*），第 6 卷，1925 年。

② 亚伯拉罕（Abraham）："关于性格形成的研究"（Studien für Charakterbildung），《著作全集》，第2卷，《力比多的成长・性格的形成》，Payot 出版社，"P. B. P." 丛书。

341 如果他曾情感过度，而且接下来的时期让他感到失望，那么他就会退转到上一时期。

各个前生殖器时期都具有矛盾体验：各种关系都有双重方向，这是由儿童在前生殖器时期里能够与他人维持的关系带来的。他的内感受身体没有能力生存于在外在环境里。儿童处于一种无能为力和从属的状态里：他在快乐和攻击性（当他没有任何办法达到满足时）之间摇摆：因此儿童有母亲的双重形象，一个是慈爱的，另一个是威胁的。即时且直接的关系就是爱和攻击性。这两个时期都有施虐的成分。不仅使某个时期占据优势的起因可以是截然相反的，而且结果也可以是截然相反的。

如果某一时期产生了挫败的处境，儿童会进行自我防御，但他并非总会意识到这一点。这样的幼儿期建立起来的成人态度可以是截然相反的。因此，这种性格学可能不会给出一个以“口唇期性格”或“肛门期性格”为特征的*行为举止目录*，因为症状可以多种多样，而更可能会给出以某种*风格*为特征的*行为举止的目录*，这种风格存在于一些截然相反的行为举止里。

口唇期建构了一个人无论持有哪种态度都永远不会忘记的起点。我们将会发现肛门期性格和口唇期性格的一些共有特点，但其行为举止的*风格*却不相同。例如，一些肛门欲主体和一些口唇欲主体都表现得极其大方慷慨，但这种行为在两者的情况里具有不同的意义：在肛门欲主体那里，浪费期和吝啬贪婪期会交替出现。

1. 儿童口唇期的各种特征以及口唇期在成人身上的各种表达

这些特征不如肛门期的特征清晰，这是由于一个根源性的原因。所有的口唇期表现都比肛门期表现更容易被接纳。（例子：贪吃、各种口腔之乐、说话。）此外，口唇期出现的更早，它可以被此后的时期所修改。亚伯拉罕承认，肛门期从来都不是纯粹的，它已经是以先前时期的一些失败为条件了。某些现象可能来自口唇期。例子：只出现在阳具期的雄心，事实上，也只是被这最后一个时期重组了。

口唇期以吃奶的快乐为特征，继而以啮咬的快乐为特征。人 342
们可以将这一时期区分为两个时期：

a）**初发口唇期**。它以一种暴烈且直接的欲望为特征：希望达到纯粹的状态。没有母亲，孩子什么也做不了；他什么办法都没有，因此当他得不到他所期待的东西时，就会体验到一种无能为力之感；当他的欲望被满足时，又会有一种无所不能之感。格拉弗认为，我们应该承认，与对象的关系在这里带有一种混乱的特征。

b）**继发口唇期**。啮咬代表着一项基本技巧，它就是要把自己掺入所爱之人：食人期（弗洛伊德）。这是一种通过吞并来与对象进行的直接交流。在本能的紧张和情绪卸放之间几乎不存在间歇。

c）**口唇期性格的理论图式**。如下这些性格特点特别重要：思想是无所不能的；对象的矛盾体验；迅速即时的情绪卸放；兴奋期和抑郁期交替出现；倾向于去看、触摸和感觉：皮肤和肌肉对口腔活动的参与（饮食行为动作的情欲化）。

这种关于“口唇期性格应该是怎样的”的理论图式是以临床观察为基础的。

d）**与初发期有关的口唇期类型**。其特征是：急躁、慷慨大方、轻松快活、善于交际、对各种新观念持开放精神、倾向于担忧和仓促。

e）**与继发期有关的口唇期类型**。其特征是：倾向于破坏、嫉妒、妒忌、敌对，性格顽固、精神保守（广义的“保守”）、关系紧张。

f）**初发口唇期主体的各种性格**。初发口唇期主体倾向于永远都做婴儿，倾向于乐观、明确干脆，倾向于相信他们永远都是被保护的。他们的特征还在于，极其重视话语、有强烈的说话欲望、喜欢刻薄尖锐的言语、行为举止迅速敏捷（尤其是在恋爱中）、对
343 心理学问题感兴趣、对知识有热望。一个失败的初发口唇期会导致对随后阶段的过度强调。此外，过于幸福的初发期也会导致同样结果。在这两种情况下，主体都会带着激情和热望进入继发口唇期，这导致过度的期待、失望以及回退。

g）**继发口唇期主体的各种性格**。这些主体最喜欢的行为是：坚持、恳求、要求。他们的特征是：绝对无法容忍孤独，即便是暂时的孤独（“吸血鬼”的态度）；悲观或抑郁的态度、受苦的雄心、对成功和上升的欲望、一边欲望着一边又觉得欲望不可能得到满足，此外他们的活力时有时无，并且还伴有一些停顿期和惰性期。他们关注时间安排的问题；他们在每晚睡前有阅读习惯（这与晚上喝奶相对应）。他们充满嫉妒且不喜欢分享。（例如，一位不愿在其专长领域授课的教授，总是喜欢上一些私人课；例如，一个男人讨厌和他妻子在饭店吃晚餐，以免和其他人分享晚餐这种亲密仪式；例如，一个男人住在乡下，他很在意要第一个醒来，以便抢在其他人之前享用房子和花园，他不传播消息，严守所知之事，最终他变得讨厌交谈，也不参与交谈了。）

这些性格可以导致一些反应性的成长，以掩盖那些初发态度：例如，坚持要付出。（例如，有些主人坚持让客人再吃一道菜，若客人拒绝，他们会明显表现得灰心丧气；例如，那些喜欢劝酒的人，那些给你海量建议或者奢侈礼物的人。）这些态度与初发态度性质相同的原因是，无论在哪个例子里，这类情境都是在这样或那样的意义上在他们那里被过度强调了。（*风格相同的态度*）：例如，过分的和蔼可亲可能掩藏着某种强烈的攻击性。这些主体在许多方面都有施虐特征：想要捉弄他者。但是必须把这种继发口唇期施虐狂和肛门期施虐狂区分开来：后者的特征是想要防卫的意愿、对某些物品的依恋；前者的特征则是害怕失去，而这种害怕并不取决于其所有物的价值。

2. 对肛门期的分析 344

此时期的各种特征更有说服力，因为它们更为明显：这个时期更受到压制，离现在也更近。它起源于儿童如厕训练中的经验。对排泄的控制追求两个目标：压制儿童对嗜粪癖和肮脏粪便的所有倾向，以及让排泄时间变得有规律。

从心理学的角度来看，这种教育意味着什么？亚伯拉罕认为，这一整套功能会引发一种自恋性的快乐、一种无所不能的感受。对儿童来说，这就是要在如厕训练时牺牲所有这些，以求换取*父母的称赞*。（父母通常会过度强调粪便的重要性。）正是这种称赞让宝宝习得了对括约肌的控制。如果他没有得到这种感受性的补偿，就会有持久的冲突留在他的深处。（亚伯拉罕引述了一个病人的例子，她被教养得特别好，性格得体、灵活、温柔、有自控力，然而她身上却显露出蛮横无礼、报复心强的底色，这种底色会在出其不意的时候突然出现。她在三个孩子中排行第二，曾经过早地与哥哥同期接受如厕训练，她发现自己没有能力用原始的混乱状态来抵换她所适应的状况。）

进行如厕教育所必须的心理条件是，儿童脱离了机能性的生活；他必须对他人，尤其是对母亲和家人感兴趣。如果他有能力做到这种跨越，那么这种移情就会成功。他是为了他者的爱而做出这种牺牲的。恐惧可以产生表面上极好的结果，但这样一来，*力比多就会滞留在一种自恋性的固着之中*：没有能力让他人知道自己是谁；爱的能力缩减。思想的无所不能将会和排泄功能的无所不能联系起来。因此，对那些肛门期受制于冲突的主体来说，这可能会导致他在与他者的所有关系中都收效不佳。

a）**肛门期性格**。根据弗洛伊德和亚伯拉罕的研究，可以辨别出四个特征：

——**想要无所不能；感觉自己独一无二**。只有肛门期主体自己做的事情才算做得好。他们抵抗他人的一切入侵，他们坚守自
345 己所做的决定以及他们为自己制定的准则。（例如，一位母亲检查她为女儿设置的日程表，其中的各要点都被编了号。）这些主体本身是“拘谨”的；他们抵抗来自外面的各种恳求（这与被再三恳求才肯排便的孩子相关）。拒绝排泄可能呈现了肛门期性格的轮廓：某些主体只在不被人要求的情况下才会给予。（例子：一位丈夫，当其妻子向他要钱时，他拒绝了，但是后来却主动地给了妻子比她要求的更多的钱。）或者，他们会小笔小笔地给予被要求的

金额：不情愿的馈赠，类似于孩子的零碎粪便（例子：一个患者一点一点地给他的山羊喂食）。肛门期主体会批评他人；他是一个不满的人。他对自己的独立自主很敏感：他坚韧不拔或冥顽固执。

面对精神分析师时，肛门期主体表现出强烈的抵抗，这以各种各样的方式显露出来：有时拒绝自由联想，这是主动抵抗；有时是等待问题和沉默，这是被动抵抗。这些主体想要保住对自己的检禁。这种态度伴随着一种被动同性恋的倾向。从本能活动向肛门期的退转导致创造力下降。这种态度里的施虐狂成分使肛门期主体逊色于他们本可以成为的样子。

—— **倾向于只在最后一刻行动，倾向于推迟行动**。但是他们开始行动后，就会固执地把它进行到底。（荣格所说的性格内向之人可能就是这些主体。）这种倾向可能与排泄延迟有关。肛门期主体回避来自外面的各种请求（例如某些作家）。他们经常会嫉妒；第三方就是入侵者。

—— **对金钱的兴趣；某些形态的吝啬贪婪**。这种兴趣不一定意味着他们有意将一切都留为己有。他们小心细致地看管自己的金钱，但却不知如何从中获利；金钱和一切有价值的东西与排泄有对应关系。对肛门期主体而言，储蓄就等同于自我克制。（亚伯拉罕举了一位银行家的例子，他规定他的孩子们尽可能长时间地忍住不排泄，以便吸收食物中尽可能多的东西。）人们在这些主体那里发现了吝啬贪婪的各色形态：某些人不想花钱购买不耐久的东西。（例如，一个人会购买光碟，但他不愿为音乐会的座位花钱。）食物通常被归类为重要的东西。（例如那些经常称体重的 346
人。）某些人在一些微不足道的事情上斤斤计较。（例如，一个人养成了不系衣服扣子的习惯，这是为了避免磨损扣眼。）他们节约时间：时间只有用于工作，才没被浪费；他们不懂休息："周日神经官能症"的可能因素之一就是肛门期性格。他们经常同时做两件事。亚伯拉罕分析了某些主体养成的习惯：在厕所里阅读。这种习惯有双重含义：最大限度地利用时间；排泄功能是生产创造的同义词：一项活动有利于另一项活动。（例如一个正在接受精神分析的被分析者在厕所里想到了他最好的观念联想。）对于收藏、对于清点金钱和物品的喜好（阿巴贡[①]的珍宝清单；那些喜欢校阅自己作品的作家）可能也和这一态度有关。某些人不喜欢放弃他们拥有的物品，因而会保留所有的东西。（例如一个女人对自己要花招，设法让自己心甘情愿地丢失一些物品，这些物品是她原本不想扔掉的。）他们时不时会进行彻底整理（这一态度类似于滞留和释放形成的双重节奏）。某些主体对穿上新衣服很犹豫，因而会把新衣服"保存"起来。对于所有与剩余物的利用有关的事情，肛门期主体都很敏感：这是在精神分裂症患者身上常见的态度。

当然，这些特征可能会和一些相反特征交替出现：突然出现的某些形态的浪费与上文所描述的那些态度相对称。这类行为的特征是过分强调与金钱有关的行为。

—— **对清洁、秩序、洁净的过度喜好，此外，这喜好更多是表面上的，而非实际的**：一种反应形成[②]。（例如，有些被试者外表干净，内衣却很脏；例如，有些被试者书桌整洁，衣橱却很乱：只关

① Harpagon，莫里哀剧作《吝啬鬼》（*L'Avare*）里的主人公。——译者注

② formation réactionnelle 的中文翻译参考了拉普朗什、彭大历斯：《精神分析词汇》，沈志中、王文基译，行人出版社，2000 年，第 181 页。——译者注

心可见的东西）。这是一种表面现象。肛门期主体喜好对称性（青少年的幻想：例如以偶数步跨过某个空间；例如一位病人，每次他妻子为她自己购置一件东西，他也会给自己买点什么）。在肛门期主体那里，有些人会忘记他们欠的债，有些人想要还清欠别人的债：两种情况都涉及同一种动机，即不去依存于什么东西。他们喜欢准确、精确；他们倾向关注事物的“背面”；他们经常混淆左和右、东和西：这是一种普遍化的颠倒。（性倒错可能是其最显而易 347
见的标志了。）出于对一些习俗的颠倒，当所有人都坐着时，他们站着；当所有人都在休息时，他们工作，而且他们会把这种态度固定下来。他们有时会喜好独特的食物：即那些“新颖独创的东西”。（例如，一位学生曾以逆向顺序吃菜单上的菜肴，此外，他后来成了妄想症患者。）他们最终会倾向于投射角色、互换角色。

b）**肛门期主体的相貌**。根据弗洛伊德主义者的观点，肛门期性格最终会显著地烙印在个人身上，以至于能改变他的相貌。亚伯拉罕用以下特征来描述肛门期的相貌：闷闷不乐的样子、自恋自满的表情、鼻唇间明显的皱纹、霸气十足的上唇：肛门期主体看上去似乎在嗅闻、怀疑、探问他自己。（例如一个被分析者总会闻他的双手和各种物品。）这样一来，这种性格学也夹杂着某种相貌研究：重要的并不是对各种面部特征的简单罗列，而是总体表情。各种相貌特征之所以值得被关注，是由于它们会在脸部发挥作用，而脸部一定会反映行为举止。

3. 对生殖器功能的分析

亚伯拉罕曾经尝试通过与此前各时期的对比来描述这一时期

的特征。他没有太强调，这是因为该时期一直都是精神分析的课题。爱，对象化意义上的爱，是以正常的性为中介的，这种爱建构起了主体超越此前各时期里不完美的东西、具攻击性的东西及自恋残留的东西的途径，这些东西都会被力比多吸收。但我们不能因此就认为这个成熟的过程没有任何程度之分、没有任何困难。

亚伯拉罕尤其坚持认为存在着这样一个时期，该时期实现了生殖器成熟，但不具备相应的心理成熟度：*阳具期*，这可能是生殖器时期的序幕。对孩子而言，母亲的身体会让他震撼和不安。尽管孩子被力比多所投注，但在俄狄浦斯危机期间，这并不足以使人进入确切意义上的生殖器时期：若要实现与他者的感受性关
348 系，力比多就必定不能围绕着异性的生殖器官。当这种处境被超越时（*过渡到了温惠时期*），我们不应认为这仅仅只由于生殖器的活动。这种态度应该被并入一种更广泛的活动之中：*温惠*。温惠的各种能力、与他者建立感受性关系的能力恰恰是在潜伏期里习得的；这也同时伴随着自我器官的发展。

这一切都意味着，弗洛伊德主义者把任何围绕着生殖器的活动都看作一种未达到其目标的活动：消除对生殖器的盲目崇拜（这一点被错误地归于弗洛伊德了）。

4. 这种性格学的范围和意义

a）**用弗洛伊德学说中的性来进行解释**。在我们先前所讨论的那种意义上，如果我们考虑的是各*前生殖器*时期，那就没有严格意义上的性：存在着与他者的关系、与他者的带有各种性特征的关系，但该关系是由某个非生殖器的身体器官所承担的。将成人

的性投射到儿童身上，这可能是错误的观念。性，成人意义上的性，还没出现。将会在成人那里成为生殖器关系的东西，在儿童那里则是以非生殖器的其它身体器官为途径的与异性的关系。如下这样说是不合理的：弗洛伊德想指出，比如，口腔被性化了，此处的“性”是在成人的意义上说的。他想指出的是，口腔是某种感受性的载体，而感受性在成人那里将会或多或少地与生殖器有关。

生殖器时期，就其本身而言，绝不只是由生殖器官的活动定义的。重要的是，这是一个献身的、奉献的时期。成熟，就是生殖器性质并入诸对象化关系的整合。按照弗洛伊德的观点，一种生殖器活动，若它不是全然献身性质的，那它就可能是超常的。这种生殖器活动只能通过被同化进温惠才能和谐运作，而这种温惠是在生殖器时期期间习得的。阳具力比多只能通过否认自己是全然的力比多，才能实现其自身。

弗洛伊德远没有想通过性别来解释行为；性别充当着与他者关系的载体。

b）**精神分析的性格学是解释性、因果性的吗**？我们是否应该承认，弗洛伊德想通过身体某些部位的运作（例如，口腔或者肛门）来解释各种性格特征？身体和消化系统只有作为人的某类态度的载体时才具有解释作用。因此，具有重要作用的，并不是作 349
为物质的身体，而是被整合进人的生命的身体：初发的态度是接收态度，继发的态度是保存态度。性格学分析之所以重要，并非由于某些性格特征与某个身体部位相关联，而是由于这些性格特征揭示了身体的某类行为。我们有理由考察精神分析里的心理现象和身体性之间的关系：象征化的关系（口腔是接收的象征；肛门是保存的象征；生殖器是献身的象征）。这些行为是被人的生命和存在里某种可识别的相同意义、相同含义联系在一起的：这些行为是一种实存方式。我们看到，这种理解精神分析的方式与现时过于简单化的方式有深刻区别。精神分析要处理的是身体的诸功能以及实存的整体样态。身体通过其结构本身就极力强调着某些态度。所以这一观点和传统心理学的观点完全不同：传统心理学通过心灵解释身体，或通过身体解释心灵。精神分析的性格学既不属于观念论（身体仅是一工具），也不属于通过身体性来对心理做出的那类解释。在精神分析看来，作为生命象征标志的身体结构才是原初的。

c）**这一切绝不会把我们引向一种不可避却的宿命**。诚然，精神分析坚持过去的重要性，尤其是童年的重要性，但是先发生的和后发生的东西之间的关系是一种整合关系、一种从部分到整体的关系。只有在整合无法实现的情况下，人们才能看清那些容易被认出的特征：当整合缺席时，就有了退转。亚伯拉罕强调，性格并不是由童年的过往确定的；童年过后，会发生性格的构造和再构造。当下性会添砖加瓦做出贡献。任何的爱都会引起一些重构：当下始终保持开放；一切都是由多种条件决定的。我们过去经历中的任何所予，都无法在不被我们随后生活所承接再塑以及改变的条件下继续发挥作用。

发生的一切，就仿佛我们童年的各种所予都曾是为我们所用的主题。我们赋予了这些所予一种意义。生命的种种开端并不会建构出某种宿命；所有可能性都持续存在。童年只不过是开局的

处境而已。各种性格特征都有某种普遍性和矛盾体验。成人所继 350
承的，是某个维度、某个问题范畴、某个困难范畴的优势地位：个人如何解决它们，则是另一回事，还没有确定。例如，在给予方面，一个肛门期主体会做出一些含有强迫特征的行为，但也有可能出现反应形成或者升华，因此没有什么会让他命中注定要去给予、或要去保存。早期经历的主导地位是一个底基，我们必须在此之上构造我们的当下和未来；只要过去尚未被整合，我们的当下和未来就会出现一些困难：确实，行为和过去息息相关，但会有各种解决方案向我们显现。我们不应该认为当下会消除过去。关于超越，我们必须承接再塑一种类似于黑格尔的观念：**在转化中进行保存**。所有时期都对成人生活有所贡献：口唇期的各种成分提供了一种转向未来的能量；肛门期的各种成分则通过保持某些深层和持续的东西带来了另一些贡献。即使是施虐狂也做出了正面贡献，因为它为心灵带来了挣扎。实际上，只存在一种相对的超越。所以精神分析师一点都不认为过去是无效的东西。正常的性格含有前生殖器性质的成分。每个时期都汇集、转化了先前各时期的贡献。从还是婴儿的那一刻起，人那里就会有痕迹的残留。

亚伯拉罕认为，成人的性格并不是为了避免极端而做的折中，而是整合（与自身的连贯一致）。常态只能是个人化的。这与现代生理学家的观点一致：每个人偏好的行为都不尽相同。每个人都有自己的行事方式；每个人的动作都迥然不同；例如，握持锤子的方式因人而异。同理，没有适用于所有身体的正常温度，也没有对所有人而言的最佳血液钙质比例。普遍常态的这种想法在此领域并不适用。精神分析师在这方面非常贴近这种想法，他们认为，成熟的性格并不是为了避免极端而做的折中。某种行为在某种过去的经历之后出现是正常的：而在另一个没有相同过去的人那里，这种行为则是异常的。正常意味着被整合：性格的各种不同特征都由整个机体来承担。在以《达芬奇的童年回忆》[①] 为题
351 的著作里，弗洛伊德说，一切都可以通过艺术家的过去得到解释，从另一种意义上来说，就是没有什么可以通过过去得到解释（他的画作）。达芬奇是私生子，直到很晚才有正常的家庭环境。他母亲是唯一的至亲，因此他对雌性动物独自怀孕的传说颇感兴趣：例如秃鹫。而且人们会在其画作中看出他的各种童年幻想：圣-安妮的大衣褶皱中的秃鹫。弗洛伊德并不是企图通过这种心理上的发生来解释艺术。尽管从某种意义上来说，成人的一切都与儿童有关（例如，肛门期主体有时是雕塑家或者画家），但有些东西能逃脱过去：这是这些要素在达芬奇里面得到的意指力量。不源于孩子的，正是艺术家让各种素材所经受的转变。这就是刚才我们针对“当下”所说的：艺术，正是当下对宿命的逃脱。

当我们进入表达领域（“表达”一词取广义），发生的一切，就仿佛艺术家的各种异常特质被艺术（例如绘画）利用了。一个人从成为艺术家的那刻起，某种生理特征就成了自我表达的手段。从这观点来看，我们实在不能接受这些看法：弗洛伊德从一个人的童年去认识这个人的做法贬低了这个人。人们只有在已经了解

① 弗洛伊德：《达芬奇的童年回忆》（*Un souvenir d'enfance de Léonard de Vinci*），伽利玛出版社，1987 年。

一位成人艺术家的作品后，才会在他的童年形象里看见他。因此，弗洛伊德并没有贬低成人，而是提高了孩童和婴儿的地位；他是通过如下的做法做到这一点的：证明那些人们迄今认为是纯粹“身体性”的活动其实具有心理上的重要性。此外，母亲一直都把孩子的吃奶情况或消化机能视为非常重要的事情；而且当我们读到弗洛伊德著作里的许多事实时都会感到震惊，但这些事实在弗洛伊德之前就被母亲们所熟知了，只是它们过去一直作为一种秘密存在于母亲和孩子之间。**弗洛伊德是第一批认真对待儿童的人之一**，因为他证明了，儿童不能以其身体功能来被解释，相反，他的各种身体功能处于心理现象的动力之中。消化道不只用于消化，而且还是进入与世界的关系的一种方式。儿童的命运，就是知觉到小孩和大人之间的不平等，而尽力趋近大人。梅兰妮·克莱因说，各前生殖器时期的特征，是一种无尽的需求，是某种与对象发生关系的绝对方式。总之，正如蒙田所说，最应受尊重的，不总是那些最“超凡卓绝”的想法。弗洛伊德想把儿童重新置于 352
实存的涌流之中，其中，身体就是实存的载体。

要消除对精神分析的某些误解，这些解释是必要的。

B）儿童精神分析的贡献

精神分析到了很晚才被运用到对童年的直接研究上，这种研究是很有意义的，因为它应会证明或推翻成人精神分析的一些观念。儿童精神分析证实了这些观念，但也部分地颠覆和改写了它们。为了研究这些改变，我们有必要对儿童精神分析及其演变做简要的历史回顾。

1. 安娜·弗洛伊德眼中的儿童精神分析（1926年的构想）

西格蒙德·弗洛伊德仅仅通过小汉斯的父亲进行过儿童（小汉斯）精神分析。安娜·弗洛伊德则长期致力于儿童精神分析，然而，在1926年，她坚持认为，正统的传统技术不适用于儿童。她的看法基于以下这些原因：

a）**儿童可能不会意识到疾病，也不会做出治疗的决定**：焦虑不是以如下这种方式被感觉到的：焦虑被伪装了，难以被察觉。由此可以得出结论，分析师与儿童的关系不同于与成人的关系：成人来咨询精神分析师，是源于他自己的意愿，他意识到自己的缺陷，并希望医治它。分析师可以依靠成人的诚意、依靠一种根本上的同谋关系。这在面对儿童时是不可能的，精神分析师不可避免地要介入孩子的生活（这是他未对成人做过的）：*分析师必须变成一名教育者*。他要么变成孩子的同谋，要么与孩子的超我携手合作。无论如何，分析师都承担着一种*权威职能*，他介入孩子的生活，并必须放弃他的客观态度。例如，一位12岁的女孩深受困扰，安娜·弗洛伊德曾试图让她学会放松，而她却变得倒错。安娜·弗洛伊德这次则以专制的方式介入，让这位女孩在餐桌上注意谈吐、举止文雅。

353 b）**在儿童那里可能没有真正意义上的移情性神经官能症**。（我们要注意，当被分析者以另一种神经官能症代替他原先的神经官能症时，就有了移情性神经官能症，也就是说他把与其他人的各种冲突关系转移到了分析师身上。）对儿童来说，这是不可能的，因为他与父母的关系仍在当下。由于在成年人那里，与父母的各种冲突已成过去：这是在与阴影搏斗、与过去搏斗。在孩子那里，其父母是存在的，要抹去和转化孩子形成的父母形象并不容易。不了解父母，就无法进行分析。（在诊所里可能会发生这样的情况，分析师可以在父母远离的情况下取得成果；但当孩子回到父母身边时，成果可能就消失了，并且可能会出现一种新的神经官能症。）父母必须采取行动来结束孩子的病理症状。例如，一些孩子，一旦从母亲身边被带走，症状就消失了，一旦回到母亲身边，症状就又出现了。超我还没有稳固地建立起来。甚至在此后，孩子处于青春期时，父母的行为有时也会使孩子发展出不善社交的性格。

此外，只要被分析者的自我是受过教育的，他就可以接受对素材的任何解释：真相即使令人不悦，也会被接受。成人的超我没有儿童的超我严酷：在孩子那里，与分析师建立关系的可能性被排除了。分析师必须变成孩子的同谋，但这将导致如下的情况，当分析师重新采取精神分析的态度时，孩子很难接受分析师的解释：孩子有可能会扮演角色，在分析师面前扮演父母，在父母面前扮演分析师。因此分析师有必要向父母打听一点儿情况。

c）**儿童拒绝进行自由联想**。在自由联想中，被分析者处于放松状态，陷在那些向他涌来的想法里，并把它们交送给分析师。儿童则采取行动多于付诸言谈，因此分析师有必要用一些适当的特定技术：叙述梦境（再说，梦是被儿童认真对待的），游戏（这尤其是梅兰妮·克莱因研究的）。这些技术的弊端是，它们不会揭示各种防御机制。儿童为了玩耍而玩耍，他的游戏活动并不是朝向精神分析师的。成人的被分析者的任何行为举止从一开始就带有一种意义，因为他正处于移情的情境之中；但是，在儿童那里，354 分析师无法获得特别有价值的素材：例如，根据安娜·弗洛伊德的观点，对游戏的各种素材做解释是很危险的。

d）**儿童分析所提供的素材通常**更加清晰，因为无意识在儿童身上比在成人身上更近（反应形成尚未发生）；但还未到达语言期之前，分析无法提供素材。只有潜伏期才会带来一系列错误回忆和反应形成，只有它们才具有揭示性：在史前史被伪装时，才更容易被把握；正是掩盖物让我们得以辨认出曾经被伪装的东西。

e）**儿童在年代上非常接近其神经官能症的形成时期**。长时间的间隔尚未产生，这种间隔在成人那里会为各种行动技术所用；全靠这些行动技术，主体才可以在其它的形成中再次利用它们。如果我们释放了成人的一些力，这些力就会找到它们被重新利用的途径；而在没有升华能力的儿童那里，这不会发生：因此会有在神经官能症和倒错之间来回转变的危险，也因此会有仅仅只解放先前已被抑制的东西的危险。

安娜·弗洛伊德的结论

基于以上探讨的这些原因，安娜·弗洛伊德在 1926 年总结道，正统的传统精神分析技术不适用于儿童，而且精神分析也不应该运用于所有儿童身上（维也纳学派和英国学派之间的对立）。某些神经官能症可以自行消失。各种症状可以被发展的潮涌带走。（例如，一个阴柔的孩子仅仅只通过他自己的发展就获得了阳刚的态度。）一劳永逸的超越是有可能发生的。神经官能紊乱的特征是力比多的僵化：心理现象内部的钙化。但是许多儿童紊乱并不是精神官能症性质的。例如，若自我的各种技术仍有欠缺，有时就会导致一些失败，而这些失败会表现为忧虑焦躁：这种孩子应该学习放弃某些依靠、自我批评以及负罪情结，这些会带来否定外在世界、无视自己的各种本能（投射、内投射）的倾向。所有反应机制都会抵消这些困难——这些童年特有的、仅仅通过年岁增长就能被克服的困难。神经官能症只会出现在少数情况下：歇斯底里症或者强迫症：这种情况会表现为，儿童没有能力习得一些在 355
该年龄要学会的技术（有时不得不中止学业）。

安娜·弗洛伊德的这些观点与西格蒙德·弗洛伊德的观点方向一致，而他只在1905年通过一位父亲做过一次儿童精神分析。

2. 安娜·弗洛伊德眼中的儿童精神分析（1946年的构想）

安娜·弗洛伊德在这一领域的经验和发现让她改变了1926年的某些观念。[①]

a）**她承认，精神分析导致倒错及引发无序释放的风险很低**：各种倾向由于来到意识之中而丧失了它们的力。重新利用那些被抑制的能量是可能的：有可能出现机制和升华。因此，先前的两项异议被消除了。

b）**对自我防御机制的分析的发展**使儿童被理解得更透彻了，也使先引期缩短了。安娜·弗洛伊德倾向于承认，"儿童-分析师"的关系并不像她在1926年所认为的那样是一种权威关系。

---

① 《儿童的精神分析治疗》（*Le traitement psychanalytique des enfants*），同前，1946年。

c）**最后，家长更了解精神分析了**，于是能采取更中立客观的态度了。

尽管如此，安娜·弗洛伊德的倾向和梅兰妮·克莱因的倾向之间仍然存在对立；而且在英国精神分析学会里，这两种倾向间曾有过一段持续多年的争论。

3. 梅兰妮·克莱因眼中的儿童精神分析

a）**如果分析师专制地介入**，就会唤醒儿童的焦虑，无法让儿童放松。如果他想要让儿童意识到他的病情，就会让儿童更焦虑且反而无法获得解放。实际上，这种危险与性教育的那些不足和危险是相同的。若以一种客观的口吻解释这些问题，我们就无法触及真正的冲突，也无法触及儿童的个人情况，儿童可能会聆听解释，但却不会把它们应用到他自己的处境里。（例如，一个孩子曾目睹父母的性行为，关于性行为的解释并没有让他放松，在处理他的幻想这方面也没有取得任何成果。）

356 b）**尽管真正意义上的移情性神经官能症不存在，但不完全的移情还是存在的**，因为儿童在面对分析师这位替代父母的人时，会采取某种态度。当下实际的父母可以与分析师竞争，而成年人眼中已成为过去的父母就无法做到这一点了。儿童的父母可以改变对他的态度。因此，从这种意义上讲，他们的在场是一种优势。

c）儿童不进行自由联想，**是由于过度焦虑**，而不是由于能力不足。放弃这种手段，我们就放弃了一种必不可少的办法。口头表达是必要的，因为它让我们被语言所占有，而语言正是我们与世界最直接的关系。没有口头表达的精神分析可能是无效的，因为它丧失了被分析者对自己生命的占有。造成困难的原因是，儿童不习惯口头表达他的经历，也不习惯明确表达出他的生活，但儿童并不是原则上不能表达。

d）**倒错的危险并不构成反对意见**，因为经验事实上表明，精神分析不能代替对倒错的压抑，精神分析是一种有意识的批判态度。

梅兰妮·克莱因的结论

梅兰妮·克莱因谈及的儿童精神分析的各种失败，恰恰是源于分析师当时没有大胆地对儿童进行直接分析，而且我们应该从这种态度中看到被分析者对安娜·弗洛伊德的精神分析的抵抗。（在精神分析学家那里，没有什么比用精神分析语言来解释和诠释各种敌对性的说法更常见的事情了。因此，一位分析师在谈及杰尔曼·杰克士的《关于遗弃的精神官能症》[①]时，曾批评作者以及瑞士学派倾向于修改事实及否定俄狄浦斯情结的普遍性，这位分析师还认为瑞士学派表现出对精神分析的抵抗。当然，这不能被排除。但是批评总是可以被扭转的。）

人们可以说，在精神分析中，梅兰妮·克莱因代表极左派（这是一种激进的立场，根据该立场的观点，正统的精神分析可以被应用到底），瑞士学派代表右派，安娜·弗洛伊德则代表中间派。右派可以指责梅兰妮·克莱因极其快速的扩张会毁掉精神分

① 杰尔曼·杰克士:《关于遗弃的精神官能症》（*Névrose d'abandon*），法国大学出版社，1950 年。

析，但是左派可以回应，其它学派的小心谨慎束缚了精神分析的
357 发展。（这与马克思主义政治领域中的“左派”和“右派”之间的讨论相同：每一方都指责对方是“革命的掘墓人”。）每当人们处于实存事物的领域时，这类异议就会出现，在实存事物的领域里，客观结果可能取决于主观态度。某些精神分析家的言论里可能有某些非常正确的东西，这是因为我们所处理的是一种*实践*。但是我们必须从中走出来；而且由于人们可能总是坚持认为：意图会在事实里被歪曲，“左派”态度是一种“挑衅”，伺机而动的态度是“机会主义”，因此我们必须尽可能根据处境本身以及对情况的观察来做判断，而不是根据那些事先就设定好的意图来做判断。

在这一点上，精神分析家给我们上了智慧的一课；安娜·弗洛伊德在两、三个观点上与梅兰妮·克莱因站在了一起；她们比较了自己和对方各自的经验，她们的观点逐渐靠近。

这种对儿童精神分析方法的讨论包含着对精神分析学说的讨论：这种方法之所以适用于儿童（甚至是非常年幼的孩子：梅兰妮·克莱因在一名孩子在 2 至 9 个月期间给他做了精神分析），是因为儿童的结构正是精神分析把握到的结构。然而，当传统精神分析的基本观念被应用于儿童时，它们也被相应地做了某种调整，而这种调整正是我们要考察的。

4. 儿童精神分析的新趋势（梅兰妮·克莱因）

这些趋势归结为三种：

a）在生殖器时期之前的整个童年时代里，攻击主题越来越明

显地占据主导地位。这种已经由弗洛伊德（他使用了“性的-攻击性的”这一表达）表达出来的想法，在梅兰妮·克莱因的思想里更为显著。首先，她将孩子在家庭里的处境描述为一种对抗处境（这是孩子在幼小的自己与父母、他周围高大的人之间所做的比较）。对孩子而言，胜利可能在于颠倒这些关系。这种对抗让孩子认为自己是有罪的，因此产生了一种恶性循环：他和他周遭环境之间的不相称、焦虑-攻击性、负罪感、更深的焦虑，循环往复。要打破这种循环，只能通过完全不同的其它成分所带来的东西：力比多，性的发展。在俄狄浦斯情结的第一个时期，尤其受到压 358
制的是那些攻击倾向。根据弗洛伊德在 1926 年所引入的改革，焦虑是初始的东西，而不是压制的衍生物；这一改革被梅兰妮·克莱因推向极致：因此，她非常强调攻击性的首要性。从某种意义上来说，这一点在弗洛伊德那里已经存在了，但在梅兰妮·克莱因这里得到了更为明确的表达。

在孩子的感受里，最初的处境是危险的：他缺乏能力，他没有依靠或援助。焦虑是一个人面对一个他无法面对的处境时的态度：他被封堵住了。这种焦虑表现为攻击性，攻击性又引起负罪感，从而使焦虑加倍。焦虑-攻击性的这种关系形成了一个循环，而力比多则作为一种横向的力，介入到该循环里。力比多和攻击性之间存在牢不可破的联系，后者被前者所掌控。梅兰妮·克莱因认为，这两种成分永远都是联结一体且又相互对立的。向生殖器时期的过渡将会以在这两者间建立平衡为目的。她认为，超越俄狄浦斯情结的并不是阉割恐惧，而是对父亲的攻击性所触发的负罪感。

然后，梅兰妮·克莱因把儿童的处境定义为一种**抑郁处境**：儿童的行为和哀悼行为之间的对照。哀悼会让成人退转至某种幼儿的行为：对死者的攻击性愿望被唤醒，因此产生了负罪感。成人通过拒绝提及死者的任何过错来与痛苦的回忆做斗争。在这第一时期过后，就会出现其它态度：整理东西的欲望、更换住处的欲望（象征着重构态度、典型的强迫症态度）。在新时期里，哀悼不再表现为沉默：对逝者的理想化也不再需要通过压抑死亡愿望来进行了。

这些是成人的行为，但是儿童在被置于他害怕失去的东西面前时，也可能会有类似行为。儿童对他的能力缺乏信心——甚至对他的爱的能力也是如此；他没有展现出他的能力，因此产生了一种强迫症的态度，不过这种态度会随着经历而逐渐减退。攻击性不一定源于外在的挫败，因为经受着一些严峻客观形势的被试
359 者可以不再忍受它们；攻击性是有某种内在根源的。内部挫败的起因是儿童意识到了某种内部危险，而这种内部危险被他投射到了外部（暴露在外部危险之下的痛苦更小），因此产生了破坏倾向。这种内部危险，正是各种本能的危险。（一个五岁孩子的情况：他自以为受到动物们的保护，大象、狼、鬣狗、豹子等等。但是他害怕它们会反抗他。大象代表这个孩子的肌肉结构；豹子代表他的指甲以及他撕碎东西的倾向；狼则代表他对他认为可能带毒之物的投射：排泄物。孩子生活在对内部敌人的恐惧之中：动物和奴隶的反抗。施虐也转而对付起他来。）

梅兰妮·克莱因在其著作《精神分析文集》之中，解释了这种不安全状态是建立在什么东西之上的："面对母亲的乳房，某种

程度的挫败是不可避免的，因为孩子需要无限的满足。”[1] 我们可以通过欲望以及孩子无穷的愿望来理解焦虑；这种愿望是直接的，它直奔目的，因为各种手段和各种目的之间没有任何的连接。攻击性和焦虑的原动力正存在于这种最初的处境里。由此可知，儿童特有的态度将是矛盾体验的态度：全能以及无能为力的双重感觉；儿童什么都做不了，又什么都想做。这种双重感觉反映在他对其他人的感受中；儿童对成人对待他们的方式很敏感：“和善”的人以及“不和善”的人。而且，这些修饰语会被运用在同一个人身上：“好妈妈”和“坏妈妈”。（例如，在坏妈妈刚刚惩罚孩子之后，他会通过想着好妈妈来寻求庇护。）对母亲的这种二分也包括母亲的身体：“好乳房”和“坏乳房”。（我们要注意，矛盾体验和含混性几乎是相反的。）

b）**对身体作用的理解；作为身体机制的内投射活动、投射活动**。内投射和投射的心理机制，并不是作为精神活动出现的，而应被理解为身体活动的模态。现象的身体是儿童与外部之间各种关系的载体。根据梅兰妮·克莱因的观点，在口唇期，婴儿和乳房的关系应该具有真正意义上的内投射的价值。（“内投射”概念和食人行为概念很接近。）

梅兰妮·克莱因在分析素材里找到了许多关于身体以及父母 360
生殖器官的参考材料。梅兰妮·克莱因在指出孩子对父母身体的一些部位有幻想时，她不一定是想说，孩子看到了这些部位，而

① 《精神分析文集》（*Contributions to Psychoanalysis*，*Essais de psychanalyse*），Payot 出版社，1968 年，第 378 页，英文版第 411 页。

是想说，这是孩子看待父母行为特征的方式：各器官扮演着象征标志的角色；父亲的性器官是表达男子气概和阳刚之气的方式。在这里，器官被认为是整个典型性质的代表。[①] 例如，对小女孩而言，洋娃娃代表着她自己的孩子、她自己，或者代表着她父亲的阴茎。这并不意味着孩子拥有成人意义上的父亲性器官的形象，也不意味着他拥有解剖学意义上的表象。洋娃娃是她父亲阳刚之力的具身化；洋娃娃具有反映阳刚力量的那种力量。这种象征主义不应根据一些成人式的形象来被重新建构。洋娃娃具有反映阳刚之感的力量，这种感受可以通过一个相当含糊的形象表现出来。在一个表征和不同于这个表征的潜在内容之间，不存在联想，而存在非分解。[②] 阳刚之气可以说是一种范畴、孩子在这里面发展的范畴，而洋娃娃就处于此范畴中。这些想法与弗洛伊德对前生殖器力比多的分析相吻合。象征主义是儿童意指周遭环境里诸对象的一种方式；它并不是在（成人意义上的）洋娃娃表象上外加一层（成人意义上）的性表象。“确实，通过乳房，母亲代表着外在世界。”[③] 身体性是通向世界的手段。儿童并不是以与成人相同的方式来看待性的。存在着两种解释精神分析的方式：例如，我们可以说，这个人是画家，因为当他还是小孩的时候，肛门期被过分

---

① 参考《精神分析论集》（*Contributions to Psychoanalysis, Essais de psychanalyse*）（英语版第 379 页，法语版第 412 页）、《儿童的精神分析治疗》（*The psychoanalysis of children*），第 189 页，法文版 *La psychanalyse des enfants*，法国大学出版社，1959 年。

② 此处“联想”原文为 association，“非分解”为 non dissociation，后者是前者的双重否定。——译者注

③ 《儿童的精神分析治疗》（*The psychoanalysis of children*），第 208 页。

强调了。但是我们也可以说，肛门活动是这个孩子朝向他日后将以之为自己定向的那种活动的首次行动，是他通向形状世界或色彩世界的方式。这第二种解释更为合理。

如果分析素材里各种和性有关的要素的含义是这样的，那么各对象是如何具有某种性特征的呢？投射和内投射是身体的恒常功能：外在世界的各种物件以口唇或性的方式被纳入，儿童借助 361
一些肉体活动把物体的各种品质占为己有。对母亲的攻击性是占有母亲身体的欲望，是把自己引入母亲身体的欲望，是撕裂、吞食、破坏母亲身体的欲望。这种攻击性在成人那里仍持续存在：在女人那里，性行为可能是内投射的一种形式。内在世界和外在世界之间的二分被儿童理解为他身体内的东西和身体外的东西。成人甚至倾向于认为他的思想和灵魂处于他的身体里。（自我，就是我的身体；我内投射的东西就是我吞咽的东西。）被意识到的东西，就是我看到的东西；无意识的东西，就是在体内的东西。婴儿吸收了父母，让他们成为体内之物。当各种人、事物、事件成为体内的东西时，就变得无法被触及了：因此就有了怀疑、焦虑和犹豫。这让我们对无意识有了一种更具体的观念。有必要承认，经验在内部和外部层面上持续发生，而且这两层面之间的交流一直连续不断地进行着。

梅兰妮·克莱因正是以这种具体的方式来设想儿童超我的形成的，这绝不是俄狄浦斯情结的终结带来的结果，而应该是儿童与他者建立关系之初就开始形成了。身体这一神秘地带通过内投射把父母的一些身体部位包含进来。超我是诸外部现实的整体，这些外部现实继续进行着它们的地下活动。接下来，这个超我将会根据弗洛伊德对“超我的形成”所做的定义来发生改变。孩子的超我越早熟就越残酷：无限压抑的力量。儿童没有能力面对。俄狄浦斯期的超我会继承这个约在三岁期间形成的第一个超我。关于凶残动物的幻想可能代表了父母，因为对儿童而言，它们危险可怕、让人不安。

超我被理解为不仅包含父母的身体，还包含所有物件：所有知觉和所有关系都被我们“消化”了。这是一个世界，是一整个宇宙（参见：《精神分析文集》）。如果说超我建构了一整个有组织的世界——这个世界带有其各种特性、其语言及其象征体系，那么这个难以用语词来分析的审级就可以以直观的方式被理解，这就是为什么精神分析师在他的治疗实践中会倾听患者，因为在患者那里，一切都形成了组织体系。

这种把超我视为一个宇宙、一个总体的构思是重要的、富有

362 原创性的。这样一来，我们就能更好地理解例如儿童对食物的各种喜恶。如果我们承认超我是一种内部景貌、是诸物件的一个复本，那么一个要素无论是否带有明显价值、是否变得让人喜欢都不奇怪了。（一个案例：一个孩子突然对鱼产生了强烈的厌恶——尽管他喜欢鱼已经一年了。这种厌恶和他的感受性发展是有关联的；被打开、被掏空、被撕碎的鱼表达了对父亲的攻击性。）这种对身体角色的构思是有重要意义的。普鲁斯特早就已经谈到了这种身体记忆：他会根据睡醒时身体的状况而自以为处于这样或那样的地方。这种对身体在我们与世界、与过去的关系之中所发挥的作用的理解，同样出现在精神分析师的咨询室里：在精神分析躺椅上的放松会诱发某种存在状态。同样地，莫雷诺引述了一个

被试者的情况：在一个梦快要被遗忘时，被试者通过尝试演出这个梦来回想起它。

c）**俄狄浦斯情结的性质**。梅兰妮·克莱因对俄狄浦斯情结的构想是她思想里最为人熟知的部分。这一构想之所以独树一帜，不仅由于俄狄浦斯被认定在非常年幼时就发生了，而且还由于对俄狄浦斯情结本身的理解有了改变。时期问题不如性质问题重要。而且，时期问题并没有被作者完全忽略：梅兰妮·克莱因时而谈及一种在一岁末或两岁初就出现的俄狄浦斯，时而又认为俄狄浦斯情结在稍晚一点才介入。

俄狄浦斯处境是由什么构成的？它和弗洛伊德的俄狄浦斯情结有何不同？

—— 俄狄浦斯处境是在各前生殖器时期（口唇期或肛门期）建立起来的。这是与非生殖器的对象之间的一种关系（攻击的或者施虐的关系）。个体发现自己处于一个毫无出路的处境中，因为他和对象相连，而他又不拥有任何可以让他控制对象的技能：从属和依恋的状态（无所不能和无能为力），因此他与各个对象的各种关系都带有攻击特征。“一开始，各种生殖欲力一直不为人所见，因为它们直到大约三岁时才表现出来……”“在此阶段，冲突不像在随后那样明显……它是混杂且含糊的。”[①] 孩子有一种普遍的倾向，就是要融入母亲的身体中，因此他害怕受到惩罚，害怕因为自保而受到以眼还眼的报复。这种处境导致父母之间的各种关系也被构想为口唇关系：孩子的这种处境被投射在他对父母间关 363

① 《儿童的精神分析治疗》（*The psychoanalysis of children*），第 179 页。

系的构想之中。“口唇挫败导致了一个无意识观念：父母得到的是一种口唇性质的性快感。”[①] 这些性关系都将被构想为攻击性关系。精神分析或者心理学的素材表明，性行为被幼儿理解为一种搏斗、一种相互破坏、或者被理解为父亲施加给母亲的酷刑。

俄狄浦斯情结是总体性的。它不是与父母中一方有关，与另一方无关的关系，而是与父母双方的关系。母亲的身体被孩子看成是一个包含着所有对象——孩子能与其建立关系的对象的整体。例如，父亲的阴茎可能会在每个性行为中被母亲保留；父亲的阴茎也可能是会在母亲体内变成孩子的东西。这样一来，母亲的身体就同时包含了女性和男性特征。攻击性所指向的正是母亲和她代表的所有东西，这一切正是孩子所害怕的。[②] 如果这种关系被理解为与母亲的机体的关系，那么俄狄浦斯的早熟就得到了解释。弗洛伊德曾经描述了这样一个时期，在此时期，孩子会有一个拥有阳具的母亲的表象。依梅兰妮·克莱因看来，母亲的身体含有阳具。同样地，依梅兰妮·克莱因看来，在女孩那里，阉割的感觉、拥有阳具的欲望都变成了她想为父亲生孩子的欲望。两种性别都被归并在同一个群组里。（顺便提醒一下，这相当于是对弗洛伊德“所有力比多都具有男性本质”的论点所做的一个重要修改。）弗洛伊德也以同样的方式弱化了他的构想，这表现在，他认为俄狄浦斯的初始阶段，一种倒置的俄狄浦斯可能会比俄狄浦斯更先到来。依梅兰妮·克莱因看来，正向的俄狄浦斯和倒置的俄狄浦斯（正如发展的各个不同阶段、正如生殖器属性以及前生殖器属性）是共存的。与父母之中

---

① 《儿童的精神分析治疗》（*The psychoanalysis of children*），第 179 页。

② 同上书，第 190 页。

一方的任何对象化关系，既是把自己认同为这一方，又同时是与另一方的对象化关系。[①]男孩的发展和女孩的发展之间的平行关系被重建了。男性身体的表象并没有优先地位。

梅兰妮·克莱因承认，男孩身上存在一个女性时期，这与女孩身上的男性时期类似。自从对母亲依恋的时期开始，就存在含混性和多态性：这是在父母之间摇摆不定。性别间的不同，更多 364
地被构想为是心理上的，而非生理上的。女孩会对其身体有一种总体感觉，即身体像是隐藏着一个秘密。[②]女人总是可以通过神奇的方式来控制她的焦虑。她较少通过行为来让人承认，而是通过诱惑以及仅仅通过她身体的在场来让人承认。但是，在心理学意义上，男孩和女孩可以担任任何“身份”。根据多伊奇的说法，源自阉割情结的“女性受虐狂”可能仅仅只是对被内化的父亲阳具的恐惧。梅兰妮·克莱因走向了一种更偏心理学意义的对男性和女性的理解，这种理解将这两者之间的分化建立在个体发展之上，而各种个体发展又都是基于一些相似的起始处境的。

对俄狄浦斯情结的这种构想让我们能够达到一种更加灵活、较少教条的心理学。

5. 考察梅兰妮·克莱因分析的一个病例[③]

在分析开始时，丽塔两岁九个月大，她表现出明显的焦虑、强迫性的拘谨，恶意和善意状态交替出现。她食欲不振，无故哭

---

① 参见《精神分析论集》(*Contributions to Psychoanalysis*)，第378页。

② 参见《儿童的精神分析治疗》，第283页。

③ 参看《精神分析论集》，英文版第367–377页，法文版第399–410页。

泣。她很经常问这类问题："我是好孩子吗？你爱我吗，妈妈？"她在与他者的关系里没有安全感。例如，她突然感到焦虑，因为她父亲开玩笑地威胁了她的一本书里描绘的一只熊。丽塔在她的游戏里极少加入想象，她最常做的游戏包括给洋娃娃穿衣洗澡。

这个孩子在母乳几个月之后被过早断奶了，她拒绝用奶瓶吃奶。但是在每晚睡觉前，她都愿意吃一瓶奶，并且固执地拒绝改掉这个习惯。她与父母同住一室，直到两岁。她有一个弟弟；她的母亲有神经官能症，其态度自相矛盾。

直到一岁末尾，丽塔都显得明显偏爱母亲，接着明显偏爱父亲；这种对父亲的偏爱伴随着嫉妒：（15 个月大时）她想和他单独待在一个房间里。18 个月时，这关系又发生了变化。母亲再次成为了最爱。最后，还必须注意到，这个孩子对动物有普遍的恐惧，
365 尤其是对狗。这些描述向我们表明，**在这个小女孩身上发生了俄狄浦斯的发展**。

如何解释对父亲的偏爱无法维持下去？这个孩子在与父母分享的房间里目击了他们的性关系，这引发了嫉妒和焦虑（因为在性关系被理解为攻击性的关系）。在这个孩子 15 个月时，她看到母亲怀孕了。发生的一切就好像是俄狄浦斯的方向被阻挠了：对母亲的焦虑和负罪感把孩子重新引向其初始方向。施虐冲动非常强烈，操控着这个小女孩对各种外在现象的解释。俄狄浦斯的推力使这种处境更加难以忍受。她对母亲过度的爱可能是在以另一种方式表达出她与母亲发生激烈对抗的这个时期。这个孩子在好几个身份之间漂浮，她无法把自己固着在任何一个处境里。

在这些具有指向性的思想的启示下，各种细微症状被截获到

了：对狗的恐惧症与父亲的阳具有关。

在 3 岁时，丽塔目睹了一位马车夫打他的马。她对这种野蛮行为感到愤慨，但她稍后问道：“我们什么时候还能看到马车夫打他的马？”对于可以把一样东西既看成它自身、又看成另一样东西的孩子而言，那匹马“代表”母亲，而马车夫“代表”父亲。在一次分析会面的过程中，丽塔玩着一些小砖头和一把锤子，她敲打砖头上被纸张覆盖住的部分，说：“锤子在敲的时候，那个小女人害怕极了。”又或者，她玩她的泰迪熊；她想象自己去旅行，要去一位非常和蔼可亲的女士家里，而且她想要摆脱一个不愿意带上这只熊的马车夫。还有一次，她把她的绒毛大象玩偶放在她的洋娃娃附近，以阻止洋娃娃进入父母的房间：大象代表这孩子的超我；至于她的洋娃娃，则是处于与父母的各种关系之中的丽塔。

在与分析师的一次会面中，丽塔在一张纸上写字、乱画，又将其撕碎；她把碎片放在一个玻璃杯里，做了一个喝水的动作，但是她又停下来说：“女人死了。”这个动作象征着以某些口唇手段对母亲所进行的毁灭。这种态度表明这个小女孩即将要放弃俄狄浦斯对抗。拒绝进食、拒绝放弃晚上喝奶意味着这个孩子拒绝进入下一时期。自精神分析治疗期起，这个孩子接受了假想的母亲 366
身份，也愿意进入俄狄浦斯时期了。

C）对梅兰妮·克莱因思想所激起的讨论的概述

在 1945 年，格拉弗在《儿童精神分析研究》（*Psychoanalytic Studies of Child*）第一卷：《关于克莱因幼儿心理学系统的研究》

（*Examen du système kleinien de psychologie infantile*）里激烈批评了梅兰妮·克莱因的思想。尽管他赞成克莱因 1932 年在《儿童心理学》（*Psychology of children*）里提出的第一批概念（因为这些概念与弗洛伊德主义相一致），但他却批评梅兰妮·克莱因在后来的著作里变得过于极端，并彻底改变了精神分析。

1. 格拉弗对 1932 年著作的保留

在格拉弗看来，梅兰妮·克莱因填补了一项缺失：即直到那时还没有做的对俄狄浦斯时期的研究，这一时期应该主要建立在力比多的发展之上。例如，弗洛伊德承认，在生殖器时期之前，与父母的各种关系已经具有俄狄浦斯的性质了。格拉弗还可补充道：弗洛伊德认识到（在《精神分析论集》的注释中），他从前错误地把前生殖器属性和生殖器属性构想成是相继出现的，并因此把它们分离开了（从自体情欲到对象化的过渡）。对小汉斯的精神分析让精神分析师认识到，从最初尝试说话开始，就出现了性欲的东西通过非性欲的东西来进行的象征化，而且介于 3 至 5 岁的孩子就已经有能力选择对象化了。但是，根据格拉弗的看法，令人遗憾的是，梅兰妮·克莱因将弗洛伊德思想中仅仅只是被勾勒出来的东西变成了实质性的东西。她高估了焦虑和攻击性的重要性，又低估了力比多发展的重要性。这一批评不是决定性的。前生殖器的力比多只能是攻击性的，因为它没有其它方式来表达自己。力比多概念被改变了，并且丧失了它的形而上性质。实际上，弗洛伊德曾倾向于援用各种遗传因素以及种系发生因素。因此，关于从俄狄浦斯过渡到潜伏状态的问题，弗洛伊德在其文章“俄狄浦斯情结的衰退”[1]里明确提出了两个假设：

a）在儿童那里，从俄狄浦斯到潜伏时期的过渡可能与发展的某种调节原则有关。

b）俄狄浦斯的出现或消失，取决于儿童与周遭环境的各种关系：例如，阉割恐惧。 367

这两个假设并不相互排斥，但弗洛伊德在某种程度上更倾向第一个假设。（他也经常因此受到批评。）梅兰妮·克莱因的成就正是指出了力比多并不是一种圆满的形态（entéléchie），并使弗洛伊德的构想变得更加灵活。

梅兰妮·克莱因对力比多的构想中让格拉弗震惊的东西，实际上正体现了她在努力构想发展的动力。除了这几个批评之外，格拉弗认为梅兰妮·克莱因的第一批著作整体而言是弗洛伊德著作的扩充及合理延续。

2. 格拉弗对梅兰妮·克莱因后来著作的保留

格拉弗批评梅兰妮·克莱因摧毁了元心理学。

a）**对“攻击性”概念的批评**。亚伯拉罕在谈论儿童的某种食人行为时，是将食人行为看作了力比多的表达；格拉弗表示，对梅兰妮·克莱因而言，食人行为是施虐狂、攻击性的表达。事实上，这种改造让“食人行为”这一概念变得更易理解，也更为可信。克莱因舍弃了力比多的形而上构想，而认为更可取的说法是：

---

① 弗洛伊德：“俄狄浦斯情结的衰退”（Le déclin du complexe d'Œdipe，La disparition du complexe d' Œdipe），1923 年；收在弗洛伊德：《性生活》（Freud, *La vie sexuelle*），法国大学出版社，1969 年。

儿童与他人的各种关系是一种预期，就像某些功能是由其它一些器官、是通过预期来确保的那样。现在尚未是性属性的东西，以后可以成为性属性的东西。

格拉弗还批评了梅兰妮·克莱因理解“退转”和“固着”的方式。当一个孩子向对象发出的攻击性引发了他自己的恐惧时，当他出于补偿而过度依附于对象时，他就会有固着或者退转。格拉弗认为，这种做法是在通过把首要性赋予某些负面因素来呈现事物，而这不是我们所希望的。然而，该理解的好处在于，它赋予行为举止了一种动力意义。固着和退转不仅仅是过去的残留，而且是与攻击性做斗争的实际行动：它们与行为的整体动力紧密相连。格拉弗低估了梅兰妮·克莱因在“对行为进行动力学构想”这一问题上的贡献。

b）**梅兰妮·克莱因在这两方面受到的批评：她认为身体所**
368 **扮演的角色、她对幼儿精神分析的简化**。在“图象”、“幻想”、“经验的意义”、“内投射”、“被内化的对象”以及“超我”之间，不再有太大区别。总体的活动似乎被简化了，正因如此，梅兰妮·克莱因将它当作了一种既是身体性的，又是心理性的活动。例如，梅兰妮·克莱因的学生保拉·海曼写道：“内投射和投射是通过参考一些心智机制来被运用的，而心智机制是以身体机制为效仿对象的……儿童最早的那些尝试包括努力通过触摸和吮吸来占有物体……他将物体纳入自己……所有馈赠都意味着吐痰和排出…… 我们应该在好乳房和坏乳房里去寻找超我的最早根源。”[①] 这

---

① 保拉·海曼：“童年早期的内投射和投射的某些功能”（Certaines fonctions de l’introjection et de la projection dans la première enfance），载于《精神分析的发展》（*Développements de la psychanalyse*），法国大学出版社，1966 年。

些摘录显示，弗洛伊德的各种概念得到了极大简化。所有被知觉的物体都是作为“内部物体”而被承担下来的。幻想的东西和真实的东西之间的区别更不分明了。在身体活动（吮吸、吞咽）和内投射之间不再有清楚确定的边界。超我不再是对某个人的认同，而会以存在于每一种与外界关系中的弥散状态而被遇到。

这意味着混淆和损害了弗洛伊德的概念，还是意味着某种理论进步？格拉弗没有把握身体的真正含义。既然身体具有一种实际功能，可以作为与世界之间关系的媒介；那么身体就是这些关系的载体以及超我的代理人。不过，格拉弗承认，弗洛伊德只是在超我已经形成时才研究它，而我们有必要研究超我的各种先兆。发生的一切就好像是格拉弗赞成梅兰妮·克莱因的研究，但又剥夺了她进行这些研究的手段。

c）**梅兰妮·克莱因在这两方面受到的批评：她认为幻想和想象所扮演的角色，以及她认为幻想在俄狄浦斯里扮演的角色**。关于俄狄浦斯初现时间的争议没有解决：弗洛伊德对此的看法并不明确；他谈及女儿对母亲的某种依恋。然而，梅兰妮·克莱因认为，俄狄浦斯既是正向的，同时又是颠倒的。尽管弗洛伊德拒绝把俄狄浦斯的开端确定为梅兰妮·克莱因所认为的那样早，但他指出，环境的一些特有情况可以让发展加速：比如，孩子在场时父母有性的亲密行为，弟弟或妹妹的出生。这种异议并非言辞之争：如果一个人想说的是传统的、正向的俄狄浦斯，很明显这种俄狄浦斯是较晚出现的；但是，如果一个人想说的是我们把它描 369
述为带有含混性的俄狄浦斯，那么说它出现在非常幼年的时候就不足为奇了。

在俄狄浦斯的幻想性质这一问题上，格拉弗批评梅兰妮·克莱因强调幻觉的满足、幻想、内部挫败，因为这样一来，就消除了内部挫败和周遭环境之间的边界，这导致也消除了本我和自我之间的边界。问题在于，知道这些边界是否存在。这些概念难道不是成人的概念吗？格拉弗没有领会梅兰妮·克莱因构想里的新颖之处。梅兰妮·克莱因没有把儿童的幻想看成是成人的幻想：儿童的幻想涉及的是被知觉物和图象分化之前的状态。从头几个月开始，儿童拥有了众多关系，幻想、仇恨、恐惧等等都在此相遇。在格拉弗看来，这似乎难以置信，因为在这个年龄，记忆仍很微弱。但这不是记忆的问题，不是去回忆处于某一时间位置的过去的能力。母亲的身体以在场的形态存在在那里，而不是以回忆的形态。要分离内部和外部是不可能的，制造分裂也是不可能的，因为这是错综复杂的。这与勒温的观点一致，根据勒温，人们不能把“才能”与某种既定的周遭环境相分离。

d）**格拉弗的结论把我们带回到对梅兰妮·克莱因的精神分析诊断**。梅兰妮·克莱因在解释儿童行为时，带着想证明儿童应该承担责任的欲望，因此也带着为母亲辩护的欲望。我们已经说过这些论据是多么任意，我们也说过只有考察事实才能进行裁决。然而，格拉弗的判断并不太基于事实，而是基于克莱因理论构想中对他来说“难以置信”的东西。在这一领域，他似乎看不到：

—— 有必要为儿童心理学构造一些概念，以表达儿童的各种态度里未经分化的东西；

—— 具有动力性质的心理学概念的意义；

—— 预期现象的重要性。

然而，以上这一切都响应着心理学的需求。波利策在他的《心理学基础的批判》[①] 里要求心理学不要把醒着的人的各种概念应用于做梦者。同样，成人心理学所特有的所有区分，在儿童意识里都不存在。

D）没有父母的孩子的情况 370

这项研究将会为我们提供**对照试验**。我们将分析雷诺·史必兹的一些作品："医院制度"或者"保卫者"；[②] 我们也将分析多萝西·伯灵翰和安娜·弗洛伊德的著作《无家可归的孩子》。[③] 这些研究的优势在于，它们是根据不同于精神分析的另一种方法来进行的（整体观察），而精神分析仅仅只观察一些个体案例。

雷诺·史必兹的工作

史必兹考察了寄宿机构里孩子的发展状况。1940 年，一些调查在美国展开，因为尽管卫生条件有所改善，但还是会经常看到年幼寄宿者精神紊乱：不善社交的孩子、犯罪的孩子、心智低下者，或者总而言之一些难以相处的孩子（问题孩子），还会经常看到孩子很容易感染传染病。在这些寄宿机构里的居住时间越长，各种紊乱就越显著：居住至三个月，没有明显的恶化；如果居住

---

① 波利策：《心理学基础的批判》（*Critique des fondements de la psychologie*），法国大学出版社，1967 年。

② 雷诺·史必兹："医院制度"（Hospitalisme）和"保卫者"（Sauvegarde）分别刊于《法国精神分析杂志》（*Revue française de Psychanalyse*），第 13 卷，第 3 期，1949 年 7-9 月，第 397-425 页，以及 [?] 第 36 期，1949 年 12 月。

③ 《无家可归的孩子》（*Enfants sans famille*），法国大学出版社，1949-1950 年。

持续八个月以上，各种紊乱就会出现；居住达十年之后，这些紊乱就不可逆转了。生命的第一年尤其容易产生这些紊乱。决定性的因素有：

缺乏刺激：孩子们缺乏行动的机会；设备最好的诊所的成绩最差，因为周遭环境变得机械化，因此产生了精神上的贫瘠；

母亲的缺席：母亲会出现的那些机构的成绩最好。

史必兹承接再塑了这些工作。他研究了两家医院机构里 130 名儿童的发展状况（69 人在托儿所,61 人在弃婴之家）。作为比较，他研究了 34 名在家庭环境中接受教育的儿童（11 人来自资产阶层家庭，23 人来自农村家庭）。

史必兹使用了海策尔和沃尔夫的婴儿测试，它们让研究者得以对人格进行调查研究（知觉、对身体的控制、社交关系，以及总的来说与各种对象的关系）。这些测试会通过一条人格曲线被表示出来，并会对儿童的精神状态做出具体评价。

371 各种原始结果以成长平均值的形式罗列如下：

环境	第 1 年的头 4 个月	第 1 年的末 4 个月
资产阶层家庭	133	131
农村家庭	107	108
托儿所	101.5	105
弃婴之家	124	72

这些成长值清楚地显示了弃婴之家孩子们的糟糕状态。

为什么在弃婴之家里孩子的成长值会有如此惊人的下降呢？两家机构的卫生和消毒条件都是尽可能好的，但是弃婴之家的孩子却远比托儿所的孩子更容易感染传染病：在麻疹流行期间，报告显示，在88名2岁半的寄宿者里，有23人死亡。在1岁到1岁半的儿童里，该比例更高。在26名10个月到2岁的儿童中，仅有两名孩子能说几个词、会走路，而且都做得不太像样。相反，在托儿所里，孩子们表现出极高的活动力和好奇心。

a）**这两所机构里生活状况的相似之处**。弃婴之家的孩子有正常的母亲：托儿所孩子的母亲则是未成年的轻罪女犯人，她们通常心智低下，患有精神疾病，有时候甚至是刑事罪犯。因此托儿所在这方面更为不利。

托儿所的卫生条件稍好一些：孩子在出生头6周里都放在玻璃箱中，成人只有穿着经过消毒的罩衫、且在洗手之后才可入内；大约6个月时，他们被安排在5至6人的房间里。而在弃婴之家，孩子们较少独居。各个隔间的布置也没那么舒适：房子只在一侧有窗，而且有一部分隔间比其它隔间更昏暗。隔间里没有椅子，也没有桌子。

在两所机构里，宝宝都是人乳喂养的，但是托儿所的孩子会 372
更早断奶。各种医疗护理都很完善：在弃婴之家，每日都有一次巡诊；而在托儿所，则是有需要时才做一次巡诊，没有规定做日常巡诊。

b）**这两所机构里生活状况的不同之处**。托儿所里的设备更丰富：有许多玩具；隔间之间的走廊很热闹；孩子能看到、听到他们的伙伴（玻璃隔板很矮）；妈妈会和他们一起玩；从6个月起，他们就生活在合住的房间里。这里的社交生活比弃婴之家更活跃。孩子们非常活跃积极，然而在弃婴之家，孩子们总是一动不动，仰卧着（陷在床垫里）；他们看不到天花板之外的任何东西（在日间，床单铺展到床的边缘）；他们把玩自己的手脚。本质区别在于：育婴之家的孩子的生活由保姆掌握（1名保姆负责9个孩子）；在托儿所，母亲会喂养她们的孩子：没有无名的工作人员。

在托儿所里，母亲们遵守一些特定的条件：这些被拘禁的年轻女性无权穿着艳丽的衣服、涂指甲油、梳古怪的发型，因此所有自恋态度都被悬置了。母亲们把这种自恋态度转移给了她们的孩子，她们竞相让自己的宝宝成为个头最大、穿戴最好、被照顾得最好的等等。史必兹并没有把这些强制行为当作典范，但是，由于护士对这些母亲实行了严格监查，孩子们从这些方式的关怀中获得了极大益处。

弃婴之家不良结果的罪魁祸首应该是感受性照顾的缺失。实际上，两所机构孩子的成长曲线在第四个月（即在断奶时）相交，弃婴之家寄宿孩子的曲线从这一刻起急速下降。因此这让人想到，这种事态的发生，正是由于仅存的人际关系被切断了。托儿所的孩子由于房舍布置更舒适、有机会玩耍，而接收到更多知觉的、运动的刺激。这一因素和上文探讨过的感受性因素交错在一起。儿童对世界的投注被促进了。托儿所的孩子有安全感。例如，母
373 亲的在场促进了他们学习如厕、学习语言。而在弃婴之家，“周遭环境里不存在有人情味的人物”。在两岁末尾，弃婴之家的成长值下跌至45；孩子们的样子像10个月的宝宝。报告显示，在91名0至3岁的孩子中，一年内有27例死亡，第二年有7例，即两年的死亡率为37%。在史必兹观察的21名2至4岁心智迟钝的孩子中，所有人的心智发展都非常迟钝，只有一人能说出句子。相反，在托儿所里，尽管孩子们更年幼，但在体格样子上发展得更好。

在 3 岁半时，没有任何死亡案例；在 14 岁时，100 名孩子里只有 3 例死亡。

结论：对两所机构结果进行的对比很有说服力。在孩子生命的头三个月中，弃婴之家的弊端并不显著；如果孩子是在年龄更大时（即一岁之后）进入这所机构的，那么这些弊端的严重程度就更低。

心理因素的深刻影响是由母亲的在场所带来的，在 3 个月和 1 岁期间，母亲的缺席会给孩子的发展带来一些严重后果。像史必兹这样的研究表明，发展出一套关于童年早期感受性的清晰认知是可以办到的，而无需等到我们对（作为感受性基础的）生理机制有完美的认知。关于行为的各种事实非常重要，我们不能以“（有可能是这些事实的基础的）生理机制尚未被了解”为借口，就让这些事实留在暗影里。这样的假设或许是对心理学的否定。儿童是处于人际环境中的机体，而不仅仅是物理化学性的机体；儿童有行为能力，而这些行为无法仅通过他的机体机能来获得解释；他能够进行预期：这是与环境之间的早熟的关系（该关系先于机体的实际状态）。

c）与想象中父母之间的各种假想的、想象的、幻想的关系。

与想象中母亲的各种关系。保姆和寄宿者之间会建立关系，这些关系大致类似于母亲与她们的孩子之间的关系。例如，一些 374
“家庭”（一名保姆和几个孩子）构建了起来，在这些“家庭”里，人们看到嫉妒的情感：除保姆以外，孩子不允许成人来监管他。嫉妒可能会变得带有强迫性：这些“缠人的小鬼”害怕失去他们的保姆，尤其是因为他们已经遭受过与他们真正母亲的分离了。

寄宿孩子对待老师和保姆的行为是不同的；这是由于他们对这两个成人的感受性反应是不同的。当孩子与母亲或母亲的替代者在一起时，比他与其他成人在一起时更难相处：例如，一个孩子每晚都要打电话给他保姆，但是都没什么要跟她说的。

儿童并不是通过避免各种感受性处境的张力而成长起来的。儿童对成人的各种依恋是由成人引起的：这是一种彼此互相给予的状况；如果孩子被爱，他就会去爱。孩子们在自己的生活中感受到了他者的感受性的间接影响。创造一个幻想的母亲并不能产生真正的母亲所带来的那种满足。

母亲给予的教育和奶妈给予的教育之间是存在一些可感的区别的。在母亲和她的孩子之间，这位知道自己生了孩子的母亲会有身体上的认同。孩子在生命初始还不会区分自己的身体和母亲的身体。这种“身份母基”差不多类似于保姆和寄宿孩子之间形成的那种身份母基。例如，孩子会吮吸保姆的拇指，而不是自己的拇指。但是，在母亲和孩子之间还有其它的东西，那就是“母亲创造了孩子”的那种感觉。而奶妈的行为会更加客观。尽管母亲在寄宿孩子那里所空出的位置被其他人（保姆）所占据，但这个位置并没有被完全占满，孩子会通过某种自体情欲的行为来补偿此空缺。比起与母亲一同生活的孩子，他吮吸拇指的时间会更长；他摇晃着，做出一些有节奏的动作；他生气时会打自己的头、扔东西。他有裸露癖和炫耀行为的倾向，尤其是当这些表现在托儿所里不受压制时。寄宿的孩子对来访者的态度很典型：他们飞奔向来访者，想要展示他们拥有的各种物品和玩具。

375 好奇心在家庭里受到压制，尤其是与父母身体有关的好奇心。如果这种好奇心被过分压制，孩子就会进入一种麻木状态并构建出一些禁忌对象：这在托儿所是不存在的，在这里他的好奇心得到了部分满足，因为他能看见他的同伴们。（但是，在托儿所里，生活是被局限了的。）然而，能够察觉到其他孩子的各种身体特质的寄宿孩子仍然保有不少关于性的古怪理论，而这就是他从想象过渡到知觉的困难所在。

寄宿孩子身上最大的不同在于，他不会对成人运用他的好奇心：保姆的穿着一成不变，而且她只在托儿所的工作中被认识；这是一个缺乏身体性的人物。孩子不能像在家里了解到他父母的生活那样了解到奶妈的生活。因此，当一位保姆换掉工作服时，孩子们就会聚集过来，他们吃惊地看着她身穿裙子的样子。所以这个成人具有的是某种幽灵人物的价值。寄宿孩子们把他们的好奇心转移到寄宿机构的生活规则上："外出时间"、"服务任务"、"假期"。孩子们不断地问："你叫什么名字？你住在哪里？你在哪里睡觉？"最后这个问题对他们似乎至关重要。他们对保姆非个人化的部分非常敏感。成人的讲座会激起寄宿孩子们的兴趣，他们会从中形成一些错误的想法：在一次专为女学生准备的解剖课之前片刻，一名8岁女孩向女医生说想看她夹在胳膊下的书，并且在看到一幅人体截面图之后问道："您今天准备切谁？"寄宿孩子有一种被隔离在成人生活之外的感觉，环绕在他们周围的神秘让他们非常难受。

与父亲的各种幻想关系。虽然父亲很少去寄宿机构，但他在孩子那里仍扮演重要角色。实际上，如果说母亲被保姆替代了，父亲的位置却是一直空缺的。孩子们完全能忍受父亲的缺席，却无法接受父亲死亡的消息，他们会像父亲还活着那样继续谈论他，或者会否认父亲的死。在这方面，托尼和比波的情况非常典型。这两个孩子就他们的父亲塑造出时而宽厚慈爱、时而凶狠邪恶的形象，他们对父亲的情感从热烈的爱转变为彻底的攻击性。父亲的形象跟随着孩子感受性的发展而变化，孩子无法让想象脱离知觉。

376 值得注意的是，这些孩子与同伴的关系有了全面的发展：15 至 24 个月的宝宝们会创造一些温惠友爱的场景，即使他们从未见过成人之间的这种表现。有些孩子会请求和他们的保姆结婚。寄宿的孩子只要听过同伴谈论家庭生活，就能够学会某种行为——一种与他假如可以和父母共同生活就会有的那种行为相类似的行为。一些小女孩拥有母性态度。即使是再微不足道的信息（父母到访；一位同伴回家短住）都足以成为这些年幼寄宿者的行为指引。我们看到了文化因素是极其重要的。

d）**寄宿者的人格发展**。孩子们会模仿保姆和女医生们的各种举动和态度。寄宿孩子的学习能力非常强，就仿佛他早就拥有了一些和家庭有关的行为，随时可以开始做。寄宿机构的教育成功与否，取决于孩子是否可能在情感上产生依恋。

e）**多萝西·伯灵翰和安娜·弗洛伊德著作的核心观点**：

—— 与父母的关系很重要。

—— 与他者的各种关系并不是从外面另外附加上去的：这些关系是内在的，是通过孩子散发出来的。与父母的关系并非本能的关系，而是历史的关系。发挥作用的并不是母性本能：重要的是，母亲知道她生出了她的孩子。母婴关系是一种*被构造的*关系。

—— 这一著作提出了一个更为新颖的想法：儿童与他者的关

系不仅连系着实存的人们，而且也是以儿童在学说话时所习得的某些概念为中介的。各种含义围绕着他，即使这些含义在一开始对他来说空无意义。他的认知会由周遭环境共同决定：建制环境扮演着头等重要的角色，尤其是当儿童没有真正父母的情况下。儿童与他人的关系、儿童与其文化的关系深刻地联系在一起。

III. 与父母之间关系的重要性 377

对孩子与父母之间各种关系的研究看上去似乎只有一个有限的领域、只是一个个例。孩子不也与其他孩子、与其他成人、与学校和社会的群体和集体之间有诸多关系吗？为何要赋予亲子关系如此重要的地位？

A）亲子关系的奠基性

1）孩子与其父母的关系构成了他与成人关系的模板。

父母是孩子生活的枢纽、基点。其他成人也被视为是父母般的人。孩子跟成人相处时会重复他在家庭生活里的经历。

与父母的关系不仅只是与两个人的关系：*它们是与世界的关系*。父母是孩子与世界的各种关系的中介。这一点应当被强调，因为它并不总出现在心理学家的著作中。例如，皮亚杰认为，在7岁或8岁左右突然出现的*社交本能*是没有前因的；社交性是没有前史的。我们很难接受，与他者的关系是以某种无中生有的方式建立起来的。实际上，*从自我中心时期开始*（此时期在大约7岁或8岁时就已经过去了），与他者的各种关系就存在了。在讨论最初的自我中心主义时，使用了一些与皮亚杰大同小异的字眼的苏珊·艾萨克斯[①]宣称，他者是婴孩幻想中的环节之一，而且她承认，这一环节会被［孩子］与他者关系的转化形态所超越，这种转化是逐步实现的，并会在7岁或8岁左右以非常显著的方式显现出来。

孩子与父母的各种初期关系表现为具有矛盾体验的情感（爱和恨）；孩子没有办法对世界施以行动，因此各种关系都带有绝望、无能为力、过度的性质，这会产生某种张力：孩子觉得成人的地位比他高。

378 与他者的关系是在攻击性在个体身上表现出来的过程中建立起来的。例如：

a）所有权意识不应该被视为天生的本能，也不应被视为心理原子，而应被视为儿童对本己身体意识的延伸。此外，这种所有权意识是一种社交反应（*réponse sociale*）：为物品而搏斗是对自己的确认，也是与他者的对抗。这类张力已经存在于与母亲身体的关系里了（“好乳房和坏乳房”）。

b）孩子之间的对抗也很典型。最经常被敌意针对的是最小的孩子，尤其是新生儿，成人则很少被针对。另外，敌意态度也伴随着一种保护态度。这种情感和孩子与父母建立的关系有关，这一关系本身就受到这种矛盾情感的影响。孩子觉得，当父母双方在一起时，他们会形成一个把他排挤在外的群体，于是他会制定一些技巧来把他们分开。

---

① 《幼童的社交成长》（*Social Development of Young Children*），Routledge and Kegan Paul 出版社，1933 年。

群体敌意从 4 岁或 5 岁左右开始表现出来。（实际上，直至这个年龄，群体都还不太大，也不太稳定。）

因此，在自我中心主义的这个时期，孩子已经有与他者的关系了，一种既有爱意，又有敌意的矛盾关系。如何过渡到关系的更完善形态的呢？苏珊·艾萨克斯指出，最初的社交性是一点儿一点儿转化的。与父母的关系改变了。我们已经看到，孩子觉得自己被父母组成的群体排挤在外，但是这个父母群体有一个对孩子更有利的面向：孩子能够禁阻对父母一方的所有敌意、对另一方的所有爱意。这样一来，他就有可能获得某种放松了。（在孩子只有父母之一的情况下，这个单亲家长就必需同时成为恨和爱的承载者。）只把一种态度集中在父母一方身上的这种状态，会让正面积极的情感有可能得到发展。

在俄狄浦斯时期里，孩子试图抓住父母，紧随其后的是休息、平静、潜伏的时期，孩子在这一时期得以把父母内化：他把父母同化成自己，或者把自己同化成父母；他把他们的为人举止和公正行为等等同化吸收为自己的：他学习成人的角色。亲子关系在孩子内部发生着变化。通过正义感、公正感的出现，亲子关系的变化也会诱发孩子对其他孩子的态度发生改变。在苏珊·艾萨克斯看来，这是一个成功的结果，因为，当对抗出现的时候，最省 379
力的解决办法就是公正的行为：斗争时期被超越了。除此之外，对成人的敌意感会让孩子们团结起来：在 4 岁或 5 岁左右，孩子们的各种群体都建立在这种敌意之上，这些群体带有团伙、帮派的性质。群体里会存在一种神秘且难以定义的统一性：对群体的归属感，而其他人被排除在外。4 岁或 5 岁左右孩子们的群体在这方面非常明显。共同“敌人”的出现会把敌意转移到这些敌人身上。局外人被认为是憎恨群体的所有成员的。对最年幼孩子的敌意趋于缓和，并且由对成人的敌意所取代：比如，学校里“失败”的老师。在群体里，孩子会学习与其他孩子建立关系：例如，为了成人而做的“背叛”消失了。（苏珊·艾萨克斯引述了一个例子，两名孩子打架，被老师隔开了。其中一个孩子受了伤，他的同学立刻控诉起这个老师——这就是把攻击性投射在了成人身上。）

因此，我们不能说在7岁或8岁左右出现的社交本能是*无前因*的。孩子与父母的关系并不是一个孤立的事实。孩子与他者关系的整个系统是在亲子关系的发展过程中形成的。与父母的各种关系具有*底层基础*的性质。同样，亲子关系的初始模态也会影响孩子与他者关系的未来发展。

2）亲子关系与孩子所处文化之间的关联。

刚刚我们关于亲子关系奠基性质的讨论，并不意味着这些关系是第一因，也不意味着它们是唯一因：它们本身并不是无条件的。亲子关系是孩子与世界之间所有关系的*载体*，而且正是在亲子关系之中，各种社会关系才显露了出来。有些人承认各种冲突都源于个体之间的关系，有些人则认为并非如此，这两方之间的讨论是混乱的。事实上，有些精神分析学家非常关注各种社会关系，并且坚持认为精神分析技术是有根据的、必不可少的。因此，精神分析并没有把解释变成是封闭性的。可是，个体之间的因素并不是唯一的，精神分析学家在解释这方面问题时应该会占优
380 势。他们的对手，那些常常把各种社会因素视为唯一因的人，会忘记考虑社会因素是通过何种途径对孩子产生影响的。社会事件

（比如战争）是否会对儿童产生直接影响，这是不确定的（儿童的“灵活性”）。社会事件反而更像是通过亲子环境的中介，并且通过改变亲子环境来发挥作用的。孩子融入了一种文化或者一种亚文化之中，很大程度上是通过父母来发生的。

因此，社会因素和亲子因素之间并没有竞争。父母按照社会所认可的父母角色的样子来行事，他们所具备的“父母形象”大致符合他们的文化。他们把自己的个人印迹传递给他们的孩子，而且也把他们所生活在其中的文化传递给孩子。实话说，这两类原因不应被割离开。所有来自父母的影响都是某种文化图式的一部分，反之亦然，进入社会是以父母的影响为中介的。“文化”可以被定义为：我们生活于其中的社会或不同群体所默认推崇的一整套态度，这些态度也铭刻在我们文明的物质发展规划之中。例如，我们使用凳子的这一事实，就拖带着一整套身体技术。在椅子是未知物的社会里，疲劳、放松都会有不同的意义。这就能解释，为何在国外旅居总是会很快引起疲劳，因为在那里所有物品的形态都不同，各种身体技巧就会不同。

文化主义者想说的是，一个人首先是从家庭冲突开始进入文化矛盾的。个体之间的冲突是模子、模板。接下来，我们就会根据这些最初的关系来采取立场。因此，我们无法讨论是个人因素还是社会关系有优位性：这些因素无法孤立存在。我们必须放弃如下这种想法：心理学（或社会学）向我们揭示了真理，而社会学（或心理学）则仅仅解释表征。人是带着他所是的一切而活着的：他的童年过往、他的气质性情、他的社会地位。正是因为人们根据因果关系来思考，所以人们自认为不可避免地要在心理学和社会学之间做出选择。

我们必须在精神分析的解释和社会学的解释之间做出选择吗？

381 如果我们认为亲子关系已经建构了对某一种文化的启蒙，那么这些关系的含义就变得更加宽泛了。心理和社会这两个范畴的因素是部分重叠的。人带着他最初的各种关系而活着，这些最初关系建构了他与世界的初期关系；人也带着他后来的各种关系而活着。社会因素和心理因素（尤其是家庭因素）之间的关系并不像人们想象的那么简单。

在接下来的生活中，遇到的任何冲突都与在亲子环境中遇到的那些冲突有着关联。后来获得的经历都被证实和童年的经历有关。

家庭冲突是如此这般的孩子和如此这般的父母之间的冲突；但也是各个主体的不同角色之间的冲突，这些角色与环境的社会结构有关。各种社会冲突都和家庭冲突相关，这是因为，在社会层面发生的事情和家庭层面发生的事情之间，始终存在着某种历史和政治意义上的关系。个人的心理生活已经被建制化了：也就是说，心理生活是根据已被习得的一些图式和结构来发展的。反之亦然，成人的建制生活也可以由某种心理分析来解释。那些最僵化的社会建制是和一些心理的差异化相对应的。这种对应的前提是，人们在亲身经历中纳入了一些象征性要素，而且反之亦然，也在成人的生活中纳入了一些持留的心理要素。

我们追求的目标是，要让人看到，在心理生活和集体或社会生活之间，存在着一种媒介、一种环境：这就是文化。文化以及人向文化的融入，为心理与社会之间的关系赋予了一种具体意义。

这一点在很久以前就被马克思和黑格尔指出了：例如，黑格尔曾说，唯我论可以被这样理解：它对应着某种与自然的关系（财产私有制）。尽管有人注意到了这些关系，但没看到它们是“如何”发生的。“文化”这个概念则提供了一个答案。经济和心理（或意识形态）之间的关系并不是什么神奇的东西：各种社会现象不仅是经济现象，而且是对环境的某种精细入微的安排：例如房子的形态。整个文化世界（儿童已经与之有了一些关系）会促成某种实存模式（即一个社会的风格）。通过父母对孩子的行为，孩子 382
直接处在与各种集体现象的接触中。一种文化应被理解为对世界的一种领会，即使各种最日常的用具和语词中也铭刻着这种领会。从这样一种观点出发，我们就应该既接受对精神分析进行一种历史的、社会的解释，同时又接受对社会事实的历史进行一种精神分析。精神分析是在这样或那样的一些历史条件下、作为西方社会的表达而诞生的。精神分析可以被看作这个社会的肖像。反之亦然，精神分析所描述的那些心理机制也在没有被化约为“个体”事实的情况下介入到了社会运作之中。例如，对种族歧视、反犹主义的心理分析并没有把这些政治现象化约为个体心理现象。这种阶级心理学能够引导我们考虑该阶级所特有的一些对个人的理解：马克思的“阶级个体”。总之，这种阶级心理学并没有彻底消除个体心理：个体的过去会发挥作用，同时，个体对阶级的从属关系也会发挥作用。阶级心理学并不会作为一种命运被强加给个体。例如，从统计学的角度来看，反犹主义是小资产阶级的现象，但是并非所有此阶级的成员都是反犹主义者。因此，应该要问的问题是：为何这个小资产者是反犹主义者，另一个却不是？

我们应该承认，心理学分析包含着对历史和社会事实的尊重；反过来，所有的社会规定都有心理学的意义。但我们必须停止从因果关系的角度去思考了。或者更进一步，我们必须承认我们正在处理的是一种网状因果关系，而不是线性因果关系。尤其要指出的是，心理学的发展可以被视为一种以社会形势为条件的现象，但它并不会因此就不含有真理。只有在学说理论掩盖了各种事实的时候，我们才能说它是“故弄玄虚”：于是“故弄玄虚”就成为了马克思主义意义上的意识形态。然而，我们当然不能认为精神分析所掩盖的事实多于它所揭示的事实。如果精神分析是化约性的，那么它就应该被视为意识形态。当精神分析意识到它是某一特定社会在某一特定时期的运作图景时，它就不会把视野封闭起来了，它就不再是一种意识形态了。这样一种精神分析已经在婴儿神经官能症的治疗中显示出了它的效力，它并没有掩盖事实，而是让我们了解了事实。

383 各种心理冲突并不在各种社会事实之外。只要我们对精神分析和社会有一种开放的理解，讨论就会变得清晰起来。

对精神分析的开放性理解。心理上发生的事情很可能只是某个更普遍事情的一个面向：即建制意义上的事情。精神分析研究某一特定文化中的某些社会角色。比如，俄狄浦斯情结是我们这样的社会里的某种冲突所表现出来的形态。根据这样一种理解，角色就是对某种亲子处境的回应，其中包含着一些认同关系。再比如，我们文明里的男性心理学和女性心理学并没有指出男性或女性是永存的。我们必须研究在我们社会里男性占据优势的各种因素。人们注意到，在母系社会里有一种停滞现象（生产较弱）。

因此，我们不应把女人或男人的各种属性视为自然属性，而应视为历史属性。相反，对心理间动力的研究（即精神分析从事的研究）与对历史动力的研究之间没有任何矛盾。在这一点上，最好的证据是，马克思主义提出了一套家庭理论。

对社会的开放性理解。社会生活不应被视为一种“东西”（涂尔干），而应被视为一个文化的动力。的确，“东西”这个概念是有争议的，因为它包含着“我们所处理的是与自然序列类似的序列”的想法。个体向社会的融入如此重要，以至于社会无需以强制的方式来让个体接受它——正如涂尔干所断言的——个体是沉浸在社会里的。社会性就是人们（即处于具体生活的关系里的人们）的多样性——只要这些关系成为了建制。

B）社会与个体之间的直接关系；一些例子。

为了让我们刚刚所指出的各种概念变得更具体，我们将试着展示某些不同于我们的文化中的心理和社会之间的内在关系。我们的确应该走出我们的文明，因为这些关系并不会在我们的社会里清楚显现出来：我们对我们文明的思考，是通过把我们文明划 384
分成一些孤立范畴的方式，按照一些“想当然”的区分来进行的。

1）民族志学的实例：阿洛尔群岛的文化。

卡丁纳的著作《社会的心理学前沿》[①] 评论了科拉·杜布瓦对

① 卡丁纳：《社会的心理学前沿》（*The psychological frontiers of society*），哥伦比亚大学出版社，1945 年。

阿洛尔群岛民众的文化的研究（1924 年）。

a）阿洛尔群岛的民众。

这些岛屿与爪哇、新几内亚和澳大利亚的距离大致相等（6000 至 7000 英里）。被研究的居民生活在一个相当小的岛屿上（50 至 30 英里），有 70000 人，其中 10000 人是有黑人特征的伊斯兰教徒。土著人和荷兰政府部门之间只有一些疏离的关系：与警察不多的联系、履行徭役（徭役相当于每家的家长工作大约两个月，再加上维护道路的实际工作的一个多月）。医疗及医院服务不足。科拉·杜布瓦研究的是一座小村庄的 180 名居民，这座村庄位于海拔 2500 英尺处，相对远离其它村庄。因此，在这里实际上感觉不到殖民者的影响。

b）生活模式以及文明

食物：居民食用小麦、大米、香蕉、蘑菇、猪肉、鸡肉、鼠肉和狗肉。肉类由男人来准备。蔬菜是女人种植的，这也是她们的财产。他们会吃很多顿饭，但吃饭不太重要。食品供应有限，孩子们都营养不良。

人际活动：男性的活动主要是各种财务交易：锣、猪和花瓶被用作货币。猪被当成投资渠道：人们从集体家畜群那里买猪，这样一来，就可以隐瞒其财产。交易并不总以盈利为目的：信誉关系非常重要。十分之一的男人从事财务交易，其余大多数男人都是他们的喽啰。女人们在田地里忙碌。

385 **婚姻：**女孩是有嫁妆的，但是她也是被买走的（价钱是她嫁妆的三倍)。购款以分期付款来结清;各种谈判没完没了。借债人接受通过嫁女儿来偿清债务。秘密的男女私通会引发真正的悲剧。各种财务安排经常会被某些节庆所干扰:尤其是葬礼需要大笔花费;遗产往往不足以抵销这些花费。如果离婚了,丈夫所付出的钱将退还给他,因此家庭都有一定的稳定性。当妻子有了新的求婚者,则由求婚者负责向前夫"偿还"款项。

社会组织:亲属关系是双边的。表亲之间的婚姻没被禁止,但也不太被赞许。各种亲属关系十分复杂,家庭纷争没完没了;这些纷争总的来说都是以财务协议来终止的。

宗教:宗教结构松散;他们的宗教主要是相信有一些善良神灵和邪恶神灵。他们的仪式都不成体系,各种祭祀也没有秩序。人们从来都不会使用巫师来伤害他人。

和死亡有关的行为:夜晚时分,病人会隐居在家中。人们非常相信卜师的建议。儿子会抱着父亲。谵妄和痛苦被视为死亡的等同物;有时病人会被活埋。他们非常讨厌不能控制自己:酒精是被禁止的,精神病人数量不多,但通常都有很强的攻击性,他们通常会请求被活埋。(然而集体自杀却并不存在。)死人被视为是应被畏惧的人。各种丧葬仪式的目的都是安抚逝者可能会有的愤怒,而不是出于对他们的敬意。死人有两个灵魂:一个去往"冥界"村庄,另一个则逗留在现村庄周围。这第二种灵魂饥肠辘辘,人们必须让他获得满足、平静。

社会状况:种族的差异完全基于财富的差异。年轻人如果没有钱,就不能结婚。金钱和性格有密切的联系。阿洛尔群岛的居民非常易怒(尤其是男性):暗讽身体残缺和贫穷的做法会被视为

386 侮辱，必须通过罚款来补偿。相反，对这样或那样优点的赞扬是不存在的。（语言里不存在形容词的最高级：只有一些强化用语。）人际关系中弥漫着羞耻的气氛，每个人都时刻担心会被人羞辱。

工作： 男人们会加工木材（箭、弓、灰浆），不过是以粗糙且毫不考虑美观的方式加工的。除了财务师行业之外，最受尊重的行业就是家谱学家、毒师、巫师和日历制作者。这些行业普遍而言都结构松散。房屋建造得漫不经心，使用寿命不超过 4 到 5 年。陶器制造和织造都不存在。作诗法非常初级（各种财务冲突会被作为主题：比如，一个借债人和其债主之间的对话）。男人们会敲锣。

生命周期： 阿洛尔群岛的居民相信，女人是在性交的重复进行过程中受孕的，而且孩子是一点儿一点儿形成的。孕妇有恶心感，也有“欲望”。流产相当常见，因为孕妇会继续从事极其繁重的工作。某些药物被认为有能力加速或延迟受孕。人们遵守着一些禁忌：妊娠期间禁止性关系；分娩期间，女人隐居在其父母家中；男人要避开，而且不能吃任何由产妇准备的食物。

孩子一出生，人们就用热水给他洗澡。出生后六天，祖母会把一些红薯埋进土里，这意味着父母可以重做各种繁重的工作了。（在出生的那一刻，父亲也要停止工作。）婴儿们很早就开始吃固体食物了（燕麦、香蕉、被嚼烂的东西）。成人对新生儿很感兴趣，尤其是年轻人。孩子被放在摇篮里摇动、被咬：亲吻是闻所未闻的东西。孩子出生之后不到两周，母亲就回到田间工作；孩子被托付给他父亲、祖母或其他孩子；因此，母乳喂养非常不规律，人们可以看到饥肠辘辘的婴儿在父亲怀里寻找乳房。孩子持续处于营养不良的状态；此外，母亲也不喜欢喂她们的孩子。婴

儿和母亲一起睡觉。母亲和孩子之间的关系一点都不亲密。当婴 387
儿哭的时候，妈妈会为他手淫。她不会做任何努力去教孩子走路、说话或控制括约肌。断奶的方式很残忍：母亲会推开孩子并且打他。从 3 岁起，孩子就在其他孩子或老人的监护下玩耍了。孩子显露出极强的妒忌心，而且会吮吸他的手指：这常常是成年人嘲弄孩子的时候。人们没有发现孩子有玩弄其排泄物的倾向。便秘是闻所未闻的事情。从 3 岁到 5 岁，孩子们是自由的，他们不受约束地玩耍。他们被要求洗冷水澡，但这会引起他们的愤怒，因为他们在排泄之后会用树叶来洁净，而冷水会让他们的溃疡痉挛，引起疼痛。手淫不会被压制；性爱谈话以及性爱场面都会发生在孩子面前。由于乡村的夜晚很热闹，孩子们的夜间睡眠会被扰乱。孩子不会因为学走路和语言而得到奖励，或者，大人承诺奖励，但并不会兑现；通过嘲笑来进行惩罚的情况是存在的。孩子之间的冲突是假装的：他们互相掐闹然后逃跑。这一切都反映在故事中：例如，在这一童话里：一个孩子和同伴打架；他母亲派他带着一根有孔的竹管去找水。一只鸟告诉他竹管有孔，但他不相信，只是到达水泉时才注意到。回来时，他看到了他的父母，他们没有等他就走了。只有他的祖母留下来带他走；他们俩来到了海边。他睡觉时，他的祖母跑走了。当他回到村庄里时，有人告诉他，有食物藏在他父母的房子里。两名年轻的女孩——她们是无中生有的乐善好施的人——在她们父亲的陪伴下走了进来。这个孩子，或者更确切地说，这个年轻男子，必须娶这两名年轻女孩；他的父母为了婚礼回来了，但是这个儿子却给了他们一根装满排泄物的管子作为食物。

父母和孩子之间各种关系的特征是争吵，孩子是争吵的起因，争吵是由孩子利用父母的一方来与另一方作对引起的。人们频繁更换住所：离家出走数不胜数。营养不良的孩子们会偷红薯和面粉；他们在节庆里会得到质量低劣的肉块；有时候，他们会受雇于某个老妇人，帮她购物来换取食物；他们在田间抓老鼠吃。偷窃成了一种习俗。

388 女孩工作要比男孩早得多。青少年们会照看婴儿。文化活动死气沉沉：节庆很少，没有成人游戏；只有跳舞。虚假的承诺和谎言被认为是正常的，因此大家对别人所说的一切都极不相信且加以怀疑。（表达失望的词语很多。）儿童有时候会被当成债务的人质。体罚包括：扯耳朵，或者把孩子绑起来；大家不会打屁股。儿媳妇可以被婆婆惩罚或殴打。在 8 岁时，男孩被要求穿戴缠腰布。情欲停止了；公开的同性恋会遭到很差的风评，但是不会太被压制；不存在阉割威胁；性活动的起始也不会受压制；孩子们会使用下流的词汇；性能力受到高度重视。

集体行为的一个显著特征是：公开的或者被认可的暴力让阿洛尔群岛的居民们变得麻木了，他们对此几乎毫无反应。他们不参与那些在开始发生时他们不在场的事情；例如，他们不会去扑灭一场他们不在场时燃起的火灾。成人认为孩子什么都不知道，什么都感觉不到。过渡仪式、男性之家、秘密社团都不存在。在 10 岁到 14 岁之间，他们会开始进行纹身。在 16 岁左右，男孩们会留长发、把自己变黑、锉修牙齿，而且通常比女孩更多地打扮和装饰自己。

恋爱关系：主动性来自女性。她们常常拒绝丈夫。男人们通常会有性抑制，尤其是在讨论财务的时候；于是他们睡在单独的房子里。恋爱的习俗并无独特之处：不存在性倒错。婚姻关系不太稳定：在 112 名男性和 140 名女性中，49 名男性和 93 名女性结了婚且没有离婚；49 名男性和 47 名女性离婚了；14 名男性和 1 名女性从未结过婚。（多配偶制是存在的。）稳定的非法关系十分罕见：与人姘居的女人被视为疯子。通奸是被排斥的，但不会被严厉惩罚（理论上，通奸要被处以死刑；实际上，通奸只被处以罚款）。当丈夫想再买一个妻子时，女人会试图对丈夫财产的合法性提出异议，并以此来限制多配偶制。

c）此项研究的范围 389

卡丁纳为了把科拉·杜布瓦这项研究里的所有要素联系起来并理解它们，探究了这个社会**基础人格**的特征，并表明这些特征通过照顾孩子的方式而代代相传。他把这些特征归纳为六点：

—— 喂奶是女性的责任；

—— 宗教概念含糊且贫乏；巫师相对而言比较重要；

—— 感情贫乏、情感关系脆弱；在情感领域，金钱非常重要；

—— 婚姻不稳定；超我薄弱无力（父母对孩子的影响微不足道）；

—— 各种攻击态度乱无章法；

—— 缺乏合作工作的技巧。

这一切都存在于一种普遍的焦虑之中。

卡丁纳想解释的是，这种基础人格是如何通过抚育孩子的方式、孩子得到照顾的方式而被建构起来的。这种教育只能导致这样一种基础人格。这一点对我们尤为重要。卡丁纳希望表明，亲子关系是（在这个社会成人身上如此实现出来的）各种人际关系以及所有社会关系的起始。

在阿洛尔群岛，这种起始是如何产生的：孩子没有遭受公开的敌意，但是从生命的第 14 天起，母亲的照料就停止了。然后各种紧张状态就开始出现了，尤其是饥饿：而且最重要的不是缺少食物，而是缺少与消除饥饿相关联的人物形象；孩子没有能给他东西的人，这就产生了对一些乐善好施人物的幻想。孩子在学习生活技能方面没有获得帮助。紧张和愤怒都以不安而告终，父母并没有作为消解各种紧张的人而出现。手淫不会产生情感上的固着。即使在 2 或 3 岁之后，孩子也不会得到奖励：他的活动将变得无意识；他将会被其行为击得粉碎；自我控制和奖励之间没有关系；排泄机能没有被高估；愤怒从来都不会转化为有组织的攻击冲动；儿童没有机会形成有组织的、成体系的表达行为或攻
390 击行为。人们对待偷窃的态度不利于孩子成长，而且不会让孩子“对给予者进行理想化”。愤怒行为是无效的，这会导致害怕攻击、麻木、倾向放弃，因此会导致软弱和斤斤计较的性格。旨在获得尊重和爱的服从行为是不存在的。嘲笑和失望让孩子学会以同样的方式表达情感；比如，一个孩子偷了他很依恋的民族志学者的东西。良心被羞耻和害怕所取代：不存在一个能让人振奋的超我。同性恋很少见，其原因是缺乏对同性父母的固着，同性父母的实存不够真实。不存在青少年融入成年男性社会的过渡仪式。我们正在研究的是一个关于财富的世界。因此，儿子会因为结婚需要钱而与父亲发生冲突，而不是在和性有关的意义上发生冲突。性关系中普遍存在攻击态度，其原因是男性害羞且焦虑：在关系中

主动采取行动的是女性。性能力被高估了。

信仰含糊的原因是超我太薄弱。存在的只是羞耻感和对处罚的恐惧。女性并不想生儿育女：她们不想给予，因为当她们还是孩子时，没有获得过别人的给予。此外，这还是一种拒绝女性角色的方式，因为这个角色太过艰难了。由于男人们都很软弱，女人们被迫要让他们向前走。这些人的行为都趋于碎片化、原子化、分散化，只有财务关系的力量才能带来缓解。不存在社会等级；权力由所获的财富赋予。另外，声誉是迟来的。与主动追寻权力的做法相对应的是自卑感和不安全感。财务活动导致的结果并不是生产，而是对借债人的奴役。当一个人拥有过多金钱时，他就会举办聚会来消除嫉妒。丧葬活动不能被视为是对死者的崇拜：这些活动必须安抚死者，死者就是某种债权人。由于缺乏一个强劲有力的超我，公开的攻击行为极少发生，而且这种行为会使受害者变得无力（缺乏组织）。对酒精和昏迷的恐惧，对应着对自己会爆发攻击行为的恐惧，因为他们通过经验知道，他们不会得逞。基本上没有艺术和发明创造。人们把时间用在保护自己免受盗贼侵害上。（在房子前面竖立的小木桩必定带有对窃贼的诅咒。）人们缺乏生活技能，这使 391
创建政府受到阻碍。劳资纠纷是闻所未闻的事情。

对这种综合概括的证实：卡丁纳通过核对阿洛尔居民的记载，通过利用罗夏测试和鲍德斯测试研究居民，想证实这种基于亲子关系所做的综合概括。

各种记载证实了男性几乎完全抑制着女性。女性表现出与男性的深刻差异：她们更加缺乏组织，而且没有成型的性格。

罗夏和鲍德斯测试的好处在于，负责实施这些测试的人并不了解民族志研究的情况。这些测试所得的结果表明，阿洛尔的居民自我怀疑、恐惧、害羞、焦虑，普遍有消极态度，而且极少外露情感，害怕付出努力，间接地采取行动，情绪化、缺乏创造力、缺乏好奇心。根据这些测试，阿洛尔居民的特征还有：他们生活在彼此旁边，而不是相互一同生活。他们没有能力独自生活；他们很敏捷，但并不活跃。女性比男性还更害羞，但反应能力更强。

2）对玛格丽特·米德作品的研究：请见本书“成人眼中的儿童”（*L'enfant vu par l'adulte*）部分的参考书目。

我们必须借助玛格丽特·米德的一些想法来对卡丁纳的观点进行补充，米德的想法更有条理、更加系统。玛格丽特·米德通过说明亲子关系与社会结构的关系来分析亲子关系。她并不认为亲子关系是自然的，而认为是建制的。实际上，在我们的社会中，我们倾向于认为亲子关系是建立在人性之上的。玛格丽特·米德之所以察觉到这些关系的建制性含义、“人造”含义，是因为她成功做到了：在每个社会里，把亲子关系看作各种人际关系的一种。亲子关系是作为各种生命关系的一个环节而出现的。男性特质和女性特质与夫妻间的各种关系、与女孩和男孩间的各种关系都密切相关。

一个普遍的问题出现了，无论人们对此给出怎样不同形式的解决方案都不影响其普遍性。

392 a）在任何文明中，在父母看来，孩子都是父母自己童年的形象，而在孩子看来，父母都是孩子自己未来的形象：这就是认同关系。

b）出生的孩子出现在一对人类配偶之中，即一个人类群体之中，在此群体中各种关系已经建立起来了。孩子将要受到的对待会受父母之间已经存在的关系的影响。例如，勒温研究了这种三角关系的建立：当一个由两名孩子组成的群体中有第三名孩子加入时，新出现的关系对原先两人之间已建立的各种关系的影响。孩子会察觉到父母之间关系的任何细微变化。每个社会都面临着一个问题：如何建立与这个第三者、这个新来者之间的关系？

c）**儿童的早熟**：儿童远非一个附属存在，远非一个边缘产品，他被连接到与他不相称的成人生活里。这种早熟又更强化了上文指出的两个事实，同时也把这两个事实表达了出来。儿童在有真正意义上的性之前，就已经有一些性行为了。当情况涉及几个孩子时，问题就更复杂了。每个文明都应该向自己提出这个问题：在孩子和父母的关系里，甚至在孩子和文明的关系里，一直都有某种情节结构。亲子关系类似于性之中的生理所予和心理所予：男性特质与女性特质之间的关系；性别的性质本身就界定了性。在此界定的基础上，各种文化再进行加工转化。在父母年长高大、孩子年幼弱小的亲子关系里，文化的加工转化可以是多种多样的。

玛格丽特·米德试图定义父母和孩子之间的各种关系，以便把这些关系与它们所在社会中的成人关系联接起来。她简略地做了如下区分：

对称关系：孩子被看作为一个整体，原则上相当于成人；

互补关系：孩子只是父母行为的补充部分，例如，行善者和受益者关系中的被动方。

互惠关系：即交换关系，其中孩子所给予的完全相当于他所获得的。

393 在定义了这三个抽象变量之后，玛格丽特·米德研究了这些变量在不同文明里是如何占比的。通过此途径，她重新找到了成人之间关系的开端，以及此开端是如何根据不同身体部位所分到的重要程度而实现出来的。例如，口腔关系本质上是一种互补关系，虽然它有各种各样的细微差别和变化：因此，虽然哺乳是积极的，但口腔却可能承担着某种被动角色。建立在排泄训练之上的亲子关系是对等关系。我们将会看到，亲子关系还可以像在巴厘岛那样是对称的。

有时候，在一种文化里，亲子关系一开始是互补的，然后又变成对称的：例如在英国，孩子在他们家庭里首先是根据互补关系来被培养的，然后他们被送到寄宿学校，在那里，关系成了对称的；或者，在美国，母亲在孩子很幼年时就改变了对待孩子的态度。这些关系既引发了对男性、女性特质之间关系的某种构想，同时又是该构想的结果；它们既造成了一整个社会结构，同时又是该社会结构的结果。给予孩子的照料是孩子日后态度的起因，但也是父母生活于其中的文化的结果。对待孩子的不同方式把社会结构表达了出来。卡丁纳早就有这样的想法了：在阿洛尔群岛的居民家里，几乎不存在对孩子的照料，这与缺乏有组织的防御系统有关，也与生活技能不足、建设性活动较少有关。孩子没有机会形成一个超我（而对应的补偿是，在这一群体中，未听说过有受虐狂和自杀）。

玛格丽特·米德研究了南海（mers du Sud）的七个部落：

a）**阿拉贝什人**（les Arapèches）。母乳喂养关系被过度强调。这是一种主动的母乳喂养，因此孩子处于被动状态。对于小女孩来说这可能是对其未来的令人满意的预备：男孩对女性的态度是被动的（害怕、极少攻击性、极少创造力）。这个社会显示出一些把男性女性隔开的制度形迹：男性之家，在这里青少年被接纳为成人。（这些男性之家有消失的趋势。）男孩和女孩都同样被和蔼地对待；潜伏期没有形成。这个关系是互补的，但不过度。

b）**伊亚特木勒人**（les Iatmoules）。口腔关系十分重要：儿童 394
的行为很主动。有男性之家：这里的语言把男性之家称为“模具”（matrice）[①]。根据神话，乐器是由女人创造的，她们把自己发明的秘密告诉了男人，如今，如果她们看到这些乐器，就犯了亵渎罪。这种互补关系是过度的。男孩的成人礼包括各种献祭和侮辱。男性具有双重角色：年轻人非常仰慕他远观见到的成年男子在男性之家的家庭外生活。但是在家庭里，男人们的角色是相当可怜的，而且孩子倾向于认为父亲只是母亲生活的一个反映。通过各种建制，一种对母子关系做出过度抵消的方式被创造了出来：男性之家和成人礼使孩子摆脱了母亲的支配控制。

c）**马努斯人**（les Manus）。各种财务和法律关系在他们那里占有重要地位：女人是一种财产，她们是不能和其嫁妆分离的。我们正在处理的是一种对等关系，它是建立在肛门上的。各种情欲关系或恋爱关系都会被轻视，且会被视为可耻的事情：对马努斯人而言，性关系是一种两人共同进行的排泄。性别平等是建立

---

① matrice 一词在法语里还有子宫、矩阵等含义。本书其它地方有时也把 matrice 译为“母基”。——译者注

在对所有性别差异的贬低上的。

d）**蒙都古莫尔斯人**（les Mondougoumores）。女人们讨厌孩子，并且避免和他们有任何肉体接触：她们把婴儿背在背篓里。没有男性之家；成人礼不是集体的行为，而是在节庆场合的游行。女性被认为是不重要的，仅仅只是一个中介。张力被过度强调，达到了顶点：原子化的趋势。蒙都古莫尔斯人的行为普遍显示出表面的力量，又显示出实际的软弱。他们缺乏柔韧灵活性，很难随机应变：根据一则神话，他们的种族被一分为二（要么是人们迁徙了，要么是河流迁徙了）。他们没有对这一变化做出反应，还保留着对水的强烈恐惧，而且他们对生活在对岸的种族成员恨之入骨。他们寄居在邻居那里。他们没有能力吸收殖民化所引入的各种技术。

e）**巴厘岛人**（les Balinais）和**萨摩亚人**（les Samoens）。在巴
395 厘岛，艺术发展非常迅速；在萨摩亚，财富不多，但是居民更随性自然。这两种文明都是双性的：两种性别都以相同的权利而存在。亲子关系是对称的：母亲不会对男孩进行控制。家庭关系淡薄。成年男性从容、温柔；他既不会表现出非凡的天赋，也不会表现出对美或者宗教的追求；他日常的事是诽谤和各种政治小阴谋。这些民族没有俄狄浦斯的那些困难，也就不能从俄狄浦斯那种有助于成长的功效中获益。父母有太多依恋对象了，以至于不会对孩子做出热情的举动；母亲不会把对夫妻关系的不满转嫁到儿子身上。萨摩亚人以极大的力量和灵巧采纳了殖民者的某些技术，同时保留了他们自己技术的各种有利成分：例如，建造有柔软的屋顶的房屋，这种屋顶能很好地抵抗龙卷风。他们采纳了新

教，但是上帝成为了“宽恕”的同义词。

C）结论

人们倾向于认为，虽然社会性和心理性在这些原始社会里似乎是完全相通的，但在一些更成熟、更庞大的社会里就不一样了，这两者就不会联系得如此紧密了。文化主义的构想能够被扩展到这些古老文明之外吗？文化主义者并没有无视这个问题，比如卡丁纳就向自己提出了这个问题。在美国这样一个有其集体历史的社会里，社会性不是比心理性更广泛吗？然而，（1）在一个巨大社会的内部，有一些相对独立的核心，人们可以像分析阿洛尔社会那样去分析一个美国小镇。（2）即使社会性和心理性之间没有直接关系，这也并不意味着就没有关系。对集体历史的参与本身、与历史事件的接触，都是以某种心理结构为前提条件的，而这正是有待被研究的。在一个庞大且历史悠久的社会里，心理性和社会性之间不再存在点对点的对应。但是被研究的社会的深层历史，会表达体现在：该社会家庭结构的各种变化中、在个体之间生活的所作所为中；性关系和配偶关系被转置入另一种语言，重
新出现在政治和历史的变动和危机之中。正是如此，在美国的一 396
个清教徒村庄里，俄狄浦斯情结达至了顶点，这带来了真正的危机。超我的形成能让人习得各种生活技能，它是一把双刃剑，因为俄狄浦斯情结可能成为一系列压抑的起因，而这些压抑的危害远大于超我给人带来的益处。这就是发生在“普莱恩维尔”的情况（卡丁纳）。而与这一心理事实相对应的，就是经济社会范畴之中人们对财产和国家的某种理解。

在社会性和心理性之间关系的这一问题上，文化主义的自我定位很恰当。文化主义避免了人们耳熟能详的二者择一的做法：即做一名反对社会学的心理学家，或者做一名反对心理学的社会学家。心理方面的冲突和社会方面的情节结构并不会形成二者择一的情形。文化主义避开了还原论思维的弊端：心理性不应该被还原为社会性，反之亦然，社会性也不应该被还原为心理性。我们不应该遗忘这两种问题中的任何一种，而且我们应该在心理学层面和社会学层面上辨认出各种相同的困难、相同的问题。

因此，我们强调儿童与父母的各种关系，并不是想借此解释儿童与他人的其它关系，我们并没有缩小我们的课题。家庭关系里的各种困难都直接对应着儿童与其生活环境之间关系里的各种困难。

人文科学与现象学

引　言

I. 胡塞尔与欧洲知识的危机

现象学自其开端起，就表现为这样一种尝试：它试图解决本世纪初由哲学、人文科学以及所有科学的危机所带来的问题。胡塞尔试图同时克服这些危机。

1. **科学的危机**：1900 年到 1905 年左右发表的与科学价值问题有关的研究表明了这一点。[①] 胡塞尔目睹了这场危机；他最初是数学家——他的第一部著作是一本算术理论——这种危机状况与他决心进行一种根本性的哲学研究有莫大的关系。

2. **人文科学的危机**：这场危机是由心理学、社会学以及历史学研究的发展所引发的，这些研究倾向于将所有思想或所有被表达出来的看法都描述为是被决定的——被历史学、心理学、社会

---

① 参见：《道德和形上学杂志》（*Revue de Métaphysique et de Morale*）专门讨论物理学基本概念的修订的那一期：勒鲁瓦（Le Roy）、彭家勒、迪昂 [tome LVIII, n°2, avril-juin 1949]。

学的联合作用所决定的。其结果是，心理学趋向心理主义，社会
398 学趋向唯社会学论，历史学趋向历史主义。换句话说，举个例子，心理学最终走到了把自身根基连根拔起的地步，因为心理学家（或社会学家、历史学家）的那些假设也必须被认为是被确定的，必须被怀疑。

3. **哲学的危机**：心理学对其自身原则的怀疑态度，同样存在于哲学中，哲学被看作是对外在原因的表达；哲学家的陈述被视为心灵与真理的直接的、内在的接触的结果，如果心灵是受条件限制的话，那么哲学家的陈述就不可能被坚持了。

从 1905 年开始，这场危机导致了一种非理性主义，它以偶然的历史产物的面目出现。

胡塞尔的问题是，通过阐明哲学、科学、人文科学之间的关系，通过阐明它们获取知识的方法，使它们重新成为可能，使它们重新能够共存，并且不再区分体系性知识与进展性知识。

在生命末期，即 1935 年，在贝尔格莱德做的“欧洲人的危机与哲学”的讲座上，[①] 他提出的仍然是这同一个问题；[②] 在演讲里，他力图说明哲学与科学复兴的办法。他说，哲学是“人类的公仆”；哲学的职责是担当人类存在，也就是理性存在的仆人。因此，如果认为胡塞尔的研究是以反对知识、反对理性为方向，那就是一种曲解。真实的情况是，胡塞尔想让知识和理性这两者从

---

① [en fait, Vienne (N.d.E.)]

② 参见：《欧洲科学的危机和超越论的现象学》（*La crise des sciences européennes et la phénoménologie transcendantale*），伽利玛出版社，1976 年和奥比耶出版社，1987 年。

它们已经步入的危机中摆脱出来。

II. 课程展望

我们并不是要把现象学确立为一个学派或者处理为一个哲学史问题。从这种角度看，我们的问题在于，一方面要知道胡塞尔、舍勒和海德格尔对心理学的看法，另一方面要知道心理学家对胡塞尔、舍勒和海德格尔的看法。但这种尝试的结果是错综复杂的，399
因为这些作者比任何时候都更不相互理解：现象学家没能理解有时候心理学家与他们的思考是一致的；心理学家则认为现象学是向内省的回归。由于这种持续不断的误解，人们永远无法做到在这两种立场之间做出抉择。

我们的目的是要在辩证历史的意义上来思考哲学史；因此，我们不仅要根据文本，还要根据现象学家的意图来阐述他们的观点。另一方面，心理学，确切地说是我们在自发发展意义上，而不是字面意义上把握到的心理学，使我们能够澄清它与现象学的汇合。

此外，哲学史总是以问题为视角，因此它的历史性程度有多深，它被体系化的程度也有多深；它不可能是对作品的客观记录；将笛卡尔的文本汇集在一起并对其整理归类，这就已经是在选择、解读、强调笛卡尔主义的某种意图了。这样一来，我们就成了笛卡尔的负责人。严格意义上客观的哲学史应只限于呈现那些被汇集起来的文本。我们将努力去重新确立一种严格的哲学、严格的现象学以及严格的心理学。因此，我们将对现象学和心理学提出以下这些问题：

1）胡塞尔在其学说的开始与发展过程中是如何设想人文科学的？（我们还将考虑舍勒和海德格尔的论点，这些论点与胡塞尔晚年的论点相关。）这位现象学家对人文科学的期望是什么，他是如何将这些科学与现象学联系起来的？

2）当代心理学的发展是如何显示出它与现象学研究趋于同一目标的？对此，我们将：

a）首先，考察那些明确承认其思想受惠于现象学的心理学家；

b）例如，考夫卡，他使形态理论与现象学彼此相容。雅斯贝尔斯及其《心理病理学概论》[①]。宾斯万格，他的心理病理学著作源于雅斯贝尔斯和海德格尔的研究。闵科夫斯基及其《精神病学的演变》，该著作研究了现象学，以及心理病理学中的存在分析。

400 c）此外，我们会尝试弄清胡塞尔从1916年至1920年开始的广泛影响，这不仅发生在德国心理学中，而且还发生在此领域之外的（华生之后的）**行为主义**发展中，以及（弗洛伊德之后的）**精神分析**发展中。

我们在这里要做的，并不是指出某种直接影响，而是指出各种研究的自发演化，这些研究在处理它们的研究对象时，最终达到了与现象学意图一致的理论的和实验的立场。

这种工作也可以用于社会学、历史学、语言学。

---

① 雅斯贝尔斯：《心理病理学概论》（*Psychopathologie générale*），阿尔康出版社，1933年。

胡塞尔眼中的人文科学的问题

I. 心理学的问题以及胡塞尔的问题

A）心理主义、逻辑主义与现象学

从事哲学的人错误地认为，他表达了他的思想与思想自身的接触，但是只要人们从外部来考察，他的思想就会呈现为是没有内在价值的产物、呈现为仅仅是由心理、社会、历史需要所决定的结果。对一种思想的任何批评最终都会将其归为其原因。这种思想方法会反过来攻击运用此方法的人。进行批评的心理学家常常也遭到同样的批评：人们最终走向了彻底的怀疑主义。

唯社会学论也有同样的危险：如果从外部来判断，任何政治观点都显得是偶然的，是政治非理性主义。因此，哲学家的任务就是要区分真伪对错。

B）胡塞尔立场的原创性

胡塞尔不是用这样一种逻辑主义反对心理主义或者唯社会学论，这种逻辑主义认为存在着真理的领域、思想的界域（在其中哲学家会接触到真理）。这种逻辑主义会使心理主义和唯社会学论 401
的回归成为不可避免的。

胡塞尔没有在心理主义和逻辑主义中寻找出路，而是试图用一种完全消除这些成见的彻底反思来“悬置”一切（生物意义上或文化意义上的）条件设定，而又不否认这种条件设定是一直存在着的。哲学家的思想可以自称是彻底的；但它在发展过程中又会回到它在时间中的位置。因此，即使是哲学也会下降到我们经验之流中；即使是声称凌驾于经验之流的思想，也会下降到经验之流，并安置在其中。

哲学家在其哲学活动中，不应该以“人”的身份（狭义的“人”）来思考：他应该后退一步，但他又不可避免地要以人的身份继续生活。哲学家特有的东西是，与他的事实经验保持距离，将其经验角色仅仅视为一种可能性，但又从不离开他的事实处境。

现象学还原要悬置所有自然的断言，它并不会把我们置于时间之外。我们有好几种亲历时间的方式：臣服于时间的方式，或者在时间的展开中重新把握它的方式；但我们仍然是时间性的。现象学并不是关于永恒真理的科学。它是关于普遍时间性的科学，也就是说，它是对时间性的深入研究，而不是对时间性的克服。

逻辑学认为我们思想的法则是普遍有效的；逻辑主义断言，之所以如此，是因为我与一位普遍的思想者相通（比如，上帝）；逻辑主义把逻辑的普遍性建立在某种绝对律令之上。

这不是胡塞尔试图说明思想法则的合理性时采取的方法；思想的法则在大写的存在之外，因为它们与我们能够断言的东西是同外延的；思想的普遍性被非常审慎地建立在“思想附着于我”这一事实上。

胡塞尔甚至说，即使是上帝也只能将世界构想为：各种知觉面向的时间性展开，这些知觉面向是以开放性侧像的形式出现的（在这里，“上帝”概念仅仅被用作一个哲学指示标，用以突显人的经验的特征)。这种时间性展开是被知觉之物的特性，也是世界的定义。

从一开始，我们所面对的就是一种现象学的实证主义，它不是把普遍真理建立在某种先于事实的律令之上，而是建立在我通 402
过反思在我之中察觉到的一个核心事实之上，这个事实就是，一切不遵从真实思想原则的东西是无意义的。

因此，对胡塞尔而言，哲学不是朝向时间之外的跳跃，不是某个确定的体系，而是一种无限的“无止境的中介”，它在“对话的处境”中展开。哲学家不会成为普遍的思想者：哲学家是在处境中的，他唯一的超越就存在于与其他人的交流里，这种交流使我们能够实现思想的纯粹性：“超越论的主体性，就是交互主体性。”

哲学是一种无法被总体把握的观念(康德意义上的“限度观念”)，它一直存在于我们思想的视域里，它只有在无尽的历史过程中才是有效的。因此，哲学不是要重申诸多古老的哲学存在(比如永恒真理等等)，而是要建立一种与所有人文科学研究的发展都相容的整体的哲学。

因此，胡塞尔在两条战线上战斗：

——反对心理主义和唯社会学论，它们认为哲学没有触及它自身的思想；

——反对逻辑主义，因为它想要设置一种直接通向真理的通道。胡塞尔最主要的计划是在触及经验的情况下肯定理性，以及寻找一种让我们得以同时思考内在性与外在性的方法。

这个计划与黑格尔的事业非常相似。而且“现象学”这一术语本身就来自黑格尔：对黑格尔而言，现象学是一种关于内容的逻辑；事实的组织结构不来自逻辑形式，但内容会自发地实现一种逻辑组织结构。

现象学的特点通过如下这种双重意愿显示了出来：一方面，汇集人的所有具体经验（历史被视为各种文明的经验），另一方面，在这些具体经验的展开之中寻找某种自发秩序。

现象学的精神，是在我们面前的、在各种表观之中的、在各种事物中的可见的精神，它在被反思重新找到就之前已广泛存在于人类的各种历史关系和地理关系之中了。它不仅仅是“我思”的内在精神，而且是被表现出来的精神。

同样，胡塞尔想要将具体东西的要求与逻辑的要求结合起来。但是，如果说对黑格尔来说现象学是逻辑学的引言，那么对胡塞
403 尔来说，现象学就是逻辑学本身：他并不想赋予逻辑规则不同于它们在每个存在领域里进行的实际的证实活动的价值。

在胡塞尔著作的最后部分，与黑格尔的相似更加明显：他尤其关注历史问题。他既肯定哲学家仍在世界之中，同时又肯定这种限制并不妨碍真理的显露。

胡塞尔为一种整体的科学而战斗，同时又没有牺牲科学，尤其没有牺牲心理学：相反，他力图解救被困在某些方法论的困难中的心理学。哲学的要求和外在科学的要求之间存在着冲突。因此，问题在于：如何发现一种既不脱离经验，又能保持为哲学的认知模式。胡塞尔是在本质直观中寻找问题的解答的，本质直观是这样一种认知模式，它既具有心理认知的具体性，又具有哲学认知的崇高性。

C）本质直观

1. **各种体验**（Erlebnisse）（被亲历的经验）可被认为是在心理层面和社会层面上确定的；有一种处理方法可以揭示经验的普遍意义。例如，我出席了一场音乐会，这件事可由一些事实条件所确定；但我的在场并不只存在于当下，而是透过各种实践活动显露出来的，正如一件文化物品不能被还原为某个既定的实践活动那样。如果我能把我听到的东西显题化，那我就会领会到作品的本质。

2. **意向性**，它是意识朝向意向对象的定向。它是对某物的指涉，而我的意识正是和这个某物一起被讨论的；意向性使意识离开了事件的偶然性。

3. **本质直观**（Wesenschau）是对我所知觉到的东西的敞开。它不应该被赋予某种神秘的或者柏拉图的意义；它并不意味着某种超感性的、与理智无关的官能。相反，我们总是在指向本质，甚至当我们在日常活动里操持着我们的生活的时候，也是如此。通过具体的经验，我把握到一种我必须接受的智性结构；这种结构超出了我的个别性和事实的偶然性；它赋予了事件序列一种*意义*。但这种意义并不是以直接的方式被给予的。

D）胡塞尔思想在其开端时的摇摆不定 404

胡塞尔最初表述其思想时，在心理主义与逻辑主义这两个陷阱之间摇摆不定。

1. **心理主义的陷阱**出现在《算术哲学》[①] 中。胡塞尔最初是数学家，他对数学家的逻辑学倾向感到吃惊，于是想将各种数学概念建立在心理经验之上：比如，数的观念是带有心理性质的属性。在这里，现象学以“描述心理学”的面貌出现。

胡塞尔已经意识到，要建立数学概念，必须回到意识；但他把意识仅仅理解为存在的一个区域，理解为诸存在中的一种，理解为心理学必须描述的东西。因此，意识成了与所有存在同外延的东西，成了所有存在的参照，这种超越论的意识成了哲学的首要对象，成了哲学的基础。

2. **逻辑主义的陷阱**出现在其它文稿中，这些文稿里的表述不那么具有心理学特征，而是显露出一种将本质柏拉图化的倾向，一种将本质呈现为可很容易被意识知觉到的、与主体活动没有任何内在联系的对象的倾向。

E）现象学还原

胡塞尔通过其现象学还原理论，与逻辑主义和心理主义彻底决裂了：不把终极的意识与具身化的、在处境之中的个人意识混为一谈；这种意识并不是从外部接收它所指向的本质的。

现象学还原把意识与世界的各种自发关系都悬置了起来，这不是要否认这些关系，而是为了理解它们。这种还原既针对外在世界的显现，又针对具身化的人的自我，而现象学就是要寻找这

---

① 胡塞尔：《算术哲学》（*Philosophie de l'arithmétique*），法国大学出版社，1972 年。

两者的意义。

通过这一构想，胡塞尔区分了超越论的主体和空间和时间中的具身化的、有处境的经验主体。一切意向对象都反映着超越论的意识，意识是各种意义的纯粹源头，它建构了世界和经验的自我。

这样一来，胡塞尔就解决了在心理主义和柏拉图主义之间摇摆不定的难题，而这种摇摆正是他初期著作的特征；这一构想在 405
其《观念一》时期[①]首次以系统化的形态出现。

但是他的思想通过对现象学方法的深化而继续演变，并且在其生命晚期，其研究目标不再是在各种个别现象那里找到一种具有奠定本质所需的一切东西的意识了，而是要找到某种已经投身于这些现象中的主体。这种演变会在我们考察胡塞尔关于心理学、语言学以及历史学观点的过程中显露出来。

II. 胡塞尔与心理学

A）胡塞尔直到《观念一》之前的观点

1. 本质还原与心理学：胡塞尔的方法如何能够确保一种严格的心理学？

心理学是关于事实的科学，是关于在世界中以不同行为对各种处境做出回应的人的科学。因此，心理学不能与超越论现象学

---

① 《观念一》(*Idées directrices pour une phénoménologie*)，伽利玛出版社，Tel丛书；第二卷：*Recherches phénoménologiques pour la constitution*，法国大学出版社，1982年。

混为一谈，超越论现象学是一种具有普遍性的反思，其目的是解释并确定意识所指向的所有意向对象。

心理学不能取代哲学；心理学不足以成为哲学，因为它持有常识的各种信念，并且从常识中获得了它的各种实在论假设。心理学事业具有合理性，但是它仍然是一种“素朴的”思考方式，没有存在论的地位。相反，如果我们进行反思，那么处境之中的主体同时也是思考世界的主体。世界如果没有被某个人所思考，它就不是一个与我们相适应的世界。经验主体属于世界，而这个世界却只是超越论主体的世界：在这里，胡塞尔坚持“哥白尼式的革命”。即使是像*形态心理学*这样渴望表明意识统一性的心理学，也被胡塞尔认为不足以成为哲学。虽然意识被设想为整体，但这个整体仍然是以自然形态的方式被设想的。形态心理学只要没有将“整体”概念构建为没有自然对等物的东西，就会*自然化*
406 意识。然而，在所有心理学那里，意识的存在样态与物体的存在样态没有根本的区别。

胡塞尔出于哲学上的严格，没有采用形态心理学和原子论心理学。为了获得一个能保留意识的独特性的概念，我们必须进行一种能揭示所有可能的*心理*的意义的分析；我们必须通过一种意向性的分析，而不仅仅是通过观察来重新把握*内在意义*。任何事实的真理都属于心理学，但事实的真理都是以某种事先规划为前提的。另外，心理学的归纳法，如果不了解它所研究的意识，就仍然是盲目的。这两种方法之间的关系是什么？要理解人，我们就必须用能阐明经验的内在视见来为这种归纳法做补充。

因此，本质心理学是一种制定心理学的各奠基性概念的反思性的心理学。我们从共同的、前科学的经验中，提取出大量事实，如“知觉”、“图象”、“情感”等概念。我们必须赋予它们一种连贯一致且有效的意义，这样才能知道关于知觉、图象、情感的经验都意味着什么……

因此，负责研究事实的心理学的自主性就得到了捍卫；但它仍然从属于某种通过对经验进行反思来厘清经验的意义的本质心理学。关于此问题，我们在萨特对想象和情感的研究中找到了一种说明。

a）**第一个例子：想象**（参见萨特:《想象》[①]）。在该著作的最后部分，萨特指出，只要我们尚未反思图象，那么所有和经验有关的工作就都还是一纸空文。如果我们还保留旧有的图象存在论，我们就会在心理学分析中引入一些源自前科学思想的外来因素，而且我们就会错过想象行为在人类生活中的意义。

图象是不可观察的，尽管图象呈现为可被观察的样子；它声称的在场是没有充分理据的；它一直都是对物体的呼召、是自我的参照——这个自我在想到物体时，自以为可以让物体在此处此刻出现。因此，想象是一种与不在场物体相关的模式，它以相似物为中介；想象是使不在场的东西出现在当下的活动。我把当下 407
知觉的一些成分当成相似物来运用，以此来激发某个“类物体”的神奇呈现。

因此本质分析被认为是认识事实所不可或缺的。本质分析领会了正在想象的我们，并且理解了这种意向行为的本质或者意义。

---

① 参见萨特:《想象》（*L'Imagination*），法国大学出版社，“Quadrige”丛书。

b）**第二个例子：情感**。这个问题以一种极其混乱的方式呈现在我们面前。常识通过某些概念来考察各种事实。情感既是身体表现，又同时是表象；有的学派从表象出发，别的学派则从各种身体表现出发。

现象学的心理学应该用通过恰当的概念对现实所做的划分，取代通过糟糕的概念来对现实所做的划分。本质反思追问情感的意义；它将情感视为意识整体之中的一种行为，并且探究该行为所指向的是什么。

许多心理学家都对此做了初步研究：

雅奈援用了一个年轻女孩的个案，她为了摆脱被追问的处境，陷入了神经发作；[①] 在这里，情感已经呈现为一种行为了，这种行为具有一种我们必须重新找到的意义。

弗洛伊德也把情感视为象征的实现：各种心理事实是有某种意义的，而我们必须把这些心理事实重新整合到意识的整体生活中。

但是，在萨特看来，这些分析还不够深入。情感是对我与世界之间各种关系的改变；情感弃绝了某个被安排要做的行为，以便转向一种（以我与世界之间的某种魔幻般的关系为基础的）想象行为模式；情感在此过程中所传达的是：主体的无条件意愿想要以一种不通过任何中介、任何手段的方式投射到对象里。

心理学与现象学之间的关系应被理解为类似于理解物理学与几何学之间关系；必须有了几何学，才会有物理学。

---

① 雅奈：《从焦虑到狂喜》（*De l'angoisse à l'extase*），2 卷本，帕约出版社，1976 年。

同样地，就方法论而言，心理学从属于现象学。于是胡塞尔说，这种关系与社会学和统计学的关系相同；统计学还不是社会学；统计学必须与社会现实相接触才能成为社会学。同理，要理解心理学的经验性研究以及心理学为我们提供的事实，就必须与心理相接触。

这种对本质的追求必须由本质反思的努力来引领，这种反思 408
并不是一种与科学活动无关的荒谬方法。

2. 异议：有人明确提出两种异议：

a）第一种异议是建立在一种曲解上的。它可以被轻易反驳掉。这种异议把本质心理学的要求说成是要回到内省心理学，并且认为它重新陷入了绝境之中。在这方面，有人把胡塞尔与柏格森作比较，并且说他的著作里有某种蒙昧主义的倾向。但是这一点是不可能被搞错的：我们的确是基于反思、基于主体能意指他自己的能力、基于主体能达到某种终极明见性的能力来揭示一个亲历过程的意义的，而在这种终极明见性里，存在和显现之间不分彼此。

胡塞尔谈到了“我思”，也就是以其最终状态被把握的意识，在这种情况下，意识以这样的样子出现：它不能被还原为外在事物，并且它会在一种相合性之中被给与它自身，这种相合性是一切确定性的基础。在胡塞尔看来，就像在所有笛卡尔主义者看来的那样，意识的实存与实存着的意识，这两者之间没有区别。我们要认识的主体，正是我所是的这个主体，而且胡塞尔恰恰是想运用我思所确定的这种“从我到我”的切近性。然而，这种笛卡尔式的反思与内省毫无关系。

实际上，内省是内在知觉，是对发生在自我之中的各种事实的知晓：内省所描述的是某种意识的被动性——该意识是注视着自己而生活的意识。相反，反思则是一种为了揭示亲历经验的意义而做出的努力。胡塞尔甚至强调道，外知觉比内省的内知觉更具确定性。反思要做的不仅是解释内知觉的起源，也要解释外知觉的起源。

实际上，没有什么会阻碍现象学反思去对他者、对一个我旁观到的行为进行反思。在《笛卡尔式的沉思》[1]中，胡塞尔在他者问题上引入了“行为”（Gebaren）概念：“关于意向性的纯粹的、真正的心理学，是一种关于纯粹交互主体性的心理学。”早在1910年，胡塞尔就注意到他可能可以通过交互主体性来界定心理现象了：因此，本质心理学并不关心“内在-外在”之间的区分，它不能被简化为内省。

409 b）第二种异议更进一步：胡塞尔隐约预感到了这个异议，它促使胡塞尔在其职业生涯的第二时期对他的一些想法做了修正。当心理学提出本质心理学（即界定心理现象的基本范畴的本质心理学）时，心理学本身不会因此沦为对细节的研究吗？本质经验是令人满意的吗？它是否保留了经验，它是否会迈向普遍性？在早期著作里，胡塞尔把“心理学之于现象学”的关系定义为“关于内容的解释之于关于形式的解释”的关系。例如，现象学会告诉我们什么是空间，心理学则会具体指出我是通过哪些触觉内容和视觉内容等等而通向空间知觉的。于是本质显得像是由本质直

---

① 胡塞尔：《笛卡尔式的沉思》（*Méditations cartésiennes*），Vrin 出版社，1953 年。

观所提供的。经验的、归纳的心理学除了表明本质心理学确定了其本质的东西存在之外，就没有其它作用了。在胡塞尔的一些其它文本中，心理学确定现象的事实规律，而对行为的描述和理解则属于现象学。这种定义是否令人满意呢？

胡塞尔明确指出，本质直观必须既能容许与经验相关的、对具体事物的认识——这种认识的含义则由本质直观本身来负责处理，又同时能容许对普遍事物的认识。

现象学心理学要说明本质是如何在生活的因果性展开之中显现的。这样一来，被揭示出来的各种超越论关系就永远都不会被心理发生的因果性范畴所违背了。那么，这种心理发生所能展现的就仅仅只是：那些在其它地方所获得的本质关系在经验里的不完全的、不明确的现实化。事实上，在胡塞尔的思想里，心理学问题在一开始是次要问题。然而“发生”概念逐渐地具有越来越正面的重要地位，而且《笛卡尔式的沉思》讨论了发生现象学。

B）胡塞尔思想的演变

人们还在胡塞尔思想中发现，发生现象学的问题是在走向成熟，而不是发生了逆转：

1. **第一个评注**：如果对事实的认识总是由本质直观来辅助的，那么，关于事实的任何有效认识都必定在某种程度上包含了本质直观。因此，我们就很难把经验心理学与本质心理学完全彻底区 410
分开了。

例如，既不是现象学家，也不是哲学家的伽利略，通过研究物体下落，实现了对物理事物的本质直观，该本质直观成为物理事物在空间上的根本规定性。从那时起，每位物理学家都为说明事物的某种本质而做出了贡献。因此，在寻找本质的道路上，现象学并不独享特权。

2. **第二个评注**：我们必须探问这种本质直观的性质以及它与事实的关系。本质直观首先是一种观察。胡塞尔并没有设想一种先验的（取“先验”一词的惯常意义）本质心理学；在胡塞尔思想中，本质心理学是一种具体的先验。在心理学里，我们不能使用演绎法；不存在对现象进行“数学化”的做法，不存在关于经验的几何学。现象学心理学与数学不同；在数学里，复多可以用一个公理系统完全地定义，而现象学在本质上是描述性的。不存在常量，不存在可以扮演公理角色的精神实体。被揭示出来的本质并不是那些可以被单义地界定的“精确本质”：它们是“形态上的本质”，从性质上来说是不精确的，否则，我们就会遭遇那些想要定义“锯齿状”、“小阳伞”、“透镜状”的几何学家的困难。

因此，胡塞尔强调了本质的具体性。知觉是本质直观的基础；知觉是丰富的，但它并不是有效性的源头。知觉为本质直观奠基，而本质直观是在智性上的承接再塑、是对所经历事物的澄清。因此，对本质直观而言，知道它自己是后到的、回顾性的，这一点很关键。因此，胡塞尔在这里构思的是一种更加直接的认知，这种认知会把本质和意义厘清出来。这把他引向了一种“双重笼罩”的构思：思想笼罩着对象，具体知觉被本质所意向着，具体知觉又以本质为前提。

在本质直观的基础上，必定会出现对个体的直观；如果没有“可见性”，就没有直观。

3. **第三个评注：范例意识与归纳法**。胡塞尔反对确立了归纳法的穆勒理论：归纳法是这样一种方法，它在众多事实之中找到一些恒定地处于相继关系或者同时关系里的事实，并将这些事 411
实呈现为（作为我们思考起点的）整个事实的特征。在这里，胡塞尔提出了一个与布伦施威克在《人类经验和物理因果性》[1]中对伽利略的例子提出的批评相类似的批评。伽利略是通过对各种下落物体做实验得出物体下落的想法的吗？相反，他所揭示的规律是物体自由下落的纯粹情况的理想化构想，在经验中没有任何这样的实例，因为经验中的下落总是被摩擦力减慢。这样一来，当“下落”这个纯粹概念与其它同样是被构造出来的概念结合起来时，事实就变得可以被理解了。物理学家是通过这样的方式来开展工作的：他把一些由心灵自由创造的“理想化的假想”实现出来。

胡塞尔说，牛顿定律并没有对“被假定的引力质量是否存在”说什么。因此这种归纳就已经是对本质的解读了：我在诸事实中读到了物体的自由下落，这是由心灵构想和创造的。为理想化的假想赋予价值的，并不是被观察事实的数量，而是这一假想为事实带来的内在明晰性：定律并不是一种现实力量，相反，而是照在事实之上的光。

4. **第四个评注：本质变更**。本质直观和归纳法都建立在事实之上，但本质直观是通过自由的想象变更做到这一点的，在思想

① 布伦施威克：《人类经验和物理因果性》（*Expérience humaine et causalité physique*），阿尔康出版社，1922 年。

中对经验进行想象的变更，以分离出一个不变的项，这个不变的项就是所考察的现象的本质。在一段变调的旋律中，当所有音符都改变时，仍然保持不变的就是这旋律的本质。因此，我们总是在对事实进行思考，但个别的事实不会被设定为实在，因为我们会让它发生变更。因此，本质心理学是根据一些想象情况而对我们经验的“不变结构”所做的解读；科学心理学则通过归纳法来工作，它是根据一些真实情况所做的解读。

因此，本质变更和归纳法的唯一区别是：一个是想象中的变更，另一个是真正被实现出来的实际变更。两者的相似之处在于，归纳法从来都无法把从有限数量的经验里提取出来的关系放在所有情况里进行验证；它总是通过内推被扩展的。即使是在归纳法里，我们也是在某几个经验里知觉到一些关系的；但我们可以通过想象的变更把不同的情况联系起来。

例如，我们是如何得出“行为的易变性”这个心理学概念
412 的？易变的行为被定义为一种始终保持不变的行为，或被定义为以不可预测的方式发生逆转的行为。该概念预设人们能辨认出极致的不变性以及极其彻底的变化。人们是如何得出这一定义的？是通过一种心智上的构造，对此，戈尔德斯坦以“中心化行为”和“非中心化行为”概念作为例子。具有恒定性和不稳定性这两个方面的易变行为，是由中心化的缺失来定义的。因此，这个概念无法通过抽象化活动从累积的事实获得，而是要通过构造所研究现象的观念的想象变更来获得。因此，培根和穆勒理论所构想的归纳法给出的是缺乏严格性的见解，该见解会妨碍我们在发现规律的过程中看出本质直观的活动。

胡塞尔从未认识到归纳法和本质直观这两种认知模式基本是同质的，它们只是不同层面上的解释；然而，他的“被经验的本质”概念已经包含了这一认识的萌芽。关于“本质”概念，存在着一种辩证法；本质不应该意味着超感性官能，它应该与事实具有同等的偶然性。

C）心理学与现象学的平行性

不过，胡塞尔十分强调心理学与现象学之间的平行性。他说，最主要的原因是，心理学就其整个发展而言，是与现象学平行的。他甚至写道：“我们所做的任何经验性观察，都必定对应于与其平行的一种本质性观察，反之亦然。”[1] 这也就是说，任何经验性、实验性的心理学陈述，只要能够与本质陈述相分离，都必定对应于一个本质性陈述。

因此，在这里，我们与本质心理学的想法相去甚远，本质心理学仅仅通过反思，就会给出一切可能的心理现象的原则，这些原则会把我们实际的心理现象当作个例涵盖在内。在这里，人类的现实显现为**本质直观**的**切入点**。我正是通过意识到（我之所是的）自我，才能领会到本质；而且在这里，可能性和实际性不分彼此。

胡塞尔有时甚至（在《笛卡尔式的沉思》里）说：“意向性心理学本身已经带有超越性了”，这也就是说，在心理学观点（或者 413
经验心理学观点）和现象学观点之间，问题归根到底都始终是关

① 《观念一》后记（Nachwort zu meinen « Ideen »）。

于人的。因此，即使我们的人的经验性形象是伴随着经验心理学的所有预设而获得的——这种经验心理学把人视为是内在于世界因果关系之中的——，当这种经验心理学开始关注它所描述的东西时，它最终都总会引起逆转，不再把人当作世界的一部分，而当作反思的承载者。这就是我们刚刚引用的文本中被明确指出的心理学与现象学之间彼此相互交织或者彼此相互包裹的那种关系。

因此，我们必须修正萨特的表述，这些表述参照了早期的胡塞尔，假定现象学与心理学之间有一种相继关系。正是以这种方式，萨特在《论想象物》[①]里首先把对图象本质所做的现象学分析定义为确定的，在第二部分把对图象做的归纳的、实验性的分析定义为可能的。实际上，第一部分的论据在第二部分中受到了质疑：在第一部分中图象的本质被定义为过去在当下的虚假呈现，在第二部分中，由于在某些状态里（比如在幻觉状态）被知觉物与想象物不可分离，因此这种定义受到了质疑。

因此可以看到，我们不应以过于刻板僵化的方式来呈现这种区分。胡塞尔意识到将本质直观呈现为与经验没有任何关联具有的危险，而且在一篇较早的文章中[②]断言道，本质直观与经院哲学的方法没有任何共同之处。当然，可能出现的情况是，比如，我没有达到本质，而只达到了一个概念或者一个成见。我们可以防范这种危险：对事实的认知是不足够的；一方面有对本质的构造，另一方面，各种事实是对本质的一种检验。事物的逻辑原本应该

---

① 萨特：《论想象物》（*L'Imaginaire*），Gallimard 出版社，“Folio-Essais”丛书。

② 胡塞尔：《作为严格科学的哲学》（*Philosophie als strenge Wissenschaft*），in《逻各斯》，第 I 卷，1910–1911 年，第 305 页。

让胡塞尔承认归纳法与本质直观之间有更深层的关系，承认心理学与现象学之间有同质性。在这一点上，某些心理学家比胡塞尔更有远见。

胡塞尔总是不接受那些在其时代发展起来的心理学，包括形态心理学，尽管形态心理学是由一些曾受到过他的教导的作者创立的。在胡塞尔看来，无论意识被设想为整体还是被设想为物理 414
原子的总和，在原则上都没有区别，因为格式塔学家的"整体"仍然是一个事物，而不是一种意识。

考夫卡在其《格式塔心理学原理》[1]里对此做了值得关注的回应。实际上，在他自己的心理学中就有一种描述意识的新方法，这种方法避免了心理主义和逻辑主义的两种截然相反的困难。依据结构和形态来描述"心理"，能够从根本上满足要求意义范畴的哲学。

对于格式塔理论，正如对于一切心理学那样，胡塞尔的反对意见是，它们由于把意识化约为一些"总体的"，然而仍属于因果、自然和事件范畴的结构，因此完全没有认识到意识根本的独特性。

实际上，胡塞尔所寻找的能够"装填"其本质直观，并能将本质直观与语言概念彻底区分开来的东西，正是（他不知道）格式塔学家所提出的那类概念，这类概念带有一种秩序、一种含义，它不是通过把心灵活动应用到外在于心灵活动上的材料来建立的，它超越了主动和被动的区分而具有一种自发的组织，而这种自发组织的标志就是经验的可见形构。

---

① 考夫卡:《格式塔心理学原理》(*Principles of Gestaltpsychology*)，阿古特(Harcourt)出版社，1935年。

格式塔理论是一门认为所有东西都具有意义的心理学；没有任何心理现象不是以某种意义为导向的。在这一意义上，它是一门基于“意向性”概念的心理学。只不过，这种寓于所有心理现象的意义并不是来自纯粹心灵活动的意义；它是一种原地生成的意义，即它是通过把一些所谓的“成分”组织起来而建构自身的。考夫卡的“整合性心理学”进入了事实领域，阐明了其中的一些事实，而且隐约看到了某些本质的和哲学的真理——虽然它是在不知情且无此意图的情况下做到这些的，仅仅由于这些事实，胡塞尔就有可能承认这种心理学包含了真理。

胡塞尔指出，伽利略为本质研究奠定了基础；他本应该承认，格式塔理论同样引入了本质的研究。

415 ## III. 现象学与语言学

在最初的课中，我们考察了胡塞尔思想在现象学与心理学之间关系这一问题上的演变。其思想在现象学与语言学之间关系问题上的演变和在现象学与历史学之间关系问题上的演变是平行的。接下来我们将研究这些关系的演变，并且只将之当作对现象学和心理学之间关系问题的说明和澄清。

A）胡塞尔的首个论点[①]

该文本给出了一个极端的武断立场：我们只有把一门（作为

① 在第四研究中。参见《逻辑研究》，第二卷，第二部分，法国大学出版社，1962 年。

人类表达手段的）语言放回在关于语言的普遍理论或本质理论（即对各种含义形式的列举和描述）的基础上，才能理解这门语言。于是胡塞尔像17、18世纪的语法学家那样，想要建构一套普遍语法。

正如本质心理学揭示了心理现象的某些区域的本质那样，关于语言的本质研究列举了各种含义形式——一门语言如果没有了这些含义形式就不是语言了；这是对语言的各种预设（比如范畴性存在、具体性、特殊性、可能的形态等等）所做的本质还原，而且是对语言之所以成为语言不可或缺的东西的把握。

因此，我们必须以一张总结了各种基本表达模式、各种含义形式（这些含义形式必然表现为一切可能的语言的来源）的图表为起点。因此我们必须区分两种研究：一种是本质的研究，对概括的、普遍的、建立在推理之上的语法的研究；另一种是经验性的语言学研究，它利用各种本质来阐明这些事实。但是，如何才能建构出这种作为经验性语言学的严格条件的普遍语言呢？要做到这一点，我们是否有径直抵达语言本质的途径呢？从母语出发进行思考是否足够？或者，我们是否应该反其道而行，通过接触其它言语来避免母语的影响呢？

对心理学而言，相似的问题也存在：我们是否能在不诉事实 416
的情况下达到本质？事实与让我们把握到本质的至高无上的智性之间的关系是怎样的？但在这里，正如对于心理学那样，胡塞尔并没有持"科学-反思"的二元论。在此之后，他对思想和语言之间关系的设想发生了变化，他越来越少谈论不依赖于事实的至高无上的反思，而且越来越多地把反思与话语经验联系在一起。

B）胡塞尔的第二个论点①

在这篇文章中，对语言的思考并不是要找到语言然后摆脱它，而是相反，要在关于语言的客观科学里面重新找到言说的主体。现象学试图把言说的主体纳入考虑，在这一点上，现象学与语言学家不同，语言学家是外在于语言的；比如，在语言学家看来，法语的现状可以由其先前的状态来解释。言说的主体则会忽略过去，转向未来；对言说主体而言，语言是表达其意图、与他者交流的手段。

观察者，即语言学家，把言语分解为一系列过程，这打破了言语的统一性；观察者从来没能确定言语的界限。房德里耶斯说，一门言语从来都不是一种实在；它永远都是一种观念性的东西。观察者最终甚至开始怀疑言语的不同实在。

相反，对于运用语言的主体而言，存在着语言的实在；一个人被理解的时刻与一个人不再被理解的时刻之间，始终是有差别的。

对语言进行思考，不再是在语言现象之外寻找语言的逻辑，而是要在话语里重新识别出一种已经参与到话语之中的逻各斯，重新识别出我懂的语言——我懂它，正因为我就是它。再者，胡塞尔说道，我们必须重新识别出一种已经融入到其表达手段之中的理性。在《笛卡尔式的沉思》和其最后的著作中，胡塞尔赋予

---

① 参见《国际哲学杂志》（*Revue Internationale de Philosophie*），第1年，第2期，1月15日，1939年，第354-365页，M. Pos的文章："现象学和语言学"（Phénoménologie et linguistique）。

语言问题了一种更深的含义。言说，就是用语词来指向某一主题，而不是把思想翻译为话语。[①]

身体-意识之间关系的演变与语言-思想之间关系的演变相似。417
一开始，这是一种外在关系：反思指向纯粹意识。当我以因果关系来设想一个与身体相联的意识时，也就是当我以此方式思考人的时候，我就是在进行统觉；但这种统觉完全不能改变确定该意识的特征。于是，与他者的关系就成了要在他人的身体后面知觉到一个没有融在此身体里的思想者。

在《笛卡尔式的沉思》里，“意识-身体”的关系得到了深化；关于他人的经验是由我身体的自发性告诉我的，我的身体承接再塑了他者的行为，并且实现了“结对现象”。与意识的连接是一种内在连接。同样，关于语言的意识也不再是为语言奠基的东西了，相反，我们首先应该做的是言说、是潜入其它一些言语的诸表象之中。[②]

如果我们想要在世界中理解各种文化观念和文化物品（即提出各种观念并把它们放进世界的书籍、博物馆、乐谱、写作）的实存，那么语言问题就必须得到解决。要理解诸多主体如何能够参与到某个理念性实存中、如何能够认识相同的理念，就必须要理解观念在话语中的客观化。因此，不可能有普遍的语言学；相

---

① 胡塞尔:《形式逻辑和先验逻辑》(*Logique formelle el logique transcendantale*)，法国大学出版社，1957年。

② 参见胡塞尔:《几何学的起源》(*L'Origine de la géométrie*)，法国大学出版社，1962年；也参见《欧洲科学的危机和超越论的现象学》(*La crise des sciences européennes et la phénoménologie transcendantale*)，同上。

反，事实的语言会成为我们理解其它语言是什么时的模型。在这里，胡塞尔与强调话语现象学的必要性的索绪尔非常接近。

IV. 现象学与历史

A）胡塞尔的首个论点

一开始，胡塞尔将经验的历史与关于历史的*先验*科学对立起来，后者确定了历史学家所使用的概念：社会进程、宗教等等。

让我们以涂尔干在《宗教生活的基本形式》[①] 中的研究为例。他提出了圣物的问题，并研究了澳大利亚各部落中的圣物现象。418 他的结论是，“圣物”概念的来源是社会性的，而且普遍而言，宗教现象最本质的东西也是社会性的。此书的标题暗示着图腾现象提供了宗教生活的*要素*，即宗教生活的本质，这使我们得以在此基础上思考其它任何一种宗教。正是在这里，我们觉察到了胡塞尔问题的合理性：涂尔干的研究是盲目的。圣物是一切宗教的底层基础吗？胡塞尔的问题是：一切宗教的本质是什么？如果一切宗教的本质是圣物，那么涂尔干确实提出了一个*要素*。但如果圣物并非在一切宗教中都存在，或者如果圣物在宗教中只是一个*次要现象*，那么涂尔干的结论就不再有效了，而且人们就仍然能在观念中设想这样一种宗教：它区别于我们在如今各种各样文化形态下所见到的宗教。

---

① 涂尔干：《宗教生活的基本形式》（*Les forms élémentaires de la vie religieuse*），法国大学出版社，“Quadrige”丛书。

这同样适用于艺术和法律。只要我们没有通过一种非经验的研究来确定艺术和法律的本质是什么，那么研究就仍是混乱的。进行判断和断言的历史，是从观念的领域汲取其价值的，它因此包含了一种潜在的现象学。所以胡塞尔肯定了反思历史事实可能性的必要性，而且这种反思是独立于事实的。因此，胡塞尔的最初著作对历史性是有所贬低的。在他的同时代人中，他所打交道的是一些关注当下问题、关注世界观问题的哲学家。

狄尔泰认为，哲学不应该建立在时间之外，而应该是对在关于时间的知识中一切有效东西的综合的、暂定的意识。胡塞尔的立场将哲学看作是一门严格的科学。狄尔泰的研究确实符合某种正当的需要：在进行反思之后继续生活的需要。世界观是“一个处在有限中的目的”的观念、是“暂定的目的”的观念，类似于暂定的道德观念。但对胡塞尔而言，这种实践的必要性不是一个充分的理由。因为一门严格的哲学会像思考其它时代那样思考我们的时代，并且还会是一种真正当代的哲学。那些局限在世界观里的人，耽误了我们以科学的方式去解决这个摆在我们面前的难题。我们必须要以哲学为目标，而不是以智慧为目标：以关于世界的科学为目标，而不是以世界观为目标。虽然原则上哲学应该为实践奠基，但事实上，由于哲学需要无限的努力才能做到严格，于是它本身就成为了某种形态的实存，而不是狄尔泰所认为的一种为实存所做的准备。胡塞尔不希望牺牲哲学的严格性去迁就哲学家的历史性。如果哲学家能够为一门整体的哲学做出贡献，那 419
么胡塞尔就能接受哲学家对当下没有任何看法。

B）胡塞尔的第二个论点

但是，随着反思的进行，他察觉到，反思让我们揭示的，并不是一些永恒的观念，而是观念以智性化的方式的生成，意义的发生（Sinngenesis）；反思在各种文化实在中发现了沉淀的历史。

让我们以十九世纪的几何学为例；我们似乎跟随欧几里得达及了一些不变的要素。欧几里得空间尽管看起来是永恒的，但它实际上是一种文化构成，与知识的某种状态相关，只对某个特定时代有效。在十九世纪，对这种空间的修改引出了“空间”概念的生成的难题：“观念不是静止的”（柏拉图）。哲学的所在地并不在永恒性之中，也不在运动之中，而是在可思考的、可理解的、意向性的、辩证的历史中，这种历史提供了一种秩序，一种方向-意义。在胡塞尔的晚期著作中，这种观念被进一步确认了；他谈到了“在历史中的理性”。

成为哲学家，并不是要脱离实存、走向本质，而是要根据把我们与过去连接起来的历史联系来理解过去。因此，理解历史，就是承接再塑一系列文化活动，这些文化活动是通过我们的当下、活的当下而被重新激活的，所有的过去和未来也都是通过这种活的当下被激活的。胡塞尔对历史研究和民族志学研究的理解也发生了变化。

从一开始，历史就教会了哲学家一些东西；胡塞尔曾说，历史揭示了共同体精神（Gemeingeist），任何批评都是断言的背面，并且预先就进行了反思；比如，对“基督教”或者“君主政体”现实的历史性批评使胡塞尔写信给列维-布留尔，[1]在信中他写下了对列维-布留尔《原始神话》[2]的思考。这表明，事实有时候可能会打破哲学家的想象，并在此过程中迫使哲学家潜入到人性中去、迫使他去理解人性，因为我们不可能通过想象的变更来表象所有文化环境。这本书的成就在于，它让我们重新体验了与欧洲人的周围世界形成对比的原始人的周围世界，并通过与“历史性的世界”这一欧洲的概念相对照让我们理解了什么是停滞不动或者没有历史的世界。我们必须在人种学和现象学之间建立一个会合点，才能激活事实。 420

走到这一步，胡塞尔甚至说，历史相对主义有其正当性。胡塞尔思想的深层演变在于指出：对意义的直观是建立在感受经验上的，因此，它要求我们去重新体验每一社会的环境。

历史性的本质并不是要取代与历史事实的接触：哲学的任务是在与事实的接触中完成的。这几乎就是黑格尔意义上的现象学，也就是企图对历史进行反思，而该反思是根据多种多样的意识经验来进行的。因此，胡塞尔将其研究命名为“现象学”并非偶然。

V. 胡塞尔、舍勒和海德格尔

A）胡塞尔的演变

胡塞尔思想的演变并不仅仅是改变了一些想法从而忘记了其初始立场，也不仅仅是无法确定的思想的踌躇不决，相反，如果

① 参阅：1935年3月2日的信件，载于 *Gradhiva* n° 4，1988年，第63-72页。

② 列维-布留尔（Lévy-Bruhl）：《原始神话》（*La mythologie primitive*），法国大学出版社，1963年。

我们仔细地考虑一下他所关心的问题，就会看到他的思想演变意味着一种成熟，一种不可避免的进展。

他的问题是："如何使心理学与哲学之间有一条中间的道路，如何使我们的思想既不被认为是永恒的、不植根于当下的，也不被认为是不具有内在价值的事件。"

因此，他设想了一种向未被反思之物敞开，并为其赋予某种**意义**的反思，一种对时间的反思——这种反思深化了时间性而不是超越了时间性。

于是，反思与历史性不再是竞争关系：它们相互关联了起来，思想——作为对自身的拥有以及对历史的有意识融入——就是一种历史性。这种运动（我通过它掌握了我自身）还揭示了一种时间性和历史，即一种并非作为外在事实，而是作为我思想的实质的时间性和历史。这种意义上的任何反思都始终处于某种程度的素朴状态里：这是与历史的一种内在关系。

421 比如，历史哲学与教条主义哲学之间的关系就是一种交互关系：哲学史总是通过哲学家的思想被理解的，而哲学家自身又只能基于哲学史（即他目睹其图景的哲学史）才能被理解。在一种持续不断的来回往复之中，"对其中一方所进行的关系性的澄清，也会让另一方得到澄清"。①

这样一来，最初的事实与本质、时间与永恒性、人文科学与哲学之间的对立的问题就有了被克服的途径，这是因为，本质并不在事实之外，永恒性并不在时间之外，哲学并不在历史之外。

---

① 胡塞尔：《形式逻辑与先验逻辑》，同前。

B）就这种把哲学与时间联系起来的努力而言，胡塞尔比舍勒和海德格尔都更为坚决

不过，我们知道舍勒和海德格尔比胡塞尔更早尝试把一些非理性因素纳入哲学之中。

乍一看，舍勒的事业和海德格尔的事业是试图在哲学中引入一种这样的分析：它关心的不仅仅是认知，而且还关心帕斯卡所说的“心的逻辑”，这被舍勒定义为与认知性的意向性相对照的情感性、原初性的意向性。关于这一点，参阅马克斯·舍勒的《同情的本质与形式》。[1] 关于人与世界的关系，更确切地说，在感受性和实践性的经验中显现出来的人与世界的关系，我们可以参阅海德格尔的《存在与时间》。[2]

这样说来，这两位作者看上去仿佛更坚决地要脱离关于永恒性的哲学，以投身于关于时间性的哲学里。但实际上，当问题涉及把哲学活动和时间性活动联系起来，并同时保持哲学的首要性时，他们不如胡塞尔彻底：

1. 在舍勒看来，关于本质的知识之所以有效，恰恰是因为在本质直观里我没有考虑我个人的生理或历史特点。舍勒有时会承认有对永恒本质的直接视见。[3] 当我思考一个存在者的纯粹本质时，

① 马克斯·舍勒：《同情的本质与形式》(*Nature et formes de la sympathe*)，帕约出版社，1928 年。

② 海德格尔：《存在与时间》(*Être et temps*)，Emmanuel Martineau 译本，Authentica 出版社，1985 年；François Vezin 译本，伽利玛出版社，1986 年。

③ 参阅马克斯·舍勒：《伦理学中的形式主义与质料的价值伦理学》，伽利玛出版社，1955 年。

我的任何个体特征的确似乎都没有介入其中；但十年后，我将会 422 察觉到，这些在过去看似丝毫不得益于时间的直观会纳入一些在历史中被确定下来的生物性和社会性因素，这些因素所造成的结果是，这些本质在某个人看来是处于时间中的。

2. 我们已经看到，胡塞尔已经意识到这种把语词视为本质的危险了。海德格尔以如此方式描述了处境中的人，以至于我们会觉得在他看来不可能有纯粹的思想、与真理面对面的哲学。然而，当海德格尔定义哲学事业时，却又毫无保留地肯定了它的绝对认知力量。

我们在《存在与时间》第 56 页读到："进行哲学活动，就是去描述和探索前科学的世界这个自然概念。"在这种描述中，他使用了一种被认为是无限的进行哲学活动的力量，而这种力量无需诉诸人种学或心理学。人文科学完全从属于哲学。要进行归纳，就必须知道事实中本质的东西是什么。海德格尔主张哲学优先于心理学，而胡塞尔，正如我们所见，则倾向于以一种彼此相互笼罩的关系来取代这种从属关系。

C）舍勒与海德格尔

他们肯定了存在论与存在者层次之间的对立、哲学与实证知识之间的对立；相反，胡塞尔则指出这两个研究范畴之间的隐秘关系。

我们不会问，舍勒和海德格尔对待哲学的看法，为什么既比胡塞尔更加非理性主义，同时又比他更加理性主义。这或许是因为：非理性主义恰恰就是一种不自知的理性主义，而且相反，像胡塞尔这样的哲学家更有胆识把非理性纳入哲学。现象学家和胡塞尔觉得心理学的知识是一种特殊的知识，它相异于经验主义归纳法的程度，与它相异于传统哲学家们（也就是那些拥护“要回到某种决定我们经验形式的*先验*上去”的哲学家）的反思方法的程度是相当的。现象学心理学将通过与事实的实际接触、在“具体的*先验*”之中寻找行为的本质或意义。

现在我们应该去考察一下，在过去的三十年里，心理学是如何有意或无意地在理论和实践上趋向此类研究的。

当代心理学与现象学的汇合 423

在这第二部分中，我们将试图说明，心理学无论是因为明确地或松散地参考了现象学，还是出于所遇难题的压力，最终在某种意义上与现象学所专有的方法汇合了。

正是心理学与现象学之间的这种相遇，让我们此后能够定义彼此相容的心理学和哲学。

I. 心理学在二十世纪初的状况

自本世纪初以来，心理学与哲学之间就存在着绝对的对立，但这种对立并没有完全消除这两者之间的某种共谋关系。一种独特的关系将这两门学科联系起来，因为当时的情况是：一方呈现为一种构想哲学的抽象方式（这种方式与心理学不相容），另一方则呈现为一种构想心理学的科学主义方式（这种方式与哲学不相容）。

在如下这种意义上，这两种构想是部分关联的：哲学家完全不用担心心理学会入侵他们的领域，反之亦然。

A）抽象的哲学

这一名称并不特指某一学说，而是概括了一种潜在的、广泛的理解，这种理解尤其被心理学家表达了出来。哲学首先是通过反思来进行的：成为哲学家，就是远离经验，以求在思想主体里发现各种可以被用在事物上的含义。

在此意义上，笛卡尔的“我思”是哲学的一个奠基性环节：主体与意识被设定为各种含义的共同策源地。哲学是先验的和先
424 天的领域。这种构想并没有错，但过于简单。如果说哲学是一种反思运动，那么它也是对这种反思活动的意识，而这种反思活动出自于非反思性的活动；它是心灵认识自身的一种努力。

B）科学主义式的心理学

受实证主义启发的心理学与哲学的知识相对立：

a）**心理学是客观的**。心理学首先拒绝成为主观的心理学。哲学是反思性的（“以及内省的”——那些将这两种方法等同起来的心理学这样说道）。心理学应该是客观的。在心理学家看来，哲学正是基于内省原则建立起来的，内省即经验对其自身的知觉（比如，我受苦，因此我知道受苦是什么）。客观心理学在研究一个区别于观察者的观察对象时，应该向外看，而不是向内看。客观性就是一种知识对多人都有效的可能性，被多人观察是验证的基础。

无法言说的知识与可交流的知识之间是非此即彼的关系。心

理学认为，只有通过诉诸身体的各种表现，才能够获得一种可交流的知识；心理学尤其成为了生理学性质的心理学，在这里，对神经系统的研究占据了主导地位。生理心理学有一种趋势：通过研究神经系统的运作（比如语言问题和脑部的局部定位问题）来了解心灵的运作。

b）**心理学陈述了规律**。心理学力图陈述普遍命题；如此，它便能够一方面建立起可验证的知识，另一方面，这些知识又超越了事件的特殊性。它不以特殊性为目标，而以规律的普遍性为目标。

于是这导致了实证主义式的信念——规律比事实更真确：规律具有与事实不同的存在样态，而“世界是根据规律来创造的”这个想法是一种素朴的理性主义信念。（达至成熟的科学扭转了这种关系，并指出规律只不过是事实的不完备表达）。因此，心理学是关于身体的心理学，而且它以普遍命题为目标。

C）抽象的哲学与科学主义的心理学相互对立的后果 425

a）**心理学应该运用自然科学的方法**。由于心理学必须是客观的，而客观的东西就是自然的东西，所以人们应用了自然科学的方法，这种方法的目的是将多样化的事实归到因果关系下。心理学方法将会被同化为以以上这种方式被理解的科学方法。这样做的目标是要揭示后果与前因之间的关系，这些关系比出现在我们经验中的关系更简单。因此，人们将会应用穆勒和泰纳的在方法论上的构思。

比如，在穆勒看来，科学和实验方法包括对事实进行分拣，这种分拣会揭示某些事实之间的联系。科学是一种选择性的筛选，通过这种方法我们可以整理出现象的结构框架。

在泰纳看来，物理学的目的是要达至一种概括所有其它规律的统一规律，即能推出其它规律的公理。实验认知的目的就是找到这种根本性的、统一的关系。

这种设想会被应用于心理学，心理学将试图发现一些简单的因果关系，并将精神复合体化约为简单的东西。

b）**心理学应该是定量的**。数量被视为天然就具有科学性。要有科学，就必须有测量，而且有测量就足够了；任何关于价值的考虑都要被排除在心理学之外。这样一来，常态与病态之间、适应环境的行为与不适应环境的行为之间的各种区分通常会被抹除，因为这些区分是以一些具有有效性的常态作为前提的，但这些常态却是主观观念，是遭到严格的客观性排斥的。

c）**哲学与心理学无法相互理解**。在这些情况下，哲学家和心理学家针锋相对。不过，在心理学家和哲学家中出现了某些反抗，试图要摆脱这些矛盾对立。

但是，这些尝试尽管是柏格森所做的，也没有成功；这些尝试肯定了心理学的信念，因为这些信念没有讨论哲学和心理学的
426 基本定义的本质，也没有对这两个定义进行修正。柏格森用（作为我生活的内在源泉的）“意识的直接材料”来对抗那种界定心理事实的科学主义式心理学。在某种意义上来说，柏格森的以下几种做法是有道理的：他主张，来自于我、朝向我的视角是存在的；他把人的亲历状态与从外面对人所作的界定对立起来；他指出性质不能被化约为数量，并寻找对“在性质上而言的世界”的有效

描述；最后，他指出一种重新触及各种事实的哲学的必要性；他甚至还隐约看见了胡塞尔所肯定那种必要性——把哲学知识和实证知识结合起来的必要性。

柏格森在《形上学导论》[①] 中把哲学直觉定义为这样一种方法：通过这种方法，当他指出一些事实时，他会在同一视角下把这些事实联系成一个系列，并把此系列向视域延伸：他以这样的方式定义了“经验性的形上学”这一富有价值的观念。但是他没有把该观念付诸实践，他的哲学没有兑现其承诺。

尽管他摆脱了客观的世界，重新落脚在人的环境中，但他在那里只发现了“生命冲力”、“绵延”及其各种不同程度的收缩。生命冲力首先是在自由行动、在机体中被发现的，最终是在宗教经验中被发现的；但是它的结构从来没有被明确表达出来。他的哲学仍然缺乏结构：《创造进化论》中的“本能”和“智力”、《道德和宗教的两个来源》中的“封闭社会”和“开放社会”；而且他从未隐约看到一种像黑格尔哲学那样的精神哲学。正如乔治·波利策尔已清楚指出的那样，柏格森想要重新发现具体的东西，但这是“普遍的具体”。

在心理学家看来，柏格森所提出的这种经验是难以描述的。而柏格森本人，当他仔细解释这种他无法描述的“经验”时，诉诸于一种用咒语化和隐喻化语言勾勒出的理论，这一理论为它们提供了论据。该理论是一种让人绝望的解决方案；它通过多样化

---

① 柏格森：《形上学导论》（*Introduction à la métaphysique*），收在百年纪念版《著作集》，法国大学出版社，1963 年，第 1392–1432、1537–1539 页。

的图象来劝说读者待在某种哲学直觉的中心。要想有效地实现他的企图，他本应该把此难题当作一种语言理论的中心。

因此这并不能让心理学家动摇；面对这种哲学尝试（即想表明自身与自身的重合是无需话语的、表明哲学是缄默不语的），心理学家愈发坚定地诉诸一种作为主观性的反命题的严格的客观性了。

427 II. 心理学的演变

在过去三十年里，无论是在哲学一方还是在心理学一方，这种针锋相对的局面都被打破了。本世纪初哲学和方法论的矛盾，导致了哲学和心理学的全面对立，这些矛盾的克服使心理学的演变发展得以可能。

A）对主观与客观之间矛盾对立关系的修正

心理学家指出，主观的不一定是内省的；存在一种艰难的、缓慢的、非直接的自我认知，这种自我认知是一种与对他者进行译码同等复杂的译码活动。为什么要拒绝承认这种自我认知也具有人们赋予对他人的认知的客观价值呢？客观的不一定就是外在的；而且认知不仅仅是对既有事实的记录：认知总是涉及解读，它会引入新的概念。

自从1900年以来，整个科学方法论都朝着这个方向演变。如今，科学方法论不再像斯图亚特·穆勒那样认为科学是对事实的记录了，而是认为，科学是去构造一些让我们能对各种事实进行整理、协调的概念。

同样，在心理学中，客观性是一种有条理的构造活动，它受制于一些验证条件。因此，这种对客观性和主观性的修正让我们得以超越在“客观主义的经验主义”和“主观主义的内省主义”之间做出非此即彼抉择的困境。

B）对意识与身体之间矛盾对立关系的修正

心理学察觉到，为了理解心灵而求助于身体，尤其是求助于神经系统的做法（比如通过语言疾病来解释语言）是故弄玄虚。实际上，大脑生理学的图式都只不过是当时的心理学的复制。因此，巴甫洛夫在企图解释大脑的运作时，不是从客观心理学那里借取材料，而是从一种投射——他对“行为”的看法在大脑机制上的投射——那里借取材料。这种生理学反映了一种假定的、以非 428
科学方式构建出来的心理学。

因此，心理学最好通过追问各种具体现象来理解行为，这是因为，心理学所形成的“身体”形象必定是以它对“行为”的某种设想为前提的。

C）对个别与普遍之间矛盾对立关系的修正

并非一切客观的知识都必然是普遍的知识。我们没有理由在科学领域里贬低个体的、特定的知识。正因如此，研究神经系统的当代生理学使用了一些针对个别病例的专题著作（戈尔德斯坦）。将单个主题放在多种关系中进行研究，其中各种证据是通过数个领域的交叉印证来建立的——这种研究的严谨程度，与以一种更简要的方式来对比大量案例的研究的严谨程度是相当的。在这里，“归纳法”概念得到了扩展；亚里士多德的“在关于普遍事物的科学之外，就没有别的科学了”的假设就与伽利略以降的科学再也没有任何关系了。

我们不能说细节是偶然的，也不能说只有规律是必然的，而且我们必须与布伦施威克站在同一阵线去批评那种在规律问题上的实证主义的教条理论。

D）对简单与复杂之间矛盾对立关系的修正

心理学不再认为心理科学是要寻找和发现一些变得越来越简单的因果关系。这样一来，那种可追溯到斯图亚特·穆勒逻辑学的科学方法论的设想就被超越了。

III. 心理学的发展以及哲学上的各种矛盾对立：灵魂–身体、外在–内在、心智主义–唯物主义

我们面对的是一些企图克服矛盾对立的尝试，这些矛盾对立是由人们在本世纪初理解哲学和心理学的方式所导致的：

429 —— 哲学上的矛盾对立：客观–主观、身体–灵魂、唯物主义–心智主义；

—— 由哲学上的矛盾对立所引起的方法论上的矛盾对立：数量–性质、解释–理解、因果关系–价值。

一开始，心理学认为它必须在这两端之间做出选择；但实际上，当代心理学通过演变发展和克服超越，已经消除了这些矛盾对立。

A）“行为”概念。“现象的”。

行为主义想要在非此即彼的两端之间做出选择：这是为了科学主义的反命题而对这种非此即彼的选择所做的彻底拒绝。但是行为主义并不是死板僵化的；它从一开始就显示出一种对立——行为主义学说的表面内容与行为主义诸研究的深层含义之间的对立，这些研究对行为主义的各种科学主义假设提出了质疑。

行为主义反对内省，反对那种被设想为一系列封闭在自身之中的状态的意识；行为主义的意图是要把主体重新置于与世界，尤其是与社会世界的接触之中。

行为，被界定为个体与世界之间的冲突的行为，是这门心理学的对象。

在约翰·华生看来，我们可以不用求助于生理学来研究行为，而且行为可被视为一种朝向物质的周遭环境或社会的周遭环境的“活动流”，这是某种含义之源。[①] 因此，他的意图使他远离了把他的研究还原为生理学的做法；但是他被外在和内在的对立所困扰，于是他只能通过对神经现象的分析来表达他的反抗，最终，他止步于“反射学”，在那里，行为被视为一连串的条件反射。正如人们研究迷宫中的动物对某种行为的习得那样，人们同样应该研究社会迷宫中的人；一系列的条件设定使人与社会历史环境的各种关系具有了一定的结构。

这样一来，华生就背弃了他的最初目标。行为就不再是一种

---

① 参阅：《行为主义》（*Le behaviorisme*），C. E. P. L.，1972 年。

对物质环境和人类环境之间的关系进行解释的活动了，而成了一种因果关系。对精神性的否定不会让我们与外界重新建立起关系，尽管这种对精神性的否定是为了肯定神经系统而做出的，但这就
430 把一个人封闭在了一些以该神经系统为所在地的因果过程之中。我们通过承认行为主义事业的合理性，通过重新考察“行为”概念，通过将“行为”概念定义为一个处于周遭环境和主体之间的辩证概念，定义为一个拥有内在规律的整体，那么我们就能够实现华生的行为主义一开始提出，但之后却完全远离的计划。

托尔曼区分了“整体行为”与“分子行为”。整体行为是那种以整体被把握到的行为，也就是说，在其精神的周遭环境和其诸文化特征中被把握到的行为。从整体的角度来看，行为无法通过被联合起来的神经现象得到解释；它是通过经济的、历史的周遭环境被定义的；它包括诸种与文化形构有关的价值知觉：行为的总体处境就是这样被界定的。行为有了一种含义：它不再被化约为一个由其结果组成的、毫无含义的集合。

在动物行为的更基本级别上，我们仍然可以做这样的区分吗？这里是否也有必要引入意向性的要素？即使是老鼠在迷宫中的行为，也不是毫无意义的。考夫卡的分析将会让我们能够考察该问题的这个方面。

考夫卡就“行为的周遭环境”、“心理场域”、“现象的”概念所做的工作，汇集在《形态心理学原理》的第二章里（上引著作《格式塔心理学原理》）。

1. **“行为的周遭环境”的概念**。考夫卡区分了行为的原因、条件（即“地理的周遭环境”）以及该行为所指向的对象、它的方

向-意义（即“行为的周遭环境”）。

“地理的周遭环境”这个概念定义了个人在其中活动的实有现实整体；“行为的周遭环境”概念则定义了个人认为自己在其中活动的现实整体；无论我们如何看待意识，这个区分在所有情况下都有效。

假设两只黑猩猩处于同一个地理的周遭环境中，也就是说，在同一个房间里，在那里有一张踏脚凳和一些挂在天花板上的香蕉；一只黑猩猩拿起踏脚凳并用它去够香蕉；另一只黑猩猩则坐在这张踏脚凳上。

因此，尽管地理的周遭环境是相同的，但是行为的周遭环境 431
是不同的。在行为之中有对“踏脚凳这个对象”的评估，踏脚凳这个对象有时候是一个座位，有时是一个支撑点。有人可能会反对道：这种说法带有太重的人的色彩了，这两只动物天生的或者习得的将事物组合在一起的能力是不同的，而且这些不同是浅层的，它们反映了神经系统的各种地理性特征。但是，这里的问题是要知道身体对于我们而言（以及对于生理学而言）到底是否可以被它的地理的现实所界定；此问题将会在接下来得到考察。

无论如何，在两种行为之间有一种描述性的差异：同一张踏脚凳对于这两只黑猩猩来说并不是相同的。任何指向一些内在对象的行为都可以通过这些对象而得到确定；对行为的调节是通过行为周遭环境来进行的，而行为的各种结果都会被录入地理性的世界中。

因此，行为主义的主张是要把我们置于客观性之中；但是在分析过程中，“行为”概念变得空洞，并且具有了二重性。我们在内部里知觉到一种朝向，而且我们不能像戈尔德斯坦所指出的那样以任意一种动作来定义行为（例如，登山者掉进裂缝的动作不构成一个行为；这些动作不是以行为的某个周遭环境为导向的；这些动作最多只是实现了一种防御灾难的行为）。严格地说，并非所有身体动作都是行为；因此，身体不必然服从于随便一个**刺激**来的；若想把握内在规律，就不能仅仅寄望于生理反应。

当然，所有心理学实验都必须服从一个条件：要触及动物的行为。但这并不是对任意一些**刺激**的任意一些反应的总和。一定有一种行为的周遭环境处于**刺激**和反应之间，该环境限定着个体，并且对一些在地理的周遭环境里可能会被混淆的东西进行区分（参见贾斯特罗**错觉**，在这种错觉中，两段相等且平行的环形线段被知觉为不一样的）。反之亦然，行为的周遭环境可以把在地理世界里不同的东西等同起来：两个点，其中一个是在黑色景深上的白点，另一个是在白色景深上的黑点，它们具有**相同的功能**，它们就被知觉等同了起来。

432 因此，这种区别并不是物质与精神的区别，而是客观条件和限定动物行为的可见因素（即行为的处境）的区别。**刺激**与回应只有一种外在关系，然而**处境**却与这种回应有一种可被理解的关系。

同样，我们必须区分“地理性回应”与“行为”。假设在一个迷宫里有三只老鼠，它们三个全都走出了迷宫：它们的地理性回应都是相同的。但是对这三个行为进行的描述或分析能够让我们做出区分：一只老鼠做出的是兴奋的行为，另一只老鼠是在寻找食物，第三只老鼠则是纯粹在进行探索。

这正是行为主义无法做出的区分。动物心理学通常会把动物放在这些差异不明显的处境里。比如，科勒批评许多动物心理学实验把动物置于一些对它们来说并不会有真正解决方案的处境里。此外，动物的成功或失败并不是首要问题："好的失败以及不好的解决方案都是存在的"（科勒）。

因此我们可以在不假设动物具有意识的情况下说，在有些情况下，行为会根据处境的结构而被调整，在另一些情况下则不会。某些行为具有内在意义，其它行为则没有。因此，我们必须**通过反应行为**，根据反应的各种可被观察到的特征，**来**对该反应的**意义进行译码**，即对该行为的某种内部结构进行译码。行为的周遭环境最终包含了一切。

行为主义自认为处于地理的周遭环境里，并且是通过神经元的突触等等方式（即通过一些科学材料）来解释行为的。实际上，这些"材料"都已经是**人的周遭环境的组成部分**了；就此意义而言，行为的周遭环境最终环抱了地理世界，而且无论什么情况我们都不可能一上来就置身于地理世界。

某些马克思主义者认为他们在华生的行为主义那里找到了盟友。实际上，在某种意义上来说，没有什么是比行为主义更不符合马克思主义的了。马克思就科学所发表的看法和考夫卡的一样。考夫卡说："材料，实际上是一种被构造的东西"；马克思指出，各种科学都是人类历史演变的一个环节，各种科学的知识论结构都对应着它们从中诞生的那个社会的结构；因此我们不可能把任何一门个别的科学看成是自在的，因为不存在自在的科学。华生 433
的行为主义实际上成为了一种机械唯物主义——基于对科学客观

性的错误设想的机械唯物主义。如果客观性的理想仅仅只是把外在材料记录下来，那么它就是一个无法实现的空想，这是因为外在世界始终都是从某种人类处境出发来被理解的。

但这并不意味着要陷入拟人主义，与华生的行为主义不同，拟人主义是要把我们所观察到的行为周遭环境同化为我们的行为周遭环境，比如，拟人主义相信动物有与我们相同的行为周遭环境。这种混淆应该被避免，但是，显而易见的是，我们是通过我们的处境来理解老鼠行为的，而且我们正是从我们的人的状况出发，才能够通过类比或者对比来领会理解病患者、儿童或动物的。胡塞尔（在《笛卡尔式的沉思》里）在这种意义上说道："在我们看来，动物是人类的一个变体。"

这样说来，当代心理学最后做出了一些与心理学在其伊始所提出的最初假设相去甚远的假设。

2.**"心理场域"概念**。根据上述内容，我们必须承认，对"行为周遭环境"和"行为"的描述相关于它们底层的"地理"结构的特殊性。这界定了某种心理场域，其中"场域"具有双重意义：

a）它首先是物理学家引入的一个概念（参见：牛顿的引力理论）。引力的各种局部现象正是由各种引力场所引发的。我们可以将心理场域的一些概念与引力场相比，这些概念是关于力的关系、张力的关系、反作用力的关系的观念；这些概念让我们能够理解人的行为。刺激和回应之间没有单独的关系，相反，这种关系必然发生在一个环境、一个力场中。

b）它也是相机的场域，它限定了某个视觉区域的大小或者一些可见事物的大小。同样，行为可以被视为对地理世界里某些成分的一种挑选、一种通过对它们进行组织从而让它们成形的活动，而不能被视为由刺激引起的因果关系的结果。“心理场域”概念指 434
出了一个事实：即使在行为层面，机体也不是全然被动的。

3.**“现象的”概念**。我们根据考夫卡的观点来考察知觉行为这个特殊情况。乍一看，“知觉”这个词似乎重新引入了“意识”概念。实际上，对这种行为的定义是所有人都必须完成的首要任务。知觉行为与其它行为之间是有区别的。如果一个人承认心理学家必须研究行为，那么他有时候就会遇到这样一些行为——使行为主义的旧有“行为”概念失败的行为。如何在不诉诸哲学的情况下描绘一个知觉行为的特征呢？

我们是否可以说，知觉行为是对对象在我身上引起的现象的回应？生理学家指出，视网膜图象才是我行为的来源。实际上，这个刺激是由相互间没有内在关系的多种物理因素所构成的。在我的视网膜上，不存在事物的图象。当各种刺激通过视网膜被记录时，区分事物与非事物的一切工作都还有待完成。将视网膜图象说成是一种刺激，这是倒果为因；组织活动还有待完成（参阅：笛卡尔的《屈光学》）。视象不可能是在眼睛里形成的，视网膜上的外在世界的各种痕迹还不是被看到的事物。这就是笛卡尔在说“看不是身体的特性，而是思想的特性”时所表达的意思。

尽管考夫卡没有预设那种以建立“为己”范畴为目的的反思性方法，但是他的方法是类似的；他想要达至一个横贯对象的范畴，该范畴不同于对象的“自在”范畴，又尚未达到“为己”范畴。他揭示了“实验的错误”，这种错误在于，把我们对地理性事物所做活动所得到的东西置于这些事物之中。我们看不见刺激，而是由于这些刺激才能去看。因此，他区分了知觉行为的刺激、知觉行为的对象；这样一来，他终于注意到了一种方向-意义、我的行为的一种朝向。他并没有因此引入意识概念；他只是指出，我的举动会在世界里勾画出一些对象——一些我根据其结构和意义来对它们行事的对象。我们不能把某项知觉的原因与该知觉所指向的东西重合起来；知觉反应的直接原因是不会被知觉到的。

435　若是如此，如果我们无法从事物那里得到这些事物对我们的行为来说的样子，那么事物的这种样子（这种可以在行为与对象的关系之中看见的样子）是从哪来的呢？事物并不是在地理意义上具有那些对我们的行为而言所具有的特性的。（参见：伪装：事物之间的关系被隐匿了，比如，这种关系就不会出现在飞行员的行为中。）因此，知觉活动并不是事物的特性移送到了我这里。还有另一个假设：如果事物不具有它们对我的行为而言的各种表观，那么事物的各种特性就是那些最邻近的刺激的特性。这仍是错的：起决定性作用的，并不是光线或者光量，也不是近端刺激的局部特性，而是知觉场的某种内部安排布置，比如说，是光照和光源之间的某种组织过程（参见：冯特的实验：当我们通过一个有孔的屏障观察两条运动的垂直线时，发生的情况是，在视网膜上形成了两条黑带，根据两条线的距离，两条黑带或宽或窄。而事实上，被试者看见了两条相互远离或相互靠近的线，但是它们保持相同的宽度）。在我们的行为中，事物是倾向保持不变的（恒定定律）。在这里，我的实际视象与地理世界之间的平行关系是由某种作用于我们机体内部的现象所产生的。我们的知觉是倾向保持不变的，而且它倾向于维持一种真实的关系。我们可以认为，这种平行关系是在原则上而言的；实际上，行为与地理世界的一致或者不一致要由行为自身来解释。因此我们必须放弃“恒定假设”；即使是当同一个物体在不同的距离都在我们的行为之中被识别出来的时候，这也并不是因为它是同一个物体；这取决于知觉的组织活动。而这种组织活动是一种首要行为；它不应该被理解为某种智性解读的结果。各种恒定性也存在于动物身上：正是如此，一只三个月大的小鸡会将一颗远处的谷粒知觉得更大，这颗远处的谷粒在视网膜上的图象比一颗处于近处的谷粒的视网膜图象要小 30 倍。

因此，在刺激和回应之间有一个行为场域，在该场域中，各种向量被组织起来并且有了一个方向。各种局部现象的价值是随着空间性的组织活动、随着我们行为场域的自组织而变化的。某种“横贯的功能”会根据整体的各种要求来对整体各部分的分配 436
进行调节。行为的周遭环境就是处境，各种刺激以它们所形成的一整个群组的那种样子、以它们自我组织起来并有了某种意义的那种样子来被理解。

卡茨研究了颜色的各种显现样态。在任何观者之外，在自在的状态中，各种颜色都是简单颜色。如果我们在一个行为之中来考虑颜色，颜色的各种性质和功能就出现了；一个颜色的存在方式取决于它在视觉场域所履行的功能，有时是表层颜色，有时是平面颜色，有时是“光照”，有时是“被光照的事物”：一种红色，根据它在某个空间场域之内所履行的功能，不会是同一种红色，质地本身也可能会发生变化。行为世界让我们得以洞悉颜色是什么；但是这一切都只会在知觉世界里、直接经验里、现象世界里发生。考夫卡区分了“客观世界”与“现象世界”；在前者之中，诸事物是自在的；在后者之中，事物是为某个行为而存在的；他的区分是根据我对待外在要素的方式以及我划分各种对象的方式来做出的。

正是因此，考夫卡在两个方面超越了内省心理学：

a）他超越了内省心理学，因为内省心理学把一些只能被唯一一位见证者所获得的所予当成了它的对象，而考夫卡的“现象的”东西则清楚地显现在行为中；

b）他超越了那种赋予认知意识了优先地位的心理学。考夫卡讨论的“现象的”东西，并不是某种不事活动的意识会获得的东西。例如，语言是一种行为——它**就是**一种含义，而不是它**带有**一种含义。有些行为**并不是**含义，而是**带有**一种含义。我的语言行为指涉着我所呼召的、我想使其被认知的、并不存在于那里的实体。语言行为不同于身体动作上的行为，比如对灯所做的行为；语言行为必须要从其论说的结构出发、根据其意向对象来被理解。因此，认知的意识只不过是我们所研究的世界的一部分；它不是一切意识的模型。现象的东西就是规划，主体通过这种规划来在他的周遭环境里让一些含义显现出来。这种心理学旨在接触世界——以创造性的方式接触世界，而不仅仅是认知。

437　因此，“现象学”（考夫卡使用了这个词）是对亲历经验的研究，是对直接经验（这种既是事物而又不是事物的东西）的素朴且尽可能充分的描述。例如，足球员的难题是要知觉到球员之间的间隔，而不是知觉到球员本身。观众看到的球场结构和球员看到的球场结构之间的差别，就是区分“地理性”和“现象性”的一个例证。这些描述的差别本身并不构成一个理论，但它们排除了错误的理论，并且让我们认识到有待我们去理解的东西是什么。心理学必须给出这里所考察的行为的意义，这种意义将决定这种行为后的丰富成果。

因此，心理学是关于行为内部结构的认识。所有心理学家都在对意义进行分析。瓦隆在《儿童性格的起源》[①] 里记录了一种主动的抓取动作。这涉及新生儿的伪动作与真正意义上的动作之间的区分。在这里，我们面对的不再是一种客观主义心理学了，而是一种通过考察行为内容来理解其意义的心理学。另外，瓦隆从未赞同过所谓的“客观主义”论点。

戈尔德斯坦对一些乍看几乎是重合的动作进行了区分（参考：脑病患者，他们可以做抓握活动，但是不能做意指行为）。具有决定性的，并不是构成行为的成分，而是行为的内在意义[②]：我们要区分“指示”行为的意向性与“拿取”行为的意向性。我们必须把一个行为在价值上或在程度上的差异纳入考虑。

随之而来的问题是，分辨出地理世界与行为场域之间的关系。我们已经看到，对各种传统方法论概念的颠覆已经不再允许我们以因果关系的形式来探究这种关系了，灵魂与身体之间的关系难题就处于这样一种实证关系的形式之下。

---

① 瓦隆：《儿童性格的起源》（*Les Origins du caractère chez l'enfant*），法国大学出版社，“Quadrige”丛书，第 152 页。

② 原文中，此处的“意义”全词大写，以示特别强调。——译者注

B）心理学家们如何整合这些新概念？

1. **勒温**。心理学的发展以及这些新概念的引入所带来的哲学问题就是地理世界与行为世界之间的关系问题，而这种关系是被
438 行动主体所亲历的，该行动主体的各种行动通过一个区别于地理世界的现象世界而指向真实世界。但是，这种出现在主体对真实世界所做行为之中的转移，是如何可能的呢？

对于这个问题，勒温给出了一个有价值的解决方案。他并没有把这个问题当作是与灵魂-身体问题类似的问题提出来，灵魂-身体问题的前提是人们已经对两种实体进行了区分，并且对两者之间的关系感到疑惑。如果我们不再从实体角度来思考，如果我们放弃实在论，这个问题就会消失。

行为周遭环境的各种力，不被视为事物，不被视为实体性的实在，而被视为**被构造的东西**，即一些并不代表实体性要素的形态。自从勒温提出周遭环境的这些力是**被构造的东西**的那一刻起，他就可以得出结论了：科学不必过问这些力的实体、这些力的材料，这些问题本身就是虚幻的。这个问题是关于那些从现象场域获得的可被理解的关系（比如结构、形态）的问题。没有任何存在论力量可以在这里帮助我们定义这些关系。

勒温以政治经济学为例：在这一领域里，就像在许多其它领域里那样，人们在不需要借助实体为概念奠基的情况下，使用了一些概念。在勒温写作的时候，美国的黄金过剩正干扰着欧洲的货币状况。经济学家将这种黄金过剩解读为一种超载，这种超载被传播到世界其它地方，并影响着这些地方。这并不意味着经济

学家把这种“超载”当作物质的、实体的力量；而是把它当作一种精神的、非任意的构造，它不包含经济“实体”的构造。

然后他又举了另一个例子：在同一天，在苏联出现供不应求的情况，在美国则出现供过于求、生产过剩或更确切地说是消费不足的情况。勒温说，这些实体性的概念让我们可以理解，苏联没有失业状况，而在美国工厂都停工了。经济学家没有去“物化”这些现象；他把这些现象想成关系，而非实体。

同样，在心理学中，现象场域在地理世界里“发挥作用”，对此我们仅仅只需考虑我们为理解该行动而构造的关系。如果我们 439
承认世界是由一些可被设想的关系联系起来的现象系统的话，那么某种辩证法就可以依据行为被表达出来，一个经济场域就可以定义另一个领域，以此类推。因此，这就不再是因果性的问题了，也不再是去认识物理世界如何作用于行为世界的问题了。所有这些领域以及它们之间的关系都属于话语世界。于是，我们通过放弃实在论观点或者实体论观点，成功消除了这个难题。

对于那些想要建立他们自己的哲学的心理学家而言，这里有一些颇有裨益的指示。然而，难题并没有消除：它只是变换了形式。在实在论的思想范围之外，不同辩证法之间的关系问题出现了，而单一的个人就是该关系的舞台。实际上，物理的、经济的、文化的、社会等等的辩证法在个人里对峙。在这些辩证法并不会交锋的抽象层面上调和它们有多容易，那么就有多必要在实存的个人之中让它们互相对质。在事件的影响下，某些辩证法可能会暂时离开内在动力，而另一些则变得更加突出。如果各种经济现象的重要性显著上升，那么人们的生活就会变得几乎完全是“经济性质”的了。在其它情况中，比如在经济环境有利的情况下，就能更有效地实现其它辩证法。一旦活生生的个人被放在一些平淡的环境状况中被考察，那怎么还会有行为上的差异呢？观念论回应是不充分的：我们必须要解释为什么。让我们以这样一种冲突为例——源于我的家庭环境的整套动机和源于我的广义文化环境的整套动机之间的冲突。两种动机的一种为何会在某一时刻占上风？有人可能说，一方永远不会完全取代另一方。这是正确的。但同样正确的是，在处于冲突的个人看来，这样的操心会支配着他并且决定他的方向；生活并不是在一些没有竞争关系的辩证法之间来回地无谓空忙。

我们看到，我们不能完全消除因果关系的问题；但我们至少能够通过引入“动机”概念来以不同的方式提出因果关系的问题。因果关系是第三人称的，它涉及外部关系，而动机则是对行动的承接再塑，而不是对某个动摇不定的意义的承接再塑：冲动被个人承接再塑为理由，这解释了他在众多辩证法中的选择。例如，
440 经济辩证法如何成为了一个理由？我们不能说这是因为存在还是因为不存在一定数量的黄金。我们必须知道这种状况是如何在我的周遭环境里被具体实现出来的，经济底层基础是如何获得其影响力并把这种影响力传到诸个别现象的？我们不能满足于确认它会影响人们的思想：这可能会成为一种具有魔幻性质的构想。我们必须识别出某种媒介、某种环境（例如，美国文化主义者所寻找的那种环境），塑造我思考方式的工具环境、手段环境、建制环境。正是从这种我所承接再塑的文化世界（即广义上的器具世界）出发，我们才能理解经济的作用；个人通过文化世界这个媒介而

受经济的影响。

勒温所提出的问题并没有通过仅引入一些概念（比如"被构造的东西"概念）而得到解决；这是因为，我的经验不仅需要依靠被构造的东西，而且同样需要依靠动机。因此，勒温只实现了重要的第一步：彻底消除实体主义思想，这使我们得以以不同的方式提出问题、解决问题。

2. **考夫卡**。在其《形态心理学原理》（即引用过的《格式塔心理学原理》）里，他认识到，勒温所提出的问题的本质是要改变对"实在"的设想。但是，勒温所预示的存在论只有在被最终建立起来的时候才会赢得人们的重视。考夫卡认为，就目前而言，大家应该目标一致地将这两个不同范畴（现象范畴和地理范畴）置于一个共同环境之中——这个环境就是我们所认识的物理世界。

于是，考夫卡发展出一种物理主义哲学。地理世界与现象世界必定有某种共同之处；那就是，它们二者都是物理世界的表现。但是，因为物理世界就是地理世界，于是考夫卡发现自己被带回到了他最初的问题上。然而，他并不认为自己已无计可施了：人们在物理世界中已经发现了一些形态现象（电流在电导体中的分布就是一种形态现象）。既然在物理环境中有这样一些现象（因此在神经系统中也有这样一些现象），那么，现象世界就可能仅仅只是这些处在神经系统里的形态现象向意识呈现出来的表达。心理 441
学一方面是现象学，是对直接经验的各种结构的描述；但在另一方面，它也是解释性的，因为我们必须离开亲历现象的范畴来发现那些作为亲历现象之基础的生理现象。

除了描述性概念外，还必须引入一些功能性概念来解释神经系统的物理现象。考夫卡提出的同构性假说，把我们所亲历的形态设定为是以神经系统的形态为中介而对外在物理世界所做的内在的复制品；这一假说让描述和解释可以紧密地接合在一起。

韦特海默曾说，从最终的分析看，这些形态就是亲历，它们无论是或不是由神经系统所支撑的，都丝毫不会改变我们对之做的描述。的确，描述让我们得以揭示心理世界的丰富性；但问题不是要定义心理世界的材料，而是要解释它的结构；只有在物理形态与人类世界的形态都同等程度地拥有各种微妙细致差异的情况下，我们才能依赖于物理形态。韦特海默认为，当人们带着同构性假设回到某种实体主义时，辩证法思想就成了一种奇怪的主张，在这种情况下，实体主义并不是一种解决方法，而顶多只是一种权宜之计。

此外，这种同构性假设还有两个根本困难：

a）如果神经系统的形态与现象场域的形态是同构的，那么考夫卡对行为主义的批评就不再成立了，因为我们可以把我们关于视网膜图象的讨论同样运用在所有神经现象上；正如在视网膜之中没有图象那样，神经现象也只有在旁观者看来才是集中的。要么是没有理由从物理世界转移到现象世界，要么是现象领域既不是地理世界的一个碎片，也不是它的一个特例。因此格式塔理论又退回到了行为主义，只不过在格式塔理论那里各种神经现象被组织起来了。在考夫卡看来，事实是：意识过程是不会增加任何东西的（这是因为，一切都建基于神经结构），而且意识的产生可能和某种特定结构的出现有关。于是意识的产生就成了一个附带现象。那么有人可能会问：对直接经验的要求又会变成什么？

b）在这种设想旦，社会心理学会变成什么呢？如果通过某些具有结构化作用的物理化学现象在我大脑中的出现，我的各种行为可以得到解释的话，那么又如何解释我与世界、我与一个历史性和文化性的环境之间的关系呢？ 442

在一个行为的周遭环境之内，而且也只有在那里，人们才能理解为何属于社会范畴的动机会变得具有效力：个人与其社会环境之间的关系只有在一种原初的行为场域之中，才是可被设想的。通过“附带现象论”的论点，我们怎么能理解那些刻记在我大脑中的文化关系会成为动机呢？

因此，我们看到形态心理学所发生的倒退：一切都被重新置于生理因素这个公分母上。没有比这种对历史社会的否定更彻底的否定了。因此，对格式塔理论而言，有必要放弃这样的论述，有必要回到勒温的论述上去。

3. **保罗·纪尧姆**。他采取的是一条与考夫卡平行的路线。在本次课程中，我们将会看到，他最初是以一个格式塔主义的、现象学的起点为导向的，后来由于方法论的考虑，又回到了生理学的和物理主义的设想上，这过程是非常有教育意义的。

带着这种关注，我们可以阅读这些文献：“心理学中的对象”、《心理学导论》、“我们能够描述现象吗？”①

---

① “心理学中的对象”（L'Objectivité en psychologie），载于《心理学杂志》（*Journal de Psychologie*），1923 年 11-12 月，第 682-743 页；《心理学导论》（*Introduction à la psychologie*），弗汉出版社，1943 年；“我们能够描述现象吗？”（Peut-on décrire un phénomène ？），载于 A. 米乔特：《心理学杂谈》（Miscellanea psychologica），1947 年。

纪尧姆像考夫卡一样，最初被引向一种彻底的心理学——即能够整合各种各样的动机，而且又不排斥相近方法的心理学；在最低限度上，这种整体性的心理学会承认条件反射的存在，但它也会在更高的层面上承认，一些整合程度更高的行为是能存在的。在某些情况下，与周遭环境的关系是以个人所特有的结构为中介的，而且不涉及真正意义上的动机：这些行为不能被化约为地理的周遭环境。在动机更复杂的情况下，各种言语行为应被视为消息来源，应被视为有可能揭示出某种内在结构的信息要素。

这样一来，这种整体性的心理学就把如下这两种情况接受为了临界情况：一端是反射学，另一端是复杂行为——通过这些复
443 杂行为，个人以一种特定的方式肯定了其环境中的刺激。多种方法被应用在这些不同层面上：在最低限度上，某些行为会通过物理的因果关系来被解释，它们属于纯粹解释的范围；其它一些更复杂的行为，则从属于理解的范围——即去把握个人的结构（无论该结构是明显的还是隐秘的）的理解。

但是面对这种整体性的心理学，纪尧姆最终望而却步，放弃了考虑现象场域。我们可以在他的《心理学导论》里区分出以下三个阶段：

a）在物理学中，从事实追溯到其前因的因果解释是唯一有效的解释；

b）在心理学中，内省是无效的；它假设了一种现成的知识。然而，我们必须学习认识自己及认识他者；

c）根据这些前提，纪尧姆决定把这些物理方法应用到心理学中：“刺激-反应”关系与“前因-后果”的物理关系是同质的。

这种解决方案只有在我们假设内省和物理方法之间有非此即彼关系的情况下，才是有效的。但是在这里，在这种非此即彼的选择之外，还存在第三个范畴，就是现象范畴，该范畴必须区分于柏格森思想中那种与“历验”的重合。这第三个范畴可被证明，但却不能被化约为物理范畴；此外，有必要研究一下物理知识是否很好地对应于以上指出的这种图式。

在以下段落中，我们将会考察我们可以赞成纪尧姆的那些点，以及我们与他分道扬镳的那些点。

a）**共识**：如果人们想让内省成为一种直接进入个人心理现象的通道，那么，很显然这种想法是应被抛弃的。因为自我对自我的认识是非直接的；内省是一种构造出来的东西。我们不能信赖直接的印象；我必须像对他人行为进行译码那样去对我的行为进行译码。纪尧姆正确地强调道：“意识状态并不是心理事实，而是对心理事实有意义的显示。”相反，在纪德看来，“爱的意识与爱没有区别”。但这很难站得住脚，因为无论如何都存在着真实性上的差别。

第二点是，没有任何一种自我认识不包含对某个外在对象的 444
指涉。我们以眼镜店的图表为例：辨读行为**只是通过**辨读被确保的。这种活动总是指向世界的。纪尧姆补充说：现象学的错误在于认为我们必须中断我们的行动来把握我们与世界的关系。这种看法显然是应该受到批评的；这不是对于行为的**意义维度**的看法；经验的意义并不只是被我的经历所赋予的；而是，无论这涉及的是我还是他者，经验的意义都只是因为被我经历了所以才能被我所通达。

我们在这里处于持续的误解之中，这是因为，纪尧姆认为现象学还原是一种把一切还原为意识状态的还原。在此意义上，现象学成了一种纯粹的虚无、纯粹不确定的东西。如果我中断了与世界的一切往来，还剩下什么？从还原到还原，我最终否定了一切。实际上，根据现象学的说法，“悬置”或“还原”仅仅中止了我与世界的日常关系和不言自明的关系，而中止这种关系是为了看到它、揭示它。还原的目的在于，让我自己意识到这个我所实践的关于世界的恒常论题。

纪尧姆分析的第二点是，要从普遍的客观性出发来获得心理学上的客观性。思想的第一步努力（即它进行分类的努力）是选出一些成为了主体间特性的特性，它们类似于笛卡尔的“第一性质”。客观性并不属于材料范畴，而是被构造的。直接被给予我们的，是形态性质。而且正是基于此，我们可以开始进行分类，例如，对红色物体、白色物体的分类。它们的关系随后可能会被普遍化。但这第一步的工作（物理学也正是通过它才得以出现的）还没有完成对现象的客观化。例如，色盲者与正常视力者生活在不同的世界。因此，客观化的第二步工作仍有待进行：研究颜色与各种机体之间的关系，也就是说，通过机体的生理结构的特性来解释某个独特世界的特性。当我看到不一致的情况时，我努力通过解释它们和陈述它们的原理来化约它们。客观性蔓延开去；当我们觉察到在第一性质的世界和物理学的对象之外还有仍待客观化的东西时，心理学就被建立起来了。

445 最后，第三点，纪尧姆的论点是要将物理学的客观化方法推广、扩展到心理学上。整个心理学领域都应该被整合到一个因果关系系统中。要解释各种主观事实，就必须构造一些其它定律。以科学的方式认识一个事实，就是将其置入因果关系的系统之中；我们必须超越现象的东西，才能把它置于一个整体的情境中。认识，并不是要去符合事实，而是要后退一步，把我们想认识的东西置入一个整体情境中。

b）**异议**：在这种客观化的努力中，有时会出现这样的状况：人们遇到一些关系，而这些关系无法被同化为物体之间的关系。“刺激-反应”关系以机体活动所引入的某种结构为中介。同样，在刺激和一个行为之间，我们必须插入一种对这些刺激所做的结构化。自从有了结构化活动的那一刻起，某些现象就只根据这种结构化的整体而发生：各种阈值、某些知觉上恒定的现象，都与刺激整体的某种形构联系在一起。因此我们面对的是一种横向现象，而不再只是一种纵向现象，这种横向现象与那些把不同刺激彼此连在一起的关系有关。

与心理学知识相关的，并不是地理物体，而是现象形构。因此，将现象世界和地理世界混为一谈，或者将现象世界化约为地理世界，都是不合理的。

在实验室实验的情况里，刺激的形构可以被视为一种外在所予（诸刺激之间的临近程度、它们在性质上的相似度等等）；但是这些客观的规定性或条件在这里不具有因果性特征。

例如，通过将一个形态称为“好的形态”，我们指向的是一种享有特权的形态（方形、圆形等等）。但“好的形态”一词的含义是什么？它是如何被定义的？它涉及一种完美观念，该观念自身没有意义，它只有在参照一个既定机体时才会获得意义。如果我们站在戈尔德斯坦的立场上问："为何某个事物具有形态"，那么我们就不得不诉诸某种决定性的内生因素了。

446 所以，我们不能将"刺激-反应"这对组合视为一种有形的物理过程；机体本身就已经参与筛选那些可供选择的刺激，并且为这些刺激赋予某种秩序了。心理学和生理学的首要目的，就是要确定这些组织模式。如果我们以自由知觉为例，格式塔的形成看来并不仅仅与外在条件相关：并不是所有客观条件都占有同样程度的主导地位。另外，纪尧姆也清楚意识到这一点，而且认为真正的知觉与实验室中的知觉截然不同，在实验室中，实验员是从抽象化某些刺激来着手的。的确，我们不能不做实验研究，但是实验研究所使用的归纳法并不是要通过抽象化来揭示出一个不变的因果链条；实验研究是要从事实中解读出某种典型的行为结构。积累事实既不是进行实验的必要条件，也不是其充分条件。如果一个实验是通过一系列先前研究而预备的，那么我们就可能基于这个实验来分离揭示出一个规律。

无论如何我们都没有理由假定心理学应该避免采用任何通向现象内部的手段，这是因为，归纳法总是伴随着某种结构。归纳法是一种旨在通过智性联系把各种物体关联起来的努力。我们从来都不是在事实中找到理解事实的手段的；我们必须构造一些关系和一些概念，用于阐明被知觉物以及对其进行结构化。知觉的例子对纪尧姆尤其有利，因为知觉总是对外界的知觉。尽管如此，从这一点上并不能得出任何支持客观主义方法的论据。在其它领域，要将心理认知简化为"刺激-反应"图式就更加困难了。例如，在对他者的认知中，心理学的任务是要回到这种经验并且将其显题化。当然，心理学是间接的知识。心理学不会混同于我们看他者的视角，因为这种视角是被亲历的。但如果我们试图阐明它，这仍然是要在现象范畴里把这种典型行为结构分析揭示出来；这仍然是要去做出理解。心理学领域里占比最大的部分，不能以纪尧姆提出的解释来解释。对于一些研究而言，例如关于人格的研究，或者关于遗忘和回想的条件的研究，通过对遗忘和回想的普遍限定因素来进行的因果解释显然是抽象的：对于某个遗忘或者某个 447
回想，我们是通过把它们重新置于行为的动力中来理解它们的。

我们这一陈述要揭示的核心点是：我们不能接受将运用物理科学方法的客观心理学与不可验证的内省心理学之间的关系设想为非此即彼的。纪尧姆有时会承认，解释是参照现象场域的结构来进行的，而且解释尤其要做的就是对个人的动态进行理解。在“心理学中的对象”（上引文章）中，纪尧姆承认，对现象场域的描述是必不可少的；例如，他认为动物心理学的任务应该是对现象世界做出描述——这是可以通过描述行为来达成的。但是在其它文本里，“现象”对他而言又成了纯粹的个人现象、“被亲历的直接性”、“个人意识的所予”、“某个被亲历的感受的精确细微差别”。因此纪尧姆在把“现象”与柏格森的“绵延”混在一起的时候，想着柏格森。实际上，在“被亲历的直接性”层面上是不存在心理学的，在地理世界层面上也是不存在心理学；心理的领域处于两者**之间**。

如何解释纪尧姆的立场？在我们已经引用过的那篇文章中（“我们能够描述现象吗？”），纪尧姆对自己提出了一个异议。他说，在瞬时的亲历中有一些无法传达的东西。然而，现代文学成功创造了一种表达亲历经验的技巧，亲历经验以外界物体为中介被描述出来。这种技巧旨在传达我所亲历到的那个样子的世界。但是，尽管有这样的表征，这也并不是在真正意义上传达亲身经历；听者必须要核实撰写信息的主体所传达的是什么。物体之间的关系是我们交流传达的唯一主题；只有在交流传达致力于描述地理世界各物体之间关系时，它才是可能的。有可能存在对于物体形态的传达，但不可能存在对于形态的现象的、如该现象被给予的那个样子的传达。当表达试图直达亲历时，它是无法被核实的。纪尧姆清楚地认识到，我通过我的经验的客观环境，获得了，或者可以获得关于该经验的认识。但是他又补充道，这种认识不是客观的，或者，如果这种认识是客观的，那么它就不是对于亲历的认识。

448 但是，这样说的话，在物理学中就不可能有传达交流了；这是因为，物体间的各种关系本身最初也是属于不可言传的意识的。这些关系之所以能被客观化，是因为个人性的东西不一定是不可传达的。当心理学家对内向性格进行了描述时，这就不是不可表达的结构了；我们要做的是定性观察，但是这些定性观察会对亲历做出某种解读——可以由语言来传达的解读。这一点被纪尧姆遗忘了，在他看来，现象的东西仍然是不可言说的。

当纪尧姆更仔细地考察现存的心理学时，他不得不承认，现存的心理学与符合标准的心理学相去甚远，这是因为人们在现存心理学中运用了被试者自己的视角，然而同时又设法让被试者不给出自己的解读。纪尧姆举了一些伪装成物理学实验的心理学实验：测量阈值，还有在其它领域中测试智力和性格；此外，这是一种很好的措施，因为人们不能仅仅依靠一个幻觉物来知道什么是幻觉。但是，只要有人把他的见证解读为幻觉行为的一部分，那么就没有理由放弃他的见证。纪尧姆在其《心理学导论》的某些段落中承认了这一点；语词可以表达出数个个人视角的共同结构。但是，他补充道，这样一来，这种语词所指涉的就是一种共同结构，而不仅仅是一个现象。到了这一步，讨论就成了彻底的言辞之争：如果心理学家像我们所做的那样，通过“现象”来理解数个主体的经验的共同形构的话，心理学就成了现象学。

同样，在其它段落中，纪尧姆指出了这个意义上的内在生活的各种问题与客观方法与之间的相容性。客观心理学一直都有能力去整合内在生活——这种被视为行动的动力的内在生活，这是因为，内在生活总是在行为中表达出来的。（纪尧姆说，我们可以从外部去认识一种不做出注视的注视。）这样一来，客观心理学就可以把他人的内在生活作为研究领域了，这是因为，看似被保留在行为内在深处的东西是可以在该行为之外被读到的。内在生活也成了客观心理学领域的一部分，这种心理学必须力图通过外在地把握行为动力来参透其意义和意图，也必须力图通过将事实看成是表达着行为结构的方式来理解事实之间的关系。语言属于行为，心理学有权利用被试者自己告诉我们的信息。即使见证不是 449
从字面上被理解，而是被视为一种迹象、一种旨在证实行为规律的证据，这种方法也仍然是客观的。纪尧姆的这些意见很有见地；但是纪尧姆在这里超出了他最初对客观心理学的定义，回到了一种整体性的心理学中。

然后，纪尧姆更进一步指出：在区分心理学和生理学的这个问题上，没有必要把生理学所做的解释与心理学所做的理解对立起来。但是在他著作的其它段落中，他又重新操起了客观主义的语言。例如，他承认关于愤怒的心理学是要建构“一组愤怒的症状——使我们能够预见愤怒的发生过程的一组症状”。将关于愤怒的种种事实累加起来去找愤怒的意义是不够的，而是要去找这些事实的某种共同意义，要通过领会这些事实的总体意义以及行为的总体意义来将这些事实联系在一起。我们不应该寻找属于“客观连续性”类型的联系，而是要寻找属于“动机”类型的联系。

因此，综上所述，我们可以谨记对现象学心理学的两项提醒：

1）要获得对现象核心的直觉，仅仅悬置预设的概念或科学的概念、仅仅回到经验是不够的。我们必须提防言辞之争。[①] 现象学方法在这方面并没有显出比其它任何方法更严重的危险。

2）现象学理解的方法是从种种行为结构中被把握到的，该方法既不会让我们严格地区分理论和事实（那些用于检验理论的事实），也不会让我们获得绝对的客观性。纪尧姆对精神分析做出了这种评论。的确如此。对于历史学和社会学来说、对于人文科学领域的所有研究来说，同样是如此。我们不应由此下结论说这些研究都沦于偶然性，而应该说，这些研究所涉及的只是对象化，而不是绝对的客观性。这或许就是所有人文科学的代价，因为在这个领域中，我们无法把关于“我们是什么”的看法与“我们实际是什么”绝对地区分开来。

---

① 参见胡塞尔：“本质直观和经院哲学”（Intuition d’essence et scholastique）（《作为严格科学的哲学》，载《逻各斯》，第I卷，1910-1911年，第289-341页）。

是什么原因让纪尧姆这样构想时如此犹豫不决？他认为，心 450
理学在法国的发展之所以迟缓，是因为研究者没有给客观方法以价值，而且研究者通常都首先接受了哲学方面的教育。纪尧姆把这个问题说得仿佛是心理学与哲学之间的冲突问题。他指责哲学家把存在于物理客观性到来和心理客观性到来之间的简单时间差转变为了存在论上的差别。然而，在这里从事哲学活动的是他自己；当他将物理客观性的预设标准转移到心理学中时，他是作为哲学家，而不是心理学家在说话。当他宣称只存在唯一一种客观性、唯一一个论域的时候，如果不是他在从事存在论的话，那么又是谁呢？他用物理范畴的统一性取代了经验的多样性，而在每个领域中我们又必须去体验存在并且去建构胡塞尔所谓的“区域存在论”。

我们要根据我们在这些不同领域所拥有的经验来定义什么是人、什么是历史，而不是去假设某种方法的绝对价值，去预先限定心理的存在。纪尧姆是以哲学的名义在说话。他自己说道，他想要做“心理学的哲学”。但是在这个阵地上，种种困难成倍增加。他采取实在论的哲学立场；但是另一方面，由于根据他的说法，现实是“被构造的”，所以我们看不到要如何衔接这两种想法。《心理学导论》涉及了穆勒和培根所理解的“归纳法”概念，而且这些正是哲学家的构想，而不是科学家的构想。根据布伦施威克的说法，留数法从未被运用在科学中；这是一种盲目的方法，通过该方法，人们从一个复现象出发而获得这个现象的留数，而该留数是无法通过此现象的诸前项的留数来获得解释的。如果可以建立一张前项的完整清单，那么我们就赞同；但是情况从来都不是如此。这种对“科学知识”的设想与归纳法的科学实践相去甚远。

事实上，我们已经看到，现存的心理学完全不遵从纪尧姆所假设的心理学认知的准则。因此，我们不能说他是以心理学的名义在说话。妨碍心理学研究发展的并不是好的哲学，而是一种不具备严格性的哲学：各种客观主义原则就是其中的一份子。长久以来，正是这些成见在法国为心理生理学赋予了一种它配不上的
451 特权。在法国，如果说许多研究者疏远了心理学，这或许是因为：供他们的选择只有心理生理学，而且各种客观主义成见使人格心理学始终无法被解释澄清。

C）戈尔德斯坦对生理学的设想、对生理学与心理学关系的设想

戈尔德斯坦[①]要求我们不要根据关于“存在”的范畴和概念，而要根据生理学在研究过程中所获得的意义来说明生理学领域和机体领域的特性。真理要根据各种验证活动被界定：因此他决心谨遵那些科学实验和科学研究中出现的东西。如果我们论及心理学，那么有可能出现的歧义就是把“现象”与柏格森的不可言说的“经验”混淆起来。但是，如果我们能成功阐明现象学取向在神经系统研究中的可及范围，那么这种歧义就会消失。

这就是戈尔德斯坦这位精神病学家的研究方向，他在1914–

---

① 戈尔德斯坦：《机体的结构》（*Der Aufbau des Organismus*, 1934年；*La structure de l'organisme*，伽利玛出版社，1951年）。

1918 年的战争结束后专注研究脑损伤患者的康复。他很快意识到，要描述病人的障碍特征，唯一的方法就是进行心理学分析。他的各种设想是根据对脑部病例的临床研究发展出来的。我们将看到，戈尔德斯坦的研究是如何从悬置各种成见开始，由对失语症领域、偏盲症领域和反射领域的生理学知识的分析出发，继而发展成一种对机体、生理性以及精神性的界定的。我们将再次见到一个实验研究与现象学方法的各种要求在无意中汇合的极佳例证。

1）对当前各种成见的悬置

戈尔德斯坦的研究始于这样一种意愿：不依赖任何一种生理学定义；这是富有独创性的意愿，因为生理学家在着手研究他们的对象时就已经带有“身体应该是什么”的预设了。如果人们想科学地研究身体，那么就必须将其设想为物质的一个特例。而且 452
如果人们将其视为处于运作状态中的一团物质，那么大量属性或谓词就会被视作不具科学性而被轻视和排除。在观察行为时，任何一种展现性质差异或含义差异的描述、任何一种把行为理解为具有不同层次的含义的描述都是素朴的描述，因为它最终涉及的并不是简单要素之间的组合。实际上，各种机械论成见都想让客观性和对简单元素的分析相等同。它们当然可以在和反射有关的方面实践这种分析，但却不能在所有方面都这样做。因为当它们进入存在论时，就会在没有思索过“简单要素是什么”的情况下，把简单要素视为奠基性的东西，而把复合要素视为衍生的东西。

戈尔德斯坦不允许我们以这些机械论成见为依据，也不允许我们以生机论的成见为依据。只有在深入的实验研究之后，我们才能够对生理学、生命进行定义。我们无法在接触机体之前就知道它是什么；我们只有从生理方面认识“生理存在”之后，才能对其进行定义。戈尔德斯坦试图根据现象、并且如现象向我们显现的那样来定义生理存在。

2）对失语症的研究

失语症的问题让我们不得不面对生理学与心理学之间的关系问题。在早期，失语症曾被认为与脑部损伤有关。它被看作是一种可以由某个专门负责语言的器官的缺失或缺陷（比如书写语言或口头语言上的缺陷、理解书写语言或口头语言上的缺陷等等）来定义的疾病。人们将这种障碍归因于脑部损伤。语言装备的健全性被认为是和某些中枢神经的健全性相关的；而且人们认为，通过研究语言障碍，就能做到关于失语症的生理学。但是根据戈尔德斯坦的观点，这种研究仍然首先是心理学性质的；所有分析都受到了当前心理学的左右。当前的惯常做法实际上是将语言分解为数种活动，如说、写、命名物体等等；医生根据这些常识性
453 的范畴来检查病人。疾病列表体现了这些范畴：医生任由自己不以各种事实为指引，各种测试都是根据一些关于语言结构的主流观点设计而成的。

如果我们对失语症患者进行更彻底的检查，那么各种障碍就会呈现出与最初不同的样子。如果我们不再对大家共有的思想进行划分和筛选，那么就不会有大量缺陷了：失语症患者在某些情况下会说话，在另一些情况下则不会；每当他可以运用某种不由自主发出的语言时，他就会说话，而当要运用真正的语言、真正

的命名行为时，他就不会说话了。

例如，患者无法说出颜色的名称，但是能够以草莓为中介来辨认出红色。因此，他保留了一种不由自主发出的语言、一整套他以类冲动的方式使用的语言工具。但是他失去了把单个物体视为属于某个范畴的典型结构的能力。前一种态度是具体态度；后一种态度是范畴态度，它要求以某个观念作为中介。一个人能够以两种方式使用语词：让语词并入到一种不由自主发出的语言中，或者为它们赋予充分的意义。失语症是话语从范畴层面落到了不由自主的层面。但是，消失的并不是语言、并不是作为有声整体的语词。对失语症的最初观察是不全面的，这些观察导致人们以一种激进的方式来回应问题——那个不能以这种方式来解决的问题。

问题是要知道各种行为对患者来说具有什么意义；这是因为，患者能够在不由自主发出的语言的助力下造成假象，他能够通过使用其“外在语言知识”让人觉得他在进行命名；但在严格意义上而言，他这里并不存在命名行为，并不存在通过范畴这一中介将语词和事物连接起来的内在活动。参见：例如，计算的假象：被试者被要求做加法运算，他成功做到了；但是，他并不是真正做了计算；他将第一组数字放在手指上，以此类推。他不再懂得“一个数”是什么，他以一种完全不由自主的方式来使用一系列的数。因此，说失语症患者有计算能力，这是不够的。我们还必须知道他是如何做到的。被试者始终在设法掩盖他的缺陷，我们必须深入障碍的本质来揭示它。

这样一来，我们就不能再像过去那样理解失语症了；人们曾

经认为任何疾病都应该是由某个原因所决定的，都应该可以推导
454 出所有症状。实际上，人们无法到达这一步，而是在承认其它原因干扰了病例的纯粹性的同时，每次都将疾病的面貌更复杂化了。于是，人们曾被迫诉诸一些辅助性的假设。诊断总是带着疑虑。

戈尔德斯坦认为，疾病分类学的实体过去的定义非常糟糕。戈尔德斯坦不是以病因来定义失语症的，而是以语言结构的变化来定义：范畴态度的崩塌。同样，在海德看来，失语症是象征功能的崩塌。戈尔德斯坦进一步阐述了他的分析，并且指出，如果我们将根本的障碍定义为没有能力区分本质因素和次要因素、没有能力分配重点的话，那么根本障碍就可以在多个被试者身上以类似的方式呈现出来；这里存在一种无法将显形和景深衔接起来的缺陷；患者丧失了朝向可能性的能力。患者不能领会或抓不住一篇短小故事的精髓，而且只有在事实处境中才有理解能力，对他而言想象毫无意义。语言丧失了其生产力，在一个由定式含义构成的器具中活动。

在性行为中，我们也发现了一些类似的缺陷；我们所面对的不是整体的缺陷，因为被试者并不是性无能；而是他变得没有能力主动发起性行为，他似乎感受不到欲望的冲动。这种根本障碍是不能以某些要素的缺失来定义的，而要以另一种类型的行为组织来定义。

如果这一切都是正确的，那么我们关于失语症生理学的知识就是间接的，并且反映出失语症临床研究的贫乏。但是基于对失语症行为的理解，我们得以尝试构想这种行为背后的过程。任何认识都是一种构造，这同样适用于生理学。我们需要理解的，是

行为；唯一直接给予我们的材料，是行为。

但也许失语症的案例只是一个特例？难道没有更简单的例子可以更快地证明生理知识是一种间接知识吗？

3）对偏盲症的研究

我们将跟随戈尔德斯坦，借助偏盲症现象进行讨论。患有这种障碍的病人的视觉场域减小了约一半，这是实验室测量常会出 455
现的情况。然而研究自由视看的偏盲症的福克斯发现，视觉场域确实缩小了，但并没有缩小一半；此外，场域仍然是双边的：可以观察到对视觉场域的双边再分配，这种再分配的幅度变小了。这种再分配是以什么样的方式发生的呢？患者的双眼倾斜，没受损伤的半视网膜位于中央位置，视网膜的中央凹则被排挤到边缘位置而不再发挥原来的作用，该作用被另一个区域接替了；一个功能性的视网膜中央凹确定了它的位置范围。这意味着，在眼睛的运作中，视网膜的每一个点都必定发生了空间性的重新分配。生理学不只体现了解剖结构的状况；眼睛的运作为这些解剖结构上的状况赋予了结构，以求维持最低限度的有效功能。

对于这种新的运作，如果不说它是一种行为，还能说什么呢？它不只是某种解剖结构状态的反映，而是与机体必须完成的某项任务有关。机体有要把功能保持在某种最佳状态的倾向。这种重组活动是在没有任何主体意识参与的情况下发生的。比如，在半边弱势的情况中，就没有功能性的重组。因此我们正在研究的是一种无意的现象，它是机体活动与生俱来的。

我们仍然可以去对照戈尔德斯坦所强调的某些更复杂的机体

生理行为。失语症患者的行为是以这样的方式进行的：他们避开那些他们无法掌控的灾难性处境；他们回避任何引起焦虑的处境。他们总是带着一副忧心忡忡的样子小心谨慎地整理物品。由于没有天然就存在的秩序，而且任何秩序都是由行为的某种取向所确定的，所以，患者让每个物品都有位置的这一事实就证明了他们无法在一组随机排列的物体之中行动。这些患者的强迫性秩序是病理性的；它是在为了避免那些难以解决的状况而减少了对环境的要求。在这种情况中，缺失的是投射功能，即朝向可能性的能力。

这些减少对环境的要求的态度，与我们在半盲症里发现的态度相似。疾病仍是一种行为，它具有某种意义，它不是一种盲目
456 的因果关系，而是机体对一些事实状况（即该机体的某种状态所必然会带来的事实状况）所采取的立场。

4）一些总体论述

生理学通常被理解为有关机体的物理化学。但生理学是对运作的研究，而由于仅凭解剖学无法解释运作，所以生理学就必须将解剖学的研究承担起来。人们也承认现状暂时就是如此，但是一些仍然还未被认识的解剖结构状态和生理化学状态甚至能够独立解释机体的运作。

生理学家施泰因宣称，在生理学中，我们必须获得一些严格意义上的客观条件（比如“时值”等等）。无论观察到的是什么，行为，所有行为，难道不都是以一些由时值测定所确定的机制作为基础的吗？戈尔德斯坦回应道，在对生命的物理化学研究与对

机体的生理研究之间，除了研究途径上的区别，就没有其它本质区别了。人们并没有通过物理化学而得以以一种更加直接的方式触及神经运作。归根结底，行为才是唯一的辩证统一体。

或许应该在这些我们引述的例子中引入一些和价值、性质或程度有关的概念？或许应该考虑一种由严格意义上的特殊现象所构成的秩序？戈尔德斯坦试图表明，无论要做心理学还是生理学，无论是通过哪种不同途径来触及结构，方法始终是同质的。时值测定可能看似引入了，而且促进了对脑部结构的客观界定。但实际上，这只是表面如此。

无论是从测定时值入手还是从分析主体所表现出来的行为入手，都没有必要将这两种方法对立起来。戈尔德斯坦说："这种生理学认为，采用一些物理学方法，可以更透彻地把握运作。然而，问题完全不在于要直接观察，而是要根据既定状况来观察神经运作的主体。"当我们获得了一种构想神经系统的方式时，我们就会倾向于认为这种方式可以让我们走进*自在的*运作。而实际上，这 457
只是一种对机体进行*探问*的方式，而且我们是能够以多种方式对其进行探问的：临床的，等等。第二种方式与第一种是同质的；但第二种方式并不会更直接。无论如何，所获得的结果都始终只是近似于核心现象，而核心现象就是：机体整体对它所在处境的反应。不存在与事实之间的重叠——无论是外在事实还是内在事实，而只存在某种对机体进行探问的方式。目标始终都是要重新建构行为的动态。

戈尔德斯坦并不反对物理化学分析，而是要反对一种哲学假设。重要的仅仅在于，要认识到这些只不过是一些分析，要坚持人为操作和自然操作之间的区分。心理学进路与物理化学进路应该被视为互补的方法。对现象的分析应该力求借助所有方法来确定行为形态。事实上，施泰因的研究和戈尔德斯坦的研究已经汇合了。

5）对反射的研究

我们将证明，在初级反射的情况下，生理学的应用成为了心理学的解释，并以此说明这种汇合。参见巴宾斯基反射：在椎体病变的情况下，正常的反射（脚趾弯曲）被倒置了（脚趾伸展）。如何解释这一点？过去人们设想，病变切断了脑部对反射反应的控制，一个自动装置不再受制于脑部控制。这种解释显得是臆造出来的，就像某种对现象的描述或命名方式。自动装置纯粹是一个杜撰，通常对自动装置进行控制的禁制装置也完全是臆测的。这种解释方式如下：把那些必须要解释的东西导演出来。但如果人们放弃这种方式，转而观察事实，就会发现被试者（即椎体通道受损的被试者）的各种反应并不始终都具有相同的意义。实际上，机体中的伸展现象意味的是：一种回避反应。相反，弯曲现象是一种适应反应。当分化反应（即一种较精细的反应取代了一种较简单的反应）无法实现时，就会出现回返：通过某个逃避行
458 为而回返到某种更粗糙的行为状态。时值的变换只是这种去分化反应现象的一个局部方面，而这种去分化反应现象则是神经系统的总体活动所显示出来的特征。

在一些外围性瘫痪里也能观察到巴宾斯基迹象。如果我们更仔细地观察，就会发现巴宾斯基迹象在同一个被试者身上并不是

恒定的。一些额外因素会产生干扰，比如头部和身体的姿势；在某一既定时刻，它们会依据它们对维持生命的重要性、作为有利的或不利的因素介入神经系统的活动中。这些事实引导我们将巴宾斯基迹象视为一种操作，该操作揭示神经系统在某种程度上是作为整体来运作的。在任何一个研究领域中，都存在根据处境所进行的机体的整体活动。

巴甫洛夫会为我们提供一个例子：他企图要建立一门客观主义的生理学。[①] 根据他的说法，应该作为对人的主观研究的基础的，正是对脑部运作的生理学研究。他想要建立一门关于神经运作的科学来作为心理学的指南。

他对反射学的设想是一种智性主义的设想。巴甫洛夫问道：机体如何将其反射场域扩展至其它相关联的刺激呢？对此，他用辐射原理来做解释：任何刺激都与另一个刺激相关联，仅仅因为这一事实，也仅对这一事实而言，任何刺激都获得了一种激发能力。但如果辐射且只有辐射起了作用，那么无论如何，新的反应都可能会是有害的，而且有可能会消除那些最初的反应。因此必须要对辐射做某种限制：对条件反射做筛选。为了解释这种筛选，巴甫洛夫诉诸禁制原则，他将该原则视为积极的因素：发出一些刺激，这可能会导致暂时消除某些其它刺激的作用。

我们通过这几个例子看到，巴甫洛夫实际上试图构造一套概念系统，以便能够解释条件反射是成立的。但这一整套概念是有根

---

① 参见：《大脑皮层机能讲义》（*Leçons sur l'activité du cortex cérébral*），勒格朗（Legrand）出版社，1929 年。

据的吗？难道它不包含着一个这样的假设：对一复杂刺激的任何反应，都可以从一些初级刺激获得。但在某一种情境下作为禁制者的刺激，在另一种情境下就不再具有这种作用了。因此，我们应该得出结论：不存在本身就拥有某种反射能力或者某种禁制能力的初级
459 刺激。在更普遍的意义上来说，没有自在的刺激，只有对某个机体而言是有意义的、根据某个整体来运作的操作性刺激：反射，是对各种刺激之间关系的反应，而不是对孤立的刺激的反应。

巴甫洛夫是从各种理论先见出发着手建立其理论的。在“注意、习惯和记忆”① 中，皮埃隆强调了理论与事实之间的重要区分，这种区分即使在如此客观的生理学领域也不那么容易坚持。诸事实被表述的方式就已经属于一种理论了。理论与事实，它们天然就休戚相连；但是我们必须知道如何做出选择。巴甫洛夫的心理学预设在某些情况下非常明显：参见关于知觉恒定性现象的例子。在亥姆霍兹的理论中，对此问题的传统解决方案是：判断。巴甫洛夫则谈到条件反射，但两者殊途同归：在两种情况中，给出的解释都意味着我们是试图通过组装各个部分来构建整体的。

“忽视心理学”的这个决定，是与“仅仅只研究神经现象”的决定紧密相连的。就客观性而言，重要的不是讨论神经要素、身体要素或者物质要素。巴甫洛夫的分析的确是针对行为的分析，但它是糟糕的分析。不过，他被引导着观察到了一些有价值的反应：如果通常用于实验的狗被套上项圈，实验员就会注意到一些

---

① 皮埃隆：“注意、习惯和记忆”（L’attention, l’habitude et mémoire），载杜马斯编：《心理学新论》（*Nouveau traité de psychologie*），阿尔康出版社和法国大学出版社，7 卷，1930-1949 年。

反常现象。一方面，各种正常的分泌反应和运动反应分开了；另一方面，实验员观察到一些违拗反应：这只狗拒绝与环境有任何关系。巴甫洛夫极力尝试解释这一切，但他的解释都极其复杂，而且这些事实并不符合他理论的方向。

无论如何，我们都发觉了一种更简单的方式来解读这一切事实，即为它们赋予另一种意义。例如，如何理解动物的反常反应？巴甫洛夫通过自由反射来解释。恰恰相反，这只动物所做的是拒绝任何刺激；它彻底拒绝实验情境，因为这些情境不自然。只有对某些刺激复合体（食物、雌性等等）来说，某些行为才具有意义。在这里，当人们想让机体保持在实验室中时，它不再忍受这些外在条件了。当人们带来那些惯常任务时，动物有其它合乎情理的反应。从这角度来看，巴甫洛夫的条件反射才应该被视 460
为反常的。他的解释让我们得以排除一种幻想——建立一种直接的、无需分析行为的生理学的幻想。

让我们回到戈尔德斯坦的观点上。与其把条件发射视为生理反应的典范，不如把条件反射视为一种反常反应或者一种较高层次的反应更准确。而且这两个方面并非互不相容，因为较高层次的反应是很难保持的，它会引起某种反常反应。条件反射是一种反常反应，因为这是一种对一个孤立刺激的反应；孤立性是反常行为的典型特征；根据这种孤立性的设想，神经系统是以单独分开的部分来运作的。实验员在儿童身上比在成人身上更容易实现条件反射，在智力发育迟缓的儿童身上比在正常儿童身上更容易实现条件反射。另一方面，条件反射也能在一些具有较高行动能力的被试者身上轻松获得，对于脑部发展显著的机体来说几乎更加容易。较高等行为的特性正是会选择那些不具有实践性质的刺激。通过对总体运动的分解，我能够很好地获得关于局部刺激以及局部反应的认识：运动习惯等等。但是要做出分析就很困难，分析在某种程度上意味着一种具备二度能力的活动，即动物力所不及的困难行为。对孤立刺激有反应是较高等机体会做的事情。

6）对生理学的展望

各种机械论设想远不能代表科学设想，它们体现了某种拟人主义。我们习惯于认为机械论设想是最客观的；实际上它们只是关于我们人类状况的回忆，在物理学和关于人的各种科学中都是如此。生物学家错误地试图借助人类行为的范畴来解释单细胞生物的行为。例如，将变形虫的行为描述为一系列带有偏好的“选择”，而这意味着他们认为人类行为非常有可能像变形虫的“选择”那样可以通过机械论获得解释。但是，只有通过对这些植物向性进行一种拟人设想，才能把这两种行为等同起来，该设想将
461 人类行为的所有意义内容都投射在了这些植物向性上面。同样，有人认为可以通过一些更简单的现象来解释人类现象，但这是因为他们已经在这个方向-意义上去解读人类现象了。在植物向性和人类行为之间不存在共同的衡量标准：植物向性是一种初级的反应方式，而人类行为则几乎从来没有呈现出这样一种恒定性。机械论的先见不仅对科学没有裨益，而且与科学背道而驰；在生理学问题上，机械论并不能补救拟人主义。

生理学知识实际上是间接的，它没有“直接性”优先权。人们只能从不同的方面来着手研究机体——通过对行为的研究、或

者对生理化学现象的研究；但是，无论如何，这都不是以直接的方式进行研究。

另一方面，我们不能以客观性为借口而不承认结构或者价值有性质的差异。行为不是外在刺激在机体中引起的结果，而是这些刺激的横向转化的结果——这种横向转化是通过（机体根据其运作而让这些刺激所经受的）拣选而实现的。

生理学仍然是完全合理的，但是它必须被重新置于机体与其环境的辩证关系之中。生理学提供的是线索而不是现实，然后它需要对各种行为的性质或价值（在与处境中的机体的先验性相比照的情况下）进行考察。这样一来，我们就必须同时思考：在这样的处境中机体在做什么，回应的意义是什么。参见戈尔德斯坦关于“指示”和“抓取”之间区别的例子。只有通过考虑这两种态度的含义，我们才能理解该区别：在抓取行为中，我仅限于对对象做出反应；在指示行为中，我的手势不是一种占有性的关系，而是表象性的，几乎是一种表达活动，它指向的是某个在一定距离之外被给出的物体。这两种手势之间的区别，就完全是一个具体行为和一个范畴行为之间的区别：在后一种情况中，我指向一个物体，并不是由于它实存着，而是由于它是那个有待默观、思考、理解的对象。我们必须理解这两种行为之间的区别；没有任何东西能让我们免于做这个区别，即使我们熟知各种时值分离、熟知各种时值分离的所有生理学起因，我们也不能；这是因为，我们无法确定为什么时值分离在某个情况下会发生，而在另一个情况下又不会发生。

所有这些在任何层面都是站得住脚的。参见：例如，感官对 462

颜色的简单分辨；脑部视觉皮层病变的后果有两方面：某些知觉内容被删减了，知觉行为的结构方式发生了变化。分化是首当其冲受到损害的。

在语言学中也是如此：索绪尔指出，语言是让符号彼此分化的工具，也是使那些发生在语言里的意指行为变得多样化的工具。同样，在对知觉内容进行分辨的活动中，神经系统的功能也有两方面。

戈尔德斯坦区分了人类行为的两个维度：机体试图维持生命，同时也试图维持生命必不可少的价值或功能。在正常的被试者那里，这两个项目彼此混合；健康的机体不只追求单纯的留存。在病患者那里，机体的各种任务之间则会发生划分，这种划分力求实现一些延续生命的最低限度必要条件；留存的本能出现了。如果我们采用卢克莱修对生存原因和生存理由的区分，那么我们就必定会认识到，健康的被试者并不特别关注原因。但是，病患者的行为则倾向于对周遭环境实施某种限制，这是一种避免意外的方式。我们会注意到一种留存和缩减环境的取向。相反，在病感缺失症里，患者意识不到他们的缺陷：参见说着目明者的语言的盲人、截肢者的错觉。只要病还未入膏肓，被试者就不会对此有所意识，而作为整体的机体仍然以那些通常摆在他眼前的任务为导向：机体仍然被正常环境的所有任务所吸引。这些思考必定会迫使我们进入对行为结构的研究。

7）心理学与生理学之间的关系

我们考察一下戈尔德斯坦在脑部的局部化定位问题上采取的

立场。我们可以将其归结为三个要点：

a）中枢神经系统的任何病变都会引起行为结构上的障碍，其中，同样的障碍可以是由迥然不同的病变引发的。中枢神经系统包含两种定位： 453

—— 与行为内容相对应的局部定位（视觉皮层、听觉皮层、语言皮层等等）；或许我们可以说，这是纵向组织，每个外围成分都对应着皮层的一个专门区域；

—— 额叶皮层的诸区域似乎并不相似，这些区域的功能可能是对行为进行结构化。额叶皮层在使某些方面的行为得以发生的时候，可能每次都是以一种性质上不同的方式来运作的。

在这两种情况下，功能与基质之间的关系是不一样的。在那些外围区域中，功能似乎驻留在基质中；而在脑部皮层里，情况并非如此，更确切地说，其功能反而是：在每个方面，都以一种属于该方面的典型方式，来对神经簇进行整体运用。即使在简单功能的情况中，我们也不能说功能是存在于基质之中的。正如冯·莫纳科夫[①]所指出的那样，**功能的定位**与**损伤的定位**之间是有区别的。外围区域从来都不是单独运作的。我们必须强调这种包含两面性的组织方式，以便能保障行为的各个不同方面。

b）尽管任何损伤都的确会引起结构上的普遍障碍，但局部定位仍然存在。在1914年战争后，关于“替代现象”的观察结果倾向于放弃局部定位理论；而且其结论力求说明脑活动是未经分化

① 原文为“von Monakov”，有笔误，应为“von Monakow”，指俄罗斯裔瑞士神经病理学家康斯坦丁·冯·莫纳科夫（Constantin von Monakow，1853–1930）。——译者注

的。这并不准确，因为各种替代功能永远不等同于原有功能，原有功能中的某些功能永久丧失了。那种依靠手势被补偿挽救的知觉，并不完全等同于天然的知觉。某些功能仍然与某些脑部区域的整体有关。

c）从这种"横向"和"纵向"的双重定位出发，如何描述神经系统的运作呢？戈尔德斯坦回答道，基于形态理论家所提出的"显形"和"景深"这两个概念。

对每个知觉而言——无论是多么简单的知觉，皮层都是"显形-景深"进程的所在地。并非所有区域都以同样的方式工作；某些区域通过补足某种形态来工作，另一些区域则通过补足某种景深来工作。神经系统始终都是以其整体来运作的，但是某些功能仍然依附于某些辖区。而且每个神经现象都具有两面：一个是局部面向（显形），一个是整体面向（景深）。

464 正是借助这一隐喻，我们才得以描述出神经系统的运作。然而，即使如此，戈尔德斯坦也并没有转而赞成格式塔理论的论点，他对这些论点提出了精彩且重要的反对意见。尤其是，他以一种更动态、更具生物性的方式来理解"形态"，而这是形态理论不曾做到的。

儿童心理学的方法 465

I. 儿童心理学的首要困难

在儿童心理学里，正如在心理病理学、原始人心理学、女性心理学中那样，要认识的对象的处境与观察者的处境是如此不同，以至于很难对其进行如其所是的把握。当我们观察一名儿童时，很难排除他的行为中我们成人所带来的影响。

我们见证了成人与儿童的关系，我们不是要描述儿童的本性，而是要描述儿童与成人的关系。

a）**在心理病理学中**。失语症的例子：失语症的特征会最初被描述为某些行为内容的消失、某些语词图象的消失。然而，实际上，在失语症那里，是语言的内部结构发生了变化；所发生的现象要深层得多、核心得多：行为从某个复杂层次跌落到了一个更简单、更初级的层次。这在一开始并没有显现出来，因为在当时，医学向患病机体提出的是那些相应于正常人活动的问题，因此，医学只能通过排除一些内容来定义这种疾病，并且无法理解这种疾病。

b）**在原始人那里**。给予我们的，是在与殖民者的某种关系之

466 中被看到的黑人形象：例如，相对于美国白人的黑人。无论是白人对黑人进行了理想化，还是相反，蔑视他们，黑人对白人的态度都不满意：其中缺乏平等感，判断里缺乏一种天然的东西，这并不是平等地位。

让我们这样总结：当观察者与被观察者之间存在不平等时，与其说这种心理学描述的是被观察者，不如说它描述了观察者。

c）**在女性心理学之中**。人们在女性身上辨认出一种本性，而实际上这种本性只不过是我们的文明所定义的“男性本性”的补充部分。这一点无论是在贬低中（爱说谎的女人、具有迷惑性的女人）还是在理想化中（女诗人）都明确地显露出来。女性通常会发现她“既不应得这种过度的荣誉，也不应得这种侮辱”。

d）**在儿童心理学之中**。观察者与被观察者之间差异就更大了。而且儿童对我们态度的反应是如此迅速，以至于我们都意识不到我们作为成人的在场对儿童的反应所带来的改变。

II. 儿童与成人之间的关系；描述

因此，我们不是要描述儿童的本性，而是要描述儿童与一个已经不再是儿童的人之间的关系。这种关系表现出童年在我们社会中被设想的方式。

a）**儿童被视为是无关紧要的**。这是旧有的态度，是专制教育的陈旧观点。儿童被视为成人的雏形。

b）**儿童被视为是至关重要的**。儿童是家庭的核心。我们看到一些母亲（这些母亲记得或认为自己记得其童年是一段不幸的时光）以护士般的态度对待孩子。孩子采取补充性态度：他很自 467
信，同时又很害怕，觉得自己暴露在无数危险里。“你想这样做吗？”的说法保障了他的自由，但也在不断迫使他做出决定，这超出了他的能力，并把他置于眩晕状态里。（参见“新学校”的例子：一个孩子在即将转学时问道：“我们会被迫去做我们想做的事情吗？”）

c）**结论**。如此设想的儿童的处境并不比专制教育体系中的更幸福：儿童在与成人的关系中还未获得那种可以让他达到平衡状态的平等地位。

我们必须不断探问，到底是什么原因让我们对如此这般的孩子采取了如此这般的态度（即使态度是善意的：这有可能是蛊惑人心的做法）。我们的态度不应是我们自己创伤的结果；孩子不应该遭受我们在生活中所受的打击的反冲力；他的存在并不是为了要成为我们个人不幸的慰藉，而是为了过他自己的生活。

如果教育者不喜欢我们有时遇到的苦难的教育法（通过这种做法，孩子被置于一种异常的处境中），那就好了。一个人应该出于热爱生命而成为教育者，而不是出于对生命的不满。

对任何心理学而言，这一问题都存在。对象总是会被高估或者低估：与他者平等地活着，这是我们经验中最为罕见的事。在我们眼里的他者要么更强，要么更弱。

1）更强：

这是因为我们看不到他的犹豫不决。（瓦莱里提醒我们注意，读者在几小时内读完的一本书，往往是作者用十年写成的。于是我们就会假设作者拥有无人能及的心灵密度……因此，当我们接触到作者时会感到失望。）

2）更弱：

这是因为我们永远把握不到他者的根源。他“总是那副样子”；我们会说，他是千篇一律的。他者在我们眼中是凝固的，这是因为我们没有目睹他们的自由。我们总是倾向认为他者是有限的、固定的，而认为我们自己则不是这样的。

468 III. 儿童与成人的关系。我们的儿童心理学应该是怎样的

a）**不应该把“童年状态”固化为某一种儿童心智状态，也不应该认为儿童没有参与人际生活**。认识到儿童心智状态的独特性固然是好的，这正是人们近五十年认识到的，然而我们并不应该就此把这种独特性固化为某一种心智结构，某一种对我们成人而言是晦涩不明的心智结构。

b）**成人是否应该退出教育**？不。纯粹内在性的教育（即让儿童自力更生的教育）并不比专制教育更好。如果让儿童自力更生，或者让他屈从于他的教育者，那他就无法获得生活技能了。在儿童总是与儿童在一起的学校体系中，幼稚状态就会发展起来，而且厌倦情绪也会盛行起来。

人们可以自问一下：成人的在场，甚至是儿童与成人的某些冲突是否具有有利于儿童成长的价值？

c）**让儿童进入文化传承的方法**。在中学教育里，苏格拉底式的系统（通过那些来自学生的思想来找到一切）并没有带来出色的结果（进展极其缓慢、原地踏步）。

学生是通过模仿老师的说话方式和思考方式来学习的。所以他们进入文化不仅是以智性的方式来进入文化传承的，而且还会通过一些类似戏剧的方式——模仿成人。

IV. 思考批判认为"儿童心智的状态是封闭在自身"的设想

a）**原始人的心智状态**。原始人的心灵是否在本质上与我们的心灵不同？

列维-布留尔抛弃了这种设想。[①] 如果原始人的心灵是根据一些与我们心灵的组织原则不同的原则被组织起来的，如果他们的心灵有不同的运作轨道，那为什么他们能习得我们的技术、能从我们这里学到一些东西呢？ 469

难道我们自己有时候不也在"前逻辑"状态吗？

有一些反应让我们惊讶：比如马诺尼（Mannoni）的捡集小球的孩子[②]，他在收到马诺尼的一件礼物时，会觉着现在马诺尼会有的其它的恩惠，而我们在这种情况下则只会觉得孩子有一种感激

---

① 列维-布留尔：《原始思维》（*La mentalité primitive*），法国大学出版社，1922 年；rééd. Retz-C.E.P.L.，1976 年。

② 参阅：《殖民的心理学》（*Psychologie de la colonisation*），Le Seuil 出版社，1950 年；rééd. Sous le titre：*Prospero et Caliban: psychologie de la colonisation*，法国大学出版社，1985 年。

之情。这些让我们惊讶的反应并没有证明在此事件里这个本地小孩是以不同于我们的方式来推理思考的，而是证明了，两个人在社会状况上的鸿沟引发了一种依赖关系。（同上，老师和年幼学生之间也是如此——当老师对一个男孩给予特别关注时，他们的关系是“不受法律管辖的”。）

当殖民者抵达殖民地时，起初只看到秀丽风光；当他们在那里生活时，秀丽风光消失了，他们看到了一些和人有关的麻烦事，比如和我们社会里农民的麻烦事非常相似的麻烦。

b）**病态意识是否是封闭在自身的**？利波：病态的人和正常人是相同的：运作的规律只是在病人身上更加明显，只是被放大了。

布隆代尔则走向另一个极端：病态意识是晦涩不明的。

然而，可以肯定的是，病态行为既不同于我们的行为，同时又可以被我们理解。

我们没有办法把正常行为和病态行为重合起来，但是它们都回应着同样的实存的问题。（例如：我们身上有强迫性行为的萌芽。欲望和恐惧。）参见戈尔德斯坦。

闵科夫斯基已经清楚地展示了应该怎么做才能理解患者。例如，幻觉。泰纳曾经说：幻觉是一种无对象知觉。但是，对患者的询问表明，患者并没有把他的各种幻觉和各种知觉混同起来。于是人们由此推断，患者根本听不见，幻觉就是谵妄。闵科夫斯基则说：我会和我的患者“共存”，并观察他的行为在我这里引起的共鸣。当我感觉他滑入了他的病态世界中时，我就对该时刻做出标记；我倾听并且写下他所说的东西、我所感受到的东西；我

将会看到他与正常的我之间的关系的情形写照。我们只能给出患 470
病被试者与正常被试者之间关系的一个情形写照。只有通过这种对双方的记录，我们才能最终理解幻觉是如何向幻觉者呈现的。

c）**女性的本性是否存在？**人们对女性的描述就隐含了对男性的某种表述。在其它一些社会中，女性比男性更强。脆弱的女性是文化造成的，而不是自然造成的。虽然从方法论上说没有必要否定男性与女性之间的心理差异（这些心理差异源于生物学意义上的差异），然而要知道这些差异是否存在，要知道这些差异有多大，唯一的方法就是放弃“女性本性”与“男性本性”这种观念。

d）**儿童**。对儿童也是如此，我们应该将儿童（如我们所设想的儿童形象）重新整合到他存在的社会的、历史的整体之中。

V. 方法论上的注意事项

a）**儿童的多态性**。我们不应将儿童视为一个绝对的“他人”，也不应将其视为和我们“相同的人”，而应将其理解为“多态的”。（弗洛伊德曾说：儿童是一个多态的异常者……[潜在的同性恋，等等]。）

列维-斯特劳斯先生提议将该概念普遍化，而且提议在文化角度把儿童理解为多态的：并不存在一种“儿童的心智状态”，而只有一种“儿童的多态性”。由于儿童尚未融入我们的文化，他可能表现出一些让人联想到某些病态行为或者“原始”行为的行为。

病态心智状态、原始心智状态与儿童的心智状态之间有明显的相似性，这是因为儿童尚未被某种文化构成所完全占据——即将会成为他自己的文化构成的那种文化构成。

但是它们并不是三种可以相提并论的前逻辑心智状态。

b）**早熟现象**。儿童可能会经历一些早于他体格能力或智性能力的冲突和事情。他的生命一上来就会根据一些人、一些建制而

471 被界定（例如：奶瓶喂养、母乳喂养就已经是与某个人或某种文化的接触了）。

c）**认同关系**。儿童与成人之间的关系是一种独特的认同关系。儿童在他人身上看到自己（正如他人在儿童身上看到自己那样）。儿童在父母那里看到了他的命运，他将成为像他们那样的人。在他那里，有一种特有的张力存在于榜样与还不能根据榜样来生活的他之间。

d）**思考批判那些通过定义女性“本性”来将其固化的人。**司汤达已经表明，女性“本性”的各种特征是历史的结果，是女性所经受的教育模式的结果。他批评“那些声称女性有更敏锐的心灵，而男性则更加稳重的迂腐者”。要充分理解女性的本性，我们就必须考虑到自然为了塑造女性而在她周围所设置的一切。如果自然不是这样的，那我们可能就会看到其它一些极其不同的能力在她身上发展起来。司汤达指出，女性的工作是强制性的，但是这些工作留给她做梦的自由；这样一来，女性的想象就是她所经历过的那种生活的结果了。如果女性的理性较少，那是因为她们没有被要求拥有理性。“所有生而为女性的天才都为了人类而消失

殆尽。”身体结构、生育能力都很重要，但这些不能通向女性“本性”。教育带来了可悲的影响：女孩在 10 岁时比男孩活泼得多。相反，到了 20 岁，她就成了“害怕蜘蛛的害羞大傻子”。

e）**思考批判“先验的儿童本性”的设想**。我们应该把司汤达在女性问题上的一切说法都运用到儿童上。我们应该把儿童重新整合到他所生活的、他对之做出反应的整个社会历史环境中。

1）我们应该论及的不是某种儿童本性，而是儿童的多态性：在儿童里，极其多样化的可能性共存着，这些可能性让他看起来像是某些神经官能症患者、某些“原始人”、某些他生活时代的成人。

2）这种多态性伴随着早熟现象：儿童在一开始就已经过着一种文化生活了；他很早就进入与其同类的关系中了。他表现出对他周围环境里那些最复杂的现象的兴趣：例如，对脸孔的兴 472
趣——就在人们可能认为他只有感官生活的某时期里，他习得了一种真正意义上的破译脸孔的科学。

3）有一种双向的认同现象：

a）孩子对父母的认同：成人时代代表着一种完美，而儿童自己的童年时代则代表着一种不完美；成人时代是一个人可以为所欲为的时代，是失败、痛苦、不完美都消除了的时代。

b）反向认同：母亲在她女儿的童年中重新经历自己的童年。

这两个面对面放置的镜子引起的后果是：女人以温和的方式养育其子女，因为她们是以严厉的方式被养育的；但是当那些以自由方式被养育的孩子到了要养育自己的孩子时，又感到规则是必要的，这表现在他们的政治观里。这里存在着一种辩证运动：因循守旧的祖父母——自由开明的父母——而孩子在来到成年的时候又彻底改变了想法，仅仅只会想到一些专制的方式。因此，孩子并不总是父母的映像，而有时是父母的对立面。我们该如何理解这个现象呢？这是因为，这种教育并不真正是自由开明的；这种教育是带有强迫性的，它的开明自由是在刻板固执的过程中实现的。孩子意识到，父母正在解决的是他们与他们自己童年的纠纷。让孩子犹豫不决的，恰恰是自由开明原则里那些全然不专制的部分：他对总是要行使其自由而感到厌倦，就像其他人会因为从来没有行使过自由而感到厌倦一样。

所以，在我们与孩子的关系中，我们每一刻都在构造着他的态度。

4）因此之故，我们可以说，在儿童心理学中，甚至是在心理科学出现之前，各种事实就始终已经被解读了，这是因为各种事实是成人与儿童之间结成的关系的表达。而且事实也始终是一种观念——一种不仅说明了孩子是什么，同时还说明了成人是如何看待孩子和对待孩子的观念。

473 VI. 如何发展出一种关于儿童的严格的、科学的知识？

试图以严格方式进行研究的心理学家有一种会影响儿童的对于生命的理解，他对此是有意识的。心理科学在任何情况下都不仅仅只是对事实的记录。

a）**任何客观的知识都是一种构造**。勒温的《人格的动力概念》[1]受到自然科学中的科学思想的启发。有两种模仿模式：一种是拙劣的模仿方式，即完全一样的、拘于表面形式的转置，这会产生一种与物理学具有相同规律形式及数字形式的科学心理学；另一种是富有成效的深度模仿。我们必须要知道物理知识为什么发展起来了。在勒温看来，这是在人们不再仅仅只对事实进行记录的那个时刻。就那些眼前的事实而言，伽利略的发现没有任何意义；飞舞的羽毛、滚动的小石头、平面上的滚珠之间的关系，只有在人们构造“下落”这个观念时，才成为可理解的东西；这种构造的前提是对自由下落的观察、对事实的分析。

因此只有在构造了一些观念性的典范之后（这些典范让人们得以将不同现象看成是相似的），才会有科学。

心理学不仅仅是记录儿童的所言所行：这些只是某种源于家庭环境和社会环境的发展动态所留下的痕迹。历史事实不能作数，只有意义才是有价值的。性质事实是原初的、被重建的。

b）**对具有迷惑性的共同意识进行纠正**。我们对于儿童、其他人以及发生的一切的意识，在本质上都是具有迷惑性的。

1）马克思和弗洛伊德阐明，意识会迷惑自身，这一点至关重要。

在马克思看来，我们的意识很自然地就会忽视那些使世界发生演变的社会的和经济的关系。我们也会很自然地通过我们阶级 474
的人的形象来理解人。我们的意识把那些由历史造就的特征视为

---

① 勒温：《人格的动力概念》（*A dynamic conception of personality*，*Psychologie dynamique*），法国大学出版社，1964年，第一章，第23-64页。

人类本性的特征。

在弗洛伊德看来，人的行为的意义是被掩盖的。各种事物从来都不是它们看上去的样子。

第一个例子：嫉妒。人们普遍认为，男人是出于对妻子的爱才嫉妒他的竞争者的。事实上，在弗洛伊德看来，这是出于对其竞争者的依恋。

第二个例子：哀悼。那些例行的行为掩盖了对逝者的攻击性的爆发。

为何马克思和弗洛伊德认为我们行为的意义是被掩盖的呢？在马克思看来，资产阶级通过资产阶级的精神滤镜来看待事物，因为他就属于这个历史阶级。但是为何在弗洛伊德所援引的嫉妒例子中，同性恋会被看成是异性恋呢？为何科学研究会被迫反转表面的东西呢？这是因为，我们不是以反思的方式来认识自己的。我们所是的这一切，都是我们通过投射在他者身上看到的。

要进行认识，就必须要拉开一定距离，而这是我们无法对自己做的。我们在这里要讨论的并不是某种要花招的无意识；这之所以显得故弄玄虚，是因为任何意识都是赋予“显形”以优先权的意识，任何意识都倾向于遗忘“背景”——而如果没有了“背景”，任何意识都不会具有任何意义了（参见格式塔理论）。尽管这个背景被我们所亲历，但我们却不认识它。我们就是我们自己的背景。为了让认识有所进展，为了发展出关于“他人”的科学认识，我们必须让那个曾经是背景的东西成为显形。我们必须不再把那种源于我们的东西视为命运。

2）莫雷诺。他正是以同样的观点来考虑心理剧技术的。当作为个人的人在舞台上扮演他们生活中的角色时，他们对自己的冲突有了意识。通常，现实中的搭档都不会在场。两名辅助助手扮演他们的角色，但是被试者的态度是如此激烈，以至于这些“辅助性自我”不由自主地就采取了那些被规定好的态度，这些态度恰恰是被试者的态度所必然带来的，是被试者所暗示的。

当作为个人的人处于冲突中时，他们不再意识到他们行为的
意义。因此，只要丈夫与妻子都在场，某些无意识态度就必然会 475
出现。个人不再知道自己在做什么，而会在对方身上看到他必须采取的行为。在莫雷诺的技术中，个人通过在一个非现实的处境下活动从而知觉到他的态度（重演梦境的例子：一些被遗忘的要素被解封了）。

莫雷诺希望避免我们的行为向我们显现为命运，实际上我们的行为是源于我们的。我们应该不再把我们自己视为他人的反映。我们应该像他者看我们那样来看我们自己。

3）同样，在成人与儿童之间关系的问题上，我们不应该从我们的视角去看待儿童，而无论如何都应该从不同于我们的视角去看待他。我们应该与我们的日常角色拉开距离。我们应该唤醒我们自己的自发性（莫雷诺）。

VII. 一些核心原则

（随后我们会通过一些口头报告来阐明这些原则）

总原则：我们要重新建构一种人际动态，而不是整理出儿童

本性的各种特点。

a）**我们必须避免谈论儿童的“本性”**。我们必须避免对童年阶段做任何僵化的理解、做仅仅只是统计学的理解（例如，谈论这样那样年龄的儿童的本性），我们还必须避免对性别心理学做任何僵化的理解；在各种测试中，我们不应该把某一特定时刻的结果看作是绝对正确的：这些结果只表明了个人与人际动态关系中的某个一时状态。

儿童心理学完全不是某种神秘的本性的演化。正因如此，在弗洛伊德看来，各种解剖学的决定因素虽然是一开始就被给定的，但却几乎不能作数。孩子的性模式迟早会根据他在家庭中的不同位置而被确定。成人的性事会是对所有先前时期的克服。在出生时，“这是个男孩，这是个女孩”的说法几乎还未有任何意义。但是无论是说“这是个男孩”或是说“这是个女孩”，都是在说处
476 于某个力场的人，而在孩子看来，这个力场每时每刻都呈现出男性与女性之间某种具体的细微差别。孩子在这个场中服从于一些把他引向不同方向的向量（参见弗洛伊德的三角处境；他后来又给出了一些细微区分：反向俄狄浦斯情结先于经典的俄狄浦斯情结）。

现实是一种总是很容易发生变化的、处于运动中的动态，这就解释了那些可能发生的革命。

b）**对实在论思想的批评**。实在论思想对外在和内在、处境和反应做了切割、分离、区分。但事实上，如果取决于机体的处境依赖机体所处的状况，它也依赖机体自己的结构：存在着“预适

应”。这在生物层面上已经为真：机体定居在对其最有利的环境中。有可能是机体的那些内部属性让机体安定下来。

不具有处境的机体是不存在的，不与某个机体协调一致的处境也是不存在的（拉加什）。

这同样适用于神经系统理论。我们不能像传统心理学那样将各种知觉功能、运动功能孤立起来。当前的心理学不再区分感觉系统和运动系统，而会讨论行为的“感觉方面”和“运动方面”。

运动的发展：狗的例子；行为是以对该行为的结果的某种预期为条件的。如果狗无法动弹，那么它对各种对象的知觉就会发生变化；知觉性和运动性并不是两种截然二分的现象。

就说话而言，“言说”这个运动功能与“倾听”这个知觉功能并不是分开的。[①]

同样，儿童心理学应该通过相关性来建立。因此，存在一种对“客观性”概念的误用。伪客观的思想所缺乏的，正是建构了儿童生命的真理的东西。

原子论的设想是行不通的。

这种思考模式对儿童的发展进行了僵化的切割。然而，如果说儿童是整体动态的一个环节，那么我们就不可能对儿童行为进行切割。对于在前一节课里考虑的那些矛盾对立关系，例如知觉功能与运动功能之间的区分，我们可以做些补充：

---

① 参见 D. 拉加什:《言语幻觉与话语》(*Les hallucinations verbales et la parole*)，见《著作集》，第一卷，法国大学出版社，1977 年。病患在说话时，认为自己在倾听。

477 1）天生-习得之间的区分。

严格意义上的“天生”是指自从出生就表现出来的东西。但是心理学家将该词的意义扩展为：由主体自身条件引发的、而非来自环境条件的东西。“天生”曾经被视为“内生”的同义词。我们必须对如下这种意义上的“天生”概念以及“才能”概念有所保留：这是儿童出生就有的本性，而其后续发展都只是在将它明确表达出来。然而实际上这种本性只能依赖某些环境条件才能发展。这种不可能单独表达出来，也没有能力在没有外界条件的情况下实现的“本性”和“才能”，它们是什么？这里涉及的是“处境-回应”的对子，而不是一种仅仅依赖于内部条件的回应。因此，“才能”概念是相对于某些处境而言的。

2）生理与心理之间的区分。

行为中的心理条件和生理条件是不可能被分开的。虽然某种机械论生理学曾经把大脑说成是一台机器，但我们当前则必须在大脑里区分出一些层次上、意义上、结构化上的差异。这样的一些概念是借自我们关于心理学被试者的实验的。这样一来，正常人的较高等语言与失语症患者的较低等语言之间的差异，就是一种层次上的差异，而在这种差异中我们就可以诉诸一些价值概念了。“纯粹心理学”成了一个边界概念。

3）成熟-学习之间的区分。

“成熟”是由机体发展所依存的一整套神经条件所组成的。将成熟与“学习”对立起来是不合理的，因为机体的发展依赖于某些外在经验。没有任何一种成熟是可以离开学习的。

因此我们认识到，儿童心理学不能满足于这类二元论：心理学-生理学、成熟-学习。有些反对意见反驳“儿童有性生活”的想法，因为他们认为儿童身上还没有发生性成熟。但是这种见解是武断的、反心理学的，因为：之所以存在心理学，恰恰是因为 478
各种事实表明，儿童与其环境的关系并不仅仅是在他的机体成熟之后才有的关系。儿童会做出预期，他处于与文化的关系之中，并且提前与环境，与他所预期的那些关系所在的环境联系在了一起。孩子在实际成为母亲之前很久，就借助布娃娃扮演了妈妈的角色。儿童与其环境之间的关系，并不仅仅是他的生理发展状态或者生理发展程度所允许的关系——只有在人们意识到这一点的时候起，心理学才算真正诞生了。

VIII. 儿童心理学研究中由于实在论思想模式而产生的错误

我们把一个与儿童行为无关的问题意识引入了该行为之中。有些研究向儿童提出了一些儿童并不会向自己提出的问题。

a）**关于儿童对世界的表象的研究**。人们在要求儿童对一些普遍问题发表看法时，是在要求他将其经验总结并浓缩在某些公式里。“对世界的表象”这种想法本身就预设了我们有可能在儿童那里找到某种关于世界的论断。皮亚杰在他的《儿童的世界表象》[①]

① 皮亚杰：《儿童的世界表象》（*La représentation du monde chez l'enfant*），法国大学出版社，1972 年。

中就给出了许多例子。当他就思想所在地这个问题询问儿童时，儿童回答道，思想在喉咙里、在舌头上、在头里、在呼吸里。那么我们是否就应该由此得出结论说，对儿童来说，思想是物质性（成人意义上的“物质性”）的东西，儿童还没有对思想和身体做出区分？但是，“呼吸”、“声音”、“喉咙”这些词是蕴含着某种儿童式的含义的。儿童把它们理解为他在体内体验到的声音、呼吸；这些语词并不一定证明他把思想和物体混为一谈了。在儿童那里，存在一种不区分思想和广延之物的“现象的身体”的观念。

瓦隆表明，儿童对某些事物是有论断的（比如他周遭环境的事物）；而对于其它事物（比如那些“超级事物”），他则没有论
479 断，这些事物是不属于他生活环境的东西。他尤其会在后一种情况里显示为泛灵主义者、人为主义者，而对于那些他在其中生活的事物，他则表现得很合乎常理。

只要我们还停留在教条主义立场上（通常意义上的教条主义），我们就会继续向儿童提出与他处境无关的问题，就如对失语症的最早分析是由于对症状的糟糕定义，这种糟糕的定义基于一些前科学认识的范畴。但是如果我们注意到被我们称为“儿童”的是我们对儿童的表象，那么我们就会试图深入他的多态世界，并且我们就会感到有必要以极其保留的态度对待那种把“儿童对世界的表象”看成问题的做法。

在儿童心理学中的许多问题上，我们都可以证明这一点。

b）**颜色知觉问题**。在教条主义心理学看来，儿童知觉到的颜色与成人相同；两者之间只可能有多一些颜色或少一些颜色的差

异。但如果我们注意儿童的反思、他们的语气，就会发现，儿童的颜色世界很可能具有一种结构——一种无法与成人颜色世界的结构相重合的结构，而这并不是少一些或者多一些的差异问题。儿童颜色世界的结构化的分化程度更低，他的颜色世界比我们的更含糊（考夫卡）。我们不应认为儿童和我们成人拥有相同的颜色系统，也不应认为他和我们之间的差异只在于内容的数量以及专注的程度。

如何解释这种持续存在的误解呢？通过恒定原则或恒定假设（即同样条件会引起同样后果）来解释，或者，该原则的更准确的表述是：成人世界把儿童世界包含为它的一个部分。同样，有人曾经假设两者的知觉是相同的，其中仅仅只有专注力上的差别。

如果我们引入“结构”概念（尽管刺激是相同的，但是形构-知觉是不同的），那么我们就会明白，为何儿童会比实在论思想所认为的要更接近我们成人，同时又更远离我们成人。

c）**物体的恒定问题**。皮亚杰在《知觉发展研究》[1]中讨论了知觉恒定独立于智性的发展很早就出现的观点。

在格式塔学家看来，当一个物体远离时，其大小保持恒定是 480
组织活动的结果，是场域中诸成分的形构的结果。

在皮亚杰看来，如果没有智性上的恒定性，就没有真正的恒定性。皮亚杰始终坚持认为“知觉调节”是不完善的。他以否定

---

① 皮亚杰：《知觉发展研究》（*Recherches sur le développement des perceptions*），“心理学文库”，日内瓦，1943–1946 年。

的方式理解知觉调节。真正的秩序是理性的。只有在这些调节操作是可逆的情况下，秩序才能真正被建立起来，而这意味着一种极高程度的智性状态。

但我们是否应该因此就轻视那些在智性统一性之前就出现的统一性呢？这种被亲历的统一性仍然是成人知觉的统一性吗？

在格式塔学家看来，在智性之前，对场域进行组织的活动就开始了，这种组织活动就只是知觉活动。他们从来没有想硬说这种组织一开始就是完善的，他们只是想说，从一开始，就存在某种组织。

无序或理性的秩序的交替出现是成人思想入侵儿童生活的迹象。想要理解真正的儿童知觉，就必须想象一种秩序，一种不同于理性秩序，但也不是一片混乱的秩序。

d）**对绘画的研究，尤其是吕格的研究**。吕格通过儿童画与成人画（使用透视法的绘画）的关系来描述儿童画。因此，他的研究是以负面方式来描述儿童画的各种手法的特征的。据说，儿童并不描绘他所见到的东西，而是描绘他所知道的东西。然而，吕格却根据他想象中儿童应该看到的东西来构造出儿童看到了什么。但是，透视画是我们在历史中赢得的，它不是被给予我们知觉的东西。可能存在好几种“视角”。相反，如果我们以正面方式来研究儿童的知觉模式，那么成人的透视法在我们看来就是表达手法的一个个例。例如，“叠合压平”是一种表达模式，它表达了场域中彼此相互遮挡的部分同时存在的关系，它并不单纯只是对透视的无视。

总而言之，我们可以说，我们必须认识儿童意识的含混性与多态性，而不应该通过对儿童提问而抹杀这两种性质。

如果一门儿童心理学主要是关于儿童认知的心理学，那么它 481
就是非常人为的。例如，在语言方面，重要的不是儿童对语言的认知，而是对语言的实践，而且这种实践有可能会带来一些非常有特色的表达，这是由于这些表达不属于“客观”语言。同样，在对本己身体和镜像的分析中，过去人们太经常地把发展解读为认知发展。事实上，这里涉及的是儿童对其图象的兼并、对其身体的占有，而这些生命活动都与其感受性生活紧密相连。

最后，若要理解儿童心理学和儿童社会学之间的关系，我们还必须摆脱成人的实在论思想。儿童处于社会中，也处于他的身体中，他毫无困难地同时处于这两种环境之中。

在列举了这些例子之后，我们得出了一定数量的思考主题，它们将成为口头报告的讨论对象。

这些口头报告旨在让我们对实在论有所警觉。

I. 思考批判一种只追求对事实进行统计学评估的方法

人们通常认为，当心理学达至了规范性的时候，它就成了科学。规范性和重复性是科学研究的标准。这种成见的后果是，它会把一切个人性的事实都抛给文学——被轻蔑地理解的文学。目前仍然有许多心理学家认为，专题研究是科学的准备工作，还不是科学的工作。

这个问题已经受到了质疑：如果专题研究是以有深度的方式完成的，那么相对于许多肤浅的研究，它具有同等，甚至更高的价值。正因如此，在戈尔德斯坦看来，只深入研究一个案例，比肤浅地比较各种观察（这些观察无法根据它们的环境来解释）更具科学性。如果我们以视觉失认症为例，那么我们就不仅要从知觉角度来研究被试者，而且还要从所有角度来研究：语言角度，等等。我们必须观察这个人格的所有方面。

482　这样一来，人们就注意到，一个患有失语症的人在对话中没有能力即兴发挥，在性行为中缺乏主动性和自主性。他没有能力进行结构化活动，没有能力从不同的方面看待某个给定的要素，没有能力变换视角。

有两种理解科学归纳法的方式：

—— 我们可以通过抽象的方式，基于事实得到一个普遍性命题；

—— 或者，在某个情况内寻找一些交叉印证：儿童心理学应该借鉴这种方法。

“普遍性”概念有两种含义：要么是考察大量分散的案例；这些案例越是简单，普遍性就越强；要么是通过达至具体现象的核心来获得普遍性：这里设计的是“根本的普遍性”。

然而，大多数情况下，心理学家运用的是统计学上的普遍性。人们发现，三岁是“一味否定的年龄”，而且人们把所有观察都与这个论断联系了起来。但这样一来，就无法解释任何东西了；人们仅仅只是为某些事实赋予了名称，而没有对这些事实做出解释。但是心理学是有责任告诉我们为什么会出现这样的现象的。

“本能”和“天分”这些概念呈现出完全相同的缺陷。“天分”只不过是“在孩子之中被提前观察到、意识到的一个行为”；而且，正如勒温所说，本能或者倾向只不过是“在一组频繁出现的行为之中被抽象地挑选出的一些共同特征”。

根据勒温的观点，当今的心理学通常可以被归为一种亚里士多德式的心理学，也就是说，这种心理学局限于对普遍性的追求，而这种追求实质上与科学现实毫无关系。

统计学方法尤其有这种危险；人们寻找平均值，平均值获得了典型代表的价值。例如，人们会用平均值来描述一名两岁孩子的心智年龄，并进行预测。

但是数学工具并不足以赋予一项研究以科学性。心理学努力通过尽可能多地运用数学来证明心理学是一门科学；但是如果一个人把这种数学工具运用在亚里士多德式的概念上，那么他就始终无法企及科学。

如果“规律”是在抽象的普遍性意义上被理解的话，那么对 483
这些规律的追求并不足以描述出科学的特点。勒温认为，统计学可以是有效的，但是我们不应该盲目地应用统计学。

比奈的著名玩笑话：“智力，就是我的测试所要测量的那个东西”，在直接的意义上说，这意味着：科学要做的，并不是思考“智力是什么”，而是要测量某个年龄儿童的行为，并且将其与他同龄儿童的行为进行比较。但是，在这个意义上，心理科学是不会有前途的。“智力是什么？”这个问题对科学，甚至对实验性最强的科学来说，都不是无关紧要的。

各种测试所测量的因素通常是外围因素，它们相对独立于被试者的整体人格；同一个测试在数年后再次进行，将不会再得出相同结果。测试不能让我们做出预测。此外，测试应该足够接近儿童的整体，以求测量出他的行为的总体状态，而不仅仅是测量出他的行为的结果。

我们应该理解儿童成长过程的整体，并重构该动态发展，而不是去列举在某一时刻成功做到、或没有成功做到的一些表现。这同样适用于戈尔德斯坦讨论的失语症患者：保留有对语言的不由自主的运用，但丧失了对语言的智性运用：因此问题并不是语词毁坏了，而是语言跌落到了一个较低级的层次。在病理学里，人们首先关注的是一些症状，而决定这些症状的，是机体（在面对周遭环境的各种要求和问题的时候）不再做出的那些回应。但这并没有说出疾病的本质。我们必须通过对机体提出一些比常识问题更精确的问题，来重构症状学。只有在我们触及人格核心的那一刻起，才有真理。

这种“关于普遍性的成见”的另一方面是它排除了各种病理案例。这种思考模式是一种把病患者和健康人分隔开的前科学的思考模式。人们一般会说：“这是一个例外情况”以及“这个例外进一步肯定了规律”；然而，这是自相矛盾的，因为恰恰相反，例外情况削弱了规律。事实上，这些“口号”表明，我们“没有普遍性就没有科学”的想法是一种偏见。

人们一旦获得了普遍性，就会把所有无序混杂的结果收集到一起，而且如果他们将其普遍化，就会写出一些以“1928 年维也纳的独生子女”或者“一岁儿童”为主题的论文。

484 勒温说，这种方法的错误在于，它只拘泥于事物的表面，拘泥于那些可以被直接观察到的事实以及“历史地理性的”事物。尽管研究领域很广，但如果不同案例被混杂在一起，那么结果就说明不了什么。如果没有某一项原则提醒我们能够对平均值的不同要素进行整体计算的话，我们就不可能去计算平均值。

II. 勒温所主张的方法：受伽利略启发的方法

我们必须进入这里所涉及的过程的动力中去。勒温：

—— 赞成与分析的、原子化的方法相反的描述方法；

—— 反对肤浅的描述方法，它使你无法达至现象的根源。勒温批评了局限于描述“现象型”（后果）而不是“基因型”（前提）的描述方法。

伽利略的方法应该取代亚里士多德式的方法。

这不是要进行外在的模仿：心理学必须要再次做物理学所做过的事，这并不意味着要做同样的事，而是要找到一种与物理学方法同等富有成效的方法（例如，这不是要把行为简化为物理意义上的行为）。

相反，问题在于确定一种思考方式。最关键的是，要对心理学家的知识和智力进行重组。

这种“伽利略式的”思想的原则是什么？首先是对研究场域进行均质化。在伽利略眼里，物理世界是同质的：当一个石头掉落的时候，在星球上和在海面上发生的这一切，都不是处于地球与月球轨道之外或之间的分散现象，而是同一个现象系列的不同面貌。我们不应该按类别来思考，而应该按系列来思考。

我们应该将这种方法应用于心理学：它不是要牺牲性质上的差异，也不是某种心理原子主义或者某种严格意义上的联想主义（行为主义）。

事实的多样性不应该被牺牲，而应该被理解；正常的或病态 485

的事实、男人和女人的事实、成人和儿童的事实，都不应该被视为是完全相同的——而应被视为属于同一个系列。

1）**病态行为和正常行为是在回应一些客观地说是相同的处境**。但是，例如，回避行为，就不存在于正常被试者那里。因此，正常行为和病态行为之间是没有同一性的，而只有相似的处境：即与他者的关系；只有相似的问题：即必须要活着。

因此，我们必须领会各种行为所对应的问题，同时又必须保留对各种行为的不同描述。

2）**这也适用于文明人和"原始人"之间的关系**。肯定有什么东西将我们与他们连接在了一起，如果没有这种东西，我们就不可能理解他们。我们被一个共有的背景连接在了一起。因此我们必须与自己拉开一定距离，以求理解我们生活在其中的事物，以求理解自己（参见：对于一座现存的美国城市的研究——这项研究被当成一项关于某个古老社会的研究那样来进行）。从科学的角度来看，我们不应认为某个人群、某个文明比其他人群和文明更优越。我们应该把两种文明之间的关系视作是彼此对等的关系。

3）**男性-女性之间的关系应该被看待为：男性和女性是在同一个背景里显现出来的**；要解决的问题是相同的：就是关于人的生命的问题。

我们必须进行均质化——在"面对一个处境有多样化的回应"这个意义上的均质化。我们必须这样思考：存在一个心理学的世界，病人、原始人、男人、女人等等都属于这个世界。

心理学规律绝不是随处可见的事实序列。当我们能够将各种不同生命（原始人、成人、儿童等）理解为一些平行的系统、以不同方式回应着同样问题的系统、以及一些平行的逻辑时，具有科学性的心理学就会存在。

因此之故，统计学必须从平均值转换到“纯粹案例”（勒温）上，在纯粹案例中，我们所观察到的各种事实，是那些真正具有本质性的内在关系的事实。科学不只是进行观察（参见彭加勒，一个人无法通过随意投掷石子来建起一座房屋）。

伽利略的落体定律是不可能仅仅通过观察就获得的。此定律是 486
在观念的过程中被确定的：它建立在“观念化活动”的基础上（胡塞尔）。科学的悖论：为了理解具体性，那么在某种意义上，就必须从背弃它着手。伽利略不得不通过一个智性的步骤来重新构造各种感官所予。相反，当我们想要直接记录事实时（亚里士多德：有重量的物体之间的自然关系），我们会以抽象概念而告终。当人们不再被动地记录，而是开始重新构造各种表征、给予自己一些关于实在的“模型式样”时，科学就开始了。“例外”将不再有它对亚里士多德来说的那种耻辱的意义了（在亚里士多德看来，个体性意味着非理性）。各种行为是发展动态的变奏。这样一来，在精神分析中，我们就既可以观察思考强迫行为（在这些行为中，主体对抗其自由），也可以观察思考主体在其中放弃其自由的行为（倒错）了，这是因为，我们把它们重新置于了力比多的发展之中；这样一来，这些行为就完整呈现出了一种独特的心理现实。

因此，我们不应该走向普遍，而应该走向核心。

“价值”概念、“意义”概念：物理学的一部分会考虑向量；心理学也可以这样做。科学的做法不是消除性质、价值或者意义，而是**在一个背景环境中**看待事实，在心理学中，任何行为都是对某个处境的回应。因此我们可以设想一种目的论，它并非天然就是目的论，并不是一旦被铭刻在个人之中就永远留在那里的目的论，而是顺应于环境条件、适应于它所回应的处境的目的论。

III. 科学心理学的特性

1. 在纪尧姆看来，心理学科学的目标是建立经验上的恒定连续性。[①] 这种设想意味着规则是本质，各种个例则或多或少地分享这一本质。对此，勒温认为心理学被化约为了根据“亚里士多德式的本质”进行的解释而不再是科学。

487 在勒温看来，科学心理学的标准是，它不再认为智性本质的普遍性与事实的特殊性之间存在鸿沟。我们应该以系列、而不是以类别来思考。

心理学科学的三个条件是：

1）在不把最复杂事实化约为最简单事实的情况下，把心理学事实的场域设想为是同质的。

2）使用遗传学的“条件性”概念，而不是类别的概念。

3）这样一种心理学应该通过构造那些让我们得以理解个别事实的概念以间接的方式着手处理具体性。

建构一门科学心理学的，并不是测量的精确性，而是这三个条件。

2.“处境”概念。勒温反对这样的观念：心理学只有放弃使用

---

① 参见纪尧姆：《心理学导论》（*Introduction à la psychologie*），Vrin 出版社，1943 年。

“目的”、“目的论”、“有定向的活动”的概念，才能成为科学的心理学。如果我们认为矢量是取决于多个事实之间的相互关系的话，那么这些概念就有了科学的特征。在场域中，所有要素都相互作用。因此，勒温告诉我们，“处境”概念很重要。只要科学依然对“客观性”抱有错误观念，也就是说，只要科学认为只有以数字表示的性质才能是“客观性”的特性，处境的重要性就无法显现。

处境并不包括外在世界的所有成分，它只包括“外在世界的一些能够在机体那里引发回应的特征”。这是机体的内部经验和外部情况共同引起的结果。处境是纯客观因素与机体的自身努力（即这个组织结构的主体侧）之间的媒介。因此，要认识个人、要认识所考察对象的机体，“处境”至关重要，因为它处于外部和内部的会合点上。

伽利略的发现的起源，就是这种类型的做法：他把现象的动力理解为是与处境相关的，当他考虑到这一点时，他就可以理解领会那些他要考察的现象了。

规律源于对这一“处境”概念的运用：规律在所有个例“之间”，它是连接它所有变体的纽带。因此，那些决定了现象动力的矢量都是通过具体事实、物体以及处境被确定的。因此，心理学 488
所需的“非抽象的普遍性”是可能存在的。

IV. 考察当代心理学中那些适合科学心理学的要素

1. 本能。只要我们认为本能是一种朝向某既定目标的力，就像“自然本性”（Physis）那样，我们就仍然处于所说的“亚里士多德式”的心理学中。

形态心理学修改了这一本能概念：本能没有明确的目标很确定的终极目的，但本能中有某种带有定向的东西——尽管这种东西不同于真正意义上的终极目的；这是因为，这种行动可以在沿途中偏离方向，甚至停下来。因此，本能不同于那种带有其“目的”（tèlos）的“自然本性”，不同于带有其目的的自然，而是类似于某些开放性的处境——一些即使没有完全确定下来、也会唤起某种形式的演化的处境。

因此，本能不再被视为“另外单独出来的”东西了，而是近似于“习惯”和“自愿行为”概念的东西。本能与勒温所讨论的同质性规则相符，它可以嵌入行为的总体动力之中。我们所拥有的是一整个行为，而本能仅仅只是其中的一个环节。

2.“开放处境”的概念：开放处境可以被比作旋律——那种等待着通过基本和弦回归来获得解决的旋律，而开放处境也需要某种解决。本能的终极目的不再是去行使一种永恒不变的、天生的、为所欲为的力量了，而是应该根据人格整体来被理解的东西。

接下来会有一场口头报告，它会讨论玛格丽特·米德的《男人和女人》[①]，还会讨论男性和女性的社会性决定因素。

489 ## 玛格丽特·米德对男性和女性的看法

如果有什么东西看上去是取决于身体条件的，那么肯定是男

① 玛格丽特·米德：《男人和女人》（*L'Un et l'autre sexe*），伽利玛出版社，Folio-Essais 丛书。

性和女性的特征。然而，精神分析的发现表明，这些特征是无法在人际关系之外被理解的。

1）**玛格丽特·米德对传统精神分析的贡献。**

玛格丽特·米德不是从精神分析的观点出发的，将她引向这些观点的是民族志学调查。她在重新发现精神分析的同时也修改了它。她把精神分析“普遍化”了。

A）在某种意义上来说，传统精神分析（弗洛伊德）在这个问题上仍然是非常因循守旧的。当弗洛伊德宣称所有性的本质都是男性的，而且女性的性只不过是男性的性的一个变体（这是对女性阉割情结的解释）时，我们面对的是具有男性本质的传统观点、是家庭父权制观点的体现。但是，与此同时，这座架在男性行为和女性行为之间的桥梁，开启了一种“具有矛盾体验的性”的设想。

弗洛伊德表明，尽管一个人有既定的性的目的地，但是各种心理事件仍然可以让他改变方向，以至于最终使他成为性倒置。弗洛伊德是首个将性倒置与一些心理原因联系起来的人：性别不只是生理意义和解剖意义上的，而且还是心理意义上的。

因此，在弗洛伊德的思想中，他所继承的观点与他所发展的观点之间、对性的自然主义解读与心理解读之间，似乎存在冲突。

在弗洛伊德看来：就人类文明而言，俄狄浦斯处境是唯一的核心枢纽。

B）在玛格丽特·米德看来：弗洛伊德所描述的俄狄浦斯处境只不过是对一个看似普遍的问题的特定解决方案。具有普遍性的东西，是一个通过父母和孩子的存在而向所有社会提出的问题。
490 普遍的事实是：虽然孩子与成人的生活紧密结合在一起，但与此同时，他们在一开始是年幼弱小的。“在孩子那里，有一些性的感受早熟了而且显露了出来，然而孩子却还没有生育能力”（玛格丽特·米德）。虽然孩子还没有能力去做成人特有的活动，但他已经被各种性的问题吸引了。

在孩子和父母之间存在双向认同，孩子在父母身上看到了自己的未来，与此同时，父母又在孩子身上看到了自己的童年。“生物周期”这一普遍事实被众多意识承接再塑，其后果是，父母对孩子呈现为孩子应该成为的那个样子的镜子，反之亦然。因此，孩子的到来代表着介入到了成人的关系中，并会引发一种变化，而不只是在不改变父母双方之间动态关系的情况下另外添加了一个东西。

这个普遍事实可以用另一种方式来表述：用弗洛伊德的话来说就是，在儿童那里有一种先于生育能力的性生活：一种前生殖器的性。孩子自从与母亲有了最初的口腔关系，其进行自我固着的整个能力就开始发挥作用了。我们总是会不断面临“早熟”这个概念。

在弗洛伊德的思想中已经有了以下这种想法：有一个普遍问题是与儿童的实存有关的；但弗洛伊德没有将它理清出来。他已经在家庭俄狄浦斯结构的个例中看到了孩子-父母的关系。但是他没有超出俄狄浦斯格局这个个例。

玛格丽特·米德则清楚揭示了弗洛伊德隐约触及到的那些联系，并为我们提供了一个更普遍的视角。她指出，这种关系存在于一些比俄狄浦斯情结更为普遍的情况中。不过，俄狄浦斯处境仍然保有一种优先性。我们不能把（那些作为具有构成力量的结构的）所有家庭结构或社会结构都置于同一个层面上。俄狄浦斯情结并不是因为不具有普遍性才变得没有价值的。杰克士女士在其《遗弃型神经官能症》中表明，害怕被遗弃的人只不过是一些还未经历俄狄浦斯状态的前俄狄浦斯主体。俄狄浦斯情结不是恶的东西，而是**成长的条件**。要脱离儿童状态（即立即实现想要的东西的状态），就必须经历俄狄浦斯情结，而在此过程中，孩子要学习在所有情感关系里不只做一个孩子，不只做一个即时性的、专横的、任性的人，要学习能够为了拥有一件东西而放弃另一件 491
东西。然而，前俄狄浦斯者却终其一生都是孩子，因为他们无法经历一种非即时性的情感关系。

玛格丽特·米德的研究通过普遍化精神分析，并不是想表明弗洛伊德“愚蠢”。把精神分析普遍化以及让精神分析丧失影响力是不同的。

这种被普遍化的精神分析将要做的是：提出一个关于孩子-父母关系的公式，并寻找具有普遍性的表述方式——家庭的俄狄浦斯结构只是该表述方式的一个特例。

2）孩子与母亲的各种类型的关系。

玛格丽特·米德界定了孩子与母亲之间可能存在的三类关系：对称关系、互补关系和互惠关系。

a）对称关系。一方对另一方来说的角色，就是另一方对这一方来说的角色。孩子有一种可以与成人意愿相提并论的意愿。两方之间有一种合作关系、平等关系。

b）**互补关系**。母亲扮演保护的角色，她给予，孩子接受。这是一种控制与服从的关系、不对称的关系，该关系指向一种竞争的精神。

c）**互惠关系**。这种关系是平等关系，它们不建基于人与人之间的关系，而建基于财产交换。

互补关系将会出现在一个过度强调孩子与母亲乳房之间关系的社会中。这种关系可以区分出各种各样的形态：从孩子被动接受的母乳喂养，到孩子对乳房的各种攻击性反应。

互惠关系将会出现在一个过度强调孩子的如厕训练的社会中，比如，我们的社会。

在孩子那里，排泄行为可能会成为非常重要的东西，因为成人对此非常关注。对排泄的重视使其成为了孩子送给父母的礼物。这种互惠关系确定了一种基本模式，各种人际关系都将会根据该模式来被设想。

492 在我们的社会中，对称关系后来会与互补关系重合。例如，一个人会在青春期过渡到对称关系中。

这个概念系统让我们得以分析那些与前生殖性有关的事实，但也必定会让我们在孩子与其母亲的关系中隐约看到它与我们所研究的社会之中成人间关系的相似之处。在一个社会中成为现实的男性-女性的关系会在母亲-孩子的关系中具体化，就像它会通过各种习俗、各种照顾关系而成为现实那样。

玛格丽特·米德的目的在于表明，在一个社会内部，男人和女人之间的关系、母亲-孩子的关系在同一时间彼此互为因果。儿童成为成人后倾向于重现与男性-女性关系相同的结构。在这些范畴中，没有任何一个是以纯粹状态实现的。但是我们觉得，男性-女性关系与一整套技能——即母亲与孩子的关系、人与自然的关系的技能——是连成一体的。

实 例

a）**反面实例**。阿洛尔群岛的社会。[①]

在该社会里，父母的照料是完全缺席的。孩子得依靠自己。在成人中有同父母与孩子的关系相等的关系。成人与其同龄人之间只有消极的关系，既没有深厚的友谊，也没有浓重的敌意。他们任事情发生，完全不去尝试组织筹划他们的生活。经济以挥霍浪费为特征，因为他们不懂得如何储蓄或者建设。

在该社会中没有超我，没有压抑，没有负罪感，因此也没有受虐狂，几乎没有自杀事件。

这个避免了俄狄浦斯式的弊端的社会，也就没有它的某些益处，尤其是工作的能力、生产创造的能力。

父母-孩子的分离与成人之间的分离、人与自然之间的分离是平行的。

b）**正面实例**。 493

阿拉贝什人。孩子与母亲乳房的关系被过度强调，这种关系

① 卡丁纳：《社会的心理学前沿》（*The psychological frontiers of society*），哥伦比亚大学出版社，1945 年。

是被动的，因为只要孩子一要求就会得到母乳。这引起了成年女性的一种被动态度、一种依赖的态度，她寻求被人奉承。在男孩身上，被动态度与他作为年幼男性的生活是不相容的，因此，他们对性征极其突出的女性心怀恐惧。男孩不太具有攻击性，不太有主见，也不太有创造力。

与这种互补的态度相对应的是一系列习俗：比如一些成人仪式，这些仪式只不过是男人对母子间紧密的从属关系所做的反应。孩子脱离他与母亲的排他性关系的必要性越强，这些仪式就会越突出。

在这个社会中，各种成人仪式是存在的，但它们并不残酷，因为男孩和女孩之间、或者男性与女性之间并没有竞争关系，因此没有必要激烈地抵抗母亲的优势地位。也不存在正式存在的潜伏期——潜伏期只有当男性和女性间的差异非常强烈时才会非常明确，它与家庭的俄狄浦斯结构相关。

伊亚特木勒人。口腔的互补关系也被过度强调，不过是以不同于阿拉贝什人的方式被强调的，这是因为，婴儿有一种主动态度、一种苛求行为。性关系的形象也非常不同，更加精力充沛且积极主动。这同样适用于各种成人仪式：有一些“男性之家”。但是在家庭中，男性显得平庸可怜，他们被看作是女性的苍白倒影。成人礼的目的是使孩子摆脱母亲的支配。

马努斯人。男性与女性之间关系紧密，而且，作为这种关系原初的样子，“父母-孩子”和“男性-女性”的所有关系都是基于纯粹互惠性的关系的。所有触及排泄功能的事物都在教育里占主导地位。

这在男性与女性的关系中引起的结果是：性关系也是以互惠性为主导的。性的抒情、诗意的一面被消除了。这是一种禁欲主义，更恰当地说，这在恋爱关系中会对身体感到羞耻。性关系是仓促，被视为一种“双人排泄”。各种性特征不被认为是价值。不会对男性特别重视：性别平等源于对一切涉及“性”的事物的贬 494
低，这是一种不幸中平等。夫妻关系是一种联合关系，而不是一个情感之所：妻子显得像一种财产。*一种循环关系*决定了这些同样的典型态度会重复地代代相传。

蒙都古莫尔斯人。女人讨厌孩子。她们将孩子像物品一样放在背篓里，给他们喂奶非常没有规律。母亲-孩子的关系与这个文明的其它一系列特征都趋向一致：孩子对母亲没有依恋，因此不需男性将男孩从母亲那里恢复为男人，因此没有成人礼，也没有男性之家。成人礼是存在的，但完全是象征性的：游行并不是真正意义上的集体活动，在这些仪式中找不到任何特征是想表达与女性分离、获得新生的。主要的分裂不是男性-女性的分裂，而是父母-孩子的分裂。这引起了十分激烈的张力。这些社会没有能力适应一些新的状况（例如，无法适应河道改变。在此之后，人们保持着对水的恐惧，以至于男人都不会游泳。他们觉得河对岸的姐妹群体是食人族）。

他们会抵抗殖民者组织的惩罚性出征，但是一旦殖民者监禁了最富有的人（这些最富有的人为他们的妻子感到担忧），人们就会立刻投降。因此在某些道德条件下，他们会屈服。总结说来：他们是否可能进行抵抗，是由“要么全有、要么全无”法则所支配的：这是一种僵化。这些群体没有能力适应新状况，也同样没有能力给予他们的孩子一种柔韧灵活的教育。这些社会一直处于被摧毁的危险中。

巴厘岛人和萨摩亚人。在巴厘岛：富有美感和情感的文明在蓬勃发展，它是由在童年和童年初期相当活跃的检禁所带来的。这里的文化形态很复杂。

在萨摩亚：相反，没有任何检禁被强加给孩子。孩子被全家视为重要人物。孩子并不总是在他父亲身上看到他将成为的样子，而父亲也不总是在孩子身上看到他曾经的样子：俄狄浦斯的三角轮廓线变弱了。父母之间情感关系和性关系并不紧张；一方对另一方并不是绝对的，并非什么事都需要另一方。因此成人非常放松、从容、温和、稳重。但是另一方面：这里没有礼物，也没有深厚的宗教信仰，人们从事的事情都很平庸。他们灵活地吸收了
495 各种欧洲技术（例如：建造房屋：他们根据自己的气候来调整技术，而这是欧洲人不曾发现的）。从意识形态角度来看，他们接受了新教，但是他们将其变得更温和。上帝在他们眼中是一个做出“宽恕”的人。但仅此而已。缺乏严肃性。（他们有童贞禁忌，但是未婚妻可以通过带鸡血参加婚礼来弥补这一点。）

结论

男性-女性的关系是一个整体关系的组成部分（此整体关系包含母子关系、社会与自然的关系、人们与异乡人的关系、以及普遍而言的人际关系），因为该关系存在于社会之中。

我们不能谈论普遍的“男性”、就“女性”，因为每种文明都会根据其实存模式而发展出某种集体形态的男性，同时也会发展

出某种集体形态的女性。但是在一个给定社会内，存在着固定的“性”观念。

玛格丽特·米德希望有一个“多性别”的社会，在那里所有形态的“男性”和“女性”都会被接纳，每个人从男性形态或女性形态中选择与自己的形态相对应的伴侣。这种社会允许个人以其所是的样子被接受。

（注意：玛格丽特·米德是美国人，在美国生活着一群来自不同地方的人。我们这些拥有过去的人很少会去想我们的根，也不会因为我们的根而感到不安。相反，那些背井离乡的人则会非常关注根。因此，统一性问题在美国非常重要。这是因为，其统一性并不建基于共同的悠长历史，于是人们会在对某些定式观念的坚定参与之中寻找这种统一性，而这也是玛格丽特·米德关注一个模型、一种统计学常态的全能性的原因。）

讨论学生关于青春期的口头报告

勒温将一种旨在寻找青春期的年代与青春期范围之间的关联、或寻找青春期的年代与社会阶级，与饮食之间关联的研究，称为“盲目的调查”。

斯坦利·霍尔试图找到的时间上的重合（然而事实上这些重 496
合是不存在的）并没有带来心理学和科学上的解释。人们在这里再次发现了针对所有学科中的归纳法的批评（参见布伦施威克的分析）。要注意，两个事实是否同时发生和科学性毫无关联。被如此理解的归纳法预设了，人们可以找到现象的原因。对自然的这种设想将自然的结构脉络看作是简单且神秘的，然而并不是一个现象有一个原因，而是一个现象是一系列条件的交汇处。同样，要有一门科学的心理学，我们就不应该去注意关联，而应该去构造现象所依赖的那些可变参数。

"青春期的原因是什么？"这个问题是没有答案的。青春期处于一系列条件的合流处，它是不会有一个原因的。在青春期里，各种生理状况与主体对其生命的运用都糅杂在一起，以至于我们无法说：这是原因，这是结果……

海伦妮·多伊奇的观点。[①]

我们应该把青春期放回到儿童发展的观点之中。

弗洛伊德通过他的研究方向，对我们在此课题上的观念做出了一种方法论转变。他研究了：

—— 前生殖器的性到生殖器的性的过渡。

—— 潜伏期到青春期的过渡。

—— 与上升期形成对称的衰退期、衰老期。

A）从俄狄浦斯情结到潜伏期的过渡

参见："俄狄浦斯情结的衰退"。[②] 弗洛伊德触及了方法论的问题。

---

① 参见海伦妮·多伊奇：《女性心理学》（*Psychologie des femmes*），2卷，法国大学出版社，"Quadrige"丛书。

② 弗洛伊德："俄狄浦斯情结的衰退"（Le déclin du complexe d'Œdipe，La disparition du complexe d'Œdipe），1923年，载《性生活》（*La vie sexuelle*），法国大学出版社，1969年。

这种衰退的原因有哪些？弗洛伊德提出了两种设想：

1）俄狄浦斯情结会通过一种成熟现象而消失，就像乳牙会通过成熟现象而在恒牙出现前消失那样。各个不同时期被铭刻在一个“活生生的日程表”里。身体会拥有一种调节其自身发展时序的原则。

2）我们也可以承认，正是失望触发了俄狄浦斯情结的衰退： 497
例如，小女孩以为自己是父亲的心肝宝贝，然而有一天她被爸爸惩罚了。于是一个分子现象出现了：主体的某个经历触发了一个新的发展时期。因此，力比多可能并不是那种一劳永逸地对所有发展时期做出规定的“终极形态”；相反，力比多可能要依赖于主体的经历。俄狄浦斯情结通过它的发展而建构出的持续挫败，可能就是其消失的原因。这会通向一种绝境：“俄狄浦斯因为欠缺成功而渐渐消逝，这是由它内在的不可能性导致的。”

在这种“自我消亡”的设想中，对阉割的恐惧（外在现象）并不那么重要。

弗洛伊德拒绝在个体发生论与种系发生论这两种解释之间做出选择。他想将两者结合起来。发展恰恰建基于各种发展力量之间的游戏上。如果我们承认这样一种程序印写在了机体之中，那么问题就在于要知道这个程序将如何被个人发挥出来。

因此，问题就成了：力比多的确切本质是什么？

—— 它是否是一种趋势，即一种包含了它此后各个时期的日期和本质的趋势？根据弗洛伊德的第一种设想：是的；根据第二种设想：不是。

—— 第二种设想让我们隐约看见一种完全不同的解决方案。

力比多可能并不是命中注定的，它不会有一个一劳永逸的固定目标。它可能是一种可以被运用来实现各种不同的依恋关系的力。因此，当失败发生时，那些为了寻找另一解决方案的新的力就已经出现了；失败会把一种本身并不带有方向的活动解放出来：我们因此理解到，失败是从俄狄浦斯情结向潜伏期过渡的一个充分条件。

B）与青春期的关系

1）第一种理论将青春期的开始解释为春天新芽的出现。青春期建基于机体的天生日程表。

2）另一种理论认为，青春期只有在被放回到各种心理现象的内部动力中时，才可能被理解。

3）第三种可能出现的理解如下：力比多不只是个人的心理本
498 质；我们还必须把它纳入各种社会因素的发展之中。实际上，在第二种解决中，俄狄浦斯情结的消失不仅仅是由于孩子与其父亲或其母亲的关系，而且是由于母亲与新生孩子的关系等等，整个家庭格局都可能是青春期消退的源头，因此这种消退并不是处于母亲与孩子之间的人际心理事实，而是普遍存在于全家之间的人际心理事实。此外，即使是社会结构也是有其重要性的，因为社会结构让父母承担了某些实存方式。

C）提出问题

这是双重的：

1）在青春期里，心理因素与生理因素之间的确切关系是什么？一方面（参见海伦妮·多伊奇），把身体只视为一种抽象的东西；另一方面，心理和生理之间没有绝对的平行关系。事实上，两者之间并没有边界："身体既不是第一位的，也不是第二位的"（西蒙娜·德·波伏娃）。真正意义上的青春期要求身体的青春期和心理的青春期彼此相互重叠。

2）为什么发展会向某一特定方向迈进，而没有混淆和混乱？为什么这种发展恰恰有**这种**历史，为什么那些先前的时期会被超越？

如果我们认为这种发展不是由预先建立的轨道所引导的，也不是像钟表机械结构那样被规定的，那么问题就更棘手了。

这两个问题实际上是同一个问题。我们可以将它们比作哲学史问题：我们想知道各种物质现象与意识现象之间有何关系。在这两种现象之间，有一种内在联系，但是该内在联系仍待解释。历史成熟的时刻，就是当经济发展的各种基础（即那些使历史成熟得以可能的经济发展的基础）被意识所意识到的那一刻。

例子：对于资产阶级出现的研究。资产阶级政权的力量已经存在很长时间了，但是人们意识到这一点则慢得多（1789）。当该现象不仅仅处在各种事实之中，而且成为一个被意识到的现象时，资本主义就出现了：资产阶级成了一个对自身有意识的阶级。

同样，海伦妮·多伊奇说，被完全实现的青春期可以被视为 499
一场成功的革命。

"形态"概念、"格式塔"概念在这两个领域之中都会很有用。"格式塔"是由那些没有预先命运的在场要素的相互作用而自发建立起来的秩序。在各种条件被给定的情况下，先前出现的力会被整理进一个相对性的、崭新的平衡状态里。

—— 因此，精神分析将我们带向了“发展”问题、“心理上的因果”问题。

—— 形态理论让我们得以重新思考这些问题；它解释了新结构的到来，它让我们能够设想一种无需诉诸某种预先建立的终极形态就能成立的心理革命。

考察海伦妮·多伊奇关于青春期的观点

这个考察的目的在于让“儿童的心理发展”的概念、让身体发展与心理发展之间的关系变得更明确。

在精神分析看来，青春期与主体心理层面的过去紧密相。青春期是俄狄浦斯时期的各种冲突的再现，并会在个人身上引起他们久远的心理历史的回声。

—— 俄狄浦斯冲突是对青春期的预期，在这种冲突里，儿童被卷入成人的感受性处境之中。

—— 青春期是俄狄浦斯时期的承接再塑，是个人对成人社会的真实投身参与。

这里涉及的是一个被承接再塑的难题，一个具有实际效力的、被亲历的难题，这个难题明确表达出了一个人在某个既定时刻的整个行为。这是一项无声的探问，任何智性的回答都无法对此提供解决办法。

这个难题被承接再塑，不过是**在一些新的状况下**被承接再塑的：在俄狄浦斯情结之后，一切都重回睡眠状态：这是潜伏期，在此期间，发生了涉及“自我”的发展；这里的“自我”也就是知觉-意识系统，它是我们有意识的活动的层面。与他人关系的体系得到了长足发展，各种生活技能丰富了起来，但是本能性的景深始终不变，而且直到前青春期都几乎没有变化。

这样一来，俄狄浦斯难题将会借助在潜伏期所获得的所有手 500
段而被承接再塑。

海伦妮·多伊奇区分了三个时期，事实上它们相互影响：

A）青春期。

这个时期的特征有：

a)（继潜伏期之后的）**自我的长足发展**，更准确地说，是在独立性方面、责任感方面，以及与现实接触的完全性方面的发展：孩子感兴趣的人际圈扩大了；他渴望走出梦境、走出想象。

b）自我的这种发展伴随着**对父母的贬低**。孩子不再将父母视为绝对，因为他不再以被纳入父母的方式来生活了；他不再经由父母来与世界发生关系了；

c）在这个年纪，孩子会做出一些**新的情感选择**；他会转向某位学校女老师、某位教员，他把以前给予父母的信任中的一大部分给予这个人，并对父母表现出相对的敌意。

小女孩把年长的“姐姐的朋友或者朋友的姐姐”当作榜样，从而将她的情感投注从一个与她同龄的小女孩转移到一个年长的女孩那里。她从与同龄人结伴的状态，过渡到对一位年长榜样的模仿。精神分析常常向我们说明各种情感关系中的转移是如何运作的；在这里，小女孩通过她同伴而爱着她小同伴之所爱。她可能会把自己认同为一个著名的女英雄。小女孩也会对大人的秘密感到困扰，于是她会为自己建构一些重大的秘密，作为对大人“秘密行为”的报复。

小女孩会为自己选择一位“知心朋友”，此行为是与父母分离的一种表现。小女孩之间的这些热烈友谊伴有一种成人生活式的仪式：她们化妆、假装怀孕、尝试把自己打扮得富有女性魅力。青春期前的小女孩模仿成年女性的各种状态，然而在青春期，小女孩又拒绝所有女性气质特征（例如：拒绝穿丝袜、拒绝涂口红）；这就是所谓的“青春期的禁欲行为”。在这一对对年幼的好朋友间，我们观察到存在两种角色：一方主动，另一方被动；一
501 方发号施令，另一方顺从跟随。

所有这些反应都是**早熟**的表现，因为我们所目睹的一系列行为并不是主体由衷而做的，而是他通过想象的惊人发展而采取的：鉴于还未到来的成熟，孩子进行了想象性的重构。在这个年龄频繁出现的帮派现象就是证明。

倾向于异性恋，而这是一种想象的性。在这里，既有**预期**，也有向童年的**退转**。模棱两可的东西持续存在于该时期的过程中，在此期间，对成年生活的欲望和恐惧、想受保护同时又不想受保护的意愿都表现了出来。

青春期的这种模棱两可状态被母亲的各种情感所强化，因为母亲的情感构成了孩子各种态度的对立面或补充。她迫不及待想要她幼小的女儿长大，但是，这又让她不太舒服；她还想要保护女儿、留住她。母亲面对这个转变期的各种担忧只会徒增孩子的担忧。如果孩子摆脱父母的努力太过强烈或者太过微弱，青春期

都可能会对孩子的成年生活产生有害影响。真正的发展、真正的成熟在于一种双重现象：超越过去、而又保留了过去。真正意义上的超越也是保存；在成为另一个人的同时，我们不应拒绝接受我们曾经所是的那个样子。如果断裂发生得太过暴烈或者太过明显，那么孩子气就会持久存在于成年里；这些人在他们与他者的关系中依赖他人、脆弱不堪，友谊和爱都被被动的依恋关系和对温柔的要求所取代。

d）在游戏态度中，我们总是会发现同样的早熟现象，游戏态度是早熟的典型表现。仍然停留在前青春期的成人仍会有这种游戏态度：玩弄感情、挑起感情、然后又退缩。因此，前青春期的主要特征是自我的发展，这是心理范畴的现象。在这个年龄，本能的推力一点都不明显。最主要的是自我与童年之间的斗争。

B）萌芽的青春期。

a）在青春期，在各种情感关系中不存在异性恋：在此时，向
异性恋的过渡将会通过诉诸三角处境而以迂回的方式进行。小女 502
孩喜欢一个小伙伴，这个小伙伴和一个男孩调情搭讪；她对于这个小伙伴的爱会向这个男孩蔓延。同样的处境也存在于两个小女孩对同一位老师的爱慕中。异性恋“骗过了”前青春期的同性恋，它蒙骗得如此巧妙，以至于这个三角处境又重现了俄狄浦斯处境。“蒙骗”这种想法是非常黑格尔式的；实际上，这是一种心理上的辩证关系。

各种带有性特征的情绪对自身没有意识；我们面对的主要是心理上的成熟，这种成熟的第一引发因素并不是身体现象。

孩子们不再积极参与潜在的帮派行为，而是积极参与一些具有革命精神的群体；相较于男孩，小女孩较少进入这些群体，她们在情感性的三角关系的内部重建她们的情感关系。

异性恋取向与月经这个生理现象没有直接关系。

海伦妮·多伊奇引用了艾薇琳娜的例子，这名女孩在 12 岁来了月经，但她没有在心理上消化这一生理事件，所以她的月经对她的性模式没有任何直接影响。即使当月经已经出现了，这种向异性恋的转变也仍然是还未成熟的。

b）这个年龄段的小女孩经常会有**空虚感**。孩子感到不自在；她觉得被束缚了，因为她既不处于某个年龄，但同时又不处于另一个年龄。小女孩分担着已婚姐姐的性秘密，但是当婴儿出生时，她又会被排斥：对她而言这很痛苦，因为这证明了她仍然处于童年。

在那些对姐姐的异性恋有所预期的被试者中，我们发现了这样的女性：她们只会爱上其女性朋友的丈夫，或者她们只会在有一位女性朋友存在的情况下才能维持婚姻：她们始终在寻找某种三角处境。

这时候，通常会出现同样的现象。例如，许多人会真正患上阑尾炎，这是在回应某种心理动机。这个手术实现了对强奸、分娩、怀孕的幻想，并且使这些张力得以释放。

幻想自己有孪生兄弟，这表达了被试者正在消除其同性恋。
503 这个兄弟有女孩想要有的一些品质，或者恰好相反，这个兄弟成了一个替罪羊。

C）严格意义上的青春期，以两种过程为特征：

1）**对各种本能推力的防御**：超我的发展。

2）**“自我”成长的各种推力**：自恋。

各种情感都转向“自我”：被体验到的一切，都是在一种孤立状态中被体验到的。不可能有真正意义上的依恋：年轻的女孩热衷于引人注目。被试者想要被看到，她感受到想要成为演员、侦探、小说家、记者、诗人的欲望。但是，在她对戏剧的喜爱里，几乎总会显露出她把暴露癖和戏剧艺术的真正意义混同在了一起。很多女孩认为，做演员，就相当于表现自己，让自己受到仰慕。然而，表演是一门艺术。这是虚假的自信，因为被试者其实处于紧张状态里。

年轻的女孩有被误解的感觉，也就是说，她并不了解自己，而且把她所处在的这种费解状态投射到外界、投射在她自己的面前。这种自恋伴随着超我的极度发展，在这种自恋中，有进步的一面，也有退转的一面，这是预期与过往的孩子气理论的混合体。

“女性的被动性”的根源似乎在青春期，当这种被动性被过分加强时，就会使女孩在心理上一直停留在这个年纪。或许，这种被动性是由解剖-心理学式的结构勾画出来的；不过，对理想爱情的欲望、对爱情的柏拉图式的构想，这两者都可以被理解为一种停滞不前状态、一种青春期精神的突出表现。

a）**月经的作用**。人们通常以月经初潮来推定青春期的时间；但最重要的因素是月经所引起的各种心理反应。月经的出现可能会在少女生活中引起一系列障碍和紊乱。与女孩面对月经时的情绪相关的，是月经的一种传说式的形象，而这种形象是由母亲在月经这件事上的避讳态度所建立的。月经可以唤醒关于身体撕裂的幻想、阉割幻想，这些幻想可能会在这里找到一种可以被体验到的验证。此现象与情感的底层基础关系如此密切，以至于即使
504 提前告知少女也不会改变任何事情。精神分析学家认为，性教育不会带来任何新东西，同时也不会对被试者的心理成熟有任何帮助。知晓月经，并不能改变孩子在面对月经现象时可能感受到的情绪。无知并不是情绪的原因，而是情绪的结果；小女孩倾向于将月经当成一场戏剧来接受，因此她拒绝理解她可能听说过的关于月经的事情。月经绝不是青春期。月经正式出现后，一切都有待完成，也就是说，月经有待作为组成部分而被整合进一个整体。不过，这种整合不总是彻底的，或者通常都不是彻底的（例如，成年女性对月经的恐惧）。那个曾经幻想月经会改变一切的小女孩再次感到失望。月经应该会在想象的东西和知觉到的东西之间、在对月经的幻想与实际现实之间建立一种联系。

当月经现象被个人接受之后，青春期才算完成。这是因为，当这样或那样的发展时期到来时，如果与该发展时期对应的行为尚未被个人所接受，那么就不会发生任何改变。在那些被身体自身所超越摆脱的时期里，即便被试者有所预期或是延续着过去，成熟都还没有出现，发展都还未完成。

b）“发展”也不是由一些叠加在身体范畴现象之上的认知或智性范畴的现象所组成的。认知并不是一种附加在生理现象上的、

旨在建构发展整体的补充。月经来潮并不一定被接受。这里涉及的不再是一个抽象的决定，仅仅只有认知是不足以让少女跨越一个发展阶段的。相反，对月经现象给予的关注有时候恰恰标志着该事件没有被被试者接受。那些对生理事件期望过高的人，往往一无所获，而且当他们意识到“这不过如此”的时候，甚至往往感到失望（司汤达的《拉米埃尔》）。这种意味深长的反应证明被试者没有准备好经历这场转变，还不足以成熟到可以进行这场转变。

只有当被试者在自发状态中吸纳、整合了这些新功能，发展才算完成。这种整合让他身体中所发生的转变稳定下来。

实际上存在这样一些情况：月经在某个主体身上已经成为了常态，而在一段时间后又消失了。在这方面，外部事实绝不意味 505
着心理上的成熟。海伦妮·多伊奇举了这样一个病例，其中，生理事实被一种想象生活彻底转变了；像月经这样的功能可能会根据被试者对自己身体的感觉而从身体里迁移离去。[①] 在此病例里，我们发现可以观察到被试者特别关注腰部区域。

因此，在身体与被试者整体之间存在着一种独特关系。身体应该被视为一面镜子，它表达着作为整体的被试者的心理现象，表达着一种心理历史。身体的匿名发展如果没有被整合到其心理历史里，那么它就什么都不是。

D）结论

我们现在可以回答这项研究一开始提出的问题了，即发展如

---

① 海伦妮·多伊奇：《女性心理学》（*Psychologie des femmes*），第1卷，第148–149页。

何具有方向-意义，身体现象和心理现象对发展有什么贡献？实际上，这两个问题是同一个问题，因为发展在表观上的目的性取决于第二个问题的答案。

通过心理发展来解释身体发展是行不通的，反之亦然。显而易见，纯粹的心理因素与纯粹的身体因素都无力作为。这就是为什么发展既不是因果性的、也不是目的性的。仿佛由力比多所引导发展的终极目的性是不存在的：这样一种终极形态是不存在的，因为各种事实过于千变万化；无论如何，即便这种终极形态存在，它也不是无所不能的。目的论式的、受意识控制的发展是不存在的：也不存在因果性的发展，不存在认为发展是纯粹身体性的理论。

这里涉及的是属于相对偶然性的范畴的现象。然而，发展确实遵循某些路线，脱离常规的可能性并没有无限多种。这个范畴即使完全是偶然的，但都必定会以自发的方式从先前的状态、从它将要利用的材料中涌现出来。“成熟”就是：被实现出来的行为的方向-意义与该方向-意义被实现所用的材料之间的相合。在其中必然存在一种“承接再塑”——由个人所做出的、对身体当下状态使之可能的东西的承接再塑。我们在“形态心理学”里找到了这一非常宝贵的想法；与其说这种想法本身是一种回应，不如
506 说它是一个问题——它并没有提供一种现成的解决方案。因此，发展与命运几乎不沾边，正如它与无条件的自由几乎不沾边那样。个人总是在某种身体性的场域里完成发展的决定性行为的。我们在这里再次看见黑格尔的想法：“通过保存来超越”。个人只有在乐意保留他最初状态的情况下，才能做到超越。因此，我们又再度与那些对个人动力与人际动力的整体理解会合了。

儿童对世界的表象

（对一位学生的口头报告所做的补充）

提出问题

瓦隆在其《儿童思想的起源》[①]里将对以下这个问题的研究放在了首要位置：对儿童来说，是否存在对世界进行表象的问题？他与世界的接触是否会被总体把握为或者被凝固为一种表象？或许我们应该这样想：只能对儿童关于世界的经验进行描述。

在瓦隆看来，即使儿童有某种前范畴的思想，这种思想也无法由康德式的范畴表表达出来。此外，皮亚杰在把儿童的思想凝固并放进某些“范畴”里时，他不是把儿童当成了以下这样的人吗：

—— 与成人过于相似的人：皮亚杰在儿童身上寻找一种推理状态；

—— 与成人过于不同的人：皮亚杰没有在成人和儿童那里找到相同的思想系统，他把这归因于心智状态的差别。

而事实上，儿童是这样的：

—— 与成人不同：儿童的思想既不是论题式的，也不是范畴性的，而是多态的。

---

① 瓦隆：《儿童思想的起源》（*Les origins de la pensée chez l'enfant*），法国大学出版社，1975 年。

—— 但他并不是在心智状态上与成人相异。这是“仍然含混且多态”的状态与“已经被文化明确确定下来”的状态之间的差别。但这种差别并不意味着成人无法参透儿童或者儿童无法参透成人。儿童预期着成人状态。

507 ## I. 考察皮亚杰的几个观点

a）儿童的“因果关系”观念的演变。

第一个时期。5 至 6 岁：儿童会通过“动机”（为了……）来对自然现象做出心理性质的解释。这涉及是一种想要得到结果的原因。

这些解释是现象主义式的：这些解释局限于事物表面：在空间中或时间中的连续性就已经是把一个事实当成另一个事实的原因的充分条件了。

这也是目的论解释会出现的时期：“水在山里流淌，是为了走到湖泊中”，或是魔幻性的解释会出现的时期：儿童发现了事物之间的互渗关系。这些解释往往会最终带有某种道德必然性：太阳照耀，因为它必须这样做，这是自然对人类的责任。

第二个时期。7 至 8 岁。儿童的解释仍很初级。

—— 人为主义的解释：自然像人那样工作；

—— 泛灵主义的解释：儿童假设事物里存在意志；

—— 动力论的解释：事物中会存在一些带有既定目标的力。

前一阶段的那些论断有所减弱，但儿童仍然达不到一种真正意义上的因果关系观念。

第三个时期。由于儿童的自发演化和发展，理性的解释出现了。一开始，儿童会通过组合某些要素来建立幼稚的解释。通过凝聚、稀疏来做出解释。虽然这些解释仍十分幼稚，但它们表明孩子已经上升到一些（符合物理事实的某些特点）的因果关系模型了。

演化是由某种去主体化构成的。在时间里的诸事件系列都彼此相通，而且在绝对必要的情况下，它们会有可逆性，这也就是说，它们与我们的经验状况相分离。

b）对世界的表象的演变。

1）从实在论迈向客观性。

实在论是“我在我的个人实存里遇到了某种实在”的感受。客观性是对我经验的校正。的确，我经验中的某些要素，虽然在 508
我看来是显而易见的，但也可能只是我自己独有的要素。我必须意识到：我所感受到的只是看事物的视角之一，而我必须构造一个与所有视角相符的视角。我们可以通过打破对事物的直接附着，通过对事物行使批判精神，从而摆脱泛灵论。这样的概念只对一个主体有意义。而对象自身则无法被这样的一些关系所定义。

2）从实在论迈向相互性。

因此，这里涉及从自己的视角向客观视角的过渡；而且客观的东西将被我理解为那种让我得以协调我的经验与他人经验的东西。

儿童所使用的各种概念本身就被相互性所蔓及。不再有绝对性，而只有相对性：例如，就左和右而言，当儿童理解到对于他来说在右的东西对他人来说并不一定如此的时候，他就迈出了一大步。

3）从实在论迈向相对性。

参见：柏拉图。“大”、“小”概念在本质上是相对而言的：它们取决于参照系统。同一件物体可以被说成是大的，也可以被说成是小的。不过我们不应该落入怀疑主义，这是因为，如此这般的物体与如此这般的参照系统之间始终有恒定关系。

对儿童来说，“兄弟”、“姐妹”概念最初是单方面的：它们只能用于表达他人相对于他的关系。皮埃尔、保罗是他的兄弟，但是他自己并不是皮埃尔、保罗的兄弟。因此儿童必须从实在论转移到相对性里去。

II. 批评

a）总的批评。

在最根本上，皮亚杰是接受“对物理世界的表象是自发的，不过是朝向既定方向的”这一设想的。

因此问题是这样被提出的：世界就在那里，正如物理学对其所描述的那样；儿童要如何达到这种描述呢？解答是：儿童自发
509 地有要达到这种描述的倾向。因此摆在我们面前的是两个假设，一个是对初始状态的假设，另一个是对最终状态的假设：

—— 整个儿童发展都被放在了那种看待成人物理学家精神状态的视角里被看待。

—— 成人的精神状态与成人物理学家的精神状态是一样的。

但真的是这样吗？如果没有达到皮亚杰所说的这个阶段，难道就不可能走出童年了吗？

在皮亚杰的研究里，儿童总是会被问及与科学有关的问题。

b）黄翼的批评。

1）原则。

与皮亚杰不同，黄翼不问："儿童是否有能力、儿童在几岁会有能力给出正确答案。"① 这些问题不可避免地会以负面方式来描绘儿童的思想。黄翼并不是想指出儿童思想和成人思想之间的差别。他的目标是正面的：他想知道在儿童的心灵中都发生了什么。儿童的那些回答虽然充满稚气，但可以"是理性的"。

黄翼的目标是运用一套描述性的、起到规范作用的方法。

他的方法也不同于皮亚杰的方法：黄翼任由孩子说话；他试图捕捉孩子隐含的世界观；他没有让孩子表达他在思想的是什么，而是试图让孩子去"和事物打交道"而不是"和思想打交道"。他让孩子面对"一个真实的、被诱发的、涉及具体有形物体的事件（这不同于由语言所诱发的场景），一个能够唤起一些与孩子日常生活中相似的回答的事件"。皮亚杰则会针对一些主题来探问孩子，而孩子可能从未对这些主题产生过问题：如此一来，孩子的回答就成了为应对一个言语性处境而构造出来的回答。

---

① 参见黄翼："儿童对陌生现象的解释"（Children explanation of strange phenomena），载于《心理学研究》（*Psychologische Forschung*）；"儿童的物理因果概念"（Children's conception of physical causality），载于《发生心理学杂志》（*Journal of genetic psychology*），1943 年。

黄翼想要把握儿童与他所涉及的世界面貌之间的关系；黄翼呈现出事实，并观察孩子面对这些事实的反应；他会表演一些乍眼看来不是自然现象的戏法：这样一来，孩子就会被促使去自己寻找一种解释。

510 皮亚杰和黄翼之间的区别可以被界定为测试和询问之间的区别。言语回答和实际反应之间判若鸿沟。如果实验人员对被试者进行询问，这就是把他置于另一种处境中：被试者必须验证他的想法。

人们公开发表的意见会构成一个他们所作所为的对立面系统（参考：婚姻：理想的理论和实践之间的差异）。通常情况下，对于道德的缺失，会有一些教训别人要守道德的言语性阐述来做出弥补。

以此类推，我们就能理解到我们若想深入到儿童的经验世界之中会遇到的困难。

2）实验①

“袖子里的硬币”：实验员在儿童面前将一枚硬币滑进他的袖子里，抬起手臂将硬币滑到腋下，同时拿出藏在纽扣下的第二枚硬币，然后假装从手臂下取出第一枚硬币，接着当然是把第二枚硬币展示给儿童。对于这种非同寻常的情况，寻求一种魔幻性的解释会非常方便，但即使如此，孩子都没有这样做。孩子没有表现出任何“对实验的无动于衷态度”。他尝试提出一种假设，如果这行不通，他就会寻找另一种假设。五名儿童中有四名否决了“硬币可能穿过了布料”的这种想法。儿童的各种提议都很幼稚，

---

① 参见：《心理学公报》（*Bulletin de psychologie*），1949–1950 年，第 12 期。

但都是合理的。

“漂浮的针”、“蜡烛和玻璃”、“纸板上的骰子”、“孔被纸堵住的试管”这些实验向我们表明，儿童的回答与成人的回答几近相同。[①] 这些回答大致与皮亚杰所说的“第二阶段”相符。但是黄翼没有找到“第一阶段”的踪迹。

对比实验。颜色对比实验一下就能说明问题：一个黄色景深突然出现，改变了显形的颜色。如果实验员在此刻启动一个节拍器，他就是在为儿童提供一项可以被认为是原因的要素。事实上，儿童会极力抵抗各种魔幻性的解释，而且，如果他屈服了，他的态度就会与我们在自言自语“这应该是来自于……”时的态度毫无二致。这两种现象之间有一种重合。儿童也会像成人一样提出假设，但这并不是一个信念。只有在实验员要求儿童陈述他的见解时，假设或许才会成为信念。

智性解释是物理学家所关心的。儿童寻找的是一些具体的解 511
释。当处境是“开放的”时候，当有空隙时，就必须填补它。如果我们给儿童一个没有前因后果的物品或现象（参见：节拍器），他就会用它来堵住漏洞。但是，在儿童那里，不存在物理学家意义上的信念，那种信念属于论题式思想的领域；在儿童那里存在的是对达到某种解答的需求。儿童力图面对处境，力图将一个开放的处境关闭起来。

在判断层面、断定层面之外，还存在“关于世界的经验”的层面、“在世界中生活”的层面。

---

① 描述见：《心理学公报》（*Bulletin de psychologie*），1949-1950 年，第 12 期。

在儿童那里，没有现象性的因果关系。儿童不会不惜一切代价地逐步走向魔幻性的解释，而会走向一些自然解释（“自然解释”：并非物理学家所理解的那种含义，而是人们通常赋予它的那种含义）。

3）皮亚杰和黄翼的不一致之处。

如何解释皮亚杰认为他获得的结果？

a）皮亚杰询问了来自相同社会阶层的儿童（没有与其它社会阶层儿童的回答进行系统性的交叉对比）。黄翼则考察了来自小资产阶级与工人阶级的儿童。皮亚杰也许把仅仅在某种社会环境里出现的心智状态特性当成了童年的真正特性（比如，在“魔幻性的解释”的情况里）。

b）皮亚杰就某种大小顺序的现象来询问儿童，而关于这种顺序，连成人都无法给出让人满意的回答；皮亚杰还会就一些以神话和童话故事为主题的现象来询问儿童。

c）皮亚杰总是把儿童的回答翻译为对所涉及现象的解释，儿童会觉得这是充分的解释。他把儿童的回答翻译为儿童对世界的表象。他构造出一种儿童关于自然实在的设想，用来解释儿童所给出的回答。但是儿童仅仅就只是拥有我们的“充分解释”的观念吗？定义儿童的，难道不恰恰是这种“充分解释”视角的缺席吗？

从方法论的角度来看，这个想法的重要性在于：做出阐明并不仅仅是要说得更全面，而是要进行转化。“信念”这个词有好几种含义（雅奈已经意识到了这一点）。人们在阅读皮亚杰时，有时候会认为“信念”这个词的意思始终是一样的。

关于b）点（参见：瓦隆的上引著作），**超级事物**：我们是否 512
会认为儿童的特点就是他对宇宙的、在他经验可及范围之外的东西的想法？超级事物是一些这样的实在视域：儿童不会怀疑这些实在视域，但是他却无法对它们采取一种客观态度或一种对象化态度，然而对他所及范围内的事物，他就可以这样做。这个想法和结构有关；它恰恰涉及儿童世界的形构。在儿童那里有一些现象还没有被化约为观察对象，皮亚杰似乎将儿童与这些现象的接触凝固化了。

瓦隆告诉我们，儿童有一种外在视域（远处的事物：比如群山、天空……），而且我们或许还可以补充说，儿童还有一种非常接近可见事物内在结构的内在视域：依然处于弥散状态、非凝聚状态中的超级事物和底层事物。因此，儿童的思想可能是朝向一种双重视域开放的，他的思想没有被对象所充斥。（对象，就是我所鸟瞰的某个东西，它在我的面前：我所鸟瞰的一座小岛，就是一个对象。如果我在岛上，岛将我包围，我被裹挟其中，那它就不再是一个对象了。）

儿童的经验不仅仅由对象所构成，还由超级事物构成。因此，我们在给出关于超级事物领域的一些回答时，不应该用“谈论事物的语言”。

对于儿童的“空间”和“时间”观念，有同样的观察：对象性的空间和时间是我没有参与其中的空间和时间。我不受它们的牵制。如果儿童还没有这种对象化思想，那么他的经验中也不会有“一个中空的空间框架”的想法。

时间：儿童在他的某些回答中似乎赞同有某种预先存在的东西：他并不是在他父母之后才存在的（瓦隆）。有些儿童认为春天的叶子是重新出现的老叶子。在他们看来，生命意味着周而复始的永恒。（儿童会在他的绘画里主观地混合那些事实上处在相继关系的东西。这就是吕格所说的"图画性叙述"。）

瓦隆提出，这并不单纯是对客观事件的无视，而是另一种时间结构。

空间同样如此：我们看到的是一个由不同量级所构成的无限系列：对儿童来说，空间的量级具有一种绝对性，一旦超过这个程度，就没有什么东西比它更大了。有一种像门槛那样的东西。门槛一旦被超越，我们就处在绝对的"大"里面了（比如：田野、
513 房子、"像房子一样大"的太阳）。但是对于经验场域中的事物，儿童和我们成人一样会设想一个系列。绝对的"大"是从各种超级事物开始的。

我们或许可以说，在成人经验中，事物占优势，而在儿童经验中，则是超级事物占优势；这就使得儿童和成人能够相互理解，使得心理学家在设想成人和儿童的关系时不把他们视为被绝对的不可渗透性所割离的两方。

儿童画

I. 吕格在方法论上的错误 ①

事实是这样的。

① 吕格：《儿童画》（*Le dessin enfantin*），Delachaux et Niestlé 出版社，1972 年。

我们可以在吕格的观察中注意到一些迹象，这些迹象会把我们带向一条与他的结论完全不同的道路上。

a）首先，在儿童看来，绘画是一种游戏。它不会被视为一种解释性的示意图（它与建筑图纸没有任何关系）。对儿童来说绘画是实存的，绘画具有一种独特的实在（证据：儿童所画的“图画性双关语”）。儿童画画，就像我们唱歌那样。他享受“为了表达意义而表达意义”这件事。

b）他认为绘画和作画的人是连成一体的（他很难接受别人模仿他绘画的表达手法：“这不是你的画，这是我的画”）。儿童画画就像签名那样，从来都不会为了要做出典型的描绘而烦恼。

有时候存在两种绘画：一种是儿童与成人的交流，一种是与他自己的交流。他会对绘画进行简化：“这样就会比较快。”这是一种与成人不同的态度：儿童不观察事物。

因此，当有人说儿童画与成人画的意图不同时，这没有错，因为成人画往往是一种解释性的示意图、是事物的缩影。而对儿童来说，画画是表达事物，也是自我表达。

此外，儿童会非常强烈地把事物感受为“具有绝对统一性” 514
的事物，而我们成人只能循序渐进地、逐渐地达到这种统一性。成人在这一点上又一次不如儿童那么实在论；例如，成人在纸上将一件家具描绘为他此时此刻从他的视角所能看到的样子。因此，在成人画中，在此角度不可见的潜在对象和该对象在此角度可见的容器之间没有真正的同时关系，在这一点上，成人画比儿童画更为主观。

成人既比儿童更客观，又比儿童更主观。他认为他的画纸应该接收他此时此刻对事物的视角。他会考虑时间性的角度。儿童则会努力把握那个在故事所有时刻都呈现出来的唯一核心。

II. 吕格的解读

吕格从他的观察中推断出了什么?

他推断出，儿童画在原则上是写实主义的（儿童画不是过分简化，也不是观念论）。但是，由于儿童画与成人画大相径庭，吕格承认，这种写实主义无法被立即实现。因此，儿童是通过前后相继的阶段而走向系统的写实主义的：

a）**偶得的写实主义**；

b）**失败的写实主义**；

c）**智性的写实主义**（例如叠合压平手法：儿童子会画出他所知道的，而非他所看到的东西）；

d）**视觉的写实主义**，吕格认为这是唯一配得上被称为“绘画”的活动。吕格并没有讨论绘画与对象的关系。绘画是由成人画来定义的：儿童画是一种失败的成人画。

吕格对“儿童画的缺陷”所给出的解释全都是负面的：缺乏专注力、缺乏综合能力。

那么，儿童所画的画难道真的是失败的画吗？难道儿童画不应该是不同的东西吗？

儿童（以及某些画家）用圆圈来强调脸颊、画出没有轮廓线的面庞、把人物的眼睛放在脑袋外面，这些做法让吕格大为震惊，但是目光难道不正是位于眼皮和事物之间的吗？

可是，从来没人说过，绘画必须是把在某一时刻从某一视角 515
看到的东西记录在纸上（此外，摄影的透视并不是我们所知觉到的透视）。

把绘画设想为在纸上记录某一时刻从某一视角看到的东西，这种设想暗示着，绘画（符号）与事物（所指）之间有某种外在关系。

而在儿童那里，他对绘画与事物之间关系的观念必定是不一样的：在他看来，画并不是一个屏幕，而是一种媒介，一种引向事物的引子。

这些解读在原则上来说都是一些负面的解读。吕格用儿童缺乏注意力、缺乏综合能力、缺乏把物体在事实上彼此相连的各个部分在绘画中连接在一起的能力来解释儿童画。因此，从这个观点来看，儿童必须竭尽全力把事物所给定的景象以越来越忠实的方式转移到画纸上。这种负面解读做了这样的假设：如果儿童足够专注，那么“真正的绘画”早就已经是他可以做到的了。儿童没有像他应该采取的那种看的方式去看。物体是恒常的，因此它在儿童和成人看来都是一样的，而且如果儿童想去看它，它总是随时准备好被他所知觉。

III. 形态理论提出的批评

我们在这种解读的根源上所发现的各种预设都受到了形态理论的批评。我们可以把这些预设表述如下：同一个对象所引起的知觉在原则上应该是相同的。儿童知觉和成人知觉之间有各种差异，都只是因为注意力不同。这个“注意力”概念是为了解释儿童与成人的知觉差异、为了解释我应该知觉到的物体的样子和我事实上看到的物体的样子之间的差异而被构造出来的。这个“注意力”基本概念似乎是和物体的恒定假设连为一体的。如果我们放弃恒定假设，那么“注意力”概念的意义也会发生改变。

形态理论强调，无论是成人个体还是儿童个体，都拥有一种他们独有的结构化方式；而且，如果我们放弃物体的恒定假设，
516 那么“注意力”就会沦为一个抽象名称，即一个用于指称那些对我们知觉产生影响的结构化变化的抽象名称。它所指的不再是一种以较强程度或以较弱程度照亮着某个不变场域的注意力了，而是一种重构的力量，它重新使以往没有以现象的形式而存在的一些景象构成部分显现出来。因此，这里发生的就不再是一些预先存在的细节被照亮了，而是对象的转变。

因此这种新的解读会承认：

a）儿童画是对事物进行结构化的最初方式；

b）从儿童画转变为成人画，这是另一次结构化。然而，在吕格看来，这种转变涉及的是一种只要我们睁开双眼就会拥有的、理所当然的知觉。

IV. 解释儿童画与成人画之间的关系

a）吕格在其著作末尾所做的修正

1）吕格在几个“懊悔的语句”中考虑以下这个假设：与其说儿童画缺乏综合能力，是否不如说它是另一种综合方式。“在视觉综合之外，还有另一种综合。”成人的视觉综合是一种抽象化活

动，因为它“从物体中删减掉了看不到的东西”。成人的综合是不完整的，因为它假定我被局限于我独自的视角里。如果我们努力探索儿童在作画时为他自己树立的法则的正面意义，我们就会注意到，这些法则对应于这样一种综合态度：这种综合态度要追求的是，把那些聚集在这个描绘对象之中的各个组成部分都汇集在同一张画中。因此，儿童画的目的在于把事物的统一性带给我们，而成人画的目的则在于把物体诸透视角度中的一个报告给我们。例如，叠合压平手法的作用就仅仅只是展现那些被叠合的成分之间的同时关系、我们对此物体可能拥有的所有视角之间的同时关系。[①]

2）儿童画和成人画的关系与一种语言和另一种语言之间的关系是一样的。这实际上是两种语言，而且“智性写实主义难道不配像阿拉伯语与英语那样地与视觉写实主义并肩留存下去吗？”[②] 517
吕格想借此对以下事实做出解释：不仅仅是那些不属于文明社会的人，许多文明人也无法理解透视绘画。这样一来，儿童知觉对成人的空间表达方式的抵抗就不再以负面方式被解读了，我们应该接受有一种综合方式存在于另一种综合方式的对面，正如暗影存在于光亮的对面那样。

b）绘画中的透视问题

依照透视的知觉与儿童知觉之间的关系，就等同于一种被削

---

① 参见吕格：《儿童画》(*Le dessin enfantin*)，第195页。

② 同上，第248页。

弱的视象与一种更加丰富的视象之间的关系。依照透视的知觉是源于一种分析性的化约，源于对我们与事物的接触以点对点的方式进行的誊抄；对象必须被孤立起来，对象的表征必须被转写到一套衡量基准之中，被翻译到画纸上，这要符合一系列的定位瞄准。在自由的知觉中，表征则完全不是这样的。我们必须要闭上一只眼睛才能获得物体的平面投影，因为我们用双眼看到的是纵深中的事物。这就是为什么**在透视绘画中**，**我们所做的是翻译**，**而不是表达**。透视法只不过是把一个深度以点对点的方式表现在一个平面上而已。在这些情况下，任何绘画都是一种把知觉物变得贫乏的操作。如果绘画被视为物体在纸上的痕迹，而不是被视为物体的替代物，那么这种压平的做法就可以是合理的。在描绘立方体的透视画中，符号被设想为一种与它所意指的那个事物截然不同的东西，但是，在事物的每个部分和画的每个部分之间，都存在着精确的点对点关系。而在压平的画中，符号则不会取代事物，符号只不过是引向事物的**引子**，它表现着各个面从所有角度被看到的样子。压平的画里存在这样一种意愿：想表明所有的面都是方形，因为“这一切都在同一时间存在于这件事物里”。

绘画以一件事物如其所是的样子把我带入到这个事物自身之中，而就在刚刚这个时刻，绘画所做的是：以该事物的一种“易于操控的对等物”，替代了那个事物。

518 ## V. 关系比较：“成人画-儿童画”以及“意大利绘画-现代绘画”

1）在意大利绘画中，所画之物用来取代所见之物：“绘画应该与自然竞争”（马尔罗），因此产生了“十全十美的画”、“杰作”、“可以完全依赖技术而绘制的画”这样的观念；这就解释了为何好几位画家可以在同一幅画上作画的现象。这样一来，从理论上说，作画只不过是对技术的运用，而不再是一种个人化的活动了，因为绘画的理想就是取代自然。

古典绘画依靠的首先是观众的各种感官，而这些感官被认为在所有人身上都是相同的。因此，画家应该做的就是要能使观众信服，而且不能在画里加入任何与主观性有关的观念。

2）从马奈开始，一种对绘画的不同见解，一种对表达的不同见解出现了：“有这样一些画作，它们已经被画完了，但却从未被完成”（波德莱尔）。绘画不再是那种通过让画的所有要素都符合事物的所有要素、以求在所有细节上都吻合对象的活动了，而是要画出某一些特点、某一些运动——而我们在这些特点和运动里可以认识的，就不再是该事物的可见面貌了，而是它的内在运动。在这种情况下，绘画更接近于草图。人们会发觉，有些草图就像是一些已经完成的画作；于是，绘画就成了一种署名。画家在端详事物的同时，还让他与事物的接触进入到了他的画里，而不是让事物进入到了画里。署名，与其说是一个词，不如说是一个象征标记。如此说来，被画家转移到画布上的，并不是对事物的模仿，而是我们所亲历的与事物的某种关系的绘图，是对对象在我们身上所唤醒的回响的载录。在这些情况下，绘画就会与画家完成这幅画时所处的那段生命有关。他的画作带有时期的印记，而古典绘画则处于时间之外。作画，就是以一种并非总是相同的方式，来对事物做出反应。一个人的绘画生涯就成了一个不断生成的过程，而不是一系列迈向“杰作”的步骤。

519 总而言之，我们可以说，我们面对的是两种截然不同的表达观。

a）我们通过一种非个人化的感官器官作为中介来表达对象。绘画的目的在于将物体作为物体所具有的丰富性呈现出来，而且正是通过这种丰富性，我们与他者的交流才得以产生。

b）在这第二种表达观里，存在着作画者与事物的个人化接触：把物体传达给他人，就是在纸上留下我们与事物（即这个在把自身交给观众的同时，也在呼唤观众对它进行承接再塑的事物）共存的一个象征符号。绘画不再只通过眼睛来进入观众了，观众也必须付出自己的努力；画作总是在做的就是显示出一种运动。我们必须超越画作而迈向一种并非以客观方式被包含在画中的意义。

不过，我们必须要对这个问题做出评注：古典画的观念从来都没有被伟大的画家（比如达芬奇）在严格意义上运用过。在达芬奇看来，他画作的所有要素都应该由“心灵烟雾”联系在一起——透视没影点被明暗对立复杂化而呈现为漩涡状。只有当画家首先成为了画家，各种绘画理论才能为他所用。因此，与其说这个问题是要在绘画实践和某些绘画观念之间做比较，不如说它是要在两种绘画之间做比较。

因此，儿童画既比成人画更主观、又比成人画更不主观。儿童画含有一种主观性，这个意思是：他试图表现的正是他与事物的接触，但他力图把事物的真实在场状态给予我们。成人画在某种意义上而言是更客观的，但它没有把事物的实在给予我们，这是因为，成人作画者没有把他与事物共处的亲历处境展示给我们，而仅仅只是让这个处境被投影为一张画纸上的一个“透视视图”。因此成人的客观性更强，但是他通向事物实在的通道更少，这是因为，成人的绘画成了关于事物的一个视角，而不是对整个事物（即处在迫切的同时性里的整个事物）的展现。因此，成人的透视画并没有展示出一种成功的尝试，它只不过是表达模式的一个个例；而在表达模式上，儿童为我们带来了另一种式样。

我们必须放弃这样的假设：构造一幅画，只不过是要在纸上构造出物体的对等物。构造一个投影，这并不是绘画最本质的东西；我们应该重新返回到更总体的表达模式中：即把绘画视为我 520
们与事物的相通性本身所留在纸上的一个痕迹。

从某种意义上说，绘画是写作的一个特例：正如字母 A 与 A 的发音并不相似那样，绘画不一定是事物在纸上的投影。在儿童那里，绘画**意味着**一种不同于投影的东西、不同于几何学家教给我们的东西。在绘画和绘画所代表的东西之间，并不存在模仿关系。如果说儿童画是在构造物体的投影，那么又应如何解释儿童画是如此不忠于现实呢？吕格试图以儿童缺乏综合能力来解释儿童画的这种“不忠”。但是缺乏综合能力的说法不足以解释如下这样的事实：一个孩子总是不停地看他的手（还有他所接触到的所有人的手），他画的手指一直向上延伸到手臂顶端：如果说儿童的**目的**是达到准确性，那他是不会画出如此不准确的东西的。把嘴画在鼻子上方的做法同样如此：缺乏综合能力的说法无法解释如此彻底的分离。**绘画是作画者与物体的整体的、全面的关系**：儿童在画狗的时候把尾巴放在头前面，他这是在以图画的方式记载这只狗留给他的印象，对他而言，这不是要给出与视觉表征一致的描绘，而是要给出对于这只动物面貌的一种感受性的生动记载。此外，对于儿童来说，并不存在“视觉的面目”（正如我们在课堂中被教导五种感官是什么之前，从未去想过这个问题）：儿童不会去想“视象”是什么，而会去想事物是什么。儿童画是要去勾勒出一些东西，即一些会让他想起他当时看见这个事物时曾有过的经验（例如，坐在椅子上的妇人）。因此，他有权在他有感受之处用图解画出来、用象征的方式表达出来。

吕格试图在人偶画的普遍性里观察儿童画的普遍特征。大头人偶可以通过吕格的理论得到解释，但是“U”形人偶（即身体围绕头部构成一个同心圆）则无法得到解释：因为在这种“U”形人偶背后有一种构造象征符号的能力，这些象征符号就像书写符号一样，它们表现出它们是从属于某一个文化整体的（这些符号与儿童对其本土文化环境的融入是连成一体的）。

521 儿童画是与可见世界的**接触**、与他人的**接触**，而且，这种与世界、与人的关系远远早于观看态度、不偏不倚的默观态度，以及观众与景象的关系，这种关系正是成人画要表达的。

普度欧莫（《儿童的绘画》）[1] 曾经有这样的想法：把将儿童画与儿童的全部活动联系起来：最早一批的有意为之的绘画可以追溯到儿童最初学步的时候：随后的进展都与运动能力相关（运动能力和绘画都是与世界的关系）。儿童绘画的进展是他与世界关系的进展的投射（当然总会有一个时间差：绘画在亲身经历之后），从许多方面来看，人偶都是儿童自己。例如：侧脸的人偶。儿童

---

① 普度欧莫：《儿童的绘画》（*Le dessin de l'enfant*），法国大学出版社，1947 年。

通过侧脸来看人，而这个侧脸并不是为他自己所“设置”的。孩子把侧脸描绘出来，这一做法与他是以何种方式经历着他和他人的关系是有关的。当儿童想要表达一个处在与他人关系之中的人偶时，就会着手画出一个侧脸人偶。

普度欧莫还注意到视觉写实主义的出现与学习阅读、写字之间的关联。因为符号与含义的关系的观念隐含在古典观点中：儿童应该把符号和符号所意指的东西分离开来。绘画是通过我与他者之间的多形态关系来占有一席之地的。

重要的一点是：这些思考应该被进行到底。浮现在我们脑海的问题是：既然儿童拥有如我们一样的感官，那么儿童与世界的关系难道不是与我们一样，也是默观者与被默观的世界之间的关系吗？我们必须回答：不。

我们必须忘掉“什么东西是感官的，什么东西不是感官的”这种观念：感官性是由与世界的关系所支撑的，这种关系并不是一种感官关系，而是与事物的一种整体的、感受性的关系。被知觉到的事物的各种性质（即所谓的各种不同的“感官性”功能）都是这种“与世界的接触”的一些殊别模态。心理生理学依赖于这样一种观点：无论如何，我们都可以谈论一种分隔开的感官运作。我们甚至不应该做出这种让步：任何性质（例如：冷、热、湿等等）都是具身主体与世界的某种同步模式的揭示者。[1] 颜色本身就带有感受性的光晕（戈尔德斯坦）。黄色所表达的是：某种让 522

① 参见巴什拉：《水的精神分析、气的精神分析》（*Psychanalyse de l'eau, de l'air*）。

我们的视觉振动的方式。每种颜色都可以为我们展示一种与世界和谐或不和谐的关系模式：我们讨厌或喜欢这种颜色。

萨特对蜂蜜的分析[①]

蜂蜜的每种性质都是一种存在模式。它的各种特性（黏度、甜度等等）似乎都是独立自主的。但是物体会自己产生其统一性：蜂蜜通过其可见的面貌而得到界定：它在空间中呈现出不同形状，然后又失去这些形状（在盘子上的小山，片刻后就坍塌了）。触觉上的蜂蜜：据儿童观察，蜂蜜的性质相当模糊不清，既不是固体、也不是液体；既不浓稠、也不沉重……我们对忠诚于我们的狗的忠诚；被占有者对占有者的顺从和悄悄的适应：因为蜂蜜粘在手指上，我们就无法摆脱它（而我们曾经以为已经将它制服了……）。蜂蜜的滋味？它是甜的。蜂蜜的气味？蜂蜜具有不可消除的甘甜味，有持久的气味。味道上的这种性质与触觉上的性质之间是有某种关系的；我们不能把每种性质都当作一座晦暗不明的小岛。我们只能给出一种对存在模式的动力学描述：黏着性和甜味只不过是我们所说的“蜂蜜”的这个东西成为蜂蜜的两种方式。

对柠檬的分析[②]

柠檬的黄色并不是领会柠檬的一个主观模式：它是柠檬。柠

---

① 参见：《存在与虚无》（*L'Être et Néant*），伽利玛出版社，1943 年，第 699-703 页。

② 见萨特：《存在与虚无》（*L'Être et Néant*），伽利玛出版社，1943 年，第 235，236 页。

檬通过它的各种性质成为广延物：呈现为黄色的，就是它的酸味；尝上去是酸的，就是它的黄色。**并不存在并列且相互独立的性质**，相反，我们通过每个性质都可以看出所有其它性质。萨特说：柠檬的形而上学系数是多少？精神分析应该阐明这个问题。每个物体的形而上学含量都是一种“把该物体清楚表达出来”的模式。

一个事物的统一性类似于一个复合物的统一性。例如：千层酥的味道和它裹着糖面的表层在牙齿下断裂的方式是相关联的。如果有人给我们吃黑鲑鱼，我们会觉得这是不吉利的。

在弗朗西斯·蓬热的著作中[①]，我们发现一些对于虾、橙子等等的分析，尤其是对鹅卵石的分析：风、海仿佛都在鹅卵石中被叙述，而鹅卵石本身就是一个必须被揭示出来的复合体。 523

他从事物对他的影响中观察事物，而不是观察在他之外的事物。他所分析的鹅卵石，是儿童所看到的鹅卵石（我们自己不得不回到儿时对鹅卵石的感受来从中重新发现诗意）。因此我们就可以理解在鹅卵石中对一系列行为的象征化做法，以及某些人和鹅卵石之间显而易见的关系。

这些东西是一种把知觉看成“观看性质的知觉”的设想无法让我们理解的。

回到绘画上……

我们将会理解到，绘画能够表达儿童的所有个人冲突，因为我们的感官就是捕捉行为意义的器官。孩子的所有感受性关系，

---

① 见萨特：《境况种种》（*Situations*），I，nouvelle édition sous le titre *Critiques littéraires*，伽利玛出版社，“观念”丛书。

比如与父亲的感受性关系，都可以被投射到他对人偶的描绘之中。

闵科夫斯卡女士试图在绘画中捕捉某种领会模式、某种表象事物的模式（类精神分裂型：修拉；类癫痫型：梵高）。[1]

精神分析学家在绘画中寻找对某个特定事件的回忆，寻找儿童与世界的各种个人化关系的信息。无论我们所讨论的是感官性还是人格个性，总体结构始终是相同的（我们无法在任何一处说：这里是感官性的终点，这里是人格个性的起点）。

对于儿童画中的比例缺陷，吕格用儿童缺乏综合能力来解释。精神分析从中看到男人和女人对孩子而言的相对重要性、孩子与父亲和母亲的某些情感关系。在大头人偶（即头部具有重要性）的情况中，精神分析看到了一种“向高处的转移”，诸如此类。

对于暗中的修改（例如：“不，这是一座房子”；“不，这是一艘船”等等），吕格说：这是注意力不集中。精神分析说：这是在表达儿童意识中所有所予的灵活多变性，这是儿童具备的一种检禁机制所带来的。他应该看到的东西与他所看到的东西之间是对立的。

对于叠合压平手法，精神分析说是自闭症，是希望不以某个视角所展示的面貌作为中介而直接与事物重合的意愿。

524 **结论**。实际上，这些不同的作品都具有相同的意义。

a）它们对这样一种观念抱有怀疑：它可能会把我们的知觉、

① 参见闵科夫斯卡：《从梵高和修拉到儿童绘画——寻找形态世界》（*De Van Gogh et Seurat aux dessins d'enfants. A la recherche du monde des formes (Rorschach)*），Edit. à l'occasion de l'exposition au Musée pédagogique du 20 avril au 4 mai 1949.Beresniak, 1949.

把儿童与世界的关系描绘成一种进行默观的功能。

b）它们对“儿童世界以成人世界为目的而逐渐前进”的观念抱有怀疑。儿童与成人既离得很近，又离得很远。离得很近：因为儿童的经验很好地形成了一个整体。离得很远：因为儿童与世界的多形态接触具有另一种结构，该结构不同于成人与世界的接触、通向表象的接触。

镜 像

此问题所涉及的方法问题

A）有两种看待“演变”的方式

1）**就认知心理学的总体难题而言**。这里涉及的问题是要知道儿童是如何从将图象看作是物体“复件”的观念出发而转向物理学家式的观念的。图象是如何被还原为一片与物体本身分离的[摄影]胶片的？儿童如何最终做到以智性的方式组织他的经验？这些问题都是由传统心理学提出的。

我们也会在皮亚杰的思想中遇到这种方法论态度；实际上，他不断提出的问题正是：智性是如何从最初的杂乱无章中出现的。在皮亚杰看来，认知的发展是一种经验的逐步实现过程，该经验的所有要素都是相互关联的。

但是心理学指出了认知之外的另一个研究维度：身体的角色（身体在以前的观点中不具有中心作用）、本己身体和与他者的关系的关联发展。

2）**就总体发展动力而言。**

根据这种观点，身体就不再仅仅是儿童要发展其智力才能理解的主题之一了；身体不再是各种物体之中的一个物体；对经验的重构将会成为一个核心现象，身体发展及与此同时发生的人格
525 发展都是与智性发展同等核心的现象。这些都只是唯一一种发展动力的不同名称而已。

因此我们看到：

一方面，有那些试图通过把儿童的行为表现和智力发展联系在一起的方式来理解这些行为表现的研究；

另一方面，当代的研究：它们找到了儿童的智性进展和他与其身体的关系、与他者的关系之间的密切联系：也就是说，智性进展是与其它方面相关联的。

B）瓦隆所研究的“镜像”观念

在动物那里。瓦隆引述了一只土耳其鸭子的例子，它在配偶死后，站到了磨砂镜前面；瓦隆翻译了这种行为，他说道：动物在其镜像面前，就像在雌性动物面前一样，感受到一种“补充的感觉”。

在儿童那里。他者的身体图象：在一开始，儿童不理解图象和物体之间的区别；后来儿童建构了图象和其对应的现实之间的关系。正是在这个意义上，一位作者引述了一个孩子的例子，这个孩子在大约六个月时会从镜像转过身面对原型：这是识别的开始，但是这种识别仍然是飘忽不定的，没有彻底完成。

因此，人类儿童比动物多出了某些东西。本己身体的图象比

他人的图象更晚出现，更难被获得。

在某些梦境中、在某些意识不清的状态中（比如在溺水的人身上），主体会有鲜明的自我图象——有时这种鲜明度会异常强烈。对儿童来说，镜像恰恰就有这种梦般的特征。

我们在原始人那里发现了同样的对“无处不在”的信念：主体有着一个人的好几个图象，这些图象彼此独立存在。他们相信：不同图象具有同时性的“类众多性”。对儿童来说，父亲的镜像中会有父亲的幽灵，这个幽灵会有一定程度的实在性。即使对于成人来说，镜像也不仅只是一个代表现实的符号，当他的照片被人 526
撕碎时，他不会无动于衷；当他被人拍摄进照片时，他的感受是，有人从他这里窃取了他的一点什么东西。

在瓦隆看来，儿童就图象所形成的构想与他就空间所形成的构想紧密相连。成人否认有双重位置：同一个物体只能处于空间的一个点上：

—— 对成人而言，空间性可能是一系列的关系；

—— 对儿童而言，空间是黏连着图象的一种性质。

向成人构想的转变是如何发生的呢？这涉及一种智力上的进展，这一进展在第一层经验之上构造了一个观念性的空间。这是一种智性活动，它包括：

—— 把图象的“伪现实性”进行还原；

—— 把镜像整合到物体里，把镜像理解为只不过是物体的一个映像。

事实上，这种解读忽略了瓦隆所引入的事实的一部分；此外，这个解决方案也与事实不一致。

C）对瓦隆的批评

瓦隆提出问题的方式是否正确？儿童是否真的进行了**双重的整体把握**？这可能会让人理解为：成人的客观空间中的各个点既相互区别、又混在一起。在这里，瓦隆陷入了他自己曾明确指出的那种危险之中：他是根据成人经验来翻译儿童经验的。

对儿童来说，（图象式的）视觉空间和（儿童身体寓于其中的）动觉空间这两种空间是没有可比性的。

在儿童那里，并不存在真正意义上的**二重性**；此观念是属于成人思想的。

因此，并没有任何一种化约能够借助智性的努力使两个所予成为一个所予。儿童需要理解：有两个关于他自己的视角，他这个在感觉着的身体即使对他而言不是可见的，但仍对他人而言是可见的。因此，镜像的发展和与他者关系的发展紧密相连。对儿童而言，这是在学习把自己视为一个**角色**。

527 这种习得既不是在瞬间发生的，也不是彻底完成的。因此这不是一个智性的过程，因为如果这是智性过程，那么我们就要么理解，要么不理解。然而，镜像的发展包含着各种各样的过渡和复发。因此这不仅只是在智性地理解镜像现象，而且是在重组个人生活、重组与他者的各种关系。

但是，即使我们不接受瓦隆的解读，他仍然为我们贡献了大量事实。

D）镜像在儿童发展中的重要性

1）儿童对于其身体的视觉图象是非常不完整的。因此对镜子的理解就在于让身体的这个总体图式变得完整起来。我们每时每刻都有对身体触觉面目与视觉面目之间相应关系的总体意识。理解镜像，就是儿童把一些新的所予整合到他的图式之中。因此儿童将承担起镜像，将镜像收留到自己身上，该活动比瓦隆所描述的活动要具体得多。因此，一些远离核心的所予会被视为与视觉上的所予带有同等效力，它们将会被整合。身体图式会发生重构。

2）**身体被置于可见性的管辖中**。儿童通过放弃一些动觉上的感觉和其它感觉，得以开始以他人的眼睛看自己。

瓦隆对“体感”概念提出批评。

这种成人的概念不符合儿童经验中的任何东西。瓦隆用“姿势图式”概念取代了“体感”概念：对身体的意识与对外在事物的意识紧密相连。例如，对手的意识和对手的运用是混在一起的：手被用于拿取周遭环境里的一些作为“被操纵物”的物体。意识不是封闭在自身的，而是向外界敞开的。

镜像的发展、身体总体图象的发展和儿童与他人的关系紧密相连。

姿势图式也是使我能够理解他人姿势的东西。“姿势上的浸润同化”是这样一种意识：即意识到我们的身体也有能力模仿和实 528
现一些在外在世界里被实现出来的姿态（例如，瓦隆表明，一个孩子默观动物，然后模仿它，这个孩子获得了动物行为在“姿势上的浸润同化”）。

有人也可以说这是“沉思冥想”，它让我们得以准备好去模仿我们所看见的东西；也可以说这是“在内心表述”某个人的行为（瓦隆）：用我们的身体去理解某个人的姿态。

融合社交性、“互易感觉”（即隔阂被打破，或更确切地说，隔阂的缺席），这些是童年时期会发生的事。

因此瓦隆的重要贡献在于，他把镜像发展重新放回到这种看法之中。

此外，瓦隆还加入了一些精神分析学家的行列——这些精神分析学家赋予了征服“视觉性”的活动某种特殊意涵。有赖于镜像，儿童承担起了一种新的实存形态；儿童将自己把握为可以被注视的存在，他对待自己的行为方式也不同了。这里发生了从被亲历的身体到可见的、被注视的身体的转变。

各种不同的感官所予（例如触觉感官、视觉感官）代表了不同的生命模态。

模　仿

纪尧姆在《儿童的模仿》[①] 这本书里的成就是，对以往人们提出“模仿”问题的那种提问方式进行了恰当的批评。

1）智性主义心理学的立场

没有表象，就没有动作行为。要习得一种言语，必须拥有表象、语词图象。失语症的所有障碍都被翻译为“丧失了语词图象［的状态］”。

对于模仿有同一类偏见：只要我们把在原型主体内部发生的

① 纪尧姆：《儿童的模仿》（*L'Imitation chez l'enfant*），法国大学出版社，1969 年。

运动行为表象给我们自己，那么我们自身就能够以我们的身体来做另一个人的动作行为（就像“我是因为把我的身体表象给了我自己，才能移动我的身体”一样）。

我们必须通过三个方面来获取这种图式：

—— 在视觉上观察原型； 529

—— 以运动语言来进行解读；

——把这当成是动觉性、运动性的活动而实行在我的本己身体上。

2）纪尧姆的立场

然而，纪尧姆说：“意识不会理睬肌肉”（我们不需要对那些我们改变姿态所要调用的肌肉有所意识）。

那么，我们可以在不借助表象途径的情况下，对我们的身体有某种控制力吗？

我对自己脸庞的动觉感受与我从他人那里接收到的视觉感受之间的中间状态是问题所在。实际上，这是由四步组成的过程（传统图式）：

—— 我所见到的他者的脸庞；

—— 对这些动作的内在认知；

—— 对我自己脸庞的动觉；

—— 我的脸庞将展现出的视觉性面貌。

如果“意识不会理睬肌肉”，我们就不会经历到这四步中的两步……

纪尧姆是这样看的：当我模仿时，我模仿的不是他者，而是他者对物体所做的行为。被模仿的不是动作行为，而是行动的客观结果（例如：儿童在模仿写字的人时，模仿动作对他而言是额外的负担）。

但是，若是如此，儿童又是如何做到模仿一些相对简单，且不产生“结果”的动作行为的呢？

我们又是如何从结果出发而成功地对一些人做出模仿的呢？

3）纪尧姆论点的弱点

纪尧姆的论点无法对上面的两个问题做出令人满意的回答。

他在寻找对这两个问题的回答时，再度陷入了联想主义。他是这样解决这些问题的：

模仿是在不存在结果的情况下发生的，正如条件反射发生的情况那样（不过，在一段时间后，如果我们不重新引入无条件的刺激，那么条件反射就会消失……）。

530 如果我们接受这种联想主义的理论，那么任何行为都不会以符合该行为的方式得到研究（另外，所有联想主义的解释都力求证明，人们其实不懂得做他们所做的事情）。

即使我们承认模仿是对结果、对世界中的行动的模仿，它也已经是对某人、对一个人类行动、对一条人类轨迹的模仿了。

结果只能从某种行为风格出发来获取，而且我们必须在这些行为的意义中去寻找。

纪尧姆通过以下想法扩展了他给出的那些指示：他者和我不是对立的，相反，我们必须问，为何儿童不去模仿让他做模仿的原因。儿童对那些分隔着自我与他者的边界知之甚少，他不觉得在自己身上和在他者身上有什么区别，处于这种状态的儿童想着的并不是他自己，而是他感兴趣的东西。当自我是世界的中心时，就会无视其自身。正是模仿使自我从意识中浮现出来。

儿童既是彻底的利他主义者，又是彻底的个人主义者，因为他处于与他者未分化的状态：事实上，正是出于这个原因，更好的说法是，儿童既不是真正意义上的利他主义者，也不是真正意义上的个人主义者。

异议：

既然没有自我和他人，那么最初的模仿就不能被看作是目的……

那么纪尧姆所说的“潜在的自我”（非意识的）随后能够以何种方式使意识成为可能呢？

如果是模仿使意识成为可能的，那么这种做法就为模仿赋予了一种极其强大的效力！

难道是他者为我们充当了通向事物的道路，而不是事物为我们充当了通向他者的道路吗？（正是“他人”让我们能够对不仅为我一人存在的世界有真正客观的视见。）

说实话，这两条回路不意味着一种非此即彼的选择：与他者、与世界的各种关系是相互关联的，纪尧姆的尝试是徒劳的，因为他认为我们只能通过事物这唯一一条道路到达“他人”。

4）综上所述

这一切给我们的教导是：心理学中关于“发生”的新观念。

在过去，在心理学中，某些要素似乎是从其它要素推演得出 531

的：这是陈旧的“发生”概念（例如，空间知觉的发生）。

如今（在精神分析的影响下），心理学承认这样一种空间，这种空间既是视觉的，同时又是触觉的，这样的心理学就不再通过一项内容去解释另一项内容了。

心理学已经越过了这些充斥心理学历史的争吵。“发生”被设想为重构，在各种最初所予的基础上做出的重构，在每个阶段里都是以一整个生命来进行的重构；这一整个生命（自从一开始）就随着孩子的发展过程在其它一些基础上重新塑造自身。

从一开始，儿童的场域就不仅仅是一个由物体组成的场域，它已经是由人组成的场域了。以下两种说法都是真实的：成人的各种功能已经在儿童那里表现了出来，而这些功能在儿童那里并不具有它们在成人那里具有的意义。例如：一盘棋；从一开始，所有棋子都在棋局中，然而棋局的局面却改变了。

智性功能与其它心理功能之间的关系

这一问题的难点

要设想智力的程度、设想智力与非智力因素的混合物是很困难的：智力似乎遵循一个全有或全无的法则。正因如此，智力很难被心理学理解，因为心理学应该将被试者行为的任何要素都与其它要素联系起来。

我们再次遇到哲学上的二难困境。

—— 要么智力是一种彻底区别于感性的功能，是一种被心理学遗漏的原初功能；

—— 要么智力就与其它所有心理事实联系在一起，但在这种情况下，它就成了一种副产品。

这正是胡塞尔提出的心理主义与逻辑主义之间的冲突。

难道因为智力心理学会把智性事实都描述成依赖着前智性活动（即知觉-感觉）的东西，所以任何关于智力的心理学就都必然是心理主义的吗？例如，在英国经验主义者看来，构想行为是先 532
前的知觉的结果。这种想法会使心理学场域同质化，但却抹去了智性活动的独特性，而使其成为感觉的一个特例。

如果我们内在地思考智性的活动，构想行为又似乎完全不同于知觉或感觉。

在今天和在六个月后，我以智性的方式（而不是以知觉的方式）关联到的都是同一个三角形；意向对象保持不变。智性活动是没有场所、没有日期的：它超越了时间，超越了各个心理事件的相继关系；因此不存在关于智力的心理学。

因此，关于智力的心理学的难题在于，要通过阐明智力的独特性、通过将智力融入到其它心理事实之中的做法，来对智力进行定义。

形态心理学的贡献

A）面对两难困境时的总体态度（考夫卡）。

在心理现象中有这样一些形态，即有这样一些集合：在这些集合中，每个成分的特性都与整体的形构密不可分。这样，我们就摆脱了心理主义的范围。如果我们要处理的是一些不可分解的整全体，那么心理学就不再是经验主义的了，心理学就不再把那些集合简化为心理事实之间的相继关系了。

但这种设想也与逻辑主义相去甚远。显形的内在意义是与它在同一时刻呈现出的具体面貌相关的，也就是说，是与事实性的所予相关的。形态心理学不再将心理生活的各种事件以彼此并列的方式放在一起，而是将意义范畴与所涉及的组成部分的具体形构联系起来。

B）智力问题。

形态心理学家在智性活动完成的那一刻研究它。

韦特海默的工作：研究具有生产力的思想得出结论的过程。

533 **第一个例子**：

A＝B，B＝C；要得出 A＝C 的结论，要有一个双重的成形过程，然后总结为第三个形态。A 是形构 B 的一个成分或一个环节。B 是形构 C 的一个成分或一个环节。A 被设想为两者之间的媒介。

第二个例子：

三角形的内角之和等于两个直角。该论证可以被看作是双重的成形过程，这个过程类似于一种知觉上的成形。

这种分析的不完善之处。

这种分析的前提是，智性工作的最重要部分已经完成了。以回顾的方式做出解释是非常容易的。但是我们无法看到，在这之前的起点上，格式塔的形成是如何建立起来的。结果是如何被得出的？恰恰是在起点上，智性方向显示了出来。

“洞见”的问题：洞察力

洞见是具有智力的主体所拥有的能力：能够在一个图形或一个给定处境中觉察到一种将会解决他所面临的困难的意义。为何在第二个例子中，人们会想要画一条平行线，并且想延长其中一条边？为何某些成分会凸显出来——那些我们推测可能会带有（能解决被提出的问题的）一种全新功能的成分？

任何关于智力的研究都会碰到这样的事实：心灵在某一环节会觉察到一些此前没有看到的关系？在这两个环节之间，没有任何的过渡。我们发现自己处于“全有或全无”的状况中。

我们必须解决先前状态的发生难题、或最终状态的发生难题。韦特海默曾试图纠正其解释的首次陈述之中那些过分简单的东西。

对于几何学问题，我们不会立即觉察到解决方案，但是在某一刻，我们会知道困难是关于图形的这条或那条边的。三角形的顶点 C 似乎对我们尤为重要。发生的一切就仿佛各种内在的关系（即随后将会成为论证的基础的那些关系）此前一直在对我们发挥作用、一直在吸引我们，尽管它们尚未被我们的心灵所显题化。洞见是这样的东西：通过它，已知的智性处境就变得能够引起它包含的成分的重组。正如戈尔德斯坦所说，这需要“各种内在的 534
关系已经作为动态关系、作为向量发挥了作用”。一旦各个成分被给定，论证所展示的各种内在关系就会浮现出来。就会发生智性情况下的成形，就像在知觉情况下会发生成形那样；但是，即使所有人都有知觉能力，也并非所有人都有能力做到某种智性的组织活动。因此组织活动属于另一个类别。

C）知觉过程与智性过程之间的同质性和差异性。

动物智力与人类智力之间的差别：对黑猩猩智力的研究。黑猩猩有能力为各种物品赋予一种并非自然属于物品的新意义（例如：黑猩猩用一根棍子来够香蕉）。先前自然地建立起来的整体被破坏，以重建一个新的整体。这种操作配得上“智力”这个名称。[①]

但是这种智力不同于人类的智力。

1）必需要有眼视接触。

让动物能想到运用棍子，棍子就不能离目标太远。手段和目标之间的关系不能被无限延伸。动物不像人那样能掌握时间和空间。

2）一个物品不能同时兼任两种角色。

箱子可以具有两种意义，但是以交替出现的方式；箱子要么是一把椅子，要么是一个梯子。动物不会在这两种含义上都把该物体识别为同一个物体；箱子不会在这两种功能中仍为同一个箱子。

因此，黑猩猩确实有智力，但是这种智力在瞬间就会被消耗殆尽。此外，人还会对结构进行重构：他会把一套套含义都聚集在一个总体里，反之亦然，他会知觉到同一个事物的多个面目。

这样一来，我们就理解了有人对韦特海默的批评：推理并不仅仅是知觉到两个物体之间的关系，而是觉察到两者之间的一种

① 参见科勒：《高等猿猴的智力》（*L'Intelligence des singes supérieurs*），Alcan出版社，1927年；新版，法国大学出版社，1973年。

新关系、或者第三种关系。心理学将推理问题还原为知觉的结构 535
化活动，在这方面而言，心理学不能让我们满足。

形态心理学的演变

1）最初的立场。

这种立场首先引为理由的是：

—— 某些成分的“**适配性**”，这些成分会引起一种新的结构化活动。但这不是一个客观事实。只有当我们在构想一种关系时，这些成分才会发挥作用（考夫卡）；

—— **某种平衡的实现**：解决一个问题类似于解决旋律。但是智力的情况下和知觉的情况下的平衡并不具有相同意义。

如果我们把一个不完全封闭的圆投射在屏幕上，我们会知觉到一个完美的圆（这是每个人都会知觉到的）。平衡是通过两种既定力量的竞争来获得的，这两种力量一个占优势，另一个远离中心。这种平衡的条件并没有全部被给定。这些条件是由被试者自己引入的。它们是由被试者的好奇心、他向自己提出的问题以及一些内部状态所决定的。

2）最终的立场。

各种智性事实不会被割裂于其它事实：“洞见”的解决方案是由知觉的组织活动推动的。如果我认为角 C 会帮我解开难题，这不是出于偶然。这既不是一种盲目的手段，也不是一种具有洞察力的手段。我们感觉到这是一个角度问题。同样，在语言和思想的各种关系中，我们在那些有助于我们、并且充当我们思想工作之基础的语词上下功夫。它们带给我们的帮助，类似于图形里各个角的位置带给我们的帮助。

智力理论

因此，我们可以通过放弃逻辑主义和心理主义而建立一种智力理论。智力的每个步骤都服务于下一个步骤，而这下一个步骤
536 又会吸收前一个步骤。同时，各种偶然的所予也会参与进来；这样一来，我们就避开了心理主义。

推理最终会有一种智性上的统一性，但该统一性不会在推理结束之前实现：该统一性是回顾性的。正是在同样的意义上，柏格森论及真实性的逆向运动。真理似乎并不向我们显现为是通过那个知觉到它的智性活动才诞生的。真理似乎是早于智性活动就有的。

智力会对知觉的所予进行**回顾性的承接再塑**，而这会使知觉所予显出承载着智性活动的样子。

1. 知觉过程与智性过程之间的差异。

智力不是知觉。知觉行为之中对场域的重组和智性行为之中对场域的重组之间是有差异的。

在智力中，重组活动不是被知觉的各种所予唤起的，而是在回应主体所提出的问题。相继的两个结构并不是彼此独立的，它们向我们显现为同一个现实的两个面目。把起点和终点看作是同一的，这一点对任何几何学证明都至关重要。

在知觉中，结构化活动是由各种所予唤起的。建议图形有这样或那样的转变的东西，是感性图形的各种特性本身。

然而在智力中，建议对难题的所予进行转变的东西，只有在执行该转变的人提出了某项智性任务，而又看到了解决方案时，才会变得有效。各种转变是由感性所予允许的，但是它们不会被知觉到。如果在智力中的结构化活动必定会发生的话，那么所有人就会拥有同样的重组能力了。因此，只有在我们期待获得解决方案的情况下，图形里的那些成分才会被突出出来。因此会有对解决方案的预期；解决方案在转变发生之前就表现出了其有效性，一个还不存在的结果已经在运作了。“结果”就在“寻找”之中，而这种内在性构成了智力的奥秘。因此，智力行为不能以“图形的某些要素被个人所用”这种方式来得到解释。这种“洞见”、对结果的预期，运用了一系列被智性行为承接再塑的“偶然”（记忆）。这种洞见永远无法彻底用所予来解释，但是它又是被所予激 537
发的。

2. 同质性。

无论智力的独特性是怎么样的，它仍然与知觉同质，因为它从未完全超出以在知觉中出现的样子出现的结构性所予。我们不能把推理与所涉及的感性形构分离开来，因为它每次都要依靠这些感性形构。只有在事后，我们才能对结果做纯粹形式化的翻译。

韦特海默向我们展示了高斯是如何在他的定理中表明：智力不能脱离那些被它所作用的知觉要素。

设：由前十个整数组成的数列，

1 2 3 4 5 6 7 8 9 10

它们的总和 $S = (n+1)\left(\frac{n}{2}\right)$

高斯意识到所讨论的这个数列是由若干个对子组成的，每个对子等于 n+1，即 10 + 1 = 11，由此他获得了这个结果。

果然，9 + 2，8 + 3，7 + 4 …… = 11。

此外，对子的数量等于数列终端项的一半：5。

高斯给出的这个回答的确是一种**形式化**，因为这个回答表达了一种关系，这种关系可以适用于除目前结果之外的其它结果。但是高斯的确是借助这个数列发现他的定理的。

将这个整数数列分解为多个对子的前提是，对整数的表象有一种恒常的直观，对这些整数的结构化方式（即对一个数与前项和后项的关系）有一种恒常的直观。每个数字都比前一项大一个单位。若是如此，如果我们从 5 + 6 这个对子出发，那么 4 + 7 这个对子就应该会和它相等；因为如果我们从 5 个单位中减掉一个，以达到 4 个单位，那么我们就已经在 6 的基础上加上一个单位以达到 7 个单位了。智性的过程被包含在了对数列的某种知觉方式之中。但是，最终的表达没有给我们提供“智性工作”概念，因
538 为 n 的双重功能消失了。实际上，n 在 $\frac{n}{2}$ 之中和在 n 的总和之中（在这里 n 代表数列的项数）并不是以同样的意义被使用的；而在 n + 1 之中，n 代表的是数列的最后一个数。

这一切都会引导我们进入某种“真理”概念，某种对真理的结构性设想。

智力是对场域各个成分的主动重组，但这是通过深入研究那些已经在我们所知觉的世界中初步显露出来的关系来进行的。

3. 与皮亚杰观点的比较。

在皮亚杰看来，智力与知觉不同，因为它实现了一种绝对的去中心化，一种不偏不倚的平衡。

相反，在知觉中，一旦观察者改变位置，所知觉到的景象就会改变面貌。因此场域有着与观察者相关的相对性，从来不会发生场域的去中心化。

智力只能通过某种平衡、所有关系中的可逆性、视角的缺席、绝对的客观性来被定义。

但是这种对智力的设想，难道不代表着一个从未被到达过的边界状态吗？

在形态理论看来，我们无法到达这种不偏不倚的平衡。智力始终都是一种形态，尽管是非常高等级的形态。对智力的任何定义——只要是将智力置于一个完全不同于知觉范畴的范畴之中的定义，都会使智力成为无法被任何心理学所理解的东西。智力超越知觉，但不会将其摧毁。

539 对于他者的经验

我们的问题明确地存在仅仅有十多年的时间，为什么会如此？

因为对于有些哲学来说，并不存在他人的问题。

绝对经验主义。经验主义哲学将自我还原为我在自身感知到的一系列意识状态；他人构成与我的状态不同，且是不可通达的另一系列心理状态：因此，他的立场显得是不可设想的。然而，在彻底的经验主义看来，人们既不再能断定自我，也不再能断定他人，因为人们只有对一系列活动着的状态的经验，而没有对自我的经验；另外，这种哲学不断定任何东西，任何一种被陈述出来的哲学都恰恰因为这一点而不配被称为经验论的哲学。

纯反思的设想。人们能够绝对确定地自知；我发现我自身是一绝对主动的主体，自我在任何情况下都不会被同化为某一时间和地点中的一个个体，他只与自身相重合；心灵是由自我意识定义的。因此，自我进入了价值领域。

他人不寓于其身体之中，这种说法会与心灵的概念不相容，而且另一方面，从定义上说，心灵从来不能从外面被观看到（自我只能在其自身经验中被遇到），因此，按照这种哲学，我们称之
540 为他人经验的东西完全没有意义。我认为他人对于他自己来说是

存在的，就像我对于我来说是存在的那样（笛卡尔：《沉思集》）。

当我不将我还原为一系列心理经验，又不会赋予自己一个永恒的和唯一的主体的性质的时候，就有了他人问题；这样，我们可以承认心灵和承载心灵的身体器官之间特有的关系了（胡塞尔）。

人们抛弃这两种视角之时，就有了他人的问题：存在着一个人们能够触及的具身的心灵。因此，我们的问题可被看作自我问题的镜子。

我们的问题同时与世界的问题相关联着。我们刚刚看到，他人问题并不是随意地、随时地被提出的；在这一点上，它与世界的问题是一样的。确切地说，世界的问题不是在彻底的经验主义中提出的，按照这种经验主义，世界仅仅只是用来标示各种心理状态的类的名称；它也不是在绝对理性主义中提出的，按照这种理性主义，我们能够处于上帝的位置，能够感知大写存在的整体。

当人看到世界是一个他不能对之进行整体化的整体时，世界的概念就变得是有疑问的。（康德：世界被看作一个限度观念，我们以这个观念来意指各种经验的无限的和开放的系列，而这些经验通过一些理性关系相互连接在一起。）

经验（Erfahrung）的概念清楚地显明了我们与存在的关系中原初地存在的东西；同样，为了使他者作为问题被提出，我们不应该绝对地设定他者，而是应该将之设定为进展着的经验。

实际上，这两个问题不仅仅是平行的，而且是内在地关联着的，因为很明显我们是在世界之中才能有机会具有对他者的经验。因此，对于我们来说，重要的不是设定某些自我或世界的概念，不是去观看与他人有关的结果，而是要考察我们应该如何构设这样一个世界，在这个世界中可设想他人的存在。

让我们回到不知道他人问题的状态，以便确定为何这一问题没有意义。

我们由之出发就不再有他人问题的关键态度是这样一种态度，它说心灵的被动性是绝对不可设想的：心灵构成了多样性的统一
541 体，而这个统一体构建了对象（我为了能够知觉到一页纸，我就必须不是这一页纸的成分）；把我表象为被动的，同时也把我和我的身体融为一体的，正是我自己，但是我又不是这个被动的、和身体融为一体的我。

这会立即导致这样一种客体概念：客体完全由其各个部分的外在性来界定（笛卡尔：部分与部分以相互外在的方式存在），因此，自我就必须不被设想为内在感受，而被设想为纯粹的我，在时间之中没有内容的、非个体的我。他人不再是具身的和处于处境之中的，他人问题也就消失了。这样，康德没有把从其意识之中真实的东西向所有意识之中真实的东西的过渡当作问题；他既没有把他人也没有把自我设为处于处境之中的。

这种概念中没有哲学问题，只有心理学问题（参看:《空间的分析》）：他人只是内容的问题，而不是结构的先验问题。

总之，他人不是问题，因为这种哲学的客体和主体是如此纯粹，以至于不能有是“主体-客体”的他人的表象的表象。人们别无他法，只能说：他人是一种不会对反思进行抵抗的表象。

因此，这种哲学在某种意义上使我们的问题成为变幻不定的和不可解决的。如果我们试图告诉反思的哲学家，这些客体-主体

仍然是我们经验的一部分，他会说，没有意义的事物怎么能够成为我们经验的一部分呢？

笛卡尔非常简略地提及过这一问题，然而，如果我们从总体上考察其哲学，就会看到他没有坚定地提出这一问题是有道理的；他能够揭示身体和灵魂的统一，因为在上帝那里，本质和存在的一致让我们看到了解决的可能。笛卡尔在《第五沉思》和《第六沉思》中重新将我们置于世界面前；在其哲学中世界具有意义，因为它是上帝所创造的，然而现代的笛卡尔主义者不能以这种形式回到世界，因为他们不设定上帝的存在，这样一来世界就是无意义的了。

如果人们想拥有一种肯定世界的态度而又不设定一个可解决所有问题的无限者，那么我们就必须思考内在于这一世界的悖论，尤其是他者悖论。

最初的描述 542

我们现在的目的是描述世界中的客体及其主体之源，以便重新意识到我们与世界的真实接触，以及看到世界是如何向我们讲述人类的。

我们从客观主义观念所用的一个例子出发：对立方体的知觉。[①]

我们可以很容易地表明，立方体是这样一个判断对象，在这

① 参见拉缪的分析：《著名的讲课和片断》（*Célèbres leçons et fragments*），法国大学出版社，1964 年。

个判断中，判断者和被判断者之间的区别是明显的。实际上，我们只有立方体的诸侧面的连续的视象；我之所以认为它是一个立方体，是因为心灵在我之中重新整理了我们所感知到的现象，以便让我可以做出知觉。从这一角度来说，视看是没有意义的：当有立方体的视象的时候，就意味着我们的目光中已有心灵的审视了。

这一传统的分析遇到了一个困难：它至少是理想地设定了，我们对于立方体是有某一个观看视角的，而且，由此视角出发，智性的理解让我们得以重建立方体。

不过，知觉中是否也是如此呢?

比如我们从很远处观看一个人：我们不能说这个人像苍蝇那么大；但是距离与高度和宽度不是同质的：它不是现实的维度。这个人现在显得很远，但是，如果我在他那里从近处观看他，他就是我所见到的那样大小。

在自由的知觉中，近处的对象和远处的对象之间没有共同的尺度，因为它们处于两个不同的维度之中。

延伸向地平线的道路并没有真正地变窄；只有在分析之后，我们才能说这一景象具有这一描述赋予它的特征。

然而，对于对象的知觉不同于我们的分析事后给予我们的关于它的东西。从词源上说，对象是展开在我们眼前的东西，这种意义上的对象被内在和外在的视域包围着（胡塞尔），而这些视域预示着一个开放、无限的补充知觉系列——如果我们改变视角，就能够获得这些知觉。知觉是所有可能知觉的综合；这种综合是由我拥有的能够移动自己的能力所实现的。

被知觉之物是一个由各种经验组成的系统：如果我这样移动，我就会得到这样的结果；使“如果……就……”（Wenn...so）这个系统得以可能的是我们的身体；这一系统不是诸客观变项之间关系的系统：知觉是在（具有身体的）我与世界的关系之上运作的。 543

事物从某些角度向我显现；我们知觉的视角性是不能由诸大小变量之间的客观关系所表达的，它也不类似于几何学给予我的它的图式。实际上，在知觉中我的身体扮演一个绝对测定者的角色，不过，这还不是测定，这是在使所有的测定变得可能；因此，**距离不是一个客观的量值**；它是我眼睛把握事物的精确程度。在一种意义上，我们不能像传统分析那样断定我们一下子就通过视看而达至了事物；在另一种意义上，我们又比传统分析更加断定了这一点，因为事物是不可忽略的。

传统分析将知觉当作对象和知觉者之间的第三方见证者给予我们；人们将自己置于纯粹观察主体的位置。所有这些导致我们将被知觉物看作一种相貌（格式塔）。自从斯宾诺莎以来，人们承认，知觉一个圆除了是理智地重构这个圆之外，不可能是别的。实际上，我们把握到的是这样一种圆的相貌：它以不牵连其智性形式的方式将其圆弧给予了我们。圆是一种证明我们与空间的总体关系的方式，这种空间是由我们注视事物的目光所奠基的。它有它自己的方式突显我们与事物的关系：这就是它的相貌。我们有各种不同的表现我们扎根在世界（水平的、垂直的、离物体近或远的、清楚或模糊的视象）的层面，而相貌让这种扎根变得多样。**事物的结构完全是由我们处于世界之中的具身存在的关系所决定的**。

世界具有含义仅是因为它有一个方向；世界中的所有客体的定位都预设了我的位置；在某种意义上，知觉的对象在一直不断地向我们透露人的真相，它表达着作为具身主体的我们。**对象已经像他者那样处在我们面前了，正是通过这一点，它帮助我们去理解如何能够有对他者的知觉。**

还有，我们不仅是一个感官的身体，而且还是具有各种技能、各种样态、各种行为的身体，而更高层次的文化客体就对应着这
544 些技能、样态和行为：我们身体样态的模式影响着这些文化客体的某种相貌。传统知觉理论几乎不考虑的文化客体，在今天变得非常重要了。

工具面对着我们的活动，它已经引发了我们的活动，甚至是我们的感官知觉也包含着我们和对象之间的相貌关系：只需很少一点感官知觉就可以认出工具，正是以这样的方式，工具的用处就加给了我们。对工具的知觉倾向于变成知觉的一个特殊范畴（海德格尔："上手"和"在手"的区分）。

现在我们来分析先于语言领域的文化客体；比如，我们对一幅没有人物的画的知觉。

一幅画是我们与世界的某种文化关系的可见痕迹；知觉这幅画的人同时知觉到了某种类型的文明。有些艺术试图尽量使自己客观（文艺复兴时期意大利的绘画），然而，这种愿望本身、这种艺术就是人的某种存在方式的表达。为此目的而发明的投影透视是使世界均质化的有效手段，因为它能够在不把各个物体叠加在一起的情况下，协调一致地表现出它们的众多性；画家终于能够不用为了一个物体而牺牲另一个物体了。然而，这一被如此理解

的透视技术就表达了对待世界的某种客观态度。

参考帕诺夫斯基:《作为象征形式的透视》，子夜出版社,1975年。

—— 透视不是自然的，而是一种成见。各种不同的透视系统都是可能的（古希腊绘画采用三角透视法）。

—— 世界的形象一旦被获得，就显得好像是自然的。人们就会根据这个系统来知觉。第一次使用透视法的画家认为他们是在事物中发现了这一方法而不是发明了这一方法。

因此，为了证实这一透视是一象征形式，就需要显明这一透视法蕴含的各种东西。这一透视法在对一幅画的知觉中所实现的表达是人类学的，并且显得是一种自然的性质。

古希腊绘画更重视物体，空间性只被看作是两个物体之间的间隔；空间是一个集合，在希腊绘画中没有没影点，而是有许多没影轴。我们在这类绘画中解读出的是由某种前后不一和某种梦 545
样存在所表达出来的看待世界的态度；这一透视法的知觉，是对某种显现给我们的存在样式，尤其是以回顾的方式呈现给我们的存在样式的知觉。希腊人也许并没有体验到这个“不确切”（unfestigkeit），谈论这个不确切的是我们；然而，我们不能想象一个希腊人从来没有感觉到这一点。

艺术家已经呈现了对于世界的某种情感：他们寻找某种会使其对空间的表达系统得以完备的东西；正是他们情感内部的整个张力，引导着他们的方向。

罗马绘画采用了更完善的投影系统：在一个弯曲面上。问题呈现给了画家，而且是以思辨的方式。

中世纪的绘画不是在通过其画作从某个角度表现对世界的观

看，而是在“填充”其画作。透视问题处于潜在状态；不过，它仍然存在，因为新的艺术不管怎样还是借助颜色在物体之间引入了某些关系；它与某种光的形而上学相对应。

拜占庭绘画发现了线条的表达价值。它坚守希腊绘画的传统，但并没有完全忠实于希腊的想法，因此它没有明确地和有意识地关注透视问题。

罗马艺术既保存又超越了古代艺术；它通过在物体表面将空间性和物体性联结在一起而保存了古代艺术，又通过断定线条能够表达图形而超越了古代艺术。

帕诺夫斯基的分析提醒我们在对艺术史进行解释时要警惕两种错误。

（1）认为对于画家来说，为了达到其目的，其身后会有一个世界精神，这是一种错误的看法（马尔罗的“超艺术家”）。我们要思考的并不是在画家不知情的情况下支配着画家的历史无意识；我们应该明白，画家只是在作画，并不思考普遍的历史。

（2）不应认为绘画的发展是偶然发生的。有某种东西引导着画家的创作：问题像未被解决的处境那样被隐约地感受到。绘画是有某种理性的；因此我们既不能谈论“超艺术家”，也不能谈论“历史的潮流”；每一画家都参与在同一个绘画世界里，问题显现给了所有的画家。只要这一问题还是模糊的，那么我们就会在画中读出一种沉默的历史。

546 丢勒从人们形成画作不再是世界的成分而应该意指世界的观念时起，扩展了透视的定义。如果我们将画作看成是文化存在，那么它就不再存在于其表面之上，画作里的各种物体就会呈现在不同的纵深里。这隐含着世界的概念；一幅画是为了把世界转变为其意义才被创作的。绘画作品并不处在画布空间的某个地方；它在那个地方出现，但并不存在于那里；[①] 世界是需被构建的东西。

达芬奇像其同代人一样，梦想着一种普遍的语言；画家不需要表达的艺术；遵循透视法则，他就能够构造出美。他们的目标是，画出与我们对世界的感觉有关的绝对对象。

然而，恰恰因为如此，这是一种幻觉；绘画是与人的某种样态的关联。帕诺夫斯基在其分析中表明，这一方法不能保证画家期待的东西；许多幻想家运用这一透视法，然而，他们没有给予我们任何对象，相反，给予了从我们的视角看变形的东西（提埃波罗的天庭绘画），其法则可被用来表达表征。

伦勃朗既没有采用正投影，也没有采用正面平行画法；其画作让我们觉得他的画在表达画作自身。相反，在意大利画家那里，客观主义占了上风；其内在结构与人们除去其一个面的建筑相似。因此，我们看到透视法本身是多么模糊；它受到两个批评：

—— 过于主观；

—— 过于狭隘的理性主义（现代画家的批评）。

这两个批评是恰当且不矛盾的。

绘画如果要摆脱这一两难困境，就要放弃将这种透视看作自足的方法，相反，要将之看作是与其它成分一起进行的创作的创造性努力的成分。

塞尚起初没有使用透视法，而是想借助色彩表达对象。不过

---

① 萨特：《论想象物》（*L'Imaginaire*），伽利玛出版社，“Folio-Essais”丛书。

在其后期，他部分地使用了透视法。

547 当代画家尝试另一种表达方式，这种方式使主观面貌和客观面貌成为不可分的（布拉克：物体是有血肉的，它们带有弗洛伊德意义上的情结价值）。

平面投影透视是人们试图以之征服世界的诸象征形式的一种。世界将我们的形象反映给我们；我们在文化客体中知觉到某种人的东西、知觉到外在和内在生活的关联。它们的人类学意义不是某种灵魂状态，而是一种文化、一个个体的外在和内在的关联。

黑格尔：绘画是有感觉的主体，它通过决定放弃第三个维度的立场来确立自己；艺术作品由之不再是某种以漠然的方式自在存在的东西；画作的内容只为主体、为观看者而存在。

"我们可以说，观看者从一开始就在那里……"①

我们前面试图表明对象是怎样已经像他者那样处在我们面前的，在这个意义上，我们关于他者的知觉所提出的问题，与我们关于任何有生命的对象的知觉所提出的问题，是一样的。对于格式塔心理学家来说，对他者的知觉是依照与对立方体的知觉同样的条件而构成的，比如，为了构成对于一个人的知觉，某些外在的物理化学刺激会相互组合起来。这是一个极端抽象的设想；实际上，对于他者的知觉不仅仅是外在刺激的活动，而且它在很大程度上依赖于我们在此知觉之前与他者建立关系的方式：它源于我们整个心理上的过去；对他者的每一个知觉都只是暂时的。因

① 参见黑格尔：《美学》（*Esthétique*），弗拉马翁出版社，"champs"丛书。

此，它不是在纯然接受某种将会被原封不动地给予的内容；实际上，它总是一种更深层的关系，是与他者呈现出来的面目一同共存的关系。只要我们投身于共同地决定着这一知觉的人类活动之中，我们就会在他者的行为中看出某种意向。

格式塔心理学的贡献在于显明，对他者的知觉并不是智性的建构，而是与他人的直接接触。然而，格式塔心理学能够给出这一知觉的意义吗？它不总是因其形态存在论，而将这一意义变成为一种物质性的内容吗（这种内容是无需我们合作的情况，在某一刻被引入到我们意识中的）？

我们应该对格式塔的形成（“成形”）进行分析；我们不能局 548
限于这种确定的所予。

1）**阿恩海姆的工作**（1928年）[①]。其实验之一是把著名人物的字迹或签名与其画像或名字关联起来。其结果表明，被试者毫无疑问对书写或签名与画像或名字间的对应有非常确定的不能归于偶然的知觉（正确回答比简单概率给出的率值高出2.5倍）。当被试者的态度更加自发时，结果就会更好；错误几乎都是由于被试者将其注意力集中于细节上（比如，达芬奇签名的转弯部分）。我们很惊奇地看到，如果我们向他解释了其错误，他就会对这一知觉进行直观重组。因此，这涉及的是总体的知觉、观相术的知觉，而非推论的知觉。

---

① 参见阿恩海姆：《表达问题的实验心理学研究》（Experimentell-psychologische Untersuchungen zum Ausdrucksproblem），载《心理学研究》（*Psychologische Forschung*），XI，1928年，第2–11页。

另一个实验是解释相片里的表情。人们既可以分析地也可以总体地观看一个肖像；与面孔相分离的局部视角很少会让人做出正确的解释。比如，一个有同样眼睛的面容的其它部分是隐藏着的，不同被试者会对之给出截然相反的结果；给出的是有着同样下巴的两个从不同视角来看的相貌，然而，两个被试者恰恰认为这是不同的下巴。因此，一张面孔的各个局部之间会彼此相互作用，这构成了它的动态情况。[①]库维耶的研究走在同样的方向上：当我们用电刺激面孔的两个部分时，就会在不对称的两个地方得到两个彼此不一致的回应（悲伤和微笑）。如果我们随后将照片上微笑的一边遮盖起来，那么眼睛的表情就会是受责备的悲伤表情，反之亦然。我们在这里涉及的是一种直觉上很明显的东西；眼睛的表情是含混的。整体的表达是由所有部分在同一时间带来的东西所构成的，是不可分解的。

我们再次引用上引著作第一卷中著名的中国酷刑照片，照片里受刑人的表情对于不知道情况的人来说就像是快乐和宁静的表情。

549 由此我们只能得出如下结论：没有什么表情是快乐和痛苦所特有的。

俄罗斯导演坎多夫斯基和伊万·马绍金借助电影做了与此目的相同的实验：他们连续地把各种情感价值非常不同的物体的静止照片投射到屏幕上。值得注意的是，同一个面孔，当它在一名

---

① 参见杜马斯编：《心理学新论》（*Nouveau traité de psychologie*），阿尔康出版社和法国大学出版社，1930–1949 年，第三卷，第 76 页。

儿童之后出现时，会显出同情的表情，相反，当它在棺材之后出现时，就会明显地表现出痛苦的表情。

在目光和先于目光处于胶片上的物体之间存在着一种内在的关系；电影技术利用了这一关系（他们或是将目光或是将物体呈现给我们）。这种关系从根本上说可比之于我们对自己身体的感觉与我们对周围空间的感觉之间的关系；总体地说，如果我们没有对于我们周围的主要物体的方位的知觉，就不能设想我们对于我们身体方位的知觉。同样，在他者那里，他者的身体和他所看到的东西之间也有内在的关系。因此，我们必须按照字面来理解考夫卡的如下说法："面孔应该被看作一个从电影那里得到的轮廓。"

阿恩海姆从这里得出了什么呢？其唯一的结论是，面孔是一个格式塔：只不过，我们从来都不知道这种格式塔是什么，于是我们可能就会假定对他者的某种神秘直觉或某种传心术。

为了避免这一结论，我们必须思考使我们能够认识这些不同的材料（作品、画像、签字）的东西。阿恩海姆可能会回答说，它们具有共同的格式塔。但这是什么意思呢？这并不是说，每当一个人的行为的一个成分刺激到我们时，就会产生关于他的特定印象。但是，对他者的知觉因为太过或太不足，无法使这一点成真。这里的情况与获得习惯的情况一样：在某种意义上，我们认识到了我们能够以何种活动回应何种处境；并不存在某种永恒的格式塔，而是存在对某种风格的认知，然而，言说某种风格就是言说语言。"内在语言形式"是符号系统的某种组织结构，这种结构使符号系统和对话者能够关联起来；理解一种风格，不是把要理解的对象置于范畴之下，而是从根本上采取某种出现在观相术

550 的材料中的实际意向，并且采取这一意向的某些形态，他者的身体和我的身体都能够参与的形态；还存在着需要我们去分析的对他者的表情的盲目认知。

2）**沃尔夫的工作。**[①] 为探究轮廓、手、叙述、声音、性格之间关系所做的实验。

—— 一方面，他肯定了阿恩海姆的结论，他说这是因为实验中 77% 的被试者正确地组配了声音和性格，而从概率上只能有 33.3% 的正确率。

—— 另一方面，他补充了一个新的事实：他在没有预先告知被试的情况下插入了 14 次被试者自己的声音，被试者只认出了两次：一次清楚地认出，一次间接地认出。他重复了这个实验，但预先告知了被试者：陌生的声音 2 次有 1 次被认出来，自己的声音 5 次有 1 次被认出来；不过，被试者同时以绝对特殊的方式对待自己的声音：他总是要么认为他的声音比其他被试者一般的声音更好，要么认为他的声音比其他被试者一般的声音更差（第一种倾向更常见也更明显）。

—— 我们能够假定他的这种判断是简单地对应着乐观和悲观的性情吗？情况并不如此，这仅仅是因为被试者听到自己的声音时会有夸大的倾向。

—— 或者这是因为被试者特别喜欢或讨厌与之相似的东西

① 参考沃尔夫：《科学与非科学尝试中的自我评判与他人评判》（Selbstbeurteilung und Fremdbeurteilung in wissentlichen und unwissentlichen Versuch），载《心理学研究》（*Psychologische Forschung*），XVI，1932 年，第 251–338 页。

吗？实验证明并非如此。

沃尔夫的结论是：被试者将他的声音当作自己的声音来对待；他不能中立地对待它；自己的声音不能像通常的声音那样呈现给他。这几乎是自身对自身的认知，这种认知是让人有好感的或是无好感的，是依据被试者与自身相处得平和还是困难而定；在后一情况中，内在的张力会让他排斥自己的声音，就像他排斥自己那样。

隐含的认知的另一个证据是，被试者热衷于细节，并且对自己的声音做出比对陌生的声音深入得多的心理学判断。

对于手和叙述所做实验的结果几乎与此一样，尽管被试者会 551
更经常认识到自己的手和叙述。

如何解释这些事实？

如果对自己声音没有认知，那么人们就可以说，这种认知受到了阻碍，因为没有适当的刺激；然而事情并非如此。

这是否是因为被试者第一次从外面听到自己的声音？不是，因为我们能够认出对我们的模仿。

那么，这是因为某种情感的抗拒？但为什么被试者不阻碍对手和叙述的认知呢？

沃尔夫的结论是，这是因为扩音器导致的变形；尽管扩音器客观上是同一个声音，但是当涉及的是我的声音的时候，我会更加敏感，因为我对之更加熟悉。

所有这些解释都是缺乏说服力的。我们不能像沃尔夫所做的那样，通过与手的类比，通过与对我们自身的模仿的类比进行推论：我们的声音显得远比我们的手更属于我们，而且人们对我们的模仿向我们呈现了我们行为的更加完整的画面。从最终的分析来看，问题不仅在于声音的变形、声音认知的缺失，实际上存在着一种我们不能以格式塔的缺失来解释的未言明的认识，实际上被试者相关于其声音有不同的行为，含混的认知预设了多个层面的意识。我认不出自己：我不能将我置于这一声音之中，不能赋予这一声音以生命，因为它是第一次呈现给我的，就像它是首先作为声音的整体呈现给他者的。对于我来说，这一声音必定不再是我所做的事情，而是成为我听到的东西（参考马尔罗:《人的命运》，我们通过喉咙听到自己的声音，通过耳朵听到他人的声音）。我们只有把对于声音的知觉仅看作对某一问题的回应，才能解释这些事实；在谈话中似乎话语承载着含义，我们像回应一击那样回应它们：通过一击来回应。

形态理论重新采取大脑痕迹的词汇，并且谈论先在的形构，从
552 而解释这种认知。在前面那些例子中，有时没有认出自己的声音是因为声音的两种形态（内在的和外在的）相互不对应。观看自身的智性认知和我重做的面相表情（我不知道说这一表情是我的）之间存在着不同；沃尔夫否认的正是这一不同。在我和呈现给我的表情之间存在着某种本能；我知觉到我声音的相貌，因为我的经验介入到了这一知觉之中，在这里我已经借助我的声音对这些刺激做了解读：我们或许可以说，这里涉及的是先于语言的辨识。

当有人告诉被试者他们的声音被录音时，他们听的注意力就改变了；我们应避免认为是一种直接的、无动机的、就像是传心术那样的知觉把我们带向他者；我们应该进一步确定这种知觉的意义，因为它依赖于某些特定的表达句法，而这种句法不是任意地侵入到他者之中，不是某种使我置身于他者那里的神奇力量。

比如，在语言中，听者超出了语词已确立的意义（语词的使用不能解释语言的文学价值）。对他者的知觉最终是对其行为的知觉。

对于他者的知觉引起了一些尤其奇怪的理论的构造。我们不想将克劳斯的《种族和灵魂》中的理论当作一个例子而给出（这种理论很多）：这本书是身体形式意义理论的导论。他主张以模仿的方法来理解他人。有些人拥有一种直觉，能够知觉到他人的性格和种族。种族是柏拉图意义上的真正的“理型”；为了构建一种真正的种族心理学，我们必须重新进行这一知觉；起决定作用的不是特定情况的数量，而是所做的选择。人的身体是各种表达在其上呈现的舞台，让我们能知觉到种族的是风格……

然而，确实存在着对于表情的知觉；心理学就是对这些行为的解读或知觉。

戈尔德斯坦 1931 年在《指示和拿取》开始构建姿势和表情的现象学。[①] 他评论道，如果现象学不是以叠加诸事实来进行的，它就会要求一种直觉的努力，然后去证实这一直觉。戈尔德斯坦由此得到了行为的整体意义，而不是克劳斯那样的神秘意义；他不是去寻找所有东西都预先写于其中的某种隐秘原则，而是将一个姿势重新整合到机体对待环境的整体姿态中。我们不想把自己设想为是生活在他人身上的，这种意图使我们避免了所有的流弊。 553

德国笔迹学家克拉格斯在《论意识的本质》中讨论了一些人们能从之得出极其奇特结论的原则。[②] 他声称，我们能够通过一种

① 戈尔德斯坦：《指示和拿取》（*Über Zeigen und Greifen*），载《神经科医生杂志》（Nervenarzt），1931 年。

② 克拉格斯：《论意识的本质》（*Vom Wesen des Bewusstseins*），莱比锡，J.A.Barth，1921 年。

不可言明的直觉来理解行为的意义；在自然中，在一个感受性状态和其身体表达之间存在着关联；他以这种思路达至了一种符号实在论。我们必须反对这种认为自然为了表达各种情感、感受而准备了一些原初形象的观念。克拉格斯忘记了我们的相貌表情是极其模棱两可的[①]：一个表情并没有固定不变的意义；一个姿势的准确内容与处境相关；对一种表情的解读只有参照整个处境才有可能；这是与神秘的力量完全不同的东西（在现在对心理学的迷恋中存在着某种神秘主义的东西。人们觉得，为了认识他人，只需通过一些测验，读一点笔迹学的书，以及最后投身于精神分析这种解梦秘诀中就足够了！）。不，真正的精神分析隐含着关于他者的非常审慎的理论：知觉他者，就是辨读语言。

面对这样投身于姿势的表达价值的作者，难道我们应该研究那些相反否认他者行为的表达价值的人吗？对于笛卡尔主义传统来说，姿势是表达性的仅仅是因为，一方面，我的身体结构与运动表达相关联着，这些表达仅仅由于相邻就可以意指某些情感状态，另一方面，我们会越来越多地做某些行为，这是一种社会现象。这一传统反对给予姿势以表达价值，因为这样的话，就是承认我们的身体活动与心灵之间有内在关联，这会使灵魂和肉体之间的界限模糊起来。

因此，我们的姿势的意义被还原为姿势和特定的情感状态之间被观察到的相邻性。这样符号和所指的关系就是一种我只能接

① 参见达尔文：《动物和人类的表情》（*L'expression des émotions chez l'homme et les animaux*），康普莱克（Complexe）出版社，1981 年。

受，完全没有参与建构的关系。

这一问题常常以这样一些说法提出来： 554

—— 要么，姿势自身就意指着某些事物，姿势所表达的心理必定是真的与这些姿势相联的、并且是与这些情感的显现不可分的（格拉提奥莱完全否认实验的干预能在情感状态之外产生表情）；

—— 要么，我们承认这种实验的可能性，这样，存在的就是纯粹外在的关联了（按照笛卡尔主义的传统，对于自动人偶的兴趣是有歧义的，因为自动人偶的说法几乎就是在以假说的方式去承认它们以论题方式否认的东西）。

这一问题是被不恰当地提出的：姿势是表达性的，就像语言是表达性的那样，然而这并不是说，姿势与亲历是同一个东西。

杜舍·德·布伦在其实验中注意到了面部肌肉的协调一致，但是他指出，整张脸紧张的样子是他知觉给予他的。

杜马斯在这方面做了很多实验。我们看一下他的说明：

通过电击面部神经，**杜马斯得到了一个微笑**。

他对此解释说，产生姿势的是肌肉之间自然的协调作用和关联，而非感觉能力进行的调节：快乐和微笑之间的关系纯粹是外在的。对愤怒、大笑、哭泣这些更复杂的表情所做的实验失败了，人们不能通过电击产生这些表情，因为这需要心理反射反应介入。因此，并不存在进行表达的肌肉，而只有不做任何表达的在情感过程中以多种方式被影响的肌肉；表达性行为的社会规范也发生了影响。

这是具有生理学家的立场的有意思的机械论分析。但是，当我用电流刺激一个机体时，我所做出的这个动作的意义是什么？电流不是姿势的原因，能够微笑的是作为机能整体的身体，而非面部神经。充分的表达只能与一个机体的整体行为一起出现；一个活生生的身体总是在行为着，总是一个现象的身体。情感不是由**刺激**引起的，而是由只对生命来说才有意义的环境、整体引起的。

杜马斯以心理物理的术语提出了这个问题：微笑是一种运动
555 反应。我们必须观察生理系列和心理系列之间的关系，它们总是彼此相互塑造。

今天，快乐被看作一个行为，被看作与世界的一种关系；大脑刺激被看作是使行为得以完成的东西。因此，我们不能像杜马斯那样提出问题。表达和它所表达的东西之间存在着内在的关系，存在着意义的关系；微笑的行为和快乐的状态表现着同一种看待世界的姿态。人们曾尝试通过改变猴子的神经输入来进行移植实验：在非常短的时间之后，新的适应就完全消除了手术的影响；猴子修改得非常快，因为它感知到了不一致。如果人们承认在我的眼睛活动中有效的是我的眼睛和它所探究的知觉场之间的关系，那么刚才所说的情况就是可以理解的了；神经功能的重组几乎独立于人体的解剖结构。杜马斯接受身体是纯粹物体的假设；今天，机体被看作是它在我与世界的关系之中以被亲历方式呈现出来的样子；灵魂展开在身体中。含义侵入到了身体之中。在知觉世界之内就已经存在某种魔幻的关系。我们拥有的“纯粹物体”形象实际上是一种虚构荒唐的说法，物体以及在它之中知觉它的活的身体，都总是物体。

杜马斯运用了其唯社会学的观点来完成其机械论的解释。有些符号是约定地意指某些心理态度的。让人烦心的是，杜马斯最终都很难找到自然的表达，而且不存在仅仅是自然的表达。他提出了“第一层表达”的观念，这一层面已被第二层约定的或社会的层面所克服。

实际上，既不存在纯粹自然的表达，也不存在纯粹约定的或社会的表达。索绪尔表明[①]，语言中没有任何东西是偶然的：语言是整体的，每一个符号的使用都与其它所有符号的使用相关联着；在这个意义上，符号不是约定的。不同的表达之间存在着意义的关联；当某种类型的表达被给出了，被试做出的各种不同表达之间就有一种亲缘性；因此，我们应该在一个文化的表达之中寻找系统的统一。

杜马斯仅给予我们了作为语言学的一部分的表达的语音学。556
构成一种语言的特点的是它的音素系统，它以之调节声音的原则，以及它构建的不同符号。

达尔文试图将表达现象归于遗传现象；他否认我们的姿势具有实际的表达价值。对于克拉格斯来说，表达是“某种行为的寓言”；它不仅是一种初级的行为，而且是对它以某种程度的自由间接地表达的行为的形象化说明。达尔文也意识到了这一点。种系发生理论是将给予情感行为的意义投射到过去。身体在表达中象征着它试图成为其标志的某种含义。

我们说，表达的意义是在各种表达姿势相交之处显现出来的东西，而这些姿势是根据某一文化的根本进程得到理解的。

因此，我们应该抛弃以传心术方式知觉他者的观念；然而，

---

① 《普通语言学教程》，帕约出版社，1962 年，1973 年新版。

我们如何避免承认意识和身体的关系中有某些神秘的东西存在呢？要消除这一矛盾，我们必须确定被当作真实的力量来求助的神秘和在表达的知觉中给予我们的“神秘”之间的不同。

我们将以如下阶段考察亲历以及姿势所表达的东西。首先考察表现存在的极端样态的特定情况。

1. 考察亲历和姿势的关系：

—— 考察它们在神秘意识情况中的关系。

—— 考察它们在人们以想象方式相互交流的情况中（戏剧的表达）的关系。

—— 考察它们在社会生活中，比如我们的社会生活中的关系。

2. 考察：他者是什么？

3. 考察通向哲学层面的道路（关于他人经验的哲学，尤其是萨特），以及与先前形象相对照。

考察亲历以及姿势所表达的东西

a）**考察神秘意识中的情况**。在充满神话的社会中，被经验的东西和被意指的东西之间的联系是如此紧密以至于它们几乎是同一的。

557 莫斯和葛兰言[①]坚持认为，许多社会中都必然存在情感的表

① 参见莫斯和葛兰言：《心理学杂志》，莫斯：《集体所提出的死亡观念对个体的物理影响》（Effet physique chez l’individu de l’idée de mort suggérée par la collectivité [Australie, Nouvelle-Zélande]，1926 年，23，第 653–669 页；收录于：《社会学和人类学》[*Sociologie et anthropoligie*]，法国大学出版社，1950 年，第 311–330 页，“Quadrige” 丛书，葛兰言：参见后面所引文献。葛兰言从事澳大利亚和中国学的研究）。

达。似乎不可能区分个体所亲历的东西与他所表达的东西。这种约定性和规范性绝对没有排除真诚。人们不仅是显露各种情感，而且是将这些情感显露给他者。这些人的态度和文明人的态度其实并没有像人们可能认为的那样有本质的不同；实际上，当人们做一个仪式性行为时，这既是显示人们的感受，也是将这些感受显示给他者。在这些社会中，各个个体将自己相互认同成彼此，他们一起经历这一仪式。仪式不是它所意指的外在的语言信号，而是所指和能指没有分开时的征象性的语言。

当我们试图精神分析地解释符号和所指的关系（这一例子没有向我们显示它的任何东西）时，我们可以想象一种建制的表情：主体投身于仪式之中，以免陷入他的感觉里。但是，这样一来，我们就必须在涉及意识时放弃所有社会的解释价值。

葛兰言的研究表明，传统中国有一种悲伤的语言，其主题绝对是强制性的。它涉及“传统的即兴而为”。[①] 这里也不涉及真诚。精神分析家在此不能谈论压抑；规定着我们对中国人的感情的是我们的文明。

如果被亲历的情感显现出来的话，朝向仪式的活动就表现被亲历的情感所能激发的恐惧，然而这些情感不再能被感觉得到了。仪式被肯定地接受，主体将它当作一种艺术来使用。传统即兴而为之中的通常技巧并不排除人们所寻找的真诚；个人的创新赋予行为了一种肯定的特征。在仪式的活动中，个人的知识领域存在

① 参见：“传统中国葬仪中的悲伤语言”（Le langage de la douleur d’après le rituel funéraire de la Chineclassique），载《心理学杂志》（*Journal de Psychologie*），XIX 卷，1922 年，第 97–118 页。

着等级；仪式失去其强迫的特征时就是被真正地接受了。正是在
558 能够容许真正创新的风格中，个人才会实现自己，而且我们不能说风格与表达形式是相脱离的（比如，悲伤的表达是悲伤的一种方式）。

这些情况中，并没有为了仪式而对意识进行压抑：表达的方式变成了感受的方式，自然和文化不再是对立的了。葛兰言似乎接近于认识到"角色"概念了，这种角色不是作为自然角色或目的那样被感受到的，而是像在神话中那样被亲历的。

因此，姿势如果自身就是表达性的，那么与文化一起变化的情感的各种表达是怎么生成的呢？各种文明的反应是各不相同的。

然而，有人可能会反对道，符号和亲历经验之间的这种关联仅仅存在于前意识状态之中，用于确定仪式化文明的特征的前意识状态中。

不过，亲历和姿势间的这种关联存在于我们社会生活的某些事实中，如戏剧艺术中。

b）**考察戏剧表达中的情况**。所有中国戏剧都以同样的原则理解人类生活的情感。中国演员与我们的演员非常不同：他们的服装和颜色是程式化的，甚至他们面相的比例也由于习惯而是固定的。因此，中国演员的表达和西方演员的表达是完全不同的：看起来似乎中国戏剧中没有表达。

印度戏剧会使用一些具有确定意义的指示。这种指示指出这一意义而不是让它浮现出来，更多地是显示这一意义而不是表达这一意义。再者，我们必须注意到，印度戏剧非常相信演员所扮

演的神话人物的存在（扮演神就是使神出现）。因此，印度戏剧的意义与表达的诸事实没有关系。然而这一问题在这一象征之中、在这一固定的框架之内仍然是真实且真诚的。

因此，我们能够期望在我们的戏剧中重新找到被亲历的东西和被表达的东西的融合。

初看起来，戏剧表达和程式化的暗示之间没有相似之处。在此人们不再是按照已确立的符号去表达某种东西，而是通过其身体创造其表达。表达和符号的关联并不是直接的，相反，它是有待构建的、有待成功的；每一新戏剧的观众都是有待创造的；表达将会构成一暂时的或长久的交互主体性。人们有时说心理学将会代替神话（尼采）。

戏剧表达不是要寻找其意义要独立地被给予的符号；实际上， 559
身体的使用和戏剧的意义之间的直接关系仍然是一种魔幻般的关系。这涉及的是获得行为和意义之间的相合，而这种意义同时又相合地存在于观众和演出之间；态度是有待被创造的。演戏的方式和戏剧的意义之间的关系不是由理智的分析所保证的。因此，我们可以承认，被表达的和表达是彼此相互回应的，是不可区分的；它们像诗的意义与诗意的表达那样彼此相互回应。戏剧意义的实现是真正的再创造。这一现代的“魔幻”正是我们想要进一步把握的。

在《演员的悖论》中，狄德罗持有相似的看法：“真正的作者是冷漠的、冷静的——他是一个专心的模仿者，是自然的审慎学徒。”但是，我们必须注意，其最初的观念和其各种表达之间存在着差异。他的论题是，演员并不是像他经历他的日常生活那样去经历他的角色的。

—— 他不相信角色的存在，他知道他在做什么，其情感来自于大脑而非心里。

—— 对角色的这种理解不是通常的模仿；它是某种具有前逻辑特征的活动：演员担任角色——“演员变成了幽灵”，这是身体由之去表达另一个角色、表达一个不是它在日常中与之合并的角色的表达活动。[①]

对于演员是感性的或不是感性的讨论，是一个以不恰当方式提出的问题。演员体验着非现实的和想象的东西。他被动员起来完全是为了创造他的角色，正因如此，他在非现实之中亲身经历着这些角色（他如果哭泣，他会将其眼泪看作是与真实眼泪相似的东西）。不是人物在演员中实现，而是演员在他的人物中使自己变得非现实。

因此，我们可以说，表达就是身体扮演某种角色，这是在如下这种意义上说的：它能够使自己用于扮演它常扮演的角色。演员非常仔细地感知他者的表情，因而能够表达他者的表情。

戏剧表达不是真正属于智性的和分析的领域；它是在演员和
560 剧本的最初关系中引导演员的知行。在理论中，所有这些都不通过概念而进行；然而很多演员的见证却与此相反。缺乏感性而非缺乏理智的汝瓦说了与狄德罗一样的话：戏剧是类智性的活动，但不是智性的活动。演员职业的这两个方面——智性的和身体

① 参见萨特：《论想象物》（*L'Imaginaire*），伽利玛出版社，“Folio-Essais”丛书。

的——提出了令我们感兴趣的问题。

演员的情感是想象的情感，他用想象代替了亲历。然而，想象的处境从来没有变成与真实处境或经验的处境相等的东西；在这种情况中，表达就是暂时寓于这个由剧本规定了其主要特征的幻想的存在之中。现在非常清楚的是，演员既非智性的存在，也非感性的存在，而是能够在角色中自身非现实化的存在。

因此，戏剧表达就不相似于语言中具有确定意义的语词，而是相似于我们在说话中对这些语词的使用。戏剧作家不满足于按照语法使用语言符号，相反，他整体地使用句法，使一种新的含义显现给观众。

戏剧表达在于用身体说话，在于用身体的可能活动去构造一个能产生戏剧含义的原创组合。因此，角色从来不是以将它与仪式清楚地区分开来的方式被预先给出的。

让我们进一步明确一下表演的性质，演员的身体就是通过这种表演变得能够解释一个角色的。

我们总是在激情的态度和冷静的理性之间发现这样的对立。

“演员的快乐可能出现在我带着激情的冲动和准确的冷静去拥抱环境的那一刻”（吕西安·古蒂）。

于连·布尔托在“论戏剧人物的表演”（1937 年）中非常好地描述了演员通过它而扮演了一个角色的表演。[1]

角色的发生包含两个相继的阶段：

---

① 于连·布尔托：“论戏剧人物的表演”（Actes du personage），载《美学会议论文集》（*actes du congrès d'esthétique*），1937 年 7 月。

（1）抽象的构思

演员首先要把握住角色的动力。角色显现在各种角色之间、以整个戏剧为处境、受到各种影响。

561 然后，从*他的*角度对戏剧进行新的分析，这样一来，其角色就变成了某种行为方式，而不再像前面那样是一种行为能力了。这是一种非常独特的智性工作；通过这种戏剧分析，所有人物都从行为的角度被看待或被理解：理智活动与戏剧表演非常接近了。

（2）具体的构思

从阅读戏剧走向演出戏剧。戏剧作者并没有给演员一个他只要按部就班地听从就可以的人物，而是给了他一个角色；演员要借助于角色构思人物，因为对于艺术来说，重要的是将角色演出来。

分析工作完成后，所有要做的事情才刚开始：演员仍然不知道他要如何扮演他的人物。他找到了一些符合其意向的表达；他找到了一种他辨认出是他所寻找的态度；他找到了一种风格的细节；他学习调整所扮演人物的语言抑扬顿挫。就像画家绘画时信赖他的身体那样，演员也信赖自己的身体；画家有着自己的身体，这个身体开始活动；演员在大街上认出了那种与他要扮演的角色有相同风格的表达，这种表达是以同一种活动为条件的。演员有时候要创造一些场景，并且在思想中预演一下。这种为了担任一个角色而做的期待、努力，是一种非逻辑的活动。

我们可以将这个情况与一些更简单的情况进行比较：比如习惯和模仿。

在很长一段时间里，习惯理论要么认为习惯是身体的机械活动，要么认为习惯是真正的智性活动。我们要注意的唯一事实是，这个理论与这两种说法的距离是一样的，这推动了二十五年以来的各种进展。

我们不能说这是自动现象，因为若是如此，习惯就只能在确定的条件下起作用；相反，习惯是可塑的，无论是各种环境还是身体工具都不是被一劳永逸地固定的（比如习惯的改变）。

另一方面，习惯并不取决于一些被严格限定的处境，它是以某种形式的解决来应对某类的处境的能力。因此，习惯的活动既是身体的又是精神的，**它是一种实存活动**，演员学习扮演一个角色只是这种实存活动的极其复杂的情况。

模仿问题也一样，只要它还是以传统说法提出的，就是不可 562
解决的；我观看到一种活动时变得自己也能做这个活动；为了做我看到的事情，我必须要获得我所缺乏的两重认识：对所看到的对象肌肉收缩的认识，以及对我怎么能做这些活动的认识。

今天这一问题由于**结构**观念的合法存在而被超越了。他人的身体在起作用的时候，在其活动中实现了某些身体形态的变动，我们对这些变动的感知不仅仅是我们所看到的活动的知觉的集合，同样，我的身体也不是作为感觉的集合，而是作为一个整体被给予我的。在这两者之间，存在着视觉知觉与触觉知觉的共有形态的纽带，正是通过这些知觉，两者得以相互交流。似乎他人的直觉和运动活动处于某种意向嵌连的关系之中，似乎我的身体和他人的身体构成了一个系统。

对模仿的这些分析使我们理解了演员的活动——演员将自己身体用于扮演一个他在日常生活中并不扮演的角色。我习惯将之看作是他者身体的东西，对于我来说是行动的可能性；因此我们可以说，演员的艺术只是我们都有的艺术的深化；我的身体图式既相关于被知觉的世界，也相关于想象的世界。

观众看不到剧本，然而由于体验到剧本意义和演员的行为完全重叠，想象就开始具有了真实物那样的价值；演员以其灵活性和准确性“演活”了他的角色，而通过这种灵活性和准确性，观众和演员得以在这种不是通常的情况中聚首。

因此戏剧有魔幻之处，演员的演出是散发着自身含义的姿势语言。戏剧是魔幻的不是因为意义处在演员的身体之中，而是因为演员的身体为了能够意指而不再是事物了，因为演员将我的身体带入到他的身体的动作形成之中，他所做的动作的意义不在心灵里，而是在其姿势的虚拟之源里，这一虚拟之源就恰恰是我们称作“戏”的东西。角色的各种思想只实存于姿势之中——在舞台上只有行为，所有的思想都是行为；各种物体只有被整合入演员的姿势中才能在戏里出现。真正造就伟大演员的，是把角色的
563 意义蕴含在行为中；在伟大的演员身上，有一种对其他演员的蕴含。[①] 戏剧的魔幻之处在于，在演员身体呈现的同一时间，其它所有东西都通过物体之间被建立起的关联而被提升为想象。

戏剧的含义必定始终是间接和模糊的：所有姿势都有一种意义，这一意义又作为迹象被姿势所显示，而非被意指。魔幻的基础在那个将我们的身体和世界相联的意向性之中；而在大多数人的姿势中，这种意向性只得到了部分的使用；演员则通过其姿势

---

① 参见莫雷诺：《论附属的自我》（*ego auxiliaires*）。

使想象对象显现了出来。这种魔幻不是一种像药物动因那样作用于我们的物理力量，相反，它是这样的：姿势在世界的表面使一些并不存在的物体显现了出来，这些物体和我们所看见的物体有同样多的含义，甚至可能更多；这种魔幻精心安排了一些空隙，其他人的行为会在这些空隙中变得可见。

人们正是借助这种魔幻才可以解释演员和观众之间非常含混的情感：这种情感总是夹杂着仰慕和憎恨。人们既认为演员是上帝，同时又鄙视演员，这也许是由于身体的表达性含义所表现出来的超越活动——这种情况解释了为何人们既会过分赞扬演员，但又会认为他们不应该拥有那些最常规的法律权利。

演员的态度与观众的态度是对称的；同样，从根本上说，一个作家以他的方式创造读者，并且建立独有的关系；读者既会由于作者表达了他的想法而爱作者，不过也会由于作者总是作为主动的一方而恨作者。读者这样就创造了一个作者的神话，就像观众创造了演员的神话一样。这种非人的态度是表达的效力所造成的：表达的效力在作者那里不可避免地导致虚假的声誉，在读者那里则导致受骗。

然而，表达的魔幻恰恰是通过这一工作而得到的。演员的身体变得能够把握人物的运作风格，演员的身体是建立在直接的接触、对这角色的直接理解之上的。

c）**考察像我们社会这样的社会生活中的情况。**我们会发现某些相似的东西吗？会发现个体投身到了想象的角色中，投身到了实际的生活领域中吗？

萨特在《论想象物》的结尾处断定了这一点，因为按照他的看法，所有意识都是进行想象的意识；意识到世界，就是以某种
564 方式超越世界，然而，人们不能超越这个世界而朝向虚无（在这一点上萨特赞同柏格森的分析），因此，我们使我们的一部分不对知觉所建构的世界做活动，在这一点上，就有了图象；所有想象活动都是在世界的基础之上对世界的否定，它使我们与世界的关系变得松散；这样，所有的意识都必定是想象的意识。

如果这是真的，如果所有对世界的意识同时也是对世界的想象，那么在意识之内就不可能不遇到想象，因此，我们就应该说，整个生活是一个角色的构造，而这个角色只通过我对它的表达而存在。我们的天命总在于在这一自由决定中使自己非现实化于一个角色。纪德区分了想象的爱和真实的爱；萨特认为在意识中它们没有区别，表征和实在是混合在一起的。实际上，意识是由其对自身的显现所定义的；随之，真诚的问题也就消失了，因为从根本上说，我什么都不是。只有那些没有完全非现实化其角色的人才会有不真诚的问题。本真性在于不断地投身于一个人决定要扮演的角色（比如在《红与黑》中，神学院的学生做了他们身上所没有的虔诚行为。司汤达说，这是不真诚；萨特则会说，这不是不真诚，而是两种实在之间的不一致）。

萨特实际上也承认，想象中的表达和生活中的表达有根本的不同。去生活并不是在想象的角色中非现实化自身。生活中的想象比艺术家的想象更少受限制。存在着两种类型的想象，或者说，我们可将其称作不同领域的两种现象（一方面，我眼睛看到的真实景象隐藏的方面，另一方面，想起一位不在场的朋友）。在我实

际知觉到的事物的边缘，存在着许多未被知觉到的世界的组成部分，不过，这些组成部分是在实存事物的情境中得到把握的，而这个边缘知觉的领域与被知觉物的领域构成为一个整体。这种情况恰恰不属于想象的定义吗？在对自身的想象中，知觉物领域和存在物领域有一个边缘。如果我创造了角色，那么这一角色就必须考虑我此前所做的事情，考虑从我的过去得到的某种条件。为何存在这种半意愿？只有在我能在已经流逝的过去之上做出其它的决定时，这种经验才是可设想的。生活中的自由从来都要以某 565
个起始处境为基础。然而，那种或许是创造的自我表达也许只能在如下存在条件下才能实存，这种存在条件从某种意义上来说是我们以往所作所为的表达。

我的自由同样与我将要做的事有关；我在行动时关注我的所作所为；如果说生活是创造，那么这种创造是从某些所予出发的。比如，在埃尔·格列柯[①]那里，我们可以说，他的过去被给予了他，以便他能按他的作品的样子创造他的作品，我们同时也可以说，其童年所予事后显得是对其作品的预期；因此，从作品到生活和从生活到作品之间有一种循环关系。在一个人的个体生活中，存在着一些他有非常强的表达力、有一些未被期待的意义的时候，他在此借助过去的某些材料发现他之中或他周围的意义。因此，自我表达是被给定的东西和将要做的东西之间的变换。当涉及到生活中的表达时，表达性的创造仍然必须考虑他者。萨特在其最

① 原文作“Le Greco”，有笔误，应为“El Greco”（1541–1614），西班牙画家、雕塑家和建筑家。——译者注

近的一些著作中，倾向于设想我们的所有材料都来自于他者。他在某种意义上重拾了阿兰对爱的分析，而阿兰采用了帕斯卡的观念："人们不爱任何人，人们只爱一些品质。"阿兰承认所有超出对品质的爱的东西都是一种构造，根据这种构造我觉得在我之中存在着爱。"我爱你"是没有任何意义的，人们是不能自我放弃的。主体的自由通过沉湎于自由的形象而自我迷恋，而这种形象是他借助于语词赋予他者的（麦克白被"你将杀死国王"的念头控制住了）。

萨特似乎从自己的角度重拾了这一分析。爱属于他为而非自为，他在《存在与虚无》中说："爱是期待被爱。"[①] 我们创造了爱的角色，我们利用这一角色。如果这些分析想说的是这一角色没有被预先写下来，想说的是没有命运，那么这些分析就是有效的；然而，如果这些分析意味着我们从无之中创造了这一角色，那么，它们就不确切了。人们从什么地方开始这种对于爱的抱怨呢？在知觉中难道不已经有先于那些能被交换的誓言的誓言吗？当我们感知到某个人的时候，我的知觉会做判断；这种知觉可以显得是虚幻的或有效的。如果我们知道我们沉默，那么是否就没有激
566 情？人们并不是因为不再对别人说话而不再对自己说话；应该使内在的声音沉默，应该停止知觉。在知觉少一些的地方，有一些符号。感知就已经是在预期某些东西，在这种意义上，每种形态的感知都宣告一种展开；被说出的爱有了具体的形态；在这里语言的活动仅仅延伸了生活本身的活动。我们的话语构建一个仅为

---

① 萨特：《存在与虚无》（*L'Être et Néant*），伽利玛出版社，"Tel"丛书。

他者而存在的神话，尽管我们没有谈论它；自我的神话在我是表达时展开着。

还存在着自为的回顾性的和前瞻性的幻觉：我不能假装说我在生活中做的这种自我创造与被给予的东西没有任何关系，我不能梦想摆脱他者所做的所有解释；在我之中已经存在着他者了。我们不能将这种关系与演出大厅相比，在那里演员在演出，而默观的观众没有感到牵涉到了其中。与生活中发生的东西之间的差异是想睡和睡之间那样的差异。爱在于使自己去爱。与戏剧的所有不同在于，在生活中，角色服从于和我们的过去以及和他者的某种关系。因此在观众和演员的关系中有某种有限的东西，而在生活中的他者和我之间则有无限的东西，因为我们不能，比如在审美生活中，限定各种责任。人们如此深入地介入到他人之中，以至于任何界限都慢慢地都变得是不可能的。在剧院戏剧总是能够重演；对我来说，我所做的任何事情都是绝对的；在生活中，人们永远不能重新开始。对生活的这种绝对可做否定的解释：对于我来说是次要的东西，对于他者来说有可能是根本的东西；也可做肯定的解释：他者能够回应我的意向。在所有情况中，生活总是在流逝着，而作者和观众的关系则是“似乎”的关系。

生活中的自我表达相似于扮演一个角色的行为；通过这种行为，我感知到一种开始建立联系的过程。只有在各种富有成效的时刻，我才感到不是一个角色，而是帮助某个人的，显现他人的。对他者的知觉是自由的知觉，这一自由通过一种境况显现出来，同时又改变这个境况。人们不是仅仅爱各种品质，而是人们仅仅通过各种品质去爱。然而，他者，作为活生生的他者，总是有可能僵化固定于一种角色：他可能消失，只是作为其角色而存在。567 他者既可以如其真实的样子显现给我，也可以作为隐藏着的给予我。他者仅仅隐约地显现：他像活的意义那样，像自我保存或自我降级的意义那样显现。

我们所有这些分析所强调的是，*对他者的知觉是对一个通过境况而显现的自由的知觉*。我们不能不意识到，对他者的知觉越来越与语言相似。实际上，既存在着程式化的语言，也存在着丰富的语言。

d）考察语言中的情况。我们现在应该深入地探讨语言现象。

我们所关注的语言真正地说不是语言，而是作为交流现象的语言；它使用符号，将符号置于一些还没有确立的规则之下：说话者在其理解的范围内，超出他已经知道的。这种语言的意义是开放性的；它通过传达思想的活动而进行表达。

语法学家将被构成的或客观的语言看作根本的。皮亚杰也持这种观点，他在《儿童的语言和思想》[1] 中，将语言只看作是惰性信息的交流，这种信息不能召唤听它的人。然而，这低估了所有诗意交流的模式。我们应该远离这种赞赏客观语言的成见。如果我们能够表明，关于事物的语言不是原初的，而是建立在表达性的活动之上，在这种表达活动中存在着我向他者的呼唤，那么，我们就能给迄今为止的描述一更深刻的特征，就能够发现语言现象的本质。如果我们能够表明，语言的个人成分总是首先出现，

---

① 皮亚杰：《儿童的语言与思想》（*Le langage et la pensée chez l'enfant*），Denoël 出版社，“沉思丛书”。

那么我们就能对我们与语言的相关进行解释。

我们将在以下限度内利用语言的结构主义概念：这些概念隐含地使用了与我们的主体有关的哲学直觉。结构主义者关注的问题是声音的意义。雅各布森："什么时候声音变得对儿童是有意义的？"①

人们看到，儿童开始说话时，存在着减缩现象：人们看到儿 568
童以前能够发出的声音消失了；儿童甚至消除了对于语言的建构来说非常有用的呀呀语的成分（T 和 K 的混淆）。儿童仍然保留着一些不属于其语言系统，而是处在边缘地带的声音；他只在做梦或分神乱想的时候才会使用这些声音。因此，儿童开始采取与他人进行交流的态度时会发生与以前状态的某种分离。

人们对这一现象给出了各种解释，然而，这些解释似乎都不充分。在雅各布森看来，儿童的这种选择只能用那个声音变得有意义了来解释。

这种声音在成为语言的一部分时，就由于以下而具有了意义：它按照一些确定的原则以成分的身份嵌入到各种声音的系统之中。诸符号是借助于将一个符号与其它符号区分开来而变得有意义的（索绪尔：区分性的声音）。将各种符号整合到一个结构中的能力显现为符号与意义关系的基础，这种关系不是外在的关系，而是属于符号与符号的根本关系。

---

① 参见雅各布森："儿童语言，失语症和语音结构的一般法则"（Langage enfantin, aphasie et lois générales de la structure phonique），载《儿童语言和失语症》（*Langage enfantin et aphasie*），子夜出版社，1969 年。

听者的思想与语言结构的差异相一致，而且通过与这个差异的一致，从语言走向语言所意谓的。

这种现象只具有区分性的功能；音韵学处在这样一个层面之下，在这一层面根本的意义行为实现了。实际上，儿童认出了在他周围所说的语言的内在差异，他处于期待他通过一种行为（我们一定会注意到这一行为是不连续的）最终能够达至的意义的状态。因此，语言的意义与语词链的每一成分都是相互有别的，语言的展开与它想表达的东西必定具有同样的意义。在习语的结构中，音素是足以将两个语词区别开来的声音或声音的对比。比如，**在德语中**，R 和 L 的对比：Rand 和 Land，führen 和 fühlen。

在日语中：Tsuru 依其第一个 u 和第二个 u 的不同关联而具有三种意义；或者一个音更高一些，或者更低一些，或者它们具有同样的音高。音素的对比就像是一个音阶，我们在其上演奏一些具有轮廓的旋律；语词变成了一幅画，在其后有一只画它的手。

569 各种音素不是话语的成分、片断，而是区分的和对立的原则，它们进入到了语词的构成之中，不过仍然是组织原则；音素是功能而非心理原子：它是一个结构。然而，认为符号是有结构的就是首先认为符号既是意义又是声音；所指与能指的关系变成了我在此说的在空间中的东西和我说的结构的东西之间的关系；随后是认为符号隐含着对语言组织的恒常意指。

人们有时使用如下的说法：语言既不是被创造的，也不是被感知的，它应该是预先存在的。我们在此看到了区别语言和话语的必要性。话语只是说出；语词只是在这一领域中被言说，以这种节奏被言说，因此，语言不是被感知的，而是内在于我的话语中。

我们可以把语言比作货币单位的值，这种单位既不是物理实在，也不是心理实在，而是抽象的和虚构的量。

结构主义学派的作者构建了一种使我们能够达至语言的所有实在的普遍的方法；他们以这些术语重新解释所有语言知识。这不是试图将语言学还原为音韵学，然而，这些作者认为这涉及达至语言的唯一结构的两种道路。雅各布森谈论音素现象和语法现象的相互引起；不过，在如下这种意义上，这两个领域仍存在各自的自主性：只有在被考虑领域中变化是已经预先确定的，音素带给语法的东西，或语法带给音素的东西才能有效。

这种结构观念是非常丰富的；因此，如果我们将处理语言的模式扩展到语言的所有实在之上，我们就会去普遍化符号–意义的各种关系；思想和表达思想的语言之间的关系也是这样的（这种关系与风与湖面的关系相似）。两者之间没有外在的协调，而是有相互的引发。

作为对这一研究的总结，我们给出这一探究所阐明的一些事实。

儿童的语言习得也揭示了语言的缺失，这使我们与失语症的当代理论走到了一起。失语症的本质是那些能在功能上被区分开的声音变少了。重要的是使说话能力能够说话。[1] 语词不处于结构 570
中的时候就没有意义了，也没有确定的语言价值了。失语症是音位系统结构的改变。存在着不同的层面，然而关键的却是同样的形成符号的力量。当人们引入这种结构功能的时候，失语症和运

---

① 参见戈尔德斯坦：“语词没有了意义”（Le mot S’est vidé de son sens）。

用不能症的病理区别就被理解了。雅各布森在这条道路上走的更远。存在着通过语言的模式来理解思想世界的可能性。

比如，在梦中，音位系统失去了其准确，因此存在着系统的改变，这种改变重复思想中的各种差异。弗洛伊德在第一叙述和第二叙述之间所做的所有区分在于，第一叙述必定是不准确的，因为它讲述的是一个无区别的系统中被梦想的东西。

我们可以将这种结构的观念扩展到整个思想世界。

译 后 记

梅洛-庞蒂1949年离开里昂大学，就任索邦大学心理学与教育学讲座教授，直到1952年去法兰西公学。在此期间，梅洛-庞蒂开设了多门课程，学生做的详细课程笔记经梅洛-庞蒂本人审阅，发表于《心理学公报》(*Bulletin de psychologie*)上。1964年《心理学公报》将前七个讲座以《梅洛-庞蒂在索邦：学生整理且经梅洛-庞蒂审阅的课程摘要》为名出版，1988年又将八个讲座以《梅洛-庞蒂在索邦：1949-1952年课程摘要》为名出版，2001年，Verdier出版社将这些讲座笔记以《儿童心理学与教育学：1949-1952年索邦课程》为题出版。2010年美国西北大学出版社出版了Talia Welsh的英译本。

在这些讲座中，梅洛-庞蒂讨论了胡塞尔的现象学，格式塔心理学，皮亚杰的心理学，弗洛伊德、拉康的精神分析，以及列维-斯特劳斯、玛格丽特·米德等人的人类学。这些讨论既是其前期思想关注的延续，又预示了其后期思想的发展。

由于我在博士阶段做了一些梅洛-庞蒂的研究，杨大春教授将本书翻译的任务交给了我，后来得知在巴黎大学攻读博士学位的朱心曲女士兴趣集中在梅洛-庞蒂的思想上，就邀请朱女士一起做翻译。最终呈现给大家的这个译本主要是由朱心曲女士翻译的，具体来说，我承担了“意识和语言的习得”、“对于他者的经验”两个讲座的翻译，其它“成人眼中的儿童”、“儿童意识的结构与冲突”、“儿童心理社会学”、“儿童与他者的关系”、“人文科学与现象学”、“儿童心理学的方法”六个讲座由朱心曲翻译。感谢朱心曲分担了我的任务。

我们在翻译中小心谨慎，期望尽量保证意思准确的又使之具有可读性，但我们深知自身学识不逮，译文中难免会有错误之处，希望读者批评指正，以便来日完善译文。

关群德

2024 年冬于京郊

图书在版编目（CIP）数据

梅洛-庞蒂文集．第13卷，儿童心理学与教育学 /（法）莫里斯·梅洛-庞蒂著；朱心曲，关群德译．北京：商务印书馆，2025．--ISBN 978-7-100-25379-6

Ⅰ．B565.59-53

中国国家版本馆CIP数据核字第20250NN190号

梅洛-庞蒂文集

第13卷

儿童心理学与教育学

朱心曲　关群德　译

商　务　印　书　馆　出　版

（北京王府井大街36号　邮政编码100710）

商　务　印　书　馆　发　行

北京通州皇家印刷厂印刷

ISBN 978-7-100-25379-6

2025年8月第1版　　开本 710×1000　1/16

2025年8月北京第1次印刷　　印张 46½

定价：198.00元